Entwurf

eines

Ausführungsgesetzes

zum

Bürgerlichen Gesetzbuche

nebst

Begründung.

Berlin.
J. Guttentag, Verlagsbuchhandlung,
G. m. b. H.
1899.

Inhaltsübersicht

zu

dem Entwurf eines Ausführungsgesetzes zum Bürgerlichen Gesetzbuche.

Wir **Wilhelm,** von Gottes Gnaden König von Preußen ꝛc.
verordnen, unter Zustimmung der beiden Häuser des Landtages Unserer Monarchie, was folgt:

Familienstiftungen.

Artikel 1.

Für die Genehmigung einer Stiftung, die nach der Stiftungsurkunde ausschließlich dem Interesse der Mitglieder einer bestimmten Familie oder mehrerer bestimmter Familien dient (Familienstiftung), ist das Amtsgericht zuständig, in dessen Bezirke die Stiftung ihren Sitz haben soll.

Wird in Ansehung einer Familienstiftung, deren Verwaltung oder Beaufsichtigung nach der Stiftungsurkunde von dem Gerichte geführt werden soll, das Landgericht oder das Oberlandesgericht durch den Justizminister mit der Verwaltung oder der Beaufsichtigung beauftragt, so ist das beauftragte Gericht auch für die Genehmigung der Stiftung zuständig.

Artikel 2.

Für die Verfassung einer Familienstiftung gelten folgende Vorschriften:

§. 1. Zur Aenderung der Verfassung sowie zur Aufhebung der Stiftung ist, unbeschadet der Vorschriften des §. 87 des Bürgerlichen Gesetzbuchs, ein Familienschluß erforderlich.

§. 2. Der Familienschluß bedarf der Aufnahme und der Bestätigung durch das Amtsgericht, in dessen Bezirke die Stiftung ihren Sitz hat, oder, wenn die Beaufsichtigung der Stiftung einem anderen Gerichte zusteht, durch dieses Gericht.

§. 3. Zu der Errichtung des Familienschlusses müssen alle Familienmitglieder zugezogen werden, die entweder ihren Wohnsitz innerhalb des Deutschen Reichs haben oder zur Wahrnehmung ihrer Rechte in den Stiftungsangelegenheiten einen innerhalb des Deutschen Reichs wohnhaften Bevollmächtigten bestellt und die Bevollmächtigung durch eine öffentliche oder öffentlich beglaubigte Urkunde dem Vorstand oder dem Gerichte, welchem die Aufsicht über die Stiftung zusteht, nachgewiesen haben.

§. 4. Für ein geschäftsunfähiges oder in der Geschäftsfähigkeit beschränktes Familienmitglied ist sein gesetzlicher Vertreter zuzuziehen. Dies gilt auch von solchen Familienmitgliedern, welche vor dem Ablaufe des dreihundertzweiten Tages nach dem Tage geboren werden, an welchem ihr Vater und, wenn die Mutter bei der Familienstiftung für ihre Person betheiligt ist, auch diese die zustimmende Erklärung über den Gegenstand des Familienschlusses gerichtlich oder außergerichtlich abgegeben und durch ihre Unterschrift vollzogen haben.

Die zustimmende Erklärung des gesetzlichen Vertreters bedarf der Genehmigung des Vormundschaftsgerichts.

§. 5. Steht die Vertretung geschäftsunfähiger oder in der Geschäftsfähigkeit beschränkter Familienmitglieder Vormündern oder Pflegern zu, welche der Aufsicht verschiedener Vormundschaftsgerichte unterworfen sind, oder würde die Bestellung von Vertretern solcher Familienmitglieder verschiedenen Vormundschaftsgerichten obliegen, so kann auf Antrag des Vorstandes der Stiftung der Justizminister einem Vormundschaftsgerichte die Bestellung eines gemeinsamen Vertreters und die Genehmigung der Erklärung des Vertreters übertragen, soweit die Interessen der betheiligten Familienmitglieder nicht im Gegensatze zu einander stehen.

Die Vorschrift des Abs. 1 findet auf die Genehmigung von Erklärungen der kraft elterlicher Gewalt berufenen gesetzlichen Vertreter entsprechende Anwendung.

§. 6. Der Vorstand der Stiftung hat mit dem Gesuch um Aufnahme des Familienschlusses einen Entwurf des letzteren sowie ein Verzeichniß der zuzuziehenden Familienmitglieder einzureichen.

§. 7. Zur Theilnahme an der Errichtung des Familienschlusses ist berechtigt:

1. wer seine Zugehörigkeit zu der berufenen Familie durch öffentliche Urkunden nachweist;
2. wer von den Berechtigten, die in dem Termine zur Aufnahme des Familienschlusses erschienen sind, und von dem Vorstande der Stiftung als berechtigt anerkannt wird.

§. 8. Wer außer den Fällen des §. 7 die Berechtigung zur Theilnahme in Anspruch nimmt, ist von dem Gericht aufzufordern, binnen drei Monaten seine Berechtigung oder die Erhebung der Klage gegen diejenigen, welche die Berechtigung bestreiten, nachzuweisen, widrigenfalls der ohne seine Zuziehung errichtete Familienschluß für ihn verbindlich sein werde.

Die Frist beginnt mit der Zustellung der Aufforderung. Die Bestätigung des Familienschlusses darf erst erfolgen, wenn die Frist abgelaufen und im Falle rechtzeitiger Klageerhebung über die Berechtigung rechtskräftig entschieden ist.

§. 9. Besteht kein Grund zu der Annahme, daß außer den angezeigten noch andere nach §. 3 zuzuziehende Familienmitglieder vorhanden sind, so genügt die eidesstattliche Versicherung des Vorstandes der Stiftung, daß ihm solche Mitglieder nicht bekannt sind.

Anderenfalls darf der Familienschluß nicht bestätigt werden, bevor die Familienmitglieder, deren Leben oder Aufenthalt unbekannt ist, im Wege des Aufgebotsverfahrens mit ihrem Widerspruchsrecht ausgeschlossen sind.

§. 10. Für das Aufgebotsverfahren ist das Amtsgericht zuständig, in dessen Bezirke die Stiftung ihren Sitz hat.

Antragsberechtigt ist der Vorstand der Stiftung.

In dem Aufgebote sind die Familienmitglieder, deren Leben oder Aufenthalt unbekannt ist, unter Bezeichnung des Gegenstandes des Familienschlusses aufzufordern, spätestens im Aufgebotstermine gegen den Familienschluß Widerspruch zu erheben, widrigenfalls sie mit ihrem Widerspruch ausgeschlossen werden würden.

§. 11. Erklärt sich ein nach den §§. 3, 4 zuzuziehendes Familienmitglied oder sein Vertreter auf die Aufforderung des Vorstandes der Stiftung über den zu errichtenden Familienschluß nicht, so ist er auf Antrag des Vorstandes von dem Gericht unter Mittheilung des Entwurfes des Familienschlusses zu einem Termine zu laden. Widerspricht er nicht spätestens im Termine, so wird er als dem Familienschlusse zustimmend angesehen. Die Ladung muß den Hinweis auf diese Rechtsfolge enthalten.

§. 12. Die Bestätigung des Familienschlusses erfolgt, wenn den Vorschriften der §§. 3 bis 11 genügt, insbesondere auch die im §. 4 Abs. 1 vorgesehene Frist abgelaufen ist.

§. 13. Die Vorschriften der §§. 1 bis 12 finden keine Anwendung, soweit durch die Stiftungsurkunde oder durch Familienschluß ein Anderes bestimmt ist.

Artikel 3.

Auf eine Familienstiftung, die zur Zeit des Inkrafttretens des Bürgerlichen Gesetzbuchs im bisherigen Geltungsbereiche des Allgemeinen Landrechts besteht, finden die Vorschriften über rechtsfähige Stiftungen Anwendung.

Umwandlung oder Aufhebung einer Stiftung.

Artikel 4.

Die für die Umwandlung oder die Aufhebung einer rechtsfähigen Stiftung zuständige Behörde wird durch Königliche Verordnung bestimmt.

Anfall des Vermögens eines Vereins oder einer Stiftung.

Artikel 5.

Das Anfallrecht in Ansehung des Vermögens eines Vereins bestimmt sich ausschließlich nach den Vorschriften des Bürgerlichen Gesetzbuchs.

Das Vermögen einer rechtsfähigen Stiftung fällt mit dem Erlöschen an den Fiskus, wenn nicht durch das Stiftungsgeschäft ein anderer Anfallberechtigter bestimmt ist.

Erwerbsbeschränkungen für juristische Personen.

Artikel 6.

§. 1. Schenkungen oder Zuwendungen von Todeswegen an inländische oder ausländische juristische Personen bedürfen zu ihrer Wirksamkeit ihrem vollen Betrage nach der Genehmigung des Königs oder der durch Königliche Verordnung bestimmten Behörde, wenn sie Gegenstände im Werthe von mehr als fünftausend Mark betreffen. Wiederkehrende Leistungen werden mit vier vom Hundert zu Kapital gerechnet.

§. 2. Die Genehmigung kann auf einen Theil der Schenkung oder der Zuwendung von Todeswegen beschränkt werden.

§. 3. Mit Geldstrafe bis zu neunhundert Mark wird bestraft:

1. wer für eine juristische Person, die in Preußen ihren Sitz hat, als deren Vorsteher eine Schenkung oder eine Zuwendung von Todeswegen in Empfang nimmt und nicht binnen vier Wochen die erforderliche Genehmigung nachsucht;
2. wer einer juristischen Person, die nicht in Preußen ihren Sitz hat, eine Schenkung oder Zuwendung von Todeswegen verabfolgt, bevor die erforderliche Genehmigung ertheilt ist.

§. 4. Die Vorschriften der §§. 1 bis 3 gelten nicht für Familienstiftungen.

Artikel 7.

§. 1. Juristische Personen, die in Preußen ihren Sitz haben, bedürfen zum Erwerbe des Eigenthums an einem Grundstück im Werthe von mehr als fünftausend Mark der Genehmigung der staatlichen Aufsichtsbehörde.

Dies gilt nicht für Familienstiftungen, für juristische Personen, deren Rechtsfähigkeit auf einem neben dem Bürgerlichen Gesetzbuche bestehenden Reichsgesetze beruht, sowie für solche juristische Personen des öffentlichen Rechtes, welche nach besonderer gesetzlicher Vorschrift ohne die im Abs. 1 bezeichnete Genehmigung Grundeigenthum erwerben können.

§. 2. Juristische Personen, die in einem anderen Bundesstaat ihren Sitz haben, bedürfen zum Erwerbe des Eigenthums an einem Grundstück im Werthe von mehr als fünftausend Mark der Genehmigung des Königs oder der durch Königliche Verordnung bestimmten Behörde.

Der gleichen Genehmigung bedürfen ausländische juristische Personen zum Erwerbe des Eigenthums an einem Grundstück ohne Rücksicht auf den Werth des Grundstücks.

§. 3. Die in den §§. 1, 2 vorgeschriebene Genehmigung ist nicht erforderlich zu einem Erwerbe, der auf Grund einer nach Maßgabe des Artikel 6 genehmigten Schenkung oder Zuwendung von Todeswegen erfolgt.

Verjährung gewisser Ansprüche.

Artikel 8.

§. 1. In vier Jahren verjähren:

1. die Ansprüche der Kirchen, der Geistlichen und der sonstigen Kirchenbeamten wegen der Gebühren für kirchliche Handlungen;
2. die Ansprüche auf Zahlung der von einer Verwaltungsbehörde, einem Verwaltungsgericht oder einer Auseinandersetzungsbehörde nicht oder zu wenig eingezogenen Kosten;
3. die Ansprüche der Ortsbehörden wegen der Gebühren für Handlungen der freiwilligen Gerichtsbarkeit oder für ihre Thätigkeit als gerichtliche Hülfsbeamte;

4. die Ansprüche auf Rückerstattung von Kosten, die von einer öffentlichen Behörde mit Unrecht erhoben sind;
5. die Ansprüche auf Rückstände von Verkehrsabgaben, die in Folge einer besonderen Berechtigung an Privatpersonen zu entrichten sind.

§. 2. Auf die Verjährung finden die Vorschriften des Bürgerlichen Gesetzbuchs und des Artikel 169 Abs. 1 des Einführungsgesetzes zum Bürgerlichen Gesetzbuche mit folgenden Maßgaben Anwendung:

1. Die Verjährung beginnt, unbeschadet der Vorschrift des §. 201 Satz 2 des Bürgerlichen Gesetzbuchs, für die im §. 1 Nr. 1 bis 3 bezeichneten Ansprüche mit dem Schlusse des Jahres, in welchem die Gebühren oder Kosten fällig werden, für die im §. 1 Nr. 4, 5 bezeichneten Ansprüche mit dem Schlusse des Jahres, in welchem der Anspruch entsteht.
2. Soweit die im §. 1 Nr. 1, 2 bezeichneten Gebühren und Kosten der Beitreibung im Verwaltungszwangsverfahren unterliegen, wird die Verjährung auch durch eine an den Zahlungspflichtigen erlassene Aufforderung zur Zahlung und durch die Bewilligung einer Stundung unterbrochen. Wird die Verjährung unterbrochen, so beginnt eine neue Verjährung nicht vor dem Schlusse des Jahres, in welchem der für die Beendigung der Unterbrechung maßgebende Zeitpunkt eintritt, und im Falle der Bewilligung einer Stundung nicht vor dem Schlusse des Jahres, in welchem die bewilligte Frist abgelaufen ist.

Artikel 9.

Die Vorschriften des Gesetzes über die Verjährungsfristen bei öffentlichen Abgaben vom 18. Juni 1840 (Gesetz-Samml. S. 140) treten, soweit sie sich auf die im §. 2 des Gesetzes erwähnten Abgaben beziehen, für öffentliche zu den Staatskassen fließende Verkehrsabgaben, unbeschadet abweichender reichsgesetzlicher Vorschriften, in den Landestheilen in Kraft, in welchen sie für solche Abgaben noch nicht Geltung haben.

Die im Abs. 1 bezeichneten Vorschriften finden im ganzen Umfange der Monarchie auf sonstige öffentliche Gebühren entsprechende Anwendung, sofern nicht abweichende besondere Bestimmungen bestehen.

Gesetzliche Zinsen.

Artikel 10.

Soweit in Gesetzen, die neben dem Bürgerlichen Gesetzbuch in Kraft bleiben, die Verzinsung einer Schuld mit fünf vom Hundert für das Jahr vorgeschrieben ist, tritt an die Stelle dieser Verzinsung die Verzinsung mit vier vom Hundert. Dies gilt für die Zeit nach dem Inkrafttreten des Bürgerlichen Gesetzbuchs auch dann, wenn die Verzinsung schon begonnen hat.

Zahlungen aus öffentlichen Kassen.

Artikel 11.

Zahlungen aus öffentlichen Kassen sind, wenn nicht ein Anderes bestimmt ist, an der Kasse in Empfang zu nehmen.

Beurkundung von Grundstücksveräußerungen.

Artikel 12.

§. 1. Für einen Vertrag, durch den sich der eine Theil verpflichtet, das Eigenthum an einem Grundstücke gegen Uebernahme einer festen Geldrente zu übertragen (Rentengutsvertrag), genügt bei den durch Vermittelung der Generalkommission begründeten und bei den vom Staate ausgegebenen Rentengütern die schriftliche Form.

Das Gleiche gilt für den in den §§. 16, 17 des Gesetzes über die Enteignung von Grundeigenthum vom 11. Juni 1874 (Gesetz-Samml. S. 221) bezeichneten Vertrag über die freiwillige Abtretung von Grundeigenthum.

§. 2. Für die Beurkundung eines Vertrags, durch den sich der eine Theil verpflichtet, das Eigenthum an einem Grundstücke dem Staate zu übertragen, sind außer den Gerichten und Notaren auch zuständig:

1. bei den auf Grund des Gesetzes, betreffend die Beförderung deutscher Ansiedelungen in den Provinzen Westpreußen und Posen, vom 26. April 1886 (Gesetz-Samml. S. 131) / 20. April 1898 (Gesetz-Samml. S. 63) erfolgenden käuflichen Erwerbungen die Oberbeamten der Ansiedelungskommission für Westpreußen und Posen;
2. bei den käuflichen Erwerbungen für Eisenbahn- oder Kanalbauten die für den Grunderwerb von den Vorständen der zuständigen Verwaltungsbehörde als Justitiare bezeichneten Beamten.

Verkäufe durch öffentlich ermächtigte Handelsmäkler.

Artikel 13.

Die öffentliche Ermächtigung, deren Handelsmäkler zu Verkäufen oder Käufen bedürfen, wird für Orte innerhalb des Bezirkes einer Handelskammer oder einer kaufmännischen Körperschaft durch diese vorbehaltlich der Bestätigung des Regierungspräsidenten, für andere Orte durch den Regierungspräsidenten ertheilt.

Die Ermächtigung wird erst wirksam, wenn der Handelsmäkler den Eid leistet, daß er die ihm obliegenden Pflichten getreu erfüllen werde. Für die Abnahme des Eides ist das Amtsgericht zuständig, in dessen Bezirke der Handelsmäkler sein Geschäftslokal oder in Ermangelung eines solchen seine Wohnung hat. Die Beeidigung kann auch von der Handelskammer oder der kaufmännischen Korporation vorgenommen werden, welche die Ermächtigung ertheilt hat.

Auf die Rücknahme der Ermächtigung findet die Vorschrift des §. 120 Nr. 3 des Gesetzes über die Zuständigkeit der Verwaltungs- und Verwaltungsgerichtsbehörden vom 1. August 1883 (Gesetz-Samml. S. 237) Anwendung.

Gesinderecht.

Artikel 14.

Die Vorschrift des §. 616 des Bürgerlichen Gesetzbuchs findet auf das Gesindeverhältniß Anwendung.

Die Vorschriften der Gesindeordnungen, nach welchen der Dienstberechtigte für den von dem Gesinde einem Dritten widerrechtlich zugefügten Schaden in weiterem Umfang als nach den Vorschriften des Bürgerlichen Gesetzbuchs verantwortlich ist, treten außer Kraft.

Ein Wohnsitz wird durch das Gesindeverhältniß nicht begründet.

Leibgedingsvertrag.

Artikel 15.

Steht mit der Ueberlassung eines Grundstücks ein Leibgedingsvertrag (Leibzuchts-, Altentheils-, Auszugs-, Ausgedingevertrag) in Verbindung, so gelten für das sich aus dem Vertrag ergebende Schuldverhältniß, soweit nicht abweichende Vereinbarungen getroffen sind, folgende Vorschriften:

§. 1. Der Erwerber des Grundstücks ist verpflichtet, dem Berechtigten an dem Grundstück eine den übernommenen wiederkehrenden Leistungen entsprechende Reallast und, wenn dem Berechtigten das Recht eingeräumt ist, ein auf dem Grundstücke befindliches Gebäude oder einen Theil eines solchen Gebäudes zu bewohnen oder mitzubewohnen oder einen Theil des Grundstücks in sonstiger Weise zu benutzen, eine entsprechende persönliche Dienstbarkeit, mit dem Range unmittelbar hinter den zur Zeit der Ueberlassung bestehenden Belastungen zu bestellen.

§. 2. Auf das Schuldverhältniß finden die Vorschriften der §§. 759, 760 des Bürgerlichen Gesetzbuchs über die Leibrente Anwendung.

§. 3. Hat der Verpflichtete dem Berechtigten Erzeugnisse solcher Gattung zu leisten, wie sie auf dem überlassenen Grundstücke gewonnen werden, so kann der Berechtigte nur Erzeugnisse von der mittleren Art und Güte derjenigen verlangen, welche auf dem Grundstücke bei ordnungsmäßiger Bewirthschaftung gewonnen werden.

§. 4. Lasten, die auf einen dem Berechtigten zur Benutzung überlassenen Theil des Grundstücks entfallen, hat der Verpflichtete zu tragen.

§. 5. Ist dem Berechtigten eine abgesonderte Wohnung zu gewähren, so hat der Verpflichtete die Wohnung dem Berechtigten in einem zu dem vertragsmäßigen Gebrauche geeigneten Zustande zu überlassen und sie während der Dauer seiner Verpflichtung in diesem Zustande zu erhalten.

Wird das Gebäude durch Zufall zerstört, so hat der Verpflichtete die Wohnung in einer nach den Umständen der Billigkeit entsprechenden Zeit und Weise wiederherzustellen und bis zur Wiederherstellung dem Berechtigten eine angemessene andere Wohnung zu beschaffen.

§. 6. Ist dem Berechtigten eine abgesonderte Wohnung zu gewähren, so ist er befugt, seine Familie sowie die zur standesgemäßen Bedienung und zur Pflege erforderlichen Personen in die Wohnung aufzunehmen.

Hat der Verpflichtete dem Berechtigten die Mitbenutzung seiner Wohnung zu gestatten, so erstreckt sich die Befugniß des Berechtigten zur Aufnahme seiner Familie nicht auf Personen, die erst nach der Schließung des Leibgedingsvertrags durch Eheschließung, Ehelichkeitserklärung oder Annahme an Kindesstatt Familienangehörige geworden sind, und nicht auf Kinder, die aus dem Hausstande des Berechtigten ausgeschieden waren.

§. 7. Unterläßt der Verpflichtete die Bewirkung einer vertragsmäßigen Leistung, so steht dem Berechtigten nicht das Recht zu, wegen der Nichterfüllung oder des Verzugs nach §. 325 Abs. 2 oder §. 326 des Bürgerlichen Gesetzbuchs von dem Vertrage zurückzutreten oder nach §. 527 des Bürgerlichen Gesetzbuchs die Herausgabe des Grundstücks zu fordern.

§. 8. Veranlaßt der Verpflichtete durch sein Verhalten eine solche Störung der persönlichen Beziehungen zu dem Berechtigten, daß diesem nicht zugemuthet werden kann, die Wohnung auf dem Grundstücke zu behalten, so hat er dem Berechtigten, falls dieser die Wohnung aufgiebt, den für die Beschaffung einer anderen angemessenen Wohnung erforderlichen Aufwand sowie den Schaden zu ersetzen, der daraus entsteht, daß dieser andere ihm gebührende Leistungen nicht auf dem Grundstück in Empfang nehmen kann.

§. 9. Veranlaßt der Berechtigte durch sein Verhalten eine solche Störung der persönlichen Beziehungen zu dem Verpflichteten, daß diesem nicht zugemuthet werden kann, ihm das fernere Wohnen auf dem Grundstücke zu gestatten, so kann ihm der Verpflichtete die Wohnung unter Gewährung einer angemessenen Räumungsfrist kündigen.

Macht der Verpflichtete von dieser Befugniß Gebrauch, so hat er dem Berechtigten eine Geldrente zu gewähren, die nach billigem Ermessen dem Werthe der Vortheile entspricht, welche er durch die Befreiung von der Pflicht zur Gewährung der Wohnung und zu Dienstleistungen erlangt.

Die Vorschrift des Abs. 2 findet auch Anwendung, wenn der Berechtigte durch andere Umstände als durch das Verhalten des Verpflichteten ohne eigenes Verschulden genöthigt ist, das Grundstück dauernd zu verlassen.

§. 10. Ist ein Leibgedinge für mehrere Berechtigte, insbesondere für Ehegatten, vereinbart, so wird der Verpflichtete durch den Tod eines der Berechtigten zu dem Kopftheile des Verstorbenen von seiner Verpflichtung frei, soweit die geschuldeten Leistungen zum Zwecke des Gebrauchs oder Verbrauchs unter den Berechtigten getheilt werden mußten.

Staatsschuldbuch.

Artikel 16.

Das Gesetz, betreffend das Staatsschuldbuch, vom 20. Juli 1883 (Gesetz-Samml. S. 120) wird dahin geändert:

I. Der §. 9 erhält folgende Fassung:

> Eine Ehefrau wird, unbeschadet der Vorschriften des Artikel 97 Abs. 2 des Einführungsgesetzes zum Bürgerlichen Gesetzbuche, zu Anträgen ohne Zustimmung des Ehemannes zugelassen.

II. Der §. 12 Abs. 2 erhält folgende Fassung:

> Zur Ausstellung dieser Bescheinigungen ist das Nachlaßgericht und, falls der Erblasser zur Zeit des Erbfalls im Inlande weder Wohnsitz noch Aufenthalt hatte, auch derjenige Konsul des Reichs zuständig, in dessen Amtsbezirke der Erblasser zur Zeit des Erbfalls seinen Wohnsitz oder seinen gewöhnlichen Aufenthalt hatte, sofern dem Konsul von dem Reichskanzler die Ermächtigung zur Ausstellung solcher Bescheinigungen ertheilt ist.

III. Der §. 24 wird gestrichen.

Staatsschuldverschreibungen.

Artikel 17.

§. 1. Bei den vom Staate ausgestellten Schuldverschreibungen auf den Inhaber hängt die Gültigkeit der Unterzeichnung von der Ausfertigung ab, ohne daß es der Aufnahme dieser Bestimmung in die Urkunde bedarf.

Die Ausfertigung erfolgt bei den über das Kapital lautenden Schuldverschreibungen durch eigenhändige Unterzeichnung des Vermerkes „Ausgefertigt" seitens des damit beauftragten Beamten, bei Zins- und Erneuerungsscheinen durch den Aufdruck eines den Königlich Preußischen Adler enthaltenden Trockenstempels.

§. 2. Bei Zinsscheinen, die für Schuldverschreibungen der im §. 1 bezeichneten Art oder für Rentenbriefe der zur Vermittelung der Ablösung von Renten in Preußen bestehenden Rentenbanken ausgegeben sind, ist der im §. 804 Abs. 1 des Bürgerlichen Gesetzbuchs bestimmte Anspruch ausgeschlossen, ohne daß es der Ausschließung in dem Scheine bedarf.

Unschädlichkeitszeugniß.

Artikel 18.

Die bestehenden Vorschriften über die Ertheilung von Unschädlichkeitszeugnissen zum Zwecke der Befreiung eines Theiles eines Grundstücks von dessen Belastungen bleiben mit folgenden Maßgaben in Kraft:

1. Bei der Entscheidung, ob der Grundstückstheil im Verhältnisse zum Hauptgrundstücke von geringem Werthe und Umfang ist, wird, wenn die Belastungen, von denen der Theil befreit werden soll, noch auf anderen Grundstücken desselben Eigenthümers haften, die Gesammtheit der belasteten Grundstücke als Hauptgrundstück behandelt.
2. Das Unschädlichkeitszeugniß kann auf einzelne Belastungen beschränkt werden.

Artikel 19.

Im Gebiete des vormaligen Herzogthums Nassau und auf der Insel Helgoland treten die Vorschriften des Gesetzes, betreffend die Erleichterung der Abveräußerung einzelner Theile von Grundstücken in der Provinz Hannover, vom 25. März 1889 (Gesetz-Samml. S. 65) mit den im Artikel 18 bestimmten Aenderungen in Kraft; auf das Verfahren und das Kostenwesen finden ergänzend die allgemeinen Vorschriften, die für Gemeinheitstheilungen im Gebiete des vormaligen Herzogthums Nassau und in der Provinz Schleswig-Holstein gelten, entsprechende Anwendung.

Die Unschädlichkeitszeugnisse, die bezüglich der im §. 1 Nr. 3 des Gesetzes vom 25. März 1889 bezeichneten Geschäfte ausgestellt werden, sind stempel- und gebührenfrei.

Landeskulturrenten.

Artikel 20.

Das Gesetz, betreffend die Errichtung von Landeskultur-Rentenbanken, vom 13. Mai 1879 (Gesetz-Samml. S. 367) wird dahin geändert:

I. Im §. 14 Abs. 1 werden die Worte „Der Darlehnssucher hat durch Eintragung eines Vermerks in das Grund- oder Hypothekenbuch das Vorrecht der Rente vor allen späteren Eintragungen oder gesetzlichen Hypotheken zu sichern" ersetzt durch die Worte:

„Der Darlehnssucher hat eine Vormerkung zur Sicherung des Anspruchs auf Einräumung der Rente in das Grundbuch eintragen zu lassen".

II. Der §. 24 erhält folgenden Abs. 3:

Bei der Eintragung der Rente ist zugleich auf Grund des Beschlusses der Auseinandersetzungsbehörde (§. 22) eine Vormerkung zur Sicherung des Anspruchs auf Einräumung des Vorzugsrechts für die Rente einzutragen.

III. An die Stelle des §. 25 Abs. 1 tritt folgende Vorschrift:

Die Eintragung des Vorzugsrechts der Rente im Grundbuch erfolgt auf Grund einer Bescheinigung der Auseinandersetzungsbehörde, daß die zweckmäßige Ausführung der Drainirungsanlage geschehen ist.

IV. An die Stelle des §. 27 Abs. 1 tritt folgende Vorschrift:

Die Eintragung der im §. 24 Abs. 3 bezeichneten Vormerkung und des Vorzugsrechts der Rente erfolgt ohne Vorlegung der über die vorhandenen Realrechte ausgefertigten Urkunden. Wird eine solche Urkunde nachträglich vorgelegt, so hat das Grundbuchamt die Eintragung auf ihr zu vermerken.

Der Eintragung nicht bedürfende Rechte.

Artikel 21.

Zur Erhaltung der Wirksamkeit gegenüber dem öffentlichen Glauben des Grundbuchs bedürfen der Eintragung nicht:

1. das in den Fällen der Enteignung oder der Grundabtretung zu Zwecken des Bergbaubetriebs bestehende gesetzliche Vorkaufsrecht;
2. die Gebrauchs- und Nutzungsrechte, welche nach den §§. 8, 142 des Allgemeinen Berggesetzes vom 24. Juni 1865 (Gesetz-Samml. S. 705) im Wege des Zwangsverfahrens erworben werden können;
3. die den Rentenbanken überwiesenen Renten und die Domänen-Amortisationsrenten; die für die Provinz Hannover bisher geltenden entgegenstehenden Vorschriften werden aufgehoben.

Nachbarrechtliche Beschränkungen des Eigenthums.

Artikel 22.

§. 1. Werden im bisherigen Geltungsbereiche des Rheinischen Rechtes zwei Grundstücke durch eine Mauer geschieden, zu deren Benutzung die Eigenthümer der Grundstücke gemeinschaftlich berechtigt sind, so kann der Eigenthümer des einen Grundstücks dem Eigenthümer des anderen Grundstücks nicht verbieten, die Mauer ihrer ganzen Dicke nach zu erhöhen, wenn ihm nachgewiesen wird, daß durch die Erhöhung die Mauer nicht gefährdet wird.

Der sich aus der Vorschrift des Abs. 1 ergebende Anspruch unterliegt nicht der Verjährung.

§. 2. Der Eigenthümer des Grundstücks, von dem aus die Erhöhung erfolgt ist, kann dem Eigenthümer des anderen Grundstücks die Benutzung des Aufbaus verbieten, bis ihm für die Hälfte oder, wenn nur ein Theil des Aufbaus benutzt werden soll, für den entsprechenden Theil der Baukosten Ersatz geleistet wird. Solange das Verbietungsrecht besteht, hat der Berechtigte den Mehraufwand zu tragen, den die Unterhaltung der Mauer in Folge der Erhöhung verursucht.

Das Verbietungsrecht erlischt durch Einigung der Betheiligten.

§. 3. Wird die Mauer zum Zwecke der Erhöhung verstärkt, so ist die Verstärkung auf dem Grundstück anzubringen, dessen Eigenthümer die Erhöhung unternimmt. Der von dem Eigenthümer des anderen Grundstücks nach §. 2 zu ersetzende Betrag der gesammten Baukosten erhöht sich um den entsprechenden Theil des Werthes der zu der Verstärkung verwendeten Grundfläche. Verlangt der Eigenthümer des Grundstücks, auf dem die Verstärkung angebracht worden ist, die Ersatzleistung, so ist er verpflichtet, dem Eigenthümer des anderen Grundstücks das Eigenthum an der zu der Mauer verwendeten Grundfläche seines Grundstücks soweit zu übertragen, daß die neue Grenzlinie durch die Mitte der verstärkten Mauer geht; die Vorschriften über den Kauf finden Anwendung.

Artikel 23.

Hat im bisherigen Geltungsbereiche des Rheinischen Rechtes der Eigenthümer eines Grundstücks vor dem Inkrafttreten des Bürgerlichen Gesetzbuchs auf Grund des Artikels 663 des Rheinischen Bürgerlichen Gesetzbuchs von seinem Nachbar verlangt, daß er zur Errichtung einer Scheidemauer beitrage, so bleiben für das Recht und die Pflicht zur Errichtung der Mauer die bisherigen Vorschriften maßgebend.

Widerrufliches Eigenthum an Grundstücken.

Artikel 24.

Steht im bisherigen Geltungsbereiche des Rheinischen Rechtes dem früheren Eigenthümer eines Grundstücks auf Grund eines Rechtsgeschäfts, durch welches das Grundstück veräußert worden ist, ein Recht zu, vermöge dessen bei dem Eintritt eines bestimmten Umstandes das Eigenthum an dem Grundstücke mit rückwirkender Kraft an ihn zurückfällt, so verwandelt sich das Rückfallsrecht zu der Zeit, zu welcher das Grundbuch als angelegt anzusehen ist, in einen Anspruch auf Rückübertragung des Eigenthums und Befreiung des Grundstücks von den dem Rückfallsberechtigten gegenüber nicht wirksamen Belastungen. Diejenigen, gegen welche sich der Anspruch richtet, sind verpflichtet, die Eintragung einer Vormerkung zur Sicherung des Anspruchs zu bewilligen.

Die vor der im Abs. 1 bezeichneten Zeit erfolgte Eintragung des Rückfallsrechts gilt als Eintragung einer Vormerkung.

Form der Auflassung.

Artikel 25.

Für Grundstücke, die im bisherigen Geltungsbereiche des Rheinischen Rechtes belegen sind, gelten folgende Vorschriften:

§. 1. Die Auflassung sowie die zur Bestellung oder Uebertragung eines Erbbaurechts erforderliche Einigung kann außer vor dem Grundbuchamt auch vor einem anderen Preußischen Amtsgericht oder vor einem Preußischen Notar erklärt werden. Durch Königliche Verordnung kann bestimmt werden, daß auch die Amtsgerichte oder die Notare anderer Bundesstaaten zuständig sind.

Jeder Theil ist berechtigt, zu verlangen, daß die Auflassung vor dem Grundbuchamt erfolgt.

§. 2. Bei der Auflassung bedarf es der gleichzeitigen Anwesenheit beider Theile nicht, wenn das Grundstück durch ein Amtsgericht oder einen Notar versteigert worden ist und die Auflassung noch in dem Versteigerungstermine stattfindet.

Uebertragung des Eigenthums an buchungsfreien Grundstücken.

Artikel 26.

Zur Uebertragung des Eigenthums an einem Grundstücke, das im Grundbuch nicht eingetragen ist und auch nach der Uebertragung nicht eingetragen zu werden braucht, ist die Einigung des Veräußerers und des Erwerbers über den Eintritt der Uebertragung erforderlich. Die Einigung bedarf der gerichtlichen oder notariellen Beurkundung.

Die Uebertragung des Eigenthums kann nicht unter einer Bedingung oder einer Zeitbestimmung erfolgen.

Aneignung und Halten von Tauben.

Artikel 27.

Die Vorschriften über das Recht zur Aneignung der einem Anderen gehörenden, im Freien betroffenen Tauben sowie alle sonstigen Vorschriften, die das Recht, Tauben zu halten, beschränken, werden aufgehoben.

Im Wege der Polizeiverordnung kann das Herauslassen von Tauben ins Freie zeitweilig, insbesondere während der Saat- und Erntezeit, untersagt werden.

Die Vorschriften der §§. 67 bis 87 des Feld- und Forstpolizeigesetzes vom 1. April 1880 (Gesetz-Samml. S. 230) über Schadensersatz und Pfändung finden auf Tauben Anwendung; der Betrag des Ersatzgeldes bestimmt sich nach den in den §§. 71, 72 für Federvieh gegebenen Vorschriften.

Besitzschutz bei Grunddienstbarkeiten.

Artikel 28.

Für den Schutz der Ausübung einer Grunddienstbarkeit gelten, auch bevor das Grundbuch für das Grundstück als angelegt anzusehen ist, wenn die Grunddienstbarkeit in einem über das Grundstück geführten gerichtlichen Buche eingetragen ist, die Vorschriften des §. 1029 des Bürgerlichen Gesetzbuchs, anderenfalls die Vorschriften des Artikel 191 Abs. 2 des Einführungsgesetzes zum Bürgerlichen Gesetzbuche.

Wiederkaufsrecht bei Rentengütern.

Artikel 29.

§. 1. Ein Grundstück, welches gegen Uebernahme einer festen Geldrente zu Eigenthum übertragen ist (Rentengut), kann zu Gunsten des Veräußerers in der Weise belastet werden, daß dieser dem Eigenthümer gegenüber zum Wiederkaufe berechtigt ist.

Das Wiederkaufsrecht kann auch zu Gunsten des jeweiligen Eigenthümers eines Grundstücks des Veräußerers bestellt werden.

§. 2. Ein Bruchtheil eines Rentenguts kann mit dem Wiederkaufsrechte nur belastet werden, wenn er in dem Antheil eines Miteigenthümers besteht.

§. 3. Das Wiederkaufsrecht beschränkt sich auf die Fälle, daß der Eigenthümer das Rentengut verkauft oder sich durch einen sonstigen Vertrag zur Uebertragung des Eigenthums verpflichtet oder daß er stirbt; es kann auch für den Fall bestellt werden, daß der Eigenthümer eine im Rentengutsvertrage festgesetzte Verpflichtung nicht erfüllt.

§. 4. Das Wiederkaufsrecht erstreckt sich auf das zur Zeit der Ausübung vorhandene Zubehör.

§. 5. Das Rechtsverhältniß zwischen dem Berechtigten und dem Verpflichteten bestimmt sich nach den Vorschriften des §. 497 Abs. 1 und der §§. 498 bis 502 des Bürgerlichen Gesetzbuchs.

Dritten gegenüber hat das Wiederkaufsrecht die Wirkung einer Vormerkung zur Sicherung des durch die Ausübung des Rechtes entstehenden Anspruchs auf Uebertragung des Eigenthums.

§. 6. Das Wiederkaufsrecht kann nur bis zum Ablaufe von drei Monaten nach dem Zeitpunkt ausgeübt werden, in welchem der Berechtigte von dem Eintritte des zum Wiederkaufe berechtigenden Falles Kenntniß erhält. Ist für die Ausübung eine Frist bestimmt, so tritt diese an die Stelle der gesetzlichen Frist.

§. 7. Gelangt das Rentengut in das Eigenthum eines Dritten, so kann der neue Eigenthümer die Zustimmung zur Eintragung des Berechtigten als Eigenthümer und die Herausgabe des Rentenguts verweigern, bis ihm der Wiederkaufspreis soweit ausgezahlt wird, als er oder sein Rechtsvorgänger für den Erwerb des Rentenguts Aufwendungen gemacht hat. Erlangt der Berechtigte die Eintragung als Eigenthümer, so kann der bisherige Eigenthümer von ihm die Erstattung der für den Erwerb des Rentenguts gemachten Aufwendungen bis zur Höhe des Wiederkaufspreises gegen Herausgabe des Rentenguts fordern.

§. 8. Soweit der Berechtigte nach §. 7 den Dritten zu entschädigen hat, wird er von der Verpflichtung zur Zahlung des aus dem Wiederkaufe geschuldeten Kaufpreises frei.

§. 9. Verliert der neue Eigenthümer in Folge der Geltendmachung des Wiederkaufsrechts das Eigenthum, so wird er, soweit die für den Erwerb des Rentenguts von ihm geschuldete Gegenleistung noch nicht berechtigt ist, von seiner Verpflichtung frei; die für den Erwerb bereits gemachten Aufwendungen kann er soweit zurückfordern, als sie durch den an ihn gezahlten Wiederkaufspreis nicht gedeckt sind.

§. 10. Ein zu Gunsten des jeweiligen Eigenthümers eines Grundstücks bestehendes Wiederkaufsrecht kann nicht von dem Eigenthum an diesem Grundstücke getrennt werden.

Ein zu Gunsten einer bestimmten Person bestehendes Wiederkaufsrecht kann nicht mit dem Eigenthum an einem Grundstücke verbunden werden.

§. 11. Ist der Berechtigte unbekannt, so kann er im Wege des Aufgebotsverfahrens mit seinem Rechte ausgeschlossen werden, wenn die im §. 1170 des Bürgerlichen Gesetzbuchs für die Ausschließung eines Hypothekengläubigers bestimmten Voraussetzungen vorliegen. Mit der Erlassung des Ausschlußurtheils erlischt das Wiederkaufsrecht.

Auf ein Wiederkaufsrecht, das zu Gunsten des jeweiligen Eigenthümers eines Grundstücks besteht, finden diese Vorschriften keine Anwendung.

Beschränkung der Reallasten.

Artikel 30.

Im linksrheinischen Theile der Rheinprovinz, im Kreise Herzogthum Lauenburg und auf der Insel Helgoland treten folgende Vorschriften in Kraft:

Mit Ausnahme fester Geldrenten können beständige Abgaben und Leistungen einem Grundstücke als Reallasten nicht auferlegt werden.

Eine neu auferlegte Geldrente ist der Eigenthümer nach vorgängiger sechsmonatiger Kündigung mit dem zwanzigfachen Betrag abzulösen berechtigt, sofern nicht ein Anderes bestimmt ist. Es kann jedoch vertragsmäßig die Kündigung nur während eines bestimmten Zeitraums, welcher dreißig Jahre nicht übersteigen darf, ausgeschlossen und ein höherer Ablösungsbetrag als der fünfundzwanzigfache Betrag der Rente nicht festgesetzt werden.

Vertragsmäßige Bestimmungen, welche diesen Vorschriften zuwiderlaufen, sind unwirksam, unbeschadet der Rechtsverbindlichkeit des sonstigen Inhalts eines solchen Vertrags.

Die Vorschriften über Rentengüter bleiben unberührt.

Vertheilung von Reallasten.

Artikel 31.

Die Vorschriften, nach welchen im Falle der Theilung eines mit einer Reallast belasteten Grundstücks die Reallast auf die einzelnen Theile des Grundstücks vertheilt wird, bleiben in Kraft. Die Vertheilung ist bei der Auseinandersetzungsbehörde zu beantragen.

Kündigungsrecht bei Hypotheken und Grundschulden.

Artikel 32.

In dem bisherigen Geltungsbereiche des Rheinischen Rechtes, in der Provinz Hannover, in dem Kreise Herzogthum Lauenburg und auf der Insel Helgoland treten folgende Vorschriften in Kraft:

Bei Hypothekenforderungen und Grundschulden kann das Kündigungsrecht des Eigenthümers nur soweit ausgeschlossen werden, daß der Eigenthümer nach dreißig Jahren unter Einhaltung einer sechsmonatigen Frist kündigen kann.

Kapitalien, die auf einem Grundstück oder einer Gerechtigkeit angelegt sind und bisher seitens des Schuldners unkündbar waren, können nach dem Ablaufe von dreißig Jahren seit dem Inkrafttreten dieses Gesetzes von dem Eigenthümer unter Einhaltung einer sechsmonatigen Frist gekündigt werden.

Diese Vorschriften finden auf die von einer öffentlichen Behörde oder einem öffentlichen Beamten verwalteten Kreditanstalten keine Anwendung.

Bestehende Hypotheken.

Artikel 33.

§. 1. Eine zu der Zeit, zu welcher das Grundbuch als angelegt anzusehen ist, bestehende Hypothek gilt von dieser Zeit an als eine Hypothek, für welche die Ertheilung des Hypothekenbriefs nicht ausgeschlossen ist, wenn über sie nach den geltenden Vorschriften ein Hypothekenbrief gebildet oder zu bilden ist. Ein vor der bezeichneten Zeit gebildeter Hypothekenbrief gilt als Hypothekenbrief im Sinne der Reichsgesetze.

Die Vorschriften des Abs. 1 finden auf Kautionshypotheken keine Anwendung.

§. 2. Im ursprünglichen Geltungsbereiche der Grundbuchordnung vom 5. Mai 1872 steht ein vor deren Inkrafttreten gebildetes Hypotheken-Instrument einem nach dem Inkrafttreten gebildeten Hypothekenbriefe gleich.

In den übrigen Landestheilen erfolgt die Ertheilung eines Hypothekenbriefs kostenfrei, wenn sie vor der Zeit, zu welcher das Grundbuch als angelegt anzusehen ist, nach den geltenden Vorschriften beantragt wird.

§. 3. Ist eine Hypothek, auf welche die Vorschriften des §. 42 des Gesetzes über das Grundbuchwesen in dem Bezirke des Appellationsgerichts zu Cassel ꝛc. vom 29. Mai 1873 (Gesetz-Samml. S. 273) Anwendung finden, zu der Zeit, zu welcher das Grundbuch als angelegt anzusehen ist, noch nicht nach §. 43 desselben Gesetzes umgewandelt, so gilt sie von dieser Zeit an als Sicherungshypothek, auch wenn der Betrag der Forderung, für die sie besteht, bestimmt ist.

§. 4. Die nach den Vorschriften des Rheinischen Bürgerlichen Gesetzbuchs begründeten Privilegien und Hypotheken, die zu der Zeit, zu welcher das Grundbuch als angelegt anzusehen ist, nicht durch Einschreibung im Hypothekenregister oder durch Eintragung im Grundbuche wirksam geworden sind, verwandeln sich in Ansprüche auf Bestellung einer Sicherungshypothek, soweit nicht im Artikel 55 §. 9 ein Anderes bestimmt ist. Gerichtliche Hypotheken dieser Art erlöschen, unbeschadet der dem Gläubiger auf Grund eines vollstreckbaren Titels nach den reichsgesetzlichen Vorschriften zustehenden Befugnisse.

Privilegien und Hypotheken an Nießbrauchsrechten verwandeln sich, wenn sie zu der im Abs. 1 bezeichneten Zeit wirksam geworden sind, in Pfandrechte an dem Nießbrauch, anderenfalls in Ansprüche auf Bestellung eines Pfandrechts; die Vorschriften des Abs. 1 finden entsprechende Anwendung.

Bestehende Grundschulden.

Artikel 34.

Wird im Falle der Blankoabtretung einer Grundschuld die durch einen Namen ausgefüllte Abtretungserklärung vor dem Inkrafttreten des Bürgerlichen Gesetzbuchs behufs Sicherstellung der Zeit der Ausfüllung einem Amtsgerichte vorgelegt, so hat das Gericht die Bescheinigung auf der Urkunde gebühren- und stempelfrei zu ertheilen.

Uebertragung von Vorschriften auf Rentenschulden.

Artikel 35.

Die neben dem Bürgerlichen Gesetzbuch in Kraft bleibenden Vorschriften, die sich auf Hypotheken und Grundschulden beziehen, finden auf Rentenschulden entsprechende Anwendung.

Auseinandersetzungen.

Artikel 36.

In dem vormaligen Herzogthume Nassau tritt das Gesetz, betreffend die Berichtigung des Grundsteuerkatasters und der Grundbücher bei Auseinandersetzungen vor Bestätigung des Rezesses vom 26. Juni 1875 (Gesetz-Samml. S. 235) mit dem Zeitpunkt, in welchem das Grundbuch für einen Bezirk als angelegt anzusehen ist, für den Bezirk in Kraft.

Bei Güterkonsolidationen und Auseinandersetzungen finden die Vorschriften des §. 25 Abs. 2 der Verordnung, betreffend die Ablösung der Servituten 2c. für das vormalige Kurfürstenthum Hessen, vom 13. Mai 1867 (Gesetz-Samml. S. 716) entsprechende Anwendung.

Bergrecht.

Artikel 37.

Das Allgemeine Berggesetz vom 24. Juni 1865 (Gesetz-Samml. S. 705) wird dahin geändert:

I. An die Stelle des §. 50 tritt folgende Vorschrift:

Für das durch die Verleihungsurkunde begründete oder durch Konsolidation, Theilung von Grubenfeldern oder Austausch von Feldestheilen erworbene Bergwerkseigenthum gelten die sich auf Grundstücke beziehenden Vorschriften des Bürgerlichen Gesetzbuchs, soweit nicht aus diesem Gesetze sich ein Anderes ergiebt.

Mit der gleichen Beschränkung finden die für den Erwerb des Eigenthums und die Ansprüche aus dem Eigenthum an Grundstücken geltenden Vorschriften auf das Bergwerkseigenthum entsprechende Anwendung.

II. Die §§. 52, 53 werden aufgehoben.

III. Der §. 60 Abs. 3 erhält folgende Fassung:

Der Hülfsbau gilt als Bestandtheil des berechtigten Bergwerks oder, wenn die Eigenthümer mehrerer Bergwerke sich zur gemeinschaftlichen Anlage eines Hülfsbaues vereinigt und keine anderweitige Vereinbarung getroffen haben, als Bestandtheil der berechtigten Bergwerke. Er bedarf, wenn der Hülfsbauberechtigte den Besitz erlangt hat, zur Wirksamkeit gegenüber dem öffentlichen Glauben des Grundbuchs nicht der Eintragung in das Grundbuch.

IV. Im §. 85a Abs. 4 werden

1. im Satz 1 die Worte: „der Vater oder Vormund" ersetzt durch die Worte:

„der gesetzliche Vertreter",

2. im Satz 2 die Worte: „des Vaters oder Vormundes" ersetzt durch die Worte:

„des gesetzlichen Vertreters".

V. Im §. 85b werden

1. im Satz 4 die Worte: „an den Vater oder Vormund, sofern diese es verlangen" ersetzt durch die Worte:

„an den gesetzlichen Vertreter, sofern dieser es verlangt",

2. im Satz 5 die Worte: „an die Mutter" ersetzt durch die Worte:

„an die zur gesetzlichen Vertretung nicht berechtigte Mutter".

VI. Im §. 85c treten an die Stelle des Satz 2 folgende Vorschriften:

Die Ausstellung erfolgt auf Antrag oder mit Zustimmung des gesetzlichen Vertreters; ist die Erklärung des gesetzlichen Vertreters nicht zu beschaffen oder verweigert er die Zustimmung ohne genügenden Grund und zum Nachtheile des Arbeiters, so kann die Gemeindebehörde die Zustimmung ergänzen.

VII. Im §. 85e Abs. 1 werden die Worte: „seines Vaters oder Vormundes" ersetzt durch die Worte:

„seines gesetzlichen Vertreters".

VIII. Im §. 85h werden die Worte: „des Minderjährigen, seines Vaters oder Vormundes" ersetzt durch die Worte:

„des Minderjährigen oder seines gesetzlichen Vertreters".

IX. Der §. 101 Abs. 3 erhält folgende Fassung:

Die Kuxe sind untheilbar. Sie gehören zum beweglichen Vermögen.

X. Der §. 128 erhält folgende Fassung:

Soweit der gegenwärtige Titel nichts Anderes bestimmt, sind die durch die Bestellung eines Repräsentanten oder Grubenvorstandes entstehenden Rechtsverhältnisse nach den allgemeinen Vorschriften über die Vollmacht und den Auftrag zu beurtheilen.

XI. Der §. 228 Abs. 2 wird gestrichen.

XII. An die Stelle des §. 231 treten folgende Vorschriften:

Für die Kuxe gelten die sich auf Grundstücke beziehenden Vorschriften des Bürgerlichen Gesetzbuchs, soweit nicht ein Anderes bestimmt ist.

Die für den Erwerb des Eigenthums und die Ansprüche aus dem Eigenthum an Grundstücken geltenden Vorschriften finden auf die Kuxe entsprechende Anwendung.

XIII. Im §. 235a Abs. 1 werden die Worte: „die Eigenschaft der beweglichen Sachen haben" ersetzt durch die Worte:

„zum beweglichen Vermögen gehören".

XIV. Der §. 240 Abs. 3 erhält folgende Fassung:

Der Beschluß ist gerichtlich oder notariell aufzunehmen.

Artikel 38.

In dem Gesetze, betreffend die Rechtsverhältnisse des Stein- und Braunkohlen-Bergbaues in den Landestheilen, in welchen das Kurfürstlich Sächsische Mandat vom 19. August 1743 Gesetzeskraft hat, vom 22. Februar 1869 (Gesetz-Samml. S. 401) treten an die Stelle der §§. 2 bis 8 folgende Vorschriften:

§. 2.

Das Recht zum Stein- oder Braunkohlen-Bergbau kann von dem Eigenthum an dem Grundstück, in welchem die Stein- oder Braunkohlen anstehen, abgetrennt und als selbständige Gerechtigkeit für den Grundeigenthümer oder für einen Dritten bestellt werden.

§. 3.

Zur Bestellung einer selbständigen Kohlenabbau-Gerechtigkeit für den Grundeigenthümer ist dessen Erklärung gegenüber dem Grundbuchamte, daß die Gerechtigkeit für ihn in das Grundbuch eingetragen werden soll, und die Eintragung erforderlich; die Vorschrift des §. 878 des Bürgerlichen Gesetzbuchs findet Anwendung.

Zur Bestellung der selbständigen Kohlenabbau-Gerechtigkeit für einen Dritten ist die Einigung des Grundeigenthümers und des Erwerbers über die Bestellung der Gerechtigkeit und die Eintragung im Grundbuch erforderlich; die Einigung muß bei gleichzeitiger Anwesenheit beider Theile vor dem Grundbuchamt erklärt werden.

§. 4.

Die Eintragung der selbständigen Gerechtigkeit in das Grundbuch soll nur erfolgen, wenn dem Grundbuchamt ein Situationsriß vorgelegt wird; auf den Situationsriß finden die Vorschriften des §. 17 des Allgemeinen Berggesetzes vom 24. Juni 1865, mit Ausschluß der Bestimmung über die Angabe des Fundpunktes, Anwendung.

§. 5.

Für die nach §. 1 bestehenden und die später vom Grundeigenthum abgetrennten Kohlenabbau-Gerechtigkeiten gelten die sich auf Grundstücke beziehenden Vorschriften des Bürgerlichen Gesetzbuchs.

Die für den Erwerb des Eigenthums und die Ansprüche aus dem Eigenthum an Grundstücken geltenden Vorschriften finden entsprechende Anwendung.

§. 6.

Die Vorschriften über die Ertheilung von Unschädlichkeitszeugnissen finden mit der Maßgabe Anwendung, daß das Zeugniß auch dann ertheilt werden darf, wenn die vorhandenen Eintragungen im Grundbuche nach Abtrennung der Kohlenabbau-Gerechtigkeit noch innerhalb der ersten zwei Drittel des Werthes ländlicher oder der ersten Hälfte des Werthes städtischer Grundstücke versichert sind.

§. 7.

Eine Kohlenabbau-Gerechtigkeit darf nur dann einer anderen als Bestandtheil zugeschrieben oder mit ihr vereinigt werden, wenn die Gerechtigkeiten mit ihren Feldern an einander grenzen und zu einem einheitlichen Baue zusammengefaßt sind und wenn außerdem die auf den einzelnen Gerechtigkeiten haftenden Belastungen auf Grund einer die Rangordnung regelnden Einigung mit den Berechtigten auf das aus den Gerechtigkeiten gebildete Ganze übertragen werden.

§. 8.

Ist ein Kohlenfeld vollständig abgebaut, so kann die Kohlenabbau-Gerechtigkeit auf Antrag eines betheiligten Grundeigenthümers oder desjenigen, welchem ein Recht an dem Grundstücke zusteht, im Grundbuche gelöscht werden.

Zur Begründung des Antrags ist ein Zeugniß der Bergbehörde darüber beizubringen, daß das Kohlenfeld gänzlich abgebaut ist und daß auf dem Felde Gebäude oder sonstige zur Grube gehörende unbewegliche Bestandtheile nicht mehr vorhanden sind. Vor der Ertheilung des Zeugnisses sind diejenigen, welchen ein Recht an der Gerechtigkeit zusteht, zu hören.

Auf Grund des Zeugnisses schließt das Grundbuchamt das für die Gerechtigkeit angelegte Blatt und löscht die auf diesem eingetragenen Rechte. Zur Löschung einer Hypothek, Grundschuld oder Rentenschuld ist die Vorlegung des Briefes nicht erforderlich; das Grundbuchamt hat den Besitzer des Briefes zur Vorlegung anzuhalten, um nachträglich die Löschung auf dem Briefe zu vermerken.

Selbständige Gerechtigkeiten.

Artikel 39.

§. 1. Für selbständige Gerechtigkeiten, mit Ausnahme der Kohlenabbau-Gerechtigkeiten in den vormals Königlich Sächsischen Landestheilen, gelten die sich auf Grundstücke beziehenden Vorschriften des Bürgerlichen Gesetzbuchs, wenn die Gerechtigkeit ein Grundbuchblatt erhalten hat.

Unter der gleichen Voraussetzung finden die für den Erwerb des Eigenthums und die Ansprüche aus dem Eigenthum an Grundstücken geltenden Vorschriften auf eine solche Gerechtigkeit entsprechende Anwendung.

§. 2. Selbständige Gerechtigkeiten sind die Gerechtigkeiten, welche nach den bisherigen Gesetzen in Ansehung der Eintragung in die gerichtlichen Bücher und der Verpfändung den Grundstücken gleichstehen.

Pfandleihgewerbe.

Artikel 40.

Das Gesetz, betreffend das Pfandleihgewerbe, vom 17. März 1881 (Gesetz-Samml. S. 265) wird dahin geändert:

I. Der §. 3 Abs. 2, 3 und der §. 9 Abs. 2 werden aufgehoben.

II. An die Stelle des §. 10 treten folgende Vorschriften:

§. 10.

Der Verkauf des Pfandes ist im Wege öffentlicher Versteigerung zu bewirken.

Der Pfandleiher kann bei der Versteigerung mitbieten. Erhält er den Zuschlag, so ist der Kaufpreis als von ihm empfangen anzusehen.

§. 10a.

Hat das Pfand einen Börsen- oder Marktpreis, so kann der Pfandleiher den Verkauf aus freier Hand durch einen zu solchen Verkäufen öffentlich ermächtigten Handelsmäkler oder durch eine zur öffentlichen Versteigerung befugte Person zum laufenden Preise bewirken.

§. 10b.

Gold- und Silbersachen dürfen nicht unter dem Gold- oder Silberwerthe zugeschlagen werden.

Wird ein genügendes Gebot nicht abgegeben, so kann der Verkauf durch eine zur öffentlichen Versteigerung befugte Person aus freier Hand zu einem den Gold- oder Silberwerth erreichenden Preise erfolgen.

Eheschließung von Beamten und Geistlichen.

Artikel 41.

Die Vorschriften, nach welchen für Staatsbeamte und Geistliche zur Eingehung einer Ehe eine besondere Erlaubniß erforderlich ist, werden aufgehoben.

Eheschließung von Ausländern.

Artikel 42.

§. 1. Wollen Ausländer oder Ausländerinnen in Preußen eine Ehe eingehen, so haben sie ein Zeugniß der zuständigen Behörde des Staates, dem sie angehören, darüber beizubringen, daß der Behörde ein nach den Gesetzen dieses Staates bestehendes Ehehinderniß nicht bekannt geworden ist.

§. 2. Ausländer haben außerdem ein Zeugniß der zuständigen Behörde des Staates, dem sie angehören, darüber beizubringen, daß sie nach den Gesetzen dieses Staates ihre Staatsangehörigkeit nicht durch die Eheschließung verlieren, sondern auf ihre Ehefrau und ihre ehelichen oder durch die nachfolgende Ehe legitimirten Kinder übertragen.

§. 3. Die nach den §§. 1, 2 erforderlichen Zeugnisse müssen von einem Konsul oder Gesandten des Reichs mit der Bescheinigung versehen sein, daß die das Zeugniß ausstellende Behörde für die Ausstellung zuständig ist.

Diese Vorschrift findet auf solche Zeugnisse keine Anwendung, welche nach den Bestimmungen der Staatsverträge über die Beglaubigung der von öffentlichen Behörden ausgestellten Urkunden keiner Beglaubigung bedürfen.

§. 4. Von der Vorschrift des §. 1 kann der Justizminister im einzelnen Falle, von der Vorschrift des §. 2 kann der Minister des Innern im einzelnen Falle oder für die Angehörigen eines ausländischen Staates im Allgemeinen Befreiung bewilligen.

§. 5. Die für die Eheschließung von Ausländern bisher geltenden landesgesetzlichen Vorschriften werden aufgehoben.

Güterstand bestehender Ehen.

Artikel 43.

Für den Güterstand der zur Zeit des Inkrafttretens des Bürgerlichen Gesetzbuchs bestehenden Ehen treten, wenn die Ehegatten zu der bezeichneten Zeit in Preußen ihren Wohnsitz haben, von dieser Zeit an nach Maßgabe der Artikel 44 bis 63 an die Stelle der bisherigen Gesetze die Vorschriften des Bürgerlichen Gesetzbuchs.

Artikel 44.

§. 1. Besteht für eine Ehe der gesetzliche Güterstand nach dem Allgemeinen Landrechte Theil II Titel 1 Abschnitt 5, so treten an die Stelle der bisherigen Gesetze die Vorschriften des Bürgerlichen Gesetzbuchs über das gesetzliche Güterrecht.

Ist für eine Ehe die Verwaltung und der Nießbrauch des Mannes nach den Bestimmungen des Allgemeinen Landrechts Theil II Titel 1 §§. 980 bis 983, 999 ausgeschlossen, so treten an die Stelle der bisherigen Gesetze die für die Gütertrennung geltenden Vorschriften der §§. 1427 bis 1430 des Bürgerlichen Gesetzbuchs.

§. 2. Die Vorschriften über die Befugniß des überlebenden Ehegatten zur Uebernahme eines in die Landgüterrolle eingetragenen Landguts bleiben unberührt.

Das Gleiche gilt von den besonderen Vorschriften des Ostpreußischen Provinzialrechts über die erbrechtlichen Wirkungen des Güterstandes.

Artikel 45.

§. 1. Besteht für eine Ehe der gesetzliche Güterstand nach Märkischem Provinzialrechte, so treten an die Stelle der bisherigen Gesetze die Vorschriften des Bürgerlichen Gesetzbuchs über das gesetzliche Güterrecht.

Die Vorschrift des Artikel 44 §. 1 Abs. 2 findet Anwendung.

§. 2. Für die erbrechtlichen Wirkungen des Güterstandes bleiben die bisherigen Gesetze mit den in den §§. 3 bis 5 bestimmten Aenderungen maßgebend.

§. 3. Bei der gesetzlichen Erbfolge kann der überlebende Ehegatte bis zum Ablaufe der im Bürgerlichen Gesetzbuche vorgeschriebenen Ausschlagungsfrist statt der Rechte, die ihm nach den bisherigen Gesetzen zustehen, die Erbfolge nach dem Bürgerlichen Gesetzbuche wählen.

Die Wahl erfolgt durch Erklärung gegenüber dem Nachlaßgerichte; die Erklärung ist in öffentlich beglaubigter Form abzugeben.

§. 4. Das Nachlaßgericht hat dem überlebenden Ehegatten auf Antrag eines Miterben eine Frist zur Erklärung darüber zu bestimmen, ob er die statutarische Portion oder die Rücknahme des eigenen Vermögens wähle.

Die Frist soll mindestens einen Monat, höchstens drei Monate betragen. Sie beginnt mit der Zustellung des Beschlusses, durch den sie bestimmt wird. Sie endigt nicht vor dem Ablaufe der Ausschlagungsfrist.

Die Wahl ist nach Maßgabe des §. 3 Abs. 2 zu erklären. Erklärt sich der Ehegatte nicht vor dem Ablaufe der Frist, so geht das Wahlrecht auf die Miterben über. Der Ehegatte ist auf diese Folge in dem Beschlusse hinzuweisen.

Die Fristbestimmung ist unwirksam, wenn der Ehegatte die im §. 3 bezeichnete Erklärung rechtzeitig abgiebt.

§. 5. Soweit der überlebende Ehegatte die ihm nach den bisherigen Gesetzen zustehenden Rechte auch gegenüber einer von dem verstorbenen Ehegatten getroffenen Verfügung von Todeswegen geltend machen kann, finden die Vorschriften des §. 4 Abs. 1 bis 3 entsprechende Anwendung.

Artikel 46.

§. 1. Besteht für eine Ehe der gesetzliche Güterstand der allgemeinen Gütergemeinschaft nach dem Allgemeinen Landrechte, so treten an die Stelle der bisherigen Gesetze die Vorschriften des Bürgerlichen Gesetzbuchs über die allgemeine Gütergemeinschaft.

Tritt für die Ehe nach den Bestimmungen des Allgemeinen Landrechts Theil II Titel 18 §§. 782 ff. der bezeichnete Güterstand erst zu einer späteren Zeit ein, so gilt die Vorschrift des Abs. 1 von dieser Zeit an.

§. 2. Die Vorschriften des Allgemeinen Landrechts Theil II Titel 1 §§. 379, 386, 392 bis 395, 420 bleiben mit folgenden Maßgaben in Kraft:

1. Auf die im §. 379 bezeichneten Verfügungen finden die Vorschriften Anwendung, welche für die in den §§. 1444, 1445 des Bürgerlichen Gesetzbuchs bezeichneten Rechtsgeschäfte gelten.
2. Wird die Gütergemeinschaft auf Grund des §. 420 aufgehoben, so gilt für die Zukunft Gütertrennung.

§. 3. Die Vorschriften über die Befugniß des überlebenden Ehegatten zur Uebernahme eines in die Landgüterrolle eingetragenen Landguts oder eines Anerbenguts bleiben unberührt.

§. 4. Fortgesetzte Gütergemeinschaft tritt nur ein, wenn sie durch Ehevertrag vereinbart ist.

Artikel 47.

§. 1. Für eine Ehe, für welche der gesetzliche Güterstand der allgemeinen Gütergemeinschaft nach dem Gesetze, betreffend das eheliche Güterrecht in der Provinz Westfalen und in den Kreisen Rees, Essen und Duisburg, vom 16. April 1860 (Gesetz-Samml. S. 165) besteht, bleiben die Vorschriften des genannten Gesetzes mit den in den §§. 2 bis 7 bestimmten Aenderungen in Kraft.

§. 2. Soweit für die Ehe bisher die Vorschriften des Allgemeinen Landrechts über die allgemeine Gütergemeinschaft gelten, treten an deren Stelle nach Maßgabe des Artikel 46 §§. 1 bis 3 die Vorschriften des Bürgerlichen Gesetzbuchs.

Die Bestimmungen, welche für die im §. 1446 des Bürgerlichen Gesetzbuchs bezeichneten Rechtsgeschäfte gelten, finden auf Verfügungen Anwendung, zu welchen der Mann der Zustimmung der Frau bedarf.

§. 3. An die Stelle des §. 4 des Gesetzes vom 16. April 1860 treten folgende Vorschriften:

Das Verwaltungs- und Verfügungsrecht des Mannes ruht und wird durch die Frau ausgeübt:

1. wenn der Mann entmündigt ist; die Befugniß kann der Frau von dem Vormundschaftsgerichte schon vor dem Eintritte der Wirksamkeit der Entmündigung übertragen werden;
2. wenn der Mann nach §. 1910 des Bürgerlichen Gesetzbuchs zur Besorgung seiner Vermögensangelegenheiten einen Pfleger erhalten hat oder wenn für den Mann ein Abwesenheitspfleger bestellt ist. Die Befugniß der Frau beginnt erst, sobald sie ihr auf ihren Antrag von dem Vormundschaftsgericht ertheilt worden ist.

§. 4. An die Stelle des §. 7 Abs. 5 des Gesetzes vom 16. April 1860 tritt folgende Vorschrift:

Bei der Auseinandersetzung zwischen dem überlebenden Ehegatten und den Erben des Verstorbenen finden die die Schichtung betreffenden Bestimmungen des §. 17 mit Ausnahme der den Kindern in den Fällen des §. 14 Nr. 2 bis 8 beigelegten Befugniß gleichfalls Anwendung.

§. 5. An die Stelle des §. 12 Abs. 1 des Gesetzes vom 16. April 1860 tritt folgende Vorschrift:

Auf die Haftung der überlebenden Ehefrau gegenüber denjenigen Gläubigern der bisherigen Gemeinschaft, welchen sie nicht aus besonderen Gründen persönlich haftet, finden die für die Haftung des Erben für die Nachlaßverbindlichkeiten geltenden Vorschriften des Bürgerlichen Gesetzbuchs entsprechende Anwendung; an die Stelle des Nachlasses tritt das bei dem Tode des Mannes vorhanden gewesene gemeinschaftliche Vermögen.

§. 6. An die Stelle der §§. 14, 15 des Gesetzes vom 16. April 1860 treten folgende Vorschriften:

§. 14.

Ein antheilsberechtigter Abkömmling kann gegen den überlebenden Ehegatten auf Schichtung klagen:

1. wenn der überlebende Ehegatte eine neue Ehe eingeht;
2. wenn der überlebende Ehegatte entmündigt ist;
3. wenn für den überlebenden Ehegatten ein Abwesenheitspfleger bestellt ist;
4. wenn der überlebende Ehegatte die elterliche Gewalt über den Abkömmling verwirkt hat oder, falls sie ihm zugestanden hätte, verwirkt haben würde;

5. wenn der überlebende Ehegatte ein Rechtsgeschäft, welches der Zustimmung der übrigen Antheilsberechtigten bedarf, ohne Zustimmung des Abkömmlinges vorgenommen hat und für die Zukunft eine erhebliche Gefährdung des Abkömmlinges zu besorgen ist;
6. wenn der überlebende Ehegatte das gemeinschaftliche Vermögen in der Absicht, den Abkömmling zu benachtheiligen, vermindert hat;
7. wenn der überlebende Ehegatte seine Verpflichtung, dem Abkömmling Unterhalt zu gewähren, verletzt hat und für die Zukunft eine erhebliche Gefährdung des Unterhalts zu besorgen ist;
8. wenn der überlebende Ehegatte das gemeinschaftliche Vermögen durch Verschwendung erheblich gefährdet;
9. wenn der verstorbene Ehegatte die Schichtung letztwillig angeordnet hat.

In den Fällen des Abs. 1 Nr. 1 bis 3, 5, 6, 8, 9 steht das Klagerecht auch dem hinterlassenen Ehegatten eines antheilsberechtigten Abkömmlinges zu, wenn er nach §. 16 an die Stelle des Abkömmlinges tritt.

§. 15.

Bei der Schichtung wird der den Antheilsberechtigten gemäß §. 7 gebührende Antheil an dem in die fortgesetzte Gütergemeinschaft gefallenen Vermögen festgesetzt:

1. im Falle des §. 14 Nr. 1 nach dem Vermögensstande zur Zeit der Wiederverheirathung, sofern nicht die Schichtung vorher stattfindet;
2. im Falle des §. 14 Nr. 2 nach dem Vermögensstande bei dem Eintritte der Wirksamkeit der Entmündigung;
3. im Falle des §. 14 Nr. 9 nach dem Vermögensstande bei dem Tode des verstorbenen Ehegatten;
4. in den übrigen Fällen nach dem Vermögensstande zur Zeit der Schichtung.

Wird jedoch die Verpflichtung zur Schichtung durch Urtheil ausgesprochen, so erfolgt die Schichtung auf Verlangen der Antheilsberechtigten nach dem Vermögensstande zur Zeit der Erhebung der Klage auf Schichtung.

Jedes Kind muß bei der Schichtung sowohl dem überlebenden Ehegatten als auch den Geschwistern gegenüber das Vorempfangene nach den für die Ausgleichung unter Abkömmlingen geltenden Vorschriften zur Ausgleichung bringen.

§. 7. An die Stelle des §. 17 Abs. 2 des Gesetzes vom 16. April 1860 tritt folgende Vorschrift:

In den Fällen des §. 14 Abs. 1 Nr. 2 bis 8 geht die dem überlebenden Ehegatten beigelegte Befugniß auf die Kinder der aufgelösten Ehe über.

Artikel 48.

§. 1. Besteht für eine Ehe der gesetzliche Güterstand des gemeinen Dotalrechts, so treten an die Stelle der bisherigen Gesetze die Vorschriften des Bürgerlichen Gesetzbuchs über das gesetzliche Güterrecht.

§. 2. Das Vermögen, welches als Heirathsgut bestellt oder von der Frau der Verwaltung des Mannes ohne Vorbehalt überlassen ist, wird eingebrachtes Gut, das sonstige Vermögen der Frau wird Vorbehaltsgut der Frau.

Die Ansprüche Dritter auf Herausgabe des Heirathsguts bleiben unberührt.

§ 3. Bestimmt sich der Güterstand einer Ehe bisher nach dem im Lande Wursten geltenden Rechte, so tritt mit der Geburt eines Kindes allgemeine Gütergemeinschaft nach den Vorschriften des Bürgerlichen Gesetzbuchs ein.

Die Vorschriften des Artikel 50 §. 2 Abs. 2 und des Artikel 51 §. 2 finden Anwendung.

Artikel 49.

§. 1. Besteht für eine Ehe der gesetzliche Güterstand nach dem in der Provinz Schleswig-Holstein geltenden Sächsischen oder Lübischen, nach dem im vormals Schauenburgischen Antheile Holsteins geltenden Rechte, nach den in den Städten Otterndorf, Stade mit Brunshausen, Buxtehude oder der Altstadt Celle geltenden Vorschriften oder nach der Schaumburgischen Polizeiordnung von 1615, so treten an die Stelle der bisherigen Gesetze die Vorschriften des Bürgerlichen Gesetzbuchs über das gesetzliche Güterrecht.

§ 2. Die Vorschriften des Artikel 45 §§. 2, 3, finden entsprechende Anwendung. Das Gleiche gilt, wenn bisher das im vormals Schauenburgischen Antheile Holsteins geltende Recht maßgebend ist, von den Vorschriften des Artikel 45 §§. 4, 5.

§. 3. Die Vorschrift des Artikel 45 §. 3 findet auch Anwendung, wenn eine Ehe mit dem gesetzlichen Güterstande der Neumünsterschen Kirchspielgebräuche vor dem Ablaufe der für den Eintritt der Gütergemeinschaft maßgebenden Frist durch den Tod eines der Ehegatten aufgelöst wird.

Artikel 50.

§. 1. Für eine Ehe mit dem gesetzlichen Güterstande des in der Provinz Pommern geltenden Lübischen Rechtes treten an die Stelle der bisherigen Gesetze, wenn nach diesen zur Zeit des Inkrafttretens des Bürgerlichen Gesetzbuchs keine Gütergemeinschaft besteht, die Vorschriften des Bürgerlichen Gesetzbuchs über das gesetzliche Güterrecht, anderenfalls die Vorschriften des Bürgerlichen Gesetzbuchs über die allgemeine Gütergemeinschaft.

§. 2. Gilt für die Ehe nach §. 1 das gesetzliche Güterrecht des Bürgerlichen Gesetzbuchs, so tritt mit der Geburt eines Kindes, sofern nach den bisherigen Gesetzen Gütergemeinschaft eingetreten sein würde, allgemeine Gütergemeinschaft nach den Vorschriften des Bürgerlichen Gesetzbuchs ein.

Inwieweit das Vermögen der Frau Vorbehaltsgut wird und inwieweit die Verbindlichkeiten der Frau Gesammtgutsverbindlichkeiten werden, bestimmt sich nach den Vorschriften, welche gelten würden, wenn die allgemeine Gütergemeinschaft schon mit dem Inkrafttreten des Bürgerlichen Gesetzbuchs eingetreten wäre.

§. 3. Die Vorschriften der Statuten der Stadt Stolp über die Rechte, welche der Frau im Falle der Unzulänglichkeit des Vermögens der Ehegatten zustehen (§. 58 des Statutarrechts der Städte des Herzogthums Alt-Vor- und Hinterpommern), bleiben in Kraft.

§. 4. Wird eine Ehe, für die nach §. 1 das gesetzliche Güterrecht des Bürgerlichen Gesetzbuchs gilt, durch den Tod eines der Ehegatten aufgelöst, so finden die Vorschriften des Artikel 45 §§. 2, 3 Anwendung. Sind für den Güterstand der Ehe bisher die für die Städte Anklam und Treptow an der Tollense geltenden Vorschriften maßgebend, so finden, wenn bei dem Tode eines Ehegatten ein gemeinschaftlicher Abkömmling vorhanden ist, auch die Vorschriften des Artikel 45 §§. 4, 5 entsprechende Anwendung.

Wird eine Ehe, für die bisher der gesetzliche Güterstand des in Neuvorpommern und Rügen geltenden Lübischen Rechtes bestanden hat und nach §. 1 oder §. 2 die allgemeine Gütergemeinschaft des Bürgerlichen Gesetzbuchs eingetreten ist, durch den Tod eines der Ehegatten aufgelöst, so erfolgt die Theilung des Gesammtguts nach den bisherigen Gesetzen.

Soweit nach dem bisherigen Rechte der Ehemann befugt ist, für den Fall, daß die Ehe durch seinen Tod aufgelöst wird, die Fortsetzung der Gütergemeinschaft durch letztwillige Verfügung auszuschließen, bleibt diese Befugniß unberührt.

§. 5. Besteht für eine Ehe der gesetzliche Güterstand der allgemeinen Gütergemeinschaft nach der Bauerordnung vom 16. Mai 1616 oder der Bauerordnung vom 30. Dezember 1764 oder nach den Statuten der Städte Stettin, Pölitz, Pyritz, Alt-Damm oder Garz an der Oder, so treten an die Stelle der bisherigen Gesetze die Vorschriften des Bürgerlichen Gesetzbuchs über die allgemeine Gütergemeinschaft.

§. 6. Im Falle der Auflösung der Ehe durch den Tod eines der Ehegatten findet, wenn für die Ehe bisher die Bauerordnung vom 16. Mai 1616 galt, die Vorschrift des §. 4 Abs. 2 Anwendung.

Galt für die Ehe bisher die Bauerordnung vom 30. Dezember 1764 und ist bei dem Tode eines Ehegatten ein gemeinschaftlicher Abkömmling nicht vorhanden, so wird die Gütergemeinschaft zwischen dem überlebenden Ehegatten und den anderen Erben des verstorbenen Ehegatten fortgesetzt. Die Vorschriften der §§. 1483 bis 1518 des Bürgerlichen Gesetzbuchs finden entsprechende Anwendung; an die Stelle der antheilsberechtigten Abkömmlinge treten die anderen Erben.

Galten für die Ehe bisher die Statuten der Städte Stettin oder Pölitz und ist bei dem Tode eines Ehegatten ein gemeinschaftlicher Abkömmling nicht vorhanden, so finden die Vorschriften des Artikel 45 §§. 2, 3 Anwendung.

§. 7. Soweit für die in den §§. 1, 5 bezeichneten Ehen bisher die Vorschriften des Allgemeinen Landrechts Theil II Titel 1 §§. 379, 386, 392 bis 395, 420 und Titel 18 §§. 782ff. gelten, finden die Vorschriften des Artikel 46 §. 1 Abs. 2, §. 2 Anwendung.

Artikel 51.

§. 1. Besteht für eine Ehe der gesetzliche Güterstand der allgemeinen Gütergemeinschaft nach einem der Rechte, welche in den Provinzen Schleswig-Holstein, Hannover, Hessen-Nassau und in den Hohenzollernschen Landen gelten, so treten an die Stelle der bisherigen Gesetze die Vorschriften des Bürgerlichen Gesetzbuchs über die allgemeine Gütergemeinschaft.

Ist für eine Ehe mit dem gesetzlichen Güterstande der Neumünsterschen Kirchspielgebräuche die für den Eintritt der Gütergemeinschaft bisher maßgebende Frist zur Zeit des Inkrafttretens des Bürgerlichen Gesetzbuchs noch nicht abgelaufen, so gilt die Vorschrift des Abs. 1 von dem Ablaufe der Frist an.

§. 2. Wird die Ehe durch den Tod eines der Ehegatten aufgelöst und ist ein gemeinschaftlicher Abkömmling nicht vorhanden, so finden die Vorschriften des Artikel 45 §§. 2, 3 Anwendung.

§. 3. Ist für den Güterstand bisher ein in der Provinz Schleswig-Holstein geltendes Recht maßgebend, so kann jeder Ehegatte für den Fall, daß die Ehe durch seinen Tod aufgelöst wird, die Fortsetzung der Gütergemeinschaft durch letztwillige Verfügung ausschließen. Die Vorschrift des §. 1509 des Bürgerlichen Gesetzbuchs findet keine Anwendung.

§. 4. Sind in einer Ehe, deren Güterstand sich nach Fuldischem oder Würzburgischem Rechte bestimmt, vereinkindschaftete Kinder aus einer früheren Ehe vorhanden, so finden die Vorschriften der §§. 1437 bis 1467, 1473 des Bürgerlichen Gesetzbuchs Anwendung. Wird die Ehe durch den Tod des Ehegatten der früheren Ehe aufgelöst, so gelten nach der Abschichtung der vereinkindschafteten Kinder für das Verhältniß zwischen dem überlebenden Ehegatten und seinen Abkömmlingen die Vorschriften des Bürgerlichen Gesetzbuchs über die fortgesetzte Gütergemeinschaft.

Im Uebrigen bleiben die bisherigen Gesetze, insbesondere in Ansehung der Rechte der vereinkindschafteten Kinder, maßgebend.

§. 5. Gilt für die Ehe bisher Hechinger Recht, so bestimmt sich nach der Beendigung der Gütergemeinschaft der Anspruch der Ehegatten auf das vor dem Inkrafttreten des Bürgerlichen Gesetzbuchs zugebrachte Gut nach den bisherigen Gesetzen, es sei denn, daß die Ehegatten geschieden sind und einer von ihnen allein für schuldig erklärt oder die Scheidung wegen Geisteskrankheit erfolgt ist.

Artikel 52.

§. 1. Besteht für eine Ehe der gesetzliche Güterstand der Errungenschaftsgemeinschaft nach einem der Rechte, welche in dem zum Oberlandesgerichtsbezirke Frankfurt a. M. gehörenden Theile der Rheinprovinz oder in den Provinzen Schleswig-Holstein und Hessen-Nassau gelten, so treten, unbeschadet der Vorschriften des Artikel 53, an die Stelle der bisherigen Gesetze die Vorschriften des Bürgerlichen Gesetzbuchs über die Errungenschaftsgemeinschaft.

§. 2. Das errungenschaftliche Vermögen der Ehegatten wird Gesammtgut, auch soweit es nach den bisherigen Gesetzen nicht gemeinschaftliches Vermögen der Ehegatten ist.

§. 3. Bestimmt sich der Güterstand bisher nach dem Würzburgischen Rechte, so tritt mit der Geburt eines Kindes allgemeine Gütergemeinschaft nach den Vorschriften des Bürgerlichen Gesetzbuchs ein. Die Vorschriften des Artikel 50 §. 2 Abs. 2 und des Artikel 51 §. 2 finden Anwendung.

Das Gleiche gilt für eine Ehe, deren Güterstand sich bisher nach dem Nordstrander Landrechte bestimmt. In diesem Falle findet auch die Vorschrift des Artikel 51 §. 3 Anwendung.

§. 4. Die Vorschriften des Mainzer Landrechts, nach welchem bei der Auseinandersetzung der Ehemann zu zwei Dritteln, die Ehefrau zu einem Drittel an dem Ueberschusse des Gesammtguts Theil nimmt, bleiben in Kraft.

Das Gleiche gilt, soweit im Geltungsbereiche der Nassau-Katzenelnbogenschen Landesordnung eine Theilung nach diesem Maßstabe gewohnheitsrechtlich hergebracht ist.

§. 5. Die Vorschriften des Artikel 45 §§. 2, 3 finden Anwendung. Im Sinne dieser Vorschriften sind die Rechte, welche nach den im Gebiete der vormals freien Stadt Frankfurt geltenden Gesetzen dem überlebenden Ehegatten an dem Nachlasse des verstorbenen zustehen, als erbrechtliche Wirkung des Güterstandes anzusehen.

Artikel 53.

§. 1. Besteht für eine Ehe der gesetzliche Güterstand der Errungenschaftsgemeinschaft nach Althessischem oder dem in den vormals Kurhessischen Gebietstheilen des Oberlandesgerichtsbezirkes Cassel geltenden Solmser oder Mainzer Rechte, so treten an die Stelle der bisherigen Gesetze die Vorschriften des Bürgerlichen Gesetzbuchs über das gesetzliche Güterrecht.

§. 2. Das Vermögen, welches die Ehefrau vor dem Inkrafttreten des Bürgerlichen Gesetzbuchs während der Ehe erworben hat, wird eingebrachtes Gut.

§. 3. Endigt die Verwaltung und Nutznießung des Mannes auf andere Weise als durch Ehevertrag, so kann jeder Ehegatte von dem anderen nach Maßgabe der bisherigen Gesetze Ausgleichung des Ehegewinns verlangen, wie wenn die im §. 1 bestimmte Aenderung des Güterstandes nicht eingetreten wäre. Der Anspruch ist nicht übertragbar. Er verjährt in einem Jahre; die Vorschrift des §. 204 Satz 1 des Bürgerlichen Gesetzbuchs findet keine Anwendung.

§. 4. Bestimmt sich der Güterstand bisher nach dem Solmser oder dem Mainzer Rechte, so finden die Vorschriften des Artikel 45 §§. 2, 3 Anwendung.

Artikel 54.

§. 1. Besteht für eine Ehe der gesetzliche Güterstand der Gemeinschaft des beweglichen Vermögens und der Errungenschaft nach einem der Rechte, welche in dem zum Oberlandesgerichtsbezirke Frankfurt a. M. gehörenden Theile der Rheinprovinz oder in der Provinz Schleswig-Holstein gelten, so treten an die Stelle der bisherigen Gesetze die Vorschriften des Bürgerlichen Gesetzbuchs über die Fahrnißgemeinschaft.

Tritt für eine Ehe, für welche die Vorschriften des Jütischen Low maßgebend sind, der bezeichnete Güterstand erst zu einer späteren Zeit ein, so gilt die Vorschrift des Abs. 1 von dieser Zeit an.

§. 2. Bei dem Güterstande der Kur-Cölnischen Rechtsordnung oder des Kur-Trierschen Landrechts bleiben statt des §. 1551 Abs. 2, bei dem Güterstande des Jütischen Low bleiben statt der §§. 1551, 1554 des Bürgerlichen Gesetzbuchs die bisherigen Gesetze für den Umfang des eingebrachten Gutes maßgebend.

§. 3. Die Vorschriften des Artikel 45 §§. 2, 3 finden Anwendung.

Artikel 55.

Für Ehen, deren Güterstand sich nach dem Rheinischen Bürgerlichen Gesetzbuche bestimmt, gelten folgende Vorschriften:

§. 1. Bei der gesetzlichen Gütergemeinschaft treten an die Stelle der bisherigen Gesetze die Vorschriften des Bürgerlichen Gesetzbuchs über die Fahrnißgemeinschaft.

§. 2. Bei der Errungenschaftsgemeinschaft treten an die Stelle der bisherigen Gesetze die Vorschriften des Bürgerlichen Gesetzbuchs über die Errungenschaftsgemeinschaft.

§. 3. Bei der allgemeinen Gütergemeinschaft treten an die Stelle der bisherigen Gesetze die Vorschriften des Bürgerlichen Gesetzbuchs über die allgemeine Gütergemeinschaft.

Fortgesetzte Gütergemeinschaft tritt nur ein, wenn sie durch Ehevertrag vereinbart ist.

§. 4. In den Fällen der §§. 1 bis 3 kann die Frau bis zum Ablauf eines Jahres nach dem Inkrafttreten des Bürgerlichen Gesetzbuchs auch auf Grund von Thatsachen, welche nur nach den bisherigen Gesetzen die Gütertrennungsklage rechtfertigen, auf Aufhebung der Gütergemeinschaft klagen, wenn die Thatsachen vor dem Inkrafttreten des Bürgerlichen Gesetzbuchs eingetreten sind.

§. 5. Ist bei einem der in den §§. 1 bis 3 bezeichneten Güterstände nach Artikel 1514 des Rheinischen Bürgerlichen Gesetzbuchs vereinbart, daß die Frau im Falle des Verzichts auf die Gütergemeinschaft ihr eingebrachtes Vermögen schuldenfrei zurücknehmen kann, so bleiben für die Ausübung des Verzichts die bisherigen Gesetze maßgebend.

§. 6. Ist für eine Ehe Ausschließung der Gütergemeinschaft nach Maßgabe der Artikel 1530 bis 1535 des Rheinischen Bürgerlichen Gesetzbuchs vereinbart, so treten an die Stelle der bisherigen Gesetze die Vorschriften des Bürgerlichen Gesetzbuchs über das gesetzliche Güterrecht. Die Vorschrift des §. 4 findet entsprechende Anwendung.

§. 7. Ist in den Fällen der §§. 1 bis 3, 6 der Frau vor dem Inkrafttreten des Bürgerlichen Gesetzbuchs eine Erbschaft oder ein Vermächtniß angefallen, so sind für die Befugniß der Frau zur Annahme oder Ausschlagung die bisherigen Vorschriften maßgebend.

§. 8. Bei dem Güterstande der Gütertrennung treten an die Stelle der bisherigen Gesetze die für die Gütertrennung geltenden Vorschriften der §§. 1427 bis 1430 des Bürgerlichen Gesetzbuchs.

§. 9. Die gesetzliche Hypothek der Ehefrau besteht, wenn sie vor dem Eintritte der in den §§. 1 bis 3, 6, 8 bestimmten Aenderung des Güterstandes durch Einschreibung im Hypothekenregister oder durch Eintragung im Grundbuche wirksam geworden ist, von der bezeichneten Zeit an nur zur Sicherung der vorher entstandenen Ansprüche; anderenfalls erlischt sie.

§. 10. Ist für eine Ehe Dotalrecht vereinbart, so fällt die Beschränkung der Frau in der Geschäftsfähigkeit weg. Dies gilt jedoch nicht in Ansehung des Heirathsguts.

Im Uebrigen bleiben die bisherigen Gesetze maßgebend.

Artikel 56.

Besteht für eine Ehe der gesetzliche Güterstand nach dem Allgemeinen Landrechte Theil II Titel 1 Abschnitt 5, dem gemeinen Dotalrechte, dem gemeinen Sachsenrechte, der Schaumburgischen Polizeiordnung von 1615, dem Fuldischen, dem Würzburgischen Rechte, dem Landrechte der oberen Grafschaft Katzenelnbogen oder dem Französischen Civilgesetzbuche, so finden die für diese Güterstände maßgebenden Vorschriften der Artikel 44, 48, 49, 51, 52, 55 auch Anwendung, wenn die Ehegatten den ersten ehelichen Wohnsitz nicht in Preußen gehabt haben.

Dem Französischen Civilgesetzbuche wird das Badische Landrecht gleich geachtet.

Artikel 57.

Auf eine Ehe, für die einer der in den Artikeln 44 bis 56 bezeichneten Güterstände kraft Ehevertrags gilt, finden die Vorschriften dieser Artikel ohne Rücksicht auf den ersten ehelichen Wohnsitz der Ehegatten Anwendung.

Besteht für eine Ehe kraft Ehevertrags der Güterstand des gemeinen Dotalrechts, so treten an die Stelle der bisherigen Gesetze die für die Gütertrennung geltenden Vorschriften der §§. 1427 bis 1430 des Bürgerlichen Gesetzbuchs.

Artikel 58.

Für die nach den Artikeln 44 bis 57 eintretende Aenderung des Güterstandes gelten folgende Vorschriften:

§. 1. Das zur Zeit der Aenderung des Güterstandes vorhandene Vermögen der Ehegatten wird, unbeschadet der Vorschriften des Artikel 48 §. 2, des Artikel 52 §. 2 und des Artikel 53 §. 2, eingebrachtes Gut, Vorbehaltsgut oder Gesammtgut, soweit es nach den bisherigen Gesetzen zu einer dem eingebrachten Gute, dem Vorbehaltsgut oder dem Gesammtgut entsprechenden Vermögensmasse gehört.

Bei der allgemeinen Gütergemeinschaft findet auf Gegenstände, die nur der Nutzung nach zum gemeinschaftlichen Vermögen gehören, die Vorschrift des §. 1439 Satz 2 des Bürgerlichen Gesetzbuchs Anwendung.

§. 2. Wird in Folge der Aenderung des Güterstandes das Grundbuch unrichtig, so werden für die Berichtigung des Grundbuchs Gerichtsgebühren und Stempel nicht erhoben, wenn die Berichtigung vor dem Ablauf eines Jahres nach der Aenderung beantragt wird.

§. 3. In Ansehung der vor der Aenderung des Güterstandes entstandenen Verbindlichkeiten der Ehegatten bestimmen sich die Haftung des eingebrachten Gutes, des Vorbehaltsguts und des Gesammtguts sowie die persönliche Haftung der Ehegatten nach den bisherigen Gesetzen. Dies gilt auch für das Verhältniß der Ehegatten unter einander.

Soweit sich bei der allgemeinen Gütergemeinschaft die Frau nach den bisherigen Gesetzen durch die Ausschlagung ihres Antheils von der persönlichen Haftung befreien kann, erlischt die Haftung mit der Beendigung der Gemeinschaft.

§. 4. Die Geltendmachung der Ersatzansprüche, welche den Ehegatten auf Grund des Güterstandes gegen einander zustehen, bestimmt sich nach den Vorschriften des Bürgerlichen Gesetzbuchs.

§. 5. Vereinbarungen, welche die Ehegatten in Abänderung oder Ergänzung einzelner Vorschriften des gesetzlichen Güterrechts getroffen haben, werden von der Aenderung des Güterstandes nicht berührt.

Das Gleiche gilt von einer seitens eines Dritten getroffenen Anordnung der im Abs. 1 bezeichneten Art.

§. 6. Auf einen zur Zeit der Aenderung des Güterstandes anhängigen Rechtsstreit und auf die Wirkung der Entscheidung ist die Aenderung des Güterstandes ohne Einfluß.

Das Gleiche gilt von der Vermögensauseinandersetzung der Ehegatten, wenn die Ehe auf Grund einer vor der Aenderung des Güterstandes erhobenen Klage geschieden wird.

§. 7. Auf die dem überlebenden Ehegatten nach den bisherigen Gesetzen zustehenden Rechte, die durch dieses Gesetz aufrecht erhalten werden, finden die Vorschriften des §. 1933 und der §§. 2335 bis 2337 des Bürgerlichen Gesetzbuchs entsprechende Anwendung.

§. 8. Soweit nach diesem Gesetze für den Güterstand die Vorschriften des Bürgerlichen Gesetzbuchs maßgebend sind, finden auch die für den Güterstand geltenden Vorschriften der Civilprozeßordnung und der Konkursordnung Anwendung.

§. 9. Die Wirksamkeit des nach diesem Gesetz eintretenden Güterstandes gegenüber Dritten bestimmt sich nach den für die Wirksamkeit des bisherigen Güterstandes geltenden Vorschriften. Die Bestimmungen des Allgemeinen Landrechts Theil II Titel 1 §§. 352, 353, 425 treten jedoch außer Kraft.

Eine spätere Aenderung des Güterstandes ist Dritten gegenüber nur nach Maßgabe des §. 1435 Abs. 1 des Bürgerlichen Gesetzbuchs wirksam. Das Gleiche gilt von einem nach dem Inkrafttreten dieses Gesetzes erhobenen Einspruche des Mannes gegen den selbständigen Betrieb eines Erwerbsgeschäfts durch die Frau und von einem nach der bezeichneten Zeit erklärten Widerrufe der Einwilligung des Mannes zu dem Betriebe.

Artikel 59.

Für einen Ehevertrag, durch den an die Stelle des nach diesem Gesetz eintretenden Güterstandes eine andere nach den Vorschriften des Bürgerlichen Gesetzbuchs zulässige Regelung des Güterstandes gesetzt oder der bezeichnete Güterstand in einzelnen Beziehungen geändert wird, für die Eintragung des Ehevertrags in das Güterrechtsregister und für den Antrag auf die Eintragung werden Gerichtsgebühren und Stempel nicht erhoben, wenn der Vertrag vor dem Ablauf eines Jahres nach der Aenderung des Güterstandes geschlossen wird.

Das Gleiche gilt für die Aufnahme von Vermögensverzeichnissen und Auseinandersetzungsurkunden, wenn sie wegen der Aenderung des bisherigen Güterstandes von den Ehegatten vor dem im Abs. 1 bezeichneten Zeitpunkte beantragt wird.

Artikel 60.

§. 1. Bestimmt sich der Güterstand einer Ehe nach dem Bürgerlichen Gesetzbuche für das Königreich Sachsen, so treten an die Stelle der bisherigen Vorschriften:

1. wenn die Ehegatten nach dem gesetzlichen Güterrechte leben, die Vorschriften des Bürgerlichen Gesetzbuchs über das gesetzliche Güterrecht;
2. wenn der Frau die freie Verfügung über ihr Vermögen durch Ehevertrag vorbehalten ist, die für die Gütertrennung geltenden Vorschriften der §§. 1427 bis 1430 des Bürgerlichen Gesetzbuchs;
3. wenn zwischen den Ehegatten allgemeine Gütergemeinschaft vereinbart ist, die Vorschriften des Bürgerlichen Gesetzbuchs über die allgemeine Gütergemeinschaft; fortgesetzte Gütergemeinschaft tritt nur ein, wenn sie durch Ehevertrag vereinbart wird.

§. 2. Für Ehen, deren Güterstand sich außer den Fällen des §. 1 kraft Gesetzes oder Ehevertrags nach einem in einem anderen Bundesstaate geltenden Güterrechte bestimmt, kann, wenn nach den Gesetzen des anderen Bundesstaats an die Stelle des bisherigen Güterrechts ein im Bürgerlichen Gesetzbuche geregelter Güterstand tritt, dieser Güterstand, unbeschadet der Vorschriften der Artikel 56, 57, von dem Inkrafttreten des Bürgerlichen Gesetzbuchs oder einem späteren Zeitpunkt an durch Königliche Verordnung eingeführt werden.

§. 3. Auf die nach Maßgabe der §§. 1, 2 eintretende Aenderung des Güterstandes finden die Vorschriften der Artikel 58, 59 entsprechende Anwendung.

Artikel 61.

Ein Güterstand, für den die bisherigen Gesetze in Kraft bleiben, kann durch Ehevertrag nur nach Maßgabe der Vorschriften des Bürgerlichen Gesetzbuchs aufgehoben oder geändert werden.

Auf einen solchen Ehevertrag findet die Vorschrift des Artikel 59 Abs. 1 Anwendung, wenn er vor dem Ablauf eines Jahres nach dem Inkrafttreten des Bürgerlichen Gesetzbuchs geschlossen wird.

Artikel 62.

Wird der Wohnsitz des Mannes nach dem Inkrafttreten des Bürgerlichen Gesetzbuchs verlegt, so finden die Vorschriften des §. 1435 des Bürgerlichen Gesetzbuchs entsprechende Anwendung; ein von dem gesetzlichen Güterrechte des Bürgerlichen Gesetzbuchs abweichender Güterstand steht einem vertragsmäßigen gleich.

Artikel 63.

Für die nach diesem Gesetz erforderlichen Eintragungen in das Güterrechtsregister gelten die Vorschriften der §§. 1558 bis 1563 des Bürgerlichen Gesetzbuchs.

Artikel 64.

Begründen Ehegatten nach dem Inkrafttreten des Bürgerlichen Gesetzbuchs in Preußen einen Wohnsitz, so gelten die Vorschriften der Artikel 44 bis 59, 61 bis 63 von der Zeit der Begründung des Wohnsitzes an; diese Zeit tritt an die Stelle der Zeit des Inkrafttretens des Bürgerlichen Gesetzbuchs.

Ist jedoch der Güterstand der Ehe schon durch die Gesetze eines anderen Bundesstaats geändert worden, so finden nur die Vorschriften der Artikel 62, 63 Anwendung.

Artikel 65.

Bei einer fortgesetzten Gütergemeinschaft, für welche die bisherigen Gesetze maßgebend bleiben, finden auf die Ertheilung eines Zeugnisses über die Fortsetzung der Gütergemeinschaft die Vorschriften des §. 1507 des Bürgerlichen Gesetzbuchs Anwendung.

Artikel 66.

Ist eine Ehe, für welche allgemeine Gütergemeinschaft nach Fuldischem Rechte bestanden hat, vor dem Inkrafttreten des Bürgerlichen Gesetzbuchs durch den Tod eines der Ehegatten aufgelöst, so ist der überlebende Ehegatte im Falle der Wiederverheirathung zur Abtheilung der Abkömmlinge der früheren Ehe verpflichtet. Die Vorschriften des §. 1314 Abs. 2 und des §. 1493 Abs. 2 des Bürgerlichen Gesetzbuchs finden entsprechende Anwendung.

Das Gleiche gilt, wenn eine Ehe mit dem Güterstande der allgemeinen Gütergemeinschaft nach Verdener Rechte vor dem Inkrafttreten des Bürgerlichen Gesetzbuchs durch den Tod der Frau aufgelöst ist.

Erklärungen über den Familiennamen.

Artikel 67.

§. 1. Für die Entgegennahme und die öffentliche Beglaubigung der im §. 1577 Abs. 2, 3 des Bürgerlichen Gesetzbuchs bezeichneten Erklärungen über den Namen einer geschiedenen Frau ist, wenn die geschiedene Ehe vor einem Preußischen Standesbeamten geschlossen war, dieser zuständig. Anderenfalls ist für die Entgegennahme das Amtsgericht zuständig, in dessen Bezirke der Erklärende seinen Wohnsitz oder seinen gewöhnlichen Aufenthalt hat; das Gericht soll die Erklärung dem Standesbeamten, vor welchem die Ehe geschlossen war, mittheilen.

Die Erklärung ist am Rande der über die Eheschließung bewirkten Eintragung zu vermerken.

§. 2. Für die Entgegennahme und die öffentliche Beglaubigung der Erklärung, durch welche der Ehemann der Mutter eines unehelichen Kindes diesem seinen Namen ertheilt, sowie der Einwilligungserklärungen des Kindes und der Mutter ist, wenn die Geburt des Kindes im Geburtsregister eines Preußischen Standesbeamten eingetragen ist oder wenn die Erklärung bei der Eheschließung vor einem Preußischen Standesbeamten erfolgt, der Standesbeamte zuständig. Anderenfalls ist für die Entgegennahme das Amtsgericht zuständig, in dessen Bezirke der Ehemann seinen Wohnsitz oder seinen gewöhnlichen Aufenthalt hat.

Erfolgt die Erklärung über die Ertheilung des Namens nicht gegenüber dem Standesbeamten, in dessen Geburtsregister der Geburtsfall eingetragen ist, so soll die zuständige Behörde sie dem Standesbeamten mittheilen.

Die Erklärung ist am Rande der über den Geburtsfall bewirkten Eintragung zu vermerken.

Elterliche Gewalt.

Artikel 68.

Soweit in privatrechtlichen Vorschriften, die neben dem Bürgerlichen Gesetzbuch in Kraft bleiben, auf die väterliche Gewalt oder den väterlichen Nießbrauch Bezug genommen ist, tritt an die Stelle der väterlichen Gewalt die elterliche Gewalt, an die Stelle des väterlichen Nießbrauchs die elterliche Nutznießung.

Ist in privatrechtlichen Angelegenheiten eines Minderjährigen die Zustimmung des Vaters oder des Vormundes oder die Vertretung durch den Vater oder den Vormund vorgeschrieben, so steht die Zustimmung oder die Vertretung der Mutter zu, wenn sie kraft elterlicher Gewalt die Vertretung des Minderjährigen hat.

Anerkennung der Vaterschaft.

Artikel 69.

Für die Aufnahme der im §. 1718 und im §. 1720 Abs. 2 des Bürgerlichen Gesetzbuchs vorgesehenen öffentlichen Urkunden über die Anerkennung der Vaterschaft ist der Standesbeamte, welcher die Geburt des Kindes oder die Eheschließung seiner Eltern beurkundet hat, auch dann zuständig, wenn die Anerkennung der Vaterschaft nicht bei der Anzeige der Geburt oder bei der Eheschließung erfolgt.

Beamte und Geistliche als Vormünder.

Artikel 70.

Wer ein Staatsamt oder ein besoldetes Amt in der Kommunal- oder Kirchenverwaltung bekleidet, bedarf zur Uebernahme einer Vormundschaft oder zur Fortführung einer vor dem Eintritt in das Amt übernommenen Vormundschaft der Erlaubniß der zunächst vorgesetzten Behörde. Das Gleiche gilt für die Uebernahme oder die Fortführung des Amtes eines Gegenvormundes, Pflegers oder Beistandes.

Die Erlaubniß kann zurückgenommen werden.

Anlegung von Mündelgeld.

Artikel 71.

§. 1. Eine Hypothek, eine Grundschuld oder eine Rentenschuld an einem in Preußen belegenen Grundstück ist für die Anlegung von Mündelgeld als sicher anzusehen, wenn sie innerhalb des Fünfzehnfachen oder, sofern ihr kein anderes der Eintragung bedürfendes Recht im Range vorgeht oder gleichsteht, innerhalb des Zwanzigfachen des staatlich ermittelten Grundsteuerreinertrags oder bei einem ländlichen Grundstück innerhalb der ersten zwei Drittel, bei einem städtischen Grundstück innerhalb der ersten Hälfte des Werthes zu stehen kommt.

Der Werth ist bei ländlichen Grundstücken durch Taxe einer Preußischen öffentlichen Kreditanstalt, die durch Vereinigung von Grundbesitzern gebildet ist und durch staatliche Verleihung Rechtsfähigkeit erlangt hat, oder durch Taxe einer Preußischen provinzial-(kommunal-)ständischen öffentlichen Grundkreditanstalt oder durch gerichtliche Taxe, bei städtischen Grundstücken in gleicher Weise oder durch Taxe einer öffentlichen Feuerversicherungsanstalt festzustellen.

§. 2. Statt des Zwanzigfachen des Grundsteuerreinertrags ist bei Grundstücken, die von einer Kreditanstalt der im §. 1 Abs. 2 bezeichneten Art satzungsgemäß ohne besondere Ermittelungen bis zu einem größeren Vielfachen beliehen werden können, das größere Vielfache, sofern es jedoch den dreißigfachen Betrag übersteigt, dieser Betrag maßgebend.

Für einzelne Bezirke kann durch Königliche Verordnung statt des Zwanzigfachen des Grundsteuerreinertrags ein das Dreißigfache nicht übersteigendes größeres Vielfaches bestimmt werden.

§. 3. Neben den im §. 1 Abs. 2 bezeichneten Taxen können durch Königliche Verordnung die zum Zwecke der Veranlagung der Ergänzungssteuer vorgenommenen Schätzungen allgemein oder für bestimmte Bezirke zur Feststellung des Werthes der Grundstücke mit der Maßgabe als geeignet erklärt werden, daß auch bei ländlichen Grundstücken nur eine innerhalb der ersten Hälfte des Werthes erfolgende Anlegung von Mündelgeld als sicher anzusehen ist.

Artikel 72.

Zur Anlegung von Mündelgeld sind außer den im §. 1807 des Bürgerlichen Gesetzbuchs bezeichneten Forderungen und Werthpapieren geeignet:

1. die Rentenbriefe der zur Vermittelung der Ablösung von Renten in Preußen bestehenden Rentenbanken;
2. die Schuldverschreibungen, welche von einer Deutschen kommunalen Körperschaft oder von der Kreditanstalt einer solchen Körperschaft oder mit Genehmigung der staatlichen Aufsichtsbehörde von einer Kirchengemeinde oder einem kirchlichen Verband ausgestellt und entweder von Seiten der Inhaber unkündbar sind oder einer regelmäßigen Tilgung unterliegen;
3. die mit staatlicher Genehmigung ausgegebenen Pfandbriefe und gleichartigen Schuldverschreibungen einer Preußischen Kreditanstalt, welche durch Vereinigung von Grundbesitzern gebildet ist und durch staatliche Verleihung Rechtsfähigkeit erlangt hat, oder einer Preußischen provinzial- (kommunal-) ständischen öffentlichen Grundkreditanstalt.

Artikel 73.

§. 1. Eine in Preußen bestehende öffentliche Sparkasse kann durch den Regierungspräsidenten im Einvernehmen mit dem Oberlandesgerichtspräsidenten zur Anlegung von Mündelgeld für geeignet erklärt werden. Die Erklärung kann zurückgenommen werden.

Die Erklärung und die Rücknahme sind durch das Amtsblatt bekannt zu machen.

§. 2. Ist vor dem Inkrafttreten des Bürgerlichen Gesetzbuchs ein Sparkassenbuch außer Kurs gesetzt, so ist zur Erhebung des Geldes die Genehmigung des Gegenvormundes oder des Vormundschaftsgerichts erforderlich.

Artikel 74.

Im Falle des §. 1808 des Bürgerlichen Gesetzbuchs kann die Anlegung von Mündelgeld bei der Preußischen Central-Genossenschafts-Kasse oder einer sonstigen Preußischen öffentlichen Bankanstalt (Landesbank, landschaftlichen, ritterschaftlichen Darlehnskasse u. s. w.) und, soweit die von Preußischen Privatbanken ausgestellten Werthpapiere durch Beschluß des Bundesraths zur Anlegung von Mündelgeld für geeignet erklärt sind, bei diesen Privatbanken erfolgen.

Die Anlegung bei den Hinterlegungsstellen findet nicht statt.

Gemeindewaisenrath.

Artikel 75.

§. 1. Für jede Gemeinde oder für örtlich abzugrenzende Gemeindetheile sind ein oder mehrere Gemeindeglieder als Gemeindewaisenrath zu bestellen. Für benachbarte Gemeindebezirke können dieselben Personen bestellt werden.

Das Amt eines Waisenraths ist ein unentgeltliches Gemeindeamt.

Durch Beschluß der Gemeindebehörde können die dem Gemeindewaisenrath obliegenden Verrichtungen besonderen Abtheilungen oder schon bestehenden Organen der Gemeindeverwaltung übertragen werden.

Auf selbständige Gutsbezirke finden diese Vorschriften mit der Maßgabe entsprechende Anwendung, daß der Waisenrath von dem Gutsvorsteher ernannt wird.

Die bisherigen Waisenräthe bleiben im Amte.

§. 2. Zur Unterstützung des Gemeindewaisenraths können Frauen, die hierzu bereit sind, als Waisenpflegerinnen widerruflich bestellt werden. Die Zuständigkeit für die Bestellung bestimmt sich nach den für die Bestellung der Waisenräthe maßgebenden Vorschriften.

Die Waisenpflegerinnen haben unter der Leitung des Gemeinedewaisenraths bei der Beaufsichtigung der im Kindesalter stehenden Mündel und bei der Ueberwachung weiblicher Mündel mitzuwirken.

Bevormundung durch einen Anstaltsvorstand.

Artikel 76.

§. 1. Der Vorstand einer unter der Verwaltung des Staates oder einer Gemeindebehörde stehenden Erziehungs- oder Verpflegungsanstalt hat für die in der Anstalt untergebrachten Minderjährigen die Rechte und Pflichten eines Vormundes. Er behält diese Rechte und Pflichten auch nach der Beendigung der Erziehung oder Verpflegung bis zur Volljährigkeit des Mündels.

Die Vorschriften des Abs. 1 gelten nur, solange das Vormundschaftsgericht nicht einen anderen Vormund bestellt hat.

§. 2. Die Aufnahme des Minderjährigen in die Anstalt ist von dem Vorstande dem Vormundschaftsgericht und von diesem dem Gemeindewaisenrathe des Bezirkes, in dem die Anstalt liegt, anzuzeigen.

Mit der Aufnahme in die Anstalt endigt das Amt des bisherigen Vormundes.

§. 3. Neben dem Vorstand ist ein Gegenvormund nicht zu bestellen.

Dem Vorstande stehen die nach §. 1852 Abs. 2 des Bürgerlichen Gesetzbuchs zulässigen Befreiungen zu.

Fürsorge des Nachlaßgerichts.

Artikel 77.

Die Vorschriften, nach welchen das Nachlaßgericht auch unter anderen als den im §. 1960 Abs. 1 des Bürgerlichen Gesetzbuchs bezeichneten Voraussetzungen die Anfertigung eines Nachlaßverzeichnisses sowie bis zu dessen Vollendung die erforderlichen Sicherungsmaßregeln, insbesondere die Anlegung von Siegeln, von Amtswegen anordnen kann oder soll, treten außer Kraft.

Nothtestament.

Artikel 78.

Für die Errichtung eines Testaments in der durch den §. 2249 Abs. 1 des Bürgerlichen Gesetzbuchs bestimmten Form stehen die selbständigen Gutsbezirke den Gemeinden gleich.

An Stelle des Vorstehers oder neben dem Vorsteher einer Gemeinde kann von dem Justizminister eine andere Person bestellt werden, vor welcher die Errichtung des Testaments zu erfolgen hat. In diesem Falle werden die Gebühren für die Errichtung des Testaments durch den Justizminister bestimmt.

Amtliche Verwahrung von Testamenten und Erbverträgen.

Artikel 79.

§. 1. Die besondere amtliche Verwahrung der Testamente und der Erbverträge erfolgt bei den Amtsgerichten.

§. 2. Zuständig ist bei Testamenten:

1. wenn das Testament vor einem Amtsgericht errichtet ist, dieses Gericht;
2. wenn das Testament vor einem Notar errichtet ist, das Gericht, in dessen Bezirke der Notar seinen Wohnsitz hat;
3. wenn das Testament vor dem Vorsteher einer Gemeinde oder eines Gutsbezirkes errichtet ist, das Gericht, zu dessen Bezirke die Gemeinde oder der Gutsbezirk gehört;
4. wenn das Testament nach §. 2231 Nr. 2 des Bürgerlichen Gesetzbuchs errichtet ist, jedes Gericht.

Der Erblasser kann jederzeit die Verwahrung bei einem anderen Gerichte verlangen.

Die Vorschriften des Abs. 1 Nr. 1, 2 und des Abs. 2 finden auch auf die Verwahrung eines Erbvertrags Anwendung.

§. 3. Die Annahme zur Verwahrung sowie die Herausgabe ist von dem Amtsgericht anzuordnen und von dem Amtsrichter und dem Gerichtsschreiber gemeinschaftlich zu bewirken.

Bei der Buchführung sind die Vermerke über die Annahme und die Herausgabe von dem Amtsrichter und dem Gerichtsschreiber zu unterschreiben.

Die Verwahrung erfolgt unter gemeinschaftlichem Verschlusse des Amtsrichters und des Gerichtsschreibers. Der Hinterlegungsschein ist von ihnen zu unterschreiben und mit dem Gerichtssiegel zu versehen.

Eröffnung von Testamenten und Erbverträgen.

Artikel 80.

Befindet sich ein Testament oder ein Erbvertrag seit mehr als vierundfünfzig Jahren in amtlicher Verwahrung, so ist mit der Eröffnung vorzugehen, sofern nicht bekannt ist, daß der Erblasser noch lebt. Die Vorschriften der §§. 2260 bis 2262 des Bürgerlichen Gesetzbuchs finden entsprechende Anwendung.

Feststellung des Ertragswerths eines Landguts.

Artikel 81.

Soweit in Fällen der Erbfolge oder der Aufhebung einer fortgesetzten Gütergemeinschaft der Ertragswerth eines Landguts zu ermitteln ist, gilt als solcher der fünfundzwanzigfache Betrag des jährlichen Reinertrags. Durch Königliche Verordnung kann eine andere Verhältnißzahl bestimmt werden.

Die Grundsätze, nach welchen der Reinertrag festzustellen ist, können durch allgemeine Anordnung des Justizministers und des Ministers für Landwirthschaft, Domänen und Forsten bestimmt werden.

Hinterlegung.

Artikel 82.

Die Hinterlegungsordnung vom 14. März 1879 (Gesetz-Samml. S. 249) wird dahin geändert:

I. Der §. 4 erhält folgende Fassung:

Die nach den §§. 1, 2 bestimmten Hinterlegungsstellen sind dem Finanzminister untergeordnet.

II. An die Stelle der §§. 18, 19 treten folgende Vorschriften:

§ 18.

Bei der Hinterlegung, welche der Schuldner eines Geldbetrags zum Zwecke der Befreiung von seiner Verbindlichkeit bewirkt, ist in der nach §. 14 erforderlichen Erklärung der Gläubiger, für welchen die Hinterlegung erfolgt, zu bezeichnen oder anzugeben, in Folge welcher Umstände der Schuldner seine Verbindlichkeit nicht oder nicht mit Sicherheit erfüllen kann.

Macht der Schuldner das Recht des Gläubigers zum Empfange des hinterlegten Geldes von der Bewirkung einer Gegenleistung abhängig, so ist dies unter Bezeichnung der Gegenleistung in der Erklärung anzugeben.

Die Hinterlegungsstelle hat den Schuldner unter Bezugnahme auf die Vorschrift des §. 382 des Bürgerlichen Gesetzbuchs zu dem Nachweis aufzufordern, daß und wann der Gläubiger die im §. 374 Abs. 2 des Bürgerlichen Gesetzbuchs vorgeschriebene Anzeige von der Hinterlegung empfangen hat. Wird der Nachweis nicht vor dem Ablaufe von drei Monaten nach der Aufforderung geführt, so ist die Hinterlegungsstelle ermächtigt, im Namen und auf Kosten des Schuldners dem Gläubiger die Anzeige zu machen; die Aufforderung muß einen Hinweis auf diese Rechtsfolge enthalten.

§. 19.

In den Fällen des §. 1171 und des §. 1269 des Bürgerlichen Gesetzbuchs ist der nach §. 14 erforderlichen Erklärung der Nachweis beizufügen, daß das Aufgebotsverfahren eingeleitet ist.

III. Der §. 30 erhält folgenden Abs. 2:

Geht in den Fällen des Abs. 1 Nr. 1, 2 die Anordnung oder die Anweisung von einem Gericht oder einer Auseinandersetzungsbehörde aus, so ist die Zuständigkeit von der Hinterlegungsstelle nicht zu prüfen.

IV. Der §. 31 Abs. 1 erhält als Satz 2 folgenden Zusatz:

Die Vorschrift des §. 30 Abs. 2 findet entsprechende Anwendung.

V. Im §. 33 Abs. 2 wird die Nr. 2a dahin geändert:

a) wenn die hinterlegte Masse nicht mehr als dreihundert Mark beträgt oder der Gegenvormund die Empfangnahme genehmigt.

VI. Der §. 37 wird gestrichen.

VII. Der §. 39 erhält folgende Fassung:

Auf das Verfahren finden die Vorschriften der §§. 12 bis 18, 20 bis 33, 35 entsprechende Anwendung, soweit nicht Abweichungen aus den Bestimmungen dieses Titels sich ergeben.

VIII. Der §. 46 Satz 1 wird dahin geändert:

Die Vorschriften des §. 33 Abs. 1, 2 finden auf die Herausgabe von Kostbarkeiten an einen Vormund (Pfleger) keine Anwendung.

IX. An die Stelle der §§. 47, 48 treten folgende Vorschriften:

§ 47.

Für die Hinterlegung von Werthpapieren oder Kostbarkeiten des Mündels durch den Vormund (Pfleger) gelten die besonderen Vorschriften der §§. 47a bis 51.

§. 47 a.

Zur Hinterlegung von Inhaberpapieren, mit Ausnahme von Zins-, Renten- und Gewinnantheilscheinen, sowie von Orderpapieren, die mit Blankoindossament versehen sind, bedarf es keiner Mitwirkung des Vormundschaftsgerichts, sofern sich nicht aus der vorgelegten Bestallung ergiebt, daß der Vormund zur Hinterlegung nicht verpflichtet ist. Es genügt die Beobachtung der §§. 14, 15 und 40.

Mit einem Inhaberpapiere kann der Erneuerungsschein hinterlegt werden.

§. 48.

Die Hinterlegung von Werthpapieren, die nicht nach §. 47 a hinterlegt werden können, sowie von Kostbarkeiten geschieht auf Grund einer dem Vormunde (Pfleger) von dem Vormundschaftsgerichte zu ertheilenden Anweisung.

X. An die Stelle des §. 52 tritt folgende Vorschrift:

Auf die Hinterlegung von Werthpapieren oder Kostbarkeiten eines unter elterlicher Gewalt stehenden Kindes durch den Vater oder die Mutter finden die Vorschriften der §§. 48 bis 51 entsprechende Anwendung.

XI. Hinter §. 58 werden folgende Vorschriften eingestellt:

§. 58 a.

In den Fällen des §. 382, des §. 1171 Abs. 3 und des §. 1269 Satz 3 des Bürgerlichen Gesetzbuchs kann der Erlaß des Aufgebots nicht vor dem Ablaufe von einunddreißig Jahren beantragt werden.

Die einunddreißigjährige Frist beginnt:

1. im Falle des §. 382 mit dem Ende des Monats, in welchem der Gläubiger die Anzeige des Schuldners von der Hinterlegung empfangen hat;
2. in den Fällen des §. 1171 Abs. 3 und des §. 1269 Satz 3 mit der Erlassung des Urtheils, durch welches der Gläubiger mit seinem Rechte ausgeschlossen ist; das Gericht hat das Ausschlußurtheil der Hinterlegungsstelle mitzutheilen.

§. 58 b.

Ist die Hinterlegung auf Grund des §. 117 Abs. 2 oder der §§. 120, 121, 124, 126 des Gesetzes über die Zwangsversteigerung und die Zwangsverwaltung vom 24. März 1897 (Reichs-Gesetzbl. S. 97) erfolgt, so ist der Aufgebotsantrag nicht vor dem Ablaufe von einunddreißig Jahren zulässig.

Die einunddreißigjährige Frist beginnt:

1. in den Fällen der §§. 120, 121 mit dem Eintritte der Bedingung, unter welcher die Hinterlegung erfolgt ist; die Hinterlegungsstelle hat den Eintritt der Bedingung soweit thunlich zu ermitteln; ist der Eintritt der Bedingung

nicht ermittelt, so beginnt die Frist mit der Einstellung oder der letzten Einstellung der Verzinsung;

2. in den übrigen Fällen mit dem Ende des Monats, in welchem die Hinterlegung erfolgt ist.

XII. Der §. 61 erhält folgenden Zusatz:

4. im Falle des §. 58a Abs. 2 Nr. 1 ein Zeugniß der Behörde über den Tag, an welchem der Gläubiger die Anzeige von der Hinterlegung empfangen hat,

in den Fällen des §. 58a Abs. 2 Nr. 2 das der Hinterlegungsstelle mitgetheilte Ausschlußurtheil,

in den Fällen des §. 58b Abs. 2 Nr. 1 ein Zeugniß der Behörde über den Tag, an welchem die Bedingung eingetreten ist, oder darüber, daß der Eintritt der Bedingung nicht hat ermittelt werden können.

XIII. Der §. 64 wird dahin geändert:

Der Erlaß des Aufgebots kann, unbeschadet der Vorschriften der §§. 58a, 58b, nach dem Ablaufe von dreißig Jahren seit dem Ende des Monats beantragt werden, in welchem die Hinterlegung erfolgt ist.

XIV. Der §. 67 erhält folgende Fassung:

Die Vorschriften der §§. 64 bis 66 finden keine Anwendung, wenn die Hinterlegung erfolgt ist:

1. nach Inhalt der bei derselben vorgelegten Erklärung oder Anweisung auf Grund des §. 1667 Abs. 2 Satz 4, des §. 1814 oder des §. 1818 des Bürgerlichen Gesetzbuchs;
2. auf Ersuchen der Aufsichtsbehörde in einer Familienfideikommiß-, Lehns- oder Stiftungssache.

Der Erlaß des Aufgebots kann in diesen Fällen beantragt werden nach dem Ablaufe von zwanzig Jahren seit dem Ende des Monats, in welchem die elterliche Gewalt, die Vormundschaft oder die Pflegschaft oder die Eigenschaft des Gegenstandes als Vermögensstück des Familienfideikommisses, des Lehens oder der Stiftung aufgehört hat.

XV. Der §. 72 erhält folgende Fassung:

Die vorläufige Verwahrung bei den Amtsgerichten gilt in dem Verhältnisse zwischen den Betheiligten als Hinterlegung.

XVI. Im §. 74 wird die Nr. 2 dahin geändert:

2. wenn eine Hinterlegung in Gemäßheit des §. 1667 Abs. 2 Satz 4, des §. 1814 oder des §. 1818 des Bürgerlichen Gesetzbuchs erfolgt und der Vater, die Mutter oder der Vormund die vorläufige Verwahrung verlangt;

XVII. Im §. 77 tritt an die Stelle des letzten Satzes folgender Abs. 2:

Wird die Verwahrung von dem Schuldner zum Zwecke der Befreiung von seiner Verbindlichkeit nachgesucht, so finden die Vorschriften des §. 18 Abs. 1, 2 entsprechende Anwendung.

XVIII. Im §. 82 Abs. 2 werden die Worte „binnen sechs Wochen" ersetzt durch die Worte:

„binnen drei Monaten".

XIX. Der §. 86 wird aufgehoben.

XX. Der dritte Abschnitt erhält folgende Fassung:

Dritter Abschnitt.

Hinterlegung anderer als der im ersten Abschnitte bezeichneten Sachen.

§. 87.

Für die Hinterlegung anderer als der im §. 1 bezeichneten Werthpapiere sowie sonstiger Urkunden sind die Amtsgerichte als Hinterlegungsstellen zuständig.

§. 87a.

Die Vorschriften der §§. 12, 14 bis 18, 20 bis 33, 35, 40, 43 bis 52, 63 bis 69 finden mit folgenden Maßgaben entsprechende Anwendung:

1. Das Gesuch um Annahme oder um Herausgabe der Urkunden kann zum Protokoll des Gerichtsschreibers angebracht werden.
2. Bei Urkunden, die nicht Werthpapiere sind, findet ein Aufgebotsverfahren zum Zwecke der Ausschließung der Betheiligten nicht statt. Das Recht auf Rückgabe erlischt mit dem Zeitpunkt, in welchem bei Werthpapieren der Aufgebotsantrag zulässig werden würde; die Urkunden sind zu vernichten.

§. 88.

Das Amtsgericht kann die Gerichtsschreiberei mit der Verwahrung der Urkunden beauftragen.

§. 89.

Andere Sachen als Geld, Werthpapiere, sonstige Urkunden und Kostbarkeiten sind zur Hinterlegung nicht geeignet.

XXI. Die §§. 90, 91 werden aufgehoben.

Artikel 83.

Für die Hinterlegung von Werthpapieren in den Fällen der §§. 1082, 1392, 1667, 1814, 1818, 2116 des Bürgerlichen Gesetzbuchs können durch Anordnung der zuständigen Minister auch die Seehandlung, die Preußische Central-Genossenschafts-Kasse und die landschaftlichen oder ritterschaftlichen Darlehnskassen als Hinterlegungsstellen bestimmt werden.

Gerichtskosten.

Artikel 84.

§. 1. Das Preußische Gerichtskostengesetz vom 25. Juni 1895 (Gesetz-Samml. S. 203) wird dahin geändert:

I. Die §§. 9 Abs. 1 Satz 2, 28, 31 Abs. 3, 40, 46 Abs. 8, 74 Ziffer 3 Abs. 2 und Ziffer 5, 86, 87, 126, 131 Abs. 2 werden gestrichen. Ferner fallen fort die Worte „von Sachverständigen oder“ im §. 7 Abs. 1 Satz 2, „oder Handlungsvollmacht“ im §. 74 Ziffer 4 und „insbesondere einem überlebenden Ehegatten“ im §. 84 Abs. 2.

II. In der Ueberschrift des ersten Theiles, im §. 15 und im §. 124 Abs. 1 werden die Worte „nicht streitigen Gerichtsbarkeit“ ersetzt durch die Worte „freiwilligen Gerichtsbarkeit“.

In der Ueberschrift des zweiten Abschnitts des ersten Theiles und im §. 33 werden die Worte „gerichtliche Beurkundungen und Bestätigungen“ ersetzt durch die Worte „gerichtliche Urkunden“.

Im §. 17 Abs. 4 sowie in den §§. 34, 35, 37, 41, 43, 44, 54, 57, 77 Ziffer 1 werden die Worte „Aufnahme“, „aufgenommen“ ersetzt durch die Worte „Beurkundung“, „beurkundet“. In den §§. 35, 39, 42 ist statt des Wortes „gegenseitig“ das Wort „zweiseitig“ zu setzen.

Die Worte „Ablaufe des letzten Dezembers“ in den §§. 44 Abs. 6, 114 Abs. 2 werden ersetzt durch das Wort „Schlusse“.

In den §§. 81 Abs. 1, 82, 92 ist statt „Sicherstellung“ zu setzen „Sicherung“.

An die Stelle des Wortes „Mündel“ in den §§. 90, 91, 92 treten die Worte „Mündel, Pflegebefohlener oder unter elterlicher Gewalt stehendes Kind“.

III. Im §. 1 wird als Satz 2 folgende Vorschrift hinzugefügt:

Soweit ein Betheiligter zur Tragung der Kosten des Verfahrens verurtheilt ist, trifft auch ihn die Zahlungspflicht.

IV. Der §. 3 wird durch folgende Vorschriften ersetzt:

Die Kosten der Eröffnung einer Verfügung von Todeswegen, der Sicherung des Nachlasses, einer Nachlaßpflegschaft und der Inventarerrichtung können aus dem Nachlaß entnommen werden. Für die Zahlung der Kosten haften die Erben nach den Vorschriften über Nachlaßverbindlichkeiten.

Für die Kosten der Theilung von Vermögensmassen haften die Antheilsberechtigten als Gesammtschuldner.

Die einem Erben oder einem Antheilsberechtigten zustehende Gebührenfreiheit entbindet ihn nicht von der Entrichtung der in den Abs. 1, 2 bezeichneten Gebühren.

V. Am Schlusse des §. 7 Abs. 1 wird folgender Satz hinzugefügt:

Die Vorschriften des §. 43 des Gesetzes vom 11. Juni 1874 über die Enteignung von Grundeigenthum (Gesetz-

Samml. S. 221) finden auf alle Besitzveränderungen, denen sich die Betheiligten aus Gründen des öffentlichen Wohles zu unterwerfen gesetzlich verpflichtet sind (Enteignungen), entsprechende Anwendung.

VI. Im §. 8 Abs. 1 treten an die Stelle der Ziffer 6 folgende Ziffern 6, 7:

6. Aktiengesellschaften, Genossenschaften und Gesellschaften mit beschränkter Haftung, deren durch Statut bestimmter Zweck ausschließlich darauf gerichtet ist, unbemittelten Familien gesunde und zweckmäßig eingerichtete Wohnungen in eigens erbauten oder angekauften Häusern zu billigen Preisen zu verschaffen, und deren Statut die an die Gesellschafter zu vertheilende Dividende auf höchstens vier Prozent ihrer Antheile beschränkt, auch den Gesellschaftern für den Fall der Auflösung der Gesellschaft nicht mehr als den Nennwerth ihrer Antheile zusichert, den etwaigen Rest des Gesellschaftsvermögens aber für gemeinnützige Zwecke bestimmt;

7. andere als die in Ziffer 6 bezeichneten Privatunternehmungen, welche nicht auf einen besonderen Geldgewinn der Unternehmer gerichtet sind, sondern einen gemeinnützigen, nicht auf einzelne Familien oder Korporationen beschränkten Zweck haben, sofern denselben durch besondere gesetzliche Bestimmung Gebührenfreiheit bewilligt ist. Die bisher solchen Unternehmungen, z. B. Pensions- und Versicherungsanstalten, Bürger-Rettungsinstituten u. s. w., bereits bewilligten Befreiungen bleiben in Kraft. Wenn in einzelnen Fällen die Befreiung zweifelhaft ist, so ist darüber gemeinschaftlich von den Ministern der Finanzen und der Justiz zu entscheiden.

Zwischen dem Abs. 1 und dem bisherigen Abs. 2, welcher Abs. 5 wird, werden folgende Vorschriften eingestellt:

Dem Fiskus anderer Staaten sowie den öffentlichen Anstalten und Kassen, die für Rechnung eines anderen Staates verwaltet werden oder diesen gleichgestellt sind, und den Chefs der bei dem Deutschen Reiche oder bei Preußen beglaubigten Missionen kann die Gebührenfreiheit gewährt werden, wenn der betreffende Staat Preußen gegenüber die gleiche Rücksicht übt.

In den Fällen der Ziffern 2 bis 7 erstreckt sich die Gebührenfreiheit nur auf inländische Anstalten, Stiftungen, Vereine u. s. w. Diese Befreiung kann jedoch auch ausländischen Anstalten, Stiftungen, Vereinen u. s. w. gewährt werden, wenn der auswärtige Staat Preußen gegenüber die gleiche Rücksicht übt.

Ueber die Gewährung der Gebührenfreiheit nach den Abs. 2, 3 entscheiden die Minister der Finanzen und der Justiz gemeinschaftlich.

VII. Im Eingange des §. 10 werden die Worte „tauben, stummen, blinden, oder geisteskranken" ersetzt durch die Worte:

„geisteskranken oder geistesschwachen".

Die Ziffer 4 wird gestrichen.

Als Abs. 2 werden folgende Vorschriften hinzugefügt:

Die vorstehenden Bestimmungen finden entsprechende Anwendung auf minderjährige, geisteskranke, geistesschwache oder gebrechliche Personen, für die eine Pflegschaft oder Beistandschaft im Sinne des §. 91 eingeleitet ist. Wird die Angabe des Vermögens von dem Inhaber der elterlichen Gewalt verweigert, so hat das Vormundschaftsgericht nach freiem Ermessen nach Anhörung des Gewalthabers sowohl den Betrag des Vermögens als auch die Höhe des Ueberschusses der Einkünfte (Ziffer 2) festzusetzen. Diese Festsetzung ist maßgebend für die Erhebung der in der Vormundschaftssache selbst entstandenen Kosten; andere Kosten sind ohne Rücksicht auf die Vorschrift der Ziffer 2 sofort zu erheben.

VIII. Der §. 13 erhält folgende Fassung:

Der Anspruch auf Zahlung von Gerichtskosten verjährt in vier Jahren.

Auf die Verjährung finden die Vorschriften des Bürgerlichen Gesetzbuchs mit folgenden Maßgaben Anwendung:

Die Verjährung beginnt mit dem Schlusse des Jahres, in welchem die Kostenforderung fällig wird, bezüglich der Kosten, welche von den im §. 10 bezeichneten Personen zu entrichten sind, mit dem Schlusse des Jahres, in welchem die über sie geführte Vormundschaft, Pflegschaft oder Beistandschaft beendigt wird.

Die Verjährung wird auch unterbrochen durch eine an den Zahlungspflichtigen erlassene Aufforderung zur Zahlung und durch die Bewilligung einer Stundung. Wird die Verjährung unterbrochen, so beginnt eine neue Verjährung nicht vor dem Schlusse des Jahres, in welchem der für die Beendigung der Unterbrechung maßgebende Zeitpunkt eintritt, und im Falle der Bewilligung einer Stundung nicht vor dem Schlusse des Jahres, in welchem die bewilligte Frist abgelaufen ist.

IX. Im §. 26 Satz 2 werden hinter dem Worte „vorliegt" folgende Worte eingeschaltet:

„oder die Beschwerdesumme den Betrag von fünfzig Mark nicht übersteigt".

X. Im §. 31 wird der Abs. 1 Satz 2 durch folgende Vorschrift ersetzt:

Dasselbe gilt, wenn Verfügungen von Todeswegen zur amtlichen Verwahrung überreicht oder durch Uebergabe einer Schrift errichtet werden, hinsichtlich des für Testamente und andere Verfügungen von Todeswegen vorgeschriebenen Stempels von 1 Mark 50 Pf., sowie wenn Urkunden zur gerichtlichen Vollziehung, Anerkennung des Inhalts, Sicherstellung der Zeit der Ausstellung, Genehmigung oder Bestätigung überreicht werden.

XI. Im §. 34 treten an die Stelle der Worte „einseitiger Rechtsgeschäfte" die Worte:

„einseitiger Erklärungen oder einseitiger Verträge".

XII. Im §. 41 Abs. 1 werden zwischen den Worten „Erklärung" und „werden" folgende Worte eingefügt:

„(§. 176 Abs. 2 des Gesetzes über die Angelegenheiten der freiwilligen Gerichtsbarkeit)".

XIII. Im §. 43 treten an die Stelle der Ziffer 1 folgende Ziffern 1, 2:

1. für die Beurkundung oder Beglaubigung von Anträgen auf Eintragungen oder Löschungen im Grundbuch oder im Schiffsregister sowie von Eintragungs- oder Löschungsbewilligungen oder Zustimmungen nach §. 27 der Grundbuchordnung oder nach §. 105 des Gesetzes über die Angelegenheiten der freiwilligen Gerichtsbarkeit, sofern nicht gleichzeitig das zu Grunde liegende Rechtsgeschäft beurkundet oder beglaubigt wird;
2. für die Beurkundung einer Auflassung, sofern nicht gleichzeitig das zu Grunde liegende Rechtsgeschäft beurkundet wird oder nach §. 57 Gebührenfreiheit eintritt.

Die Ziffern 2, 3 werden in 3, 4 geändert. Die bisherige Ziffer 4 fällt fort.

XIV. Im §. 44 Abs. 3 werden die Worte „und Ausfertigung" „für die Beschreibung eines eigenhändigen oder mystischen Testaments, einschließlich der Anordnung der Hinterlegung und der auf Grund des Testaments erfolgenden Besitzeinweisung" gestrichen. Als Satz 2 wird folgende Vorschrift hinzugefügt:

Die Ertheilung beglaubigter Abschriften ist gebührenfrei.

Der Abs. 4 erhält folgenden Zusatz:

Diese Vorschriften finden entsprechende Anwendung auf den Widerruf einer letztwilligen Verfügung oder die Aufhebung eines Erbvertrags.

Zwischen Abs. 4 und 5 wird folgender neue Absatz eingeschoben:

Wird ein Erbvertrag gleichzeitig mit einem Ehevertrage beurkundet, so finden die Vorschriften des §. 39 Anwendung.

XV. Im §. 46 erhält der Abs. 2 folgende Fassung:

Die Gebühr für die Vorbereitung der Versteigerung wird auch für die gerichtliche Verfügung erhoben, durch welche nach Artikel 112 des Preußischen Gesetzes über die freiwillige Gerichtsbarkeit die Versteigerung einer Ortsbehörde aufgetragen wird.

Im Abs. 1 und 4 werden die Worte „oder anderen (sonstigen) Gegenständen des unbeweglichen Vermögens" ersetzt durch die Worte:

„oder anderen Gegenständen, welche der Zwangsvollstreckung in das unbewegliche Vermögen unterliegen".

Im Abs. 4 erhält der Satz 2 folgende Fassung:

Die Gebühr für die Beurkundung des Zuschlags wird jedoch für jeden Ersteher besonders nach dem zusammenzurechnenden Betrage seiner Gebote erhoben.

XVI. Im §. 49 Ziffer 2 werden die Worte: „im Erbbescheinigungsverfahren" ersetzt durch die Worte:

„behufs Erlangung eines Erbscheins".

Die Ziffern 3, 4 erhalten folgende Fassung:

3. für die Mitwirkung bei Abmarkungen;
4. für die Aufnahme von Verklarungen, von Protesten und ähnlichen Urkunden;

XVII. Im §. 51 Satz 1 werden die Worte „sowie für die Erneuerung von Urkunden" gestrichen; hinter dem Worte „Gebühr" werden die Worte „bis zum Höchstbetrage von 10 Mark" eingeschoben.

In Satz 2 werden hinter „aufgenommen hat" die Worte eingeschaltet:

„einschließlich der Ertheilung auszugsweiser Ausfertigungen oder beglaubigter Abschriften".

XVIII. An die Stelle der Ziffern 1, 2 des §. 52 treten folgende Worte:

„für die Sicherstellung der Zeit, zu welcher eine Privaturkunde ausgestellt ist".

XIX. Als §. 54a werden folgende Vorschriften eingestellt:

Die Gebühren für die Beurkundung eines Rechtsgeschäfts werden um ein Viertheil erhöht, wenn bei der Beurkundung ein Dolmetscher zugezogen wird. Das Gleiche gilt, wenn die Zuziehung eines Dolmetschers unterbleibt, weil der Richter der fremden Sprache, in der sich ein Betheiligter erklärt, mächtig ist.

Die Gebührenerhöhung sowie die durch die Zuziehung eines Dolmetschers entstandenen Auslagen fallen dem Betheiligten zur Last, welcher die Zuziehung des Dolmetschers oder die Verhandlung in fremder Sprache veranlaßt hat.

XX. Der §. 55 erhält folgenden Zusatz:

Der auf dem Geschäfte ruhende Stempel wird für die Urschrift erhoben; die erste Ausfertigung ist stempelfrei, für weitere Ausfertigungen wird der Stempel nach der Tarifstelle „Duplikate" erhoben. Im Uebrigen finden auf die Besteuerung von Ausfertigungen und beglaubigten Abschriften die Vorschriften des §. 109 Abs. 3 Anwendung.

XXI. Im §. 76 werden folgende Vorschriften als Abs. 3, 4 hinzugefügt:

Für Bescheinigungen, daß bezüglich des Gegenstandes einer Eintragung weitere Eintragungen nicht vorhanden sind oder daß eine bestimmte Eintragung nicht erfolgt ist, sowie für die wiederholte Ertheilung bereits ertheilter Bescheinigungen, Abschriften oder Auszüge wird eine Gebühr von 1 Mark erhoben.

Auf die Ertheilung beglaubigter Abschriften der zum Handelsregister eingereichten Schriftstücke finden die Vorschriften des §. 51 Anwendung.

XXII. Im §. 77 treten an die Stelle der Ziffer 4 folgende Ziffern 4 bis 6;

4. für die Eintragung der Konkurseröffnung, der Aufhebung des Eröffnungsbeschlusses, sowie der Einstellung und Aufhebung des Konkurses;
5. für eine nach den §§. 142 bis 144 des Gesetzes über die Angelegenheiten der freiwilligen Gerichtsbarkeit von Amtswegen erfolgende Löschung; wird der Widerspruch eines Betheiligten zurückgewiesen, so hat er für die Zurückweisung die für die Löschung bestimmte Gebühr zu entrichten;
6. für das Löschungsverfahren nach §. 141 des Gesetzes über die Angelegenheiten der freiwilligen Gerichtsbarkeit, falls die Löschung in Folge erhobenen Widerspruchs unterbleibt.

XXIII. Hinter §. 77 werden folgende Vorschriften eingestellt:

§. 77a.

Für die Eintragungen in das Vereinsregister werden erhoben:

a) für alle Eintragungen mit Ausnahme der unter b und c bezeichneten Eintragungen der Gebührensatz B des §. 56;
b) für die erste Eintragung des Vereins das Zweifache des Satzes zu a;
c) für Eintragungen, welche sich auf Mitglieder des Vorstandes oder Liquidatoren beziehen, sowie für die Löschung des Vereins die Hälfte des Satzes zu a.

Die Vorschriften der §§. 75 Abs. 2, 76, 77 finden mit der Maßgabe entsprechende Anwendung, daß an die Stelle des im §. 76 erwähnten Satzes 1a des §. 74 der im Abs. 1 bestimmte Satz a tritt.

§. 77b.

Für die Eintragungen in das Güterrechtsregister wird der nach §. 22 Abs. 1 zu berechnende Gebührensatz B des §. 56 erhoben.

Die Vorschriften der §§. 76, 77 finden mit der Maßgabe entsprechende Anwendung, daß an die Stelle des im §. 76 erwähnten Satzes 1a des §. 74 der im Abs. 1 bestimmte Satz tritt.

XXIV. Im §. 78 Abs. 3 werden die Worte „Certifikats über die Eintragung in das Schiffsregister", „dem Certifikate" ersetzt durch die Worte „des Schiffscertifikats oder des Schiffsbriefes", „dem Schiffscertifikate oder dem Schiffsbriefe".

XXV. Im §. 81 Abs. 1 werden die Worte „Für die Ausstellung einer Erbbescheinigung, einer Bescheinigung des Nachlaßgerichts, daß sich nach erfolgter öffentlicher Ladung Niemand gemeldet habe, der ein besseres Erbrecht in Anspruch nimmt, oder darüber, ob und welche Vorbehaltserben vorhanden sind, sowie der in den §§. 8, 9 des Gesetzes vom 12. März 1869, betreffend die Ausstellung gerichtlicher Erbbescheinigungen (Gesetz-Samml. S. 473) erwähnten Bescheinigungen" ersetzt durch die Worte:

„Für die Ertheilung eines Erbscheins".

Zwischen Abs. 2 und 3 wird folgender neue Absatz eingeschoben:

Für die Einziehung oder Kraftloserklärung eines Erbscheins werden, sofern nicht ein neuer Erbschein ertheilt ist, drei Zehntheile des im §. 56 bestimmten Gebührensatzes B erhoben. Wird demnächst ein neuer Erbschein ertheilt, so wird diese Gebühr auf die Gebühr für die Ertheilung des Erbscheins angerechnet. Für die Veranstaltung von Ermittelungen über die Richtigkeit eines Erbscheins werden Gebühren nicht erhoben.

Im bisherigen Abs. 3 wird der dritte Satz durch folgende Vorschrift ersetzt:

Wird der Erbschein nur über das Erbrecht eines Miterben ertheilt, so ist für die Gebührenerhebung nur dessen Erbtheil maßgebend.

Hinter dem bisherigen Abs. 3 wird folgender neue Absatz eingeschoben:

Die Vorschriften der Abs. 1 bis 4 finden auf das Zeugniß über die Fortsetzung der Gütergemeinschaft oder die Ernennung eines Testamentsvollstreckers entsprechende Anwendung.

Im bisherigen Abs. 4 werden die Paragraphenzahlen „39, 40" ersetzt durch „37, 38". An die Stelle der Worte „die der Bescheinigung zu Grunde liegenden Urkunden" treten die Worte „die Theilungsurkunden".

XXVI. An die Stelle des §. 82 Abs. 1 Satz 2 treten als §. 82a folgende Vorschriften:

Wird eine Nachlaßpflegschaft (Nachlaßverwaltung) oder eine Abwesenheitspflegschaft nach §. 88 des Gesetzes über die Angelegenheiten der freiwilligen Gerichtsbarkeit angeordnet, so finden die Vorschriften des sechsten Abschnitts mit der Maßgabe Anwendung, daß an die Stelle des Vermögens des Mündels der Werth des Nachlasses oder des Antheils des Abwesenden zur Zeit der Anordnung tritt und ein Abzug der Schulden nicht stattfindet. Auf die Gebühr für die Nachlaßpflegschaft wird die im §. 82 Abs. 1 bestimmte Gebühr angerechnet, wenn die Nachlaßpflegschaft zur Sicherung des Nachlasses eingeleitet wird.

XXVII. Der §. 83 erhält folgende Fassung:

Für das Verfahren zur Feststellung des Erbrechts des Fiskus oder der an seine Stelle tretenden Körperschaft, Stiftung oder Anstalt des öffentlichen Rechtes wird die im §. 81 für die Ertheilung eines Erbscheins bestimmte Gebühr erhoben. Wird auf Grund dieser Feststellung ein Erbschein ertheilt, so ist hierfür eine besondere Gebühr nicht zu erheben.

XXVIII. Im §. 84 Abs. 1 werden die Worte „durch Rezeß" ersetzt durch die Worte:

„durch die Bestätigung der Auseinandersetzung oder durch die Beurkundung einer vertragsmäßigen Auseinandersetzung".

Als Abs. 5 wird hinzugefügt:

Auf die in den Abs. 1, 3 bestimmten Gebühren finden die Vorschriften des §. 54a entsprechende Anwendung.

XXIX. Hinter §. 84 wird folgende Vorschrift als §. 84a eingefügt:

Wird die Vermittelung der Auseinandersetzung einem Notar übertragen, so wird ein Zehntheil der Sätze des §. 8 des Deutschen Gerichtskostengesetzes erhoben:

1. für die Entscheidung über den Antrag auf Einleitung des Verfahrens;
2. für die Entscheidung über die Bestätigung der Auseinandersetzung;
3. für die Anordnung einer Beweisaufnahme.

XXX. Im §. 88 werden die Worte „Für die Aufnahme oder Niederlegung von Erklärungen, welche den Antritt oder die Entsagung einer Erbschaft, den Vorbehalt der Rechtswohlthat des

Inventars, die Annahme der Gütergemeinschaft oder den Verzicht auf dieselbe betreffen, für die Bestimmung oder Verlängerung von Fristen zu solchen Erklärungen, sowie für die Niederlegung eines Vermögensverzeichnisses" ersetzt durch die Worte:

„Für die Entgegennahme von Erklärungen, Anmeldungen und Anzeigen seitens des Nachlaßgerichts einschließlich der Beurkundung oder Beglaubigung durch das Nachlaßgericht, für die Entgegennahme des Inventars einschließlich der Anordnung wegen Aufnahme des Inventars durch eine zuständige Behörde oder einen zuständigen Beamten oder Notar, für die Bestimmung oder Verlängerung einer Frist durch das Nachlaßgericht, für die nach den Vorschriften des Bürgerlichen Gesetzbuchs über Testamentsvollstrecker vom Nachlaßgerichte zu treffenden Anordnungen, sowie für die Abhaltung des Termins zur Leistung des im §. 2006 des Bürgerlichen Gesetzbuchs vorgesehenen Offenbarungseids".

An die Stelle des Abs. 1 Satz 3 tritt folgende Vorschrift:

Im Falle der Anmeldung von Nachlaßforderungen auf Aufforderung eines Miterben wird die Gebühr nur einmal vom Miterben erhoben.

Im Abs. 2 werden hinter dem Worte „wird" folgende Worte eingeschaltet:

„sofern eine vermögensrechtliche Angelegenheit vorliegt".

XXXI. Der sechste Abschnitt erhält die Ueberschrift:

„Thätigkeit des Vormundschaftsgerichts."

XXXII. Im §. 90 Abs. 1 treten an die Stelle der Worte „und im Falle der Bestellung eines Gegenvormundes neben dem gesetzlichen Vormunde" die Worte:

„oder Beistandschaften sowie im Falle einer sonstigen Fürsorge für ein unter elterlicher Gewalt stehendes Kind, insbesondere im Falle der Genehmigung eines Rechtsgeschäfts oder im Falle einer Verfügung nach den §§. 112, 1631, 1635, 1636, 1645, 1665, 1677, 2282 des Bürgerlichen Gesetzbuchs".

Der Abs. 2 erhält folgende Fassung:

Diese Gebühr kommt jedoch nur insoweit zum Ansatz, als nicht rücksichtlich der Personen, in deren Interesse ein Pfleger oder Beistand bestellt oder eine sonstige Fürsorgethätigkeit ausgeübt wird, eine Vormundschaft, Pflegschaft oder Beistandschaft eingeleitet oder einzuleiten ist, auf welche die Bestimmungen des §. 91 Anwendung finden.

XXXIII. Im §. 91 Ziffer 1 ist hinter „Pflegschaften" einzuschalten „oder Beistandschaften", statt der Worte „oder Pflegschaft" zu setzen

„Pflegschaft oder Beistandschaft". Die Worte „mit Ausnahme der gesetzlichen Vormundschaft" sind zu streichen.

Die Ziffer 3 wird gestrichen.

Hinter der bisherigen Ziffer 4 werden folgende neue Vorschriften hinzugefügt:

4. Die Vorschriften der Ziffern 1 bis 3 finden auch auf die vorläufige Vormundschaft Anwendung. Endigt die vorläufige Vormundschaft, weil auf Grund der erfolgten Entmündigung ein Vormund bestellt wird, so gelten die vorläufige und die endgültige Vormundschaft als ein Verfahren.

XXXIV. Hinter §. 91 werden folgende Vorschriften als §. 91a eingeschaltet:

Für Volljährigkeitserklärungen, für die Ersetzung der elterlichen Einwilligung zur Eingehung der Ehe oder der Einwilligung der Mutter zur Ehelichkeitserklärung, für Entscheidungen, betreffend den Unterhalt der Kinder nach den §§. 1612, 1714 des Bürgerlichen Gesetzbuchs, für die Uebertragung der Ausübung der elterlichen Gewalt an die Mutter (§. 1685 Abs. 2 des Bürgerlichen Gesetzbuchs), für die Ersetzung der Zustimmung antheilsberechtigter Abkömmlinge zu Rechtsgeschäften des überlebenden Ehegatten im Falle der fortgesetzten Gütergemeinschaft, für Entscheidungen, welche die persönlichen Rechtsbeziehungen der Ehegatten zu einander oder das eheliche Güterrecht betreffen, und für sonstige Verfügungen des Vormundschaftsgerichts, die sich nicht auf Mündel, Pflegebefohlene oder unter elterlicher Gewalt stehende Kinder beziehen, werden drei Zehntheile der Sätze des §. 8 des Deutschen Gerichtskostengesetzes erhoben. Die gleiche Gebühr wird für die Thätigkeit des Vormundschaftsgerichts im Falle der Verheirathung des Vaters oder der Mutter sowie für die nach den §§. 1639 Abs. 1, 1640 Abs. 2, 1653, 1666, 1667, 1668, 1670, 1760 Abs. 2 des Bürgerlichen Gesetzbuchs zu treffenden Anordnungen vom Vater oder von der Mutter erhoben.

Hat eine Rechnungslegung stattzufinden, so werden neben der im Abs. 1 bestimmten Gebühr die Gebühren des §. 91 Ziffer 2 erhoben.

XXXV. Im §. 92 Abs. 1 werden vor den Worten „baare Auslagen" die Worte eingeschaltet „die im §. 91a bestimmten Gebühren". Die Worte „oder Pflegschaft", „und Pflegschaften" werden durch die Worte „Pflegschaft oder Beistandschaft", „Pflegschaften und Beistandschaften" ersetzt.

An die Stelle des Abs. 3 tritt folgende Vorschrift:

Die Vorschrift des §. 11 des Gesetzes, betreffend die Unterbringung verwahrloster Kinder, vom 13. März 1878 (Gesetz-Samml. S. 132) bleibt unberührt.

XXXVI. An die Stelle der §§. 95 bis 97 treten folgende Vorschriften:

§. 95.

Für die gerichtliche Bewilligung der Befreiung von Erfordernissen der Eheschließung, für die gerichtliche Bewilligung von sonstigen Befreiungen, sowie für die Entgegennahme einer Erklärung über den Familiennamen einschließlich der Beurkundung oder Beglaubigung werden drei Zehntheile der Sätze des §. 8 des Deutschen Gerichtskostengesetzes erhoben.

§. 96.

Für die Bestätigung des Vertrags, durch welchen Jemand an Kindesstatt angenommen oder das durch die Annahme an Kindesstatt begründete Rechtsverhältniß wieder aufgehoben wird, werden fünf Zehntheile der im §. 33 bestimmten Gebühr erhoben. Ist der Vertrag von dem zur Bestätigung zuständigen Gerichte beurkundet, so werden für die Bestätigung besondere Gebühren nicht erhoben.

§. 97.

Für die Genehmigung einer Familienstiftung wird die im §. 33 bestimmte Gebühr erhoben. Diese Gebühr bleibt außer Ansatz, wenn die Stiftungsurkunde von dem genehmigenden Gericht aufgenommen ist.

XXXVII. Im §. 98 werden eingeschaltet im Satz 1 hinter dem Worte „Gegenständen" die Worte „sowie für die Bestellung eines Dispacheurs oder eines Verwahrers einschließlich der Bestimmung seiner Vergütung", im Satz 2 hinter dem Worte „Zustandes" die Worte „oder Werthes".

XXXVIII. Hinter §. 98 werden folgende Vorschriften als §. 98a eingestellt:

Wird bei dem Gericht eine Verhandlung über die vom Dispacheur aufgemachte Dispache beantragt, so sind für das gesammte Verfahren vier Zehntheile der Sätze des §. 8 des Deutschen Gerichtskostengesetzes zu erheben. Als Werth des Gegenstandes ist anzusehen der Betrag des Havereischadens, wenn jedoch der Werth des Geretteten an Schiff, Fracht und Ladung geringer ist, dieser geringere Betrag. Wird die Dispache bestätigt, so haften die am Verfahren Betheiligten für die Kosten als Gesammtschuldner.

XXXIX. Im §. 99 erhält Abs. 1 folgende Fassung:

In dem nach den §§. 132 bis 139 des Gesetzes über die Angelegenheiten der freiwilligen Gerichtsbarkeit eintretenden

Verfahren werden in jeder Instanz die Sätze des §. 8 des Deutschen Gerichtskostengesetzes erhoben

1. für die Festsetzung der Ordnungsstrafe;
2. für die Verhandlung in den nach §. 134 anberaumten Terminen;
3. für die Anordnung einer Beweisaufnahme.

Der Abs. 4 Satz 2 wird gestrichen.

Als Abs. 5 wird hinzugefügt:

Die Vorschriften der Abs. 1 bis 4 finden auf andere Fälle der Festsetzung von Ordnungsstrafen, insbesondere nach §. 151 des Gesetzes über die Angelegenheiten der freiwilligen Gerichtsbarkeit, entsprechende Anwendung.

XXXX. Im §. 100 werden die Worte „und den Einführungsgesetzen zu demselben, sowie" gestrichen. Hinter dem Worte „erfordern" werden folgende Worte eingefügt „sowie von Angelegenheiten ähnlicher Art".

XXXXI. Der §. 101 erhält folgenden Zusatz:

Das Gleiche gilt von der gerichtlichen Festsetzung der einem Betheiligten zu erstattenden Kosten, von Zeugnissen über die Rechtskraft, sowie von gerichtlichen Vollstreckungshandlungen nach Artikel 18 des Preußischen Gesetzes über die freiwillige Gerichtsbarkeit.

Der §. 101 ist in den Abschnitt 9, der die Ueberschrift „Gemeinschaftliche Bestimmungen für die Abschnitte 2 bis 8" erhält, hinter §. 107 einzustellen.

XXXXII. Im §. 103 Abs. 2 wird folgende Vorschrift hinzugefügt:

Gebühren und Auslagen werden nicht erhoben, soweit die Gegenseitigkeit verbürgt ist. Ob diese Voraussetzung gegeben ist, entscheidet der Justizminister.

XXXXIII. Im §. 106 Ziffer 1 ist statt „In Grundbuchsachen" zu setzen „In Grundbuchsachen und in Schiffspfandsachen". Am Schlusse der Ziffer 1 ist hinzuzusetzen:

Die Aufnahme von Anträgen und Erklärungen nach §. 11 des Gesetzes über die Angelegenheiten der freiwilligen Gerichtsbarkeit ist auch in Angelegenheiten, für welche Gerichte eines anderen Bundesstaats zuständig sind, gebührenfrei, sofern die Gegenseitigkeit verbürgt ist. Ob diese Voraussetzung gegeben ist, entscheidet der Justizminister.

Am Schlusse der Ziffer 3 ist hinzuzusetzen:

Als Beschwerde im Sinne dieses Gesetzes ist auch die Anrufung einer Entscheidung des Amtsgerichts oder des Landgerichts nach Artikel 23 Abs. 3 oder 52 Abs. 2 des Preußischen Gesetzes über die freiwillige Gerichtsbarkeit anzusehen.

Im Satz 2 ist statt „Anwendung" zu setzen:

„mit der Maßgabe Anwendung, daß die Gebühr für die Zurücknahme 6 Mark, die Gebühr für die Verwerfung der Beschwerde 20 Mark nicht übersteigen darf".

XXXXIV. Hinter §. 106 werden als §. 106a folgende Vorschriften eingestellt:

Auf die Ertheilung beglaubigter Abschriften aus den Gerichtsakten finden, soweit nicht ein Anderes bestimmt ist, die Vorschriften des §. 51 Anwendung.

Soweit für die Ertheilung von Bescheinigungen oder beglaubigten Abschriften aus gerichtlichen Registern eine Gebühr nicht bestimmt ist, wird neben den Schreibgebühren der tarifmäßige Stempel erhoben.

XXXXV. Im §. 111 werden die Worte „Aufnahme oder Annahme einer letztwilligen Verfügung" ersetzt durch die Worte:

„Errichtung eines Testaments oder eines Erbvertrags".

XXXXVI. Hinter §. 122 wird folgende Vorschrift eingestellt:

§. 122a.

Auf ein Vertheilungsverfahren im Falle einer Enteignung (Artikel 53, 54, 109 des Einführungsgesetzes zum Bürgerlichen Gesetzbuch) oder der Beschädigung eines Grundstücks durch Bergbau finden die Vorschriften über ein Vertheilungverfahren im Falle der Zwangsvollstreckung entsprechende Anwendung. Wird der Antrag auf Eröffnung des Verfahrens zurückgewiesen oder wird er zurückgenommen, ehe die Eröffnung des Verfahrens verfügt ist, so wird ein Zehntheil der im §. 8 des Deutschen Gerichtskostengesetzes bestimmten Gebühr nach dem den Gegenstand des Verfahrens bildenden Gesammtbetrag und, wenn ein Berechtigter der Antragsteller ist und der von diesem Berechtigten beanspruchte Betrag geringer ist als der Gesammtbetrag, nach dem Betrage des Anspruchs erhoben.

XXXXVII. An die Stelle des §. 124 Abs. 2 tritt folgende Vorschrift:

Unberührt bleiben die nach dem 25. Juni 1895 erlassenen Vorschriften über das Kostenwesen.

XXXXVIII. Im §. 132 Abs. 1 Satz 1 werden die Worte „1. Oktober 1895" ersetzt durch die Worte „Bürgerlichen Gesetzbuche"; im Satz 2 werden die Worte „am 1. Oktober 1895" gestrichen.

Als Abs. 2, 3 werden folgende Vorschriften hinzugefügt:

Soweit nach Uebergangsvorschriften noch Geschäfte vorkommen, für welche in diesem Gesetze keine Bestimmungen getroffen sind, bleiben die bisherigen Vorschriften maßgebend. Die Vorschriften über die Kosten der ersten Anlegung der

Grundbücher bleiben bis zu dem Zeitpunkt in Kraft, zu welchem das Grundbuch als angelegt anzusehen ist.

Die Vorschriften der §§. 12 bis 17, 23 bis 27 treten auch für die früher fällig gewordenen Kosten in Kraft; die Vorschriften im Artikel 169 des Einführungsgesetzes zum Bürgerlichen Gesetzbuche finden entsprechende Anwendung.

§. 2. Der Justizminister wird ermächtigt, den Text des Preußischen Gerichtskostengesetzes, wie er sich aus den im §. 1 sowie in dem Ausführungsgesetze zur Grundbuchordnung vorgesehenen Aenderungen ergiebt, unter fortlaufender Nummernfolge der Paragraphen und unter Herstellung einer einheitlichen Schreibweise durch die Gesetz-Sammlung bekannt zu machen. Hierbei ist den Verweisungen auf die Vorschriften der Civilprozeßordnung dieses Gesetz in der Fassung des vom Reichskanzler im Reichs-Gesetzblatte für 1898 S. 410 veröffentlichten Textes zu Grunde zu legen. Als besondere Paragraphen sind einzuschalten die Bestimmungen des §. 17 Abs. 4 hinter §. 21, die Bestimmungen des letzten Absatzes des §. 81 hinter §. 81.

Soweit in anderen Gesetzen auf Vorschriften des Preußischen Gerichtskostengesetzes verwiesen ist, treten die entsprechenden Vorschriften des durch den Justizminister bekannt gemachten Textes an die Stelle.

Schlußbestimmungen.

Artikel 85.

Soweit in Gesetzen auf Vorschriften verwiesen ist, welche durch dieses Gesetz außer Kraft gesetzt werden, treten an deren Stelle die entsprechenden neuen Vorschriften.

Artikel 86.

Die in den Artikeln 57, 58 des Einführungsgesetzes zum Bürgerlichen Gesetzbuche gemachten Vorbehalte gelten auch gegenüber den Vorschriften dieses Gesetzes.

Artikel 87.

Die nachstehenden Vorschriften werden, soweit sie nicht schon in Folge Reichsgesetzes außer Kraft treten, unbeschadet der Uebergangsvorschriften, aufgehoben:

1. folgende Vorschriften des Allgemeinen Landrechts, soweit sie sich nicht auf öffentliches Recht beziehen:
   a) die Einleitung mit Ausnahme der §§. 74, 75;
   b) der erste Theil mit Ausnahme
      des §. 24 des 1. Titels,
      der §§. 29 bis 69, 71 bis 82, 96 bis 117, 125 bis 131, 133, 138 bis 140, 142 bis 144, 146, 148, 152, 153, 155, 156, 162 bis 167, 169 bis 174, 185, 186 des 8. Titels,
      der §§. 94 bis 96, 117 bis 120, 126, 128, 129, 139, 140, 152, 153, 155 bis 157, 170 bis 208, 210 bis 219, 223 bis 258, 261 bis 274, 348, 655 bis 659 des 9. Titels sowie der sonstigen

Vorschriften des neunten Abschnitts dieses Titels, soweit sie auf Grund der im Einführungsgesetze zum Bürgerlichen Gesetzbuche gemachten Vorbehalte in Kraft bleiben,

der §§. 4 bis 11, 651, 652, 676, 677, 996 bis 1019, 1021 bis 1023 des 11. Titels,

der §§. 176, 475, 476 des 12. Titels,

der §§. 41 bis 45 des 13. Titels,

der §§. 362 bis 371 des 17. Titels,

der §§. 1 bis 679 des 18. Titels,

der §§. 458 bis 465 des 20. Titels,

der §§. 45, 46 des 21. Titels und

der §§. 56 bis 242 des 22. Titels;

c) aus dem zweiten Theile:

der 1. Titel mit Ausnahme

der §§. 34, 35, des Anhangs-§. 65, der §§. 193, 738 bis 740 und des neunten Abschnitts, soweit dieser auf Grund einer nach den Artikeln 57, 58 des Einführungsgesetzes zum Bürgerlichen Gesetzbuch in Kraft bleibenden Vorschrift der Hausverfassung gilt;

der 2. Titel mit Ausnahme der §§. 17, 18, 59, 77, 78, 81 bis 84, 603, 641, 642, 683 bis 685;

der 3. Titel;

die §§. 1 bis 22, 27 bis 47, 227 bis 250 des 4. Titels, soweit sie nicht für Familienfideikommisse gelten;

der 5. Titel;

der 6. Titel, soweit er sich auf die Verfassung rechtsfähiger Vereine bezieht, für Vereine, die nach dem Inkrafttreten des Bürgerlichen Gesetzbuchs Rechtsfähigkeit erlangen;

die §§. 80 bis 85 des 7. Titels;

die §§. 444 bis 455 des 8. Titels;

die §§. 1199 bis 1209 des 11. Titels;

die §§. 1 bis 4, 7 bis 18, 21, 23 bis 29 des 16. Titels;

die §§. 48 bis 52, 54, 56 bis 60 des 17. Titels;

der 18. Titel mit Ausnahme der §§. 344, 810, 996 bis 1002;

die §§. 45 bis 48 des 19. Titels;

die §§. 1271, 1272 des 20. Titels;

2. das Rheinische Bürgerliche Gesetzbuch mit Ausnahme der Artikel 538, 556 bis 563, 640 bis 643, 645, des Artikel 648, soweit er sich auf das Weiderecht innerhalb der Gemeinde bezieht, des Artikel 671, des Artikel 672 Abs. 1 und der Artikel 674 bis 681, 714;

3. die Vorschriften des gemeinen Rechtes über die Wiedereinsetzung in den vorigen Stand und über die Privatpfändung;

4. die Vorschrift des revidirten Statuts der Stadt Lübeck Buch 2 Titel 2 Artikel 10;

5. die Verordnung wider die Veräußerung unbeweglicher Güter in die todte Hand vom 17. Mai 1799 (Chronologische Sammlung der Verordnungen zc. für die Herzogthümer Schleswig und Holstein S. 27);
6. das Ausschreiben, die Auf- und Annahme von Testamenten auf den Inseln der Provinz Ostfriesland betreffend, vom 24. November 1817 (Samml. der Hannoverschen Landesverordnungen zc. des Jahres 1817 II S. 521);
7. das Gesetz wegen Einführung kürzerer Verjährungsfristen vom 31. März 1838 (Gesetz-Samml. S. 249);
8. der §. 20 des Gesetzes über Familienschlüsse bei Familien-Fideikommissen, Familienstiftungen und Lehnen vom 15. Februar 1840 (Gesetz-Samml. S. 20);
9. die Verordnung wegen Einführung kürzerer Verjährungsfristen für die Landestheile, in welchen noch gemeines Recht gilt, vom 6. Juli 1845 (Gesetz-Samml. S. 483);
10. das Gesetz über die Erwerbung von Grundeigenthum für Korporationen und andere juristische Personen des Auslandes vom 4. Mai 1846 (Gesetz-Samml. S. 235);
11. der §. 40 der Feldpolizeiordnung vom 1. November 1847 (Gesetz-Samml. S. 376);
12. das Nassauische Gesetz, betreffend die Abkürzung der Verjährungsfristen für gewisse Arten von Forderungen, vom 5. April 1849 (Nass. Verordnungs-Blatt S. 75);
13. das Hannoversche Gesetz, die Verjährung persönlicher Klagen und die Einführung kurzer Verjährungsfristen für dieselben betreffend, vom 22. September 1850 (Hannov. Gesetz-Samml. Abth. I S. 187);
14. das Großherzoglich Hessische Gesetz, betreffend die Verjährung der persönlichen Klagen in den Provinzen Starkenburg und Oberhessen, vom 19. März 1853 (Großherzogl. Hess. Reg.-Blatt S. 117);
15. das Landgräflich Hessische Gesetz, die Verjährung der persönlichen Klagen betreffend, vom 15. August 1854 (Reg.-Blatt f. d. ehemal. Landgrafschaft Hessen-Homburg S. 748);
16. der §. 3 des Frankfurter Gesetzes, die Erwerbung von Grundeigenthum und Insätzen durch Nichtverbürgerte betreffend, vom 29. September 1863 (Frankf. Gesetz- und Statutensammlung Bd. XVI S. 55);
17. das Gesetz, betreffend die den gemeinnützigen Aktiengesellschaften bewilligte Sportel- und Stempelfreiheit, vom 2. März 1867 (Gesetz-Samml. S. 385);
18. das Gesetz, betreffend die Genehmigung zu Schenkungen und letztwilligen Zuwendungen, sowie zur Uebertragung von unbeweglichen Gegenständen an Korporationen und andere juristische Personen, vom 23. Februar 1870 (Gesetz-Samml. S. 118);

19. das Gesetz über den Eigenthumserwerb und die dingliche Belastung der Grundstücke, Bergwerke und selbständigen Gerechtigkeiten, vom 5. Mai 1872 (Gesetz-Samml. S. 433);
20. die Vormundschaftsordnung vom 5. Juli 1875 (Gesetz-Samml. S. 431).

Artikel 88.

Dieses Gesetz tritt gleichzeitig mit dem Bürgerlichen Gesetzbuch in Kraft. Die Vorschriften des Artikel 33 §. 2 Abs. 2, der Artikel 34, 71, 72, und des Artikel 84 §. 2 treten mit der Verkündung in Kraft.

Urkundlich unter Unserer Höchsteigenhändigen Unterschrift und beigedrucktem Königlichen Insiegel.

Gegeben ꝛc.

Begründung

zu dem

Entwurf eines Ausführungsgesetzes

zum

Bürgerlichen Gesetzbuche.

Die im Bürgerlichen Gesetzbuch enthaltene Neuregelung des bürgerlichen Rechtes bietet in erheblichem Umfange für landesgesetzliche Ergänzungen Raum. Das Gesetzbuch selbst macht solche nur an einzelnen Stellen nothwendig. Es läßt jedoch verschiedentlich ergänzende oder abändernde Vorschriften der Landesgesetze zu, und andere Vorbehalte gleicher Art finden sich in dem zugehörigen Einführungsgesetze. Dieses überweist ferner eine Anzahl von Sonderrechtsgebieten ganz oder mit gewissen Einschränkungen der Landesgesetzgebung. Es hält endlich in den Uebergangsvorschriften für die vor dem Inkrafttreten des Bürgerlichen Gesetzbuchs begründeten Rechtsverhältnisse vielfach das bisherige Recht aufrecht und überläßt den einzelnen Staaten die Entscheidung, ob das bisherige Recht für solche Rechtsverhältnisse dem Reichsrecht angepaßt werden soll.

Der Landesgesetzgebung ist somit ein weites Feld der Bethätigung vorbehalten. Indessen muß sich das Ausführungsgesetz zum Bürgerlichen Gesetzbuche bei der Kürze der bis zu dem Inkrafttreten des letzteren verbleibenden Zeit auf die zur Ausführung des Gesetzbuchs nothwendigen Bestimmungen beschränken. Die Sonderrechtsgebiete, die das neue Reichsrecht ganz der landesgesetzlichen Regelung vorbehält, sind daher im Allgemeinen auszuscheiden und es ist späterer Entscheidung zu überlassen, inwieweit für sie eine Umgestaltung der bestehenden Gesetze oder eine einheitliche Neuordnung angezeigt erscheint. Nur sofern in einzelne der fraglichen Gebiete durch reichsgesetzliche Vorschriften eingegriffen wird, bleibt zu prüfen, ob hierdurch eine Klarstellung des künftigen Rechtszustandes veranlaßt ist. Soweit für gewisse Theile des bürgerlichen Rechtes die Landesgesetze künftig nur noch beschränkt maßgebend sind, mag es erwünscht erscheinen, die bisherigen Vorschriften, die in Kraft bleiben, durch neue dem Reichsrecht angepaßte Bestimmungen zu ersetzen. Indessen handelt es sich hier gerade um Gebiete, auf denen die Mannigfaltigkeit des bestehenden Rechtszustandes auf der Verschiedenheit der Verhältnisse in den einzelnen Landestheilen beruht und daher der Versuch einer Neuordnung nicht ohne umfassende und zeitraubende Ermittelungen unternommen werden kann. Dies gilt, abgesehen vom Gesinderechte, bezüglich dessen der Standpunkt des Entwurfes an späterer Stelle besonders begründet ist, namentlich von den Vorschriften, welche das Eigenthum an Grundstücken zu Gunsten der Nachbarn noch anderen als den im Bürgerlichen Gesetzbuche bestimmten Beschränkungen unterwerfen (vergl. das Einf.-Ges. zum B.G.B. Art. 124). Soweit daher für die bezeichneten Gebiete ein Bedürfniß nach gesetzgeberischem Eingreifen hervortreten sollte, muß seine Befriedigung einer späteren Zeit vorbehalten bleiben. Anlangend endlich die Einführung des neuen Reichsrechts für die unter dem alten Rechte entstandenen Rechtsverhältnisse, so ist auch sie auf das Maß des durch das praktische Bedürfniß Gebotenen zu beschränken.

Der vorliegende Entwurf umfaßt die gesetzlichen Ausführungsvorschriften zu dem Bürgerlichen Gesetzbuch und dem zugehörenden Einführungsgesetze, die von dem dargelegten Standpunkt aus erforderlich erscheinen. Die Anordnung schließt sich an die Reihenfolge der Vorschriften des Gesetzbuchs an, zu deren Ergänzung die Bestimmungen des Entwurfes dienen.

Die Artikel 1 bis 9 des Entwurfes beziehen sich auf den Allgemeinen Theil des Bürgerlichen Gesetzbuchs. Sie behandeln namentlich die Familienstiftungen (Art. 1 bis 3), die Erwerbsbeschränkungen für juristische Personen (Art. 6, 7) und die kurze Verjährung gewisser Ansprüche (Art. 8, 9). Die Artikel 10 bis 17 gehören dem Rechte der Schuldverhältnisse an. Hervorzuheben sind die Vorschriften über das sich aus einem Leibgedingsvertrag ergebende Schuldverhältniß (Art. 15). Die Artikel 18 bis 40 betreffen das Sachenrecht. Namentlich wird hier das dingliche Wiederkaufsrecht bei Rentengütern geregelt (Art. 29); ferner werden die bergrechtlichen Vorschriften dem neuen Rechte angepaßt (Art. 37, 38). In den Artikeln 41 bis 76 folgen die auf das Familienrecht bezüglichen Bestimmungen. Sie befassen sich insbesondere mit der einheitlichen Neuregelung der Erfordernisse für die Eheschließung von Ausländern (Art. 42), mit der Ueberleitung des Güterstandes der zur Zeit des Inkrafttretens des Bürgerlichen Gesetzbuchs bestehenden Ehen in eines der reichsrechtlich geregelten Güterrechte (Art. 43 bis 66) und mit der Bestimmung der Mündelsicherheit von Hypotheken, Grundschulden und Rentenschulden sowie von gewissen Werthpapieren (Art. 71, 72). Die Erwägungen über die durch das Bürgerliche Gesetzbuch veranlaßten Aenderungen des Gesetzes, betreffend die Unterbringung verwahrloster Kinder, vom 13. März 1878 (Gesetz-Samml. S. 132) sind noch nicht abgeschlossen. Die Aenderungen sollen geeignetenfalls den Gegenstand einer besonderen Vorlage bilden. Die Artikel 77 bis 81 betreffen erbrechtliche Fragen, namentlich die amtliche Verwahrung von Testamenten und Erbverträgen (Art. 79), die Eröffnung alter Testamente und Erbverträge (Art. 80) und die Feststellung des Ertragswerths von Landgütern (Art. 81). Als Vorschriften von allgemeiner Bedeutung schließen sich an die das Hinterlegungswesen behandelnden Artikel 82, 83, von denen der erste die Aenderungen der Hinterlegungsordnung enthält, sowie Aenderungen des Preußischen Gerichtskostengesetzes (Art. 84). Die Schlußbestimmungen der Artikel 85 bis 88 beziehen sich namentlich auf die Aufhebung der bestehenden privatrechtlichen Kodifikationen, besonders des Preußischen Allgemeinen Landrechts und des Rheinischen Bürgerlichen Gesetzbuchs.

Artikel 1 bis 3.

Das Bürgerliche Gesetzbuch trifft in den §§. 80 bis 88 allgemeine Bestimmungen über privatrechtliche Stiftungen, ohne hierbei nach dem Zwecke der Stiftung verschiedene Arten zu unterscheiden. Es läßt jedoch in wichtigen Beziehungen für ergänzende, zum Theil auch für abweichende landesgesetzliche Vorschriften Raum. Innerhalb der dem Landesrechte gezogenen Grenzen kann daher die dem Preußischen Rechte eigenthümliche besondere Behandlung der Familienstiftungen aufrecht erhalten werden (vergl. die Motive zum Entw. des Einf.-Ges. zum B.G.B. S. 158). Die Beibehaltung der bisherigen Unterscheidung empfiehlt sich schon deshalb, weil jetzt die Zuständigkeit der Behörden für die Genehmigung und die Beaufsichtigung der Stiftungen wesentlich auf der Grundlage dieser Unterscheidung geordnet und eine Aenderung des bestehenden Zustandes hier, soweit möglich, zu vermeiden ist. Aber auch innere Gründe rechtfertigen nach gewissen Richtungen eine Sonderstellung der Familienstiftungen.

1. Nach §. 80 des Bürgerlichen Gesetzbuchs ist zur Entstehung einer rechtsfähigen Stiftung außer dem Stiftungsgeschäfte die Genehmigung des Bundesstaats erforderlich, in dessen Gebiete die Stiftung ihren Sitz haben soll. Die für die Ertheilung der Genehmigung zuständige Stelle und das Verfahren, in welchem die Genehmigung ertheilt wird, bestimmen sich nach Landesrecht. Das Erforderniß der staatlichen Genehmigung soll in erster Linie eine Prüfung des Zweckes der Stiftung vom Standpunkte des Gemeinwohls ermöglichen. In dieser Hinsicht besteht zwischen Familienstiftungen und anderen Stiftungen der Unterschied, daß bei ersteren der Zweck in allen Fällen ein gleichartiger ist und einen Widerstreit gegen das öffentliche Interesse ausschließt, während die Zwecke anderer Stiftungen der mannigfachsten Art sein können, sodaß eine besondere Prüfung des Zweckes vor der Genehmigung der Stiftung nicht zu entbehren ist. Bezüglich der Familienstiftungen kann daher auch künftig der Standpunkt des bisherigen Rechtes (A.L.R. II. 4 §§. 27, 29, 31) festgehalten werden, daß die staatliche Mitwirkung bei der Entstehung der Stiftung lediglich die Deutlichkeit und Bestimmtheit der Stiftungsurkunde sicherstellen soll. Die Genehmigung einer Familienstiftung stellt sich somit nicht, wie die einer anderen Stiftung, als Verwaltungsangelegenheit, sondern als eine Handlung der freiwilligen Gerichtsbarkeit dar. Dem entspricht die Zuweisung an die Gerichte. Die hierzu nach §. 4 des Einführungsgesetzes zum Gerichtsverfassungsgesetz erforderliche gesetzliche Bestimmung enthält der Artikel 1 des Entwurfes, während bezüglich der sonstigen Stiftungen die Zuständigkeit im Wege Königlicher Verordnung zu regeln sein wird.

Bei der Bestimmung des Begriffs der Familienstiftung können nicht die unzulänglichen Vorschriften des geltenden Rechtes (A.L.R. II. 4 §§. 21, 22) zum Vorbilde dienen. Wenn der Entwurf die Familienstiftung als eine Stiftung kennzeichnet, die nach der Stiftungsurkunde ausschließlich dem Interesse der Mitglieder einer bestimmten Familie oder mehrerer bestimmter Familien dient (vergl. B.G.B. §. 45 Abs. 3), so sind damit Stiftungen, bei denen für den Fall des Aussterbens der genußberechtigten Familie eine anderweitige Verwendung des Stiftungsvermögens vorgesehen ist, von dem Begriffe nicht ausgeschlossen. Daß Familienfideikommisse nicht unter den Begriff fallen, erscheint selbstverständlich. Die örtliche Zuständigkeit für die Genehmigung muß nach demselben Merkmale bestimmt werden, nach welchem das Bürgerliche Gesetzbuch die Zuständigkeit der Bundesstaaten unter einander abgrenzt, also nach dem künftigen Sitze der Stiftung, nicht wie bisher (A.L.R. II. 4 §. 29) nach dem ordentlichen persönlichen Gerichtsstande des Stifters. Die regelmäßige sachliche Zuständigkeit der Amtsgerichte für die Genehmigung entspricht dem bestehenden Rechte (§. 26 Nr. 2 des Ausf.-Ges. zum G.V.G.). Der Entwurf läßt jedoch Ausnahmen zu. Sofern nämlich die Verwaltung oder die Beaufsichtigung einer Stiftung nach der Stiftungsurkunde von dem Gerichte geführt werden soll, liegt sie nach §. 29 des Ausführungsgesetzes zum Gerichtsverfassungsgesetze zwar regelmäßig gleichfalls dem Amtsgericht ob, sie kann aber durch den Justizminister dem Landgericht oder dem Oberlandesgericht übertragen werden. Bei dieser Vorschrift soll es sein Bewenden behalten. In den Fällen, in welchen hiernach das Landgericht oder das Oberlandesgericht mit der Verwaltung oder Beaufsichtigung beauftragt wird, erscheint es zweckmäßig, daß dasselbe Gericht in der Lage ist, die Stiftungsurkunde vor der Genehmigung zu prüfen. Der Entwurf weist deshalb in solchen Fällen dem beauftragten Landgericht oder Oberlandesgericht auch die Genehmigung der Stiftung zu (Art. 1 Abs. 2).

2. Nach §. 85 des Bürgerlichen Gesetzbuchs wird die Verfassung einer Stiftung, soweit sie nicht auf Reichs- oder Landesgesetz beruht, durch das Stiftungsgeschäft bestimmt. Da das Reichsrecht nur wenige zwingende Vorschriften enthält (B.G.B. §. 86 verb. mit §§. 26, 28 Abs. 2, 29, 31, 42), ist der Landesgesetzgebung weitgehende Freiheit gelassen. Im bisherigen Rechte tritt hier wiederum der Unterschied zwischen Familienstiftungen und anderen Stiftungen hervor. Bei letzteren bringt die Verschiedenartigkeit der Zwecke und Bedürfnisse es mit sich, daß die Verfassung im einzelnen Falle unter der Einwirkung der mit der Genehmigung und der Aufsicht befaßten Staatsbehörde durch die Stiftungsurkunde bestimmt werden muß. Bei den Familienstiftungen dagegen ermöglicht die Gleichheit des Zweckes und der Verhältnisse die Aufstellung ergänzender gesetzlicher Vorschriften. Von Bedeutung sind namentlich die Bestimmungen des Gesetzes vom 15. Februar 1840 (Gesetz-Samml. S. 20) über die Familienschlüsse bei Familienstiftungen. Sie sind aus dem Bedürfnisse der Praxis hervorgegangen. Der Entwurf erhält sie daher mit einzelnen Aenderungen aufrecht (Art. 2).

Der §. 20 des Gesetzes vom 15. Februar 1840 erklärt die auf Familienfideikommisse bezüglichen Bestimmungen der §§. 1 bis 14 auf Familienschlüsse bei Familienstiftungen mit einigen Abweichungen für anwendbar. Nach dem Wortlaute der Vorschrift scheint bei Familienstiftungen zu allen Rechtsgeschäften, welche die Substanz des Vermögens betreffen, ein Familienschluß erfordert zu werden; denn der §. 1 des Gesetzes stellt für Familienfideikommisse dieses Erforderniß auf und die im §. 15 bestimmten Ausnahmen kommen für Familienstiftungen nicht in Betracht. Ob jedoch eine solche Auslegung der Absicht des Gesetzes entspricht, kann nach der Entstehung bezweifelt werden.

Jedenfalls empfiehlt es sich nicht, zu den bezeichneten Rechtsgeschäften gesetzlich allgemein einen Familienschluß zu erfordern und die nothwendigen Einschränkungen dem Stiftungsgeschäfte vorzubehalten; vielmehr bleibt dem letzteren besser die Bestimmung der Voraussetzungen, unter welchen Verfügungen über das Stammvermögen der Stiftung zulässig sind, ganz überlassen. Der Entwurf stellt deshalb im Artikel 2 §. 1 das Erforderniß eines Familienschlusses nur für die Fälle der Aenderung der Verfassung und der Aufhebung der Stiftung auf, für letzteren Fall übrigens unbeschadet des §. 87 des Bürgerlichen Gesetzbuchs.

Der §. 2 giebt das geltende Recht mit einer dem Artikel 1 Abs. 2 des Entwurfes entsprechenden Abweichung wieder (§. 20 verb. mit §. 2 des Gesetzes vom 15. Februar 1840). Daß für die Begrenzung des Kreises der bei der Errichtung des Familienschlusses zuzuziehenden Familienmitglieder nicht, wie nach jetzigem Rechte, der Wohnsitz „im Inlande oder in einem der Deutschen Bundesstaaten“, sondern der Wohnsitz innerhalb des Deutschen Reichs maßgebend sein soll, bedarf keiner Rechtfertigung. Im Uebrigen stimmt der §. 3 mit dem §. 20 Abs. 2 Satz 1 des geltenden Gesetzes im Wesentlichen überein. Ebenso weicht der §. 4 vom bestehenden Recht (A.L.R. II. 4 §§. 42 bis 44, Kab.-O. vom 5. September 1835, Gesetz-Samml. S. 198) nur in Einzelheiten ab. Er schreibt bei geschäftsunfähigen oder in der Geschäftsfähigkeit beschränkten Familiengliedern allgemein die Zuziehung ihres gesetzlichen Vertreters vor. Wer gesetzlicher Vertreter ist, inwieweit insbesondere der Vater oder die Mutter trotz der ihnen zustehenden elterlichen Gewalt von der Vertretung des Kindes bei der Errichtung des Familienschlusses ausgeschlossen sind, bestimmt sich nach den reichsgesetzlichen Vorschriften (vergl. B.G.B. §§. 1630, 1796). Die Vorschrift des §. 12 des Gesetzes vom 15. Februar 1840 über die Bestellung eines gemeinsamen Gerichtsstandes für mehrere bei der Errichtung eines Familienschlusses zuzuziehende Mündel entspricht dem praktischen Bedürfniß und ist daher auf Grund des Vorbehalts des §. 85 des Bürgerlichen Gesetzbuchs im §. 5 des vorliegenden Artikels ebenso beibehalten worden, wie sie in Bezug auf Familienfideikommisse und Lehen ohne Weiteres unberührt bleibt (Einf.-Ges. zum B.G.B. Art. 59, Gesetz über die Angelegenheiten der freiwilligen Gerichtsbarkeit §. 189). Die Aenderungen in der Fassung sind durch das Bürgerliche Gesetzbuch veranlaßt. Wenn der Entwurf ferner die Wirksamkeit der zustimmenden Erklärung des gesetzlichen Vertreters von der Genehmigung des Vormundschaftsgerichts abhängig macht, so entspricht dies dem geltenden Rechte und dem Standpunkte, den das Bürgerliche Gesetzbuch in ähnlichen Fällen einnimmt (§. 1643, § 1822 Nr. 1).

Die §§. 6 bis 9 stimmen mit dem bisherigen Rechte überein (§. 20 verb. mit §§. 4 bis 9 des Ges. vom 15. Februar 1840). Nur ist im §. 7 Nr. 2 die Anerkennung des Theilnahmerechts durch den Vorstand der Stiftung und im §. 9 Abs. 1 die eidesstattliche Versicherung des Vorstandes der Stiftung, nicht wie jetzt die des Vorstehers der Familie, erfordert. Die Vorschriften des Allgemeinen Landrechts II. 4 §§. 1 ff., in welchen auch die Person und die rechtliche Stellung des Vorstehers der Familie bestimmt werden, verlieren kraft Reichsrechts ihre Geltung (Einf.-Ges. zum B.G.B. Art. 55). Dagegen muß jede Stiftung nach §§. 86, 26 des Bürgerlichen Gesetzbuchs einen Vorstand haben; dieser ist daher angemessen an die Stelle des Vorstehers der Familie zu setzen. Die gleiche Aenderung sieht der §. 10 für das Aufgebotsverfahren zur Ausschließung der dem Leben oder dem Aufenthalte nach unbekannten Familienmitglieder, deren Zuziehung erforderlich ist, hinsichtlich des Antragsrechts vor. Er legt ferner die sachliche Zuständigkeit für das Verfahren, in Uebereinstimmung mit der in der Praxis herrschenden Auffassung, ausschließlich dem Amtsgerichte bei und beseitigt das Erforderniß des namentlichen Aufrufs der auszuschließenden Familienmitglieder. Der besondere Inhalt des Aufgebots ist dem geltenden Rechte entsprechend bestimmt. Im Uebrigen sind, wie jetzt (Ausf.-Ges. zur C.P.O. §§. 24 ff.), die allgemeinen Vorschriften der Civilprozeßordnung (§§. 946 bis 959) für das Verfahren maßgebend. Die §§. 11, 12 geben das bisherige Recht wieder (§. 20 verb. mit §§. 13, 14 des Gesetzes von 1840). Jedoch ist die Vorschrift, daß bei der Bestätigung das Präklusionserkenntniß erwähnt werden müsse, als entbehrlich weggelassen.

Alle hier gegebenen Vorschriften sollen, entsprechend dem §. 24 des geltenden Gesetzes, nur ergänzende Bedeutung haben (§. 13). Ihre Geltung soll sich aber auf den ganzen Umfang der Monarchie erstrecken. Dementsprechend kann auch die Sondervorschrift des §. 3 des Gesetzes vom 15. Februar 1840 für das Herzogthum Schlesien und die Grafschaft Glatz (Gesetz-Samml. S. 25) nicht beibehalten werden, wonach zu allen Verfügungen über Familienstiftungen, zu welchen ein Familienschluß gesetzlich erforderlich ist, die Genehmigung des Königs eingeholt werden soll. Ihre Beseitigung ergiebt sich, soweit die Vorschrift sich auf Familienstiftungen bezieht, ohne Weiteres daraus, daß des Erfordernisses der Königlichen Genehmigung in den Bestimmungen des Entwurfes nicht gedacht ist.

3. Bezüglich der Familienstiftungen, die vor dem Inkrafttreten des Bürgerlichen Gesetzbuchs im Geltungsgebiete des Allgemeinen Landrechts begründet sind, empfiehlt sich eine Klarstellung ihrer künftigen Rechtslage. Die Allerhöchste Kabinetsorder vom 23. Mai 1845 (Just.-Min.-Bl. S. 178) hat zwar ausdrücklich anerkannt, daß die Familienstiftungen ohne besondere Verleihung die Eigenschaft einer juristischen Person erwerben; sie ist jedoch nicht durch die Gesetzsammlung verkündet und hat daher nicht Gesetzeskraft erlangt. Unter diesen Umständen überwiegt unter den Schriftstellern des Preußischen Rechtes noch jetzt die Ansicht, daß die Familienstiftung nicht eine selbständige juristische Person darstelle, sondern daß ihr Subjekt die Familie sei, die in dieser Beziehung als juristische Person gelte (Eccius, Preuß. Privatrecht, Bd. 4 §. 241, 7. Aufl., S. 265; Dernburg, Preuß. Privatrecht, Bd. 1 §. 51 Nr. 5, 5. Aufl. S. 104; Koch, A.L.R. 8. Aufl. Bd. 3 S. 465 Anm. 26). Vom Standpunkte dieser Auffassung würden sich über die Rechtsstellung der vorhandenen Familienstiftungen künftig Zweifel ergeben, da nach Artikel 163 des Einführungsgesetzes zum Bürgerlichen Gesetzbuch auf die zur Zeit des Inkrafttretens des Bürgerlichen Gesetzbuchs bestehenden juristischen Personen von dieser Zeit an die Vorschriften der §§. 25 bis 53, 85 bis 89

des Bürgerlichen Gesetzbuchs Anwendung finden. Es bliebe fraglich, ob für die bestehenden Familienstiftungen die Vorschriften über Vereine (§§. 25 bis 53) oder die über Stiftungen (§§. 85 bis 88) gelten sollen. Der Entwurf beseitigt diesen Zweifel, indem er auf die bestehenden Familienstiftungen die Vorschriften über rechtsfähige Stiftungen für anwendbar erklärt (Art. 3). Auch für die bestehenden Stiftungen sind somit nach §. 85 des Bürgerlichen Gesetzbuchs in Ansehung der Verfassung die landesgesetzlichen Vorschriften maßgebend; es gelten daher die Bestimmungen des Artikel 2 auch für solche Stiftungen.

Artikel 4.

Das Bürgerliche Gesetzbuch legt im §. 87 der „zuständigen Behörde" die Befugniß bei, einer Stiftung eine andere Zweckbestimmung zu geben oder sie aufzuheben, wenn die Erfüllung des Stiftungszwecks unmöglich geworden ist oder das Gemeinwohl gefährdet. Soweit nach bisherigem Rechte der Staat zur Umwandlung oder Aufhebung von Stiftungen berechtigt ist (A.L.R. II. 6 §§. 74, 193, II. 19 §. 41; Eccius, Preuß. Privatrecht, Bd. 4 S. 719, 263 Anm. 18; Dernburg, Preuß. Privatrecht, Bd. 1 S. 116), ist die Ausübung der Befugnisse des Staates ein landesherrliches Hoheitsrecht. An dieser Rechtslage würde an sich dadurch, daß das Bürgerliche Gesetzbuch einer Behörde die Zuständigkeit zuweist, Nichts geändert werden, da nicht anzunehmen ist, daß hier, abweichend von dem grundsätzlichen Standpunkte der Reichsgesetzgebung, in das öffentliche Recht der Einzelstaaten habe eingegriffen werden sollen. Indessen empfiehlt es sich, die Zuständigkeit für die Umwandlung oder die Aufhebung von Stiftungen künftig Behörden beizulegen. Die Bestimmung der letzteren erfolgt zweckmäßig nicht durch Gesetz, sondern durch Königliche Verordnung. Um jedem Zweifel über die Zulässigkeit dieses Weges zu begegnen, stellt sie der Entwurf im Artikel 4 ausdrücklich fest. Auch die zur Ergänzung der Vorschriften des Bürgerlichen Gesetzbuchs über das Vereinsrecht erforderlichen Zuständigkeitsbestimmungen werden im Wege Königlicher Verordnung zu treffen sein (vergl. B.G.B. §. 22, §. 33 Abs. 2, §§. 44, 61, §. 71 Abs. 2).

Artikel 5.

Nach §. 45 Abs. 3 des Bürgerlichen Gesetzbuchs fällt das Vermögen eines Vereins, der nach der Satzung nicht ausschließlich den Interessen seiner Mitglieder diente, im Falle der Auflösung oder der Entziehung der Rechtsfähigkeit mangels wirksamer Bestimmung eines anderen Anfallberechtigten an den Fiskus des Bundesstaats, in dessen Gebiete der Verein seinen Sitz hatte. Der Artikel 85 des Einführungsgesetzes zum Bürgerlichen Gesetzbuch erhält jedoch die landesgesetzlichen Vorschriften aufrecht, nach welchen in dem bezeichneten Falle das Vereinsvermögen an Stelle des Fiskus einer Körperschaft, Stiftung oder Anstalt des öffentlichen Rechtes anfällt. Vorschriften dieser Art bestehen für des Gebiet des Allgemeinen Landrechts und des Rheinischen Rechtes gegenwärtig unzweifelhaft nicht (A.L.R. II. 6 §§. 192 ff.;

Crome, Allgemeiner Theil der modernen französischen Privatrechtswissenschaft S. 161). Auch für das gemeine Recht erkennt die herrschende Meinung ein ausschließliches Anfallrecht des Fiskus an (Windscheid, Pandekten Bd. 1 §. 62; Dernburg, Pandekten Bd. 1 §. 64). Indessen findet sich auch eine abweichende Ansicht bei neueren Rechtslehrern vertreten (Regelsberger, Pandekten Bd. 1 §. 86; Gierke, Genossenschaftstheorie S. 869, 870). Es erscheint daher zur Vermeidung von Zweifeln zweckmäßig, klarzustellen, daß sich das Anfallrecht in Ansehung des Vermögens eines Vereins mit Ausschluß landesrechtlicher Abweichungen nach den Vorschriften des Bürgerlichen Gesetzbuchs bestimmt (Art. 5 Abs. 1).

Das Vermögen einer erloschenen Stiftung fällt nach §. 88 des Bürgerlichen Gesetzbuchs an die in der Verfassung bestimmten Personen; hiernach ist, wie der §. 85 ergiebt, für das Anfallrecht bei dem Fehlen einer reichsgesetzlichen Vorschrift das Landesgesetz und in Ermangelung einer zwingenden landesgesetzlichen Vorschrift das Stiftungsgeschäft maßgebend. Das bisherige Recht läßt nach der herrschenden Ansicht in erster Linie die Stiftungsverfügung über das Anfallrecht entscheiden und legt, wenn diese keine Bestimmung trifft, dem Fiskus das Anfallrecht bei (Dernburg, Preuß. Privatrecht Bd. 1 §. 56; Crome a. a. O.; Windscheid a. a. O.; Dernburg, Pandekten a. a. O.). Für das gemeine Recht wird freilich vereinzelt auch hier unter Umständen ein Anfallrecht der Gemeinde angenommen (Regelsberger, Pandekten Bd. 1 §. 93 unter II). Eine sichere gesetzliche Grundlage für die Entscheidung der in Rede stehenden Frage ist in keinem der geltenden Rechte gegeben. Um klares Recht zu schaffen, regelt der Entwurf (Art. 5 Abs. 2) die Frage ausdrücklich im Sinne der für das bisherige Recht herrschenden Auffassung dahin, daß in Ermangelung einer abweichenden Bestimmung des Stiftungsgeschäfts der Fiskus anfallberechtigt ist. Dabei umfaßt der Begriff des Stiftungsgeschäfts auch die nachträglichen Aenderungen der ursprünglichen Verfassung.

Artikel 6.

Im Artikel 86 des Einführungsgesetzes sind die landesgesetzlichen Vorschriften, welche den Erwerb von Rechten durch juristische Personen beschränken oder von staatlicher Genehmigung abhängig machen, nur insoweit aufrecht erhalten, als sie Gegenstände im Werthe von mehr als 5000 Mark betreffen. Durch diese Beschränkung des Vorbehalts erleidet das Gesetz, betreffend die Genehmigung zu Schenkungen und letztwilligen Zuwendungen, sowie zur Uebertragung von unbeweglichen Gegenständen an Korporationen und andere juristische Personen, vom 23. Februar 1870 (Gesetz-Samml. S. 118) eine Aenderung. Da es auch im Uebrigen von der Reichsgesetzgebung nicht unberührt bleibt, empfiehlt es sich, zur Erleichterung der praktischen Handhabung den Inhalt des Gesetzes, soweit er gegenüber dem Reichsrechte noch Geltung behält, unter formeller Aufhebung des Gesetzes in neuer Fassung dem Ausführungsgesetz einzuverleiben (Art. 6, 87 Nr. 18). Auf diese Weise wird zugleich eine Lücke des bestehenden Rechtszustandes ausgefüllt. Denn während das Gesetz vom 23. Februar 1870 auf der Insel Helgoland nicht eingeführt ist, treten die neuen Vorschriften ohne Weiteres auch dort in Kraft. Zu einer sachlichen Aenderung des geltenden Rechtes besteht im Allgemeinen kein Grund.

Anlangend die einzelnen Bestimmungen des geltenden Gesetzes, so wird der §. 1 Nr. 1, welcher zu Schenkungen und letztwilligen Zuwendungen die Genehmigung des Königs erfordert, soweit dadurch im Inland eine neue juristische Person ins Leben gerufen werden soll, durch den §. 80 des Bürgerlichen Gesetzbuchs ersetzt. Die Vorschrift des §. 1 Nr. 2 verliert ihre selbständige Bedeutung. Wenn danach Schenkungen und letztwillige Zuwendungen, die inländischen juristischen Personen zu anderen als ihren bisher genehmigten Zwecken gewidmet werden sollen, schlechthin der Genehmigung des Königs bedürfen, so tritt diese Bestimmung für Gegenstände im Werthe von nicht mehr als 5000 Mark nach Artikel 86 des Einführungsgesetzes zum Bürgerlichen Gesetzbuch außer Kraft; für Gegenstände aber von höherem Werthe besteht das Erforderniß der Königlichen Genehmigung unabhängig vom Zwecke der Zuwendung. Der §. 2 des geltenden Gesetzes bleibt nach Lage der Reichsgesetzgebung mit der Maßgabe in Kraft, daß die Werthgrenze für das Erforderniß der Genehmigung von 3000 auf 5000 Mark hinaufgerückt wird. Dem entspricht der Artikel 6 §. 1 des Entwurfes. Er weicht im Uebrigen vom §. 2 des Gesetzes sachlich nur darin ab, daß der Kapitalisirung wiederkehrender Leistungen mit Rücksicht auf den §. 246 des Bürgerlichen Gesetzbuchs der Zinsfuß von 4 (statt 5) vom Hundert zu Grunde gelegt wird. Die sonstigen Aenderungen betreffen nur die Fassung; insbesondere spricht der Entwurf im Anschluß an die Redeweise des Bürgerlichen Gesetzbuchs nicht von „letztwilligen Zuwendungen", sondern von „Zuwendungen von Todeswegen". Die Bestimmung des §. 3 Abs. 1, daß die Genehmigung stets unbeschadet aller Rechte dritter Personen erfolgt, ist als selbstverständlich weggelassen. Die im §. 3 Abs. 2 behandelte Frage der Rückwirkung der Genehmigung ist für Zuwendungen von Todeswegen im Artikel 86 Satz 2 des Einführungsgesetzes zum Bürgerlichen Gesetzbuche reichsgesetzlich geregelt; für Schenkungen ist eine besondere Vorschrift für entbehrlich gehalten worden, weil man annahm, daß die allgemeinen Grundsätze für die Entscheidung genügen (Motive zum Entw. des Einf.-Ges. S. 170). Von diesem Standpunkte der Reichsgesetzgebung aus bleibt für eine landesgesetzliche Vorschrift, wie sie der bisherige §. 3 Abs. 2 enthält, kein Raum. Der §. 3 Abs. 3 des geltenden Gesetzes ist in den §. 2 des vorliegenden Artikels übernommen. Der im §. 4 des Gesetzes gemachte Vorbehalt zu Gunsten der besonderen Vorschriften über das Erforderniß der Genehmigung zur Erwerbung von unbeweglichen Gegenständen durch juristische Personen erledigt sich dadurch, daß der Entwurf die vorbehaltenen Vorschriften im Artikel 7 ersetzt. Die Strafbestimmungen des bisherigen §. 5 und die Vorschrift des §. 6, soweit sie die Familienstiftungen ausschließt, finden sich im Artikel 6 §§. 3, 4 wieder. Die ersteren sind nur insofern geändert, als für die Umwandlung einer nicht beizutreibenden Geldstrafe lediglich die Vorschriften des Strafgesetzbuchs (§§. 28, 29) maßgebend sein sollen. Die Unanwendbarkeit der hier bestimmten Beschränkungen auf Familienfideikommisse braucht nicht, wie im bisherigen §. 6, besonders ausgesprochen zu werden. Die im §. 7 des Gesetzes vom 23. Februar 1870 enthaltene Aufhebungungsklausel kommt nicht mehr in Betracht.

Artikel 7.

Die bestehenden Vorschriften über die Frage, inwieweit juristische Personen zum Erwerbe von Grundstücken staatlicher Genehmigung bedürfen, erleiden gleichfalls durch das Reichsrecht Aenderungen. Es ist daher angezeigt, auch diese Frage formell neu und zugleich für die ganze Monarchie einheitlich zu regeln.

Anlangend die juristischen Personen, die ihren Sitz in Preußen haben, so können nach dem Allgemeinen Landrechte II. 6 §. 83 Korporationen und Gemeinen ohne besondere Einwilligung ihrer vorgesetzten Behörde unbewegliche Sachen nicht an sich bringen. In Schleswig-Holstein, ist nach der Verordnung vom 17. Mai 1799 (Chronologische Sammlung 1799 S. 27) zu allen Veräußerungen an die todte Hand oder an eine autorisirte und beständige Gesellschaft landesherrliche Genehmigung erforderlich. Aehnliche partikularrechtliche Vorschriften bestehen auch für andere Gebiete. Der Erwerb von Grundeigenthum durch kirchliche Korporationen und mit juristischer Persönlichkeit ausgestattete kirchliche Anstalten ist durch mannigfache für die einzelnen Landestheile verschiedene Sondervorschriften an staatliche Genehmigung gebunden (A. L. R. II. 11 §. 194; Kahl, die deutschen Amortisationsgesetze S. 182ff.; Gesetz über die Vermögensverwaltung in den katholischen Kirchengemeinden vom 20. Juni 1875, Gesetz-Samml. S. 241, §. 50; Gesetz, betreffend die evangelische Kirchenverfassung in den acht älteren Provinzen der Monarchie, vom 3. Juni 1876, Gesetz-Samml. S. 125, Art. 24 u. s. w.). Alle diese Bestimmungen bleiben an sich nach Artikel 86 des Einführungsgesetzes zum Bürgerlichen Gesetzbuche für Gegenstände im Werthe von mehr als 5000 Mark in Kraft. Der Entwurf setzt an ihre Stelle eine für alle Preußischen juristischen Personen geltende einheitliche Regel (Art 7 §. 1 Abs. 1). Von dieser Regel sind jedoch, dem geltenden Rechte entsprechend, die Familienstiftungen sowie diejenigen juristischen Personen auszunehmen, deren Rechtsfähigkeit auf einem neben dem Bürgerlichen Gesetzbuche bestehenden Reichsgesetze beruht (§. 1 Abs. 2). Für die Vereine und Stiftungen, die nach Maßgabe der Vorschriften des Bürgerlichen Gesetzbuchs Rechtsfähigkeit erlangen, ist dagegen das Erforderniß der Genehmigung der Aufsichtsbehörde, wiederum in Uebereinstimmung mit dem bestehenden Rechtszustande, beizubehalten. Eines Vorbehalts bedarf es aber ferner noch mit Rücksicht auf die besonderen gesetzlichen Vorschriften, nach welchen juristische Personen des öffentlichen Rechtes Grundeigenthum ohne Genehmigung der Aufsichtsbehörde erwerben können, wie dies den landschaftlichen Kreditinstituten bezüglich der bepfandbrieften, zur Subhastation gestellten Güter (Allerh. Erlaß vom 1. Dezember 1869, Gesetz-Samml. S. 1185) und nach der neueren Gesetzgebung den Stadt- und Landgemeinden gestattet ist (vergl. z. B. Städteordnung vom 30. Mai 1853, Gesetz-Samml. S. 261, §. 50; Landgemeindeordnung vom 3. Juli 1891, Gesetz-Samml. S. 233. §. 114). Zu einer Aenderung dieser Vorschriften besteht kein Anlaß. Der Artikel 7 §. 1 Abs. 1 läßt selbstverständlich auch die Bestimmungen unberührt, nach welchen juristische Personen zur Veräußerung oder Belastung von Grundeigenthum staatlicher Genehmigung bedürfen.

Für nichtpreußische (Deutsche oder ausländische) juristische Personen ist nach dem Gesetze vom 4. Mai 1846 (Gesetz-Samml. S. 235) zum Erwerbe von Grundeigenthum die Genehmigung des Königs erforderlich. In Schleswig-Holstein kommt auch hier die schon erwähnte Verordnung vom 17. Mai 1799 in Betracht. Für das Gebiet der vormals freien Stadt Frankfurt erfordert das Gesetz vom 29. September 1863 (Gesetz- und Statuten-Samml. Bd. 16 S. 55) im §. 3 zum Erwerbe von Grundeigenthum und ihm gleichgeachteten Gerechtigkeiten sowie von Insätzen (Hypotheken) die Erlaubniß des Senats. Die Ertheilung der nach diesen Gesetzen für ausländische juristische Personen erforderlichen staatlichen Genehmigung zum Erwerbe von Grundeigenthum ist, soweit der Genehmigung Aktiengesellschaften, Kommanditgesellschaften auf Aktien, eingetragene Genossenschaften, eingeschriebene Hülfskassen und die mit den Rechten einer juristischen Person versehenen gegenseitigen Versicherungsgesellschaften bedürftig sind und soweit die vorgedachten Rechtsinstitute in Deutschen Landen außerhalb Preußens ihren Sitz haben, durch den Allerhöchsten Erlaß vom 14. Februar 1882 (Gesetz-Samml. S. 18) auf Grund des §. 4 des Gesetzes vom 23. Februar 1870 den betreffenden Ressortministern übertragen worden. Die bestehenden Vorschriften werden für nichtpreußische Deutsche juristische Personen durch die reichsrechtliche Beschränkung des Genehmigungserfordernisses auf Gegenstände im Werthe von mehr als 5000 Mark geändert, während sie in Bezug auf ausländische (nichtdeutsche) juristische Personen, soweit sie den Erwerb von Grundstücken beschränken, nach Artikel 88 des Einführungsgesetzes zum Bürgerlichen Gesetzbuch unberührt bleiben. Der Rechtszustand, wie er sich hiernach gestaltet, wird im Artikel 7 §. 2 des Entwurfes für die ganze Monarchie einheitlich festgestellt. In der Verleihung des Enteignungsrechts wird, wie nach der bisherigen Praxis, auch künftig zugleich die Genehmigung zum freihändigen Erwerbe der für die Zwecke des Unternehmens erforderlichen Grundstücke zu finden sein.

Die vorerwähnte Bestimmung des Frankfurter Gesetzes vom 29. September 1863 würde, soweit sie sich auf den Erwerb von Hypotheken bezieht, für Gegenstände im Werthe von mehr als 5000 Mark aufrecht erhalten werden können. Indessen fehlt ein Grund für die Beibehaltung einer Sondervorschrift, die nach feststehender Praxis auf außerpreußische Deutsche Aktiengesellschaften und andere unter der Herrschaft des Deutschen Handelsgesetzbuches stehenden Gesellschaften keine Anwendung findet und im Uebrigen zu manchen Zweifeln Anlaß giebt. Der Entwurf hebt daher mit den sonstigen, durch den Artikel 7 ersetzten Vorschriften auch den §. 3 des Frankfurter Gesetzes seinem ganzen Umfange nach auf (Art. 87 Nr. 16). Der §. 3 des Artikel 7 stellt mit Rücksicht auf Zweifel, die gegenüber den geltenden Vorschriften (vergl. insbesondere §. 50 Abs. 2 des Gesetzes vom 20. Juni 1875, Gesetz-Samml. S. 241, Art. 25 des Gesetzes vom 3. Juni 1876, Gesetz-Samml. S. 125) in der Praxis hervorgetreten sind, das Verhältniß zwischen den Vorschriften des Artikel 6 und denen des Artikel 7 klar.

Artikel 8.

Die zur Zeit geltenden besonderen Gesetze über die abgekürzte Verjährung gewisser Forderungen werden bis auf wenige Bestimmungen durch reichsgesetzliche Vorschriften ersetzt. In Betracht kommen:

1. das Gesetz vom 31. März 1838 (Gesetz-Samml. S. 249) für das Gebiet des Allgemeinen Landrechts;
2. die Verordnung vom 6. Juli 1845 (Gesetz-Samml. S. 483) für den Bezirk des Justizsenats zu Ehrenbreitstein und für Neuvorpommern mit Rügen, später ausgedehnt
   - auf Hohenzollern durch das Gesetz vom 12. März 1860 (Gesetz-Samml. S. 97),
   - auf Schleswig-Holstein durch das Gesetz vom 9. Februar 1869 (Gesetz-Samml. S. 341),
   - auf Frankfurt a. M. durch das Gesetz vom 13. März 1869 (Gesetz-Samml. S. 484);
3. für Hannover das Gesetz vom 22. September 1850 (Hann. Gesetz-Samml. I S. 187);
4. für das Gebiet des vormaligen Kurfürstenthums Hessen das Gesetz vom 14. Juli 1853 (Kurhess. Gesetz-Samml. S. 99);
5. für das vormalige Herzogthum Nassau das Gesetz vom 5. April 1849 (Nass. Verordnungs-Bl. S. 75);
6. für das vormals Landgräflich Hessische Gebiet das Gesetz vom 15. August 1854 (Landgräflich Hess. Reg.-Bl. S. 748);
7. für die vormals Bayerischen Gebietstheile das Gesetz vom 26. März 1859 (Bayer. Gesetz-Bl. S. 26);
8. für die vormals Großherzoglich Hessischen Gebietstheile das Gesetz vom 19. März 1853 (Großherzogl. Hess. Reg.-Bl. S. 117).

Der Entwurf hebt diese Gesetze, soweit sie nicht, wie das unter 4 genannte, ihrem ganzen Inhalte nach zufolge Reichsgesetzes außer Kraft treten, im Artikel 87 formell auf und ersetzt die Bestimmungen, die in Folge ihrer öffentlichrechtlichen Natur oder eines Vorbehalts vom Reichsrecht unberührt bleiben, durch die Vorschriften des vorliegenden Artikels.

Der §. 1 bestimmt eine vierjährige Verjährung zunächst, im Anschluß an den §. 2 Nr. 1 der vorstehend unter Nr. 1, 2 und 5 aufgeführten Gesetze sowie an den §. 3 Nr. 1 des unter Nr. 3 bezeichneten Gesetzes, für die Ansprüche der Kirchen, der Geistlichen und der sonstigen Kirchenbeamten wegen der Gebühren für kirchliche Handlungen. Die unter 1, 2 genannten Gesetze (§. 2 Nr. 8) und sachlich wesentlich übereinstimmend das unter 3 angeführte Gesetz (§. 3 Nr. 8) unterwerfen der gleichen Verjährung die Forderungen auf Nachzahlung der von den Gerichten, Generalkommissionen, Revisionskollegien und Verwaltungsbehörden nicht oder zu wenig eingeforderten oder auf Erstattung der an dieselben zu viel gezahlten Kosten, mit Einschluß der Stempel und Portogefälle u. s. w. Diese Vorschriften sind, soweit sie die Nachzahlung von Kosten und Stempeln betreffen, für Gerichtskosten durch die §§. 13, 114

115 des Preußischen Gerichtskostengesetzes vom 25. Juni 1895 (Gesetz-Samml. S. 203), für Stempel durch den §. 27 des Stempelsteuergesetzes vom 31. Juli 1895 (Gesetz-Samml. S. 413) und den §. 50 des Erbschaftsteuergesetzes vom 19. Mai 1891 (Gesetz-Samml. S. 78) ersetzt und somit nur noch für die Ansprüche auf Zahlung der von einer Verwaltungsbehörde, einem Verwaltungsgericht oder einer Auseinandersetzungsbehörde nicht oder zu wenig eingezogenen Kosten in Geltung (Art. 8 §. 1 Nr. 2). Soweit sich die bisherigen Vorschriften auf die Erstattung zuviel gezahlter Kosten beziehen, sind sie noch jetzt maßgebend und bleiben nach Artikel 104 des Einführungsgesetzes zum Bürgerlichen Gesetzbuch in Kraft. Demgemäß sind die Ansprüche auf Rückerstattung von Kosten, die von einer öffentlichen Behörde mit Unrecht erhoben sind, im §. 1 Nr. 4 aufgeführt. Weiter sind die Vorschriften der Verjährungsgesetze für Nassau (§. 2 Nr. 2) sowie für die vormals Hessen-Homburgischen und die vormals Großherzoglich Hessischen Gebietstheile (Art. 14 Nr. 3) über die kurze Verjährung der Ansprüche der Bürgermeister, Feldgerichtsschöffen und Ortsgerichtsvorsteher zu berücksichtigen. Unter Verallgemeinerung dieser Vorschriften unterwirft der Entwurf im Anschluß an die Fassung des § 125 des Preußischen Gerichtskostengesetzes die Ansprüche der Ortsbehörden wegen der Gebühren für Handlungen der freiwilligen Gerichtsbarkeit oder für ihre Thätigkeit als gerichtliche Hülfsbeamte der vierjährigen Verjährung. Endlich bleiben nach Artikel 73 des Einführungsgesetzes zum Bürgerlichen Gesetzbuch unberührt die Bestimmungen des §. 2 Nr. 6 der oben unter Nr. 1 und 2 genannten Gesetze sowie des §. 3 Nr. 6 des unter 3 aufgeführten Gesetzes über die Verjährung der Forderungen wegen Rückstände von Abgaben, die in Folge einer vom Staate besonders verliehenen Berechtigung an Privatpersonen zu entrichten sind oder — nach der für Schleswig-Holstein erweiterten Fassung des Gesetzes vom 9. Februar 1869 §. 2 — die in Folge einer besonderen Berechtigung an Privatpersonen zu entrichten sind oder — nach dem Hannoverschen Gesetze — die an Privatpersonen zu entrichten sind, z. B. Wege- und Brückengelder. Die Verjährungsfrist für diese Forderungen beträgt jetzt vier Jahre. Inzwischen hat die Reichsgesetzgebung für wichtige Verkehrsabgaben, nämlich die öffentlichen Schiffs-, Schiffahrts- und Hafenabgaben, eine einjährige Verjährungsfrist eingeführt (Art. 906, 757 Nr. 3 des geltenden, §§. 901, 754 Nr. 2 des neuen Handelsgesetzbuchs; Gesetz, betreffend die privatrechtlichen Verhältnisse der Binnenschiffahrt, vom 15. Juni 1895, Reichs-Gesetzbl. 1898 S. 868 §. 117 Nr. 1; Gesetz, betreffend die privatrechtlichen Verhältnisse der Flößerei, vom 15. Juni 1895, Reichs-Gesetzbl. S. 341, §. 30 Nr. 1). Im Hinblick auf diesen Vorgang der Reichsgesetzgebung könnte in Frage kommen, ob nicht auch für die Ansprüche auf Rückstände von Verkehrsabgaben, die in Folge einer besonderen Berechtigung an Privatpersonen zu entrichten sind, die Verjährungsfrist auf ein Jahr herabzusetzen sein möchte. Indessen erscheint es bedenklich, Privatpersonen den gleichen Grad von Sorgfalt in der Einziehung rückständiger Abgaben zuzumuthen wie öffentlichen Behörden und Beamten. Der Entwurf behält daher, selbstverständlich unbeschadet der reichsgesetzlichen Vorschriften, die bisherige Dauer der Frist bei (§. 1 Nr. 5).

Auf alle hier fraglichen Fälle der Verjährung erklärt der Entwurf grundsätzlich die Vorschriften des Bürgerlichen Gesetzbuchs und, soweit vor dessen Inkrafttreten entstandene Ansprüche in Frage kommen, die Uebergangsvorschriften des Artikel 169 Abs. 1 des Einführungsgesetzes zum Bürgerlichen Gesetzbuche für anwendbar. Der Beginn der Verjährung soll sich jedoch, abweichend vom §. 201 des Bürgerlichen Gesetzbuchs, bei den im §. 1 Nr. 1 bis 3 bezeichneten Gebühren- und Kostenansprüchen nicht nach der Zeit der Entstehung des Anspruchs, sondern nach der Zeit der Fälligkeit richten, während es für die Erstattungsansprüche des §. 1 Nr. 4 und die Abgabenansprüche des §. 1 Nr. 5 bei der reichsrechtlichen Regel verbleibt. Soweit ferner die im §. 1 Nr. 1, 2 bezeichneten Gebühren und Kosten der Beitreibung im Verwaltungszwangsverfahren unterliegen, schließt sich der Entwurf bezüglich der Wirkung einer Zahlungsaufforderung und der Bewilligung einer Stundung den für Gerichtskosten und Stempel geltenden Vorschriften insofern an, als auch durch eine dieser Maßnahmen die Verjährung unterbrochen werden soll. Abgesehen hiervon können auf die Verjährung der fraglichen Ansprüche, was die Gründe der Unterbrechung betrifft, gleichfalls die Bestimmungen des Bürgerlichen Gesetzbuchs Anwendung finden. In Betracht kommt danach insbesondere die Unterbrechung durch ausdrückliche oder stillschweigende Anerkennung, durch Anmeldung im Konkurs oder durch Vornahme einer Vollstreckungshandlung oder, soweit die Zwangsvollstreckung den Gerichten oder anderen Behörden zugewiesen ist, durch Stellung des Antrags auf Zwangsvollstreckung. Bezüglich der Dauer der Unterbrechung verallgemeinert dagegen der Entwurf die für Gerichtskosten und Stempel jetzt geltenden Sondervorschriften hier dahin, daß eine neue Verjährung in allen Fällen nicht vor dem Schlusse des Jahres beginnt, in welchem der für die Beendigung der Unterbrechung maßgebende Zeitpunkt eintritt.

Artikel 9.

Das Gesetz über die Verjährungsfristen bei öffentlichen Abgaben vom 18. Juni 1840 (Gesetz-Samml. S. 140) ist für die direkten Staatssteuern mit diesen in den später erworbenen Landestheilen eingeführt und bezüglich der im §. 14 des Gesetzes bezeichneten, nicht zu den Staatskassen fließenden öffentlichen Abgaben durch das Gesetz vom 12. April 1882 (Gesetz-Samml. S. 297) gleichfalls auf die ganze Monarchie ausgedehnt worden. Dagegen gelten seine Vorschriften, soweit sie sich auf die im §. 2 erwähnten Abgaben beziehen, für die zu den Staatskassen fließenden Abgaben dieser Art bisher nur innerhalb des ursprünglichen Geltungsbereichs des Gesetzes. Nach Lage der heutigen Gesetzgebung kommen von den im §. 2 genannten Abgaben nur noch die Verkehrsabgaben, wie Chaussee-, Wege-, Pflaster-, Brücken-, Fähr-, Kanal-, Schleusen-, Schiffahrts- und Hafenabgaben, und die dort aufgeführten öffentlichen Gebühren, nämlich die Krahn-, Wage- und Niederlagegelder in Betracht. Um die vorbezeichnete Lücke auszufüllen, erstreckt der Entwurf die hier fraglichen Vorschriften des Gesetzes vom 18. Juni 1840 einerseits für öffentliche, zu den Staatskassen fließende Verkehrsabgaben, selbstverständlich unbeschadet abweichender reichsgesetzlicher Vorschriften (vergl. die S. 15 angeführten Reichsgesetze), auf die Landestheile, in welchen sie für solche Abgaben noch nicht Geltung haben, andererseits erklärt er sie für den ganzen Umfang der Monarchie auf sonstige öffentliche Gebühren für entsprechend anwendbar, sofern nicht für einzelne Gebühren abweichende besondere Bestimmungen bestehen (vergl. z. B. §§. 87, 88 des Kommunalabgabengesetzes vom 14. Juli 1893, Gesetz-Samml. S. 152).

Artikel 10.

Das Bürgerliche Gesetzbuch setzt den für den allgemeinen bürgerlichen Verkehr maßgebenden gesetzlichen Zinsfuß, welcher nach dem geltenden Rechte fünf vom Hundert beträgt (A.L.R. I. 11 §§. 830, 841; loi sur le taux de l'argent vom 3. September 1807 Art. 2, Dekret betreffend die Anwendung des Code Napoléon vom 12. November 1809 Art. 82; Dernburg, Pandekten Bd. 2 §. 30), auf vier vom Hundert herab (§. 246). Diese Aenderung greift ohne Weiteres auch in den Fällen Platz, in denen eine neben dem Bürgerlichen Gesetzbuch in Kraft bleibende landesgesetzliche Vorschrift die Verpflichtung zur Verzinsung einer Schuld feststellt, ohne die Höhe der Zinsen zu bezeichnen. In manchen Landesgesetzen ist jedoch bei der Bestimmung einer gesetzlichen Zinspflicht ausdrücklich die Verzinsung mit fünf vom Hundert vorgeschrieben (vergl. z. B. §. 36 Abs. 2 des Gesetzes über die Enteignung von Grundeigenthum vom 11. Juni 1874, Gesetz-Samml. S. 221; §. 16 Abs. 1 des Gesetzes, betreffend das Pfandleihgewerbe, vom 17. März 1881, Gesetz-Samml. S. 265). Auch in solchen Fällen muß für die Höhe der Zinsen künftig, wie bisher, der allgemeine gesetzliche Zinsfuß maßgebend sein. Diesen Gedanken bringt der Entwurf, um alle in Betracht kommenden Bestimmungen des vorbehaltenen Landesrechts sicher zu treffen, durch die allgemeinen Vorschriften des Artikel 10 zur Geltung. Die Bestimmung des zweiten Satzes soll für die Fälle, in denen die Verzinsung schon vor dem Inkrafttreten des Bürgerlichen Gesetzbuchs begonnen hat, Zweifel abschneiden. Sie steht mit dem Grundsatze, daß bei einem Wechsel der Gesetzgebung für ein unter dem alten Rechte entstandenes Schuldverhältniß das alte Recht maßgebend bleibt (Einf.-Ges. z. B.G.B. Art. 170), nicht im Widerspruche, da die gesetzliche Zinspflicht mit jedem Tage neu entsteht.

Artikel 11.

Nach Artikel 92 des Einführungsgesetzes zum Bürgerlichen Gesetzbuche bleiben die landesgesetzlichen Vorschriften unberührt, nach welchen Zahlungen aus öffentlichen Kassen an der Kasse in Empfang zu nehmen sind. Bestimmungen dieser Art bestehen zur Zeit für das Gebiet des Allgemeinen Landrechts (A.L.R. I. 16 §. 53; I. 11 §§. 776, 777). Aber auch in den übrigen Landestheilen hat sich eine entsprechende Uebung entwickelt. Eine Vorschrift des im Artikel 92 zugelassenen Inhalts befreit die öffentlichen Kassen gegenüber dem §. 270 des Bürgerlichen Gesetzbuchs von der Verpflichtung, geschuldetes Geld auf ihre Gefahr und ihre Kosten dem Gläubiger an dessen Wohnsitz zu übermitteln. Die Beibehaltung dieses Vorrechts der öffentlichen Kassen ist durch das öffentliche Interesse an einer geordneten Kassenführung geboten. Der Entwurf ersetzt daher die landrechtlichen Bestimmungen durch eine dem Vorbehalt entsprechende Vorschrift für die ganze Monarchie.

Artikel 12.

Nach §. 313 des Bürgerlichen Gesetzbuchs bedarf ein Vertrag, durch den sich der eine Theil verpflichtet, das Eigenthum an einem Grundstücke zu übertragen, der gerichtlichen oder notariellen Beurkundung. Der Artikel 142 des Einführungsgesetzes erhält daneben die landesgesetzlichen Vorschriften aufrecht, denen zufolge für die Beurkundung eines solchen Vertrags über ein im Gebiete des Bundesstaats liegendes Grundstück außer den Gerichten und Notaren auch andere Behörden und Beamte zuständig sind. Der Vorbehalt ist für Preußen zunächst insofern von Bedeutung, als er die jetzt bestehende Beurkundungsbefugniß anderer Behörden und Beamten, z. B. der Auditeure nach dem Gesetze vom 8. Juni 1860 (Gesetz-Samml. S. 240), auch in Betreff der hier fraglichen Verträge wahrt (vergl. den Art. 32 des Entw. eines Preuß. Gesetzes über die freiwillige Gerichtsbarkeit nebst Begründung). Inwieweit für die Beurkundung von Verträgen über die Veräußerung von Grundstücken künftig Ortsbehörden zuständig sein sollen, wird in dem Entwurf eines Preußischen Gesetzes über die freiwillige Gerichtsbarkeit bestimmt (vergl. Art. 112, 118, 137 des Entw.). Der vorliegende Artikel 12 sieht für einzelne Sonderrechtsgebiete Ausnahmen von der Formvorschrift des §. 313 des Bürgerlichen Gesetzbuchs vor.

Die erste Ausnahme gründet sich auf den Artikel 62 des Einführungsgesetzes zum Bürgerlichen Gesetzbuche, demzufolge die landesgesetzlichen Vorschriften über Rentengüter unberührt bleiben. Um die durch die Rentengutsgesetzgebung, insbesondere das Gesetz über Rentengüter vom 27. Juni 1890 (Gesetz-Samml. S. 209), das Gesetz, betreffend die Beförderung der Errichtung von Rentengütern, vom 7. Juli 1891 (Gesetz-Samml. S. 279) und das Gesetz, betreffend die Beförderung deutscher Ansiedelungen in den Provinzen Westpreußen und Posen vom $\frac{\text{26. April 1886 (Gesetz-Samml. S. 131)}}{\text{20. April 1898 (Gesetz-Samml. S. 63)}}$ angestrebte innere Kolonisation in der bisherigen Weise fortführen zu können, ist es nothwendig, in einigen Punkten, in welchen das bestehende Recht durch die Vorschriften des Bürgerlichen Gesetzbuchs abgeändert wird, den gegenwärtigen Rechtszustand soweit wie möglich aufrecht zu erhalten. Hier kommt die Form des Rentengutsvertrags in Betracht.

Nach dem bisherigen Rechte (vergl. A.L.R. I. 10 §§. 15 bis 17, I. 11 §. 75) genügt für einen Vertrag, durch welchen sich Jemand verpflichtet, das Eigenthum an einem Grundstücke zu übertragen, die einfache Schriftform. Würde dagegen künftig, dem §. 313 des Bürgerlichen Gesetzbuchs entsprechend, auch bei den durch Vermittlung der Generalkommission begründeten oder bei den vom Staate ausgegebenen Rentengütern gerichtliche oder notarielle Beurkundung nothwendig sein, so würden dadurch die Rentengutsbildungen erschwert, in vielen Fällen sogar vereitelt werden. Die Verträge über den Erwerb eines Rentenguts werden in der Regel an Ort und Stelle aufgenommen und die sofortige Aufnahme eines beide Theile bindenden, aber auch ihre Rechte sichernden Vertrags ist im beiderseitigen Interesse erforderlich. Allerdings wird nach §. 313 Satz 2 des Bürgerlichen Gesetzbuchs der Mangel der gerichtlichen oder notariellen Form geheilt, wenn die Auflassung und die Eintragung in das Grundbuch erfolgen. Da es sich aber in den genannten Fällen regelmäßig um die Auftheilung ganzer Güter und die Anlegung größerer Kolonien handelt, so erfordern sowohl die Eintheilungs- und vermessungstechnischen Geschäfte als auch die Regelung der öffentlichrechtlichen Verhältnisse zeitraubende Arbeiten und Verhandlungen, sodaß bis zur Grundbuchberichtigung ein längerer Zeitraum vergeht. Es würden also die Betheiligten durch die Vorschrift des §. 313 Satz 2 nicht genügend gesichert sein.

Zur Erhaltung des gegenwärtigen Rechtszustandes ist daher im Artikel 12 §. 1 Abs. 1 die Bestimmung getroffen, daß für Rentengutsverträge die schriftliche Form genügt. Diese Formerleichterung soll jedoch nur bei den durch Vermittelung der Generalkommission und bei den vom Staate zu begründenden Rentengütern eintreten. Hier wird sie um so unbedenklicher sein, als durch das Eingreifen der Behörden den Rücksichten Genüge geschieht, die im Bürgerlichen Gesetzbuche zum Erfordernisse der gerichtlichen oder notariellen Beurkundung für Verträge über die Verpflichtung zur Uebertragung des Eigenthums an Grundstücken geführt haben und die in der Denkschrift zum Entwurf eines bürgerlichen Gesetzbuchs (Drucks. d. Reichstags 9. Legisl.-Per. IV. Session 1895/97 zu Nr. 87 S. 47) dahin erläutert sind, daß der wichtigste Zweck der Form, die minder geschäftsgewandte Bevölkerung vor übereilten Käufen und Verkäufen zu bewahren, erfahrungsgemäß durch das Erforderniß bloßer Schriftform nicht erreicht werde und daß die Mitwirkung des Richters oder des Notars eine ungleich größere Gewähr für die Vollständigkeit, Richtigkeit und Verständlichkeit der Beurkundung biete als die einfache Schriftform. Es bedarf übrigens kaum der Hervorhebung, daß auch gegenüber der hier bestimmten erleichterten Form die Vorschrift des §. 313 Satz 2 des Bürgerlichen Gesetzbuchs Platz greift.

Aehnliche Erwägungen haben dahin geführt, auch für den in den §§. 16, 17 des Gesetzes über die Enteignung von Grundeigenthum vom 11. Juni 1874 (Gesetz-Samml. S. 221) bezeichneten Vertrag über die freiwillige Abtretung von Grundeigenthum auf Grund des Artikel 109 des Einführungsgesetzes zum Bürgerlichen Gesetzbuche die gleiche Formerleichterung zu bestimmen (Art. 12 §. 1 Abs. 2).

Das Formerforderniß des §. 313 des Bürgerlichen Gesetzbuchs würde weiter an sich auch für die Verträge gelten, mittelst deren die Ansiedelungskommission für den Staat in Ausführung des Gesetzes vom $\frac{\text{26. April 1886}}{\text{20. April 1898}}$ Grundstücke erwirbt, da es sich bei ihnen um Kaufverträge handelt. Im Interesse der Thätigkeit der Ansiedelungskommission ist es aber nothwendig, diese Verträge möglichst in unmittelbarem Anschluß an die Kaufverhandlungen in einer für die Betheiligten verbindlichen Form abzuschließen. Würde hierfür die gerichtliche oder notarielle Beurkundung gefordert, so ist zu besorgen, daß in der Zwischenzeit bis zur Aufnahme des gerichtlichen oder notariellen Vertrags sich Einflüsse geltend machen, welche den Vertragsabschluß hindern. Dadurch würde die Thätigkeit der Ansiedelungskommission jedenfalls erschwert, in vielen Fällen aber vollständig vereitelt werden. Um dem entgegen zu treten, macht der Entwurf von der Ermächtigung des Artikel 142 des Einführungsgesetzes zum Bürgerlichen Gesetzbuch in der Weise Gebrauch, daß er zur Beurkundung der fraglichen Verträge außer den Gerichten und Notaren die Oberbeamten der Ansiedelungskommission für zuständig erklärt (Art. 12 §. 2 Nr. 1). Die Oberbeamten der Ansiedelungskommission sind, wie hierbei bemerkt werden möge, entweder zum Richteramte oder zur Bekleidung von höheren Verwaltungsämtern befähigt.

Zur Vermeidung einer bedenklichen Erschwerung und Vertheuerung der Grunderwerbsverträge für staatliche Eisenbahn- und Kanalbauten legt der Entwurf endlich die Zuständigkeit für die Beurkundung dieser Verträge den für den Grunderwerb von dem Vorstande der zuständigen Verwaltungsbehörde als Justitiar bezeichneten Beamten bei (Art. 12 §. 2 Nr. 2).

Artikel 13.

Das Bürgerliche Gesetzbuch gestattet in gewissen Fällen, in denen Jemand durch gesetzliche Vorschrift ermächtigt ist, eine Sache für Rechnung eines Anderen verkaufen zu lassen, bei Sachen, die einen Börsen- oder Marktpreis haben, den Verkauf aus freier Hand zum laufenden Preise durch einen zu solchen Verkäufen öffentlich ermächtigten Handelsmäkler (§§. 385, 1221). Häufiger noch läßt das Handelsgesetzbuch vom 10. Mai 1897 für ähnliche Fälle die gleiche Art des Verkaufs zu (§. 373 Abs. 2, §. 376 Abs. 3, §. 379 Abs. 2, §. 388 Abs. 2, §. 389, §. 437 Abs. 2 u. s. w.); im Falle des §. 376 Abs. 2 sieht es auch einen Kauf zum laufenden Preise durch einen zu solchen Käufen öffentlich ermächtigten Handelsmäkler vor. Dem bisherigen Rechte ist eine besondere öffentliche Ermächtigung von Handelsmäklern zur Vornahme gewisser Verkäufe oder Käufe fremd, weil nach dem geltenden Handelsgesetzbuche die Handelsmäkler als solche der amtlichen Bestellung bedürfen (Art. 66), während die Handelsmäkler im Sinne des neuen Handelsgesetzbuchs (§§. 93 ff.), bloße Privathandelsmäkler sind. Nach §. 34 des Börsengesetzes vom 22. Juni 1896 in der Fassung des Artikel 14 des Einführungsgesetzes zum Handelsgesetzbuche vom 10. Mai 1897 (Reichs-Gesetzbl. S. 437) sind zwar die Kursmäkler zur Vornahme von Verkäufen und Käufen befugt, die durch einen dazu öffentlich ermächtigten Handelsmäkler zu bewirken sind. Diese Vorschrift reicht aber nicht aus; vielmehr müssen daneben landesgesetzliche Bestimmungen über die Ertheilung der hier fraglichen öffentlichen Ermächtigung, die Beeidigung der betreffenden Handelsmäkler und die Rücknahme der Ermächtigung getroffen werden. Dabei können die für die amtlichen Handelsmäkler jetzt geltenden Vorschriften, die sich für die Zukunft ohne Weiteres erledigen, zum Vorbilde dienen. Der Entwurf weist demgemäß im Anschluß an Artikel 9 §. 1 des Einführungsgesetzes zum Handelsgesetzbuche vom 24. Juni 1861 und an §. 40 des Gesetzes über die Handelskammern vom 19. August 1897 in der Fassung der Bekanntmachung vom 22. August 1897 (Gesetz-Samml. S. 355) die Ertheilung der Ermächtigung für Orte innerhalb des Bezirkes einer Handelskammer oder einer kaufmännischen Korporation dieser vorbehaltlich der Bestätigung des Regierungspräsidenten zu, für andere Orte dem Regierungspräsidenten. Er schreibt ferner nach dem Vorgange der auf die Kursmäkler bezüglichen Bestimmung des §. 30 des Börsengesetzes vom 22. Juni 1896 (Reichsgesetzbl. S. 157) die Beeidigung der öffentlich ermächtigten Handelsmäkler vor, erklärt zur Abnahme des Eides das Amtsgericht, soweit aber die Ermächtigung von einer Handelskammer oder einer kaufmännischen Korporation ertheilt wird, entsprechend dem §. 42 des Handelskammergesetzes auch diese für zuständig und überträgt auf die Rücknahme der Ermächtigung die für die Rücknahme der Konzessionen der Handelsmäkler geltende Vorschrift des §. 120 Nr. 3 des Zuständigkeitsgesetzes vom 1. August 1883.

Artikel 14.

Der Artikel 95 des Einführungsgesetzes zum Bürgerlichen Gesetzbuch erhält die landesgesetzlichen Vorschriften, welche dem Gesinderecht angehören, im Allgemeinen aufrecht, erklärt jedoch einzelne reichsrechtliche Bestimmungen auf das Gesindeverhältniß für anwendbar und schließt ein Züchtigungsrecht des Dienstberechtigten gegenüber dem Gesinde aus. Die Vorschriften des Bürgerlichen Gesetzbuchs, welche Anwendung finden sollen, regeln die Geschäftsfähigkeit (§§. 104 bis 115), die Wirksamkeit einer Erklärung, die einem Geschäftsunfähigen oder einem in der Geschäftsfähigkeit Beschränkten gegenüber abgegeben wird (§. 131), die Haftung für Gehülfen (§ 278), die Pflichten, die dem Dienstberechtigten bei Erkrankung des Dienstboten sowie bezüglich der Fürsorge für dessen Leben, Gesundheit, Sittlichkeit und Religion obliegen (§§. 617 bis 619), die längste zulässige Dauer der Bindung des Verpflichteten (§. 624), die Verantwortlichkeit des Geschäftsherrn für den von dem Angestellten widerrechtlich verursachten Schaden (§. 831, §. 840 Abs. 2) und die Rechte des Mannes in Ansehung eines Dienstverhältnisses der Frau (§.1358). Abgesehen von diesen reichsrechtlich geordneten Fragen bleiben die dem Gesinderecht angehörenden bisherigen Vorschriften ihrem vollen Umfange nach unberührt; in Betreff der Fürsorge in Krankheitsfällen sind überdies die landesgesetzlichen Bestimmungen ausdrücklich aufrechterhalten, die dem Gesinde weitergehende Ansprüche gewähren wie der §. 617 des Bürglichen Gesetzbuchs.

In Preußen gelten gegenwärtig für das Gesindeverhältniß nach seiner privatrechtlichen Seite folgende Gesetze:

1. im Gebiete des Allgemeinen Landrechts mit Ausnahme der Kreise Rees und Duisburg die Gesinde-Ordnung vom 8. November 1810 (Gesetz-Samml. S. 101);
2. in der Rheinprovinz die Gesinde-Ordnung vom 19. August 1844 (Gesetz-Samml. S. 410), eingeführt durch die Verordnung vom 21. September 1847 (Gesetz-Samml. S. 356) auch in den Kreisen Rees und Duisburg;
3. in Neuvorpommern und Rügen die Gesindeordnung vom 11. April 1845 (Gesetz-Samml. S. 391);
4. in Schleswig-Holstein die Gesindeordnung vom 25. Februar 1840 (Chronolog. Samml. der Verordn. S. 35);
5. in Hannover die Dienstboten-Ordnungen

a) für den Landdrosteibezirk Osnabrück vom 28. April 1838 (Hannov. Gesetz-Samml. III S. 73);
b) für die Herzogthümer Bremen und Verden vom 12. April 1844 Hannov. Gesetz-Samml. III S. 51), eingeführt mit wenigen Aenderungen als Dienstbotenordnung für das Land Hadeln unter dem 12. Oktober 1853 (Hannov. Gesetz-Samml. III S. 142);
c) für die Landdrosteibezirke Hannover, Hildesheim, Lüneburg und den Harz-Bezirk vom 15. August 1844 (Hannov. Gesetz-Samml. I S. 161);
d) für Ostfriesland und Harlingerland vom 10. Juli 1859 (Hannov. Gesetz-Samml. S. 713);

6. in der Provinz Hessen-Nassau:
a) die Gesinde-Ordnung für die Städte Cassel, Marburg, Rinteln und Hanau vom 15. Mai 1797 (Neue Samml. der Landes-Ordnungen ꝛc. für die älteren Gebietstheile Kurhessens Bd. 4 S. 253);
b) die Kurhessische Verordnung, das Gesindewesen in den Landstädten und auf dem Lande betreffend, vom 18. Mai 1801 (ebenda S. 368);
c) die Kurhessische Verordnung, das Gesindewesen in dem Großherzogthume Fulda betreffend, vom 28. Dezember 1816 (Müller und Fuchs, Sammlung der im vorm. Kurfürstenthum Hessen noch geltenden gesetzlichen Bestimmungen S. 113);
d) die Nassauische Verordnung, die Dienstverhältnisse des Gesindes und der Handwerksgehülfen betreffend, vom 15. Mai 1819 (Samml. der Edikte und Verordn. des Herzogthums Nassau Bd. 3 S. 121);
e) die Gesinde-Ordnung für die Stadt Frankfurt und deren Gebiet vom 5. März 1822 (Gesetz- und Statuten-Samml. Bd. 3 S. 41);

7. in den Hohenzollernschen Landen die Dienstboten-Ordnungen:
a) für Hohenzollern-Sigmaringen vom 31. Januar 1843 (Sigmar. Gesetz-Samml. Bd. 6 S. 291);
b) für Hohenzollern-Hechingen vom 30. Dezember 1843 (Heching. Verordn.Bl. 1843 S. 341);

8. im Kreise Herzogthum Lauenburg das Landesherrliche Edikt, betreffend die Dienstboten, vom 22. Dezember 1732 (Lauenburg. Verordnungen-Samml. Bd. 1 S. 392).

Besondere privatrechtliche Vorschriften über das Gesinderecht fehlen ganz für die vormals Großherzoglich und Landgräflich Hessischen sowie die vormals Bayerischen Gebietstheile der Provinz Hessen-Nassau.

In der Begründung des im Jahre 1879 dem Landtage vorgelegten Entwurfes eines Gesetzes, betreffend Ergänzung der Vorschriften über die Dienstbotenverhältnisse (Drucksachen des Herrenhauses 1879/80 Nr. 5), ist von der Staatsregierung die Auffassung vertreten worden, daß ein Bedürfniß zum Erlaß einer einheitlichen Gesindeordnung nicht hervorgetreten sei. Auch gegenwärtig ist das Bedürfniß nach Ausgleichung der auf dem Gebiete des Gesinderechts obwaltenden Verschiedenheiten jedenfalls kein so dringendes, daß es geboten erschiene, die kurz bemessene Zeit bis zum Inkrafttreten des Bürgerlichen Gesetzbuchs mit einer Aufgabe zu belasten, welche nur unter sorgfältiger Berücksichtigung der in den einzelnen Landestheilen bestehenden besonderen Verhältnisse und Anschauungen befriedigend gelöst werden kann. Auch die Frage darf späterer Entscheidung vorbehalten bleiben, ob durch die Aenderung allgemeiner privatrechtlicher Grundsätze, welche gegenwärtig in Ermangelung von Sondervorschriften für das Gesindeverhältniß maßgebend sind, die Aufstellung neuer gesinderechtlicher Sonderbestimmungen veranlaßt ist. Wenn z. B. die Befugniß der Dienstherrschaft zur Aufrechnung von Entschädigungsansprüchen gegen die Lohnansprüche des Gesindes überall da, wo nicht besondere Vorschriften bestehen (Gesindeordnung von 1810 §. 68, für Neuvorpommern und Rügen §. 62; Dienstboten-Ordnung für Sigmaringen §. 36, für Hechingen §. 39; Nassauische Verordnung §. 24), nach §. 394 Satz 1 des Bürgerlichen Gesetzbuchs in Verbindung mit §. 850 Nr. 1 der Civilprozeßordnung ausgeschlossen sein wird, so kann die Beseitigung dieser Rechtsverschiedenheit einer späteren Zeit überlassen werden. Dagegen bleibt im gegenwärtigen Zeitpunkte zu prüfen, inwieweit für die Landesgesetzgebung Anlaß gegeben ist, den künftigen Rechtszustand mit Rücksicht auf das Eingreifen der Reichsgesetzgebung in die bestehenden gesinderechtlichen Vorschriften klarzustellen oder letztere im Einzelnen dem Reichsrecht anzupassen.

Für die Gebiete, welche einer besonderen privatrechtlichen Regelung des Gesindeverhältnisses jetzt entbehren, bringt das dort künftig allein maßgebende Reichsrecht einen nicht unerheblichen Fortschritt, weil es namentlich in den Vorschriften über den Dienstvertrag die Eigenthümlichkeiten eines Dienstverhältnisses, bei dem der Verpflichtete in die häusliche Gemeinschaft des Berechtigten aufgenommen ist, eingehender als das geltende Recht berücksichtigt.

Was die Einwirkung der reichsgesetzlichen Vorschriften auf die geltenden Gesindeordnungen anbelangt, so finden sich in den letzteren regelmäßig besondere Vorschriften über die Fähigkeit von Minderjährigen und Ehefrauen zur Eingehung eines Gesindeverhältnisses (Ges. O. von 1810 §§. 5 bis 8, für die Rheinprovinz §. 3, Neuvorpommern §§. 5 bis 8, Schleswig-Holstein §. 7, Osnabrück Art. 3, Bremen-Verden §§. 2, 3, Hannover rc. §§. 3, 4, Ostfriesland §. 4, Nassau §. 4, Sigmaringen §. 8, Hechingen §. 8). Diese Vorschriften sind theilweise schon durch das Gesetz, betreffend die Geschäftsfähigkeit Minderjähriger, vom 12. Juli 1875 (Gesetz-Samml. S. 518) ersetzt. Künftig sind die §§. 104 bis 115 und der §. 1358 des Bürgerlichen Gesetzbuchs maßgebend. Ebenso findet die Frage, inwieweit die Ehefrau zur Annahme von Gesinde befugt ist, durch die Vorschrift des §. 1357 des Bürgerlichen Gesetzbuchs über die Schlüsselgewalt der Frau eine einheitliche Regelung. Der Entwurf geht davon aus, daß durch diese Vorschrift die abweichenden Vorschriften der Gesindeordnungen beseitigt werden (Ges. O. von 1810 §§. 3, 4, für die Rheinprovinz §. 2, Neuvorpommern §§. 3, 4, Schleswig-Holstein §. 6, Osnabrück Art. 2 Abs. 2, Bremen-Verden §. 2 Abs. 2, Ostfriesland §. 3 Abs. 2, Nassau §. 3, Sigmaringen §. 7, Hechingen §. 7). Ueber die in den §§. 131, 278 des Bürgerlichen Gesetzbuchs behandelten Fragen finden sich keine gesinderechtlichen Sondervorschriften; nur der §. 56 der Dienstbotenordnung für Hechingen wird durch den §. 278 theilweise ersetzt.

Nach §. 617 des Bürgerlichen Gesetzbuchs hat der Dienstberechtigte im Falle der Erkrankung des Verpflichteten diesem die erforderliche Verpflegung und ärztliche Behandlung bis zur Dauer von sechs Wochen, jedoch nicht über die Beendigung des Dienstverhältnisses hinaus zu gewähren, sofern nicht die Erkrankung von dem Verpflichteten vorsätzlich oder durch grobe Fahrlässigkeit herbeigeführt worden ist; die Kosten können auf die für die Zeit der Erkrankung geschuldete Vergütung angerechnet werden; die Beendigung des Dienstverhältnisses, welche dadurch herbeigeführt wird, daß der Dienstberechtigte es wegen der Erkrankung des Verpflichteten nach §. 626 kündigt, ist ohne Einfluß auf die Dauer der Fürsorgepflicht des Dienstberechtigten. Diese Vorschriften finden, wie bereits erwähnt wurde, auf das Gesindeverhältniß nur insoweit Anwendung, als die Landesgesetze dem Gesinde nicht weitergehende Ansprüche gewähren. Letzteres geschieht durch die bestehenden Gesindeordnungen in verschiedener Art. Die Gesindeordnung vom 8. November 1810, mit deren hier in Betracht kommenden Vorschriften die §§. 79 bis 84, 87, 88 der Gesindeordnung für Neuvorpommern übereinstimmen, stellt dem Dienstboten, der sich durch den Dienst oder bei Gelegenheit des Dienstes eine Krankheit zuzieht, darin günstiger als das Reichsrecht, daß es die Fürsorgepflicht des Dienstberechtigten nicht auf die Dauer von sechs Wochen beschränkt und den Abzug der Kosten vom Lohne ausschließt (§§. 86, 87). Für die übrigen Fälle der Erkrankung des Dienstboten ist künftig zu unterscheiden, ob die Erkrankung von den Dienstboten durch Vorsatz oder grobe Fahrlässigkeit herbeigeführt worden ist oder nicht. Letzterenfalls kommt der §. 617 des Bürgerlichen Gesetzbuchs zur Anwendung, welcher den Dienstboten weitergehende Ansprüche gewährt als die §§. 88 bis 91 der Gesindeordnung; dagegen bleiben für den erstgenannten Fall die §§. 88 bis 91 maßgebend, weil sie dem Dienstboten auch für diesen Fall Ansprüche geben, während das Reichsrecht sie ihm versagt. Die §§. 94, 95 der Gesindeordnung begründen künftig nicht mehr eine erhöhte Haftung der Dienstherrschaft; denn an die Stelle der im §. 94 angezogenen bisherigen Vorschriften über die Haftung des Machtgebers für einen dem Bevollmächtigten bei Ausrichtung der Geschäfte durch Zufall zugestoßenen Schaden (A.L.R. I. 13 §§. 80, 81) treten künftig die Bestimmungen des Bürgerlichen Gesetzbuchs über den Dienstvertrag, die eine entsprechende Haftung des Dienstberechtigten nicht kennen. Aus dem §. 26 der Gesindeordnung für die Rheinprovinz bleibt neben §. 617 des Bürgerlichen Gesetzbuchs die Vorschrift bestehen, daß im Falle einer vom Dienstboten nicht verschuldeten Erkrankung die Kosten der Verpflegung für die Dauer von vier Wochen oder, falls das Dienstverhältniß früher endigt, bis zur Beendigung desselben nicht vom Lohne abgezogen werden können. In der gleichen Richtung gehen die Dienstbotenordnung für Ostfriesland und die Nassauische Verordnung von 1819 über das Reichsrecht hinaus. Erstere verpflichtet im §. 36 Abs. 2 die Dienstherrschaft bei einer von ihm nicht verschuldeten Erkrankung, die sich der Dienstbote „durch sorgfältige Ausführung eines ihm von der Dienstherrschaft aufgetragenen Dienstes" zuzieht, zur Bezahlung der dadurch erwachsenen Kurkosten längstens für die Dauer von sechs Wochen, ohne Anrechnung der Kosten auf den Lohn zu gestatten. Ebenso verpflichtet der §. 12 Nr. 3 der Nassauischen Verordnung die Dienstherrschaft ohne Zulassung eines Lohnabzugs zur unentgeltlichen Krankenpflege, insofern das Gesinde ohne sein Verschulden im Dienste von einer Krankheit befallen worden ist, bis zur Dauer von sechs Wochen oder bis zum vorher eintretenden Ende der Dienstzeit; nach dieser Verordnung schließt andererseits jedes Verschulden des Dienstboten einen Anspruch desselben aus, während der §. 617 des Bürgerlichen Gesetzbuchs ihm im Falle einfacher Fahrlässigkeit einen Anspruch gewährt, mithin für diesen Fall auch im Geltungsgebiete der gedachten Verordnung Anwendung findet. Mit der vorerwähnten Ausnahme für Ostfriesland sind die Hannoverschen Dienstbotenordnungen dem Gesinde nicht günstiger als das Reichsrecht (Dienstbotenordnung für Osnabrück Art. 43 bis 45; Bremen-Verden §§. 49 bis 52; Hannover 2c. §§. 57 bis 60). Das Gleiche gilt vom §. 14 der Frankfurter Gesindeordnung sowie von den für Schleswig-Holstein hier maßgebenden §§. 77 f. der Armenordnung vom 29. Dezember 1841 (Chronolog. Samml. S. 293). Die Hohenzollernschen Dienstbotenordnungen schließen bei Krankheitsfällen, die nicht über acht Tage dauern und nicht durch grobes Verschulden des Dienstboten herbeigeführt worden sind, die Anrechnung der von der Dienstherrschaft zu tragenden Kosten der Verpflegung und Verköstigung auf den Lohn aus (Sigmaringen §. 46, Hechingen §. 49). Eine Rechtsunsicherheit, deren Beseitigung durch die Landesgesetzgebung geboten erschiene, tritt hiernach in Folge der nur modifizirten Einführung des §. 617 nicht ein.

Nicht in Betracht kommen hier die Vorschriften des bisherigen Rechtes, welche im Falle eines Verschuldens der Dienstherrschaft dem Gesinde über den §. 617 des Bürgerlichen Gesetzbuchs hinaus gehende Ansprüche geben (Ges. O. f. d. Rheinprovinz §. 25, Osnabrück Art. 41, 42, Bremen-Verden §. 43, Hannover §. 36, Ostfriesland §. 33 Abs. 1, Sigmaringen §§. 47, 48, Hechingen §§. 50, 51). Die Ersatzpflicht der Dienstherrschaft im Falle einer von ihr verschuldeten Erkrankung des Gesindes bestimmt sich künftig nach dem §. 618 des Bürgerlichen Gesetzbuchs; dieser tritt an die Stelle der vorgedachten bisherigen Vorschriften. Zugleich ersetzt der §. 618 die bestehenden Bestimmungen, welche der Dienstherrschaft die Rücksichtnahme auf die Gesundheit des Dienstboten zur Pflicht machen (Ges. O. von 1810 §. 85, für Neuvorpommern §. 78, Cassel 2c. §. 20, die Kurhessischen Landstädte 2c. §. 20, Fulda §. 18, Sigmaringen §. 37, Hechingen §. 40, Lauenburg Nr. 22).

Durch den §. 624, demzufolge ein für die Lebenszeit einer Person oder für längere Zeit als fünf Jahre eingegangenes Dienstverhältniß seitens des Verpflichteten nach dem Ablaufe von fünf Jahren gekündigt werden kann, werden die bisherigen Vorschriften beseitigt, soweit sie eine längere Bindung des Gesindes zulassen (Ges. O. v. 1810 §. 40, für Neuvorpommern §. 34, Sigmaringen §. 11, Hechingen §. 14) oder die zulässige Dauer der Bindung noch enger begrenzen (Ges.O. für die Rheinprovinz §. 13).

Ueber die Verantwortlichkeit der Dienstherrschaft für den von dem Gesinde einem Dritten widerrechtlich zugefügten Schaden enthalten nur einige der geltenden Gesetze besondere Vorschriften, während bisweilen lediglich auf die allgemeinen gesetzlichen Bestimmungen verwiesen wird (Ges.O. für Neuvorpommern §. 91). Die Einführung des §. 831 und des §. 840 Abs. 2 des Bürgerlichen Gesetzbuchs schafft bezüglich dieser Frage, soweit jene Vorschriften reichen, einheitliches Recht. Neben ihnen würden jedoch vermöge des allgemeinen Vorbehalts bezüglich des Gesinderechts die bestehenden Vorschriften, nach welchen die Dienstherrschaft noch in weiterem Umfange haftet, in Kraft bleiben; mindestens wäre das Gegentheil nicht unzweifelhaft. Hierher gehören die im §. 98 der Gesindeordnung vom 8. November 1810 in Bezug genommenen Bestimmungen des Allgemeinen Landrechts I. 6 §§. 61 bis 63, 67 bis 68. Nach §. 61 wird, wer wissentlich geschehen läßt, daß sein Gesinde einem Anderen einen Schaden zufügt, als Theilnehmer an der unerlaubten Handlung des Gesindes angesehen; die gleiche Vorschrift findet sich in den Hohenzollernschen Dienstbotenordnungen (Sigmaringen §. 52, Hechingen §. 55). Eine noch weitergehende Haftung trifft die Dienstherrschaft nach dem Allgemeinen Landrechte für Gesinde, welches bestimmter Eigenschaften wegen für Dritte besonders gefährlich ist. Allen diesen Vorschriften liegt die Auffassung zu Grunde, daß der Dienstherrschaft eine Aufsicht über das Gesinde auch zu dem Zwecke obliege, um Beschädigungen Dritter zu verhüten. Unter Verwerfung dieses Standpunktes hat jedoch die Kommission für die zweite Lesung des Entwurfes eines Bürgerlichen Gesetzbuchs im Gegensatze zum Entwurf erster Lesung es abgelehnt, an die Versäumung der landesgesetzlich bestimmten Aufsichtspflicht reichsgesetzlich eine Haftung der Dienstherrschaft gegenüber Dritten zu knüpfen; sie ist sogar ersichtlich davon ausgegangen, daß es der Landesgesetzgebung, abgesehen von besonderen Gebieten, wie dem der Forst- und Feldfrevel, nicht gestattet sei, eine solche Haftung einzuführen (Protokolle Bd. 2 S. 594, 595). Im Hinblick auf diese Vorgänge erscheint eine Klarstellung der künftigen Rechtslage hier jedenfalls geboten. Sie kann mit Sicherheit nur im Einklange mit der letzerwähnten Ansicht der zweiten Kommission erfolgen. Der Entwurf hebt daher die Vorschriften der Gesindeordnungen, nach welchen der Dienstberechtigte für den von dem Gesinde einem Dritten widerrechtlich zugefügten Schaden in weiterem Umfang als nach den Vorschriften des Bürgerlichen Gesetzbuchs verantwortlich ist, im Artikel 14 Abs. 2 ausdrücklich auf. Das Gleiche geschieht bezüglich der Bestimmungen des Allgemeinen Landrechts im Artikel 87 Nr. 1. Unberührt bleiben dagegen die eine erweiterte Haftung der Dienstherrschaft vorsehenden Bestimmungen, welche sich in vorbehaltenen besonderen Landesgesetzen finden, wie namentlich die §§. 11, 12 des Gesetzes, betreffend den Forstdiebstahl, vom 15. April 1878 (Gesetz-Samml. S. 222) und der §. 5 des Feld- und Forstpolizei-Gesetzes vom 1. April 1880 (Gesetz-Samml. S. 230).

In zwei anderen Punkten noch empfiehlt es sich, Besonderheiten einzelner bestehender Rechte zu beseitigen. Nach §. 616 des Bürgerlichen Gesetzbuchs wird der zur Dienstleistung Verpflichtete des Anspruchs auf die Vergütung nicht dadurch verlustig, daß er für eine verhältnißmäßig nicht erhebliche Zeit durch einen in seiner Person liegenden Grund an der Dienstleistung verhindert wird. Ueber die hier behandelte Frage finden sich in den meisten Gesindeordnungen keine Bestimmungen. Nach §. 29 Satz 2 der Gesindeordnung für Schleswig-Holstein ist jedoch die Herrschaft im Falle der Einberufung des Dienstboten „zu den jährlichen Waffenübungen" zu einer verhältnißmäßigen Kürzung des Lohnes berechtigt, falls nicht etwas Anderes verabredet ist. Der Entwurf beseitigt diese Sonderbestimmung, indem er allgemein die Vorschriften des §. 616 des Bürgerlichen Gesetzbuchs auf das Gesindeverhältniß für anwendbar erklärt (Art. 14 Abs. 1). Für das Gebiet des Allgemeinen Landrechts wird ferner zum Theil noch jetzt auf Grund der Allgemeinen Gerichtsordnung Theil I Titel 2 §. 13 als geltendes Recht angesehen, daß Dienstboten, die nicht mehr unter väterlicher Gewalt oder Vormundschaft stehen, den Wohnsitz der Dienstherrschaft theilen (Koch, A.L.R. Anm. 60 zu §. 25 der Einleitung, 8. Aufl. S. 42; a. M. Eccius, Preuß. Privatr. Bd. 1 S. 55 Anm. 7). Auch diese Besonderheit beseitigt der Entwurf durch die Bestimmung, daß durch das Gesindeverhältniß ein Wohnsitz nicht begründet wird (Art. 14 Abs. 3).

Artikel 15.

Nach Artikel 96 des Einführungsgesetzes zum Bürgerlichen Gesetzbuche bleiben die landesgesetzlichen Vorschriften über einen mit der Ueberlassung eines Grundstücks in Verbindung stehenden Leibgedings-, Leibzucht-, Altentheils- oder Auszugsvertrag unberührt, soweit sie das sich aus dem Vertrag ergebende Schuldverhältniß für den Fall regeln, daß nicht besondere Vereinbarungen getroffen sind. Im geltenden Preußischen Rechte finden sich nur vereinzelte Vorschriften über den Leibgedingsvertrag. Insbesondere trifft auch das Allgemeine Landrecht in den §§. 602 bis 605 I. 11 außer einer nicht mehr in Kraft stehenden Vorschrift über die Mitwirkung des Gerichts bei dem Abschlusse des Vertrags nur die Bestimmung, daß der Auszug oder Altentheil eine Versorgung des vorigen Besitzers auf Lebenszeit bildet, während es im Uebrigen auf die Provinzialgesetzgebung verweist. Die Provinzialgesetze aber enthalten nähere Vorschriften über den Leibgedingsvertrag nicht. Der Mangel gesetzlicher Vorschriften hat zur Folge gehabt, daß sich das Institut in den einzelnen Landestheilen verschieden entwickelt hat. Ein Bedürfniß, in die Ergebnisse dieser Entwickelung einzugreifen, besteht im Allgemeinen nicht; insbesondere muß von der Aufstellung umfassender Auslegungsvorschriften abgesehen werden, weil die Auslegung gerade des Leibgedingsvertrags vielfach von den Anschauungen, Sitten und Gebräuchen der Bevölkerung und den Umständen des einzelnen Falles abhängt.

Nur insoweit erscheint es nothwendig, von dem Vorbehalte des Artikel 96 Gebrauch zu machen, als es sich darum handelt, unausgetragene Streitfragen zu beseitigen und zu verhindern, daß nicht durch Anwendung von Vorschriften des Bürgerlichen Gesetzbuchs, die für das Rechtsverhältniß zwischen dem Gutserwerber und dem Leibgedingsberechtigten nicht passen, Rechtsunsicherheit und Verwirrung entstehen.

Von diesem Standpunkt aus stellt der Entwurf im §. 1 zunächst klar, daß der Leibgedingsvertrag darauf gerichtet ist, dem Berechtigten ein dingliches

Recht auf die in dem Vertrage vereinbarten Leistungen und Vortheile zu bestellen. Dies entspricht der in Preußen vom Obertribunal stets festgehaltenen und in der Litteratur gebilligten, im gemeinrechtlichen Gebiet aber nicht unbestrittenen Auffassung, der sich auch das Reichsgericht angeschlossen hat. Durch die Vorschriften des Bürgerlichen Gesetzbuchs erleidet der bisherige Rechtszustand nur insofern eine Aenderung, als nach gegenwärtigem Rechte dem Leibgedinge auch ohne Eintragung in das Grundbuch die Eigenschaft eines dinglichen Rechtes, einer Reallast, zugestanden und nur die Wirksamkeit des Rechtes gegen Dritte als von der Eintragung abhängig angesehen wird, während nach §. 873 des Bürgerlichen Gesetzbuchs außer der Einigung der Betheiligten auch die Eintragung in das Grundbuch zur Begründung des dinglichen Rechtes erforderlich ist. Demgemäß bestimmt der §. 1, daß der Grundstückserwerber durch den Vertrag verpflichtet wird, dem Altentheilsberechtigten ein den Bestimmungen des Vertrags entsprechendes Realrecht an dem ihm überlassenen Grundstück, und zwar mit dem beim Abschlusse des Vertrags möglichen Range zu bestellen Dieses Realrecht hat nach den Begriffsbestimmungen des Bürgerlichen Gesetzbuchs je nach der Beschaffenheit der Leistung oder der dem Berechtigten zugestandenen Befugnisse den Karakter einer Reallast oder einer persönlichen Dienstbarkeit. Die danach gefaßte Vorschrift des Entwurfes stimmt mit dem §. 50 der Reichs-Grundbuchordnung überein.

Der §. 2 des Entwurfes verweist auf die Vorschriften des Bürgerlichen Gesetzbuchs über die Leibrente und stellt damit außer Zweifel, daß das Leibgedinge als auf die Lebenszeit des Berechtigten versprochen anzusehen und im voraus zu entrichten ist, sowie, daß eine Rückforderung nicht stattfindet, wenn der Berechtigte, der Leistungen dem Vertrage gemäß im voraus empfangen hat, vor dem nächsten Fälligkeitstermine stirbt.

Ohne die Vorschrift des §. 3 würde der zur Leistung von Gutserzeugnissen Verpflichtete nach §. 243 Abs. 1 des Bürgerlichen Gesetzbuchs Marktwaare mittlerer Art und Güte auch dann zu liefern haben, wenn Erzeugnisse der zu leistenden Gattung auf dem überlassenen Grundstück angebaut werden, die dort gewonnenen Erzeugnisse aber nicht jene Eigenschaft besitzen. Da dies als der Absicht der Vertragschließenden entsprechend nicht angesehen werden kann, so erscheint eine die Anwendung des §. 243 Abs. 1 ausschließende Vorschrift erforderlich. Der Inhalt des §. 3 des Entwurfes wird weiterer Rechtfertigung nicht bedürfen.

Auch die Vorschriften des §. 4 und des §. 5 Abs. 1 des Entwurfes dienen einem ähnlichen Zwecke wie die des §. 3. Der §. 4 soll die mit Rücksicht auf die Vorschrift des §. 1047 des Bürgerlichen Gesetzbuchs nahe liegende Annahme ausschließen, daß der Leibgedingsberechtigte, dem ein Gebrauchs- oder Nutzungsrecht an einem Theile des Grundstücks — auch einem Gebäude — eingeräumt ist, zu den Lasten des Grundstücks beizutragen habe; der §. 5 Abs. 1 soll der aus §. 1093 des Bürgerlichen Gesetzbuchs etwa herzuleitenden Folgerung vorbeugen, daß dem Berechtigten die gewöhnliche Ausbesserung seiner Wohnung obliege. Beides würde der Natur des in Frage stehenden Rechtsverhältnisses nicht entsprechen. Der §. 5 Abs. 2 und der §. 6 entscheiden Fragen, die in den Leibgedingsverträgen erfahrungsmäßig übergangen zu werden pflegen und deshalb nicht selten zu Streitigkeiten Anlaß geben. Der §. 5 Abs. 2 trifft Fürsorge für den Fall, daß das Gebäude, in welchem dem Leibgedingsberechtigten Wohnung zu gewähren ist, durch Zufall ganz oder theilweise zerstört wird; die Norm des Entwurfes stimmt mit der bisherigen Rechtsprechung und dem Sächsischen Gesetzbuch im Wesentlichen überein. Die Vorschrift des §. 6 Abs. 1 entspricht dem für das Wohnungsrecht geltenden §. 1093 Abs. 2 des Bürgerlichen Gesetzbuchs. Die danach dem Wohnungsberechtigten zustehende Befugniß, seine Familie sowie die zur standesgemäßen Bedienung und zur Pflege erforderlichen Personen in seine Wohnung aufzunehmen, muß jedoch auf den Fall beschränkt werden, daß der Berechtigte Anspruch auf eine zu seinem ausschließlichen Gebrauch dienende, also abgesonderte Wohnung hat. Steht ihm nur das Recht auf Mitbenutzung der Wohnung des Verpflichteten zu, so entspricht die im Abs. 2 vorgesehene Begrenzung des Aufnahmerechts dem vermuthlichen Willen der Vertragschließenden, der Natur des Verhältnisses und der in Theorie und Praxis herrschenden Auffassung.

Der §. 326 des Bürgerlichen Gesetzbuchs gewährt bei einem gegenseitigen Vertrage für den Fall, daß der eine Theil mit der ihm obliegenden Leistung in Verzug kommt und die ihm bestimmte Nachfrist verstreichen läßt, dem andern Theile das Recht, von dem Vertrage zurückzutreten. Die Anwendung dieser Vorschrift auf den Leibgedingsvertrag würde zu einer mit den Absichten der Vertragschließenden nicht vereinbaren Härte führen. Die Ueberlassung eines Grundstücks gegen ein Leibgedinge erfolgt in der Regel nicht in dem Sinne, daß sie lediglich die Gegenleistung für die vertragsmäßigen Leistungen des Uebernehmers bilden soll, sondern in der Absicht, dem Uebernehmer dadurch auch eine zur Begründung seiner wirthschaftlichen Selbständigkeit dienende Zuwendung zu machen. Die Rechtslage ist daher eine andere als in den im §. 326 vorausgesetzten Fällen, in denen sich in Leistung und Gegenleistung der Zweck des Vertrags erschöpft. Deshalb ginge es auch über die Tendenz des §. 326 hinaus, wenn man dem Leibgedingsberechtigten das Recht einräumte, im Falle des Verzugs des Grundstückserwerbers auch die durch die Ueberlassung des Grundstücks beabsichtigte Zuwendung rückgängig zu machen. Zudem würde das Rücktrittsrecht unerfreuliche Gelegenheit zu Chikanen und erbitterten Prozessen geben. Der §. 7 des Entwurfes schließt aus diesen Gründen die Anwendung des §. 326 des Bürgerlichen Gesetzbuchs auf Leibgedingsverträge insoweit aus, als diese Vorschrift neben anderen Befugnissen auch das Recht zum Rücktritte vom Vertrage giebt. Gleiche Erwägungen führen dazu, auch das Rücktrittsrecht, welches §. 325 Abs. 2 des Bürgerlichen Gesetzbuchs wegen Nichterfüllung nach rechtskräftiger Verurtheilung gewährt, sowie den bei der Schenkung an die Stelle des Rücktrittsrechts tretenden Anspruch auf Herausgabe des Geschenkes mit dem Entwurf auszuschließen.

Der §. 8 und der §. 9 Abs. 1 des Entwurfes sind von besonderer praktischer Bedeutung. Die Fälle, in denen das durch den Leibgedingsvertrag geschaffene persönliche Verhältniß durch Verschulden des einen oder des anderen Theiles solche Störungen erleidet, daß das fernere Zusammenleben nicht mehr angängig ist, sind ziemlich zahlreich; sie erfordern daher eine ausdrückliche gesetzliche Regelung um so mehr, als Zweifel bestehen, ob die allgemeinen Vorschriften des Bürgerlichen Gesetzbuchs eine sachgemäße Entscheidung sichern.

Die im Entwurfe vorgesehene Regelung entspricht dem bisherigen Stande der Rechtsprechung und der Billigkeit.

Da der Berechtigte, wenn er ohne sein Verschulden durch Krankheit oder sonstige Umstände genöthigt wird, das Grundstück dauernd zu verlassen, jedenfalls nicht schlechter stehen darf als in dem Falle, wenn er wegen eigenen Verschuldens das Grundstück räumen muß, so rechtfertigt sich auch die diesen Fall treffende Vorschrift des §. 9 Abs. 2 des Entwurfes.

Außerordentlich streitig ist die Frage, welchen Einfluß der Tod eines von mehreren Leibgedingsberechtigten auf den Umfang der Rechte des überlebenden übt. Der Streit betrifft insbesondere den Fall, daß das Leibgedinge für Ehegatten bestimmt ist. Da die vertragsmäßige Regelung auch dieser Frage bisher häufig unterblieben ist, so erscheint die Aufstellung einer gesetzlichen Dispositivnorm erwünscht. Der Entwurf folgt in der Vorschrift des §. 10, wonach der überlebende Berechtigte von denjenigen Leistungen, welche nicht für einen einheitlichen ungetheilt zu deckenden Bedarf bestimmt sind, wie Beleuchtung, Feuerung 2c., in Zukunft nur seinen Kopftheil fordern kann, der Rechtsprechung des früheren Obertribunals. Diese Vorschrift wird zwar nicht in allen Fällen mit dem Willen der Vertragschließenden übereinstimmen; da es sich jedoch um eine dispositive Vorschrift handelt, so erscheint sie schon dann gerechtfertigt, wenn sie in der überwiegenden Zahl von Fällen zutrifft. Gegenüber der bestimmten Norm des Gesetzes werden die Vertragschließenden künftig nicht leicht versäumen, ihren etwa davon abweichenden Willen im Vertrage zum Ausdrucke zu bringen.

Weitere Vorschriften erscheinen nicht erforderlich; namentlich sind besondere Bestimmungen über den Ort und die Zeit der Leistungen entbehrlich. Enthält der Vertrag darüber keine ausdrücklichen Vereinbarungen, so führt die Anwendung der §§. 269, 271 des Bürgerlichen Gesetzbuchs, nach welchen die Entscheidung in erster Linie nach den Umständen des Falles unter Berücksichtigung der Natur des Rechtsverhältnisses zu treffen ist, ohne Schwierigkeit zu angemessenen Ergebnissen. Sondervorschriften über den Fall der Veräußerung des mit dem Leibgedinge belasteten Grundstücks zu geben, insbesondere dem Leibgedingsberechtigten in diesen Fällen unbeschränkt oder doch mit gewissen Beschränkungen das Recht zu gewähren, das Grundstück zu verlassen und statt des Leibgedinges eine Geldrente zu fordern, erscheint bedenklich. Im Allgemeinen entspricht eine derartige Gestaltung des Verhältnisses nicht der Uebung; es wird daher besser den Vertragschließenden überlassen, entsprechende Bestimmungen im Vertrage zu treffen, wenn sie eine so einschneidende Veränderung des Rechtsverhältnisses im Veräußerungsfalle wollen.

Artikel 16.

Der Artikel 97 des Einführungsgesetzes zum Bürgerlichen Gesetzbuch erhält die landesgesetzlichen Vorschriften aufrecht, welche die Eintragung von Gläubigern des Bundesstaats in ein Staatsschuldbuch und die aus der Eintragung sich ergebenden Rechtsverhältnisse, insbesondere die Uebertragung und Belastung einer Buchforderung, regeln, giebt jedoch einige reichsgesetzliche Vorschriften über die Berechtigung einer Ehefrau, selbständig Anträge zu stellen. Durch die letzteren Vorschriften wird der §. 9 des Gesetzes, betreffend das Staatsschuldbuch, vom 20. Juli 1883 (Gesetz-Samml. S. 120), soweit danach Ehefrauen schlechthin ohne Zustimmung des Mannes zu Anträgen zugelassen werden, geändert. Da auch die weitere Bestimmung des §. 9 über das Antragsrecht einer unter väterlicher Gewalt stehenden großjährigen Person durch die reichsgesetzliche Beschränkung der elterlichen Gewalt auf die Zeit der Minderjährigkeit gegenstandslos wird, so empfiehlt es sich, die Vorschrift dem künftigen Rechtszustand entsprechend neu zu fassen. Der Entwurf folgt hierbei dem Vorgange des Artikel 50 des Einführungsgesetzes zum Bürgerlichen Gesetzbuche, durch welchen der mit der Vorschrift des Preußischen Gesetzes wörtlich übereinstimmende §. 9 des Gesetzes, betreffend das Reichsschuldbuch, vom 31. Mai 1891 dem neuen Reichsrecht angepaßt ist, jedoch mit der Abweichung, daß die reichsgesetzliche Vorschrift des Artikel 97 des Einführungsgesetzes hier nicht zu wiederholen, sondern nur auf sie zu verweisen ist. Ebenso schließt sich der Entwurf der Reichsgesetzgebung, nämlich dem §. 188 des Gesetzes über die Angelegenheiten der freiwilligen Gerichtsbarkeit vom 17. Mai 1898, darin an, daß er den §. 12 Abs. 2 des Preußischen Gesetzes mit den Vorschriften des genannten Reichsgesetzes über die Zuständigkeit des Nachlaßgerichts in Einklang bringt. Da nach dem Bürgerlichen Gesetzbuche (§§. 2353 ff.) nicht nur dem gesetzlichen, sondern allgemein auch dem durch Verfügung von Todeswegen (Testament oder Erbvertrag) berufenen Erben auf Antrag ein Erbschein zu ertheilen ist, so kann die Bescheinigung, durch welche nach §. 12 Abs. 1 des Gesetzes vom 20. Juli 1883 Testamentserben ihre Befugniß zur Verfügung über eine eingetragene Forderung nachweisen müssen, künftig auch in Form eines Erbscheins beigebracht werden. Einen solchen jedoch statt der bisher vorgeschriebenen besonderen Bescheinigungen allgemein zu erfordern, geht schon deshalb nicht an, weil die Landesgesetzgebung nur bezüglich dieser Bescheinigungen, nicht bezüglich des Erbscheins die Zuständigkeit für die Ertheilung regeln, namentlich den Konsuln die Zuständigkeit beilegen kann. Auch die Bedeutung, welche den in den §§. 1507, 2368 des Bürgerlichen Gesetzbuchs vorgesehenen Zeugnissen über das Bestehen der fortgesetzten Gütergemeinschaft und über die Befugniß eines Testamentsvollstreckers zur Verfügung über einen Nachlaßgegenstand für den Nachweis des Verfügungsrechts über Buchforderungen zukommt, ergiebt sich ohne eine Ergänzung des Preußischen Gesetzes von selbst.

Die Aenderungen, welche das Gesetz vom 20. Juli 1883 durch die Neuordnung des allgemeinen bürgerlichen Rechtes erleidet, bedürfen gleichfalls nicht der Klarstellung durch eine veränderte Fassung, wie solche auch gegenüber dem Gesetze, betreffend das Reichsschuldbuch, nicht für nöthig erachtet worden ist. Es versteht sich insbesondere von selbst, daß zu den Rechtsnachfolgern von Todeswegen im Sinne des bestehenden Gesetzes (§. 2 Abs. 4, §. 12 Abs. 1) künftig die Vermächtnißnehmer nicht mehr gehören, da das Vermächtniß keine Sondernachfolge in den vermachten Gegenstand, sondern lediglich einen persönlichen Anspruch gegen den Beschwerten auf Leistung des Gegenstandes begründet (B.G.B. §. 2174). Nur die Bestimmungen des §. 24 des Preußischen Gesetzes über die Befugniß des Vormundschaftsgerichts, die Umwandlung der dem Mündel gehörigen Schuldverschreibungen in Buchforderungen anzuordnen, werden vollständig durch reichsgesetzliche Vorschriften ersetzt (B.G.B. §. 1667 Abs. 2, §§. 1815. 1816, 1853, 1903, 1904). Es empfiehlt sich daher, den §. 24 formell aufzuheben.

Artikel 17.

Nach §. 793 Abs. 2 des Bürgerlichen Gesetzbuchs kann bei Schuldverschreibungen auf den Inhaber die Gültigkeit der Unterzeichnung durch eine in die Urkunde aufgenommene Bestimmung von der Beobachtung einer besonderen Form abhängig gemacht werden. Dieser allgemeinen Vorschrift gegenüber läßt der Artikel 100 des Einführungsgesetzes für Schuldverschreibungen eines Bundesstaats oder einer diesem angehörenden Körperschaft, Stiftung oder Anstalt des öffentlichen Rechtes eine abweichende landesgesetzliche Regelung dahin zu, daß die Gültigkeit der Unterzeichnung auch ohne eine in die Urkunde aufgenommene Bestimmung kraft Gesetzes von der Beobachtung einer besonderen Form abhängt. Von der hier der Landesgesetzgebung ertheilten Ermächtigung macht der Entwurf im Artikel 17 §. 1 für die vom Staate ausgestellten Schuldverschreibungen Gebrauch. Zur Unterzeichnung einer Schuldverschreibung auf den Inhaber genügt im Allgemeinen eine im Wege der mechanischen Vervielfältigung hergestellte Namensunterschrift; der Aussteller einer solchen Schuldverschreibung wird ferner auch dann verpflichtet, wenn sie ihm gestohlen worden oder verloren gegangen oder wenn sie sonst ohne seinen Willen in den Verkehr gelangt ist (B.G.B. §. 793 Abs. 2 Satz 2, §. 794 Abs. 1). Zur Sicherung des Staates muß daher Vorsorge getroffen werden, daß die Formulare zu Staatsschuldverschreibungen nicht ohne Beobachtung einer besonderen Form die Kraft rechtsverbindlicher Urkunden erlangen. Diese besondere Form wird angemessener durch das Gesetz als durch einen in die einzelnen Schuldverschreibungen aufzunehmenden Vermerk bestimmt, da, abgesehen von dem beschränkten Raume der Formulare, die gesetzliche Feststellung der Wichtigkeit des Gegenstandes mehr entspricht.

Der §. 804 des Bürgerlichen Gesetzbuchs gewährt im Falle des Verlustes eines Zins- oder Rentenscheins dem bisherigen Inhaber, welcher vor dem Ablaufe der Vorlegungsfrist den Verlust dem Aussteller angezeigt hat, gegen letzteren nach dem Ablaufe der Frist den Anspruch auf die Leistung und schließt den Anspruch nur aus, wenn innerhalb der Vorlegungsfrist der Schein dem Aussteller zur Einlösung vorgelegt oder der Anspruch aus dem Scheine gerichtlich geltend gemacht worden ist; er gestattet aber daneben die völlige Ausschließung des Anspruchs in dem Scheine selbst. Für Zins- und Rentenscheine von Schuldverschreibungen, die ein Bundesstaat oder eine ihm angehörende Körperschaft, Stiftung oder Anstalt des öffentlichen Rechtes ausstellt, kann außerdem nach Artikel 100 des Einführungsgesetzes der hier fragliche Anspruch landesgesetzlich derart ausgeschlossen werden, daß es der Ausschließung in dem Scheine nicht bedarf. Eine diesem Vorbehalt entsprechende Vorschrift trifft der Entwurf im Artikel 17 §. 2 für die Zinsscheine von Staatsschuldverschreibungen und von Rentenbriefen der Preußischen Rentenbanken. Bei ersteren kann ein Anspruch des Verlierers eines Zinsscheins, wie ihn das Bürgerliche Gesetzbuch anerkennt, nicht zugelassen werden; denn die sonst nothwendige Buchung der eingelösten Zinsscheine, das Ordnen derselben nach Nummern und die Ermittelung, ob ein bestimmter Schein eingelöst ist, würden bei der großen Zahl der Scheine einen Aufwand an Arbeitskräften, Zeit und Kosten erfordern, der außer Verhältniß zu dem im einzelnen Falle in Betracht kommenden materiellen Interesse stände. Bei den Rentenbriefen entspricht die Ausschließung des Anspruchs des Verlierers dem bestehenden Rechte (§. 57 Nr. 11 des Gesetzes über die Errichtung von Rentenbanken vom 2. März 1850, Gesetz-Samml. S. 112). Anlangend die Form der Ausschließung des Anspruchs, so verdient auch hier eine gesetzliche Bestimmung den Vorzug vor der Aufnahme eines Vermerkes in jeden einzelnen Schein.

Außer den Artikeln 10 bis 17 erscheinen landesgesetzliche Ausführungsvorschriften durch die dem Rechte der Schuldverhältnisse angehörenden Bestimmungen des neuen Reichsrechts nicht veranlaßt. Nur zwei Fragen bedürfen hier noch der Erörterung.

1. Nach §. 525 Abs. 2 des Bürgerlichen Gesetzbuchs kann bei Schenkungen unter einer Auflage, deren Vollziehung im öffentlichen Interesse liegt, nach dem Tode des Schenkers außer dessen Erben auch die zuständige Behörde die Vollziehung der Auflage verlangen. Die gleiche Befugniß ist der zuständigen Behörde auch für den Fall ertheilt, daß einer letztwilligen Zuwendung eine Auflage der bezeichneten Art beigefügt ist (§. 2194 Satz 2). Nach diesen Vorschriften wird für die Geltendmachung des Anspruchs auf Vollziehung der Auflage mangels einer besonderen Bestimmung diejenige Behörde als zuständig anzusehen sein, welche nach der bestehenden Behördenverfassung zur Wahrnehmung des im einzelnen Falle betheiligten öffentlichen Interesses berufen ist. Je nach der Art der Auflage wird die Zuständigkeit einer Behörde des Reichs, des Staates, einer Gemeinde, unter Umständen auch die Zuständigkeit einer kirchlichen Behörde in Frage kommen können. Bei diesem Ergebnisse kann es bewenden. Im Hinblick auf die Seltenheit der in Betracht kommenden Fälle wird die Lösung von Zweifeln, wie zum Theil schon bisher (Entsch. des Reichsgerichts Bd. 19 S. 257), der Rechtsprechung überlassen bleiben können. Gegen die landesgesetzliche Bestimmung der zuständigen Behörde spricht auch, daß mit der Zuständigkeit von Reichsbehörden zu rechnen ist.

2. Das Bürgerliche Gesetzbuch giebt im §. 835 reichsgesetzliche Vorschriften über den Ersatz des Wildschadens; daneben werden aber in den Artikeln 70, 71 des Einführungsgesetzes mannigfache theils ergänzende, theils abweichende Vorschriften der Landesgesetze über denselben Gegenstand aufrecht erhalten. Es bedarf der Prüfung, wie sich hiernach der Rechtszustand in Preußen künftig gestalten wird.

a) Anlangend das Geltungsgebiet des Wildschadengesetzes vom 11. Juli 1891 (Gesetz-Samml. S. 307), so wird der §. 1 dieses Gesetzes durch die sachlich übereinstimmenden Vorschriften des Bürgerlichen Gesetzbuchs ersetzt.

Ebenso tritt an die Stelle des §. 2 Abs. 1 Satz 1 die inhaltlich gleiche Vorschrift des §. 835 Abs. 3 des Gesetzbuchs. Soweit etwa der §. 2 Abs. 1 Satz 2 eine Abweichung von dieser reichsgesetzlichen Vorschrift enthält, bleibt er nach Artikel 71 Nr. 5 des Einführungsgesetzes in Kraft. Der §. 2 Abs. 2 des Preußischen Gesetzes ist durch den im Artikel 69 des Einführungsgesetzes gemachten allgemeinen Vorbehalt zu Gunsten der landesgesetzlichen Vorschriften über die Jagd gedeckt. Der §. 3 wird theils durch den sachlich übereinstimmenden §. 835 Abs. 2 Satz 2 des Gesetzbuchs ersetzt, theils durch Artikel 71 Nr. 3 des Einführungsgesetzes aufrechterhalten. An die Stelle des §. 4 des Preußischen Gesetzes tritt die allgemeine Bestimmung des §. 254 des Bürgerlichen Gesetzbuchs über den Einfluß eines bei der Entstehung des Schadens mitwirkenden Verschuldens des Beschädigten auf die Ersatzpflicht. Die §§. 5, 6 des Preußischen Gesetzes bleiben auf Grund des Artikel 70 des Einführungsgesetzes in Kraft. Die Verfahrensvorschriften der §§. 7 bis 11 werden von dem neuen Reichsrechte nicht berührt, da sich dessen Einwirkung grundsätzlich auf die privatrechtlichen Vorschriften der Landesgesetze beschränkt. Das Gleiche gilt von den §§. 12, 13 und theilweise vom §. 14, während dieser im Uebrigen durch Artikel 71 Nr. 2 und Artikel 69 des Einführungsgesetzes gedeckt wird. Ebenso verhält es sich mit den §§. 15 bis 17. Die Uebergangsvorschrift des §. 18 und der §. 19 Abs. 1 kommen hier nicht in Betracht. Der im §. 19 Abs. 2 ausgesprochene Satz, daß „Wildschadenersatz nur auf Grund und nach Maßgabe dieses Gesetzes gefordert werden kann", wird mit dem Inkrafttreten des Bürgerlichen Gesetzbuchs unrichtig; die Aenderung, die er dadurch erleidet, ergiebt sich jedoch von selbst.

b) Für die Provinz Hannover bleibt der §. 1 des Gesetzes, betreffend den Wildschaden, vom 21. Juli 1848 (Hann. Gesetz-Samml. S. 215), soweit er die Ersatzpflicht auf den durch jagbares Wild jeder Art verursachten Schaden ausdehnt, nach Artikel 71 Nr. 1 des Einführungsgesetzes in Kraft. Der §. 2 des Gesetzes stimmt mit den reichsgesetzlichen Vorschriften überein, ebenso §. 3, soweit er nicht durch den §. 23 der Jagdordnung vom 11. März 1859 (Hann. Gesetz-Samml. Abth. I S. 159) geändert ist. Der §. 4 bleibt auf Grund des Artikel 71 Nr. 7 des Einführungsgesetzes in Kraft, desgleichen der §. 5 nach Artikel 71 Nr. 6. An die Stelle des §. 6 tritt der sachlich übereinstimmende §. 840 Abs. 1 des Bürgerlichen Gesetzbuchs. Der §. 7 ist als bloße Uebergangsvorschrift nicht mehr von Bedeutung. Die §§. 8 bis 20 bleiben, soweit sie noch gelten, theils wegen ihres öffentlichrechtlichen Inhalts, theils nach den Artikeln 69, 70 des Einführungsgesetzes unberührt.

Der §. 23 der Jagdordnung vom 11. März 1859 wird in seinem Abs. 1 durch Artikel 71 Nr. 5, 6 des Einführungsgesetzes aufrechterhalten. Dagegen stimmt der Abs. 2 weder mit dem Bürgerlichen Gesetzbuch überein, noch ist er durch einen Vorbehalt gedeckt; er tritt außer Kraft. Der §. 25 Abs. 2 Satz 2 der Jagdordnung bleibt nach Artikel 71 Nr. 2 des Einführungsgesetzes in Geltung.

c) Für das vormalige Kurfürstenthum Hessen kommt das Gesetz, den Ersatz des Wildschadens betreffend, vom 26. Januar 1854 (Kurh. Gesetz-

Samml. S. 9) in Betracht. Der §. 1 ist durch §. 34 Abs. 1 des Gesetzes vom 7. Dezember 1865 geändert. Soweit er hiernach alle Wildarten als Schadenwild berücksichtigt, bleibt er nach Artikel 71 Nr. 1 des Einführungsgesetzes in Kraft; soweit er dagegen die Ersatzpflicht auf den an bestimmten Arten von Grundstücken verursachten Schaden beschränkt, verliert er seine Geltung. Der §. 2 ist durch den Artikel 71 Nr. 4 des Einführungsgesetzes gedeckt; ebenso der §. 3, soweit er die Haftung des Pächters oder der Jagdberechtigten betrifft, durch Artikel 71 Nr. 6, während er im Uebrigen durch den §. 840 Abs. 1 des Bürgerlichen Gesetzbuchs ersetzt wird. Die §§. 4 bis 17 betreffen das Verfahren und werden deshalb, soweit sie noch in Kraft sind, durch das neue Reichsrecht nicht berührt. Das Gleiche gilt von dem §. 34 Abs. 2 und den §§. 35 bis 40 des Gesetzes, das Jagdrecht und dessen Ausübung betreffend, vom 7. September 1865 (Kurhess. Gesetz-Samml. S. 571).

Wie dieser Ueberblick ergiebt, besteht kein Bedürfniß, die Einwirkung der reichsgesetzlichen Vorschriften auf den bisherigen Rechtszustand landesgesetzlich klarzustellen.

Artikel 18, 19.

Der Artikel 120 Abs. 1 des Einführungsgesetzes zum Bürgerlichen Gesetzbuch erhält die landesgesetzlichen Vorschriften aufrecht, nach welchen im Falle der Veräußerung eines Theiles eines Grundstückes dieser Theil von den Belastungen des Grundstückes befreit wird, wenn von der zuständigen Behörde festgestellt wird, daß die Rechtsänderung für die Berechtigten unschädlich ist. Auf Grund dieses Vorbehalts bleiben die geltenden Bestimmungen über die Ertheilung von Unschädlichkeitszeugnissen zum Zwecke der Befreiung eines Theiles eines Grundstücks von dessen Belastungen in Kraft, also:

1. das Gesetz vom 3. März 1850, betreffend den erleichterten Abverkauf kleiner Grundstücke, (Gesetz-Samml. S. 145) und das Gesetz vom 27. Juni 1860, betreffend die Aenderung des Gesetzes vom 13. April 1841 über den erleichterten Austausch einzelner Parzellen von Grundstücken (Gesetz-Samml. S. 384), beide eingeführt durch die Gesetze vom 12. April 1885 (Gesetz-Samml. S. 115) und vom 22. April 1886 (Gesetz-Samml. S. 139) sowie den §. 76 des Gesetzes vom 12. April 1888 (Gesetz-Samml. S. 52) in dem Regierungsbezirke Cassel mit Ausschluß der vormals Großherzoglich Hessischen Gebietstheile sowie in Hohenzollern, Schleswig-Holstein und dem Geltungsbereiche des Rheinischen Rechtes;
2. das Gesetz, betreffend die Erleichterung der Abveräußerung einzelner Theile von Grundstücken in der Provinz Hannover, vom 25. März 1889 (Gesetz-Samml. S. 65), eingeführt durch §. 4 des Gesetzes vom 19. August 1895 (Gesetz-Samml. S. 481) im Gebiete der vormals freien Stadt Frankfurt und in den vormals Großherzoglich oder Landgräflich Hessischen Gebietstheilen der Provinz Hessen-Nassau;
3. das Gesetz, betreffend die Erleichterung unentgeltlicher Abtretungen einzelner Gutstheile oder Zubehörstücke zu öffentlichen Zwecken, vom 15. Juli 1890 (Gesetz-Samml. S. 226).

Eine praktisch bedeutungslose Aenderung erleiden der §. 5 des Gesetzes vom 27. Juni 1860 und der §. 3 des Gesetzes vom 25. März 1889 insofern, als sich der Eintritt eines eingetauschten Trennstücks in die Haftung des Hauptgrundstücks für die darauf ruhenden Hypotheken nnd sonstigen Lasten künftig nach §. 1131 des Bürgerlichen Gesetzbuchs bestimmt.

Auch zu einer landesgesetzlichen Aenderung der angeführten Gesetze bietet das neue Reichsrecht keinen Anlaß. Der Entwurf benutzt jedoch die gegenwärtige Gelegenheit dazu, in zwei Punkten die bestehenden Vorschriften zu ergänzen oder zu verdeutlichen. Nach letzteren ist die Ertheilung des Unschädlichkeitszeugnisses immer davon abhängig, daß das zu veräußernde Trennstück im Verhältnisse zu dem Hauptgute von geringem Werthe und Umfang ist. Bei einer zu engen Auffassung dieses Erfordernisses würde die Einrichtung des Unschädlichkeitszeugnisses den Gegenden mit zersplittertem Grundbesitze nur in beschränktem Maße zu Statten kommen. Indessen ist für die Sicherheit eines Gläubigers, dem eine Gesammthypothek an mehreren Grundstücken desselben Eigenthümers zusteht, unter Umständen auch die Veräußerung eines verhältnißmäßig nicht kleinen Theiles eines der belasteten Grundstücke unschädlich, wenn im Uebrigen die durch die Veräußerung herbeigeführte Minderung der Sicherheit den geltenden Vorschriften gemäß anderweit ausgeglichen wird. Die mit einem und demselben Rechte belasteten Grundstücke sind für die Sicherheit dieses Rechtes einem rechtlich einheitlichen Grundstücke gleich zu achten. Dementsprechend bestimmt der Entwurf, daß bei der Prüfung der vorerwähnten Voraussetzung für die Ertheilung eines Unschädlichkeitszeugnisses die Gesammtheit der mit demselben Rechte belasteten Grundstücke als Hauptgrundstück behandelt werden soll (Art. 18 Nr. 1). Wird auf diese Weise die Mitbelastung anderer Grundstücke bei der Feststellung der Unschädlichkeit berücksichtigt, so ergiebt sich die Möglichkeit, daß die Unschädlichkeit für einzelne Belastungen des zu veräußernden Grundstückstheiles zu bejahen, für andere zu verneinen ist. Die angeführte Vorschrift des Entwurfes erfordert daher zu ihrer Ergänzung die weitere Bestimmung, daß das Unschädlichkeitszeugniß auf einzelne Belastungen beschränkt werden kann (Art. 18 Nr. 2).

Inwieweit die Voraussetzungen neu zu regeln sind, unter welchen auf Grund eines Unschädlichkeitszeugnisses ein veräußerter Grundstückstheil frei von den Belastungen des Hauptgrundstücks im Grundbuch abgeschrieben werden kann, wird im Zusammenhange mit der Ausführung der Reichs-Grundbuchordnung zu prüfen sein.

Bereits im §. 4 des dem Gesetze vom 19. August 1895 zu Grunde liegenden Entwurfes (Drucks. des Herrenhauses 1895 Nr. 18) war in Aussicht genommen, im Gebiete des vormaligen Herzogthums Nassau mit den Preußischen Grundbuchgesetzen auch das für Hannover ergangene Gesetz vom 25. März 1889 zur Einführung zu bringen. Die Ausscheidung des genannten Landestheiles aus dem Entwurfe hatte zur Folge, daß auch die Ausdehnung der Vorschriften über die Unschädlichkeitszeugnisse auf Nassau unterblieb. Ein Bedürfniß für die Einrichtung besteht jedoch, wie schon in der Begründung des Entwurfes von 1895 ausgeführt ist, in Nassau nicht minder als anderwärts. Der Artikel 19 des vorliegenden Entwurfes nimmt daher die frühere Absicht wieder auf und erstreckt hierbei die Vorschriften des Gesetzes vom 25. März 1889, selbstverständlich mit den im Artikel 18 bestimmten Aenderungen, zugleich auf die Insel Helgoland. Er schließt sich sachlich überall dem §. 4 des Gesetzes vom 19. August 1895 an. Für Helgoland müssen auf das Verfahren und das Kostenwesen ergänzend die für Gemeinheitstheilungen in der Provinz Schleswig-Holstein geltenden Vorschriften Anwendung finden.

Artikel 20.

Der Artikel 118 des Einführungsgesetzes zum Bürgerlichen Gesetzbuch enthält einen Vorbehalt zu Gunsten der landesgesetzlichen Vorschriften, die einer Geldrente, welche einer öffentlichen Anstalt wegen eines zur Verbesserung des belasteten Grundstücks gewährten Darlehns zusteht, den Vorrang vor anderen Belastungen des Grundstücks einräumen. Für Preußen werden hierdurch die Vorschriften des Gesetzes, betreffend die Errichtung von Landeskultur-Rentenbanken, vom 13. Mai 1879 (Gesetz-Samml. S. 367) über das Vorzugsrecht der Landeskulturrenten (§§. 11 ff.) aufrecht erhalten. Der Vorbehalt des Artikel 118 erfährt zwar durch die reichsgesetzliche Vorschrift des zweiten Satzes dieses Artikels eine Einschränkung. Jedoch nöthigt letztere nicht zu einer Aenderung des Preußischen Gesetzes. Der Artikel 118 Satz 2 richtet sich nur gegen solche Landesgesetze, nach welchen der Vorrang nicht in das Grundbuch eingetragen zu werden braucht, indem er bestimmt, daß der nicht eingetragene Vorrang Dritten gegenüber nur nach Maßgabe der Vorschriften der §§. 892, 893 des Bürgerlichen Gesetzbuchs über den Schutz Dritter durch den öffentlichen Glauben des Grundbuchs wirksam ist. Nach dem Gesetze vom 13. Mai 1879 entsteht aber das Vorzugsrecht der Landeskulturrente erst mit der Eintragung in das Grundbuch (§. 25); es fehlt somit die Voraussetzung für das Eingreifen der erwähnten reichsgesetzlichen Vorschrift.

Dagegen erscheint in einigen anderen Punkten eine Anpassung des Preußischen Gesetzes an das neue Reichsrecht angezeigt.

Nach §. 14 des Gesetzes hat der Darlehnssucher durch Eintragung eines Vermerkes in das Grund- oder Hypothekenbuch das Vorrecht der Rente vor allen späteren Eintragungen oder gesetzlichen Hypotheken zu sichern. Diese Bestimmung ändert der Entwurf mit Rücksicht auf den §. 883 des Bürgerlichen Gesetzbuchs und die Beseitigung der gesetzlichen Hypotheken dahin ab, daß der Darlehnssucher eine Vormerkung zur Sicherung des Anspruchs auf Einräumung der Rente in das Grundbuch eintragen zu lassen hat.

Nach den §§. 11, 21 des Preußischen Gesetzes wird das Vorzugsrecht der Landeskulturrente gegenüber allen auf privatrechtlichen Titeln beruhenden Belastungen des Grundstücks gewährt, soweit die Gewährung nicht durch den rechtzeitigen Widerspruch eines Realberechtigten ausgeschlossen ist, und zwar wirkt das Vorzugsrecht auch gegenüber demjenigen, welcher ein nicht durch Widerspruch geschütztes Realrecht nach dem Ablaufe der zur Anbringung von Widersprüchen bestimmten Frist erworben hat. Hierin liegt insofern eine Abweichung von den Grundsätzen des Reichsrechts, als durch die Versäumung des rechtzeitigen Widerspruchs zunächst nur gegenüber den nicht widersprechenden Realberechtigten selbst ein durch die Ausführung der geplanten Drainirungsanlage bedingter Anspruch auf Gewährung des Vorzugsrechts für die Rente begründet erscheint, ein solcher persönlicher Anspruch aber Dritten gegenüber grundsätzlich nur dann Wirksamkeit erlangt, wenn er durch eine Vormerkung gesichert ist (B.G.B. §. 883). Zur Beseitigung dieser sachlich nicht gerechtfertigten Besonderheit empfiehlt es sich, in Ergänzung des geltenden Gesetzes die Eintragung einer entsprechenden Vormerkung vorzuschreiben. Die Voraussetzungen für die Eintragung können auf Grund des hier maßgebenden Vorbehalts abweichend von der Vorschrift des §. 885 des Bürgerlichen Gesetzbuchs bestimmt werden. Die Vormerkung ist zweckmäßig zugleich mit der Rente einzutragen. Die Eintragung der Rente erfolgt, nachdem die Auseinandersetzungsbehörde darüber Beschluß gefaßt hat, welches Vorzugsrecht der Rente für den Fall der zweckmäßigen Ausführung der Drainirungsanlage zu gewähren ist. Dieser Beschluß bildet daher auch die gegebene Grundlage für die Eintragung der hier fraglichen Vormerkung. Dementsprechend sieht der Entwurf einen Zusatz zu §. 24 des Gesetzes vor, daß bei der Eintragung der Rente auf Grund des gedachten Beschlusses die Vormerkung einzutragen ist. Der Darlehnsucher muß somit, um die Eintragung der Rente zu erlangen, auch den Beschluß der Auseinandersetzungsbehörde vorlegen, auf Grund dessen die gleichzeitige Eintragung der Vormerkung zu erfolgen hat. In Folge dieser Regelung erübrigt sich die nochmalige Vorlegung des Beschlusses zum Zwecke der Eintragung des Vorzugsrechts selbst. Der Entwurf läßt deshalb die letztere Eintragung lediglich auf Grund der Bescheinigung der Auseinandersetzungsbehörde über die zweckmäßige Ausführung der Drainirungsanlage erfolgen. Wie nach §. 27 Abs. 1 des Gesetzes das Vorzugsrecht der Rente ohne Vorlegung der über die vorhandenen Realrechte ausgefertigten Urkunden eingetragen wird, so bestimmt die im Entwurfe vorgesehene Fassung des §. 27 Abs. 1 das Gleiche auch für die Vormerkung zur Sicherung des Vorzugsrechts. Die hierin liegende Abweichung von den §§. 42, 43 der Reichs-Grundbuchordnung ist nach dem §. 83 der letzteren und dem Artikel 118 des Einführungsgesetzes zum Bürgerlichen Gesetzbuch unbedenklich zulässig.

Artikel 21.

Dem §. 892 des Bürgerlichen Gesetzbuchs zufolge gilt zu Gunsten desjenigen, welcher ein Recht an einem Grundstück oder ein Recht an einem solchen Rechte durch Rechtsgeschäft erwirbt, der Inhalt des Grundbuchs als richtig, sofern nicht ein Widerspruch gegen die Richtigkeit eingetragen oder die Unrichtigkeit dem Erwerber bekannt ist. Gegenüber dem hier anerkannten öffentlichen Glauben des Grundbuchs bedürfen Rechte an einem Grundstück im Allgemeinen auch dann der (endgültigen oder vorläufigen) Eintragung in das Grundbuch, wenn sich der Erwerb auf eine neben dem Reichsrecht in Kraft bleibende landesgesetzliche Vorschrift gründet. Jedoch ist die Landesgesetzgebung auf den Gebieten, die durch allgemeine Vorbehalte des Einführungsgesetzes ihr überlassen sind, ermächtigt, Ausnahmen von dem Grundsatze des öffentlichen Glaubens des Grundbuchs zu machen, soweit der Grundsatz nicht für einzelne vorbehaltene Gebiete reichsgesetzlich für maßgebend erklärt ist (vergl. insbesondere Art. 61, 118 des Einf.-Ges. zum B.G.B.).

Grunddienstbarkeiten, die zu der Zeit bestehen, zu welcher das Grundbuch als angelegt anzusehen ist, bedürfen nach reichsgesetzlicher Bestimmung zur Erhaltung der Wirksamkeit gegenüber dem öffentlichen Glauben des Grundbuchs nicht der Eintragung; der Landesgesetzgebung ist aber überlassen, die bestehenden Grunddienstbarkeiten oder einzelne Arten dem Eintragungszwange zu unterwerfen (Einf.-Ges. Art. 187). Der Entwurf macht von dieser Befugniß keinen Gebrauch. Die Gründe, welche die Reichsgesetzgebung abgehalten haben, den Eintragungszwang für bestehende Grunddienstbarkeiten einzuführen, stehen auch der landesgesetzlichen Einführung entgegen. Den Fortbestand der nach dem bisherigen Rechte ohne Eintragung begründeten Dienstbarkeiten zu erschweren, könnte nur dann für zulässig erachtet werden, wenn es zur Herbeiführung eines geordneten Rechtszustandes unbedingt erforderlich wäre. Eine derartige Zwangslage ist nicht gegeben. Wo für Grunddienstbarkeiten die Eintragung in das Grundbuch bisher nicht erforderlich ist, kann sie für bestehende Grunddienstbarkeiten ohne Gefahr auch künftig unterbleiben. Die Nothwendigkeit nachträglicher Eintragung längst bestehender und ungehindert ausgeübter Dienstbarkeiten würde dem Rechtsbewußtsein fremd und deshalb vielfach unbeachtet bleiben, der an die unterlassene Eintragung geknüpfte Rechtsverlust daher als unverschuldetes Uebel empfunden werden. Andererseits würde die Erlangung der Eintragungsbewilligung oft auf Schwierigkeiten stoßen und Anlaß zu zahlreichen Rechtsstreitigkeiten geben, die um so bedauerlicher wären, als sie überwiegend zwischen Nachbarn geführt werden müßten und die nachbarlichen Verhältnisse stören würden. Gegen die Einführung des Eintragungszwanges hat sich insbesondere auch das Landes-Oekonomie-Kollegium in seinen Verhandlungen über den Entwurf erster Lesung des Bürgerlichen Gesetzbuchs (1889 S. 727 ff.) ausgesprochen. Das Interesse des Dienstbarkeitsberechtigten und des Eigenthümers des belasteten Grundstücks an der Eintragung ist schon dadurch gewahrt, daß ihnen gegen einander reichsgesetzlich der Anspruch auf die Eintragung gegeben ist (Einf.-Ges. Art. 187 Abs. 1 Satz 2).

Abgesehen von den Grunddienstbarkeiten bedürfen nach §. 12 Abs. 2 des Gesetzes vom 5. Mai 1872 der Eintragung nicht die gesetzlichen Vorkaufsrechte und diejenigen Gebrauchs- und Nutzungsrechte, die nach den §§. 8, 142 des Allgemeinen Berggesetzes vom 24. Juni 1865 im Wege des Zwangsverfahrens erworben werden können. Da im Entwurf in Aussicht genommen ist, das Gesetz vom 5. Mai 1872 ganz aufzuheben, sind die vorbezeichneten Vorschriften, soweit das neue Reichsrecht zu einer Aenderung keinen Anlaß giebt, im Artikel 21 Nr. 1, 2 als Ausnahmen von dem Grundsatze des öffentlichen Glaubens des Grundbuchs wiedergegeben. Statt der gesetzlichen Vorkaufsrechte im Allgemeinen nennt der Entwurf jedoch nur das in den Fällen der Enteignung oder der Grundabtretung zu Zwecken des Bergbaubetriebs begründete gesetzliche Vorkaufsrecht (§. 57 des Enteignungsgesetzes vom 11. Juni 1874, §. 141 des Allgemeinen Berggesetzes). Von den sonstigen gesetzlichen Vorkaufsrechten des bisherigen Rechtes fällt das der Miteigenthümer künftig weg; das auf den statutarischen Bestimmungen der Ritterschaft des Herzogthums Bremen beruhende Vorkaufs- und Retraktrecht der Agnaten an ritterschaftlichen Erbstammgütern, welches im Gesetze vom 24. Dezember 1872 (Gesetz-Samml. 1873 S. 2) aufrecht erhalten ist, wird künftig nach Artikel 61 des Einführungsgesetzes zum Bürgerlichen Gesetzbuch eingetragen werden müssen.

Nach dem Gesetz über die Errichtung von Rentenbanken vom 2. März 1850 (Gesetz-Samml. S. 12) bedürfen die an die Rentenbanken abgetretenen Renten und die Domänen-Amortisationsrenten nicht der Eintragung in das Grundbuch (§. 18 Abs. 1, §. 64). Wenn das Gesetz im §. 18 Abs. 2 die Eintragung der Rentenpflichtigkeit für den Fall vorschreibt, daß die Rente an die Stelle einer eingetragenen Reallast tritt, so ist damit nur eine Anweisung für den Grundbuchrichter gegeben, nicht ein Erforderniß für die Wirksamkeit der Rentenpflichtigkeit gegenüber Dritten aufgestellt (Entsch. des Reichsgerichts Bd. 6 S. 292). Die hier allein in Betracht kommenden materiellen Vorschriften des Gesetzes vom 2. März 1850 würden zwar auf Grund des Artikel 114 des Einführungsgesetzes zum Bürgerlichen Gesetzbuch ohne Weiteres in Kraft bleiben. Da jedoch der §. 12 Abs. 3 des Eigenthumserwerbsgesetzes jene Vorschriften ausdrücklich bestätigt hat, so empfiehlt es sich, zum Ersatze des §. 12 Abs. 3 an dieser Stelle die Befreiung der fraglichen Renten vom Eintragungszwange gleichfalls auszusprechen. Der Entwurf knüpft hieran die Aufhebung der für die Provinz Hannover bisher geltenden entgegenstehenden Vorschriften. Dort bedürfen, abweichend von dem in allen übrigen Landestheilen geltenden Rechte, Domänen-Amortisations- und Rentenbank-Renten der Eintragung im Grundbuche (Verordnung vom 28. September 1867 §. 10, Gesetz-Samml. S. 1670; Gesetz vom 3. April 1869 §. 6, Gesetz-Samml. S. 544; Gesetz vom 28. Mai 1873 §. 17, Gesetz-Samml. S. 253). Diese Regelung hat sich in der Praxis als unzweckmäßig erwiesen. Abgesehen davon, daß bei der Anlegung der Grundbücher die Ermittelung der rentenpflichtigen Grundstücke in Folge der mangelnden Uebereinstimmung der Rentenkataster mit den Steuerbüchern große Schwierigkeiten bereitet, werden durch die Renteneinträge die Grundbücher unnöthig gefüllt und durch die Uebertragung der betreffenden Vermerke bei Grundstücksveräußerungen sowie durch die Erledigung der Rentenvertheilungspläne bei Parzellirungen die Grundbuchbeamten mit zeitraubendem Schreibwerke belastet. Es erscheint daher angezeigt, auch in der Provinz Hannover die bewährten Vorschriften des Rentenbankgesetzes einzuführen.

In Kraft bleiben nach den Artikeln 113, 114 des Einführungsgesetzes zum Bürgerlichen Gesetzbuch auch der §. 45 des Gesetzes über das Grundbuchwesen in dem Bezirke des Appellationsgerichts zu Cassel vom 29. Mai 1873 (Gesetz-Samml. S. 273), nach welchem die zur Ablösung von Grundlasten u. s. w. aus der Landeskreditkasse erborgten Darlehne ohne Eintragung in die Grundbücher ihre bisherigen Pfand- und Vorzugsrechte an den ehemals pflichtigen Grundstücken behalten, sowie der §. 1 des Gesetzes vom 29. Mai 1874 über die gerichtliche Eintragung von Grundlasten in den vormals Bayerischen

Landestheilen 2c. (Gesetz-Samml. S. 185), demzufolge die für ablösbar erklärten Grundlasten sowie die an deren Stelle getretenen Geldansprüche der Eintragung in die Grundbücher nicht bedürfen.

Artikel 22, 23.

Wegen der Vorschriften des Artikel 22, durch welche die Bestimmungen des Rheinischen Bürgerlichen Gesetzbuchs über die Erhöhung einer Scheidemauer (Art. 658 bis 660) ersetzt werden sollen, ist auf das unten Gesagte zu verweisen. Der Artikel 23 enthält eine Uebergangsbestimmung, welche durch die Aufhebung der Vorschriften des Rheinischen Rechtes über den Zwang zur Errichtung einer Scheidemauer (Rhein. B.G.B. Art. 663) erforderlich wird.

Artikel 24.

Das Rheinische Bürgerliche Gesetzbuch kennt zahlreiche Fälle, in denen die rechtsgeschäftliche Uebertragung des Eigenthums, sei es auf die Klage des Veräußerers oder seiner Erben durch Urtheil, sei es unmittelbar kraft Gesetzes, mit rückwirkender Kraft wieder aufgehoben wird. Der Veräußerer erhält alsdann insbesondere auch im Falle des gesetzlichen Resiliationsrechts nach Artikel 1184 des Rheinischen Bürgerlichen Gesetzbuchs, den veräußerten Gegenstand frei von allen gegen den Erwerber begründeten Lasten zurück. In Bezug auf diese Fälle bestimmt das Gesetz über das Grundbuchwesen 2c. im Geltungsbereiche des Rheinischen Rechts vom 12. April 1888 (Gesetz-Samml. S. 52) im §. 7 Folgendes:

> Das Recht, einen Eigenthumsübergang rückgängig zu machen, wirkt, sofern die Widerruflichkeit des Ueberganges nicht im Grundbuch eingetragen ist, gegen einen Dritten, welcher ein Recht an dem Grundstück gegen Entgelt erworben hat, nur dann, wenn zur Zeit dieses Erwerbes der Fall der Rückgängigmachung bereits eingetreten und dieses dem Dritten bekannt war.
>
> In Ansehung einer kraft Gesetzes eintretenden Wiederaufhebung eines Eigenthumsüberganges finden die Bestimmungen des ersten Absatzes entsprechende Anwendung.

Die hier vorgesehene Behandlung der Fälle der Widerruflichkeit des Eigenthums steht mit den Vorschriften des Bürgerlichen Gesetzbuchs nicht im Einklange. Nach Artikel 189 des Einführungsgesetzes zum Bürgerlichen Gesetzbuche kommen von der Zeit an, zu welcher das Grundbuch im Sinne der Reichsgesetze für einen Bezirk als angelegt anzusehen ist, für den Erwerb von Rechten an Grundstücken die reichsrechtlichen Vorschriften zur Anwendung. Insbesondere gilt von der bezeichneten Zeit an zu Gunsten desjenigen, welcher ein Recht an einem Grundstücke durch Rechtsgeschäft erwirbt, der Inhalt des Grundbuches als richtig, es sei denn, daß ein Widerspruch gegen die Richtigkeit eingetragen oder die Unrichtigkeit dem Erwerber bekannt ist (B.G.B. §. 892). Hiermit ist es unvereinbar, wenn der §. 7 des Gesetzes vom 12. April 1888 gutgläubigen Dritten mangels Eintragung der Widerruflichkeit nur in den

Fällen des entgeltlichen Erwerbes Schutz gewährt. Das Bürgerliche Gesetzbuch läßt ferner bei Grundstücken eine bedingte Eigenthumsübertragung nicht zu (§. 925 Abs. 2); es ermöglicht aber die Erreichung der Zwecke, denen sie im bisherigen Rechte dient, durch die Vormerkung, die nach §. 883 Abs. 2, 3 eine ähnliche dingliche Bindung bewirkt wie die Bedingung (§. 161). Dementsprechend bestimmt der Entwurf, daß sich das Rückfallsrecht in einen Anspruch auf Rückübertragung des Eigenthums und Befreiung des Grundstücks von den dem Rückfallsberechtigten gegenüber nicht wirksamen Belastungen umwandelt, zugleich aber diejenigen, gegen welche sich der Anspruch richtet, verpflichtet sind, die Eintragung einer Vormerkung zur Sicherung des Anspruchs zu bewilligen. Dem Anspruch ohne die Eintragung einer Vormerkung die Wirksamkeit beizulegen, welche das Bürgerliche Gesetzbuch an die Vormerkung knüpft, erscheint mit den reichsrechtlichen Grundsätzen nicht verträglich. Zum Schutze des Rückfallsberechtigten genügt auch die Vorschrift des Entwurfes. Sie giebt ihm die Möglichkeit, nöthigenfalls im Wege der einstweiligen Verfügung rechtzeitig die Eintragung der Vormerkung zu erwirken.

Die Vorschriften des Artikel 24 gelten auch für die Fälle, in denen die Widerruflichkeit des Eigenthums bereits vor der Zeit, zu welcher das Grundbuch im Sinne der Reichsgesetze als angelegt anzusehen ist, nach den bisherigen Gesetzen im Grundbuch eingetragen ist. Um hier eine nochmalige Eintragung zu vermeiden, schreibt der Entwurf vor, daß die früher erfolgte Eintragung als Eintragung einer Vormerkung gilt.

Artikel 25.

Nach §. 925 des Bürgerlichen Gesetzbuchs muß die zur Uebertragung des Eigenthums an einem Grundstück erforderliche Einigung des Veräußerers und des Erwerbers, die Auflassung, bei gleichzeitiger Anwesenheit beider Theile vor dem Grundbuchamt erklärt werden. Das Gleiche gilt nach §. 1015 und §. 1017 Abs. 1 von der zur Bestellung oder Uebertragung eines Erbbaurechts erforderlichen Einigung. Der Artikel 143 Abs. 1 des Einführungsgesetzes zum Bürgerlichen Gesetzbuche gestattet jedoch der Landesgesetzgebung, in Ansehung der in dem Gebiete des Bundesstaats liegenden Grundstücke zu bestimmen, daß die Auflassung und die gleichstehenden Einigungen außer vor dem Grundbuchamt auch vor Gericht, vor einem Notar, vor einer anderen Behörde oder vor einem anderen Beamten erklärt werden können.

Die Reichsgesetzgebung hat die Auflassung vor dem Grundbuchamte wesentlich mit Rücksicht auf das Preußische Recht (§. 2 des Eigenthumserwerbsgesetzes vom 5. Mai 1872) und in Anerkennung der Vorzüge, welche diese Form der Auflassung vor jeder anderen für die Sicherheit der Betheiligten bietet, angenommen. Aus den gleichen Gründen kann nicht daran gedacht werden, landesgesetzlich die ausschließliche Zuständigkeit des Grundbuchamts für die Entgegennahme der Auflassung zu beseitigen. Für das Geltungsgebiet des Rheinischen Rechtes ist freilich durch den §. 5 des Gesetzes vom 12. April 1888 (Gesetz-Samml. S. 52) auch die Auflassung vor einem Deutschen Notar oder einem zur Aufnahme von Verträgen zuständigen Deutschen Gerichte zugelassen worden. Eine Ausdehnung dieser Ausnahme ist jedoch bereits im Jahre 1895 bei der Berathung des Gesetzentwurfes, betreffend das Grundbuchwesen in den der Grundbuchordnung vom 5. Mai 1872 noch nicht unterworfenen Theilen der Provinz Hessen-Nassau, von dem Landtage grundsätzlich abgelehnt worden (Bericht der Kommission des Herrenhauses, Drucks. 1895 Nr. 68 S. 14ff., Verhandl. des Herrenhauses 1895 S. 199ff.). Dementsprechend beschränkt sich der vorliegende Entwurf darauf, das Zugeständniß, welches die Preußische Gesetzgebung den besonderen Wünschen und Gepflogenheiten der rheinländischen Bevölkerung früher gemacht hat, aufrecht zu erhalten. Der Artikel 25 §. 1 des Entwurfes weicht vom §. 5 Abs. 1 des Gesetzes vom 12. April 1888 sachlich insofern ab, als er auch die Bestellung und die Uebertragung eines Erbbaurechts berücksichtigt. Außerdem erscheint es angezeigt, die Bestimmung darüber, inwieweit auch die Amtsgerichte und die Notare anderer Bundesstaaten als zuständig anzuerkennen sind, einer Königlichen Verordnung vorzubehalten. Auf diese Weise wird es möglich, die Entscheidung von der Stellungnahme der anderen Bundesstaaten abhängig zu machen, und die Preußischen, insbesondere die Rheinischen, Notare vor der Benachtheiligung zu bewahren, die sich ergeben würde, wenn sie selbst nur in Bezug auf Preußische Grundstücke, die Notare der benachbarten Staaten dagegen sowohl für die inländischen als auch für die Preußischen Grundstücke zuständig wären.

Der im §. 5 Abs. 2 des Gesetzes vom 12. April 1888 behandelte Fall, daß dem Grundbuchamte mehrere Gesuche auf Eintragung des Eigenthümers vorgelegt werden, findet künftig seine Regelung durch §. 17 der Reichs-Grundbuchordnung. Ebenso entscheidet sich die im §. 5 Abs. 3 des Gesetzes berührte Frage, wie die bei der Auflassung vor Gericht oder Notar vom Erwerber bewilligten Eintragungen zu erfolgen haben, künftig nach den §§. 19, 40 der Reichs-Grundbuchordnung.

Bei der Auflassung eines Grundstücks vor Gericht oder vor einem Notar gestattet der Artikel 143 Abs. 2 des Einführungsgesetzes zum Bürgerlichen Gesetzbuch auch landesgesetzliche Ausnahmen von dem Erfordernisse gleichzeitiger Anwesenheit beider Theile für den Fall, daß das Grundstück durch das Gericht oder den Notar versteigert worden ist und die Auflassung noch in dem Versteigerungstermine stattfindet. Der Vorbehalt ist mit Rücksicht auf die Vorschrift des Artikel III §. 5a des Preußischen Gesetzes vom 14. Juli 1893 (Gesetz-Samml. S. 185) aufgenommen worden, demzufolge die in einem notariellen Versteigerungsprotokoll abgegebenen Auflassungserklärungen als gleichzeitige auch dann anzusehen sind, wenn die Vollziehung der Verhandlung von beiden Theilen zu verschiedenen Zeiten bewirkt wird. Eine solche Abschwächung der strengen Form der Auflassung hatte sich seit dem Inkrafttreten der Preußischen Grundbuchgesetze im Rheinlande wegen der dort üblichen gemeinschaftlichen notariellen Versteigerung zahlreicher kleiner Grundstücke als nothwendig herausgestellt. Der Entwurf trifft daher im Artikel 25 §. 2 für die im Gebiete des Rheinischen Rechtes belegenen Grundstücke eine die bisherige Vorschrift ersetzende Bestimmung, die sich der Fassung nach genau an den Vorbehalt des Einführungsgesetzes anschließt.

Artikel 26.

Nach §. 90 der Grundbuchordnung kann durch landesherrliche Verordnung bestimmt werden, daß die Grundstücke des Fiskus oder gewisser juristischer Personen, die öffentlichen Wege und Gewässer sowie solche Grundstücke, welche einem dem öffentlichen Verkehre dienenden Bahnunternehmen gewidmet sind, nur auf Antrag ein Grundbuchblatt erhalten. Von dieser Ermächtigung wird für Preußen im Anschluß an das bestehende Recht (§. 2 der Grundbuchordnung vom 5. Mai 1872) Gebrauch zu machen sein. Zur rechtsgeschäftlichen Uebertragung des Eigenthums ist auch bei einem vom Buchungszwange befreiten Grundstück im Allgemeinen Auflassung und Eintragung im Grundbuche, mithin die vorherige Anlegung eines Grundbuchblatts erforderlich. Dies gilt nach Lage der Reichsgesetzgebung selbst dann, wenn der Erwerber des Grundstücks gleichfalls von dem Buchungszwange befreit ist. Da jedoch ein solcher Erwerber nach §. 90 Abs. 2 der Grundbuchordnung alsbald die Ausscheidung des Grundstücks aus dem Grundbuche beantragen kann, so bilden die Anlegung des Grundbuchblatts und die Eintragung des Eigenthumsüberganges in dem bezeichneten Falle lediglich zwecklose Förmlichkeiten, deren Erledigung unter Umständen mit großen Weiterungen verbunden sein kann. Es empfiehlt sich daher, die Uebertragung des Eigenthums hier abweichend zu regeln, wie dies der Artikel 127 des Einführungsgesetzes der Landesgesetzgebung gestattet. Der Entwurf beseitigt das Erforderniß der Eintragung und erfordert für die Uebertragung nicht eine Erklärung der Einigung vor dem Grundbuchamte bei gleichzeitiger Anwesenheit beider Theile, sondern nur gerichtliche oder notarielle Beurkundung der Einigung, sodaß die Vorschrift des §. 128 des Bürgerlichen Gesetzbuchs Anwendung findet. Entsprechend der für die Auflassung geltenden Vorschrift des §. 925 Abs. 2 des Bürgerlichen Gesetzbuchs schließt der Entwurf die Uebertragung des Eigenthums unter einer Bedingung oder einer Zeitbestimmung aus. Eine bedingte oder befristete Uebertragung würde, wenn es später zur Eintragung des Grundstücks kommt, zu Schwierigkeiten führen. Ein Bedürfniß für die Zulassung einer solchen Uebertragung wird im Verhältnisse mehrerer vom Buchungszwange befreiter Personen unter einander kaum jemals vorhanden sein.

Einen ähnlichen Vorbehalt wie der Artikel 127 des Einführungsgesetzes für die Uebertragung des Eigenthums enthält der Artikel 128 für die Begründung und Aufhebung einer Dienstbarkeit an einem buchungsfreien Grundstück. Indessen besteht in Betreff der Begründung von Dienstbarkeiten kein genügender Grund für eine landesgesetzliche Sondervorschrift. Was aber die Aufhebung der Dienstbarkeiten betrifft, die zu der Zeit, zu welcher das Grundbuch als angelegt anzusehen ist, bestehen, so bleiben dafür auch nach dieser Zeit die bisherigen Gesetze maßgebend, solange die Dienstbarkeit nicht in das Grundbuch eingetragen ist (Einf.-Ges. Art. 189 Abs. 3).

Artikel 27.

Nach Artikel 130 des Einführungsgesetzes zum Bürgerlichen Gesetzbuche bleiben die landesgesetzlichen Vorschriften über das Recht zur Aneignung der einem Anderen gehörenden, im Freien betroffenen Tauben unberührt. Indessen entsprechen die gesetzlichen Bestimmungen, durch welche die Tauben in gewissem Umfange dem freien Thierfange preisgegeben werden, ebenso wie die sonstigen Vorschriften, durch welche das Recht, Tauben zu halten, beschränkt ist, nicht mehr den heutigen wirthschaftlichen Verhältnissen sowie den gegenwärtigen Bestrebungen und neueren Erfahrungen auf dem Gebiete der Taubenzucht. Die letzteren gehen überwiegend dahin, daß der Nutzen der Tauben erheblich größer ist als der Schaden, den sie anrichten (vergl. z. B. Schleh-Herford i/W., der Nutzen und Schaden der Feldtauben S. 583 ff.). Das geltende Recht ist ferner geeignet, die vom Staate lebhaft geförderte Aufzucht und Ausbildung der Brieftauben in unerwünschter Weise einzuschränken, und die Anwendung der geltenden Bestimmungen, z. B. des §. 113 des Allgemeinen Landrechts I. 9, begegnet in der Praxis erheblichen Schwierigkeiten wenigstens insoweit, als nicht durch provinzial- oder lokalrechtliche Bestimmungen genau vorgeschrieben ist, wie viele Tauben auf eine bestimmte Fläche gehalten werden dürfen. Da der Zweck, die Grundbesitzer gegen Schaden zu schützen, der ihnen durch fremde Tauben erwachsen kann, in ausreichendem Maße durch die Einführung von Sperrzeiten und die Anwendung der Vorschriften der §§. 228, 229 des Bürgerlichen Gesetzbuchs zu erreichen ist, so können die geltenden Bestimmungen, welche das Recht, Tauben zu halten, beschränken, unbedenklich aufgehoben werden.

Dahin gehören in erster Linie die §§. 111 bis 113 des Allgemeinen Landrechts Theil I Titel 9 und die einschlägigen provinzialrechtlichen Vorschriften.[1]) Durch diese Bestimmungen wird theils das Halten von Tauben gewissen Klassen der Bevölkerung ganz untersagt, theils das Recht dazu an den Besitz von Grund und Boden überhaupt oder an den Besitz einer bestimmten Grundfläche geknüpft; es wird ferner vorgeschrieben, daß auf eine gewisse Fläche

[1]) Vergl. A. für die alten Provinzen: §§. 1 bis 5 des Kurmärkischen Provinzialrechts; §. 7 des Provinzialrechts des Markgrafenthums Niederlausitz; Preußische Flurordnung für das Fürstenthum Halberstadt vom 27. Juli 1759 §. 51; die Verordnungen vom 25. August 1746, 6. Oktober 1766 und 30. Juni 1783 für das Fürstenthum Eichsfeld; Magdeburger Polizeiordnung vom 3. Januar 1688 Kapitel XX §. 20 und Kapitel XXIX §. 15; Nassauische Verordnung für das Fürstenthum Lingen vom 13. November 1786; §. 4 des Provinzialrechts für das Fürstenthum Minden und die Grafschaft Ravensberg; Polizeiordnung für das Herzogthum Westfalen von 1732; Theil V Titel 20 Nr. 6 der Bentheimschen Landesordnung vom 23. September 1690; Provinzialrecht der Grafschaft Tecklenburg; B. für die neuen Provinzen: Kurhessisches Gesetz vom 20. Juli 1843, betreffend die Beschränkung des Haltens von Feldtauben; Edikt für das Fürstenthum Lüneburg vom 12. Oktober 1792; Edikt für das Fürstenthum Grubenhagen vom 19. Dezember 1794; Bekanntmachung der Königlichen Provinzialregierung zu Hannover für das Fürstenthum Hildesheim vom 27. September 1820; Bekanntmachung der Königlichen Landdrostei zu Hildesheim für das Fürstenthum Göttingen vom 20. November 1826; Bekanntmachung der Königlichen Landdrostei zu Hannover für das Fürstenthum Calenberg vom 25. Oktober 1827 und für die Grafschaften Hoya und Diepholz vom 3. Mai 1830; Kurmainzische Verordnung vom 30. Juni 1783; Bekanntmachung der Großbritannisch-Hannoverschen provisorisch bestätigten Landesdirektion für Ostfriesland vom 3. Januar 1817; Kurfürstlich Kölnisches Edikt vom 17. September 1756.

nur eine beschränkte Anzahl von Tauben gehalten werden darf und daß die Tauben, welche unberechtigt gehalten werden, der Konfiskation oder dem freien Thierfang unterliegen. Außer den provinzialrechtlichen Bestimmungen giebt es weiter eine große Anzahl lokalrechtlicher Vorschriften gleichen Inhalts, die für einzelne Dörfer, Städte, Gemeinde- oder Amtsbezirke, Aemter oder Voigteien, Kreise und Regierungsbezirke erlassen sind. Von einer Aufzählung aller dieser einzelnen Verordnungen, Erlasse und Beschlüsse kann hier abgesehen werden.

Besonderer Erwähnnng bedarf der §. 40 der Feldpolizeiordnung vom 1. November 1847 (Gesetz-Samml. S. 376). Er wiederholt im Abs. 1 den §. 111 des Allgemeinen Landrechts Theil I Titel 9 und bestimmt im Abs. 2:

> Durch Gemeindebeschluß kann sowohl in Städten als in ländlichen Gemeinden bestimmt werden, daß auch die Tauben desjenigen, welcher ein Recht hat, solche zu halten, wenn dieselben zur Saat- und Erntezeit im Freien, besonders auf den Aeckern betroffen werden, Gegenstand des Thierfanges sein sollen. Dergleichen Gemeindebeschlüsse bedürfen jedoch zu ihrer Gültigkeit der Genehmigung der Regierung.

Ob diese Bestimmung noch gilt, ist nicht zweifelsfrei. Die herrschende Meinung nimmt es an (vergl. Koch, A.L.R. 8. Aufl., Zusatz zu §. 113 I. 9; Eccius 7. Aufl. Bd. 3 §. 174 Anm. 10 und 11 S. 209; v. Scholtz, Provinzialrecht der Kurmark Brandenburg 3. Aufl. S. 6; Daude, das Feld- und Forstpolizeigesetz vom 1. April 1880 3. Aufl. Anm. 5 zu §. 71 S. 127; Entsch. d. Reichsgerichts in Straff. Bd. 13 S. 342; Mot. zu Art. 69 des Entw. des Einf.-Ges. z. B.G.B.). Eine andere Ansicht geht dahin, daß der §. 40 der Feldpolizeiordnung vom 1. November 1847 durch das Feld- und Forstpolizeigesetz vom 1. April 1880 (Gesetz-Samml. S. 230) oder durch das Zuständigkeitsgesetz vom 1. August 1883 (Gesetz-Samml. S. 237) aufgehoben sei. Einer näheren Erörterung dieser Streitfrage bedarf es hier nicht. Denn wenn die übrigen das Recht zum Taubenhalten beschränkenden Vorschriften aufgehoben werden, so empfiehlt es sich jedenfalls, zur Abschneidung aller Zweifel auch den §. 40 der Feldpolizeiordnung vom 1. November 1847 ausdrücklich aufzuheben (Entw. Art. 87 Nr. 11). Mit dem § 40 müssen ferner die auf Grund dieser Bestimmung ergangenen Gemeindebeschlüsse sowie die inhaltlich gleichen Beschlüsse, Erlasse, Verordnungen und Gesetze, die in denjenigen Landestheilen ergangen sind, in denen die Feldpolizeiordnung vom 1. November 1847 nicht gilt, aufgehoben werden.

Durch die Aufhebung der sämmtlichen, das Recht zum Taubenhalten beschränkenden Bestimmungen (Art. 27 Abs. 1) wird dem berechtigten Interesse der Tauben haltenden Grundbesitzer sowie der Brieftaubenzucht in zweckentsprechender Weise gedient und auf diesem der Landesgesetzgebung vorbehaltenen Gebiete die wünschenswerthe Rechtseinheit geschaffen.

Gegen den Schaden, der den Grundbesitzern durch fremde Tauben erwachsen kann, werden, wie bereits betont, die §§ 228, 229 des Bürgerlichen Gesetzbuchs im Allgemeinen ausreichenden Schutz gewähren (vergl. Mot. zu

§. 187 des Entw. e. B.G.B. 1. Les. Bd. 1 S. 351). Ob auch das Feld- und Forstpolizeigesetz vom 1. April 1880 auf Tauben Anwendung findet, ist nicht unzweifelhaft; erhebliche Gründe sprechen für die Verneinung der Frage. Es erscheint deshalb zweckmäßig, die durch den Artikel 89 des Einführungsgesetzes zum Bürgerlichen Gesetzbuch aufrecht erhaltenen Bestimmungen des vierten Titels des Feld- und Forstpolizeigesetzes über Schadensersatz und Pfändung auf Tauben ausdrücklich für anwendbar zu erklären (Art. 27 Abs. 3). Um endlich alle Zweifel wegen der Zulässigkeit von Polizeiverordnungen auf dem hier behandelten Gebiete (vergl. Gesetz über die allgemeine Landesverwaltung vom 30. Juli 1883, Gesetz-Samml. S. 197, §§. 137 ff. verb. mit §. 6 a und h des Gesetzes über die Polizeiverwaltung vom 11. März 1850, Gesetz-Samml. S. 265, § 34 des Feld- und Forstpolizeigesetzes vom 1. April 1880) auszuschließen, bestimmt der Entwurf (Art. 27 Abs. 2), daß das Herauslassen der Tauben ins Freie durch Polizeiverordnung zeitweilig untersagt werden kann. Wer zum Erlasse solcher Polizeiverordnungen befugt ist und welche Strafen angedroht werden können, wird durch das Gesetz über die allgemeine Landesverwaltung vom 30. Juli 1883 (Gesetz-Samml. S. 195) und durch die Kreisordnungen bestimmt (vergl. Landesverwaltungsgesetz §§. 137 ff., 142, 144 und Kreisordnung für die östlichen Provinzen in der Fassung vom 19. März 1881, Gesetz-Samml. S. 180, §. 62).

Artikel 28.

Während nach Artikel 180 des Einführungsgesetzes zum Bürgerlichen Gesetzbuch auf ein zur Zeit des Inkrafttretens des Bürgerlichen Gesetzbuchs bestehendes Besitzverhältniß von dieser Zeit an im Allgemeinen die Vorschriften des Bürgerlichen Gesetzbuchs Anwendung finden, bleiben nach Artikel 191 Abs. 1 die bisherigen Gesetze über den Schutz im Besitz einer Grunddienstbarkeit auch nach dem Inkrafttreten des Bürgerlichen Gesetzbuchs maßgebend, bis das Grundbuch für das belastete Grundstück als angelegt anzusehen ist. Erst von dieser Zeit an gelten für den Schutz der Ausübung einer Grunddienstbarkeit reichsrechtliche Vorschriften, und zwar, wenn die Dienstbarkeit in das Grundbuch eingetragen ist, die Vorschriften des §. 1029 des Bürgerlichen Gesetzbuchs, anderenfalls die Vorschriften des Artikel 191 Abs. 2 des Einführungsgesetzes. Diesen Bestimmungen zufolge wird bei einer eingetragenen Grunddienstbarkeit der Besitzer des Grundstücks, für dessen Eigenthümer die Dienstbarkeit eingetragen ist, unter entsprechender Anwendung der für den Schutz des Sachbesitzes geltenden Vorschriften geschützt, soweit die Dienstbarkeit innerhalb eines Jahres vor der Störung, sei es auch nur einmal, ausgeübt worden ist. Der gleiche Schutz wird bei einer nicht eingetragenen und der Eintragung nicht bedürfenden Grunddienstbarkeit, wenn mit ihr das Halten einer dauernden Anlage verbunden ist, unbedingt, anderenfalls unter der Voraussetzung gewährt, daß die Dienstbarkeit in jedem der drei letzten Jahre vor der Störung mindestens einmal ausgeübt worden ist. Diese Vorschriften will der Entwurf auch schon vor der Zeit, zu welcher das Grundbuch für das belastete Grundstück als angelegt anzusehen ist, zur Geltung bringen. Für Grunddienstbarkeiten, die vor dieser

Zeit, aber nach dem Inkrafttreten des Bürgerlichen Gesetzbuchs begründet werden (vergl. Art. 189 Abs. 1 des Einf.-Ges.), bedarf die Anwendung der neuen Vorschriften über den Besitzschutz keiner besonderen Rechtfertigung. Aber auch für die vor dem Inkrafttreten des Bürgerlichen Gesetzbuchs begründeten Grunddienstbarkeiten unterliegt die alsbaldige Einführung des neuen Rechtes keinem Bedenken. Da für die Landestheile, in welchen die Preußische Grundbuchordnung vor dem Bürgerlichen Gesetzbuch in Kraft getreten ist, die bisherigen Grundbücher auf Grund des §. 87 der Reichs-Grundbuchordnung zu Grundbüchern im Sinne der Reichsgesetze erklärt werden können, das Grundbuch also mit dem Inkrafttreten des Bürgerlichen Gesetzbuchs als angelegt anzusehen sein wird, so kommt die hier gegebene Uebergangsvorschrift nur für diejenigen den Gebieten des gemeinen und des Rheinischen Rechtes angehörenden Bezirke in Betracht, für welche die Anlegung der Grundbücher erst nach dem Inkrafttreten des Bürgerlichen Gesetzbuchs zum Abschlusse gelangt. Wo schon jetzt die Grunddienstbarkeiten der Eintragung in gerichtliche Bücher bedürfen, wie in Nassau, wird durch die sofortige Anwendung des §. 1029 des Bürgerlichen Gesetzbuchs der bisherige Besitzschutz nicht gemindert (Bertram, Nassauisches Privatrecht §§. 258, 259). Soweit aber die Grunddienstbarkeiten bisher der Eintragung in gerichtliche Bücher nicht bedürfen, wird hieran nach Artikel 187 des Einführungsgesetzes durch die Anlegung des Grundbuchs Nichts geändert. Wenn also für solche Grunddienstbarkeiten von der Zeit an, zu welcher das Grundbuch als angelegt anzusehen ist, die Vorschriften der Artikel 191 Abs. 2 des Einführungsgesetzes kraft Reichsgesetzes gelten, so erscheint auch ihre landesgesetzliche Einführung für die Zwischenzeit angemessen, zumal jene Vorschriften den Besitzschutz dem geltenden Rechte gegenüber erweitern (Windscheid, Pandekten Bd. 1 §. 164; Zachariä-Crome, Handbuch des Französischen Civilrechts Bd. 1 §. 159 unter II).

Artikel 29.

Die Vorschriften des Artikel 29 beruhen auf der gleichen Grundlage und dienen demselben allgemeinen Zwecke wie die Bestimmung des Artikel 12 §. 1 Abs. 1.

Zur Sicherung der Selbständigkeit der Rentengüter, zu ihrer Erhaltung in gutem Kulturzustand und bei den von der Ansiedelungskommission auf Grund des Gesetzes vom 26. April 1886 und 20. April 1898 begründeten Rentengütern auch zu ihrer Erhaltung in deutscher Hand dient bisher das Wiederkaufsrecht, das durch Eintragung im Grundbuche nach §. 12 des Gesetzes über den Eigenthumserwerb und die dingliche Belastung der Grundstücke vom 5. Mai 1872 (Gesetz-Samml. S. 435) dingliche Wirkung gegen Dritte erhält. Bei der Rentengutsbildung aus privatem Grundbesitze wird allerdings von diesem Sicherungsmittel wenig Gebrauch gemacht, weil der Privateigenthümer in der Regel nur ein geringes Interesse an dem späteren Schicksale der Rentengutserwerber nimmt. Dagegen hat der Staat als Rentengutsgeber ein wesentliches Interesse, die Zwecke der Kolonisation auch für die Folgezeit zu sichern. Bei den vom Staate ausgegebenen Rentengütern wird deshalb in der Regel ein zeitlich unbeschränktes dingliches Wiederkaufsrecht vertragsmäßig festgesetzt und in das Grundbuch eingetragen. Der Staat tritt als Rentengutsgeber auf bei der Zertheilung von Domänen in Rentengüter und bei der Bildung von Rentengütern auf Grund des Gesetzes vom 26. April 1886 und 20. April 1898. Ferner sollen demnächst in größerem Umfang auf den im Eigenthume des Staates stehenden Mooren Rentengüter ausgegeben werden, wenn die für die Besiedelungsfähigkeit der Moore erforderlichen Vorarbeiten beendet sein werden.

Das Bürgerliche Gesetzbuch kennt nur eine geschlossene Zahl dinglicher Rechte, zu denen das Wiederkaufsrecht nicht gehört. Das in den §§. 497 bis 503 des Bürgerlichen Gesetzbuchs geregelte obligatorische Wiederkaufsrecht kann zwar auf Grund des §. 883 des Bürgerlichen Gesetzbuchs durch Eintragung einer Vormerkung in das Grundbuch derart gesichert werden, daß der durch die Ausübung des Rechtes entstehende Anspruch auf Rückübertragung des Eigenthums auch einem dritten Erwerber gegenüber wirksam ist. Um jedoch den Rentengutsgeber den späteren Erwerbern gegenüber unmittelbar zum Wiederkaufe zu berechtigen, müßte das Recht jedem Erwerber gegenüber von neuem vereinbart und wiederum durch Vormerkung gesichert werden. Ein solches Verfahren ist aber praktisch undurchführbar.

Das Bürgerliche Gesetzbuch läßt ferner das dingliche Vorkaufsrecht (§§. 1094 bis 1104) und die Sicherung einer Vertragsstrafe durch Hypothek zu; aber auch diese Mittel genügen zur Sicherung der Zwecke der Rentengutsbildung nicht. Das Vorkaufsrecht kann nur bei einem abgeschlossenen Kaufe, nicht aber bei Tausch, Schenkung, Erbgang 2c. geltend gemacht werden. Die Eintragung einer Vertragsstrafe würde den Realkredit des Rentenguts in Frage stellen. Es muß deshalb das zeitlich unbeschränkte dingliche Wiederkaufsrecht für Rentengüter beibehalten werden, wie dies auch schon bei den Vorberathungen zum Bürgerlichen Gesetzbuche hervorgehoben worden ist (vergl. die Protokolle der zweiten Kommission S. 4824 ff., 8963 ff.).

Die in Artikel 29 des Entwurfes enthaltenen Vorschriften über das dingliche Wiederkaufsrecht bei Rentengütern sind, soweit es thunlich war, den Vorschriften des Bürgerlichen Gesetzbuchs über das dingliche Vorkaufsrecht nachgebildet. Die Abweichungen ergeben sich aus der rechtlichen Natur des Wiederkaufsrechts und aus den Zwecken, die es bei Rentengütern verfolgt.

Im Einzelnen ist Folgendes zu bemerken:

Das dingliche Wiederkaufsrecht hat sich außer beim Wechsel des Eigenthümers auch für den Fall der Verletzung vertragsmäßig übernommener Pflichten als nothwendig erwiesen. Es pflegen im Rentengutsvertrag auferlegt zu werden: die Pflicht, auf dem Rentengute zu wohnen und seine Bewirthschaftung selbst zu führen; die Pflicht, die wirthschaftliche Selbständigkeit des Rentenguts durch Erhaltung des guten baulichen Zustandes der darauf befindlichen oder darauf zu errichtenden Gebäude sowie des erforderlichen landwirthschaftlichen Inventars zu bewahren und Aehnliches (vergl. §. 9 des Normal-Entwurfes zu einem Rentengutsvertrage, Min.-Bl. f. d. inn. Verwaltung 1890 S. 266). Der Entwurf läßt daher die Erstreckung des Wiederkaufrechts auf den Fall zu, daß der Eigenthümer eine im Rentengutsvertrage festgesetzte Verpflichtung nicht erfüllt (§. 3).

Der §. 4 des Artikel 29 entspricht dem §. 498 Abs. 1 des Bürgerlichen Gesetzbuchs, welcher bestimmt, daß der Wiederverkäufer verpflichtet ist, dem Wiederkäufer den gekauften Gegenstand nebst Zubehör herauszugeben. Diese Verpflichtung bezieht sich auf das zur Zeit der Ausübung des Wiederkaufsrechts vorhandene Zubehör (vergl. Planck, Kommentar zum Bürgerlichen Gesetzbuch, Bd. 2 S. 272 Nr. 1 zu §. 498). Um Zweifel zu vermeiden, ist letzteres hier ausdrücklich ausgesprochen. Der §. 500 sichert den Wiederverkäufer bezüglich etwaiger auf das Rentengut oder auf das Zubehör gemachter Verwendungen.

Im §. 5 Abs. 1 sind die Vorschriften des Bürgerlichen Gesetzbuchs aufgeführt, nach welchen sich das Rechtsverhältniß zwischen dem Wiederkaufsberechtigten und dem Verpflichteten bestimmt. Es sind dies die Rechtsgrundsätze über den obligatorischen Wiederkauf mit Ausnahme des §. 497 Abs. 2 und des §. 503, die bei Rentengütern nicht anwendbar sind.

Der §. 497 Abs. 2 bestimmt, daß der Preis, zu welchem verkauft worden ist, im Zweifel auch für den Wiederkauf gilt. Nach den allgemeinen Regeln über den Kauf, die auch für den Wiederkauf gelten, muß der Kaufpreis in Geld bestimmt sein (vergl. Planck a. a. O. S. 227 Nr. 4 zu §. 433). Ein Rentengut wird aber nicht gegen einen in einer Geldsumme ausgedrückten Kaufpreis, sondern gegen Rente verkauft. Wenn im Vertrage der Kapitalisirungsfaktor der Rente nicht vereinbart ist, fehlt es an einer Feststellung des Kaufpreises beim Verkaufe. Die Vorschrift des §. 497 Abs. 2 paßt deshalb für Rentengüter nicht; es werden somit die Betheiligten im Rentengutsvertrage Bestimmungen über Festsetzung des Wiederkaufpreises zu treffen haben. Dies ist zur Zeit bei den vom Staate ausgegebenen Rentengütern regelmäßig der Fall.

Auch die Zeitbeschränkung des §. 503 des Bürgerlichen Gesetzbuchs, wonach das Wiederkaufsrecht bei Grundstücken nur bis zum Ablaufe von 30 Jahren ausgeübt werden kann, ist bei Rentengütern nicht angebracht. Abgesehen davon, daß die Amortisationsperiode $60^1/_2$ oder $56^1/_{12}$ Jahre dauert (Gesetz vom 7. Juli 1891 §. 3 Abs. 2), mithin in der Regel doppelt so lang ist wie die im Bürgerlichen Gesetzbuche vorgesehene Frist, hat der Staat ein Interesse daran, daß die wirthschaftliche Selbständigkeit der Rentengüter und ihre Erhaltung in gutem Kulturzustand, ebenso bei den von der Ansiedelungskommission ausgegebenen Rentengütern ihre Erhaltung in deutscher Hand auch nach dem Ablaufe der Amortisationsperiode gesichert bleibt.

Wenn auch nach §. 5 die Dauer des Wiederkaufsrechts bei Rentengütern nicht begrenzt ist, so muß doch im Interesse des Verpflichteten und eines dritten Erwerbers des Renteguts Bestimmung darüber getroffen werden, bis zu welchem Zeitpunkt in jedem einzelnen Falle, in welchem die Voraussetzungen des Wiederkaufsrechts eingetreten sind, der Berechtigte das Recht ausüben muß, widrigenfalls es für den betreffenden Fall nicht mehr ausgeübt werden kann. Die Zeit der Ausübung darf nicht der Willkür des Berechtigten überlassen werden. Der §. 6 sieht deshalb eine dreimonatige, mit dem Zeitpunkte der Erlangung der Kenntniß von dem betreffenden Falle beginnende Frist vor.

Der Verpflichtete oder ein Dritter, welcher von ihm das Rentengut erworben hat, können dem Berechtigten von dem Eintritte der Voraussetzungen des Wiederkaufsrechts Mittheilung machen; es genügt aber auch, wenn der Berechtigte hiervon anderweit Kenntniß erhält.

Die im §. 6 Satz 2 nachgelassene Ersetzung der gesetzlichen durch die im Vertrage bestimmte Frist entspricht dem §. 503 Satz 2 des Bürgerlichen Gesetzbuchs (vergl. auch §. 510 Abs. 2 Satz 2 daselbst).

Artikel 30.

Nach Artikel 115 des Einführungsgesetzes zum Bürgerlichen Gesetzbuche bleiben die landesgesetzlichen Vorschriften unberührt, welche die Belastung eines Grundstücks mit Reallasten untersagen oder beschränken. Der Vorbehalt bildet eine nothwendige Ergänzung des §. 1105 des Bürgerlichen Gesetzbuchs, demzufolge in Ermangelung einer landesgesetzlichen Einschränkung wiederkehrende Leistungen aller Art zum Gegenstand einer Reallast gemacht werden könnten. In Preußen bleiben auf Grund des Artikel 115 in Kraft der §. 91 Abs. 2 bis 4 des Ablösungsgesetzes vom 2. März 1850 für den damaligen Umfang der Monarchie, mit Ausnahme der linksrheinischen Landestheile, sowie die sachlich übereinstimmenden Vorschriften im §. 18 Abs. 2 bis 4 des Gesetzes vom 28. Mai 1860 (Gesetz-Samml. S. 221) für Hohenzollern, im §. 13 Abs. 2 des Gesetzes vom 15. Februar 1872 (Gesetz-Samml. S. 165) für den Regierungsbezirk Wiesbaden und die vormals Großherzoglich Hessischen Gebietstheile, im §. 54 des Gesetzes vom 3. Januar 1873 (Gesetz-Samml. S. 3) für Schleswig-Holstein und im §. 25 des Gesetzes vom 23. Juli 1876 (Gesetz-Samml. S. 357) für den Regierungsbezirk Cassel ausschließlich der vormals Großherzoglich Hessischen Gebietstheile. Für Hannover kommt die Verordnung vom 23. Juli 1833 (Hannov. Gesetz-Samml. Abth. I S. 253) in Betracht. Im linksrheinischen Theile der Rheinprovinz ist in Folge der dort noch jetzt maßgebenden Französischen Gesetzgebung die Begründung von Reallasten ganz ausgeschlossen (Art. 6 des Gesetzes vom 4. August 1789 portant abolition du régime féodal ꝛc.; Art. 1 des Dekrets vom 18./29. Dezember 1790 relatif au rachat des rentes foncières; code civil Art. 529, 530). Für Lauenburg und die Insel Helgoland fehlt es an Vorschriften, welche die Bestellung von Reallasten beschränken.

Der Entwurf will die drei letztgenannten Landestheile in Betreff der Zulassung von Reallasten den Landestheilen gleichstellen, für welche das Ablösungsgesetz vom 2. März 1850 oder sachlich übereinstimmende Vorschriften gelten. Was insbesondere den linksrheinischen Theil der Rheinprovinz betrifft, so ist die Aufrechterhaltung der bisherigen Sonderstellung nicht durch eigenartige wirthschaftliche Verhältnisse gerechtfertigt. Nach §. 91 Abs. 2 des Ablösungsgesetzes dürfen mit Ausnahme fester Geldrenten Lasten, welche nach jenem Gesetze ablösbar sind, einem Grundstücke nicht auferlegt werden; ablösbar sind nach §. 6 alle beständigen Abgaben und Leistungen, welche auf eigenthümlich oder bisher erbpacht- oder erbzinsweise besessenen Grundstücken oder Gerechtigkeiten haften, mit Ausnahme der öffentlichen und der im §. 6 Abs. 2 gleichgestellten Lasten. Ebenso verbieten die oben bezeichneten späteren

Gesetze nur die Neubegründung solcher Reallasten, welche in beständigen Abgaben und Leistungen bestehen, außer festen Geldrenten. Die Vorschriften des Artikel 30 sind diesen Gesetzen sachlich genau nachgebildet. Sie gestatten namentlich die Bestellung eines Altentheils als Reallast. Auch im linksrheinischen Theile der Rheinprovinz sind Gutsüberlassungsverträge nicht selten, in denen für die abtretenden Eltern ein Auszug bedungen wird (Sering, Die Vererbung des ländlichen Grundbesitzes S. 16, 19, 23, 24, 59 bis 61, 65). Eine dingliche Sicherung des Auszüglers ist gegenwärtig zum Theil nur durch Bestellung einer Kautionshypothek oder durch Eintragung des Vorbehalts der Auflösungsklage für den Fall der Nichterfüllung des Vertrags zu erzielen und macht daher umfangreiche Eintragungen nothwendig, während sich die Eintragung des Altentheils nach §. 50 der Reichs-Grundbuchordnung in einfacher Weise erledigt.

Selbstverständlich soll durch die hier gegebenen Bestimmungen in die Vorschriften über Rentengüter (vergl. insbesondere §. 2 des Gesetzes über Rentengüter vom 27. Juni 1890, Gesetz-Samml. S. 209) nicht eingegriffen werden. Zur Vermeidung jedes Zweifels stellt der Entwurf dies ausdrücklich klar.

Artikel 31.

Nach §. 93 des Ablösungsgesetzes vom 2. März 1850 ist bei der Zerstückelung eines mit einer ablösbaren Reallast belasteten Grundstücks zu unterscheiden, ob die Reallast nach §. 64 des Ablösungsgesetzes durch Baarzahlung des achtzehnfachen Betrags des ermittelten jährlichen Geldwerths an den Berechtigten oder durch Vermittelung der Rentenbank ablösbar oder ob eine derartige Ablösung ausgeschlossen ist. Im ersten Falle bleiben, wenn die Reallast nicht abgelöst wird, das Hauptgrundstück und die Trennstücke für die Reallast in solidum verhaftet; im zweiten Falle muß sich der Berechtigte eine Vertheilung der Renten auf die Trennstücke nach Verhältniß des Werthes derselben mit der Maßgabe gefallen lassen, daß er in Bezug auf Rentenbeträge, die nach der Vertheilung jährlich unter vier Thalern betragen, Ablösung durch Kapitalzahlung seitens des Pflichtigen fordern kann. Auf diese Vorschriften des §. 93 des Ablösungsgesetzes verweist der §. 66 der Grundbuchordnung vom 5. Mai 1872 im Satz 2 und fügt im Satz 3 die Bestimmung hinzu, daß die hiernach erforderliche Vertheilung der Reallasten bei der Auseinandersetzungsbehörde zu beantragen ist. Der §. 15 des Gesetzes über das Grundbuchwesen in der Provinz Hannover vom 28. Mai 1873 (Gesetz-Samml. S. 253) bestimmt, daß im Falle des §. 66 der Grundbuchordnung die Vorschriften der Verordnung vom 28. September 1867 §. 11 und des Gesetzes vom 3. April 1869 zur Anwendung kommen. Das Gesetz über das Grundbuchwesen ꝛc. im Geltungsbereich des Rheinischen Rechts vom 12. April 1888 (Gesetz-Samml. S. 52) erklärt im §. 29 den §. 66 der Grundbuchordnung in den Landestheilen des linken Rheinufers mit gewissen Maßgaben für anwendbar; letztere enthalten dem §. 93 des Ablösungsgesetzes entsprechende Vorschriften über die Vertheilung fester Geldrenten, die auf einem Grundstücke haften, im Falle der Zerstückelung des Grundstücks. Die Vorschriften des Ablösungsgesetzes sowie die im §. 15 des Gesetzes vom 28. Mai 1873 in

Bezug genommenen Bestimmungen bleiben auf Grund des Artikel 113 des Einführungsgesetzes zum Bürgerlichen Gesetzbuch in Kraft. Da jedoch sowohl der §. 66 der Grundbuchordnung als auch der §. 15 des Gesetzes vom 28. Mai 1873 aufgehoben werden sollen, so stellt der Artikel 31 des Entwurfes im Satz 1 die fortdauernde Geltung der Vorschriften über die Vertheilung der Reallasten im Falle der Zerstückelung des belasteten Grundstückes außer Zweifel und ersetzt durch Satz 2 den §. 66 Satz 3 der Grundbuchordnung. Die festen Geldrenten, auf welche sich die Vorschriften des §. 29 des Gesetzes vom 12. April 1888 beziehen, sind, abgesehen von den auf Rentengütern lastenden Renten, nicht Reallasten, sondern hypothekarisch gesicherte persönliche Forderungen (Mügel, Rheinisches Grundbuchrecht, Anm. 3, 4 zu §. 29). Für diese Renten verlieren die Vorschriften des §. 29 ihre Bedeutung, da sie durch den Artikel 113 des Einführungsgesetzes nicht gedeckt sind. Dagegen müssen sie für diejenigen festen Geldrenten beibehalten werden, welche künftig auf Grund des Artikel 30 des Entwurfes begründet werden. Von der beabsichtigten Aufhebung des Gesetzes vom 12. April 1888 soll daher der §. 29 ausgenommen werden. Soweit nach demselben bisher der §. 66 Satz 3 der Grundbuchordnung maßgebend ist, wird nach den Bestimmungen des Ausführungsgesetzes zur Reichs-Grundbuchordnung an dessen Stelle künftig gleichfalls der Satz 2 des vorliegenden Artikels treten.

Artikel 32.

Der Artikel 117 Abs. 2 des Einführungsgesetzes zum Bürgerlichen Gesetzbuche hält die landesgesetzlichen Vorschriften aufrecht, welche die Belastung eines Grundstücks mit einer unkündbaren Hypothek oder Grundschuld untersagen oder die Ausschließung des Kündigungsrechts des Eigenthümers bei Hypothekenforderungen und Grundschulden zeitlich beschränken. Es bleiben hiernach die Vorschriften des §. 92 Abs. 1, 3 des Ablösungsgesetzes vom 2. März 1850 und die ihnen nachgebildeten Bestimmungen der in der Begründung zu Artikel 30 bezeichneten Gesetze vom 28. Mai 1860 (§. 19), 15. Februar 1872 (§. 14), 3. Januar 1873 (§. 55) und 23. Juli 1876 (§. 26) in Kraft. Dagegen fehlen entsprechende Vorschriften für die Provinz Hannover, den Kreis Herzogthum Lauenburg und die Insel Helgoland; das Gleiche gilt für das Geltungsgebiet des Rheinischen Rechts, soweit nicht der Artikel 530 des Rheinischen Bürgerlichen Gesetzbuchs bei hypothekarisch gesicherten Renten mittelbar auch die zulässige Dauer der dinglichen Belastung beschränkt. Die Erstreckung der im übrigen Staatsgebiete geltenden Bestimmungen auf diese Landestheile rechtfertigt sich ebenso durch das Bedürfniß der Rechtsgleichheit wie durch die wirthschaftliche Erwägung, daß die Entlastung des Grundbesitzes zu begünstigen ist und daß die übermäßig ausgedehnte Ausschließung des Kündigungsrechts bei dem Schwanken des Zinsfußes zu einer unbilligen Benachtheiligung des Schuldners führt. Der Entwurf giebt daher im Artikel 32 für die gedachten Landestheile sachlich im Wesentlichen gleiche Vorschriften, wie solche im §. 92 des Ablösungsgesetzes enthalten sind. Die dem §. 92 Abs. 1 entsprechende Vorschrift ist jedoch in der Fassung einerseits dem hier in Betracht kommenden Vorbehalte des Einführungsgesetzes, andererseits dem §. 1202 Abs. 2 des Bürgerlichen Gesetzbuchs angepaßt.

Der §. 92 Abs. 3 des Ablösungsgesetzes erklärt die das Kündigungsrecht beschränkenden Bestimmungen des Abs. 1, 2 auf „sämmtliche Kreditinstitute“ für unanwendbar. Die Tragweite dieser Ausnahme ist bestritten. Nach der bis in die neueste Zeit festgehaltenen Auffassung des Kammergerichts (Johow, Jahrb. Bd. 5 S. 136; Jahrb. f. Entsch. des Kammergerichts Bd. 14 S. 144), mit welcher Eccius, Preußisches Privatrecht Bd. 3 S. 429 Anm. 57, übereinstimmt, sind unter den „Kreditinstituten“ nur die landschaftlichen und ritterschaftlichen Pfandbriefinstitute zu verstehen, während Dernburg (Lehrbuch des Preußischen Privatrechts Bd. 1 S. 307 Anm. 8) alle auf Gegenseitigkeit der Grundbesitzer gegründeten Beleihungsinstitute darunter begreift. In dem ersterwähnten Sinne aufgefaßt, würde die Ausnahme zu Gunsten der Kreditinstitute für die hier fraglichen Landestheile ohne Bedeutung sein. Jedenfalls bedarf es für diese Landestheile genauerer Bezeichnung derjenigen Kreditanstalten, welche von der Beschränkung des Kündigungsrechts befreit sein sollen. Dem Grunde entsprechend, auf welchem die Befreiung der „Kreditinstitute“ beruht, will der Entwurf die gleiche Begünstigung den von einer öffentlichen Behörde oder einem öffentlichen Beamten verwalteten Kreditanstalten gewähren.

Artikel 33.

Abweichend von dem Grundsatze des Artikel 184 Satz 1 des Einführungsgesetzes zum Bürgerlichen Gesetzbuche, nach welchem Rechte, mit denen eine Sache zur Zeit des Inkrafttretens des Bürgerlichen Gesetzbuchs belastet ist, mit ihrem sich aus den bisherigen Gesetzen ergebenden Inhalte bestehen bleiben, leitet der Artikel 192 des Einführungsgesetzes die zu der Zeit, zu welcher das Grundbuch als angelegt anzusehen ist, an einem Grundstücke bestehenden Pfandrechte kraft Reichsgesetzes in Hypotheken des neuen Reichsrechts über. Ein solches Pfandrecht gilt danach von dieser Zeit an, je nachdem der Betrag der Forderung, für die es besteht, bestimmt ist oder nicht, als Hypothek, für welche die Ertheilung des Hypothekenbriefs ausgeschlossen ist, oder als Sicherungshypothek. Daneben gestattet das Einführungsgesetz aber mit Rücksicht auf die Verschiedenheit der bisherigen Gestaltung des Pfandrechts an Grundstücken der Landesgesetzgebung, die reichsgesetzliche Regel abzuändern. Durch Landesgesetz kann bestimmt werden, daß ein Pfandrecht, welches der Regel zufolge nicht als Sicherungshypothek gilt, als Sicherungshypothek oder als eine Hypothek, für welche die Ertheilung des Hypothekenbriefs nicht ausgeschlossen ist, und eine über das Pfandrecht ertheilte Urkunde als Hypothekenbrief gelten soll (Art. 193), ferner daß bei einem bestehenden Pfandrechte der Gläubiger die Löschung eines im Range vorgehenden oder gleichstehenden Pfandrechts, falls dieses sich mit dem Eigenthum in einer Person vereinigt, in gleicher Weise zu verlangen berechtigt ist, wie wenn zur Sicherung des Rechtes auf Löschung eine Vormerkung im Grundbuch eingetragen wäre (Art. 194).

1. Für Preußen kommen zunächst die Hypotheken in Betracht, die unter der Herrschaft der Grundbuchgesetze vom 5. Mai 1872 begründet sind. Soweit es sich hierbei um Kautionshypotheken handelt, unterliegt die reichsrechtlich vorgesehene Umwandlung in Sicherungshypotheken keinem Bedenken. Die

Sicherungshypothek des neuen Rechtes verwandelt sich freilich im Gegensatze zur Kautionshypothek des Preußischen Rechtes unter den gleichen Voraussetzungen wie eine gewöhnliche Hypothek in eine Eigenthümerhypothek; indessen kann auch die Kautionshypothek des bisherigen Rechtes nach der herrschenden Meinung ohne Zustimmung der nacheingetragenen Gläubiger in eine Hypothek mit fest bestimmtem Betrag umgeschrieben werden und unterliegt dann den Vorschriften über die Eigenthümerhypothek (Turnau, Grundbuchordnung 5. Aufl. Bd. 1 Seite 384, 535; Achilles, die preuß. Gesetze über Grundeigenthum rc. 4. Aufl. S. 165, 280). Es besteht daher kein Grund für eine landesgesetzliche Vorschrift des im Artikel 194 des Einführungsgesetzes zugelassenen Inhalts.

Anlangend die nach Maßgabe der Gesetze vom 5. Mai 1872 begründeten Hypotheken für Forderungen von bestimmtem Betrage, so paßt die reichsgesetzliche Ueberleitung in Hypotheken, für welche die Ertheilung des Hypothekenbriefs ausgeschlossen ist, nur dann, wenn nach §. 122 der Preußischen Grundbuchordnung auf die Ausfertigung des Hypothekenbriefs verzichtet und auch nicht nach §. 129 Abs. 2 nachträglich ein Hypothekenbrief gebildet ist. Anderenfalls entspricht es der bisherigen Gestaltung der Hypothek, daß künftig die Hypothek als eine solche, für welche die Ertheilung des Hypothekenbriefs nicht ausgeschlossen ist, und der bisherige Hypothekenbrief als Hypothekenbrief im Sinne des neuen Rechtes beurtheilt werden. Die hierzu erforderlichen Vorschriften trifft der Entwurf im Artikel 33 §. 1 Abs. 1.

Die gleiche Behandlung gebührt im ursprünglichen Geltungsgebiete der Preußischen Grundbuchordnung, d. h. im Geltungsbereiche der Hypothekenordnung vom 20. Dezember 1783 mit Ausschluß der Gebietstheile der Provinz Hannover, auch den vor dem Inkrafttreten der Grundbuchordnung, also vor dem 1. Oktober 1872, begründeten Hypotheken. Sowohl die nach der Hypothekenordnung wie auch die nach dem Gesetze vom 24. Mai 1853 (Gesetz-Samml. S. 521) gebildeten Hypotheken-Instrumente dienen zur Legitimation des Berechtigten bei dem Hypothekenbuche, sodaß der Gläubiger über die Hypothekenforderung mit voller Wirksamkeit nur verfügen kann, wenn er sich im Besitze des Instruments befindet. Sie stehen somit den Hypothekenbriefen der Preußischen Grundbuchordnung ihrer rechtlichen Bedeutung nach im Wesentlichen gleich (Mot. z. B.G.B. Bd. 3 S. 612, 613). Die Praxis erachtet auch die Ertheilung von Hypothekenbriefen an Stelle alter Hypotheken-Instrumente, die der Erneuerung bedürfen, für zulässig (Turnau Anm. 2 zu §. 130 der Grundbuchordnung). Es unterliegt daher keinem Bedenken, eine unter der Herrschaft der angeführten Gesetze begründete Hypothek, sofern weder nach §. 17 des Gesetzes vom 24. Mai 1853 auf die Bildung eines Instruments verzichtet noch ein solches nachträglich gebildet ist, künftig als eine Hypothek, für welche die Ertheilung eines Hypothekenbriefs nicht ausgeschlossen ist, und die über die Hypothek ertheilte Urkunde als Hypothekenbrief zu behandeln (Art. 33 §. 1 Abs. 1, §. 2 Abs. 1).

2. Was die Pfandrechte betrifft, die in den Landestheilen, in welchen die Grundbuchordnung vom 5. Mai 1872 nachträglich eingeführt worden ist, vor deren Inkrafttreten begründet sind, so gehen die Einführungsgesetze im

Allgemeinen davon aus, daß solche Pfandrechte in Folge der Eintragung in das Grundbuch, vorbehaltlich der Rangordnung unter einander, die Wirkungen einer unter dem neuen Grundbuchrechte begründeten Hypothek erlangen. In den Einführungsgesetzen vom 19. August 1895 (§. 60) und vom 8. Juni 1896 (§. 50 Abs. 1) ist dieser Gedanke ausdrücklich ausgesprochen (vergl. die Motive zum Entwurf des erstgenannten Gesetzes, Drucks. des Herrenhauses 1895 Nr. 18 S. 89). Die gedachte Behandlung der älteren Pfandrechte rechtfertigt sich dadurch, daß im Verfahren zur Anlegung der Grundbücher den Betheiligten Gelegenheit gegeben ist, die Nachtheile, die ihnen aus der Eintragung ganz oder theilweise nicht mehr bestehender Pfandrechte in das Grundbuch erwachsen können, abzuwenden. Soweit hiernach die älteren Pfandrechte vor dem Inkrafttreten des Bürgerlichen Gesetzbuchs bereits die Wirkung einer unter dem Preußischen Grundbuchrechte begründeten Hypothek erlangt haben, sind sie auch bezüglich der Ueberleitung in das Reichsrecht einer solchen Hypothek gleich zu behandeln. Es kommt also auch hier weder die landesgesetzliche Umwandlung in eine Sicherungshypothek noch die Ausschließung der Vorschriften über die Eigenthümerhypothek gemäß Artikel 194 des Einführungsgesetzes zum Bürgerlichen Gesetzbuch in Frage. Vielmehr bleibt nur zu bestimmen, unter welchen Voraussetzungen ein solches älteres Pfandrecht in eine Hypothek, für welche die Ertheilung des Hypothekenbriefs nicht ausgeschlossen ist, umgewandelt wird. Die Voraussetzungen müssen hier andere sein als bei den unter der Herrschaft der Preußischen Grundbuchordnung begründeten Hypotheken. Die Einführungsgesetze vom 23. März 1873 für das Jadegebiet (§. 24), vom 24. Mai 1873 für Schleswig-Holstein (§. 18), vom 28. Mai 1873 für Hannover (§. 41), vom 12. April 1888 für Rheinland (§. 61), vom 19. August 1895 für Frankfurt (§. 61) und vom 8. Juni 1896 für Lauenburg (§. 51) geben bei älteren Pfandrechten dem Gläubiger das Recht, unter Einreichung der alten Hypothekenurkunden oder für Rheinland der mit dem Einschreibungsvermerke versehenen Schuldurkunden die Ausfertigung von Hypothekenbriefen nach Maßgabe der Vorschriften der Grundbuchordnung zu beantragen. Der §. 12 des Gesetzes vom 31. Mai 1873 für Hohenzollern gewährt den Hypothekengläubigern, die sich im Besitz einer mit Ingrossationsvermerk versehenen Schuldurkunde befinden, für den Fall, daß die Urkunde einer Erneuerung bedarf, das Recht auf Ausfertigung eines Hypothekenbriefs. Nach einigen der genannten Gesetze erfolgt die Ausfertigung des Hypothekenbriefs gebührenfrei, wenn sie innerhalb sechs Monaten nach dem Inkrafttreten der Grundbuchgesetze beantragt wird. Im Uebrigen ist das Recht des Gläubigers auf Ausfertigung eines Hypothekenbriefs zeitlich nicht beschränkt. In dieser Hinsicht ist jedoch eine Aenderung geboten. Die Landesgesetzgebung kann bestehende Pfandrechte nur dann in Hypotheken, für welche die Ertheilung des Hypothekenbriefs nicht ausgeschlossen ist, umwandeln, wenn das Pfandrecht sich bereits zu der Zeit, zu welcher das Grundbuch als angelegt anzusehen ist, zu einer solchen Umwandlung eignet. Diese Voraussetzung ist bei den älteren Pfandrechten nicht als gegeben anzusehen, solange über das Recht nur Urkunden älteren Rechts vorhanden sind; denn auch soweit diese Urkunden den Hypothekenbriefen des neuen Reichsrechts rechtlich verwandt sind, empfiehlt es sich im Interesse des Verkehrs nicht, diesen verschiedenartigen Urkunden die Bedeutung von Hypothekenbriefen im Sinne des Reichsrechts beizulegen. Die älteren Pfandrechte können vielmehr nur dann in der hier fraglichen Art umgewandelt werden, wenn bis zu der Zeit, zu welcher das Grundbuch als angelegt anzusehen ist, die Bildung eines Hypothekenbriefs erfolgt oder wenigstens den bestehenden Vorschriften gemäß beantragt worden ist (Art. 33 §. 1 Abs. 1). Das bisher zeitlich unbeschränkte Recht des Gläubigers auf Ertheilung eines Hypothekenbriefs erleidet hierdurch eine im Interesse der Klärung des künftigen Rechtszustandes nothwendige Einschränkung. Der Gläubiger muß die Ertheilung des Hypothekenbriefs beantragen, um seinem Recht den Karakter einer Briefhypothek zu erhalten. Es erscheint daher billig, daß die Ertheilung des Briefes kostenfrei erfolgt (Art. 33 §. 2 Abs. 2).

Soweit in den Landestheilen, in denen die Preußische Grundbuchordnung nachträglich eingeführt ist, die Anlegung der Grundbücher noch nicht vor dem Inkrafttreten des Bürgerlichen Gesetzbuchs vollendet ist, sollen für das Anlegungsverfahren, das nach Artikel 186 Abs. 1 des Einführungsgesetzes zum Bürgerlichen Gesetzbuche durch Königliche Verordnung zu regeln ist, die jetzt geltenden Grundsätze im Wesentlichen unverändert beibehalten werden. Es unterliegt daher keinem Bedenken, die unter der Herrschaft des bisherigen Rechtes begründeten Pfandrechte an Grundstücken, für welche das Grundbuch erst nach dem Inkrafttreten des Bürgerlichen Gesetzbuchs als angelegt anzusehen ist, ebenso zu behandeln wie die unter der Herrschaft desselben Rechtes begründeten Pfandrechte, die vor der bezeichneten Zeit bereits die Wirkung einer nach Preußischem Grundbuchrechte begründeten Hypothek erlangt haben (Art. 33 §. 1 Abs. 1, §. 2 Abs. 2.)

Keine besondere landesgesetzliche Uebergangsvorschrift ist für die vom Eigenthümer vorbehaltenen Hypothekenstellen und die vor der Linie getilgten Hypotheken erforderlich, welche nach Maßgabe der §§. 22, 23 des Gesetzes vom 27. Mai 1873 für Schleswig-Holstein und der §§. 47, 50 Abs. 2 des Gesetzes vom 8. Juni 1896 für Lauenburg in das Grundbuch übernommen sind oder übernommen werden. Wie in den angeführten Gesetzen ausgesprochen ist, hat über die vorbehaltenen Stellen und die vor der Linie getilgten Hypotheken der Eigenthümer die Verfügung wie über eine Hypothek des Eigenthümers nach den Vorschriften des Eigenthumserwerbsgesetzes. Dementsprechend finden auf die bezeichneten Rechtsgestaltungen künftig nach Maßgabe der reichsgesetzlichen Uebergangsvorschriften die Bestimmungen über die Eigenthümerhypothek des Bürgerlichen Gesetzbuchs Anwendung.

Dagegen bedarf der für die Ueberleitung der bestehenden Pfandrechte aufgestellte reichsgesetzliche Grundsatz der landesrechtlichen Berichtigung für die Hypotheken, auf welche die Vorschriften des §. 42 des Gesetzes vom 29. Mai 1873 für den Bezirk des Appellationsgerichts zu Cassel Anwendung finden. Der §. 42 erhält, abweichend von dem oben dargelegten Standpunkte der übrigen Grundbuch-Einführungsgesetze, für die in das Grundbuch übertragenen älteren Hessischen Hypotheken nicht nur bezüglich ihrer Rangordnung unter einander, sondern auch hinsichtlich ihrer sonstigen rechtlichen Beziehungen, der sie betreffenden Eintragungen und deren rechtlicher Bedeutung das bisherige Recht aufrecht und erklärt nur bestimmte Vorschriften über die Hypothek des neuen Rechtes auf die älteren Hypotheken, unbeschadet ihrer rechtlichen Natur im Uebrigen, für anwendbar. Von der Anwendung ausgeschlossen bleiben insbesondere die Bestimmungen über die Beschränkung der Einreden aus dem persönlichen Schuldverhältnisse gegenüber einem gutgläubigen Erwerber der Hypothek und über die Umwandlung der Hypothek in eine Eigenthümerhypothek im Falle der Tilgung der Forderung (§. 38 Abs. 2, §. 63 des Eigenthumserwerbsgesetzes). Den fraglichen Hypotheken ist somit die akzessorische Natur des gemeinrechtlichen Pfandrechts gewahrt. Zu der rechtlichen Bedeutung eines nach dem Eigenthumserwerbsgesetze begründeten Hypothekenrechts kann eine solche Hypothek nach §. 43 des Gesetzes vom 29. Mai 1873 nur durch Uebereinkunft des eingetragenen Eigenthümers und des eingetragenen Gläubigers dann erhoben werden, wenn der Bestand und Rang der Hypothek von den übrigen in das Grundbuch mitübertragenen Hypothekengläubigern anerkannt oder gegen sie gerichtlich festgestellt ist oder wenn denselben der Vorrang vor der umzuwandelnden Hypothek eingeräumt wird. Ist eine ältere Hessische Hypothek zu der Zeit, zu welcher das Grundbuch im Sinne der Reichsgesetze für das belastete Grundstück als angelegt anzusehen ist, noch nicht nach Maßgabe des §. 43 umgewandelt, so sind für ihre Ueberleitung in das Hypothekenrecht des Bürgerlichen Gesetzbuchs nicht mehr die Vorschriften des angeführten §. 43 maßgebend. Vielmehr würden mangels landesgesetzlicher Abänderung die Uebergangsvorschriften des Artikel 192 des Einführungsgesetzes zum Bürgerlichen Gesetzbuch Anwendung finden. Eine Hessische Hypothek für eine dem Betrage nach bestimmte Forderung würde somit, vorausgesetzt, daß sie zu der bezeichneten Zeit nach bisherigem Rechte besteht, in eine gewöhnliche Hypothek, für welche die Ertheilung des Hypothekenbriefs ausgeschlossen ist, umgewandelt werden. Sie würde hierdurch aber insofern eine wesentliche Aenderung erleiden, als sich nach §. 1138 des Bürgerlichen Gesetzbuchs bei der gewöhnlichen Hypothek der öffentliche Glaube des Grundbuchs auch auf den Bestand der Forderung erstreckt. Diese Folge schließt der Entwurf durch die Vorschrift des Artikel 33 §. 3 aus. Eine Hypothek der fraglichen Art soll danach künftig als Sicherungshypothek gelten. In Folge dessen bestimmt sich auch fernerhin das Recht des Gläubigers aus der Hypothek nach der Forderung; der Gläubiger kann sich zum Beweise der Forderung nicht auf die Eintragung berufen und die Anwendung des §. 1138 des Bürgerlichen Gesetzbuchs ist ausgeschlossen (§. 1184, §. 1185 Abs. 2). Auch die Umwandlung in eine Sicherungshypothek vollzieht sich selbstverständlich nur, wenn und soweit eine im Grundbuch eingetragene Hypothek der fraglichen Art in dem maßgebenden Zeitpunkt noch zu Recht besteht; soweit dagegen die Hypothek bereits vorher durch Erlöschen der Forderung untergegangen war, tritt eine Aenderung des bisherigen Rechtszustandes durch die Vorschrift des Entwurfes nicht ein. Dagegen bleibt freilich nach der letzteren die Abweichung vom bisherigen Rechte bestehen, daß, wenn unter der Geltung des neuen Rechtes die Forderung erlischt, der Eigenthümer die Hypothek erwirbt. Indessen kann schon jetzt die in §. 43 des geltenden Gesetzes vorgeschehene Umwandlung einer älteren Hypothek in eine Hypothek neueren Rechtes, welche als solche auch den Vorschriften über die Eigenthümerhypothek unterliegt, von den nachstehenden älteren Hypothekengläubigern nicht willkürlich verhindert werden; vielmehr kann die Umwandlung gegen den Widerspruch dieser Gläubiger in der Art durchgeführt werden, daß der Bestand und Rang der umzuwandelnden Hypothek gegen sie gerichtlich festgestellt wird. Die nachstehenden älteren Hypothekengläubiger haben somit nach bisherigem Rechte zwar, solange die vorgehende Hypothek nicht nach §. 43 a. a. O. oder nach §. 201 Abs. 5 des Gesetzes vom 13. Juli 1883 (Gesetz-Samml. S. 131) zu der Bedeutung eines nach dem Gesetze vom 5. Mai 1872 begründeten Hypothekenrechts erhoben worden ist, eine Aussicht, nicht aber ein Recht darauf, im Falle des gänzlichen oder theilweisen Erlöschens der durch die vorgehende Hypothek gesicherten Forderung im Range vorzurücken; es besteht daher auch kein Grund, zu ihren Gunsten eine dem Artikel 194 des Einführungsgesetzes zum Bürgerlichen Gesetzbuch entsprechende Bestimmung zu treffen.

Anlangend die nach den Vorschriften des Rheinischen Bürgerlichen Gesetzbuchs begründeten Privilegien und Hypotheken, so verwandeln sie sich, wenn sie zu der Zeit, zu welcher das Grundbuch als angelegt anzusehen ist, nach den bis dahin maßgebenden Vorschriften durch Einschreibung im Hypothekenregister oder durch Eintragung im Grundbuch wirksam geworden sind, in Folge der im Einführungsgesetze zum Bürgerlichen Gesetzbuch und im Artikel 33 §. 1 dieses Entwurfes gegebenen Uebergangsvorschriften in Hypotheken neuen Rechtes. Soweit ferner vor der bezeichneten Zeit bereits auf Grund des Gesetzes vom 12. April 1888 das Preußische Grundbuchrecht in Kraft getreten ist, gelten für die nicht in der angegebenen Art wirksam gewordenen Privilegien und Hypotheken die Vorschriften der §§. 11, 12 des genannten Gesetzes. Danach sind Privilegien und gesetzliche Hypotheken, die nicht vor dem Inkrafttreten des Grundbuchrechts Wirksamkeit erlangt haben oder die erst später entstanden sind, zu persönlichen Ansprüchen auf Bewilligung einer zur Sicherung der Forderung hinreichenden Hypothek abgeschwächt (§. 11 Abs. 1). Im Anschluß hieran stellt der Entwurf für die Privilegien und Hypotheken, die zu der Zeit, zu welcher das Grundbuch im Sinne der Reichsgesetze als angelegt anzusehen ist, noch nicht durch Einschreibung im Hypothekenregister oder durch Eintragung im Grundbuche wirksam geworden sind, den Grundsatz auf, daß sie sich zu der gedachten Zeit in Ansprüche auf Bestellung einer Sicherungshypothek verwandeln (Art. 33 §. 4 Abs. 1 Satz 1). Da das Bürgerliche Gesetzbuch auch für Forderungen von bestimmtem Betrag eine Sicherungshypothek zuläßt, erscheint es angemessen, dem Berechtigten allgemein nur einen Anspruch auf Bestellung einer solchen Hypothek zu gewähren (vergl. B.G.B. §. 648; Einf.-Ges. z. B.G.B. Art. 91). Im Uebrigen stimmt der Entwurf in Betreff der Privilegien mit dem Gesetze vom 12. April 1888 überein. In Bezug auf die Hypotheken wird durch die allgemeine Fassung des Entwurfes zunächst außer Zweifel gestellt, daß auch die nicht eingeschriebenen vertragsmäßigen Hypotheken nicht zu den bestehenden Pfandrechten oder Hypotheken im Sinne der Uebergangsvorschriften gehören.

Von den gesetzlichen Hypotheken können die der Bevormundeten, soweit solche Hypotheken noch bestehen, hier außer Betracht bleiben, da nach dem Inkrafttreten des Gesetzes vom 20. Mai 1885 im Aufsichtswege für ihre Wahrung durch Einschreibung in die Hypothekenregister gesorgt worden ist. Die gesetzliche Hypothek der Ehefrau kommt in Ehen, die nach dem Inkrafttreten des Bürgerlichen Gesetzbuchs geschlossen werden, nicht mehr zur Entstehung; sie bildet einen Bestandtheil des bisherigen Eherechts, welches für die unter dem neuen Rechte geschlossenen Ehen nicht maßgebend ist. Der Entwurf will aber auch für die weitaus meisten vor dem Inkrafttreten des Bürgerlichen Gesetzbuchs geschlossenen Ehen, für die bisher Rheinisches Recht gilt, von der bezeichneten Zeit an statt der bisherigen Gesetze die güterrechtlichen Vorschriften des Bürgerlichen Gesetzbuchs einführen (Art. 43, 55). Soweit dies geschieht, bringt der Zusammenhang, der zwischen der gesetzlichen Hypothek der Ehefrau und dem bisherigen Güterrecht obwaltet, es mit sich, daß der Frau für die Zeit nach der Einführung der neuen güterrechtlichen Vorschriften die gesetzliche Hypothek nicht mehr zusteht. Ist daher die gesetzliche Hypothek der Frau vor dem Inkrafttreten des Bürgerlichen Gesetzbuchs im Hypothekenregister eingeschrieben oder im Grundbuch eingetragen, so erstreckt sie sich nicht auf solche Forderungen der Frau, welche erst nach dem gedachten Zeitpunkt entstehen; ist die Hypothek zu dieser Zeit noch nicht eingeschrieben oder eingetragen, so muß sie erlöschen (Art. 55 §. 9). Für die Ehen, die der Entwurf den güterrechtlichen Vorschriften des neuen Reichsrechts unterwirft, kann somit die Vorschrift des Artikels 33 §. 4 Abs. 1 Satz 1 auf die gesetzliche Hypothek der Ehefrau keine Anwendung finden. Soweit dagegen für die vor dem Inkrafttreten des Bürgerlichen Gesetzbuchs geschlossenen Ehen das bisherige Recht maßgebend bleibt, wie namentlich für die dotalrechtlichen Ehen (Entw. Art. 55 §. 10), bewendet es auch bei den bisherigen Vorschriften über die gesetzliche Hypothek der Ehefrau. Im größten Theile des Rheinischen Rechtsgebiets ist diese schon durch §. 11 Abs. 1 und §. 12 des Gesetzes vom 12. April 1888 nicht nur zu einem Anspruch auf Bewilligung einer Hypothek abgeschwächt, sondern auch bezüglich der Forderungen, für die, und der Zeit, innerhalb deren die Eintragung der Hypothek verlangt werden kann. beschränkt. Bei der äußerst kleinen Zahl der hier in Betracht kommenden Ehen erscheint es daneben nicht nothwendig, für die gesetzliche Hypothek der Ehefrau dem Grundsatze des Artikel 33 §. 4 Abs. 1 Satz 1 noch eine weitere Einschränkung beizufügen.

Anlangend die gerichtlichen Hypotheken des Rheinischen Rechtes, so entscheidet sich die Frage, inwieweit auf Grund eines vollstreckbaren Schuldtitels die Eintragung einer Hypothek erfolgen kann, von der Zeit an, zu welcher das Grundbuch im Sinne der Reichsgesetze als angelegt anzusehen ist, nach den §§. 866, 867 der Civilprozeßordnung. Es besteht kein Bedürfniß, aus einer vor jener Zeit entstandenen gerichtlichen Hypothek, die nicht im Hypothekenregister eingeschrieben ist, dem Gläubiger noch außerdem, der Regel des Artikel 33 §. 4 Abs. 1 Satz 1 entsprechend, einen Anspruch auf Bestellung einer Hypothek zu gewähren. Der Entwurf schließt deshalb für nicht eingeschriebene gerichtliche Hypotheken die Verwandlung in einen

Anspruch auf Bestellung einer Sicherungshypothek aus (Art. 33 §. 4 Abs. 1 Satz 2).

Nach Rheinischem Rechte kann auch der Nießbrauch an einem Grundstücke Gegenstand von Privilegien und Hypotheken sein (Rheinisches B.G.B. Art. 2118). Ein unter der Herrschaft des Rheinischen Rechtes begründeter Nießbrauch an einem Grundstücke verliert jedoch mit der Anlegung des Grundbuchs die Eigenschaft eines den Grundstücken gleichstehenden Rechtes; denn wenngleich ein solcher Nießbrauch nach Artikel 184 des Einführungsgesetzes zum Bürgerlichen Gesetzbuche mit dem sich aus den bisherigen Gesetzen ergebenden Inhalt und Range bestehen bleibt, so ist damit doch der Landesgesetzgebung nicht gestattet, auch die Gleichstellung eines bestehenden Nießbrauchs mit den Grundstücken aufrecht zu erhalten (vergl. dagegen Einf.-Ges. Art. 196). Hypotheken und Privilegien an einem Nießbrauchsrechte können hiernach als solche nicht fortbestehen. Der Artikel 33 §. 4 Abs. 2 wandelt sie daher, je nachdem sie im Hypothekenregister eingeschrieben sind oder nicht, in Pfandrechte am Nießbrauch oder in Ansprüche auf Bestellung eines solchen Pfandrechts um. Die Vorschrift stimmt dem Grundgedanken nach mit dem §. 17 des Gesetzes vom 12. April 1888 überein.

3. Was endlich die Landestheile anlangt, in welchen die Preußische Grundbuchordnung noch nicht eingeführt ist, so kennt weder das in Nassau noch das auf Helgoland geltende Recht bei dem Pfandrecht an Grundstücken Urkunden, die ihrer rechtlichen Bedeutung nach den Hypothekenbriefen des neuen Reichsrechts gleichgestellt werden könnten. Insbesondere bedarf nach Nassauischem Rechte die Uebertragung des Pfandrechts zur Wirksamkeit gegen den Schuldner und gegen Dritte der Beurkundung unter der betreffenden Anlage des Stockbuchs (Bertram, Nassauisches Privatrecht §. 358; über den Rechtszustand in Helgoland vergl. Drucks. des Herrenhauses 1890/91 Nr. 32 Anl. B S. 26,30). Für die Pfandrechte, die in den bezeichneten Landestheilen zu der Zeit, zu welcher das Grundbuch als angelegt anzusehen ist, an einem Grundstücke bestehen, wird daher die landesgesetzliche Ueberleitung in eine Hypothek, für welche die Ertheilung des Hypothekenbriefs nicht ausgeschlossen ist, nicht in Betracht kommen, vielmehr die reichsgesetzlich vorgesehene Ueberleitung in Hypotheken, für welche die Ertheilung des Hypothekenbriefs ausgeschlossen ist, angemessen sein. Die Abschwächung zu bloßen Sicherungshypotheken ist auch hier mit Rücksicht auf die Gestaltung des Verfahrens zur Anlegung der Grundbücher nicht geboten.

Artikel 34.

Eine zu der Zeit, zu welcher das Grundbuch als angelegt anzusehen ist bestehende Grundschuld gilt von dieser Zeit an nach Artikel 195 Abs. 1 des Einführungsgesetzes zum Bürgerlichen Gesetzbuch als Grundschuld im Sinne des Bürgerlichen Gesetzbuchs und eine über die Grundschuld ertheilte Urkunde als Grundschuldbrief. Diese Vorschrift erscheint für die Grundschuld des Preußischen Rechtes, welcher die Grundschuld des Bürgerlichen Gesetzbuchs im Wesentlichen nachgebildet ist, unbedenklich zutreffend, sodaß für eine landesgesetzliche Aenderung, wie solche der Artikel 195 Abs. 2 zuläßt, kein Bedürfniß besteht. Zwischen der Preußischen Grundschuld und derjenigen Form der Grundschuld des neuen Rechtes, bei welcher die Ertheilung des Grundschuldbriefs nicht ausgeschlossen ist, besteht jedoch der Unterschied, daß das neue Recht nicht, wie das bisherige, die Blankoabtretung der Grundschuld zuläßt (Eigenthumserwerbsgesetz §. 55; B.G.B. §. 1192 Abs. 1 verb. mit §. 1154). Wer also vor dem Inkrafttreten des neuen Rechtes eine Grundschuld durch Blankoabtretung erworben hat, muß sich für die spätere Zeit den Beweis sichern, daß die Abtretung noch unter der Herrschaft des alten Rechtes erfolgt ist. Da diese Nothwendigkeit sich als eine unmittelbare Folge des Wechsels der Gesetzgebung und der Unterwerfung der bestehenden Grundschulden unter das neue Recht darstellt, so entspricht es der Billigkeit, daß der gedachte Beweis den Betheiligten erleichtert wird. Der Entwurf bestimmt deshalb im Artikel 34 für den Fall der Blankoabtretung einer Grundschuld, daß, wenn die durch einen Namen ausgefüllte Abtretungserklärung vor dem Inkrafttreten des Bürgerlichen Gesetzbuchs behufs Sicherstellung der Zeit der Ausfüllung einem Amtsgerichte vorgelegt wird, das Gericht die Bescheinigung gebühren- und stempelfrei zu ertheilen hat (vergl. Art. 88 Abs. 2).

Artikel 35.

Das Bürgerliche Gesetzbuch fügt den schon der bisherigen Preußischen Gesetzgebung bekannten Rechtsformen, die den Zwecken des Grundkredits dienen, der Hypothek (§. 1113) und der Grundschuld (§. 1191), als neue Form die Rentenschuld hinzu (§. 1199). In den bisherigen Gesetzen, die neben dem Bürgerlichen Gesetzbuch in Kraft bleiben, finden sich zahlreiche Vorschriften, die sich nur auf Hypotheken und Grundschulden beziehen (vergl. z. B. §. 37 Abs. 1 Nr. 3, §. 38 des Gesetzes über die Enteignung von Grundeigenthum vom 11. Juni 1874, Gesetz-Samml. S. 221; §. 1 Abs. 4 des Gesetzes über Rentengüter vom 27. Juni 1890, Gesetz-Samml. S. 209; §. 17 des Gesetzes, betreffend das Pfandrecht an Privateisenbahnen 2c., vom 19. August 1895, Gesetz-Samml. S. 499.) Diese Vorschriften müssen künftig auf Rentenschulden entsprechende Anwendung finden. Da es nicht unzweifelhaft erscheint, ob die Auslegung überall ohne Weiteres zu dem richtigen Ergebnisse gelangen würde, und da andererseits an eine Aenderung der Fassung aller in Betracht kommenden Vorschriften nicht gedacht werden kann, so empfiehlt es sich, die Erstreckung der älteren Vorschriften auf Rentenschulden durch eine allgemeine Bestimmung sicherzustellen, wie sie der Artikel 35 enthält.

Artikel 36.

Das Gesetz, betreffend die Berichtigung des Grundsteuerkatasters und der Grundbücher bei Auseinandersetzungen vor Bestätigung des Rezesses, vom 26. Juni 1875 (Gesetz-Samml. S. 235) ist zusammen mit der Grundbuchgesetzgebung vom 5. Mai 1872 durch die Gesetze vom 12. April 1888 (Gesetz-Samml. S. 52), vom 19. August 1895 (Gesetz-Samml. S. 481) und vom 8. Juni 1896 (Gesetz-Samml. S. 109) im Geltungsbereiche des Rheinischen Rechtes, in dem Gebiete der vormals freien Stadt Frankfurt, den vormals Großherzoglich Hessischen Gebietstheilen, dem vormals Landgräflich Hessischen

Amtsbezirke Homburg und dem Kreise Herzogthum Lauenburg eingeführt worden (§. 1 der genannten Gesetze). Es tritt jedoch in diesen Gebieten in Ansehung der einzelnen Grundstücke erst mit dem elften Tage nach der Ausgabe des Amtsblatts in Kraft, welches die Bekanntmachung enthält, daß für sie das Grundbuch angelegt ist (§. 3 Abs. 3 a. a. O.). Soweit hiernach das Gesetz nicht vor dem Inkrafttreten des Bürgerlichen Gesetzbuchs bereits Geltung erlangt hat, kann es nicht mehr nach Maßgabe der bisherigen Vorschriften in Kraft treten, da mit dem Inkrafttreten der Grundbuchordnung die bestehenden Bestimmungen über die Anlegung der Grundbücher reichsgesetzlich aufgehoben werden (§. 82 Abs. 2 der G.B.O. verb. mit Art. 55 des Einf.=Ges. z. B.G.B.). Indessen genügt es, wenn für die hier fraglichen Landestheile, soweit in ihnen das Gesetz vom 26. Juni 1875 noch nicht in Kraft getreten ist, der Zeitpunkt des Inkrafttretens den reichsgesetzlichen Vorschriften entsprechend anderweit bestimmt wird. Das Reichsrecht geht davon aus, daß die Anlegung der Grundbücher nach Bezirken erfolgt. Nach Artikel 186 des Einführungsgesetzes zum Bürgerlichen Gesetzbuche wird der Zeitpunkt, in welchem das Grundbuch für einen Bezirk als angelegt anzusehen ist, durch landesherrliche Verordnung bestimmt; mit diesem Zeitpunkt ist das Grundbuch auch für solche zu dem Bezirke gehörende Grundstücke, die noch kein Blatt im Grundbuche haben, als erfolgt anzusehen, soweit nicht bestimmte Grundstücke durch besondere Anordnung ausgenommen sind. Derselbe Zeitpunkt ist maßgebend für das Inkrafttreten der Vorschriften des Bürgerlichen Gesetzbuchs über den Erwerb und Verlust des Eigenthums sowie die Begründung, Uebertragung, Belastung und Aufhebung von Rechten an Grundstücken (Einf.=Ges. Art. 189) und für das Inkrafttreten der Grundbuchordnung, soweit sie nicht die Anlegung des Grundbuchs betrifft (§. 82 der G.B.O.). Im Anschluß an diese Vorschriften wird durch eine in das Ausführungsgesetz zur Grundbuchordnung aufzunehmende Bestimmung klargestellt werden, daß das Gesetz vom 26. Juni 1875 in den Geltungsgebieten der oben genannten Einführungsgesetze, soweit es nicht vor dem Bürgerlichen Gesetzbuch in Kraft getreten ist, gleichzeitig mit der Reichs=Grundbuchordnung in Kraft tritt.

Anlangend die Gebietstheile, in denen das Gesetz vom 26. Juni 1875 bisher noch nicht eingeführt ist, so kann dasselbe im vormaligen Herzogthume Nassau, wie in der Begründung des Entwurfes des Gesetzes vom 19. August 1895 (Drucks. des Herrenhauses 1895 Nr. 18 S. 25 ff.) ausgeführt ist, nur zur Anwendung kommen, wenn bei Gemeinheitstheilungen die Uebereignung von Landabfindungen durch die Auseinandersetzungsbehörde stattfindet, nicht dagegen bei Zusammenlegungen, da das Nassauische Konsolidationsverfahren die in dem Gesetze vorausgesetzte „Ausführung des endgültig festgestellten Auseinandersetzungsplans" nicht kennt. Diese Einschränkung ergiebt sich jedoch von selbst, ohne daß es eines besonderen Vorbehalts bedarf. Der Entwurf bestimmt daher lediglich, daß das Gesetz vom 26. Juni 1875 im vormaligen Herzogthume Nassau, mit dem Zeitpunkte, mit welchem das Grundbuch für einen Bezirk als angelegt anzusehen ist, für den Bezirk in Kraft tritt (Art. 36 Abs. 1). Für die Insel Helgoland kommt die Einführung des Gesetzes vom 26. Juni 1875 nicht in Frage.

Der soeben erwähnte Entwurf des Gesetzes vom 19. August 1895 enthält im §. 9 die Bestimmung, daß im Geltungsbereiche der Verordnung, betreffend die Güterkonsolidationen im Regierungsbezirke Wiesbaden mit Ausnahme des Hinterlandkreises, vom 2. September 1867 (Gesetz-Samml. S. 1462) die Vorschrift im §. 25 Abs. 2 der Verordnung, betreffend die Ablösung der Servituten ꝛc. für das vormalige Kurfürstenthum Hessen, vom 13. Mai 1867 (Gesetz-Samml. S. 716) zur entsprechenden Anwendung kommen soll. Diese Bestimmung ist für die übrigen Theile des Geltungsbereichs der Verordnung vom 2. September 1867 Gesetz geworden (§. 8 des Gesetzes vom 19. August 1895); auf das vormalige Herzogthum Nassau ist sie dagegen in Folge der Ausscheidung dieses Landestheils aus dem Anwendungsgebiete des Gesetzes nicht erstreckt worden. Was damals unterblieben ist, soll durch den Artikel 36 Abs. 2 nachgeholt werden. Bezüglich des Zweckes und der Bedeutung der Vorschrift kann auf die Begründung des §. 9 des Entwurfes von 1895 verwiesen werden.

Artikel 37.

Nach Artikel 67 Abs. 1 des Einführungsgesetzes zum Bürgerlichen Gesetzbuche bleiben die landesgesetzlichen Vorschriften, welche dem Bergrecht angehören, unberührt. Durch diesen Vorbehalt wird das Allgemeine Berggesetz vom 24. Juni 1865 (Gesetz-Samml. S. 705) auch in seinen privatrechtlichen Vorschriften an sich aufrecht erhalten. Jedoch erscheinen mit Rücksicht auf die Einführung des neuen Reichsrechts einzelne Aenderungen nothwendig oder doch angezeigt. Auch bedarf die Frage der Prüfung, inwieweit die im Artikel 67 Abs. 2 des Einführungsgesetzes getroffene reichsgesetzliche Vorschrift in das geltende Bergrecht eingreift.

1. Wenn nach dem Berggesetze das Bergwerkseigenthum zu den unbeweglichen Sachen gehört und hinsichtlich der Veräußerung und Verpfändung den in dieser Beziehung für das Grundeigenthum geltenden allgemeinen gesetzlichen Vorschriften unterliegt (§. 50, §. 52 Abs. 1), so werden diese Bestimmungen gegenwärtig durch den §. 68 des Eigenthumserwerbsgesetzes vom 5. Mai 1872 ergänzt, demzufolge auf verliehene Bergwerke mit gewissen Maßgaben die Vorschriften dieses Gesetzes Anwendung finden. An die Stelle der letzteren Vorschriften würden nach Artikel 4 des Einführungsgesetzes die „entsprechenden" Vorschriften des Bürgerlichen Gesetzbuchs treten. Indessen würde sich hiernach ein so unübersichtlicher Rechtszustand ergeben, daß es den Vorzug verdient, die Bestimmung des §. 68 des Eigenthumserwerbsgesetzes und zugleich die erwähnten Bestimmungen des Berggesetzes durch neue dem Reichsrecht angepaßte Vorschriften zu ersetzen. Für die Fassung dieser Vorschriften bieten sich die für das Erbbaurecht geltenden Bestimmungen des §. 1017 des Bürgerlichen Gesetzbuchs als Vorbild, da das Erbbaurecht die einzige reichsgesetzlich geordnete Berechtigung ist, welche, wie das Bergwerkseigenthum, im Sinne der bisherigen Rechtssprache zu den unbeweglichen Sachen gehört. Der Anschluß an den §. 1017 entspricht auch dem Vorgange des Einführungsgesetzes zum Bürgerlichen Gesetzbuche, welches in den Artikeln 63, 68 die Vorschriften des §. 1017 auf das Erbpachtrecht und das vererbliche und

veräußerliche Recht zur Gewinnung eines den bergrechtlichen Vorschriften nicht unterliegenden Minerals für entsprechend anwendbar erklärt und dadurch als Bestimmungen von allgemeiner Bedeutung kennzeichnet. Selbstverständlich muß der Umstand, daß es sich bei dem Bergwerkseigenthum um ein nicht ausschließlich privatrechtliches und deshalb zum Theil von sonderrechtlichen Normen beherrschtes Institut handelt, Berücksichtigung finden.

Der Entwurf bestimmt demgemäß in dem neuen §. 50 Abs. 1 (Nr. I), daß für das Bergwerkseigenthum die sich auf Grundstücke beziehenden Vorschriften des Bürgerlichen Gesetzbuchs gelten, soweit sich nicht aus dem Berggesetz ein Anderes ergiebt. Diese Fassung empfiehlt sich insbesondere auch mit Rücksicht auf den §. 864 der Civilprozeßordnung (in der neuen Fassung), demzufolge, außer den Grundstücken und den in das Schiffsregister eingetragenen Schiffen, nur die Berechtigungen, für welche die sich auf Grundstücke beziehenden Vorschriften gelten, der Zwangsvollstreckung in das unbewegliche Vermögen unterliegen. Der neue § 50 Abs. 1 ersetzt den bisherigen §. 50 sowie den bisherigen §. 52 Abs. 1 des Berggesetzes und den §. 68 des Eigenthumserwerbsgesetzes, soweit die beiden letzteren Vorschriften die Verpfändung oder die dingliche Belastung des Bergwerkseigenthums betreffen. Während der bisherige §. 50 nur das durch die Verleihungsurkunde begründete Bergwerkseigenthum betrifft, erwähnt der Entwurf zur Vermeidung von Zweifeln auch das durch Konsolidation, Theilung von Grubenfeldern oder Austausch von Feldestheilen erworbene Berwerkseigenthum.

Unter „den sich auf Grundstücke beziehenden Vorschriften" ist hier das Gleiche zu verstehen wie im §. 1017 Abs. 1 des Bürgerlichen Gesetzbuchs. Nicht gehören zu diesen Vorschriften die auf das Eigenthum an Grundstücken bezüglichen Bestimmungen, wie sich daraus ergiebt, daß die Uebertragung der letzteren Bestimmungen auf Rechte mit dem Eigenthumsbegriffe des Bürgerlichen Gesetzbuchs unvereinbar sein würde und daß nach dem neuen §. 52 Abs. 2, wie nach §. 1017 Abs. 2, nur die für den Erwerb des Eigenthums und die Ansprüche aus dem Eigenthum an Grundstücken geltenden Vorschriften entsprechende Anwendung finden sollen. Unanwendbar sind danach insbesondere die Vorschriften über den Inhalt des Grundeigenthums (vergl. namentlich B.G.B. §§. 905 bis 918). Durch bergrechtliche Sondervorschriften ist z. B. die Bestimmung des §. 890 über die Vereinigung von Grundstücken von der Anwendung ausgeschlossen, an ihre Stelle treten die Vorschriften des Berggesetzes über die Konsolidation (§§. 41 ff.).

Dem neuen §. 50 Abs. 2 zufolge kommen als Erwerbsarten für das Bergwerkseigenthum in Betracht die Tabularersitzung nach §. 900 und die Auflassung nach §. 925 des Bürgerlichen Gesetzbuchs, nicht dagegen der Erwerb auf Grund dreißigjährigen Eigenbesitzes und Ausschlusses des Eigenthümers nach §. 927 und der Erwerb durch Aneignung nach erfolgtem Verzichte gemäß §. 928, letzterer deshalb nicht, weil der auf den Verzicht bezügliche §. 928 Abs. 1 als eine den Verlust des Eigenthums betreffende Vorschrift nicht nach §. 50 Abs. 2 Anwendung findet, der Verzicht auf Bergwerkseigenthum überdies durch die §§. 161 ff. des Berggesetzes besonders geregelt ist.

2. Soweit der bisherige §. 52 Abs. 1 des Berggesetzes den Arrest in Bergwerkseigenthum betrifft, wird er durch die Vorschriften der Civilprozeßordnung (vergl. insbesondere §. 932) ersetzt. Die Erwähnung der Privilegien des Rheinischen Rechtes erübrigt sich dadurch, daß sie theils schon in Folge der Einführung des Preußischen Grundbuchrechts sich in Hypotheken oder in Ansprüche auf Bestellung einer Hypothek umgewandelt haben, theils mit dem Zeitpunkt, in welchem das Grundbuch im Sinne des Reichsrechts als angelegt anzusehen ist, die gleiche Umwandlung erleiden (Art. 33 §. 4). Daß bis zu diesem Zeitpunkte die bisherigen Vorschriften über die Privilegien, soweit sie noch gelten, maßgebend bleiben, ergiebt sich aus Artikel 184, 192 des Einführungsgesetzes zum Bürgerlichen Gesetzbuch in Verbindung mit dem neuen §. 50 Abs. 1 des Berggesetzes. Der bisherige §. 52 Abs. 2, welcher bei Verträgen über Veräußerung von Bergwerken oder Kuxen eine Anfechtung wegen übermäßiger Verletzung ausschließt, wird gegenstandslos, weil das Bürgerliche Gesetzbuch eine solche Anfechtung nicht kennt. Der §. 52 kann hiernach wegfallen (Nr. II).

Der §. 53 ist schon jetzt für den größten Theil der Monarchie durch die spätere Reichs- und Landesgesetzgebung, insbesondere die Konkursordnung, die Grundbuchordnung und das Gesetz über die Zwangsvollstreckung in das unbewegliche Vermögen, beseitigt. Künftig wird sich die Führung der Grundbücher nach der Reichs-Grundbuchordnung und den dazu ergehenden Ausführungsvorschriften, die Zwangsvollstreckung nach der Civilprozeßordnung, dem Reichsgesetz über die Zwangsversteigerung und die Zwangsverwaltung und den zugehörigen Ausführungsvorschriften bestimmen. Auch hier bleiben die bisherigen Gesetze bis zu der Zeit, zu welcher das Grundbuch als angelegt anzusehen ist, maßgebend. Der §. 53 kann somit in demselben Sinne wie die im Artikel 87 aufgeführten Gesetze, nämlich unbeschadet der Uebergangsvorschriften, aufgehoben werden (Nr. II).

3. Der bisherige §. 60 Abs. 3 bezeichnet den Hülfsbau als Zubehör des berechtigten Bergwerkes oder der berechtigten Bergwerke, wenn die Eigenthümer zweier oder mehrerer Bergwerke sich zur gemeinschaftlichen Anlage eines Hülfsbaus vereinigt und keine anderweitige Vereinbarung getroffen haben. Das Bürgerliche Gesetzbuch beschränkt den Begriff des Zubehörs auf bewegliche Sachen (§. 97), behandelt dagegen ein mit dem Eigenthum an einem Grundstücke verbundenes Recht als „Bestandtheil" des Rechtes. Dementsprechend giebt der neue §. 60 Abs. 3 (Nr. III) im Satz 1 den bisherigen §. 60 Abs. 3 mit der Aenderung wieder, daß der Begriff „Zubehör" durch den Begriff „Bestandtheil" ersetzt wird. Im Satz 2 ist die Vorschrift des §. 68 Nr. 3 Satz 1 des Eigenthumserwerbsgesetzes sachlich unverändert angeschlossen.

4. Die Vorschriften der §§. 85a bis 85h des Berggesetzes in der Fassung des Gesetzes vom 24. Juni 1892 (Gesetz-Samml. S. 131), die von dem Abgangszeugniß und dem Arbeitsbuche für minderjährige Bergarbeiter handeln, sind den §§. 107 bis 114 der Gewerbeordnung in der Fassung des Gesetzes vom 1. Juli 1891 (Reichs-Gesetzbl. S. 261) nachgebildet. In den letzteren Vorschriften sind mit Rücksicht darauf, daß die gesetzliche Vertretung

Minderjähriger im Bürgerlichen Gesetzbuche neu geregelt, insbesondere auch der ehelichen Mutter die gesetzliche Vertretung kraft elterlicher Gewalt beigelegt ist, durch den Artikel 36 Nr. II bis V des Einführungsgesetzes zum Bürgerlichen Gesetzbuch eine Reihe von Aenderungen vorgenommen worden. Diese überträgt der Entwurf (Nr. IV bis VII) auf die entsprechenden Vorschriften des Berggesetzes. Der § 85a Abs. 4 des Berggesetzes entspricht dem §. 113 Abs. 4 der Gewerbeordnung, der §. 85b Satz 4, 5 dem §. 107 Abs. 1 Satz 4, 5, der §. 85c Satz 2 dem §. 108 Satz 2, der §. 85e Abs. 1 dem §. 110 Abs. 1. Einer gleichen Aenderung bedarf auch der §. 85h, welcher ebenfalls nur den Vater oder den Vormund als gesetzlichen Vertreter des Minderjährigen berücksichtigt (Nr. VIII).

5. Nach §. 101 Abs. 3 Satz 1 haben bei der Gewerkschaft neueren Rechtes die Kuxe die Eigenschaft der beweglichen Sachen. Dieser Satz steht mit dem auf körperliche Gegenstände beschränkten Sachbegriffe des Bürgerlichen Gesetzbuchs (§. 90) nicht im Einklang und könnte zu dem Mißverständnisse verleiten, als sollten auf die Kuxe in den nicht durch das Berggesetz besonders geregelten Beziehungen (vergl. insbesondere die §§. 105, 108) künftig die für bewegliche Sachen geltenden Vorschriften Anwendung finden, sodaß z. B. für die Bestellung eines Nießbrauchs nicht der §. 1069, sondern der §. 1032 des Bürgerlichen Gesetzbuchs maßgebend wäre. Es empfiehlt sich deshalb eine Aenderung der Fassung dahin, daß die Kuxe zum beweglichen Vermögen gehören (Nr. IX). Dementsprechend ist auch der §. 235a Abs. 1 geändert (Nr. XIII).

6. In der neuen Fassung des §. 128 (Nr. X) ist der dem Reichsrechte fremde Begriff „Vollmachtsvertrag" durch die Begriffe „Vollmacht" und „Auftrag" ersetzt. Dies entspricht der herrschenden Auffassung von der Bedeutung der bisherigen Fassung, derzufolge nicht nur für das Verhältniß zwischen dem Repräsentanten oder Grubenvorstand und der Gewerkschaft, sondern auch für das Verhältniß zu Dritten die allgemeinen Vorschriften des bürgerlichen Rechtes ergänzend anwendbar sind (vergl. Klostermann, Kommentar, 5. Aufl. von Fürst, S. 389 Anm. 2 zu §. 128).

7. Nach Artikel 67 Abs. 2 des Einführungsgesetzes zum Bürgerlichen Gesetzbuche finden, wenn nach landesgesetzlicher Vorschrift wegen Beschädigung eines Grundstücks durch Bergbau eine Entschädigung zu gewähren ist, die Vorschriften der Artikel 52, 53 des Einführungsgesetzes Anwendung, soweit nicht die Landesgesetze ein Anderes bestimmen. Die Artikel 52, 53 sind ihrem Inhalte nach nur anwendbar, wenn nach dem Landesgesetze die Entschädigung dem Eigenthümer des beschädigten Grundstücks zu gewähren ist, Dritten dagegen, denen ein durch die Beschädigung beeinträchtigtes Recht an dem Grundstücke zusteht, eine besondere Entschädigung nicht gewährt wird. Das Preußische Berggesetz verpflichtet im §. 148 den Bergwerksbesitzer, für allen Schaden, welcher dem Grundeigenthum oder dessen Zubehörungen durch den unterirdischen oder mittels Tagebaus geführten Betrieb des Bergwerkes zugefügt wird, vollständige Entschädigung zu leisten, ohne daß der Kreis der Ersatzberechtigten im Gesetze bestimmt wird. Indessen ist in der Wissenschaft und Praxis unbestritten, daß außer dem Eigenthümer auch andere Berechtigte, insbesondere

Nießbraucher, Servitutberechtigte, Superfiziare, Miether und Pächter, letztere mindestens insoweit, als ihnen ein dingliches Recht zusteht, für den ihnen erwachsenen Schaden Ersatz verlangen können (Klostermann-Fürst S. 457 ff. Anm. 9 zu §. 148). Gegenüber Berechtigten, denen hiernach ein selbständiger Ersatzanspruch zusteht, finden die subsidiären reichsgesetzlichen Vorschriften keine Anwendung. Ob zu diesen Berechtigten auch die Hypotheken- und Grundschuldgläubiger zu zählen sind, ist freilig streitig. Während Daubenspeck (Lehre vom Bergschaden S. 26) den Hypothekengläubigern die Entschädigungsklage aus §. 148 des Berggesetzes zugesteht und Brassert (Kommentar S. 393) diese Ansicht als mit Zweck und Fassung des §. 148 grundsätzlich vereinbar anerkennt, wird in der Praxis den Hypothekengläubigern soweit bekannt allgemein ein Ersatzanspruch aus §. 148 abgesprochen. Indessen kann die Entscheidung der Frage, ob künftig die Hypothekengläubiger nach Maßgabe des §. 148 oder nach den Vorschriften der Artikel 52, 53 des Einführungsgesetzes geschützt werden, der Rechtsprechung überlassen werden, da dem praktischen Bedürfnisse jedenfalls auf die eine oder die andere Weise Genüge geschieht.

Die gleiche Stellung nimmt der Entwurf auch gegenüber der Frage ein, ob als landesgesetzliche Vorschriften des im Artikel 67 Abs. 2 des Einführungsgesetzes zum Bürgerlichen Gesetzbuche vorausgesetzten Inhalts auch die Bestimmungen der §§. 6, 137 des Preußischen Berggesetzes über die Ersatzpflicht wegen Werthverminderung durch Benutzung eines Grundstücks zum Schürfen oder zum Bergbau anzusehen sind. Die Entscheidung hängt von der Auslegung der reichsgesetzlichen Vorschrift ab und ist deshalb zunächst der Rechtsprechung vorzubehalten. Erst wenn diese das Eingreifen der reichsgesetzlichen Vorschriften verneinen sollte, wäre für die Landesgesetzgebung zu der Prüfung Anlaß gegeben, ob sie ihrerseits den dinglich Berechtigten in ähnlicher Weise, wie es die Artikel 52, 53 des Einführungsgesetzes vorsehen, besonderen Schutz gewähren soll.

8. Der neue §. 231 ersetzt den §. 228 Abs. 2 und den §. 231 des Berggesetzes sowie den §. 68 des Eigenthumserwerbsgesetzes, soweit er sich auf die unbeweglichen Kuxe bezieht, aus gleichen Gründen und in demselben Sinne durch neue, dem Reichsrecht entsprechende Vorschriften, wie der neue §. 50 die ähnlichen Bestimmungen über das Bergwerkseigenthum. Der bisherige §. 228 Abs. 2 findet hierdurch seine Erledigung (Nr. XI, XII).

9. Der §. 240 Abs. 3 des Berggesetzes schreibt für den Beschluß, durch den die Mitbetheiligten eines in den linksrheinischen Landestheilen bestehenden älteren Bergwerkes die im Berggesetze geregelte gewerkschaftliche Verfassung annehmen, notarielle Aufnahme vor. Da nach dem Entwurf eines Preußischen Gesetzes über die freiwillige Gerichtsbarkeit auch in den linksrheinischen Landestheilen den Amtsgerichten die gleiche Beurkundungsbefugniß beigelegt werden soll wie den Notaren, so ist auch für den im §. 240 gedachten Beschluß neben der notariellen die gerichtliche Aufnahme zuzulassen (Nr. XIV).

Artikel 38.

Das Gesetz, betreffend die Rechtsverhältnisse des Stein- und Braunkohlen-Bergbaues in den Landestheilen, in welchen das Kurfürstlich Sächsische

Mandat vom 19. August 1743 Gesetzeskraft hat, vom 22. Februar 1869 (Gesetz-Samml. S. 401) bleibt gleichfalls nach Artikel 67 des Einführungsgesetzes zum Bürgerlichen Gesetzbuche vom Reichsrecht unberührt. Es enthält jedoch in den §§. 3, 4 Bestimmungen, die den §§. 50, 52 des Berggesetzes nachgebildet sind und, wie diese, durch den §. 68 des Eigenthumserwerbsgesetzes ergänzt werden. Die Bestimmungen bedürfen daher in gleicher Weise des Ersatzes wie die §§. 50, 52 des Berggesetzes. Aber auch nach anderer Richtung erscheint eine Anpassung des Gesetzes vom 22. Februar 1869 an das neue Reichsrecht veranlaßt.

1. Nach §. 2 Abs. 2 des genannten Gesetzes erlangt das Kohlen-Abbaurecht die Eigenschaft einer selbständigen Gerechtigkeit entweder durch eine einseitige gerichtliche oder notarielle Erklärung des Eigenthümers über die Abtrennung des Rechtes vom Grundeigenthum oder durch die in gleicher Form bewirkte gesonderte Veräußerung des Abbaurechts an einen Dritten. Diese Bestimmung entspricht insofern, als sie die Entstehung einer selbständigen Abbaugerechtigkeit an einen sich außerhalb des Grundbuchs vollziehenden Akt knüpft, schon dem bisherigen Grundbuchrechte nicht und stimmt auch nicht damit überein, daß nach §. 68 des Eigenthumserwerbsgesetzes verliehenes Bergwerkseigenthum von Amtswegen zur Eintragung gebracht wird. Die letzterwähnte Verschiedenheit ist um so ungerechtfertigter, als das Bedürfniß für die alsbaldige Eintragung bei der Begründung selbständiger Abbaurechte in noch höherem Grade besteht als bei dem Bergwerkseigenthume; denn während die dem Bergwerksregal unterliegenden Mineralien der Verfügung des Grundeigenthümers nicht unterworfen sind, bilden die Mineralien, welche Gegenstand der Abbaugerechtigkeit sind, Theile des Grundstücks und werden, solange eine Abschreibung im Grundbuche nicht erfolgt ist, gutgläubigen Dritten gegenüber von allen Verfügungen über das Grundstück mitergriffen (Entsch. des Ob.-Trib. Bd. 76 S. 180). Vollends aber erscheint der §. 2 Abs. 2 des Gesetzes vom 22. Februar 1869 mit den Grundsätzen des neuen Liegenschaftsrechts nicht vereinbar, wonach zur rechtsgeschäftlichen Belastung eines Grundstücks mit einem Rechte in allen Fällen die Eintragung der Rechtsänderung in das Grundbuch erforderlich ist (vergl. insbesondere §. 873 des B.G.B.). Der Bestellung eines selbständigen Abbaurechts zu Gunsten eines Dritten steht im neuen Reichsrecht am nächsten die Begründung eines Erbbaurechts; die für letztere geltenden Vorschriften sind demgemäß auch im Artikel 68 des Einführungsgesetzes zum Bürgerlichen Gesetzbuch auf die Bestellung des vererblichen und veräußerlichen Rechtes zur Gewinnung eines den bergrechtlichen Vorschriften nicht unterliegenden Minerals für anwendbar erklärt. Für die Regelung des Falles, daß der Eigenthümer zu seinen eigenen Gunsten ein selbständiges Kohlen-Abbaurecht bestellt, kann die Bestellung einer Grundschuld zu Gunsten des Grundeigenthümers als Vorbild dienen. Während der neue §. 2 den bisherigen §. 2 Abs. 1 des Gesetzes vom 22. Februar 1869 sachlich unverändert wiedergiebt, ordnet hiernach der neue §. 3, der an die Stelle des bisherigen §. 2 Abs. 2 tritt, die Bestellung einer selbständigen Kohlenabbaugerechtigkeit im Anschluß an den §. 1196 und die §§. 873, 1015 des Bürgerlichen Gesetzbuchs. Der bisherige §. 3 Abs. 3 ist im neuen §. 4 insofern bei-

behalten, als dafür Sorge getragen wird, daß bei der Bestellung der selbständigen Abbaugerechtigkeit deren Grenzen durch einen vorschriftsmäßigen Situationsriß festgestellt werden. Der Gedanke bedarf jedoch mit Rücksicht auf die anderweitige Regelung der Bestellung einer abweichenden Ausgestaltung. Der Zweck der Vorschrift erscheint ausreichend durch die instruktionelle Bestimmung gesichert, daß ohne die Vorlegung des Situationsrisses die Eintragung der selbstständigen Gerechtigkeit nicht erfolgen soll.

2. Der neue §. 5 ersetzt den bisherigen §. 3, soweit er den Kohlenabbau-Gerechtigkeiten die Eigenschaft unbeweglicher Sachen beilegt, und den bisherigen §. 4, soweit er auf sie hinsichtlich der Veräußerung und Verpfändung die für verliehenes Bergwerkseigenthum geltenden Bestimmungen für anwendbar erklärt, sowie die auf die Abbaugerechtigkeiten bezügliche Vorschrift des §. 68 des Eigenthumserwerbsgesetzes.

Die Vorschrift des bisherigen §. 3, daß die Kohlenabbau-Gerechtigkeiten in das Hypothekenbuch eingetragen werden können, wird im Ausführungsgesetze zur Grundbuchordnung ihren Ersatz zu finden haben. Es ist in Aussicht genommen, auf die Anlegung eines Grundbuchblattes für eine Kohlenabbau-Gerechtigkeit die für das Erbbaurecht geltenden Vorschriften des §. 7 der Grundbuchordnung für entsprechend anwendbar zu erklären, sodaß die Anlegung jeder Zeit auf Antrag, falls aber die Gerechtigkeit veräußert oder belastet werden soll, von Amtswegen zu erfolgen hat. Soweit der bisherige §. 4 sich auf den Arrest, die Subhastation, den Konkurs und die Rangordnung der Gläubiger bezieht, ist oder wird er in gleicher Weise ersetzt wie der §. 53 des Berggesetzes.

3. Die Regel des bisherigen §. 5, wonach für die Führung des Hypothekenbuchs in Ansehung der Abbaugerechtigkeiten die allgemeinen gesetzlichen Vorschriften maßgebend sind, wird gleichfalls für die Zeit nach erfolgter Anlegung des Grundbuchs im Ausführungsgesetze zur Grundbuchordnung durch eine Bestimmung ersetzt werden, welche auf die Abbaugerechtigkeiten die für Grundstücke geltenden Vorschriften der Reichs-Grundbuchordnung für entsprechend anwendbar erklärt. Der bisherige §. 5 ist daher im Entwurfe weggelassen.

4. Aus der Uebertragung der Bestimmungen der Grundbuchordnung auf die Abbaugerechtigkeiten ergiebt sich von selbst, daß bei der Anlegung eines besonderen Grundbuchblatts für eine Kohlenabbau-Gerechtigkeit die auf dem Blatte des Grundstücks eingetragenen Belastungen, welche sich auf die anstehenden Kohlen mit beziehen, auf das neue Blatt mit zu übertragen sind, wenn nicht die eingetragenen Berechtigten die Abbaugerechtigkeit aus der Haftung ganz entlassen oder eine nur antheilige Haftung des Grundstücks und der Gerechtigkeit vereinbart ist. Es kommen die Vorschriften zur Anwendung, welche für die Abschreibung eines Theiles eines Grundstücks gelten. Wie der bisherige §. 6 Abs. 1, erledigt sich hiernach auch der §. 6 Abs. 2 (vergl. §. 49 der Reichs-Grundbuchordnung).

Die Bestimmung des §. 6 Abs. 3, derzufolge die Uebertragung der Belastungen durch Beibringung eines Unschädlichkeitsattestes entbehrlich gemacht werden kann, sowie die besondere Vorschrift des §. 6 Abs. 4 über die erleichterte Voraussetzung der Ertheilung eines solchen Attestes sind in dem neuen §. 6 sachlich beibehalten. Der bisherige §. 6 Abs. 5, der sich auf eingetragene gerichtliche Depositalgelder bezieht, ist gegenstandslos geworden.

5. An die Stelle der Vorschrift des §. 7 Abs. 1 des Gesetzes vom 22. Februar 1869, nach welcher mehrere Kohlenabbau-Gerechtigkeiten, die demselben Berechtigten zustehen, unbeschadet ihrer rechtlichen Besonderheit auf ein Folium des Hypothekenbuchs eingetragen werden können, tritt künftig der §. 4 der Reichs-Grundbuchordnung. Die Voraussetzungen für die Zulässigkeit der Vereinigung mehrerer Kohlenabbau-Gerechtigkeiten zu einem rechtlichen Ganzen würden sich in Gemäßheit des neuen §. 5 Abs. 1 dieses Gesetzes und der für das Ausführungsgesetz zur Grundbuchordnung in Aussicht genommenen Vorschrift künftig nach §. 890 Abs. 1 des Bürgerlichen Gesetzbuchs und §. 5 der Grundbuchordnung bestimmen. Die Rechtswirksamkeit der Vereinigung würde hiernach lediglich davon abhängen, daß die verschiedenen Abbau-Gerechtigkeiten auf Antrag desjenigen, welchem sie zustehen, als eine Gerechtigkeit im Grundbuch eingetragen werden, und daneben würde die instruktionelle Bestimmung gelten, daß die Eintragung der Vereinigung nur erfolgen soll, wenn von ihr Verwirrung nicht zu besorgen ist. Der Entwurf will es bezüglich der Rechtswirksamkeit der Eintragung bei dem §. 890 Abs. 1 des Bürgerlichen Gesetzbuchs bewenden lassen. Dagegen soll an die Stelle der vorerwähnten instruktionellen Vorschrift der neue §. 7 treten, der im Anschluß an die bisherige Vorschrift die Zulässigkeit der Vereinigung davon abhängig macht, daß die zu vereinigenden Gerechtigkeiten mit ihren Feldern aneinander grenzen und zu einem einheitlichen Baue zusammengefaßt werden, und daß außerdem die auf den Gerechtigkeiten haftenden Belastungen auf Grund einer die Rangordnung regelnden Einigung mit den Berechtigten auf das durch die Vereinigung gebildete Ganze übertragen werden. An der ersterwähnten Voraussetzung muß hier aus bergpolizeilichen Rücksichten festgehalten werden. Der neue §. 7 berücksichtigt auch den Fall, daß auf Grund des neuen §. 5 Abs. 1 in Verbindung mit §. 890 Abs. 2 des Bürgerlichen Gesetzbuchs eine Abbau-Gerechtigkeit einer anderen als Bestandtheil zugeschrieben werden soll. Der Fall ist dem der Vereinigung mehrerer Abbau-Gerechtigkeiten gleich zu behandeln, da die erste der im §. 7 bezeichneten Voraussetzungen für die Zulässigkeit der Zuschreibung durch das bergpolizeiliche Interesse geboten, die zweite mit Rücksicht auf die Vorschriften des §. 1131 des Bürgerlichen Gesetzbuchs nothwendig erscheint.

6. Die Vorschriften des §. 8 werden durch die im Entwurfe vorgesehene neue Fassung dem Reichsrecht angepaßt. Der Begriff der unbeweglichen Pertinenzien ist durch den der unbeweglichen Bestandtheile ersetzt. Abweichend von dem bisherigen §. 8 Abs. 4 sollen nach der Schließung des Blattes der Abbau-Gerechtigkeit und nach der Löschung der eingetragenen Rechte die Besitzer der Hypotheken-, Grundschuld- und Rentenschuldbriefe durch das Grundbuchamt zur Vorlegung des Briefes nicht nur aufgefordert, sondern angehalten werden. Dies entspricht dem §. 62 Abs. 2 der Grundbuchordnung. Die übrigen Aenderungen des §. 8 haben nur redaktionelle Bedeutung.

Artikel 39.

Dem §. 69 des Eigenthumserwerbsgesetzes zufolge wird, wenn für selbstständige Gerechtigkeiten Grundbuchblätter eingerichtet sind, die Veräußerung und der Erwerb des Eigenthums an ihnen, ihre Belastung und Verpfändung nach den Vorschriften des genannten Gesetzes beurtheilt. Nach der herrschenden Auffassung beschränkt sich diese Bestimmung nicht auf solche selbständigen Gerechtigkeiten, für welche zur Zeit des Inkrafttretens des Eigenthumserwerbsgesetzes Grundbuchblätter bereits eingerichtet waren, sondern sie gilt auch für selbständige Gerechtigkeiten, für die ein Grundbuchblatt erst später angelegt ist, und die Anlegung von Blättern kann auch gegenwärtig noch nach §§. 3, 134 der Grundbuchordnung vom 5. Mai 1872 auf Antrag erfolgen (Achilles, die preußischen Gesetze über Grundeigenthum und Hypothekenrecht, 4. Aufl. S. 286, 296 sowie die dort angeführten Schriftsteller). Die selbständigen Gerechtigkeiten gehören ferner nach §. 1 Nr. 3 des Gesetzes, betreffend die Zwangsvollstreckung in das unbewegliche Vermögen, vom 13. Juli 1883 (Gesetz-Samml. S. 131) in Ansehung der Zwangsvollstreckung zum unbeweglichen Vermögen. Diese Behandlung kann im Hinblick auf den §. 864 der Civilprozeßordnung für die Zukunft nur dadurch aufrechterhalten werden, daß die selbständigen Gerechtigkeiten als Berechtigungen gekennzeichnet werden, für welche die sich auf Grundstücke beziehenden Vorschriften gelten. Zu diesem Zwecke und in sachlicher Uebereinstimmung mit dem §. 69 des Eigenthumserwerbsgesetzes bestimmt der Entwurf im Artikel 39 §. 1, daß für selbständige Gerechtigkeiten, abgesehen von den Kohlenabbau-Gerechtigkeiten in den vormals Sächsischen Landestheilen, die sich auf Grundstücke beziehenden Vorschriften des Bürgerlichen Gesetzbuchs dann gelten, wenn die Gerechtigkeit ein Grundbuchblatt erhalten hat, und daß unter der gleichen Voraussetzung die für den Erwerb des Eigenthums und die Ansprüche aus dem Eigenthum an Grundstücken geltenden Vorschriften auf eine solche Gerechtigkeit entsprechende Anwendung finden. Für das Ausführungsgesetz zur Grundbuchordnung ist die Bestimmung in Aussicht genommen, daß für die hier fraglichen selbständigen Gerechtigkeiten ein Grundbuchblatt nur auf Antrag des Berechtigten angelegt wird.

Nach dem Vorbilde des §. 25 des Gesetzes, betreffend das Grundbuchwesen und die Zwangsvollstreckung in das unbewegliche Vermögen in dem Gebiete der vormals freien Stadt Frankfurt u. s. w., vom 19. August 1895 (Gesetz-Samml. S. 481) fügt der Entwurf mit Rücksicht auf die Landestheile, deren bisheriges Recht den Begriff der selbständigen Gerechtigkeiten nicht kennt, eine den Begriff erläuternde Vorschrift hinzu. Bezüglich des Nießbrauchs an einem Grundstück im Geltungsbereiche des Rheinischen Rechtes ist auf das zu Artikel 33 §. 4 Abs. 2 Bemerkte zu verweisen.

Artikel 40.

Der Artikel 94 des Einführungsgesetzes zum Bürgerlichen Gesetzbuch erhält die landesgesetzlichen Vorschriften aufrecht, welche den Geschäftsbetrieb der gewerblichen Pfandleiher und der Pfandleihanstalten betreffen. Auf Grund dieses Vorbehalts würde das Gesetz, betreffend das Pfandleihgewerbe, vom 17. März 1881 (Gesetz-Samml. S. 265) unverändert in Kraft bleiben. Indessen erscheint bezüglich einiger Vorschriften im Hinblick auf das Bürgerliche Gesetzbuch eine Umgestaltung geboten.

1. Der §. 3 regelt in Abs. 2, 3 die Verpflichtung des Pfandleihers zur Rückgewähr desjenigen, was von dem Schuldner oder für ihn über das erlaubte Maß geleistet ist. Die Bestimmungen sind ausweislich der Begründung zum Entwurfe des Gesetzes (Drucks. des Herrenhauses 1880/81 Nr. 5 S. 22) dem Artikel 3 des Reichsgesetzes, betreffend den Wucher, vom 24. Mai 1880 (Reichs.Gesetzbl. S. 109) nachgebildet. Dieser Artikel 3 ist jedoch zufolge Beschlusses der Kommission des Reichstags (Drucks. 9. Leg.-Per. IV. Session 1895/97 Nr. 440 S. 4748) durch Artikel 47 des Einführungsgesetzes zum Bürgerlichen Gesetzbuch in der Absicht aufgehoben worden, es bezüglich der privatrechtlichen Folgen der Zuwiderhandlung gegen die Wucherverbote künftig bei den allgemeinen Vorschriften des Bürgerlichen Gesetzbuchs bewenden zu lassen. Zu demselben Zwecke sind folgerichtig auch die hier fraglichen Sondervorschriften des Gesetzes vom 17. März 1881 zu beseitigen (Art. 40 Nr. I). Sachlich ergiebt sich übrigens die jetzt im §. 3 Abs. 2 enthaltene Vorschrift auch aus dem neuen Reichsrechte (B.G.B. §. 817 Satz 1, §. 819 Abs. 2).

2. Die Vorschrift des §. 9 Abs. 2 des Preußischen Gesetzes, derzufolge zum Verkaufe des Pfandes die Erlangung eines vollstreckbaren Schuldtitels oder eine gerichtliche Ermächtigung nicht erforderlich ist, enthält gegenüber den allgemeinen Bestimmungen des Bürgerlichen Gesetzbuchs über den Pfandverkauf (§§. 1233 ff.) nicht mehr eine Besonderheit und kann deshalb in Wegfall kommen (Art. 40 Nr. I).

3. Der §. 10 des Gesetzes weist in Abs. 1, 2 geringfügige Abweichungen vom neuen Reichsrecht auf, deren Beibehaltung nicht begründet erscheint. Nach Abs. 1 ist der Verkauf des Pfandes in öffentlicher Versteigerung durch einen Gerichtsvollzieher oder eine zu solchen Versteigerungen nach §. 36 der Gewerbeordnung angestellte Person auszuführen. Dagegen schreibt der §. 1235 Abs. 1 des Bürgerlichen Gesetzbuchs vor, daß der Pfandverkauf im Wege öffentlicher Versteigerung zu bewirken ist, die nach §. 383 Abs. 3 Satz 1 durch einen für den Versteigerungsort bestellten Gerichtsvollzieher oder zu Versteigerungen befugten sonstigen Beamten oder öffentlich angestellten Versteigerer erfolgt. Der §. 10 Abs. 2 des Gesetzes stimmt bezüglich des Verkaufs von Gold- und Silbersachen mit dem §. 1240 des Bürgerlichen Gesetzbuchs überein. Hingegen gestattet er bei Werthpapieren, die einen Börsen- oder Marktpreis haben, erst nach einem erfolglosen Versteigerungsversuche den freihändigen Verkauf zum Tageskurse, während nach §. 1235 Abs. 2 des Bürgerlichen Gesetzbuchs bei börsen- und marktgängigen Pfändern allgemein sofort der freihändige Verkauf zum laufenden Preise durch einen zu solchen Verkäufen öffentlich ermächtigten Handelsmäkler oder eine zur öffentlichen Versteigerung befugte Person zulässig ist. Zur Beseitigung dieser Unterschiede ersetzt der Entwurf die Vorschriften des jetzigen §. 10, dessen Abs. 3 mit §. 1239 Abs. 1 Satz 1 des Bürgerlichen Gesetzbuchs übereinstimmt, durch Bestimmungen, die den angeführten Vorschriften des Bürgerlichen Gesetzbuchs nachgebildet sind (Art. 40 Nr. II). Eine bloße Verweisung auf

diese Vorschriften ist nicht nur im Interesse der Deutlichkeit, sondern auch deshalb vermieden worden, weil sie zu dem Mißverständnisse führen könnte, als seien nur die in Bezug genommenen Vorschriften des Bürgerlichen Gesetzbuchs auf das Pfandrecht des Pfandleihers anwendbar, während auch in anderen Beziehungen, namentlich in Betreff der allgemeinen Voraussetzungen für die Entstehung des Pfandrechts, künftig das Reichsrecht maßgebend sein wird.

4. Auch die §§. 11 bis 13, 15, 16 des Preußischen Gesetzes weichen von den Vorschriften des Bürgerlichen Gesetzbuchs mehrfach ab (vergl. den §. 11 des Gesetzes mit §. 1236 und §. 1234 Abs. 2 des B.G.B., den §. 12 mit §. 1237, den §. 13 mit §. 1230, den §. 15 mit den §§. 1241, 1247, den §. 16 mit §. 1243). Der §. 14 des Gesetzes entspricht im Abs. 1 dem §. 1210 Abs. 2 des Bürgerlichen Gesetzbuchs, enthält dagegen im Abs. 2 eine Sondervorschrift. Alle diese Abweichungen beruhen auf Besonderheiten des Pfandleihgewerbes und sind deshalb aufrecht zu erhalten.

Artikel 41.

Der §. 1315 Abs. 1 des Bürgerlichen Gesetzbuchs bestimmt im Anschluß an §. 38 Abs. 1 des Personenstandsgesetzes vom 6. Februar 1875 (Reichs-Gesetzbl. S. 23), daß solche Landesbeamte, für die nach den Landesgesetzen zur Eingehung einer Ehe eine besondere Erlaubniß erforderlich ist, nicht ohne diese Erlaubniß eine Ehe eingehen dürfen. Bezüglich der Frage, ob landesgesetzliche Vorschriften des bezeichneten Inhalts in Preußen noch bestehen, ist der Rechtszustand gegenwärtig ein so unübersichtlicher, daß eine gesetzliche Klarstellung erwünscht erscheint.

Der Anhangsparagraph 70 zum Allgemeinen Landrecht II. 1 §. 146 verordnete, daß Königliche Civiloffizianten vor dem Aufgebot und der Trauung nachweisen müssen, daß sie die zu ihrer Verheirathung erforderliche Erlaubniß des ihnen vorgesetzten Chefs erhalten haben. Diese Verpflichtung bezog sich nach den Allerhöchsten Kabinesorders vom 17. Juli 1816 (Gesetz-Samml. S. 214) und vom 9. Juli 1839 (Just.-Min.-Bl. S. 302) nur auf die bei der allgemeinen Wittwenverpflegungsanstalt rezeptionsfähigen oder nach der Auslegung der Praxis rezeptionspflichtigen Civilbeamten. Sie bestand auch für die Geistlichen und Schulbeamten mit Ausnahme der niederen Kirchendiener und der Lehrer an den Elementarschulen (Kab.O. vom 10. Dezember 1816, v. Kamptz, Annalen Bd. 16 S. 302, und vom 17. April 1820, ebenda Bd. 4 S. 789). Durch die Verordnung vom 23. September 1867 §. 1 Nr. 6, §. 4 (Gesetz-Samml. S. 1619) wurden die Bestimmungen über die Verpflichtung und Berechtigung der Staatsbeamten zum Eintritt in die allgemeine Wittwenverpflegungsanstalt, insbesondere die oben erwähnte Kabinetsorder vom 17. Juli 1816, mit einer Ausnahme zu Gunsten solcher Beamten, welche noch Mitglieder einer der in den neuen Landestheilen vorhandenen Beamten-Wittwenkassen waren, auf die neuen Provinzen ausgedehnt; auch auf die dortigen Geistlichen wurden sie angewendet (Reskript vom 20. Mai 1869, Min.-Bl. f. d. inn. Verw. S. 238). Neuerdings ist die Berechtigung zum Eintritt in die allgemeine Wittwenverpflegungsanstalt beseitigt worden:

1. durch §. 22 des Gesetzes, betreffend die Fürsorge für die Wittwen und Waisen der unmittelbaren Staatsbeamten, vom 22. Mai 1882 (Gesetz-Samml. S. 298) für unmittelbare Staatsbeamte, welche Diensteinkommen oder Wartegeld aus der Staatskasse beziehen und welchen beim Eintritte der Voraussetzungen der Versetzung in den Ruhestand nach Erfüllung der erforderlichen Dienstzeit Pension aus der Staatskasse gebühren würde, sowie für solche in den Ruhestand versetzte unmittelbare Staatsbeamte, welche kraft gesetzlichen Anspruchs oder auf Grund des §. 7 des Pensionsgesetzes vom 27. März 1872 lebenslängliche Pension aus der Staatskasse beziehen;
2. durch Artikel 3 des Gesetzes, betreffend die Fürsorge für die Wittwen und Waisen der Geistlichen der evangelischen Landeskirche der neun älteren Provinzen, vom 15. Juli 1889 (Gesetz-Samml. S. 139) für die bezeichneten Geistlichen;
3. durch Artikel 5 des Gesetzes, betreffend die Verwaltung des Pfarrwittwen- und Waisenfonds ꝛc., vom 31. März 1895 (Gesetz-Samml. S. 95) für die Geistlichen der im Artikel 2 des Gesetzes bezeichneten Landeskirchen der neuen Provinzen.

Nachdem auf diese Weise der Zweck weggefallen war, der durch das Erforderniß des Heirathskonsenses erreicht werden sollte, hat das Staatsministerium durch Beschluß vom 3. November 1896 bestimmt, daß die Verpflichtung zur Einholung des Ehekonsenses für die Staatsbeamten durch eine bloße Anzeigepflicht von der vollendeten Thatsache der Eheschließung ersetzt werde (vergl. die Allgem. Verfügung des Justizministers vom 20. April 1897, Just.-Min.-Bl. S. 98; gemeinschaftliche Verfügung des Justizministers und des Ministers des Innern vom 10. Juli 1897, Min.-Bl. f. d. inn. Verw. S. 134).

Für Militärprediger schrieb der §. 33 der auch in den neuen Provinzen eingeführten Militär-Kirchenordnung vom 12. Februar 1832 (Gesetz-Samml. 1832 S. 69; 1867 S. 919; 1849; 1869 S. 77) Einholung der Erlaubniß des vorgesetzten Konsistoriums zu ihrer Verheirathung vor. Wie jedoch der Cirkularerlaß des Evangelischen Oberkirchenraths vom 11. Februar 1893 (Kirchl. Gesetz- und Verordn.-Bl. S. 5) ergiebt, ist durch den Allerhöchsten Erlaß vom 12. November 1892 bestimmt worden, daß die Vorschrift des §. 33 der Militär-Kirchenordnung in Wegfall kommt.

Bezüglich der angeführten landesgesetzlichen Vorschriften über das Erforderniß einer besonderen Erlaubniß zur Eheschließung für Staatsbeamte und Geistliche empfiehlt es sich, durch die formelle Aufhebung gesetzlich eine vollkommen klare Rechtslage herzustellen. Soweit nach der reichsgesetzlichen Vorschrift des §. 40 des Reichs-Militärgesetzes vom 2. Mai 1874 (Reichs-Gesetzbl. S. 45) die Militärbeamten, einschließlich der Militärpfarrer, zu ihrer Verheirathung der Genehmigung ihrer Vorgesetzten bedürfen, wird hieran selbstverständlich Nichts geändert.

Artikel 42.

Nach §. 1315 Abs. 2 des Bürgerlichen Gesetzbuchs dürfen Ausländer, für die nach den Landesgesetzen zur Eingehung einer Ehe eine Erlaubniß oder ein Zeugniß erforderlich ist, nicht ohne diese Erlaubniß oder ohne dieses Zeugniß eine Ehe eingehen. Die Frage, welche durch diese dem §. 38 Abs. 1 des Personenstandsgesetzes vom 6. Februar 1875 entnommene Vorschrift der Landesgesetzgebung vorbehalten ist, entbehrt für Preußen bisher noch der einheitlichen Regelung. In den älteren Provinzen gelten die Bestimmungen des Gesetzes, betreffend die Zulassung von Ausländern zur Eingehung einer Ehe in den Königlich Preußischen Staaten, vom 13. März 1854 (Gesetz-Samml. S. 123); dagegen sind für die später erworbenen Landestheile die vor der Erwerbung für sie erlassenen Vorschriften in Kraft geblieben (vergl. Hinschius, das Reichsgesetz über die Beurkundung des Personenstandes, Anm. 39 zu §. 38, 3. Aufl. S. 137).

Allen diesen Bestimmungen ist der Zweck gemeinsam, die Eheschließung von Ausländern im Inlande zu verhindern, solange nicht festgestellt ist, daß durch die Eheschließung, falls ihr ein materielles Ehehinderniß nicht entgegensteht, die Ehefrau und die Kinder ohne Weiteres die Staatsangehörigkeit des Mannes erlangen. Aus der Uebereinstimmung des Zweckes ist schon jetzt die Folgerung hergeleitet worden, daß, soweit auf Grund des §. 2 des Gesetzes vom 13. März 1854 die Angehörigen einzelner fremder Staaten von der Beibringung des im §. 1 des Gesetzes vorgeschriebenen Attestes befreit sind, diese Befreiung auch gegenüber den in den neuen Provinzen bestehenden Bestimmungen wirksam ist (vergl. den gemeinschaftlichen Erlaß vom 12. April 1889, Min.-Bl. f. d. inn. Verw. S. 118). Indessen bildet die Mannigfaltigkeit und theilweise Zweifelhaftigkeit der jetzt maßgebenden Vorschriften einen Mißstand, dessen Beseitigung erwünscht erscheint. Der Entwurf unterzieht daher die Frage, inwieweit Ausländer zur Eingehung einer Ehe mit Rücksicht auf die staatsrechtlichen Folgen der Eheschließung der Beibringung eines Zeugnisses bedürfen, einer einheitlichen Neuordnung.

Aber noch nach anderer Richtung bietet die neue Reichsgesetzgebung Anlaß, von dem Vorbehalte des §. 1315 Abs. 2 des Bürgerlichen Gesetzbuchs Gebrauch zu machen. Nach Artikel 13 Abs. 1 Satz 2 des Einführungsgesetzes zum Bürgerlichen Gesetzbuche werden, wenn Ausländer im Inland eine Ehe eingehen wollen, die sachlichen Erfordernisse für die Zulässigkeit und die Gültigkeit der Eingehung in Ansehung eines jeden der Verlobten nach den Gesetzen des Staates beurtheilt, dem er angehört. Der hiermit zum Gesetze gewordenen Rechtsansicht neigte sich zwar schon bisher die Wissenschaft zu; indessen die Praxis berücksichtigte, wenigstens im Gebiete des Allgemeinen Landrechts, meist nur das Eheschließungsrecht, das am Wohnsitze des künftigen Ehemanns gilt. Die Standesbeamten werden sich somit künftig weit häufiger als bisher mit der Feststellung ausländischen Rechtes zu befassen haben. Sie würden daher mangels einer sicheren Grundlage für die ihnen obliegende Prüfung voraussichtlich nicht selten in die Lage kommen, entweder ungültige Ehen zu schließen oder umgekehrt zu großer Beschwerniß der Verlobten ihre Amtsthätigkeit zu versagen, obwohl Ehehindernisse nicht vorliegen. Um dieser Gefahr vorzubeugen, schreibt der Entwurf für Ausländer und Ausländerinnen, die in Preußen eine Ehe eingehen wollen, die Beibringung eines Zeugnisses der zuständigen Behörde des Staates, dem sie angehören, darüber vor, daß der Behörde ein nach den Gesetzen dieses Staates bestehendes Ehehinderniß nicht bekannt geworden ist (Art. 42 §. 1). Die Fassung entspricht dem §. 47 Abs. 2 des Personenstandsgesetzes sowie dem Artikel 2 der Uebereinkunft zwischen dem Deutschen Reiche und Belgien wegen gegenseitigen Verzichts auf die Beibringung von Trauerlaubnißscheinen vom 8. Oktober 1875 und dem Artikel 2 der gleichlautenden Uebereinkunft zwischen dem Deutschen Reiche und der Schweiz vom 4. Juni 1886 (Centralbl. f. d. Deutsche Reich 1875 S. 719, 1886 S. 232).

Anlangend das Zeugniß, welches von Ausländern in Betreff der staatsrechtlichen Wirkungen der Eheschließung zu erfordern ist, so schließt sich der Entwurf mit einzelnen Abweichungen dem Gesetze vom 13. März 1854 an. Er beseitigt eine Ungenauigkeit der Fassung dieses Gesetzes, indem er statt des Nachweises, daß der Ausländer „unbeschadet seiner Staatsangehörigkeit" zur Eingehung der Ehe befugt sei, ein Zeugniß darüber verlangt, daß der Ausländer nach den Gesetzen des Staates, dem er angehört, seine Staatsangehörigkeit nicht durch die Eheschließung verliere, sondern auf seine Ehefrau und seine ehelichen oder durch die nachfolgende Ehe legitimirten Kinder übertrage. Wenn das Gesetz von 1854 ferner die Ortsobrigkeit der Heimath des Ausländers zur Ausstellung des erforderlichen Attestes für zuständig erklärt, so giebt diese Bestimmung zu Zweifeln Anlaß und stellt die inländischen Behörden vor schwer zu entscheidende Zuständigkeitsfragen. Der Entwurf schreibt deshalb für das hier fragliche Zeugniß und ebenso für das Zeugniß über das Nichtvorhandensein von Ehehindernissen vor, daß es von der zuständigen Behörde des Staates, dem der Ausländer angehört, ausgestellt und von einem Konsul oder Gesandten des Reichs mit einer Bescheinigung über die Zuständigkeit der Behörde versehen sein muß. Von der letzteren Bescheinigung ist jedoch abzusehen, soweit es sich bei den in Rede stehenden Zeugnissen ausländischer Behörden um solche Urkunden handelt, welche nach den mit einzelnen Staaten, wie Belgien und Oesterreich-Ungarn, geschlossenen Verträgen, sofern sie gewisse Unterschriften tragen, für den Gebrauch in Preußen oder im Deutschen Reiche einer weiteren Beglaubigung nicht bedürfen (Min.-Bl. f. d. inn. Verw. 1851 S. 280; Reichs-Gesetzbl. 1881 S. 4, 253).

Nach dem Vorgange des §. 2 des Gesetzes von 1854 läßt der Entwurf Befreiung von dem Erfordernisse der Beibringung der Zeugnisse zu, regelt aber die Zuständigkeit einfacher. Die jetzt vorgesehene Mitwirkung des Justizministers, des Ministers der geistlichen 2c. Angelegenheiten und des Ministers des Innern führt zu Weitläufigkeiten. Der Grund für die Betheiligung des an zweiter Stelle genannten Ministers hat sich im Wesentlichen erledigt, seitdem die Eheschließung allgemein den Standesbeamten übertragen ist. Der Entwurf ermächtigt daher zur Befreiung von dem im Artikel 42 §. 2 erforderten Zeugnisse den Minister des Innern allein, und zwar gestattet er, dem geltenden Rechte entsprechend, sowohl eine Befreiung im einzelnen Falle als auch eine solche für die Angehörigen eines ausländischen Staates im Allgemeinen. In Betreff des im Artikel 42 §. 1 vorgeschriebenen Zeugnisses kann nur Befreiung für einzelne Fälle in Frage kommen, da es sich hier nicht lediglich um die Prüfung des ausländischen Rechtes, sondern um die Feststellung thatsächlicher Verhältnisse handelt. Die Zuständigkeit weist der Entwurf dem Justizminister zu.

Mit Rücksicht auf die Neuregelung der Eheschließung von Ausländern hebt der §. 5 des vorliegenden Artikels die für die Frage bisher geltenden landesgesetzlichen Vorschriften auf.

Was die Behandlung der Angehörigen der rechtsrheinischen Theile des Königreichs Bayern betrifft, so wird in dieser Hinsicht durch die Vorschriften des Artikel 42 der bisherige Rechtszustand ebensowenig sachlich geändert wie durch die dem Artikel 42 zu Grunde liegende Vorschrift des §. 1315 Abs. 2 des Bürgerlichen Gesetzbuchs (Mot. z. B.G.B. Bd. 4 S. 34). Die Angehörigen der bezeichneten Landestheile bedürfen somit künftig zur Eheschließung in Preußen der Beibringung des im Artikel 42 §. 2 vorgeschriebenen Zeugnisses. Als solches wird, wie bisher, das im Artikel 33 des Bayerischen Gesetzes über Heimath, Verehelichung und Aufenthalt vom 16. April 1868 und 23. Februar 1872 erforderte Zeugniß der Heimathbehörde zu gelten haben (vergl. die Cirkularverfügung vom 21. Juni 1892, Min.-Bl. f. d. inn. Verw. S. 248).

Artikel 43 bis 66.

Auf keinem Gebiete bringt das Bürgerliche Gesetzbuch auch für Preußen eine gleich werthvolle und durchgreifende Vereinfachung des bestehenden Zustandes wie auf dem des ehelichen Güterrechts. An die Stelle von mehr als sechzig zur Zeit geltenden verschiedenen Güterrechten setzt es den Güterstand der Verwaltung und Nutznießung des Mannes als alleiniges gesetzliches Güterrecht, für welches nur in besonderen Fällen kraft Gesetzes Gütertrennung eintritt. Daneben ordnet es im Anschluß an die übrigen Hauptformen der bisherigen Güterrechte die allgemeine Gütergemeinschaft, die Errungenschaftsgemeinschaft und die Fahrnißgemeinschaft als vertragsmäßige Güterstände. Dem gutgläubigen Verkehre wird wirksamer Schutz durch die Vorschrift gewährt, daß aus einer gesetzlichen oder vertragsmäßigen Abweichung von dem Güterstande der Verwaltung und Nutznießung des Mannes einem Dritten gegenüber Einwendungen gegen ein zwischen ihm und einem Ehegatten vorgenommenes Rechtsgeschäft oder gegen ein zwischen ihnen ergangenes Urtheil nur hergeleitet werden können, wenn die Abweichung zur Zeit der Vornahme des Rechtsgeschäfts oder zur Zeit des Eintritts der Rechtshängigkeit in dem Güterrechtsregister des zuständigen Amtsgerichts eingetragen oder dem Dritten bekannt war.

Indessen gelten die Vorschriften des Bürgerlichen Gesetzbuchs nur für die nach seinem Inkrafttreten geschlossenen Ehen. Für den Güterstand der zu dieser Zeit schon bestehenden Ehen bleiben nach Artikel 200 des Einführungsgesetzes die bisherigen Gesetze maßgebend; dies gilt insbesondere auch für die erbrechtlichen Wirkungen des Güterstandes und, solange der alte Güterstand besteht, für die an ihn oder die Ehe bisher geknüpfte Beschränkung der Geschäftsfähigkeit der Ehefrau. Nur die freiwillige Annahme einer dem Bürgerlichen Gesetzbuch entsprechenden Gestaltung der güterrechtlichen

Verhältnisse wird durch die Vorschrift des Artikel 200 Abs. 2 auch in den Rechtsgebieten ermöglicht, in denen nach den bisherigen Gesetzen die Schließung eines Ehevertrags unzulässig sein würde.

Wenn somit die Reichsgesetzgebung sich eines unmittelbaren Eingreifens in den Güterstand der bestehenden Ehen enthalten hat, so sollte doch mit den Uebergangsvorschriften des Einführungsgesetzes über die Behandlung der bestehenden Ehe nicht das letzte Wort gesprochen werden. Vielmehr glaubte man, die Entscheidung darüber, inwieweit eine Ueberleitung der bisherigen Güterstände in einen der Güterstände des neuen Reichsrechts angängig sei, der Landesgesetzgebung vorbehalten zu sollen, weil sie besser in der Lage sei, die für die Lösung dieser Aufgabe unerläßliche eingehende Vergleichung des alten und des neuen Rechtes vorzunehmen. Wesentlich um für diese Entscheidung der Landesgesetzgebung volle Freiheit zu lassen, ist ihr im Artikel 218 des Einführungsgesetzes die Ermächtigung ertheilt, die bisherigen Gesetze, soweit sie nach den reichsgesetzlichen Uebergangsvorschriften in Kraft bleiben, selbst nach dem Inkrafttreten des Bürgerlichen Gesetzbuchs zu ändern (vergl. die Mot. z. Entw. 1. Lesung des Einf.-Ges. S. 282 ff. und die Protokolle der Kommission für die 2. Lesung S. 9073 ff.).

Der Entwurf geht davon aus, daß für Preußen ein dringendes Bedürfniß besteht, die güterrechtlichen Vorschriften des Reichsrechts alsbald soweit thunlich auch für die bestehenden Ehen zur Geltung zu bringen. Würde es bei den Vorschriften des Einführungsgesetzes sein Bewenden behalten, so ergäbe sich auf dem Gebiete des ehelichen Güterrechts ein viele Jahrzehnte dauernder Uebergangszustand, der, von der erstrebten Einheitlichkeit des Rechtes weit entfernt, für die Verkehrssicherheit wie für die Rechtsanwendung schwere Unzuträglichkeiten mit sich bringen müßte. Schon daß für lange Zeit das Güterrecht der großen Mehrzahl der Ehen nicht aus dem geltenden Gesetz und aus dem durch dieses eingeführten Güterrechtsregister entnommen werden könnte, würde sich als erheblicher Mißstand fühlbar machen, selbst soweit das bisherige Recht klar und bestimmt ist und den Anschauungen und Bedürfnissen der Gegenwart entspricht. Noch bedenklicher aber wäre die unveränderte Beibehaltung des bisherigen Rechtes da, wo über das für den Güterstand einer Ehe maßgebende Recht zur Zeit Zweifel obwalten oder wo das bisherige Recht in sich unklar und unbestimmt oder zwar noch als Entscheidungsnorm für Streitfälle in Geltung, dem Leben aber fremd geworden ist. Das Nebeneinanderbestehen des alten und des neuen Rechtes würde Verwirrung im Rechtsbewußtsein und Rechtsverkehr erzeugen und einer richtigen Anwendung des alten wie dem nothwendigen Einleben in das neue Recht gleich hinderlich sein. Wenn es schon jetzt oft schwer ist, den genauen Bestand der einzelnen Partikularrechte zu ermitteln, so müßte diese Schwierigkeit sich immer mehr steigern, je mehr das alte Recht aus der lebendigen Anwendung schwindet und die Kenntniß desselben nicht nur im Volksbewußtsein verblaßt, sondern auch den Gerichten verloren geht.

Für den Verkehr kommt insbesondere in Betracht, daß die Güterstände des Bürgerlichen Gesetzbuchs mit den Güterrechten des bisherigen Rechtes nicht nur den Grundgedanken, sondern auch der näheren Ausgestaltung nach in weitem Umfang übereinstimmen, sodaß nur Abweichungen in Einzelheiten übrig bleiben. Gerade die erhebliche Aehnlichkeit des alten und des neuen Rechtes bringt aber die Gefahr von Irrungen mit sich. Soweit das Reichsrecht andererseits gegenüber dem bisherigen Rechte Neuerungen enthält, trägt es den Forderungen und Anschauungen der Gegenwart Rechnung. Dies gilt z. B. von der Vorschrift des gesetzlichen Güterrechts, daß Alles, was die Frau durch ihre Arbeit oder durch den selbständigen Betrieb eines Erwerbsgeschäfts erwirbt, Vorbehaltsgut wird, ferner von den Bestimmungen, die auf einen wirksamen Schutz des Vermögens der Frau abzielen, namentlich aber von dem Grundsatze, daß die Geschäftsfähigkeit der Frau weder durch die Ehe als solche noch durch das in der Ehe geltende Güterrecht eine Beschränkung erleidet. Sollten alle diese Fortschritte den bestehenden Ehen vorenthalten bleiben, so würde hierin mit Recht, je länger, je mehr, eine die Billigkeit verletzende, innerlich nicht begründete Rechtsverschiedenheit gefunden werden. Was aber insbesondere die bisherige Beschränkung der Geschäftsfähigkeit der Frau anlangt, so kann sie nur unter der Voraussetzung aufgegeben werden, daß durch eine dem neuen Rechte entsprechende Regelung der güterrechtlichen Verhältnisse die Rechte des Mannes anderweit genügend gesichert werden.

Eine landesgesetzliche Ueberleitung der Güterstände der bestehenden Ehen erscheint somit dringend erwünscht. Käme es hierbei nur auf die Beseitigung der Schwierigkeiten an, welche aus dem Fortbestehen der alten Güterrechte für den Verkehr erwachsen, so könnte man daran denken, lediglich die Wirksamkeit der bisherigen Güterstände gutgläubigen Dritten gegenüber in gleicher Weise von der Eintragung in das Güterrechtsregister abhängig zu machen, wie es durch die früher erwähnte Vorschrift des Bürgerlichen Gesetzbuchs für die vom gesetzlichen Güterrecht abweichenden neuen Güterstände geschicht. Dieser Gedanke ist jedoch schon von den beiden mit der Ausarbeitung des Entwurfes eines Bürgerlichen Gesetzbuchs betrauten Kommissionen aus zutreffenden Gründen verworfen worden. In der That würde durch eine Vorschrift des angedeuteten Inhalts in fast allen bestehenden Ehen der eine oder der andere Ehegatte mangels Eintragung einer Beeinträchtigung seiner güterrechtlichen Stellung ausgesetzt werden. Bei Ehen mit Verwaltungsgemeinschaft müßte die Frau ihr vorbehaltenes Vermögen alsbald zur Eintragung bringen, damit der Mann nicht gutgläubigen Dritten gegenüber als zur Verwaltung auch dieses Vermögens und zur Vornahme der in den §§. 1376, 1378 des Bürgerlichen Gesetzbuchs bezeichneten Verfügungen sowie zur Entgegennahme eines auf dieses Vermögen bezüglichen einseitigen Rechtsgeschäfts, z. B. der Kündigung einer zum vorbehaltenen Vermögen gehörenden Forderung, als berechtigt gelte. Zur Abwendung derselben Gefahr wäre die Frau genöthigt, bei dem Güterstande des gemeinen Dotalrechts diesen Güterstand, bei der allgemeinen Gütergemeinschaft, der Errungenschaftsgemeinschaft und der Fahrnißgemeinschaft ihr vorbehaltenes Vermögen eintragen zu lassen; bei den letzteren drei Güterständen ergäbe sich ferner ein noch allgemeineres Interesse der Frau an der Eintragung daraus, daß der Mann zu Verfügungen über sein eigenes Vermögen mehr oder weniger der Zustimmung der Frau bedarf, während er mangels der Eintragung einem gutgläubigen Dritten gegenüber wirksam ohne die Zustimmung der Frau würde verfügen können. Aber auch der Mann wäre unter Umständen mangels Eintragung in höherem Grade gefährdet als nach dem bisherigen Rechte, da die Frau ohne seine Zustimmung über eingebrachtes Gut verfügen, mit Wirkung gegenüber dem eingebrachten Gute ein sie verpflichtendes Rechtsgeschäft vornehmen oder einen Rechtsstreit führen könnte, wenn der Mann durch Krankheit oder Abwesenheit an der Abgabe einer Erklärung verhindert und mit dem Aufschube Gefahr verbunden ist (B.G.B. §. 1401). Bei Einführung des allgemeinen Registerzwanges für die bestehenden Ehen müßte hiernach mit der Möglichkeit gerechnet werden, daß zum Schutze gegen die damit verknüpften Gefahren die bestehenden Ehen in großer Zahl zur Eintragung gebracht werden würden; daraus erwüchse jedoch von vornherein eine dem Verkehre wenig dienliche Ueberfüllung der Güterrechtsregister. Ueberdies würden die bisherigen Güterrechte, außer gegenüber gutgläubigen Dritten, in Geltung bleiben, die hieraus entstehenden Nachtheile also fortdauern.

Der Entwurf unterwirft deshalb die große Mehrzahl der bestehenden Ehen unmittelbar derart den güterrechtlichen Vorschriften des Bürgerlichen Gesetzbuchs, daß mit dessen Inkrafttreten an die Stelle der bis dahin maßgebenden Vorschriften die auf den entsprechenden Güterstand des neuen Rechtes bezüglichen Bestimmungen treten. Der Güterstand bleibt hiernach in seinem Wesen unverändert; für eine Ehe mit Verwaltungsgemeinschaft besteht auch künftig Verwaltungsgemeinschaft, für eine Ehe mit allgemeiner Gütergemeinschaft auch künftig allgemeine Gütergemeinschaft u. s. f. Nur die Einzelheiten der rechtlichen Ausgestaltung werden von der Aenderung berührt. Wenn nach der herrschenden Lehre neue Gesetze über das eheliche Güterrecht auf bestehende Ehen nicht einwirken, so ist die Begründung dieser Lehre auf einen stillschweigenden Vertrag, durch den die Ehegatten sich dem zur Zeit der Eheschließung geltenden Rechte unterwerfen, in der neueren Wissenschaft als unhaltbar anerkannt. Die gedachte Lehre bezeichnet nicht eine Schranke für den Gesetzgeber, sondern einen Auslegungsgrundsatz, der als solcher sich durch die Erwägung rechtfertigt, daß das Wesen der Ehe Stetigkeit der mit ihr verknüpften vermögensrechtlichen Verhältnisse erfordert. Mit diesem Erfordernisse tritt eine Umgestaltung der Güterstände, wie der Entwurf sie vorsieht, in nur scheinbaren Gegensatz. Soweit aber durch die Ueberleitung die bisherige Rechtsstellung der Ehegatten im Einzelnen wirklich beeinträchtigt wird, muß das persönliche Interesse hinter dem Interesse der Allgemeinheit an der Verhütung einer sonst unvermeidlichen Rechtsunsicherheit zurückstehen. Jedenfalls sind die im Entwurfe vorgesehenen Eingriffe nicht stärker als diejenigen, welche die Reichsgesetzgebung selbst auf anderen Gebieten, z. B. denen der elterlichen Rechte und des Hypothekenrechts, vorzunehmen kein Bedenken getragen hat. Für nicht wenige Ehen bringt die Ueberleitung auf der anderen Seite den großen Vortheil mit sich, daß sie für ein unsicheres ein klares Recht eintauschen.

Für die Preußische Gesetzgebung kommen alle innerhalb ihres Machtbereichs bestehenden Ehen als möglicher Gegenstand einer Ueberleitung in Betracht, zunächst also die Ehen, bei denen der Wohnsitz der Ehegatten zur Zeit des Inkrafttretens des Bürgerlichen Gesetzbuchs in Preußen begründet ist. Unter diesen stehen in vorderster Linie die Ehen mit einem gesetzlichen Güterstande, der sich den Grundsätzen des internationalen Privatrechts zufolge nach einem in Preußen geltenden Rechte bestimmt, mithin, da sowohl nach dem Preußischen Allgemeinen Landrecht als auch nach gemeinem und Französischem Rechte für das gesetzliche eheliche Güterrecht das Recht des ersten ehelichen Wohnsitzes maßgebend ist (A. L. R. II. 1 §§. 350, 352; Eccius, Preußisches Privatrecht Bd. 1 §. 11 Anm. 40; Entsch. des Reichsgerichts Bd. 6 S. 223; Bd. 36 S. 332), die Ehen mit einem gesetzlichen Güterstande, bei denen die Ehegatten den ersten ehelichen Wohnsitz in Preußen genommen haben. Diese Ehen unterzieht der Entwurf grundsätzlich der Ueberleitung (Art. 44 bis 55). Ausgenommen sind nur ältere Ehen mit einem Güterrechte, welches bereits durch frühere Gesetze für die Zukunft beseitigt und nur den schon damals bestehenden Ehen belassen worden ist (vergl. namentlich die Gesetze vom 11. Juli 1845, 16. Februar 1857, 16. April 1860, 5. Juni 1863, 31. März und 4. August 1865, 5. Februar 1869, 22. Mai 1874). Da es sich hier um einen eng begrenzten Kreis im Aussterben befindlicher Ehen handelt, so besteht kein Bedürfniß für ein Eingreifen.

Indessen würden die Zwecke der Ueberleitung nur sehr unvollständig erreicht werden, wenn die Ehen, für die zur Zeit des Inkrafttretens des Bürgerlichen Gesetzbuchs der Wohnsitz in Preußen begründet ist, der erste eheliche Wohnsitz dagegen außerhalb Preußens begründet war, von der Ueberleitung ganz ausgeschlossen blieben. Besonders mißlich und innerlich ungerechtfertigt wäre eine solche Regelung in Ansehung derjenigen Ehen, für welche auf Grund des in einem anderen Bundesstaate belegenen ersten Ehewohnsitzes ein auch in Preußen geltendes gesetzliches Güterrecht besteht. Der Entwurf behandelt daher diese Ehen mit gewissen Ausnahmen den Ehen gleich, für die das betreffende Güterrecht vermöge eines in Preußen genommenen ersten Ehewohnsitzes gilt (Art. 56).

Weiter aber erstreckt der Entwurf die Ueberleitung auch auf die Ehen, für die einer der überzuleitenden gesetzlichen Güterstände kraft Ehevertrags gilt (Art. 57), mag der Güterstand in Folge vertragsmäßiger Ausschließung eines prinzipalen gesetzlichen Güterrechts als der subsidiäre gesetzliche Güterstand eingetreten oder unmittelbar durch Vertrag eingeführt sein. Im ersten Falle schafft der Vertrag nur eine Voraussetzung für den Eintritt des gesetzlichen Güterstandes. Im zweiten Falle kommt dem Vertrage, sofern durch ihn lediglich das für die Ehe ohnehin maßgebende gesetzliche Güterrecht bestätigt wird, nur deklarative Bedeutung zu; aber auch wenn das vertragsmäßig angenommene Güterrecht nicht das kraft Gesetzes eintretende ist, kann es für die gesetzgeberische Behandlung keinen Unterschied machen, ob das gleiche Güterrecht lediglich von Gesetzeswegen oder auf Grund eines auf die gesetzliche Regelung Bezug nehmenden Vertrags gilt. Ohne die Ausdehnung auf die hier fraglichen Ehen würde die Ueberleitung erheblich an praktischem Werthe verlieren. Bezüglich der Ehen mit einem durch Vertrag eingeführten

Güterstande kommt es nicht auf den ersten Ehewohnsitz an, da das Güterrecht nicht vermöge des an diesen anknüpfenden Grundsatzes des internationalen Privatrechts, sondern vermöge der vertragsmäßigen Annahme seitens der Ehegatten gilt.

Soweit der Entwurf hiernach eine Ueberleitung der bestehenden Ehen mit einem zur Zeit des Inkrafttretens des Bürgerlichen Gesetzbuchs in Preußen begründeten Wohnsitze vorsieht, sucht er sie so zu gestalten, daß den Ehegatten unter regelmäßigen Verhältnissen ein beachtenswerther Grund zum Widerspruche gegen die Maßregel nicht erwächst. Es ist deshalb zunächst eine eigentliche Rückwirkung des neuen Rechtes in jeder Beziehung vermieden, insbesondere in Betreff des zur Zeit der Ueberleitung vorhandenen Vermögens und der vor dieser Zeit entstandenen Schulden der Ehegatten (Art. 58 §§. 1, 3). Anhängige Sachen sind der Einwirkung der Rechtsänderung ganz entzogen, ebenso bei anhängigen Scheidungssachen auch die nachfolgende Vermögensauseinandersetzung (Art. 58 §. 6). Im Weiteren ist davon ausgegangen, daß es im Interesse der Rechts- und Verkehrssicherheit vornehmlich darauf ankommt, für die Rechtsverhältnisse während des Bestehens der Ehe das neue Recht einzuführen, und daß Verschiedenheiten, die in dieser Hinsicht zwischen dem alten und dem neuen Rechte obwalten, nur aus besonders erheblichen Gründen bei der Ueberleitung aufrecht zu erhalten sind. Sofern es den Ehegatten in einzelnen Beziehungen erwünscht erscheint, Besonderheiten des bisherigen Rechtes beizubehalten, wird ihnen dieses, falls sie einig sind, durch den Artikel 59 Abs. 1 erleichtert.

Was dagegen das Rechtsverhältniß nach der Auflösung der Ehe durch den Tod eines der Ehegatten anlangt, so legt der Entwurf besonderes Gewicht darauf, jeden dem überlebenden Ehegatten möglicherweise nachtheiligen Eingriff zu vermeiden. Soweit daher mit den bisherigen Güterständen überhaupt besondere erbrechtliche Wirkungen verbunden und soweit diese nicht unbedingt dem Ueberlebenden minder günstig sind als das Erbrecht des Bürgerlichen Gesetzbuchs, sollen sie aufrecht erhalten werden, mögen sie in einer durch Verfügung von Todeswegen nicht entziehbaren statutarischen Portion oder nur in einem gesetzlichen Erbrechte des Ehegatten bestehen. Dem Ueberlebenden ist aber bei der gesetzlichen Erbfolge außerdem die Wahl gelassen, nach dem Bürgerlichen Gesetzbuch zu erben. Dieses Wahlrecht schließt sich dem Vorgange der bisherigen preußischen Gesetzgebung an (vergl. das Publikationspatent zum A. L. R. vom 5. Februar 1794 §. XIV Satz 2 und die späteren Publikationspatente sowie die oben angeführten Gesetze mit Ausnahme des Gesetzes vom 16. April 1860). Der Einwand, daß das Wahlrecht eine nicht gerechtfertigte Begünstigung des überlebenden Ehegatten auf Kosten der Kinder und sonstigen Erbberechtigten enthalte (Mot. zum Entw. I des Einf.-Ges. S. 287), erscheint vom Standpunkte der Reichsgesetzgebung nicht begründet. Denn die Bemessung des Ehegattenerbrechts nach den bisherigen Gesetzen entspricht der Vorschrift des Artikel 200, die Bemessung nach dem neuen Rechte dem für die Beerbung geltenden allgemeinen Grundsatze des Artikel 213 des Einführungsgesetzes; wird also nach der diesen Vorschriften zu Grunde liegenden Auffassung den Miterben des

Ehegatten weder durch die eine noch durch die andere Art der Bemessung zu nahe getreten, so unterliegt es auch keinen grundsätzlichen Bedenken, die Wahl zwischen beiden dem Ehegatten zu überlassen. Das Wahlrecht ist im Artikel 45 §§. 2, 3 so gestaltet, daß die Frage, ob sich die Erbfolge nach altem oder neuem Rechte bestimmt, spätestens mit dem Ablaufe der reichsgesetzlichen Ausschlagungsfrist entschieden wird, und zwar ist die Anwendung des neuen Rechtes von einer Erklärung des Ehegatten abhängig gemacht. Die umgekehrte Regelung würde zwar häufiger zu dem an sich wünschenswerthen Ergebnisse führen, daß auch für die Erbfolge ausschließlich das neue Recht maßgebend wäre; sie würde aber die Gefahr mit sich bringen, daß der Ehegatte die zur Wahrung der bisherigen erbrechtlichen Vortheile nothwendige Erklärung aus Rechtsunkenntniß verabsäumte und jener Vortheile hierdurch wider Willen verlustig würde.

Nicht minder geht der Entwurf in Betreff des Zwanges zur Eintragung der güterrechtlichen Verhältnisse in das Güterrechtsregister bei der Ueberleitung möglichst schonend vor. Die Einführung des neuen Rechtes soll für sich allein die Ehegatten nicht zu einer Eintragung nöthigen. Es ist deshalb auch davon abzusehen, für das zur Zeit der Ueberleitung vorhandene Vorbehaltsgut die Wirksamkeit der Vorbehaltseigenschaft Dritten gegenüber sofort oder auch nur nach dem Ablauf einer bestimmten Frist von der Eintragung abhängig zu machen; der gutgläubige Dritte soll insoweit nur denjenigen Schutz auch fernerhin genießen, welchen ihm die bisherigen Gesetze gewähren (Art. 58 §. 9 Abs. 1). Erst wenn der in Folge der Ueberleitung eingetretene Güterstand nachträglich durch Vertrag, Urtheil oder in anderer Weise geändert wird, soll der gutgläubige Dritte gegen Einwendungen auf Grund dieser Aenderung gemäß §. 1435 Abs. 1 des Bürgerlichen Gesetzbuchs geschützt sein, wenn die Aenderung nicht im Güterrechtsregister eingetragen war (Art. 58 §. 9 Abs. 2). Der volle Schutz des §. 1435 Abs. 1 des Bürgerlichen Gesetzbuchs soll jedoch dem gutgläubigen Dritten auch gegenüber Ehegatten, die vor dem Inkrafttreten des Bürgerlichen Gesetzbuchs geheirathet haben, dann zu Theil werden, wenn nach dieser Zeit der Wohnsitz des Mannes verlegt worden ist. Der Wechsel des Wohnsitzes erschwert einerseits dem Dritten die Ermittelung des für die Ehe bestehenden Güterstandes; andererseits wird den Ehegatten der alten Ehen nichts Unbilliges zugemuthet, wenn von ihnen dasselbe verlangt wird, was das Bürgerliche Gesetzbuch im Interesse des Verkehrs auch von den Ehegatten der neuen Ehen mit dem gleichen Güterstande fordert. Ueberdies kommt für die zahlreichen Ehen, für die der Entwurf das gesetzliche Güterrecht des Bürgerlichen Gesetzbuchs einführen will, eine Eintragung in das Güterrechtsregister überhaupt nicht in Betracht.

Mit Rücksicht auf die Art und Weise, wie nach dem Entwurfe die Ueberleitung durchgeführt werden soll, erscheint es weder nothwendig noch angemessen, dem einzelnen Ehegatten die Befugniß beizulegen, daß er die Ueberleitung durch seinen Widerspruch hindern kann. Soweit zwischen den bisherigen Güterständen und den Güterständen des neuen Rechtes wesentliche Verschiedenheiten bestehen, muß das Gesetz selbst sie berücksichtigen und darf die Aufrechterhaltung nicht von einer Willensbethätigung der einzelnen Ehegatten abhängig machen. Soweit dagegen die Verschiedenheiten nicht das Wesen des Güterstandes berühren, haben die Ehegatten kein den Gesetzgeber beschränkendes wohlerworbenes Recht auf den Fortbestand der bisherigen Regelung des Güterstandes in ihren Einzelheiten. Entscheidet sich das Gesetz im höheren Interesse der Rechtssicherheit für die Ueberleitung, so kann es den Erfolg dieser Maßnahme nicht in das Belieben des einzelnen Ehegatten stellen. Die Besorgniß erscheint nicht unbegründet, daß die Anhänglichkeit an das bisherige Recht, die Scheu vor dem unbekannten Neuen, die Unfähigkeit, sich über die Tragweite der Rechtsänderung ein zutreffendes Urtheil zu bilden, der Mangel sachgemäßer Belehrung, unter Umständen auch der irreleitende Einfluß vermeintlich sachverständiger Berather vielfach zusammenwirken würden, um die Zahl der Widersprüche in einem den Zweck der Ueberleitung vereitelnden Maße anwachsen zu lassen. Zum mindesten würde das Gesetz, wenn es den Ehegatten die Entscheidung überließe, ohne Noth Beunruhigung in die Ehen hineintragen. Dazu kommt, daß einer der durchgreifenden Unterschiede zwischen dem alten und dem neuen Rechte in der Einschränkung der Befugnisse des Ehemanns liegt. Wenn diese unter normalen Verhältnissen die Stellung des Mannes kaum beeinträchtigt, da die Zustimmung der Frau genügt, um seine Verfügungsmacht über das gesetzliche Maß hinaus nach Bedürfniß zu erweitern, so könnte sie doch gerade in Fällen, in welchen der Mann schon jetzt zu einem Mißbrauche seiner bisherigen weitergehenden Befugnisse neigt, ihn zum Widerspruche gegen die Ueberleitung veranlassen, um sich seine bisherige Rechtsstellung zu erhalten und der Frau den erweiterten Schutz, in dem ein wesentlicher Vorzug des neuen Rechtes zu erblicken ist, zu entziehen.

Unter den bestehenden Ehen mit einem zur Zeit des Inkrafttretens des Bürgerlichen Gesetzbuchs in Preußen begründeten Wohnsitze sind neben denjenigen, deren Güterstand der Entwurf selbständig in das neue Recht überleitet, weiter die Ehen in Betracht zu ziehen, für welche kraft Gesetzes oder Ehevertrags ein in einem anderen Bundesstaate geltendes Güterrecht besteht. Die Rücksicht auf die Verkehrssicherheit und die Rechtsanwendung lassen es erwünscht erscheinen, daß auch diesen Ehen gegenüber die Vorschriften des Reichsrechts zur Durchführung gelangen. Indessen kann nicht daran gedacht werden, für die mannigfachen, in anderen Bundesstaaten geltenden Güterrechte selbständige Ueberleitungsvorschriften aufzustellen. Vielmehr muß die Entscheidung der Frage, inwieweit gegenüber jenen Güterrechten eine Ueberleitung angängig erscheint, der Gesetzgebung der anderen Bundesstaaten überlassen bleiben. Die Preußische Gesetzgebung vermag nur zu bestimmen, ob für sie das Bedürfniß und im Hinblick auf die in den Ueberleitungsvorschriften der anderen Bundesstaaten befolgten Grundsätze die Möglichkeit bestehen, jene Ueberleitungsvorschriften auch für die ihrem Machtbereich angehörenden Ehen mit dem betreffenden Güterrecht einzuführen. Die Entscheidung dieser Frage kann jedoch erst erfolgen, wenn die Ausführungsgesetze der anderen Bundesstaaten vorliegen. Soweit letzteres schon jetzt der Fall ist, soll die Frage nach dem Entwurf unmittelbar im Ausführungsgesetze selbst ihre Erledigung finden. Im Uebrigen schlägt der Entwurf vor, die Entscheidung einer Königlichen

Verordnung vorzubehalten. Des Näheren ist hier auf die Begründung des Artikel 60 zu verweisen.

Die Zwecke der Ueberleitung erfordern endlich, daß die Maßnahme nicht auf die Ehegatten beschränkt wird, die zur Zeit des Inkrafttretens des Bürgerlichen Gesetzbuchs bereits in Preußen ihren Wohnsitz haben. Auch wenn der Wohnsitz der Ehegatten später nach Preußen verlegt wird, ergeben sich für die Preußische Gesetzgebung von dieser späteren Zeit an in gleicher Weise wie gegenüber den von vornherein ihrem Machtbereich angehörenden Ehen das Bedürfniß und die Berechtigung zum Eingreifen. Der Entwurf will deshalb auch die hier in Rede stehenden Ehen von der Zeit der Begründung eines Preußischen Wohnsitzes an den gleichen Ueberleitungsvorschriften unterwerfen wie die Ehen mit einem schon bei dem Inkrafttreten des Bürgerlichen Gesetzbuchs in Preußen begründeten Wohnsitze, vorausgesetzt, daß der Güterstand einer solchen Ehe nicht schon durch die Gesetze eines anderen Bundesstaats einer Anpassung an das Reichsrecht unterzogen worden ist (Art. 64).

Was die bestehenden Ehen mit einem ausländischen Güterrechte betrifft, so kann eine gesetzliche Ueberleitung derselben nicht in Frage kommen.

Soweit die Vorschriften des Entwurfes sich auf die in Preußen bestehenden Güterrechte beziehen, haben ihnen gutachtliche Berichte der Oberlandesgerichte über die Frage, inwieweit eine Ueberleitung der in den einzelnen Bezirken geltenden Güterrechte angängig und zweckmäßig sei, als erste Grundlage gedient. Ein im Anschluß an die Gutachten aufgestellter vorläufiger Entwurf von Ueberleitungsvorschriften für die Preußischen Güterrechte ist sodann nochmals der Prüfung der Oberlandesgerichtspräsidenten unterstellt worden; die erhobenen Erinnerungen haben, soweit es mit der Einheitlichkeit der Behandlung vereinbar erschien, Berücksichtigung gefunden.

Der gegenwärtige Entwurf trifft nach dem einleitenden Artikel 43 zunächst die erforderlichen besonderen Bestimmungen für die einzelnen in Preußen geltenden gesetzlichen Güterrechte, und zwar für die Verwaltungsgemeinschaft nach dem Allgemeinen Landrecht (Art. 44) und dem Märkischen Provinzialrechte (Art. 45), die landrechtliche und die Westfälische Gütergemeinschaft (Art. 46, 47), den Güterstand des gemeinen Dotalrechts (Art. 48), die kleineren dem Systeme der Verwaltungsgemeinschaft folgenden Güterrechte der Oberlandesgerichtsbezirke Kiel und Celle (Art. 49), die Pommerschen Güterrechte (Art. 50), die in gemeinrechtlichen Gebietstheilen geltenden Formen der Gütergemeinschaft (Art. 51), der Errungenschaftsgemeinschaft (Art. 52, 53) und der Fahrnißgemeinschaft (Art. 54) sowie die Güterstände des Rheinischen Rechtes (Art. 55). Es folgen Vorschriften über die Behandlung der bei dem Inkrafttreten des neuen Reichsrechts in Preußen wohnhaften Ehegatten, für die eines der vorher erwähnten gesetzlichen Güterrechte auf Grund des in einem anderen Bundesstaate genommenen ersten ehelichen Wohnsitzes besteht (Art. 56), ferner Vorschriften über die Ueberleitung vertragsmäßiger Güterstände (Art. 57) und allgemeine Bestimmungen über die Durchführung der Ueberleitung (Art. 58, 59). Der Entwurf wendet sich sodann zu den Ehen mit einem bei dem Inkrafttreten des Bürgerlichen Gesetzbuchs in Preußen begründeten Wohnsitze, für welche kraft Gesetzes oder Ehevertrags ein in einem anderen Bundesstaate geltendes Güterrecht besteht (Art. 60). Hieran schließen sich Uebergangsvorschriften für die einer gesetzlichen Ueberleitung nicht unterworfenen Güterstände (Art. 61) sowie Bestimmungen über die Eintragung der Güterstände in das Güterrechtsregister (Art. 62, 63). Den Schluß des auf den Güterstand der bestehenden Ehen bezüglichen Abschnitts bilden Vorschriften für die Fälle, in denen die Ehegatten nach dem Inkrafttreten des neuen Rechtes ihren Wohnsitz nach Preußen verlegen (Art. 64).

Während der Entwurf in Betreff der güterrechtlichen Nachwirkungen von Ehen, die schon vor dem Inkrafttreten des Bürgerlichen Gesetzbuchs aufgelöst sind, es im Allgemeinen nach Maßgabe des Einführungsgesetzes bei den bisherigen Gesetzen bewenden läßt, enthalten die Artikel 65, 66 schließlich einige auf solche Nachwirkungen bezügliche Vorschriften.

Artikel 43.

Die Vorschrift bestimmt den Zeitpunkt, in welchem sich für die bestehenden Ehen mit einem bei dem Inkrafttreten des Bürgerlichen Gesetzbuchs in Preußen begründeten Wohnsitze der Wechsel der für den Güterstand maßgebenden Gesetze vollzieht, soweit nicht in den folgenden Artikeln ein späterer Zeitpunkt festgesetzt ist (vergl. Art. 46 §. 1 Abs. 2, Art. 51 §. 1 Abs. 2, Art. 54 §. 1 Abs. 2). Sie stellt ferner klar, daß dem neuen Rechte erst von der Zeit der Ueberleitung an Geltung beigelegt wird, daß also bis zu dieser Zeit alle Verhältnisse sich durchaus nach dem alten Rechte gestalten und die eingetretenen Rechtswirkungen auch für die Zukunft ihre Kraft behalten.

Artikel 44.

Die Verwaltungsgemeinschaft des Allgemeinen Landrechts bildet das gesetzliche Güterrecht in den Provinzen Schlesien und Sachsen mit Ausnahme einiger kleiner Bezirke des Märkischen Provinzialrechts, in den Theilen der Provinz Brandenburg, in denen nicht das letztgenannte Recht gilt, und in den landrechtlichen Theilen von Hannover, ferner für Ehen der Eximirten in Altvor- und Hinterpommern, mit Ausnahme der dazu gehörigen Bezirke des Märkischen Provinzialrechts, für Ehen Adeliger in den Gebieten des Westpreußischen und des Ostpreußischen Provinzialrechts, nach letzterem mit gewissen Besonderheiten, endlich für die vor dem 1. Januar 1861 geschlossenen Ehen, deren erster Ehewohnsitz in bestimmten Theilen der Provinz Westfalen und der Rheinprovinz gelegen war. Sie stimmt mit dem gesetzlichen Güterrechte des Bürgerlichen Gesetzbuchs in weitem Umfange überein.

Von der Regel, daß mit der Eheschließung das Vermögen der Frau der Verwaltung und Nutznießung des Mannes unterworfen wird (A.L.R. II. 1 §§. 205, 231, B.G.B. §. 1363), kennt sowohl das alte wie das neue Recht Ausnahmen. Nach dem Allgemeinen Landrecht II. 1 §§. 999, 980 bis 983 erlangt, wenn eine Minderjährige ohne die erforderliche Einwilligung der Mutter oder des Vormundes die Ehe eingeht, der Mann nicht die Verwaltung und den Nießbrauch des Vermögens der Frau, sondern hat bis zur Volljährigkeit der Frau auf die Einkünfte ihres Vermögens nur Anspruch, soweit sie zum standesgemäßen Unterhalte der Frau nach dem Ermessen des Vormundschaftsgerichts nothwendig sind; „nach erlangter Volljährigkeit hängt es von dem freien Entschlusse der Frau ab, was sie von dem Vermögen dem Manne einbringen, oder sich vorbehalten will.“ Ob nach letzterer Vorschrift in Folge der einseitigen Entscheidung der Frau Verwaltungsgemeinschaft eintritt, erscheint zweifelhaft. Jedenfalls entspricht es den Zwecken der landrechtlichen Vorschriften und führt zu wesentlich gleichen Ergebnissen, wenn für die zur Zeit des Inkrafttretens des Bürgerlichen Gesetzbuchs bestehenden Ehen, in denen die Verwaltung und der Nießbrauch des Mannes nach jenen Vorschriften ausgeschlossen ist, mit dem bezeichneten Zeitpunkt, ebenso wie nach §. 1364 des Bürgerlichen Gesetzbuchs bei Ehen, die mit einer in der Geschäftsfähigkeit beschränkten Frau ohne Einwilligung des gesetzlichen Vertreters eingegangen sind, Gütertrennung nach den §§. 1427 bis 1430 des Bürgerlichen Gesetzbuchs eintritt (Art. 44 §. 1 Abs. 2). Für die Beibehaltung der weiteren Vorschrift, daß Zuwendungen, die die Frau dem Manne in einem vor erreichter Volljährigkeit gemachten Vertrag oder Testamente bestimmt hat, ungültig sind (A.L.R. II. 1 §. 982), besteht kein Bedürfniß.

Anlangend das Verhältniß zwischen der landrechtlichen und der reichsrechtlichen Verwaltungsgemeinschaft im Einzelnen, so ist Alles, was nach dem Landrechte vorbehaltenes Vermögen der Frau ist, zugleich Vorbehaltsgut im Sinne des Bürgerlichen Gesetzbuchs. Auch die dem letzteren als besonderes Rechtsinstitut fremde Morgengabe (A.L.R. II. 1 §. 107) behält nach der Ueberleitung die Natur des Vorbehaltsguts (vergl. im Uebrigen die §§. 206, 208, 209, 214, 217, 218 A.L.R. II. 1 mit den §§. 1366, 1368 bis 1370 des B.G.B.). Eine wesentliche Verschiedenheit zwischen altem und neuem Rechte besteht nur bezüglich der Behandlung des Erwerbes der Frau durch ihre außerhalb der Geschäfte des Hauswesens und des Mannes liegende Thätigkeit. Bisher wird nach der herrschenden Ansicht dieser artifizielle Erwerb der Frau, insbesondere aus einem von ihr betriebenen Gewerbe, nur dann Eigenthum der Frau, wenn er in Grundstücken oder Kapitalien auf den Namen der Frau angelegt ist, und zwar wird unter dem Erwerbe nur der Reingewinn, nicht das in und zu dem Betriebe Beschaffte verstanden; zum vorbehaltenen Vermögen gehört der Erwerb nur, wenn das Geschäft mit Vorbehaltenem betrieben wird (A.L.R. II. 1 §§. 211, 219, 220; Rehbein, Entsch. des Ob.Trib. Bd. 4 S. 103, 108, 109; Entsch. des Reichsgerichts in Gruchot Bd. 35 S. 1040; Dernburg, Preuß. Privatr. Bd. 3, §. 25 Anm. 7, 8). Dagegen wird nach §. 1367 des Bürgerlichen Gesetzbuchs Alles, was die Frau durch ihre Arbeit oder durch den selbständigen Betrieb eines Erwerbsgeschäfts erwirbt, Vorbehaltsgut. Es erscheint unbedenklich, diese neue Vorschrift für den künftigen Erwerb der Frau auch in den bestehenden Ehen zur Geltung zu bringen. Sofern sich dadurch die dem Manne zufallenden Nutzungen des eingebrachten Vermögens derart vermindern, daß sie einen angemessenen Beitrag der Frau zur Bestreitung des ehelichen Aufwandes nicht mehr darstellen, ist die Frau nach §§. 1371, 1427 des Bürgerlichen Gesetzbuchs verpflichtet, einen solchen Beitrag aus dem Ertrag ihrer Arbeit oder des von ihr selbständig betriebenen Erwerbsgeschäfts zu leisten. Was ferner die Einkünfte aus einem Arbeitsverhältniß oder einem Erwerbsgeschäfte betrifft, welches die Frau erst nach dem Inkrafttreten des Bürgerlichen Gesetzbuchs beginnt, so kann sich der Mann nach den §§. 1354, 1358, 1405 des Bürgerlichen Gesetzbuchs von vornherein einen angemessenen Einfluß auf die Verwendung dieser Einkünfte sichern.

Ueber das vorbehaltene Vermögen kann die Frau, abgesehen von der Sondervorschrift des Allgemeinen Landrechts II. 1 §. 223, ebenso wie über das Vorbehaltsgut nach dem Bürgerlichen Gesetzbuche frei verfügen. Das vorbehaltene Vermögen haftet jedoch für die von ihr ohne Einwilligung des Mannes eingegangenen Schulden nicht, wie das Vorbehaltsgut, unbedingt und unbeschränkt; vielmehr kann sich der Gläubiger während der Ehe an das Vorbehaltene nur halten, wenn es ihm verpfändet ist, im Uebrigen haftet das bei der Auflösung der Ehe vorhandene vorbehaltene Vermögen nur dann, wenn die Schuld mit Beziehung auf das Vorbehaltene eingegangen war (§§. 319, 619 a. a. O.). Besonderheiten gelten nach dem bisherigen Rechte bei dem gesetzlich vorbehaltenen Vermögen in Bezug auf den Schutz des Mannes gegen unwirthschaftliches Betragen der Frau, die Nichtigkeit einseitiger Verfügungen des Mannes über Mobilien sowie die Prozeßführung (A.L.R. II. 1. §§. 224, 228, 249, A.G.O. I. 1. §. 19), ferner in Betreff der Verpflichtung der Frau, im Falle des Verschweigens vorehelicher Schulden oder des wissentlichen Einbringens fremder Sachen als eigener aus dem vorbehaltenen Vermögen zum Eingebrachten Ersatz zu leisten (A.L.R. II. 1. §§. 339, 340), und hinsichtlich der Haftung des Mannes für widerrechtliche Verfügungen über das vorbehaltene Vermögen (§. 546). Alle diese Vorschriften können, unbeschadet der nach ihnen bereits eingetretenen Rechtswirkungen, unbedenklich durch das neue Recht ersetzt werden. Das Gleiche gilt von der Vorschrift, daß das vorbehaltene Vermögen, soweit es von der Frau dem Manne zur Verwaltung oder sonstigen Verfügung übergeben ist, mit dem Eingebrachten gleiche Rechte hat (§. 547); an ihre Stelle tritt die im Ergebnisse wenig verschiedene Vorschrift des §. 1430 des Bürgerlichen Gesetzbuchs. Der Satz, daß Grundstücke und Kapitalien, um Dritten gegenüber als vorbehaltenes Vermögen zu gelten, als solches auf den Namen der Frau geschrieben sein müssen (A.L.R. II. 1. §. 216), bleibt nach Artikel 58 §. 9 Abs. 1 des Entwurfes auch nach der Ueberleitung für das zu dieser Zeit vorhandene Vorbehaltsgut so lange in Kraft, als nicht nach Artikel 62 die Eintragung in das Güterrechtsregister nothwendig wird.

Anlangend das eingebrachte Gut der Frau, so ist zunächst das im §. 1372 des Bürgerlichen Gesetzbuchs anerkannte Recht beider Ehegatten auf Feststellung des Bestandes durch Aufnahme eines Verzeichnisses und des Zustandes der zum eingebrachten Gut gehörenden Sachen durch Sachverständige zwar neu, aber auch für die bestehenden Ehen zweckmäßig. Nicht minder ist dem jetzigen Rechte die Verpflichtung des Mannes, über den Stand der Verwaltung der Frau auf Verlangen Auskunft zu ertheilen, fremd (B.G.B. §. 1374 Satz 2). Da jedoch eine gerichtliche Geltendmachung dieser Verpflichtung bis zur Beendigung der Verwaltung und Nutznießung ausgeschlossen ist, sofern nicht das Verhalten des Mannes die Besorgniß einer erheblichen Gefährdung des eingebrachten Gutes oder der Ersatzansprüche der Frau begründet (§. 1394), so unterliegt die Ausdehnung der fraglichen Vorschrift auf bestehende Ehen keinem Bedenken.

Erheblicher sind die Verschiedenheiten in Betreff des Verwaltungs- und Verfügungsrechts des Mannes. Gegenwärtig erlangt der Mann an dem eingebrachten Gelde und im Zweifel auch an den sonstigen verbrauchbaren Sachen Eigenthum, in Betreff der Mobilien (Möbel, Hausrath und Geräthschaften) sowie nach der Auffassung der Praxis (Entsch. des Ob. Trib. Bd. 71 S. 63; Dernburg §. 30 Anm. 21) in Betreff der nicht auf den Namen der Frau geschriebenen Kapitalien und sonstigen Forderungsrechte, namentlich der Werthpapiere, das freie Verfügungsrecht unter Verpflichtung zum Ersatze (A.L.R. II. 1. §§. 548 bis 551, 231 [verb. mit I. 21 §§. 173 ff.], 247, 561); nur Grundstücke und Gerechtigkeiten kann der Mann ohne die ausdrückliche Einwilligung der Frau nicht veräußern, verpfänden oder dauernd belasten, auf den Namen der Frau oder ihrer Erblasser oder Geschenkgeber geschriebene Kapitalien nicht ohne Bewilligung der Frau einziehen, verpfänden, veräußern oder sonst abhanden bringen; in gewissen Fällen ist aber die Frau zur Ertheilung der Einwilligung verpflichtet und letztere kann durch das Vormundschaftsgericht ergänzt werden (A.L.R. II. 1 §§. 232 bis 239). Dagegen hat nach dem Bürgerlichen Gesetzbuche der Mann in Bezug auf Geld und andere verbrauchbare Sachen nur nach Außen freies Verfügungsrecht, der Frau gegenüber aber die Verpflichtung, von diesem Rechte nur zum Zwecke ordnungsmäßiger Verwaltung Gebrauch zu machen und Geld, soweit es nicht zur Bestreitung von Ausgaben bereit zu halten ist, für die Frau mündelsicher verzinslich anzulegen; andere verbrauchbare Sachen darf er auch für sich veräußern oder verbrauchen, muß aber, wenn er von der Befugniß Gebrauch macht, den Werth der Sachen, soweit die ordnungsmäßige Verwaltung es erfordert, schon vor der Beendigung der Verwaltung und Nutznießung, jedenfalls nachher ersetzen (§. 1376 Nr. 1., §. 1377). Im Uebrigen beschränkt sich das Verfügungsrecht des Mannes, abgesehen von dem Inventar eines eingebrachten Grundstücks (§. 1378), darauf, Forderungen der Frau gegen solche Forderungen an die Frau, deren Berichtigung aus dem eingebrachten Gute verlangt werden kann, aufzurechnen und Verbindlichkeiten der Frau zur Leistung eines zum eingebrachten Gute gehörenden Gegenstandes durch Leistung des Gegenstandes zu erfüllen (§. 1376 Nr. 2, 3). Aehnlich wie nach dem bisherigen Rechte kann die Zustimmung der Frau durch das Vormundschaftsgericht ersetzt werden (§. 1379). Wenn somit der Mann in Folge der Ueberleitung in der Verfügung über das Eingebrachte, namentlich das Geld der Frau, für die Zukunft nicht unwesentlich beschränkt wird, so besteht doch kein Grund, den schon verheiratheten Frauen die mit den Vorschriften des neuen Rechtes bezweckte größere Sicherung ihres Eingebrachten vorzuenthalten. Die jetzt zweifelhafte Frage, inwieweit der Mann über das Eingebrachte Prozesse führen kann, findet im §. 1380 des Bürgerlichen Gesetzbuchs eine Regelung, die künftig, unbeschadet der anhängigen Sachen, auch für die bestehenden Ehen gelten kann. Ebensowenig wird sich etwas dagegen einwenden lassen, daß der vom Manne mit Mitteln des eingebrachten Gutes gemachte Erwerb künftig nicht nur unter den im Allgemeinen Landrechte II. 1 §§. 240, 560 bestimmten, sondern unter den erweiterten Voraussetzungen der §§. 1381, 1382 des Bürgerlichen Gesetzbuchs Eigenthum der Frau wird.

Wenn nach §. 1383 des Bürgerlichen Gesetzbuchs der Mann die Nutzungen des eingebrachten Gutes in derselben Weise und in demselben Umfang erwirbt wie ein Nießbraucher, so ergiebt sich aus diesem Satze nur insofern in Folge des vom Landrechte (I. 2 §. 110) verschiedenen Begriffs der Nutzungen oder Früchte eine erhebliche Abweichung vom bisherigen Rechte, als der Mann künftig von einem zum eingebrachten Gute gehörenden Rechte die Erträge, welche das Recht seiner Bestimmung gemäß gewährt, insbesondere bei einem Rechte auf Gewinnung von Bodenbestandtheilen die gewonnenen Bestandtheile, mithin bei einem Bergwerke die ganze Ausbeute, nicht bloß deren Zinsen erwirbt (B.G.B. §. 99 Abs. 2; dagegen A.L.R. I. 21 §§. 37, 38, Entsch. d. Ob.Trib. Bd. 12 S. 463, Dernburg Bd. 1 §. 281 Anm. 21, Rehbein, Entsch. Bd. 3 Nr. 291). Indessen tritt bezüglich der elterlichen Nutznießung die gleiche Aenderung kraft Reichsgesetzes ein (Einf.-Ges. Art. 203); die hier fragliche Erweiterung der Rechte des Mannes bildet ferner einen gewissen Ausgleich für die nach anderer Richtung mit der Ueberleitung verbundene Beschränkung seiner Befugnisse. Die Vorschriften der §§. 1384 bis 1386 des Bürgerlichen Gesetzbuchs über die vom Manne zu tragenden Kosten und Lasten stimmen mit dem jetzigen Rechte im Wesentlichen überein (A.L.R. I. 21 §§. 11, 12, 70, 71, 80, 81, 87 bis 89). Die Frage, ob und inwieweit der Mann die Kosten eines die Frau angehenden Rechtsstreits oder Strafverfahrens zu tragen hat, regelt das Landrecht aus dem Gesichtspunkte der dem Manne obliegenden Vertretungs- und Unterhaltungspflicht in dem Abschnitte „von den Rechten und Pflichten der Eheleute in Beziehung auf ihre Personen" (II. 1 §§. 187 bis 191); doch ist im Einzelnen streitig, in welchen Fällen der Mann die Kosten zu tragen hat und ob seine Verbindlichkeit nur der Frau oder auch der Staatskasse gegenüber besteht (Eccius Bd. 4 §. 206, 7. Aufl. S. 34 ff., Rehbein Bd. 4 Nr. 307). Die jetzt geltenden Vorschriften treten aber auch für die bestehenden Ehen kraft Reichsgesetzes außer Kraft (Einf.-Ges. Art. 199); es liegt somit hier ein besonders dringendes Bedürfniß vor, die Lücke durch Einführung der die Frage ordnenden Vorschriften des neuen Güterrechts auszufüllen (§§. 1387, 1388, §. 1412 Abs. 2, §. 1415 Nr. 3, §. 1416). Auf anhängige Prozesse finden diese Vorschriften nach Artikel 58 §. 6 des Entwurfes keine Anwendung. Bezüglich der Verpflichtung des Mannes zur Tragung des ehelichen Aufwandes bestimmt der §. 1389 des Bürgerlichen Gesetzbuchs nichts sachlich Neues (A.L.R. II. 1 §§. 184, 185, 256, 258; Entsch. des Reichsgerichts in Gruchot Bd. 30 S. 968). Günstiger als das bisherige Recht stellt der §. 1390 den Mann in Betreff des Ersatzes der von ihm zum Zwecke der Verwaltung des eingebrachten Gutes gemachten Aufwendungen, soweit solche ihm nicht selbst zur Last fallen; jetzt bedarf es regelmäßig einer formellen Einwilligung der Frau, um einen Ersatzanspruch zu begründen (A.L.R. II. 1 §§. 231, 586ff.; I. 21 §§. 56, 75ff., 124ff.). Für künftige Aufwendungen wird es genügen, wenn der Mann sie den Umständen nach für erforderlich halten durfte.

Zur Sicherung ihres Eingebrachten steht der Frau jetzt ein von einer Gefährdung ihrer Rechte unabhängiger gesetzlicher Titel zur Hypothek an den Grundstücken des Mannes zu, der innerhalb eines Jahres nach dem Beginne der Verwaltung oder nach dem späteren Erwerb eines Grundstücks geltend gemacht werden muß; bei drohender Gefährdung ihrer Rechte hat die Frau außerdem einen Anspruch auf Sicherheitsleistung (A.L.R. II. 1 §§. 254, 255; Einf.-Ges. zur Preuß. Konk.O. Art. XII; Ausf.-Ges. zur Konk.O. §. 4). Das Bürgerliche Gesetzbuch beseitigt den Hypothekentitel und es erscheint unbedenklich, diese Maßnahme landesgesetzlich auf die bestehenden Ehen auszudehnen. Ein wohlerworbenes Recht der Frau steht nicht in Frage, wie denn schon die bisherige Gesetzgebung eine erhebliche Abschwächung für zulässig gehalten hat. Praktisch wird von dem Titel fast nur bei drohender Gefahr Gebrauch gemacht; für diese Fälle aber bleibt der Frau auch künftig der Anspruch auf Sicherheitsleistung. Ueberdies erhält die Frau für den Verlust des wenig wirksamen bisherigen Sicherungsmittels reichlichen Ersatz durch die sonstigen ihren besseren Schutz bezweckenden Vorschriften des neuen Rechtes (insbes. §§. 1375 ff., 1381). Der §. 1391 wird durch die Vorschriften der §§. 1392, 1393 zweckmäßig ergänzt. Die Bestimmungen des §. 1394 über die Zeit, zu welcher die Frau ihre Ansprüche aus der Verwaltung und Nutznießung gegen den Mann geltend machen kann, entsprechen im Allgemeinen dem bisherigen Rechte.

Die rechtliche Stellung der Frau wird durch die Ueberleitung insofern freier, als bisher alle Rechtsgeschäfte der Frau, die mit Verpflichtungen für sie verknüpft sind, soweit sie nicht ausdrücklich unter Verhaftung des Vorbehaltsguts abgeschlossen werden, mangels Zustimmung des Mannes nichtig sind und dieser Grundsatz nur dann eine Ausnahme erleidet, wenn die Frau durch die Entfernung des Mannes genöthigt ist, den Haushalt selbständig zu führen (A.L.R. II. 1 §. 320; Striethorst, Archiv Bd. 76, S. 193 Dernburg Bd. 3 §. 22 Nr. II), während künftig die Beschränkung der Frau in der Geschäftsfähigkeit wegfällt. Die Rechte des Mannes in Ansehung des eingebrachten Gutes werden dafür durch die in den §§. 1395 bis 1400 bestimmte Beschränkung des Verfügungsrechtes der Frau vollkommen geschützt. Der §. 1400 Abs. 2 entscheidet die jetzt streitige Frage der Aktivlegitimation der Frau, der §. 1401 entspricht ähnlichen Vorschriften des jetzigen Rechtes (A.L.R. II. 1 §§. 202 bis 204), die §§. 1402, 1403 füllen Lücken aus. Der §. 1404 stellt insbesondere klar, daß die Nutznießung des Mannes, abweichend vom bisherigen Rechte, der Eintragung in das Grundbuch nicht bedürftig und nicht fähig ist. Bezüglich der Rechtsstellung der Frau bei dem selbständigen Betrieb eines Erwerbsgeschäfts unterscheiden sich das alte und das neue Recht im Wesentlichen dadurch, daß mangels Einwilligung des Mannes in den Betrieb die Frau jetzt in der Geschäftsfähigkeit, künftig nur in der Verfügung über das eingebrachte Gut beschränkt ist (A.L.R. II. 1 §§. 195, 335, 336, H.G.B. Art. 7, 8 Abs. 1, 9; B.G.B. §. 1405). Wenn nach §. 1405 Abs. 3 des Bürgerlichen Gesetzbuchs der Einspruch des Mannes gegen den Betrieb und der Widerruf seiner Einwilligung in ihrer Wirksamkeit gegenüber gutgläubigen Dritten von der Eintragung in das Güterrechtsregister abhängig sind, so soll es bezüglich eines vor dem Inkrafttreten des Bürgerlichen Gesetzbuchs erfolgten Einspruchs oder Widerrufs nach Artikel 58 §. 9 Abs. 1 des Entwurfes einer solchen Eintragung nicht bedürfen, solange nicht die Voraussetzung des Artikel 62 eingetreten ist. Der §. 1406 des Bürgerlichen Gesetzbuchs weicht vom jetzigen Rechte insofern ab, als nach diesem die Frau zu Entsagungen, namentlich von Erbschaften, ohne Zustimmung des Mannes nicht befugt ist (Dernburg Bd. 3 §. 30 Anm. 31) und als für Rechtsgeschäfte der Frau gegenüber dem Manne besondere Formvorschriften (A.L.R. II. 1 §§. 198 bis 200) bestehen, die jedoch schon nach Artikel 199 des Einführungsgesetzes außer Kraft treten. Die §§. 1407 bis 1409 entscheiden theils im bisherigen Rechte streitige Fragen, theils stimmen sie mit ihm überein. Letzteres gilt im Wesentlichen auch von den die Zwangsvollstreckung betreffenden Vorschriften des §. 861 der revidirten Civilprozeßordnung (vergl. Art. 58 §. 8 des Entwurfes).

Anlangend die Schuldenhaftung, so besteht Uebereinstimmung bezüglich der Schulden des Ehemanns (B.G.B. §. 1410) und im Verhältnisse zu den Gläubigern bezüglich der vorehelichen und der während der Ehe entstandenen nicht rechtsgeschäftlichen Schulden der Frau (§. 1411; A.L.R. II. 1. §. 338, Dernburg §. 22 Anm. 24, Rehbein Nr. 308). In Betreff der während der Ehe eingegangenen rechtsgeschäftlichen Schulden der Frau tritt der schon erwähnte Unterschied hervor, daß die Frau bisher in der Geschäftsfähigkeit, künftig nur in der Verfügung über das eingebrachte Gut beschränkt ist; in Folge dessen sind solche Schulden mangels der erforderlichen Einwilligung des Mannes nicht, wie jetzt, nichtig (A.L.R. II. 1 §. 320), sondern nur in Ansehung des eingebrachten Gutes bis zur Beendigung der Verwaltung und Nutznießung unwirksam (§. 1412 Abs. 1). Andererseits haftet der Mann auf Grund der Einwilligung zu einem Rechtsgeschäfte der Frau jetzt selbst als Gesammtschuldner (A.L.R. II. 1 §§. 329 bis 332, 337, Einf.-Ges. zum H.G.B. Art. 19), während das Bürgerliche Gesetzbuch eine solche Mithaftung nicht kennt. Dagegen ist letzterem eigenthümlich die Unterscheidung solcher Verbindlichkeiten der Frau, welche dem Gläubiger gegenüber oder doch im Verhältnisse der Ehegatten zu einander nur dem Vorbehaltsgute zur Last fallen (§§. 1413 bis 1417). Diese Abweichungen des neuen Rechtes stehen sämmtlich seiner Einführung für künftige Verbindlichkeiten nicht entgegen; für die vor der Ueberleitung entstandenen Schulden verbleibt es bei den bisherigen Vorschriften, insbesondere über die Mithaftung des Mannes (Art. 58 §. 3).

Den Gründen für die Beendigung der Verwaltung und Nutznießung fügt das Bürgerliche Gesetzbuch die Aufhebung durch Urtheil in den Fällen des §. 1418 Nr. 1, 3 bis 5 und die Konkurseröffnung über das Vermögen des Mannes (§. 1419) hinzu; der §. 1418 Nr. 2 schließt sich im Wesentlichen den Vorschriften des Allgemeinen Landrechts II. 1 §§. 256, 258 an. Die neuen Vorschriften werden sachgemäß auch insoweit auf bestehende Ehen Anwendung finden können, als dadurch einem schon unter dem alten Rechte begonnenen Zustand eine diesem fremde Wirkung beigelegt wird. Bezüglich der Herausgabe des eingebrachten Gutes nach der Beendigung der Verwaltung und Nutznießung beschränkt sich das Bürgerliche Gesetzbuch auf wenige Vorschriften (§§. 1421, 1422), während das Landrecht, abgesehen von der ähnlichen Vorschrift des §. 258 II. 1, für die Fälle der Beendigung durch Tod oder Scheidung ausführliche Bestimmungen über die Auseinandersetzung trifft (II. 1 §§. 598 bis 613, 751 bis 754, 766 bis 782). Soweit nach diesen Bestimmungen schon vor dem Inkrafttreten des Bürgerlichen Gesetzbuchs Rechte für die Frau entstanden sind, deren Geltendmachung nur bis zur Beendigung der Verwaltung und Nutznießung hinausgeschoben ist, bleiben sie von der Ueberleitung unberührt. Im Uebrigen unterliegt die Beseitigung der Bestimmungen keinem Bedenken. Dies gilt im Allgemeinen auch von den Vorschriften der §§. 570 bis 581 über die dem überlebenden Ehegatten in Ansehung der eingebrachten Grundstücke und Gerechtigkeiten zustehenden Rechte. Das Landrecht unterscheidet hier, ob die Einbringung nach einem Anschlag erfolgt ist oder nicht. Ist für den ersteren Fall der Grund des Wahlrechts des Ueberlebenden in einer besonderen Vereinbarung der Ehegatten zu finden, so bleibt diese Vereinbarung nach Artikel 58 §. 5 des Entwurfs unberührt. Dagegen bildet das Uebernahmerecht, das dem Manne mangels eines Anschlags beigelegt ist, kein wohlerworbenes Recht. Es unterliegt seiner inneren Berechtigung nach begründeten Einwendungen, sofern es der Erhaltung des Grundbesitzes in der Familie entgegenwirkt (Mot. z. B.G.B. Bd. 4 S. 289, 290), und ist für den Mann selbst von zweifelhaftem Nutzen, da die Bestimmung des Uebernahmepreises den Erben der Frau zusteht. Dazu kommt, daß der überlebende Ehegatte künftig nach §. 1931 des Bürgerlichen Gesetzbuchs weit häufiger als bisher kraft Gesetzes Miterbe zum Hauptbruchtheil oder Alleinerbe des verstorbenen Ehegatten wird. Besondere Bedeutung gewinnt jedoch das Uebernahmerecht für den überlebenden Ehegatten in Bezug auf die in die Landgüterrolle eingetragenen Landgüter (Landgüterordnung für Brandenburg §. 17, für Schlesien §. 10 Abs. 3), indem es ihm gewisse Vortheile sichert und ihn vor Benachtheiligung gegenüber dem Anerben schützt. In Ansehung solcher Landgüter erhält der Entwurf daher das Uebernahmerecht aufrecht (Art. 44 §. 2 Abs. 2).

Die Vorschriften über die Auseinandersetzung im Falle der Scheidung sind, obwohl die Scheidung vom Inkrafttreten des Bürgerlichen Gesetzbuchs an nach den Vorschriften des Bürgerlichen Gesetzbuchs erfolgt (Einf.-Ges. Art. 201), reichsgesetzlich aufrecht erhalten (vergl. Mot. z. Einf.-Ges. S. 290); sie können aber, abgesehen von anhängigen Sachen (Entw. Art. 58 §. 6 Abs. 2), ohne Bedenken beseitigt werden. Insbesondere werden die Rechte des unschuldigen Mannes bezüglich einer Morgengabe sich auch ohne die Vorschrift des Landrechts II. 1 §. 774 durch entsprechende Anwendung des §. 1584 des Bürgerlichen Gesetzbuchs angemessen bestimmen lassen. Durch die Anwendung des §. 1421 des Bürgerlichen Gesetzbuchs auf bestehende Ehen wird eine Rechenschaftspflicht des Mannes nur für die Zeit nach der Ueberleitung anerkannt. Die Einführung des §. 1423 entspricht dem Gedanken, welcher der Vorschrift des Artikel 172 des Einführungsgesetzes zu Grunde liegt. Der §. 1424 enthält eine neue Vorschrift. Der §. 1425 dient zur Ergänzung des §. 1418; die Gründe, aus denen der im Landrechte (II. 1 §§. 264, 265) anerkannte Anspruch des Mannes auf Wiederherstellung seiner durch den Konkurs verlorenen Rechte in das Bürgerliche Gesetzbuch nicht aufgenommen worden sind (Mot. Bd. 4 S. 303), rechtfertigen auch seine Beseitigung für die bestehenden Ehen.

Erbrechtliche Wirkungen des Güterstandes sind mit der landrechtlichen Verwaltungsgemeinschaft ebensowenig verbunden wie mit der des Bürgerlichen Gesetzbuchs. Für das Erbrecht des überlebenden Ehegatten sind daher schon nach Artikel 213 des Einführungsgesetzes künftig statt der §§. 621 bis 633 des Allgemeinen Landrechts II. 1 die §§. 1931 ff. des Bürgerlichen Gesetzbuchs maßgebend. Das Gleiche gilt übrigens auch, soweit in gewissen älteren Ehen bisher der überlebende Ehegatte bei der gesetzlichen Erbfolge die Erbfolge nach dem Allgemeinen Landrechte wählen kann (vergl. die oben angeführten Gesetze vom 31. März 1865, 22. Mai 1867 und 22. Mai 1874), vorausgesetzt, daß dieses Wahlrecht als erbrechtliche Wirkung des Güterstandes aufrechterhalten bleibt.

Als eine besondere erbrechtliche Wirkung des Güterstandes wird das Wahlrecht anzusehen sein, das nach dem Ostpreußischen Provinzialrechte (Zusatz 96 §§. 1 bis 17) bei adeligen Ehen dem überlebenden Ehegatten zusteht. Das Wahlrecht bleibt also nach Lage der Reichsgesetzgebung mit der Maßgabe unberührt, daß, soweit jetzt die Erbfolge nach dem Allgemeinen Landrecht II. 1 §§. 621 bis 633 zur Wahl gestellt ist, auch hier künftig die Erbfolge nach dem Bürgerlichen Gesetzbuch an die Stelle tritt. In das so gestaltete Wahlrecht landesgesetzlich einzugreifen, erscheint bedenklich und nicht erforderlich. Der Entwurf erhält daher die besonderen Vorschriften des Ostpreußischen Provinzialrechts über die erbrechtlichen Wirkungen des Güterstandes aufrecht (Art. 44 §. 2 Abs. 2).

Artikel 45.

Die Verwaltungsgemeinschaft des Märkischen Provinzialrechts, die im größten Theile der Provinz Brandenburg und in einzelnen kleineren Bezirken der Provinzen Westpreußen, Pommern, Posen, Schlesien und Sachsen als gesetzlicher Güterstand gilt, steht, abgesehen von den Vorschriften über das Erbrecht des Ehegatten, durch ihre Abweichungen vom Landrechte der Verwaltungsgemeinschaft des Bürgerlichen Gesetzbuchs noch näher als die des Landrechts. Insbesondere wird der artifizielle Erwerb der Frau nach der Ansicht der Schriftsteller des Märkischen Rechtes ganz ihr Eigenthum, nach einer Meinung sogar ihr vorbehaltenes Vermögen (Korn, das Güterrecht und Erbrecht der Eheleute nach dem Brandenburger Provinzialrecht S. 108 ff.; v. Scholtz, das bestehende Provinzialrecht der Kurmark Brandenburg Bd. 2 S. 22 ff.). Die Frau wird ferner durch die Eheschließung nicht in der Geschäftsfähigkeit beschränkt; die von ihr ohne Einwilligung des Mannes eingegangenen Schulden sind verbindlich, aber mit Rücksicht auf die Rechte des Mannes nur in das vorbehaltene Vermögen sofort, in das eingebrachte erst nach Beendigung der Verwaltung und Nutznießung vollstreckbar. Ob der Mann für die mit seiner Zustimmung eingegangenen Schulden der Frau mithaftet, ist bestritten (Korn S. 121, 125, 126, Rehbein Nr. 309 S. 89). Zu den in der Mark suspendirten landrechtlichen Vorschriften gehören auch diejenigen über das Wahlrecht des überlebenden Ehegatten bezüglich der eingebrachten Grundstücke und Gerechtigkeiten. Es bedarf hiernach keiner näheren Begründung, wenn der Entwurf die Ehen mit dem gesetzlichen Güterrechte des Märkischen Rechts den landrechtlichen Ehen, abgesehen von dem Rechte des überlebenden Ehegatten, gleich behandelt (Art. 45 §. 1).

Eigenthümlich ist der Märkischen Verwaltungsgemeinschaft das damit verbundene statutarische Erbrecht des überlebenden Ehegatten. Daß es sich bei diesem um eine erbrechtliche Wirkung des Güterstandes handelt, die nach Artikel 200 des Einführungsgesetzes zum Bürgerlichen Gesetzbuche bestehen bleibt, erscheint nicht zweifelhaft. Wenn auch der Ursprung der durch die Joachimica von 1527 bestätigten „alten Gewohnheit" der Halbtheilung des Vermögens beider Ehegatten nicht völlig aufgeklärt ist, so steht doch außer Zweifel, daß jene Gewohnheit auf güterrechtlicher Grundlage beruht. Das Märkische Recht gelangte nicht zur Ausbildung einer Gütergemeinschaft unter Lebenden, legte es aber in den Willen des überlebenden Ehegatten, durch Einwerfung seines eignen Vermögens eine sogenannte Gütergemeinschaft von Todeswegen mit der Folge der Halbtheilung herbeizuführen. Wenn später die romanistische Jurisprudenz das statutarische Recht des überlebenden Ehegatten zu einem gesetzlichen Erbrecht ausgeprägt und das Erbschaftsedikt vom 30. April 1765 es ausdrücklich als solches anerkannt hat, so stellt es sich doch vermöge der nur aus dem Güterrecht erklärlichen Eigenthümlichkeit, daß es auch das Gut des Ueberlebenden ergreift, als Wirkung des Güterstandes dar (v. Scholtz Bd. 2 S. 80, 81, 85 ff.; Korn S. 6 ff.; Crome, das märkische Familienrecht S. 18; Mot. zum B.G.B. Bd. 4 S. 289). Es erscheint nicht räthlich, dieses altgewohnte Recht ohne Weiteres zu beseitigen. Die wirthschaftlichen Verhältnisse der Eheleute sind vielfach auf die Annahme gegründet, daß das beiderseitige Vermögen wenigstens nach dem Tode eines Ehegatten gemeinsames Gut sei, wovon dem Ueberlebenden die Hälfte gebühre; die Anwartschaft auf diese Hälfte wirkt bei Eingehung der Ehe sowie auf die späteren Entschlüsse und Maßnahmen der Eheleute in vermögensrechtlicher Beziehung bestimmend ein. Mit Rücksicht hierauf geht der Entwurf davon aus, daß für die erbrechtlichen Wirkungen des Güterstandes die bisherigen Gesetze maßgebend bleiben sollen (Art. 45 §. 2). Soweit für die erbrechtliche Stellung des Märkischen Ehegatten gegenwärtig nicht besondere, mit dem Güterrechte zusammenhängende Vorschriften gelten, finden künftig kraft Reichsgesetzes die erbrechtlichen Vorschriften des Bürgerlichen Gesetzbuchs Anwendung (Einf.-Ges. Art. 213). Nach diesen Vorschriften bestimmt sich namentlich der Erwerb, die Annahme und die Ausschlagung der Erbschaft sowie die Haftung gegenüber den Nachlaßgläubigern; damit erledigt sich die Streitfrage, ob der Ehegatte die Rechtswohlthat des Inventars, abgesehen von dem Verzicht auf dieselbe, nur durch Urtheil auf die Klage eines Gläubigers oder auch durch Versäumung der gesetzlichen Inventarfrist verliert (Entsch. des Ob.Trib. Bd. 77 S. 18 ff; Entsch. des Reichsgerichts Bd. 5 S. 313; v. Scholtz Bd. 2 S. 215 ff.; Korn S. 165, 167; Crome S. 26 ff.).

Aufrechterhalten bleiben dagegen, was zunächst den Fall der gesetzlichen Erbfolge anlangt, die bisherigen Vorschriften über das Recht des Ehegatten, solange er nicht den Nachlaßgläubigern unbeschränkt haftet, den Miterben gegenüber auch noch nach dem Ablaufe der gesetzlichen Ausschlagungsfrist zwischen der statutarischen Portion und der Rücknahme des eigenen Vermögens zu wählen, über die Bildung der Theilungsmasse, insbesondere die gegenseitige

Ausgleichungspflicht zwischen dem überlebenden Ehegatten und den Kindern des Verstorbenen sowie den observanzmäßigen Voraus (v. Scholtz Bd. 1 S. 54, 92, Bd. 2 S. 103 ff., 124 ff.; Korn S. 171 ff.; Crome S. 30) sowie über die Befugniß der Miterben, sich die Einwerfung des Vermögens des überlebenden Ehegatten zu verbitten. Da jedoch das bisherige statutarische Erbrecht nur im Interesse des überlebenden Ehegatten beibehalten werden soll, so ist zu berücksichtigen, daß in nicht wenigen Fällen das gesetzliche Erbrecht des Bürgerlichen Gesetzbuchs für den Ehegatten günstiger ist als das statutarische Erbrecht, welches stets durch die Einwerfung des eigenen Vermögens bedingt und, abgesehen von den in Kottbus, Züllichau und Crossen geltenden besonderen Bestimmungen, sogar in Ermangelung erbberechtigter Verwandten des verstorbenen Ehegatten auf die Hälfte des gemeinschaftlichen Vermögens beschränkt ist. Der Entwurf giebt daher, wie es für Ehen mit Märkischem Güterrechte schon einmal im §. 7 des Gesetzes vom 22. Mai 1874 (Gesetz-Samml. S. 183) geschehen ist, dem Ehegatten bei der gesetzlichen Erbfolge das Wahlrecht zwischen der Erbfolge nach altem und der nach neuem Rechte (Art. 45 §. 3). Die Gründe, aus denen die Anwendung des neuen Rechtes von einer vor dem Ablaufe der Ausschlagungsfrist abzugebenden Erklärung des Ehegatten abhängig gemacht ist, sind im Allgemeinen schon früher dargelegt. Hier kommt hinzu, daß in der Befugniß, das statutarische Wahlrecht noch nach dem Ablaufe der Ueberlegungsfrist auszuüben, ein eigenthümlicher Vorzug des jetzigen Rechtes liegt, der beeinträchtigt werden würde, wenn der Ehegatte innerhalb der Frist die statutarische Erbfolge wählen müßte.

Verzögert der überlebende Ehegatte die Wahl zwischen der statutarischen Portion und der Rücknahme des eigenen Vermögens, so können nach jetzigem Rechte die Miterben ihm durch den Prozeßrichter eine Frist zur Erklärung setzen lassen, nach deren fruchtlosem Ablaufe das Wahlrecht auf die Miterben übergeht (v. Scholtz Bd. 2 S. 223; Märcker, Nachlaßbehandlung 13. Aufl. S. 149). Der Entwurf ändert diese Vorschrift im Interesse der Vereinfachung dahin ab, daß für die Fristbestimmung das Nachlaßgericht zuständig ist (Art. 45 §. 4). Die Fristsetzung ist künftig zwar nur für den Fall von Bedeutung, daß der Ehegatte nicht rechtzeitig die Erbfolge nach dem Bürgerlichen Gesetzbuche wählt. Indessen erscheint es zweckmäßig, daß die Fristbestimmung ohne sachliche Prüfung auf bloßen Antrag eines Miterben erfolgt und daß nur an die rechtzeitige Wahl der Erbfolge nach neuem Rechte die Unwirksamkeit der Bestimmung geknüpft wird.

In die bisherigen Vorschriften über das statutarische Erbrecht greift der Entwurf weiter dadurch ein, daß er die Bestimmung des §. 1933 des Bürgerlichen Gesetzbuchs für entsprechend anwendbar erklärt (Art. 58 §. 7). Das Erbrecht ist hiernach ausgeschlossen, wenn der Erblasser zur Zeit seines Todes auf Scheidung wegen Verschuldens des Ehegatten zu klagen berechtigt war und die Klage auf Scheidung oder auf Aufhebung der ehelichen Gemeinschaft erhoben hatte. Diese Vorschrift dient zum Ersatze der künftig wegfallenden Bestimmungen, die den Erben des unschuldigen Ehegatten gestatten, einen bei dessen Tode anhängigen Scheidungsprozeß wegen der Schuldfrage und der sich daran knüpfenden vermögensrechtlichen Wirkungen fortzusetzen (A.L.R. II. 1

§§. 827 ff.; v. Scholtz Bd. 2 S. 41; Einf.-Ges. z. B.G.B. Art. 201; C.P.O. §. 628).

Anlangend die Fälle der testamentarischen Erbfolge, so besteht, wenn der überlebende Ehegatte selbst als Erbe eingesetzt ist, eine besondere erbrechtliche Wirkung des Güterstandes jetzt darin, daß der Ueberlebende zunächst immer als Erbe nach dem Statut angesehen wird, mithin ohne Rücksicht auf das Testament, auch wenn dieses ein wechselseitiges ist, das statutarische Wahlrecht hat. Künftig findet in dem bezeichneten Falle die Vorschrift des §. 1948 Abs. 1 des Bürgerlichen Gesetzbuchs Anwendung, derzufolge ein durch Testament eingesetzter gesetzlicher Erbe die Erbschaft als eingesetzter Erbe ausschlagen und als gesetzlicher Erbe annehmen kann. Macht der Märkische Ehegatte von dieser Befugniß Gebrauch, so gelten für die gesetzliche Erbfolge die vorstehend erörterten Vorschriften des Entwurfes. Nicht minder steht das statutarische Erbrecht dem Märkischen Ehegatten gegenüber einem Testamente zu, durch welches ein Anderer als Erbe eingesetzt ist, sofern nicht dem Ehegatten gegenüber ein Enterbungsgrund vorliegt; es hat insofern die Natur eines Pflichttheilsrechts (Korn S. 194 ff.) und bleibt auch in dieser Beziehung nach Artikel 45 §. 2 des Entwurfes bestehen, jedoch mit der im §. 5 bestimmten Maßgabe, daß den Miterben das Recht beigelegt wird, dem Ehegatten, falls er mit der Ausübung seines Wahlrechts zögert, durch das Nachlaßgericht, mit der gleichen Wirkung wie bei der gesetzlichen Erbfolge, eine Frist setzen zu lassen. Die Enterbungsgründe bestimmen sich künftig nach §. 2335 des Bürgerlichen Gesetzbuchs, dessen entsprechende Anwendbarkeit durch Artikel 58 §. 7 des Entwurfes außer Zweifel gestellt wird.

Liegt ein Erbvertrag zwischen den Ehegatten vor, so ist das statutarische Erbrecht des Ueberlebenden ausgeschlossen. Für diesen Fall kennt also das bisherige Recht keine erbrechtliche Wirkung des Güterstandes; es finden daher künftig die Vorschriften des neuen Rechtes Anwendung (vergl. aber Art. 214 des Einf.-Ges. z. B.G.B.).

Artikel 46.

Die allgemeine Gütergemeinschaft des Allgemeinen Landrechts gilt als gesetzliches Güterrecht für alle Ehen in der Provinz Posen und in einigen zu dieser gehörig gewesenen Orten der Provinz Brandenburg sowie für die nach dem 1. Oktober 1865 geschlossenen Ehen in den Pommerschen Kreisen Lauenburg und Bütow und den früher zu Westpreußen gehörig gewesenen Orten der Kreise Belgard, Dramburg und Neustettin, ferner für nicht adelige Ehen im Geltungsgebiete des Westpreußischen und des Ostpreußischen Provinzialrechts, nach letzterem mit einigen Besonderheiten. Der Entwurf will diesen Güterstand mit gewissen Einschränkungen in die allgemeine Gütergemeinschaft des Bürgerlichen Gesetzbuchs überleiten, und zwar regelmäßig vom Inkrafttreten des Bürgerlichen Gesetzbuchs an (Art. 46 §. 1 Abs. 1). Ist in einer zu dieser Zeit bestehenden Ehe nach den §§. 782 ff. II. 18 des Allgemeinen Landrechts die Gütergemeinschaft wegen Minderjährigkeit eines Ehegatten noch ausgesetzt, so kann sich auch die Ueberleitung erst mit dem Zeitpunkte vollziehen, mit welchem nach den bisherigen Vorschriften die Aussetzung endigt, d. h. spätestens wenn die Frau nicht binnen drei Monaten nach der Volljährigkeit, der Mann nicht im Termine zur Entlastung des Vormundes die Ausschließung der Gütergemeinschaft bestimmt (§§. 794, 790 a. a. O.; Entsch. des Ob.Trib. Bd. 30 S. 123 ff.). Durch die Hinausschiebung der Ueberleitung (§. 1 Abs. 2) wird jede Beeinträchtigung des Bestimmungsrechts des volljährig gewordenen Ehegatten vermieden.

Anlangend das Verhältniß zwischen den landrechtlichen und den reichsrechtlichen Vorschriften, so kommt der §. 1437 des Bürgerlichen Gesetzbuchs hier nur für die vertragsmäßige Aufhebung der Gütergemeinschaft in Betracht. Die Aufhebung ist künftig, abweichend vom jetzigen Rechte (A.L.R. II. 1 §§. 413, 417, 418), nach Artikel 200 Abs. 2 des Einführungsgesetzes zum Bürgerlichen Gesetzbuch unbeschränkt zulässig. Für den Aufhebungsvertrag können die Vorschriften des §. 1437 auch in bestehenden Ehen gelten.

In Bezug auf die Grundauffassung der Gütergemeinschaft stimmt das Bürgerliche Gesetzbuch (§§. 1438, 1442) mit dem bisherigen Rechte überein (A.L.R. II. 1 §§. 361, 363, 365 bis 367, 371, 372, I. 16 §. 340; Eigenthumserwerbsgesetz §. 5; Grundbuchordnung §. 5; Rehbein, Entsch. Bd. 4 S. 190 ff.). Das zur Zeit der Ueberleitung vorhandene gemeinschaftliche Vermögen kann daher von dieser Zeit an als Gesammtgut behandelt werden (Entw. Art. 58 §. 1 Abs. 1). Vom Gesammtgut ausgeschlossen sind bisher und künftig die Gegenstände, die nicht durch Rechtsgeschäft übertragen werden können; die Nutzungen solcher Gegenstände gehören aber zum Gesammtgute (A.L.R. II. 1 §§. 363, 370, 372; B.G.B. §. 1439). Die näheren Vorschriften, die der §. 1439 Satz 2 in Verbindung mit den §§. 1525 ff. des Bürgerlichen Gesetzbuchs über das Rechtsverhältniß der fraglichen Sondergüter trifft, füllen eine Lücke des bisherigen Rechtes aus und finden zweckmäßig auch auf das bei der Ueberleitung vorhandene Sondergut Anwendung (Entw. Art. 58 §. 1 Abs. 2). Von der Gemeinschaft sind jetzt ferner die nothwendigen Kleidungsstücke der Frau gesetzlich ausgenommen (A.L.R. II. 1 §. 364). Diese Vorschrift ist dem Reichsrechte fremd und kann, unbeschadet ihrer Geltung für die vorhandenen Stücke, im Hinblick auf die Unterhaltspflicht des Mannes (B.G.B. §§. 1360, 1361), die Unpfändbarkeit der unentbehrlichen Kleidungsstücke und die Vorschrift des §. 1477 Abs. 2 des Bürgerlichen Gesetzbuchs für die Zukunft ohne Beeinträchtigung der Frau beseitigt werden (vergl. Mot. zum B.G.B. Bd. 4 S. 347). Inwieweit schon jetzt durch Ehevertrag oder Bestimmung des Zuwenders einzelne Gegenstände von der Gemeinschaft ausgeschlossen werden können, ist nicht unzweifelhaft (Eccius, Preuß. Privatrecht, 7. Aufl. Bd. 4 S. 71, Dernburg Bd. 3 §. 35 Anm. 15, Rehbein, Entsch. Bd. 4 S. 186 Anm.; A.L.R. II. 1 §. 373, Entsch. d. Ob.Trib. Bd. 26 S. 344 ff., Entsch. d. Reichsgerichts Jurist. Wochenschrift 1886 S. 124 Nr. 52, Entsch. d. Reichsgerichts Bd. 24 S. 241 ff.). Soweit aber solche Gegenstände vorhanden sind, können sie unbedenklich Vorbehaltsgut im Sinne des Bürgerlichen Gesetzbuchs werden. Auch die Ausdehnung der Vorbehaltseigenschaft auf Gegenstände, die an die Stelle von Vorbehaltsgut treten (B.G.B. §. 1440 Abs. 2, §. 1370), ist schon dem bisherigen Rechte bekannt (Eccius a. a. O.). Bezüglich der Wirksamkeit der Vorbehaltseigenschaft gegenüber Dritten bewendet es für das vorhandene Vorbehaltsgut auch hier bei den bisherigen Vorschriften (Entw. Art. 58 §. 9 Abs. 1).

Die Verwaltung des Gesammtguts steht, wie bisher, so auch künftig dem Manne allein zu (A.L.R. II. 1 §§. 377, 380; B.G.B. §. 1443). Bezüglich der Ausnahmen besteht insofern Uebereinstimmung, als der Mann schon jetzt nicht ohne Einwilligung der Frau über das Gesammtgut im Ganzen verfügen oder Grundstücke oder Gerechtigkeiten verpfänden oder veräußern kann (Entsch. d. Ob.Trib. Bd. 57 S. 144, Rehbein, Entsch. Bd. 4 Nr. 318v, S. 199 Anm., A.L.R. II. 1 §. 378; B.G.B. §§. 1444, 1445). Das Bürgerliche Gesetzbuch geht hier nur darin über das jetzige Recht hinaus, daß es zu jeder Verfügung über ein Grundstück, also auch zur Belastung mit einer Grundgerechtigkeit oder einer Reallast, die Einwilligung der Frau erfordert. Dagegen kann nach dem Landrecht (II. 1 §. 379) der Mann weiter auch Kapitalien, die auf den Namen der Frau, ihres Erblassers oder Geschenkgebers oder auf den Namen beider Ehegatten geschrieben sind, ohne Bewilligung der Frau nicht aufkündigen oder einziehen. Den hierin liegenden Schutz der Frau für die bestehenden Ehen zu beseitigen, erscheint bedenklich. Der Entwurf erhält daher die angeführte Vorschrift aufrecht (Art. 46 §. 2). In Bezug auf Schenkungen aus dem Gesammtgut unterscheiden sich das alte und das neue Recht dadurch, daß nach ersterem die ohne Einwilligung der Frau gemachten Schenkungen von der Frau nur unter bestimmten Voraussetzungen widerrufen werden können und, falls die Frau sie nicht widerruft, dem Manne bei der Auseinandersetzung auf seinen Antheil angerechnet werden, während nach dem neuen Rechte Schenkungen regelmäßig zu ihrer Wirksamkeit der Einwilligung der Frau bedürfen (A.L.R. II. 1 §§. 381 bis 383; B.G.B. §. 1446). Die neuen Vorschriften bieten somit vollkommenen Ersatz für die bisherigen und verdienen, aus dem Gesichtspunkte des Schutzes der Frau betrachtet, den Vorzug. Neben den vorerwähnten besonderen Beschränkungen des Verfügungsrechts des Mannes giebt das Landrecht der Frau allgemein das Recht, gegen jede vom Manne beabsichtigte Verfügung gegenüber dem Dritten, mit dem dieselbe vollzogen werden soll, mit der Wirkung Widerspruch zu erheben, daß die Ergänzung ihrer Einwilligung durch das Vormundschaftsgericht abgewartet werden muß (II. 1 §. 387). Diese Vorschrift ist grundsätzlich bedenklich, weil sie das Verwaltungsrecht des Mannes übermäßig beschränkt, und praktisch für die Frau kaum von Werth, da diese in der Regel nicht in der Lage sein wird, ihren Widerspruch rechtzeitig zu erklären. Es empfiehlt sich deshalb, die Vorschrift zu beseitigen. Die zu einem Rechtsgeschäft erforderliche Zustimmung der Frau kann unter wesentlich gleichen Voraussetzungen wie bisher durch das Vormundschaftsgericht ersetzt werden (A.L.R. II. 1 §. 388; B.G.B. § 1447). Das Verwaltungsrecht des Mannes schließt nach §. 1443 Abs. 1 Satz 2 des Bürgerlichen Gesetzbuchs das unbeschränkte Recht in sich, Rechtsstreitigkeiten, die sich auf das Gesammtgut beziehen, im eigenen Namen zu führen, unbeschadet des Erfordernisses der Einwilligung der Frau zu einem den Rechtsstreit erledigenden Rechtsgeschäft (Vergleich, Verzicht, Anerkenntniß), sofern das Rechtsgeschäft außerhalb des Prozesses der Einwilligung bedarf (Mot. zum B.G.B. Bd. 4

S. 360). Abweichend hiervon verlangt das bisherige Recht die Zuziehung der Frau zu Rechtsstreitigkeiten über ein von ihr eingebrachtes Grundstück, eine solche Gerechtigkeit oder ein auf den Namen der Frau, ihres Erblassers oder Geschenkgebers oder beider Ehegatten geschriebenes Kapital (A.G.O. I. 1 § 23). Auch diese Vorschrift kann, abgesehen von anhängigen Sachen (Entw. Art. 58 §. 6), ohne Nachtheil für die Frau durch die Bestimmung des neuen Rechtes ersetzt werden.

Anlangend die Rechtsstellung der Frau, so kommt die bisherige Beschränkung ihrer Geschäftsfähigkeit (A.L.R. II. 1 §. 389, Rehbein Entsch. Bd. 4 S. 79 bis 81 Anm.) in Folge der Ueberleitung in Wegfall; soweit sie zum Schutze der Rechte des Mannes dienen soll, ist sie mit Rücksicht auf das ausschließliche Verwaltungsrecht des Mannes und die Bestimmungen über die Haftung des Gesammtguts für Schulden der Frau entbehrlich. Die Vorschriften der §§. 1449 bis 1454 über die Ausnahmefälle, in denen die Frau ohne die Zustimmung des Mannes oder mit der durch das Vormundschaftsgericht ergänzten Zustimmung mit Beziehung auf und mit Wirkung für das Gesammtgut Rechtsstreitigkeiten führen und Rechtsgeschäfte vornehmen kann, enthalten nur wenige Abweichungen vom bisherigen Rechte (vergl. zu §. 1449 Rehbein, Entsch. Bd. 4 S. 229 Anm. unter b, zu §. 1450 die §§. 389, 325 bis 327, 202 bis 204 A.L.R. II. 1 und Rehbein, Bd. 4 Nr. 308b, 308d S. 69, 70 Anm., zu §. 1452 H.G.B. Art. 7 bis 9, Gew.O. §. 11 Abs. 2, A.L.R. II. 1 §§. 389, 335, 336, zu §. 1454 Eccius Bd. 4 §. 208 Anm. 26, §. 209 Anm. 51). Neu ist, daß der Einspruch des Mannes gegen den Betrieb eines Erwerbsgeschäfts durch die Frau und der Widerruf seiner Einwilligung zu dem Betriebe zur Wirksamkeit gegenüber gutgläubigen Dritten der Eintragung in das Güterrechtsregister bedürfen; diese Vorschrift soll aber nicht in Folge der Ueberleitung für einen früher erklärten Einspruch oder Widerruf anwendbar werden. Dem bisherigen Rechte unbekannt ist auch die selbständige Befugniß der Frau zur Ausschlagung einer Erbschaft und zu den sonstigen in §. 1453 des Bürgerlichen Gesetzbuchs erwähnten Rechtshandlungen. Die §§. 1455, 1458 stimmen mit dem jetzigen Rechte grundsätzlich überein (vergl. zu §. 1455 Rehbein, Entsch. Bd. 4 Nr. 315 f., Entsch. d. Reichsgerichts Bd. 23 S. 276 ff.).

Bezüglich der Schuldenhaftung besteht insoweit Uebereinstimmung, daß das Gesammtgut für alle Schulden des Mannes mit Ausnahme gewisser während der Gütergemeinschaft entstandener Schulden und für die Schulden der Frau haftet (A.L.R. II. 1 §§. 380, 391, Rehbein, Entsch. Bd. 4 Nr. 308 ff., Striethorst Arch. Bd. 45 S. 48, Entsch. d. Reichsgerichts Bd. 23 S. 185). Das Landrecht schränkt die Haftung jedoch zwiefach ein. Einerseits können nach §. 386 II. 1 wegen einseitiger Schulden des Mannes, die sich dieser bei der Auseinandersetzung auf seinen Antheil anrechnen lassen müßte, von der Frau eingebrachte Grundstücke und Gerechtigkeiten nur dann angegriffen werden, wenn das übrige gemeinschaftliche Vermögen zur Bezahlung nicht hinreicht; andererseits kann nach den §§. 392 bis 395 a. a. O., wenn ein Ehegatte mehr Schulden als Vermögen in die Gemeinschaft gebracht hat, der andere innerhalb zweier Jahre nach vollzogener Ehe auf die

Absonderung des Vermögens antragen mit der Wirkung, daß die vorehelichen Gläubiger sich nur an das abgesonderte Vermögen ihres eigentlichen Schuldners halten können. Diese Vorschriften bieten der Frau oder dem nicht überschuldeten Ehegatten einen so wesentlichen Schutz, daß ihre Beibehaltung erforderlich erscheint (Art. 46 §. 2). Die §§. 392 bis 395 kommen ohnehin nur noch für eine kurze Zeit in Betracht. Auf welche künftigen Schulden des Mannes der §. 386 Anwendung findet, ergiebt sich aus §. 1476 Abs. 2, §§. 1467, 1463, 1465 des Bürgerlichen Gesetzbuchs.

Theilweise neu ist gegenüber dem bisherigen Rechte die im §. 1459 Abs. 2 des Bürgerlichen Gesetzbuchs bestimmte persönliche Haftung des Mannes für Verbindlichkeiten der Frau, die Gesammtgutsverbindlichkeiten sind, d. h. für alle Verbindlichkeiten der Frau, mit Ausnahme derjenigen aus einem ohne die erforderliche Zustimmung des Mannes vorgenommenen Rechtsgeschäfte (§. 1460 Abs. 1) und der in den §§. 1461, 1462 bezeichneten, mit dem Vorbehaltsgute der Frau zusammenhängenden Verbindlichkeiten. Gegenwärtig haftet der Mann nur für solche während der Ehe entstandenen Verbindlichkeiten der Frau persönlich, welche sie mit seiner Genehmigung eingegangen ist, ohne daß er bei deren Ertheilung die Haftung ausdrücklich ausgeschlossen hatte, oder welche aus einem von der Frau betriebenen Gewerbe herrühren, dessen Einkünfte die Frau sich nicht ausdrücklich vorbehalten hat (A.L.R. II. 1 §§. 389, 329, 337). Indessen erscheint die Einführung der weitergehenden persönlichen Haftung des Mannes für künftig entstehende Verbindlichkeiten der Frau auch in den bestehenden Ehen nicht bedenklich. Denn die persönliche Haftung erlischt bezüglich der in den §§. 1463 bis 1465 des Bürgerlichen Gesetzbuchs bezeichneten Verbindlichkeiten, die im Verhältnisse der Ehegatten zu einander nicht dem Gesammtgute, sondern der Frau zur Last fallen, insbesondere der Verbindlichkeiten aus einer unerlaubten Handlung oder aus einem Strafverfahren, mit der Beendigung der Gütergemeinschaft, und der Mann kann, wenn das Gesammtgut in Folge derartiger Verbindlichkeiten in einem seinen späteren Erwerb erheblich gefährdenden Maße überschuldet ist, nach §. 1469 auf Aufhebung der Gütergemeinschaft klagen. Das neue Recht bietet also, soweit die Erweiterung der Haftung für künftige Schulden in Betracht kommt, dem Manne ausreichenden Schutz. In Betreff der vorehelichen und der sonstigen, vor dem Inkrafttreten des Bürgerlichen Gesetzbuchs entstandenen Schulden der Frau bewendet es selbstverständlich bei dem bisherigen Rechte (Entw. Art. 58 §. 3). Die schon erwähnten §§. 1460 bis 1465 enthalten ebenso wie die §§. 1466, 1467 nur geringe Abweichungen vom bisherigen Rechte, welches übrigens nur über wenige der einschlägigen Fragen ausdrückliche Bestimmungen trifft (vergl. zu §. 1463 Nr. 1 die §§. 385, 390 II. 1 A.L.R.). Theilweise neu sind die Vorschriften über die Haftung des Gesammtguts für die Kosten eines Rechtsstreits der Frau, namentlich insoweit als danach das Gesammtgut dem Gläubiger selbst dann haftet, wenn das Urtheil dem Gesammtgute gegenüber nicht wirksam ist (§. 1460 Abs. 2, §. 1463 Nr. 3, §. 1464). Die Einführung der betreffenden Vorschriften empfiehlt sich aber schon zur Vermeidung einer Lücke, da die bisher in Betracht kommenden Bestimmungen des Allgemeinen Landrechts II. 1 §§. 187 ff., wie schon oben erwähnt, außer Kraft treten. Auch die zum Theil neuen Vorschriften des §. 1465 über die Haftung des Gesammtguts für eine Ausstattung sind zur Ausschließung von Zweifeln zweckmäßig einzuführen.

Was die Beendigung der Gütergemeinschaft anlangt, so ist künftig die Aufhebung durch Ehevertrag schon kraft Reichsgesetzes unbeschränkt statthaft (Einf.-Ges. Art. 200 Abs. 2). Die Aufhebung durch Urtheil, wie sie das Bürgerliche Gesetzbuch zuläßt, ist dem Landrechte fremd. Indessen sind die Voraussetzungen, unter denen die Frau auf Aufhebung klagen kann, im §. 1468 so bestimmt, daß durch die Ausdehnung der Vorschrift auf die bestehenden Ehen dem Manne nicht zu nahe getreten, der Frau aber ein werthvoller Schutz gewährt wird. Wenn nach §. 1468 Nr. 1 die Vornahme eines Rechtsgeschäfts der in den §§. 1444 bis 1446 bezeichneten Art seitens des Mannes ohne Zustimmung der Frau unter der weiteren Voraussetzung, daß für die Zukunft eine erhebliche Gefährdung der Frau zu besorgen ist, die Frau zur Aufhebungsklage berechtigt, so muß eine Verfügung, zu welcher der Mann nach §. 379 II. 1 des Allgemeinen Landrechts der Genehmigung der Frau bedarf, den gedachten Rechtsgeschäften hier wie sonst gleichstehen (Entw. Art. 46 §. 2 Nr. 1). Die im §. 1469 anerkannte Befugniß des Mannes, auf Aufhebung der Gütergemeinschaft zu klagen, dient, wie schon bemerkt, zur nothwendigen Ergänzung der Vorschrift des §. 1459 Abs. 2 über die persönliche Haftung des Mannes für Verbindlichkeiten der Frau. Neben den Bestimmungen des §. 1468 Nr. 5 und des §. 1469 besteht kein Bedürfniß für die Beibehaltung der landrechtlichen Vorschrift, nach welcher im Falle der Eröffnung des Konkurses über das Vermögen des einen Ehegatten der andere von der Gemeinschaft für die Zukunft abgehen kann (§. 421 II. 1). Dagegen erhält der Entwurf die Bestimmung aufrecht, daß jeder Ehegatte, wenn die vorehelichen Schulden des anderen Ehegatten das von diesem eingebrachte Vermögen übersteigen, innerhalb zweier Jahre nach der Eheschließung außer der Absonderung des Vermögens auch die Aufhebung der Gütergemeinschaft verlangen kann (§. 420 II. 1). Die Vorschrift hängt mit den gleichfalls beizubehaltenden §§. 392 ff. II. 1 eng zusammen und kommt, wie diese, nur noch für kurze Zeit in Betracht. Aus dem letzteren Grunde sieht der Entwurf auch von einer Verdeutlichung der Vorschrift ab und bestimmt nur, daß in dem hier fraglichen Falle der Aufhebung, ebenso wie in den Fällen der §§. 1468, 1469 des Bürgerlichen Gesetzbuchs (§. 1470 Abs. 1 Satz 2), für die Zukunft Gütertrennung gilt (Art. 46 §. 2 Nr. 2). Der Eintritt der Gütertrennung bedarf zur Wirksamkeit gegenüber gutgläubigen Dritten der Eintragung in das Güterrechtsregister; in Ermangelung derselben gilt, solange die Eheleute ihren Wohnsitz behalten, die Gütergemeinschaft als fortbestehend, nach Verlegung des Wohnsitzes gilt der Güterstand der Verwaltung und Nutznießung des Mannes als bestehend (Art. 58 §. 9 Abs. 2, Art. 62).

Ueber die nach der Beendigung der Gütergemeinschaft vorzunehmende Auseinandersetzung enthält das Landrecht nur Vorschriften für die Fälle der Beendigung durch Tod oder Scheidung; das Bürgerliche Gesetzbuch trifft dagegen in den §§. 1471 bis 1481 allgemeine Bestimmungen über das Rechtsverhältniß nach der Beendigung der Gütergemeinschaft bis zur Auseinandersetzung, die Art der letzteren und die Haftung der Ehegatten für die Gesammtgutsverbindlichkeiten nach der Auseinandersetzung. Diese Bestimmungen müssen in den neu eingeführten Fällen der Beendigung durch Urtheil auch für die bestehenden Ehen gelten. Ebensowenig unterliegt ihre Anwendung in den Fällen der Beendigung durch Ehevertrag oder auf einseitigen Antrag eines Ehegatten wegen vorehelicher Schulden des anderen Ehegatten einem Bedenken. Die für den Fall der Scheidung geltenden bisherigen Vorschriften (A.L.R. II. 1 §§. 755 ff., 811 ff.) erleiden schon reichsgesetzlich dadurch wesentliche Aenderungen, daß nach Artikel 201 Abs. 1 des Einführungsgesetzes zum Bürgerlichen Gesetzbuche die Scheidung vom Inkrafttreten des letzteren an nach dessen Vorschriften erfolgt; mithin verlieren die Bestimmungen über die dem unschuldigen Theile gebührende Abfindung auch für die bestehenden Ehen ihre Geltung und nur die Vorschriften über die Vermögensauseinandersetzung bleiben in Kraft (Mot. zum Einf.-Ges. S. 290). Wenn das Landrecht in ersterer Hinsicht unterscheidet, ob kein Theil oder ob ein Theil für den schuldigen erklärt worden ist, so paßt diese Unterscheidung nicht zu der künftig maßgebenden Vorschrift des §. 1574 des Bürgerlichen Gesetzbuchs, derzufolge außer dem Falle der Scheidung wegen Geisteskrankheit entweder der beklagte Ehegatte allein oder beide Ehegatten für schuldig zu erklären sind; das Bürgerliche Gesetzbuch berücksichtigt dagegen die verschiedenen nach §. 1574 in Betracht kommenden Fälle der Scheidung durch die besondere Vorschrift des §. 1478. Sofern nicht eine Scheidungsklage bei dem Inkrafttreten des Bürgerlichen Gesetzbuchs schon anhängig ist, kann ein schutzwürdiges Interesse der Ehegatten an der fortdauernden Geltung der jetzigen Vorschriften nicht anerkannt werden. Es empfiehlt sich daher auch für den Fall der Scheidung die Einführung des neuen Rechtes.

Anlangend endlich den Fall der Auflösung der Ehe durch den Tod eines der Ehegatten, so weicht hier das neue Recht vom alten vor Allem darin ab, daß, während nach diesem die Gütergemeinschaft durch den Tod stets endigt, nach dem Bürgerlichen Gesetzbuch die gleiche Folge nur bei unbeerbter Ehe eintritt, bei beerbter Ehe dagen die Gütergemeinschaft zwischen dem überlebenden Ehegatten und den gemeinschaftlichen Abkömmlingen, die im Falle der gesetzlichen Erbfolge als Erben berufen sind, fortgesetzt wird (A.L.R. II. 1 §. 634; B.G.B. §§. 1482, 1483). Es kann nicht daran gedacht werden, das den Anschauungen und Gewohnheiten der Bevölkerung fremde Institut der fortgesetzten Gütergemeinschaft den bestehenden Ehen kraft Gesetzes aufzudrängen, zumal nach dem Bürgerlichen Gesetzbuche der einzelne Ehegatte die fortgesetzte Gütergemeinschaft nur dann für den Fall seines Todes einseitig durch letztwillige Verfügung ausschließen kann, wenn er berechtigt ist, dem anderen Ehegatten den Pflichttheil zu entziehen oder auf Aufhebung der Gütergemeinschaft zu klagen (§. 1509). Die Einführung der fortgesetzten Gütergemeinschaft kann daher nur einer Vereinbarung der Ehegatten vorbehalten bleiben (Art. 46 §. 4). Im Uebrigen aber fragt es sich, ob für den Fall des Todes eines Ehegatten die bisherigen Vorschriften oder die Bestimmungen gelten sollen, die nach dem Bürgerlichen

Gesetzbuche bei unbeerbter Ehe sowie bei beerbter Ehe dann Anwendung finden, wenn der überlebende Ehegatte die Fortsetzung der Gütergemeinschaft ablehnt oder wenn sie durch Ehevertrag oder Testament ausgeschlossen ist (§. 1484 Abs. 3, §. 1510). Der Entwurf entscheidet die Frage im Allgemeinen zu Gunsten der Anwendung des neuen Rechtes. Soweit der verstorbene Ehegatte außer seinem Antheil am Gesammtgute Vermögen hinterläßt, erfolgt seine Beerbung schon jetzt nach den Vorschriften des „gemeinen Rechts“ (§ 636 II. 1), mithin bei einem nach dem Inkrafttreten des Bürgerlichen Gesetzbuchs eintretenden Erbfalle nach dessen Vorschriften (Einf.-Ges. Art. 213). Bezüglich des Antheils des Verstorbenen am Gesammtgute besteht zwischen dem jetzigen und dem künftigen Rechte darin Uebereinstimmung, daß er zum Nachlasse des Verstorbenen gehört (A.L.R. II. 1 §. 636; B.G.B. §. 1482). Die Rechte des Ueberlebenden sind aber verschieden bestimmt. Nach dem Landrechte muß er sich neben den abgefundenen Abkömmlingen des Verstorbenen mit seiner Hälfte des gemeinschaftlichen Vermögens begnügen und erhält nur die zu seinem eigenen persönlichen Gebrauche bestimmten Kleidungsstücke, Betten und Leibwäsche als Voraus, wogegen die Kinder die entsprechenden, zum persönlichen Gebrauche des Verstorbenen bestimmt gewesenen Sachen als Voraus erhalten (§§. 639 bis 641); nach dem Ostpreußischen Provinzialrechte (Zusatz 96 §. 25) besteht das Voraus für die Wittwe sogar nur in ihrem besten Kleide, für den Wittwer in seinem besten Kleide und Waffen. Sind abgefundene Abkömmlinge vorhanden, so erhält der überlebende Ehegatte den ihm als gesetzlichen Erben zukommenden Erbtheil (§§. 370 bis 374 II. 2). Mit anderen nahen Blutsverwandten des Verstorbenen theilt der Ueberlebende „nach eben den Verhältnissen, wie es bei der Erbfolge nach dem gemeinen Recht vorgeschrieben ist (§§. 625, 626)“; er erhält also neben Verwandten in aufsteigender Linie, Geschwistern oder Geschwisterkindern ersten Grades ein Drittel, neben entfernteren Verwandten bis zum sechsten Grade die Hälfte von dem Antheile des Verstorbenen (§. 642) und in beiden Fällen außerdem neben den im §. 640 bezeichneten Sachen alles Bett- und Tischzeug, das die Eheleute im gewöhnlichen Gebrauche gehabt haben, sowie Möbel und Hausrath, soweit sie nicht als Zubehör eines Grundstücks oder einer Gerechtigkeit anzusehen sind, als Voraus (§. 643) und den lebenslänglichen Nießbrauch des Gesammtguts (§. 645). Sind Verwandte des Verstorbenen bis zum sechsten Grade nicht vorhanden, so erbt der überlebende Ehegatte allein (§. 647). Als besondere Begünstigungen des letzteren in Ansehung der Auseinandersetzung kennt das Landrecht ferner ein Wahlrecht in Bezug auf Grundstücke und Gerechtigkeiten (§. 648), das dem Vater bei der Auseinandersetzung mit minderjährigen Kindern zustehende Recht zur Uebernahme eines Grundstücks unter dem sogen. Surplusreservat (Anh. §. 79), ein Wahlrecht bezüglich der Mobilien (§§. 649 bis 652) und die Befugniß, bis zur Auseinandersetzung im Besitz und in der Verwaltung des gemeinschaftlichen Vermögens zu bleiben (§. 656). Nach dem Bürgerlichen Gesetzbuch erhält der überlebende Ehegatte dagegen von dem zum Nachlasse des verstorbenen gehörenden Antheil am Gesammtgute neben Abkömmlingen ein Viertheil, neben den Eltern des Erblassers und deren Abkömmlingen oder neben Großeltern des Erblassers die Hälfte und, wenn mit Großeltern Abkömmlinge von Großeltern zusammentreffen, auch noch den sonst den Abkömmlingen zustehenden Antheil an der anderen Hälfte sowie außer diesem Erbtheile die zum ehelichen Haushalte gehörenden Gegenstände, soweit sie nicht Zubehör eines Grundstücks sind, und die Hochzeitsgeschenke als Voraus; in allen übrigen Fällen ist der Ehegatte Alleinerbe (§§. 1931, 1932).

Es erscheint von vornherein nicht unzweifelhaft, ob die Rechte, die das Landrecht dem überlebenden Ehegatten „bei bestandener Gemeinschaft der Güter" einräumt, in dem Sinne erbrechtliche Wirkung des Güterstandes sind, daß sie nur für Ehegatten, die in landrechtlicher Gütergemeinschaft gelebt haben, und unabhängig vom letzten Wohnsitze des Erblassers gelten. Jedenfalls erfahren die landrechtlichen Vorschriften unmittelbar kraft Reichsrechts insofern eine wesentliche Aenderung, als sich das Eigenthumserbrecht des überlebenden Ehegatten neben anderen nahen Blutsverwandten des verstorbenen als Kindern künftig nach den angeführten Vorschriften des Bürgerlichen Gesetzbuchs bestimmen wird. Der Ehegatte wird hiernach in allen Fällen, wenn nicht Alleinerbe, so doch Miterbe zu einem größeren Bruchtheile als bisher. Würde ihm daneben auch der Nießbrauch an den Erbtheilen der Miterben belassen, so ergäbe sich eine weder dem jetzigen noch dem künftigen Rechte entsprechende Stellung des Ehegatten. Die Beseitigung des Nießbrauchs erscheint umsomehr gerechtfertigt, als er schon jetzt letztwillig beliebig entzogen werden kann und von der Reichsgesetzgebung aus gewichtigen Gründen abgelehnt worden ist (vergl. die Mot. z. B.G.B. Bd. 4 S. 422). Was ferner den Fall betrifft, daß neben dem überlebenden Ehegatten unabgefundene Abkömmlinge des verstorbenen vorhanden sind, so ist hier das neue Recht dem Ehegatten unbedingt günstiger, indem es ihm ein Erbrecht giebt, welches das jetzige Recht nicht kennt. Indessen wird es grundsätzlich keinem Bedenken begegnen können, wenn dem Ehegatten durch Landesgesetz die gleiche Verbesserung seiner erbrechtlichen Stellung zu Theil wird, welche für die bestehenden Ehen ohne besondere erbrechtliche Wirkung des Güterstandes schon das Reichsrecht dem überlebenden Ehegatten gewährt. Ein wohlerworbenes Recht der Kinder kommt, solange die Ehe besteht, nicht in Frage. Hinterläßt der verstorbene Ehegatte abgefundene Kinder, so bestimmen sich die Wirkungen des Erbverzichtsvertrags, falls er vor dem Inkrafttreten des Bürgerlichen Gesetzbuchs abgeschlossen ist, nach den bisherigen Gesetzen (Einf.-Ges. Art. 217).

Wie für die Erbfolge in den Antheil des verstorbenen Ehegatten künftig das neue Recht maßgebend sein soll, so können auch für das Rechtsverhältniß bis zur Auseinandersetzung in Ansehung des Gesammtguts, die Art der Auseinandersetzung und die Haftung für die Gesammtgutsverbindlichkeiten nach derselben die reichsrechtlichen Vorschriften (B.G.B. §§. 1471 bis 1477, 1480, 1481) an die Stelle der landrechtlichen treten. Durch die Einführung des Grundsatzes, daß nach der Beendigung der Gütergemeinschaft die Auseinandersetzung in Ansehung des Gesammtguts stattfindet (§. 1471 Abs. 1), werden die Vorschriften beseitigt, die der Mutter oder dem Vater ein Recht geben, die Auseinandersetzung mit minderjährigen Kindern auszusetzen (A.L.R. II. 18 §§. 414 bis 418); diese Vorschriften sind neben den Bestimmungen über die den Eltern kraft der elterlichen Gewalt zukommende Stellung entbehrlich und mit denselben nicht vereinbar (B.G.B. §§. 1626, 1627, 1647, §. 1666 Abs. 2, §§. 1667, 1670, 1676 bis 1681, 1684 bis 1686). Durch die letzterwähnten Bestimmungen wird dem überlebenden Ehegatten auch, falls er mit gemeinschaftlichen Abkömmlingen zusammen erbt, das Recht, bis zur Auseinandersetzung im Besitz und in der Verwaltung des gemeinschaftlichen Vermögens zu bleiben, gewahrt; im Uebrigen gebührt, abweichend vom Allgemeinen Landrechte II. 1 §. 656, der Besitz und die Verwaltung des Gesammtguts künftig dem überlebenden Ehegatten und den Erben des verstorbenen gemeinschaftlich (B.G.B. §. 1472 Abs. 1). Die §§. 1473, 1475, 1476, der §. 1477 Abs. 1 und der §. 1480 des Bürgerlichen Gesetzbuchs enthalten keine grundsätzliche Abweichung vom jetzigen Rechte (vergl. zu §. 1473 Abs. 1 die §§. 654, 655, zu §. 1476 Abs. 1 die §§. 637, 638, zu §. 1480 den §. 661 II. 1 A.L.R.). Der §. 1477 Abs. 2 gewährt jedem Ehegatten oder den Erben des verstorbenen Ehegatten das Recht, die ausschließlich zu seinem persönlichen Gebrauche bestimmten Sachen und die Gegenstände, die er in die Gemeinschaft eingebracht oder während der Gütergemeinschaft durch Erbfolge, durch Vermächtniß oder mit Rücksicht auf ein künftiges Erbrecht, durch Schenkung oder als Ausstattung erworben hat, gegen Ersatz des Werthes zu übernehmen. Daneben die besonderen Begünstigungen beizubehalten, die das Landrecht dem überlebenden Ehegatten einräumt, besteht im Allgemeinen kein Bedürfniß. Dies gilt insbesondere auch für das Recht zur Uebernahme von Grundstücken. Nur wenn es sich um ein in die Landgüterrolle eingetragenes Landgut oder um ein Anerbengut handelt, erscheint die Aufrechterhaltung des Uebernahmerechts aus dem gleichen Grunde wie bei der landrechtlichen Verwaltungsgemeinschaft geboten (Entw. Art. 46 §. 3, vergl. §. 30 des Gesetzes vom 8. Juni 1896, Gesetz-Samml. S. 135). Soweit endlich der §. 1481 des Bürgerlichen Gesetzbuchs neues Recht enthält, erscheint seine Einführung unbedenklich.

Im Zusammenhange mit der Regelung der allgemeinen Gütergemeinschaft als des ausschließlichen gesetzlichen Güterstandes innerhalb ihres jetzigen Geltungsgebiets trifft das bisherige Recht besondere Vorsorge für den Schutz gutgläubiger Dritter, indem es die Wirksamkeit der Ausschließung, der Aufhebung oder des Nichtbestehens der Gütergemeinschaft unter Ehegatten, die in jenem Gebiet ihren Wohnsitz haben, gutgläubigen Dritten gegenüber von der öffentlichen Bekanntmachung abhängig macht (A.L.R. II. 1 §§. 422, 426, 428 ff.; Gesetz vom 20. März 1837 §. 4; Einf.-Ges. zum H.G.B. Art. 20). Die betreffenden Vorschriften sollen für die bestehenden Ehen im Allgemeinen auch nach der Ueberleitung in Kraft bleiben, solange nicht die Ehegatten ihren Wohnsitz verlegen (Art. 58 §. 9 Abs. 1, Art. 62). Eine Ausnahme erscheint nur in Betreff der Vorschriften des Allgemeinen Landrechts II. 1 §§. 352, 353 angezeigt. Nach diesen müssen, wenn Eheleute ihren Wohnsitz von einem Orte, wo keine Gütergemeinschaft obwaltet, an einen anderen Ort, wo sie stattfindet, verlegen oder sonst an dem anderen Ort ihren Gerichtsstand erhalten haben, alle von ihnen an dem anderen Orte vorgenommenen Handlungen in Beziehung auf einen Dritten nach den Regeln der Gütergemeinschaft beurtheilt werden, solange nicht die gemäß §. 416 zulässige Ausschließung dieser Folgen vorschriftsmäßig bekannt gemacht ist. Diese Bestimmungen verlieren ihre innere Berechtigung, wenn mit dem Inkrafttreten des Bürgerlichen Gesetzbuchs die landrechtliche Gütergemeinschaft aufhört, der für ihr bisheriges Geltungsgebiet ausschließlich maßgebende gesetzliche Güterstand zu sein; sie sollen deshalb auch für die bestehenden Ehen beseitigt werden (Art. 58 §. 9 Abs. 1 Satz 2). Der Entwurf will weiter auch die Vorschrift des Allgemeinen Landrechts II. 1 §. 425 aufheben, nach welcher in Fällen der Verlegung des Wohnsitzes der Eheleute von einem Orte, wo Gütergemeinschaft obwaltet, an einen Ort, wo sie nicht stattfindet, die nach §. 417 erfolgte Ausschließung der Gütergemeinschaft am Orte des vorigen Wohnsitzes bekannt zu machen ist. Die Vorschrift ist schon vom Standpunkte des bisherigen Rechtes kaum gerechtfertigt. Da es sich hier um Ehen handelt, für die in Folge der Ueberleitung künftig das gesetzliche Güterrecht des Bürgerlichen Gesetzbuchs gelten wird, so wäre es vollends zwecklos, nach dem Inkrafttreten des Bürgerlichen Gesetzbuchs die Nachholung der im §. 425 vorgeschriebenen Bekanntmachung zu verlangen.

Artikel 47.

Die allgemeine Gütergemeinschaft nach dem Gesetze, betreffend das eheliche Güterrecht in der Provinz Westfalen und in den Kreisen Rees, Essen und Duisburg vom 16. April 1860 (Gesetz-Samml. S. 165) bildet für die nach dem 1. Januar 1861 geschlossenen Ehen das gesetzliche Güterrecht in der Provinz Westfalen mit Ausschluß der Theile des vormaligen Herzogthums Westfalen, in denen bis dahin gemeines Dotalrecht bestanden hat, sowie in den Kreisen Rees, Essen (Land), Essen (Stadt), Duisburg, Ruhrort und Mülheim a. d. Ruhr. Die Westfälische Gütergemeinschaft kennzeichnet sich nach §. 1 des genannten Gesetzes als eine durch die besonderen Bestimmungen des letzteren modifizirte landrechtliche Gütergemeinschaft. Ihre Besonderheiten begründen eine Reihe wesentlicher Unterschiede von der Gütergemeinschaft sowohl des Allgemeinen Landrechts als auch des Bürgerlichen Gesetzbuchs. Bei bestehender Ehe kann der Mann ohne Einwilligung der Frau über alle zu dem gemeinschaftlichen Vermögen gehörenden Gegenstände durch lästige Verträge und über einzelne bewegliche Sachen auch unentgeltlich verfügen, sofern er sich im letzteren Falle nicht den Nießbrauch vorbehalten will (§. 3 des Gesetzes). Andererseits geht das Verwaltungs- und Verfügungsrecht im Falle der Bevormundung des Mannes ganz auf die Frau über und diese ist bei einer längeren Untersuchungs- oder Strafhaft des Mannes zu allen nothwendigen Verwaltungshandlungen befugt (§§. 4, 5). Bei unbeerbter Ehe gelten, wenn unabgefundene Kinder des verstorbenen Ehegatten aus früherer Ehe vorhanden sind, die landrechtlichen Vorschriften (A.L.R. II. 1 §§. 639 bis 641); jedoch müssen sich die Stiefkinder dem überlebenden Ehegatten gegenüber auf ihren Erbtheil Alles anrechnen lassen, was sie ihren Geschwistern gegenüber zu konferiren schuldig sind (§. 7 Abs. 1, §. 8 des Gesetzes). Neben anderen Blutsverwandten gebührt dem Ehegatten außer seinem Erbtheile der lebenslängliche Nießbrauch an den Erbtheilen seiner Miterben und zwar bildet der Nießbrauch, abweichend vom Landrechte, zusammen mit der Hälfte des dem Ehegatten gebührenden Erbtheils den Pflichttheil desselben (§. 7 Abs. 3, 4). Bei der

Auseinandersetzung ist der überlebende Ehegatte befugt, das gemeinschaftliche bewegliche und unbewegliche Vermögen oder einzelne Gegenstände desselben gegen eine von allen Betheiligten gebilligte oder im Falle des Nichteinverständnisses in gesetzlicher Form aufgenommene Taxe zu übernehmen (§. 7 Abs. 5, §. 17). Bei beerbter Ehe setzt der überlebende Ehegatte mit den unabgefundenen eigenen Kindern die Gütergemeinschaft fort, sofern nicht der Verstorbene letztwillig die sofortige Schichtung angeordnet hat (§. 10 Abs. 1); abgesehen von letzterer Anordnung sind für den Fall der beerbten Ehe nur gemeinschaftliche Verfügungen der Ehegatten von Todeswegen über das gemeinschaftliche Vermögen zulässig (§ 6). Die fortgesetzte Gütergemeinschaft ist zum Theil wesentlich abweichend von der des Bürgerlichen Gesetzbuchs geordnet. In die Gemeinschaft fällt Alles, was der überlebende Ehegatte aus irgend einem Rechtsgrunde erwirbt, und von dem Erwerbe der Kinder der Ertrag ihrer Beihülfe in dem elterlichen Gewerbe oder Haushalte (§. 10 Abs. 3; dagegen B.G.B. §§. 1485, 1486). Der überlebende Ehegatte hat das gleiche weitgehende Verwaltungs- und Verfügungsrecht wie bei bestehender Ehe der Mann. Er ist außerdem für sich allein berechtigt, durch Uebertragsverträge oder letztwillige Verfügungen unter den unabgefundenen Kindern die Sukzession in das gemeinschaftliche Vermögen zu regeln; nur muß jedem Kinde wenigstens der Werth des ihm nach §. 15 zustehenden Antheils, im Falle einer letztwilligen Disposition aber außerdem seines Pflichttheils zugewendet werden; für die Festsetzung des Werthes von Landgütern kommen dabei in der Provinz Westfalen die Vorschriften des Gesetzes vom 4. Juni 1856 zur Anwendung (§. 10 Abs. 4). Die Kinder können vor der Aufhebung der fortgesetzten Gütergemeinschaft über ihren Antheil an der Gemeinschaft unter Lebenden oder von Todeswegen verfügen; jedoch nur zu Gunsten ihrer Abkömmlinge, Ehegatten oder der übrigen Mitbetheiligten der Gemeinschaft; an die Stelle eines während der fortgesetzten Gütergemeinschaft verstorbenen Kindes treten mangels einer anderweitigen letztwilligen Verfügung bei der Schichtung oder der Auseinandersetzung seine Abkömmlinge oder sein Ehegatte, soweit diesem ein Antheil an dem Nachlasse gebührt (§. 16). Dagegen kann nach dem Bürgerlichen Gesetzbuch ein antheilsberechtigter Abkömmling nur auf seinen Antheil verzichten, im Uebrigen aber weder unter Lebenden noch von Todeswegen über ihn verfügen (§§. 1491, 1487, 1442, 1490 Satz 1). Stirbt er, so treten seine Abkömmlinge, die antheilsberechtigt sein würden, wenn er den verstorbenen Ehegatten nicht überlebt hätte, an seine Stelle; hinterläßt der Verstorbene keine Abkömmlinge, so wächst sein Antheil den übrigen antheilsberechtigten Abkömmlingen und in Ermangelung solcher dem überlebenden Ehegatten an (§. 1490 Satz 2, 3).

Die Eigenthümlichkeiten der Westfälischen Gütergemeinschaft sind auf westfälischem Boden aus dem Rechtsbewußtsein des Volkes herausgewachsen. Bei der Berathung und dem Erlasse des Gesetzes vom 16. April 1860 war der Gesichtspunkt leitend, aus den zahlreichen verschiedenartigen Provinzial- und statutarischen Gesetzen und Gewohnheiten diejenigen Rechtsnormen, welche sich als den westfälischen Landestheilen durchweg oder doch zum größten Theile eigenthümlich, nützlich und werthvoll darstellen, zu ermitteln und aus denselben mit den angemessensten Modifikationen, unter Zugrundelegung des Gütergemeinschaftssystems des Allgemeinen Landrechts, ein gemeinsames eheliches Güterrecht zu schaffen (Welter-Schulz, Handbuch über das eheliche Güterrecht in Westfalen §. 135). Das Gesetz ist somit in Berücksichtigung und zur Wahrung der provinziellen Interessen gegeben. Seine Grundsätze sind durch eine lange Rechtsprechung überall klargestellt und im Großen und Ganzen auch dem Laien geläufig. Das Gesetz ist dem Volke, insbesondere den westfälischen Bauern, lieb und theuer und hat sich in der Praxis im Allgemeinen bewährt. Da es sich hier um ein Güterrecht handelt, welches durch ein Gesetz aus neuerer Zeit festgestellt, in der Rechtsprechung vollends klar durchgebildet und in einem größeren geschlossenen Gebiet in Geltung ist, so erscheint die Beseitigung der darin anerkannten provinziellen Besonderheiten durch die Rücksicht auf die Verkehrssicherheit und die Rechtsanwendung nicht geboten und daher bedenklich. Der Entwurf läßt deshalb die besonderen Vorschriften des Gesetzes vom 16. April 1860 mit einzelnen Aenderungen bestehen (Art. 47 §. 1). Soweit dagegen für die Rechtsverhältnisse der Ehen mit westfälischer Gütergemeinschaft bisher die Bestimmungen des Allgemeinen Landrechts maßgebend sind, ersetzt der Entwurf sie in gleichem Umfange durch die entsprechenden Vorschriften des Bürgerlichen Gesetzbuchs, wie es im Artikel 46 für die Ehen mit landrechtlicher Gütergemeinschaft allgemein vorgesehen ist (Art. 47 §. 2 Abs. 1). Auf Verfügungen, zu denen der Mann der Zustimmung der Frau bedarf, sollen demgemäß die Bestimmungen Anwendung finden, welche für die im §. 1446 des Bürgerlichen Gesetzbuchs bezeichneten Rechtsgeschäfte gelten (Art. 47 §. 2 Abs. 2), also außer der Vorschrift des §. 1448 namentlich die des §. 1468 Nr. 1, nach welcher die Frau auf Aufhebung der Gütergemeinschaft klagen kann, wenn der Mann ein der Zustimmung der Frau bedürftiges Rechtsgeschäft ohne deren Zustimmung vorgenommen hat und für die Zukunft eine erhebliche Gefährdung der Frau zu besorgen ist. Wie für diesen Fall, so entspricht die Einführung der neuen Vorschriften des §. 1468 des Bürgerlichen Gesetzbuchs auch im Uebrigen einem in der Praxis mehrfach hervorgetretenen Bedürfnisse und dient zum Ausbau des Gesetzes vom 16. April 1860 im Sinne seiner Urheber, welche die Frau vor fraudulösen Verkürzungen durch den Mann schützen wollten (Motive zu §. 3 des Entwurfes vom 19. Dezember 1846 bei Welter-Schulz S. 441), ihr aber nicht immer eine ausreichende Sicherung gewährt haben. Daß auch der §. 1469 des Bürgerlichen Gesetzbuchs auf die hier fraglichen Ehen Anwendung finden soll, bedarf keiner näheren Ausführung.

Die einzelnen im Entwurfe vorgesehenen Aenderungen des Gesetzes vom 16. April 1860 sind theils dadurch geboten, daß an die Stelle der im Gesetz angezogenen landrechtlichen Bestimmungen, die nicht als Ausfluß des Güterstandes reichsgesetzlich aufrecht erhalten sind, die entsprechenden reichsgesetzlichen Vorschriften treten; theils bezwecken sie die Einführung solcher Bestimmungen des Reichsrechts, die sich als Fortbildung des Gesetzes darstellen. Die neue Fassung des §. 4 des Gesetzes (Art. 47 §. 3 des Entw.) berücksichtigt bei der Bestimmung der Voraussetzungen, unter welchen das Verwaltungs- und Verfügungsrecht des Mannes auf die Frau übergeht, daß nach dem neuen Rechte wegen Verurtheilung zu einer Zuchthausstrafe keine Vormundschaft und im Falle der Abwesenheit nicht eine Vormundschaft, sondern eine Pflegschaft angeordnet wird (B.G.B. §. 1911), daß ferner das Bürgerliche Gesetzbuch auch eine Entmündigung wegen Geistesschwäche oder Trunksucht sowie eine Pflegschaft über Gebrechliche zuläßt (§§. 6, 1910). Die Vorschrift des §. 4 muß folgerichtig auf diese Fälle ausgedehnt werden. Die Aenderung des §. 7 Abs. 5 des Gesetzes, welche der Entwurf (Art. 47 §. 4) vorschlägt, ist lediglich eine Folge der Aenderung des §. 14.

Nach §. 12 Abs. 1 des Gesetzes muß die überlebende Ehefrau, um ihren künftigen Erwerb vor dem Zugriffe derjenigen Gläubiger der bisherigen Gemeinschaft, denen sie nicht aus besonderen Gründen persönlich verhaftet ist, zu sichern, innerhalb der den Erben gegebenen Ueberlegungs- und Inventarfrist ein Verzeichniß des bei dem Tode des Mannes vorhanden gewesenen Vermögens gerichtlich niederlegen, wodurch sie den Gläubigern gegenüber in Beziehung auf dieses Vermögen alle Rechte und Pflichten eines Benefizialerben erlangt. Diese Vorschrift bedarf einer Umgestaltung, weil das Bürgerliche Gesetzbuch in den Bestimmungen über die Haftung des Erben für die Nachlaßverbindlichkeiten nicht eine gesetzlich bestimmte, sondern nur eine auf Antrag eines Nachlaßgläubigers von dem Nachlaßgerichte zu bestimmende Inventarfrist kennt (§§. 1993 ff.). Die im Entwurf enthaltene neue Fassung des §. 12 Abs. 1 (Art. 47 §. 5) ist der entsprechenden Vorschrift des §. 1489 Abs. 2 des Bürgerlichen Gesetzbuchs nachgebildet. Der §. 14 des Gesetzes ist im Entwurf (Art. 47 §. 6) dem §. 1495 des Bürgerlichen Gesetzbuchs zunächst redaktionell angepaßt, indem statt von der Verpflichtung des überlebenden Ehegatten zur Schichtung von der Befugniß der sonstigen Antheilsberechtigten, auf Schichtung zu klagen, gesprochen wird. Die Voraussetzungen, die der bisherige §. 14 aufstellt, sind mit den im Hinblick auf die §§. 6, 1911 des Bürgerlichen Gesetzbuchs gebotenen Aenderungen im neuen §. 14 Abs. 1 Nr. 1 bis 4, 9 sachlich beibehalten. Hinzugefügt sind in den Nr. 5 bis 8 die sonstigen im §. 1495 des Bürgerlichen Gesetzbuchs anerkannten Aufhebungsgründe. Der damit erzielte erweiterte Schutz der übrigen Antheilsberechtigten gegen Mißbrauch der Rechte des überlebenden Ehegatten entspricht einem praktischen Bedürfnisse. Mit Rücksicht auf die Vorschrift des §. 16 des Gesetzes muß hier die Befugniß zur Klage auf Schichtung auch dem hinterlassenen Ehegatten eines antheilsberechtigten Abkömmlings, an dessen Stelle er nach §. 16 tritt, gewährt werden. Nach §. 15 des Gesetzes ist in allen Fällen der Schichtung der den Kindern gemäß §. 7 gebührende Antheil an dem in die fortgesetzte Gütergemeinschaft gefallenen Vermögen nach dem Vermögensstande zur Zeit der Schichtung festgesetzt. Statt dessen empfiehlt es sich, zum Schutze der Antheilsberechtigten gegen nachtheilige Verfügungen, die der überlebende Ehegatte nach dem Eintritte der die Pflicht zur Schichtung begründenden Thatsache vornehmen könnte, den bei der Bestimmung des Vermögensstandes maßgebenden Zeitpunkt für die einzelnen Fälle in der Weise verschieden festzustellen, wie die neue Fassung des §. 15, theilweise im Anschluß an den §. 1479 (§. 1498) des Bürgerlichen Gesetzbuchs, es vorsieht. Anlangend endlich die Vorschrift des §. 17 Abs. 2 des Gesetzes, nach welcher die Befugniß des überlebenden Ehegatten, das gemeinschaftliche Vermögen oder einzelne Gegenstände desselben für eine Taxe zu übernehmen, in den Fällen des jetzigen §. 14 Nr. 2 bis 4 auf die Kinder der aufgelösten Ehe übergeht, so ist sie ihrem Grundgedanken entsprechend auf die Fälle des neuen §. 14 Abs. 1 Nr. 5 bis 8 ausgedehnt, da auch in diesen Fällen die Pflicht zur Schichtung auf einem pflichtwidrigen Verhalten des Ehegatten beruht (Art. 47 §. 7).

Zu sonstigen Aenderungen des Gesetzes vom 16. April 1860 besteht kein Bedürfniß. Insbesondere ergiebt sich von selbst, daß an die Stelle der im §. 19 Abs. 2 und im §. 20 in Bezug genommenen landrechtlichen Vorschriften die entsprechenden Bestimmungen des Bürgerlichen Gesetzbuchs (§§. 1680, 1620 ff.) treten (Einf.-Ges. Art. 4).

Artikel 48.

Das gemeine Dotalrecht ist das gesetzliche Güterrecht für alle Ehen in den Theilen des vormaligen Herzogthums Westfalen, für welche es durch das Gesetz vom 16. April 1860 aufrechterhalten ist, im Kreise Herzogthum Lauenburg mit Ausnahme der Stadt Mölln, in den gemeinrechtlichen Theilen der Provinz Hannover mit Ausschluß der Bezirke, für die ein anderes Güterrecht besteht (Neubauer, das in Deutschland geltende eheliche Güterrecht, 2. Aufl. S. 53 f.) und in einzelnen kleinen Gebietstheilen des vormaligen Kurfürstenthums Hessen (Neubauer S. 58), ferner für die Ehen der Eximirten in Neuvorpommern und Rügen, für Ehen der sogenannten Schriftsässigen in Althessen, d. h. den vormals Kurhessischen Provinzen Nieder- und Oberhessen, dem ehemaligen Fürstenthume Hersfeld und der ehemaligen Herrschaft Schmalkalden, für adelige Ehen in der vormaligen Grafschaft Schaumburg (Kreis Rinteln) und für jüdische Ehen in Hechingen; für die letzteren Ehen wird jedoch regelmäßig durch Ehevertrag ein anderes Güterrecht eingeführt.

Für das westfälische Dotalrechtsgebiet herrscht in Theorie und Praxis seit Jahrzehnten lebhafter Streit, ob dort das reine Römische oder ein unter dem Einflusse deutschrechtlicher Anschauungen wesentlich umgebildetes Recht gilt. Während das ehemalige Hofgericht und das Appellationsgericht zu Arnsberg stets an der ersteren Auffassung festgehalten haben, derzufolge dem Manne an dem Vermögen der Frau nur die Rechte zustehen, die ihm die Frau ausdrücklich einräumt, vertrat das vormalige Obertribunal zuerst in einem Urtheile vom 22. Februar 1836 (Entsch. Bd. 1 S. 56 ff.) und später mehrfach die Ansicht, daß im Herzogthume Westfalen, wie überhaupt in Deutschland, das Römische Dotalrecht nicht rein rezipirt, sondern wesentlich durch den auf dem altdeutschen Mundium des Ehemanns über die Frau beruhenden deutschen Rechts- und Gerichtsgebrauch modifizirt sei und daß alles Vermögen der Frau, welches im Ehevertrage nicht ausdrücklich vorbehalten ist, der Verwaltung und dem Nießbrauch oder doch mindestens der Verwaltung des Mannes unterliege. Der ersterwähnten Auffassung haben sich wiederum das Reichs-Oberhandelsgericht (Urtheil vom 27. Juni 1871, Entsch. Bd. 2 S. 408) sowie das vormalige Appellationsgericht zu Hamm (Urtheil vom 15. November 1876) angeschlossen; dagegen ist das Oberlandesgericht zu Hamm in zwei Urtheilen vom 5. November 1884 und vom 30. Oktober 1886 im Wesentlichen der Ansicht des Obertribunals gefolgt und hat dem Manne wenigstens die Verwaltung des nicht ausdrücklich vorbehaltenen Vermögens der Frau zugesprochen, während die Frage, ob ihm auch der Nießbrauch zustehe, nicht zur Entscheidung stand; dem ersterwähnten Urtheil ist auch das Reichsgericht in einem Urtheile vom 13. April 1885 (Akten des Oberlandesgerichts Hamm I. U. 53/84) beigetreten. Ehemännliches Verwaltungsrecht nimmt ferner die neuere Praxis des Landgerichts Arnsberg an. Die zeitige Praxis der Amtsgerichte ist ganz verschieden, zum Theil unsicher und schwankend; in einzelnen Fällen hat sie sogar mit der Person des Richters gewechselt.

In anderen gemeinrechtlichen Gebieten besteht zwar nicht eine derartige Rechtsunsicherheit, vielmehr ist in der Rechtsprechung und Wissenschaft im Wesentlichen das rein Römische Dotalrecht als geltend anerkannt. Nach der thatsächlichen Uebung und der eigenen Rechtsauffassung der Ehegatten steht jedoch der güterrechtliche Zustand der dotalrechtlichen Ehen regelmäßig der deutschrechtlichen Verwaltungsgemeinschaft erheblich näher als dem Römischen Dotalrechte. Die wesentlichen Unterschiede des letzteren von der Verwaltungsgemeinschaft, das Eigenthum des Mannes an den Dotalsachen und die Versagung gesetzlicher Rechte am Paraphernalvermögen der Frau, sind der Regel nach ganz ohne praktische Bedeutung. Eine eigentliche Dosbestellung kommt nur sehr selten vor. Auf das Eigenthum des Mannes an den Dotalsachen wird kein Gewicht gelegt. Die Frau überläßt dagegen der Regel nach ihr Vermögen dem Manne zur Verwaltung und zur Verwendung der Nutzungen für die Zwecke des gemeinsamen Haushalts.

Mit Rücksicht auf diese thatsächliche Gestaltung der güterrechtlichen Verhältnisse und die vorher erwähnte Rechtsunsicherheit haben die mit einem größeren Bezirke betheiligten Oberlandesgerichte ihrer großen Mehrzahl nach von vornherein die Ueberleitung in die Verwaltungsgemeinschaft des Bürgerlichen Gesetzbuchs befürwortet, zum Theil ausdrücklich unter Hervorhebung ihrer Uebereinstimmung mit den Berichten der Landgerichtspräsidenten und der Amtsgerichte. Ein besonderes Interesse an der Einführung der Verwaltungsgemeinschaft besteht für die Althessischen Gebietstheile. Dort gilt, wie erwähnt, nur für die Ehen der sogenannten „Schriftsässigen" gemeines Dotalrecht, für die Ehen der sogenannten „Amtssässigen" dagegen die Althessische Errungenschaftsgemeinschaft. Diese längst veraltete Unterscheidung macht es bezüglich nicht weniger Ehen zweifelhaft, welches Güterrecht für sie gilt, da die Frage, ob eine Person „amtssässig" oder „schriftsässig" ist, sich häufig nicht sicher entscheiden läßt. Es erscheint daher dringend erwünscht, jener Unterscheidung für die Zukunft, soweit thunlich, ihre Bedeutung dadurch zu entziehen, daß für beide Arten von Ehen das gleiche Güterrecht eingeführt wird. Als solches kann aber, wie zu Artikel 53 darzulegen sein wird, auch im Hinblick auf die Althessische Errungenschaftsgemeinschaft nur das gesetzliche Güterrecht des Bürgerlichen Gesetzbuchs in Frage kommen. Nachdem in dem vorläufigen Entwurfe die Einführung der Verwaltungsgemeinschaft für die dotalrechtlichen Ehen in Aussicht genommen war, hat diese Behandlung auch bei den Präsidenten derjenigen Oberlandesgerichte, welche einen anderen

Standpunkt eingenommen hatten, Zustimmung gefunden. Der Artikel 48 des Entwurfes stimmt mit dem vorläufigen Entwurf überein.

Eine zu Bedenken Anlaß gebende sachliche Beeinträchtigung der Rechtsstellung der Ehegatten oder Dritter ist mit der Ueberleitung, wie der Entwurf sie vorsieht, nicht verbunden. Soweit schon jetzt anzunehmen ist, daß dem Manne Nießbrauch und Verwaltung an dem nicht ausdrücklich vorbehaltenen Frauenvermögen zusteht, tritt durch die Einführung des neuen Rechtes überhaupt keine Aenderung, sondern nur eine wohlthätige nähere Ausbildung des bisherigen Rechtes ein. Aber auch wenn man das Römische Recht als im Wesentlichen noch unverändert geltend ansieht, bleiben unzulässige sachliche Eingriffe bei der Ueberleitung ausgeschlossen. Das als Heirathsgut bestellte Vermögen erwirbt der Mann zwar zu vollem Rechte, die dazu gehörigen Sachen zu Eigenthum. Da er das Heirathsgut aber nach Auflösung der Ehe in Natur oder dem Werthe nach zurückgeben muß, so kommt ihm eigentlich nur der Ertrag des Heirathsguts zu. Zur Veräußerung von Dotalgrundstücken bedarf er der Zustimmung der Frau, nach dem Hanoverschen Gesetze vom 30. Juli 1840 gerichtlicher Bestätigung. Inwieweit er bewegliche Sachen ohne Einwilligung der Frau mit Wirkung ihr gegenüber veräußern kann, ist streitig (Windscheid, Lehrbuch Bd. 2 §. 503; Dernburg, Pandekten Bd. 3 §. 20). Dem Manne bleiben hiernach nicht viel mehr Rechte als die Verwaltung und die Nutznießung (Windscheid §. 496; Dernburg §. 18). Die Umwandlung des vorhandenen Heirathsguts in eingebrachtes Gut berührt also mehr die Rechtsform als den sachlichen Gehalt der Befugnisse des Mannes. Den Gläubigern des Mannes bleiben wegen der vor der Ueberleitung entstandenen Schulden ihre bisherigen Rechte in Ansehung des Heirathsguts trotz der Umwandlung erhalten (Art. 58. §. 3). Besondere Fürsorge erfordert nur der Fall, daß in Folge der Umwandlung des Heirathsguts eine Berichtigung des Grundbuchs erforderlich wird. Zur Vermeidung jeder Härte gewährt der Entwurf hier, falls die Berichtigung innerhalb eines Jahres beantragt wird, Gebühren- und Stempelfreiheit (Art. 58 §. 2). Bezüglich des Paraphernalvermögens der Frau wird, soweit schon jetzt nach der Sitte und der Auffassung der Ehegatten die Verwaltung und die Nutzung in der Hand des Mannes liegt, durch die Umwandlung in eingebrachtes Gut nur der bisherige thatsächliche Zustand zu einem gesetzlich geordneten Rechtsverhältniß erhoben. Sofern jedoch nach dem hierfür maßgebenden jetzigen Rechte anzunehmen ist, daß die Frau bisher befugt ist, die Ueberlassung ihres Vermögens an den Mann frei zu widerrufen, bleibt ihr diese Befugniß nach dem Entwurfe bis zur Zeit der Ueberleitung gewahrt. Denn außer dem Heirathsgute soll nur das Vermögen, welches zu dieser Zeit von der Frau der Verwaltung des Mannes *ohne Vorbehalt* überlassen ist, eingebrachtes Gut werden (Art. 48 §. 2 Abs. 1); die Frau braucht sich also lediglich nach Maßgabe ihrer vorbezeichneten jetzigen Befugniß bis zur Ueberleitung die Verwaltung bezüglich ihres vorhandenen Vermögens oder einzelner Gegenstände vorzubehalten, um ihr von dem Vorbehalte betroffenes Vermögen zu Vorbehaltsgut zu machen. Die Wirksamkeit des Vorbehalts an eine bestimmte Form zu binden, erscheint nicht rathsam; der Beweis liegt selbstverständlich erforderlichenfalls der Frau ob. Auch soweit übrigens das Paraphernalgut der Frau eingebrachtes Gut wird, bestimmt sich seine Haftung für die vor der Ueberleitung entstandenen Schulden des Mannes nach dem bisherigen Rechte; gegenüber später entstehenden Schulden des Mannes ist die Frau gleichfalls durch das neue Recht genügend gesichert.

Erweitert wird durch die Einführung des neuen Rechtes die Befugniß der Frau, das Heirathsgut während des Bestehens der Ehe zurückzunehmen, welche ihr jetzt nur zusteht, wenn der Mann die Dos verschleudert oder in Vermögensverfall geräth (vergl. dagegen B.G.B. §. 1418). Vom Standpunkte der heutigen Anschauungen muß hierin jedoch ein wesentlicher Fortschritt erblickt werden. Für den Fall der Scheidung kommt der Verlust der Dos an den unschuldigen Mann als Scheidungsstrafe schon kraft Reichsrechts in Wegfall (Einf.-Ges. Art. 201). Soweit nach bisherigem Rechte der Anspruch auf Herausgabe des Heirathsguts nicht der Frau oder deren Erben, sondern einem Dritten zusteht, muß er unberührt bleiben (Art. 48 §. 2 Abs. 2).

Erbrechtliche Wirkungen des Güterstandes sind mit dem gemeinen Dotalrechte nicht verbunden, auch nicht in den Gebietstheilen, in welchen sich ein statutarisches oder gewohnheitsrechtliches Erbrecht des Ehegatten entwickelt hat (vergl. für Westfalen Welter-Schultz §. 48, für Hannover Grefe, Hannovers Recht Bd. 2 §. 23, Rudorff, das Hannoversche Privatrecht S. 419). Das Erbrecht des überlebenden Ehegatten bestimmt sich also künftig ohne Weiteres nach den Vorschriften des Bürgerlichen Gesetzbuchs (Einf.-Ges. Art. 213).

Im Lande Wursten und im Kirchspiel Altenwalde gilt als gesetzliches Güterrecht das Dotalrecht nur bis zur Geburt eines Kindes; mit dieser tritt allgemeine Gütergemeinschaft ein (Ritter, neues Magazin für Hannoversches Recht Bd. 8 S. 163). Da auf die bezeichnete Umgestaltung der güterrechtlichen Verhältnisse nach dem bisherigen Rechte bei der Eingehung der Ehe gerechnet werden kann, so erscheint es bedenklich, für die zur Zeit des Inkrafttretens des Bürgerlichen Gesetzbuchs noch unbeerbten Ehen den gesetzlichen Eintritt der Gütergemeinschaft mit der Geburt eines Kindes zu beseitigen. Wie nach dem Entwurf aber die nach dem bisherigen Rechte schon eingetretene Gütergemeinschaft in die allgemeine Gütergemeinschaft des Bürgerlichen Gesetzbuchs übergeleitet werden soll (Art. 51 §. 1 Abs. 1, §. 2), so läßt der Entwurf die letztere in gleicher Weise auch für die hier in Rede stehenden noch unbeerbten Ehen mit der Geburt eines Kindes eintreten (Art. 48 §. 3). Wegen der dabei für entsprechend anwendbar erklärten Vorschrift des Artikel 50 §. 2 Abs. 2 kann auf die Begründung verwiesen werden.

Artikel 49.

In den Provinzen Schleswig-Holstein und Hannover, sowie in dem Kreise Rinteln der Provinz Hessen-Nassau gilt als gesetzliches Güterrecht Verwaltungsgemeinschaft:

1. nach dem Rechte des Sachsenspiegels in seiner durch Gewohnheitsrecht und Gerichtspraxis modifizirten Gestaltung in einem großen Theile Holsteins;

2. nach Lübischem Rechte in den Holsteinschen Städten außer Altona, soweit sie nicht erst nach der Einverleibung städtische Verfassung erhalten haben, ferner in den Schleswigschen Städten Tondern und Burg auf Fehmarn, sowie in Mölln;
3. nach besonderen Verordnungen in dem vormals schauenburgischen Antheile Holsteins, insbesondere der Stadt Altona;
4. nach dem Statute des Weichbildes Otterndorf von 1541 und Gewohnheitsrecht in der Stadt Otterndorf (Ebhardt, Sammlung der Verordnungen des vorm. Königreichs Hannover II S. 243);
5. nach den Statuten der Stadt Stade von 1279 und Gewohnheitsrecht in der genannten Stadt, der Ortschaft Brunshausen und der Stadt Buxtehude (Ebhardt II S. 369);
6. nach dem Celler Stadtrecht von 1537 in der Altstadt Celle;
7. nach der Schaumburgischen Polizeiordnung von 1615 in der vormaligen Grafschaft Schaumburg, dem Kreise Rinteln (Roth u. v. Meibom, Kurhess. Privatrecht §. 104 II, §. 105 III, §§. 115, 116, 119).

Alle diese Güterrechte, deren rechtliche Natur übrigens theilweise (zu 5 bis 7) nicht unbestritten ist, will der Entwurf mit der Einschränkung in das gesetzliche Güterrecht des Bürgerlichen Gesetzbuchs überleiten, daß für die erbrechtlichen Wirkungen des Güterstandes die bisherigen Gesetze maßgebend bleiben, bei der gesetzlichen Erbfolge aber der überlebende Ehegatte die Erbfolge nach neuem Rechte wählen kann (Art. 49 §§. 1, 2).

Die in Rede stehenden Güterrechte stimmen mit dem gesetzlichen Güterrechte des Bürgerlichen Gesetzbuchs in dem Grundgedanken überein, daß durch die Eheschließung das Vermögen der Frau nicht mit dem des Mannes zu einer rechtlich einheitlichen Masse vereinigt, aber der Verwaltung und Nutznießung des Mannes unterworfen wird. Neu ist gegenüber den bisherigen Rechten zunächst das gesetzliche Vorbehaltsgut der Frau nach den §§. 1366, 1367 des Bürgerlichen Gesetzbuchs. Indessen ist bezüglich der ausschließlich zum persönlichen Gebrauche der Frau bestimmten Sachen das Verwaltungs- und Nutznießungsrecht des Mannes von geringer praktischer Bedeutung, und die Einführung der Vorschrift, daß der Arbeitserwerb der Frau ihr Vorbehaltsgut wird, ist hier nicht minder gerechtfertigt als gegenüber der Verwaltungsgemeinschaft des Allgemeinen Landrechts. Ebenso verhält es sich mit der Verschiedenheit, die in Betreff des Umfanges der Verwaltungsbefugniß des Mannes zwischen altem und neuem Rechte insofern obwaltet, als nach den bisherigen Rechten der Mann über die beweglichen Sachen der Frau unbeschränkt verfügen kann. Eine über das Bürgerliche Gesetzbuch hinausgehende Beschränkung des Mannes enthält nur das Schaumburgische Recht, nach welchem der Mann auch die ihm selbst gehörigen in städtischer Gemarkung gelegenen Grundstücke nur mit Einwilligung der Frau veräußern oder verpfänden kann. Der Wegfall dieser veralteten, sachlich unbegründeten Beschränkung erscheint unbedenklich. Das Gleiche gilt von der Einführung der im bisherigen Rechte nicht anerkannten Surrogationsgrundsätze der §§. 1381, 1382 des Bürgerlichen Gesetzbuchs.

Bezüglich der Schuldenhaftung weichen die bisherigen Rechte zum Theil darin ab, daß sie eine Haftung des eingebrachten Gutes der Frau für Schulden des Mannes anerkennen. Eine solche Haftung tritt nach Lübischem und nach Holstein-Schauenburgischem Rechte bei beerbter Ehe ein, und zwar haftet die Frau selbst mit ihrem nach der Auflösung der Ehe erworbenen Vermögen, wenn sie sich nicht durch Hingabe des gesammten Ehevermögens davon befreit; nur für die Stadt Altona besteht die Ausnahme, daß die Frau im Falle des Konkurses des Mannes nicht mit dem nachher erworbenen Vermögen für die vorher entstandenen Schulden des Mannes haftet. Nach Lübischem Rechte gilt die Ehe nur, solange ein Kind am Leben ist, als beerbt, sodaß je nach dem Vorhandensein von Kindern auch die Haftung des Frauenguts sich ändert. Im Gebiete des Stader Rechtes wird gewohnheitsrechtlich im Konkurse des Mannes das Eingebrachte der Frau zur Konkursmasse gezogen, auch wenn die Schulden vor der Ehe entstanden sind. Nach Schaumburgischem Rechte haftet das Frauenvermögen — und zwar, wie angenommen wird, subsidiär — nur für solche während der Ehe gemachte Schulden des Mannes, zu welchen entweder die Frau vor Gericht nach Erklärung der weiblichen Rechtswohlthaten ihre Einwilligung zu Protokoll erklärt hat, oder die sich auf ein von den Ehegatten als Kaufleuten oder Handwerkern gemeinschaftlich betriebenes Gewerbe beziehen. Es versteht sich von selbst, daß bezüglich der vor dem Inkrafttreten des Bürgerlichen Gesetzbuchs entstandenen Schulden des Mannes in die Rechte der Gläubiger nicht eingegriffen werden darf. Für künftige Schulden des Mannes dagegen die Haftung des Eingebrachten zu beseitigen, besteht kein Bedenken. Haftung des Frauenguts bei fehlender Gütergemeinschaft widerspricht dem geläuterten Rechtsgefühle der Gegenwart; soweit die Frau nicht an dem vom Manne mit den Mitteln ihres Vermögens erzielten Gewinne Theil nimmt, ist es eine Forderung der Gerechtigkeit, daß sie auch nicht die Gefahr des Verlustes trägt. Die Beseitigung der Haftung wird daher als Wohlthat empfunden werden. Das Interesse des Mannes an der Fortdauer der seinen Kredit stärkenden Haftung muß hiergegen zurückstehen. Den Gläubigern geschieht, auch soweit sie etwa im Vertrauen auf die Haftung in Geschäftsverbindung mit dem Manne getreten sind, kein Unrecht, zumal schon jetzt durch Vertrag die Haftung für die Zukunft ausgeschlossen werden kann.

Den bisherigen Rechten gegenüber ist weiter ganz oder doch großentheils neu die im §. 1418 des Bürgerlichen Gesetzbuchs bestimmte Befugniß der Frau, auf Aufhebung der Verwaltung und Nutznießung zu klagen. Wenn jedoch die Auffassung zur Geltung gelangt, daß unter gewissen Voraussetzungen der Frau nicht zugemuthet werden könne, wider Willen ihr Vermögen dem Manne fernerhin zu belassen, so würde das Rechtsgefühl gerade an einer abweichenden Behandlung der bestehenden Ehen Anstoß nehmen. Im Uebrigen enthalten die Vorschriften des Bürgerlichen Gesetzbuchs über das Rechtsverhältniß bei bestehender Ehe keine oder nur unerhebliche Abweichungen, zum Theil füllen sie Lücken aus. Ueberall haben sie den Vorzug der Bestimmtheit und Klarheit.

Wesentliche Unterschiede bestehen dagegen zwischen dem alten und dem neuen Rechte in Betreff des Rechtsverhältnisses nach dem Tode eines der Ehegatten. Nach Sächsischem Rechte (Verordnung vom 15. Juni 1742 und Deklaration vom 11. Januar 1745) erhält regelmäßig der Wittwer die gesammten Mobilien der Frau, „sofern den Eltern oder Kindern aus dem übrigen Nachlaß der defuncta die legitima salva verbleibt", nebst dem vierten Theile des übrigen Nachlasses, die Wittwe, je nachdem Leibeserben hinterlassen sind oder nicht, den vierten oder den dritten Theil des Nachlasses des Mannes. Dieser als portio statutaria bezeichnete Erbtheil kann nicht durch einseitige letztwillige Verfügung des anderen Ehegatten entzogen oder beschränkt werden. Für die Wittwen der Mitglieder der Schleswig-Holsteinschen Ritterschaft und des angesessenen Adels besteht auf Grund der sogenannten Haubenbandsgerechtigkeit die Besonderheit, daß sie die Hälfte von gewissen beweglichen Sachen zum Eigenthum und daneben während Jahr und Tag den Besitz und Genuß aller Grundstücke, in Ermangelung solcher die Zinsen ausstehender Kapitalien erhalten. Nach Lübischem Rechte beträgt bei unbeerbter Ehe die Erbquote des überlebenden Ehegatten die Hälfte des Nachlasses; bei beerbter Ehe ist sie in den verschiedenen Städten nicht gleich bemessen und besteht bald in der Hälfte bald in einem Kindestheil. Nach Schauenburg-Holsteinischem Rechte hat der überlebende Ehegatte die Wahl, ob er nach Abzug aller Schulden die Hälfte der Gesammtmasse nehmen oder sein Vermögen aus derselben herausziehen will. In der Stadt Altona steht der Wittwe dieses Wahlrecht nur bei unbeerbter Ehe zu; bei beerbter Ehe nimmt sie ihr Eingebrachtes und erhält vom Nachlasse des Mannes Kindestheil, jedoch nie über ein Viertheil. Im Geltungsgebiete der drei angeführten Rechte, wie überhaupt in der ganzen Provinz Schleswig-Holstein, hat der überlebende Ehegatte ferner das Recht, die Erbtheilung mit den Kindern auszusetzen, bis er sich wieder verheirathen will oder der mündig gewordene Abkömmling oder die sich verheirathende Tochter die Abfindung fordert. Der Vater hat dabei im größten Theile der Provinz, insbesondere in den hier fraglichen Rechtsgebieten, das Recht, durch seine auf Verlangen zu beeidigende Aussage den Antheil der Kinder am mütterlichen Vermögen festzustellen. Das den Abkömmlingen während der Ungetheiltheit anderweit zufallende Vermögen soll nicht in die Gemeinschaft gebracht, sondern „separatim" verwaltet werden. Das Sitzenbleiben in ungetheilten Gütern — auch außerhalb der Gebiete der Gütergemeinschaft ungenau als fortgesetzte Gütergemeinschaft bezeichnet — findet nicht statt, soweit der verstorbene Ehegatte letzwillig abweichende Bestimmungen getroffen hat.

Nach dem Rechte der Stadt Otterndorf behält bei unbeerbter Ehe der Wittwer sein Gut, das er vor Eingehung der Ehe hatte, und erbt von dem beweglichen Vermögen, das die Frau ihm zugebracht hat, ein Viertel, von den zugebrachten unbeweglichen Gütern ein Drittel; ist unbewegliches Gut nicht vorhanden, so erbt er zwei Drittel des fahrenden Gutes. Die Wittwe nimmt ihr Eingebrachtes zurück und erbt ein Drittel von des Mannes Gut. Gewohnheitsrechtlich soll der Wittwer zwei Drittel, die Wittwe ein Drittel von dem Nachlasse des anderen Ehegatten erhalten. Bei beerbter Ehe nimmt die Wittwe außer einem Voraus von bestimmten beweglichen

Sachen neben mehreren Abkömmlingen ein Drittel, neben einem Abkömmlinge die Hälfte des Gesammtguts; überlebt der Mann die Frau, so erben die Abkömmlinge das gesammte Vermögen der Frau, und der Mann soll ihnen ein Drittel seines Vermögens zulegen. In jedem Falle hat der überlebende Ehegatte an dem den Abkömmlingen zufallenden Vermögen bis zu ihrer Volljährigkeit oder seiner Wiederverheirathung den Nießbrauch und die Verwaltung gegen die Verpflichtung zur Gewährung des Unterhalts.

Nach dem Rechte der Stadt Stade erhält der überlebende Ehegatte, wenn Abkömmlinge aus der Ehe vorhanden gewesen, aber vor der Auflösung der Ehe verstorben sind, das ganze Vermögen; bei kinderloser Ehe nimmt er sein Eingebrachtes zurück und erhält die Hälfte des Vermögens des Verstorbenen. Bei beerbter Ehe wird die Gemeinschaft zwischen dem überlebenden Ehegatten und den Abkömmlingen fortgesetzt. Verheirathet sich der Ehegatte wieder, so wird sein Vermögen vom Nachlasse des Verstorbenen getrennt und letzterer zwischen ihm und den Abkömmlingen nach Köpfen getheilt; wird nicht, wie üblich, ein Einkindschaftsvertrag geschlossen, so trifft den Ehegatten als Strafe der zweiten Ehe der Verlust des Eigenthums an dem ihm aus dem Nachlasse zufallenden Antheile zu Gunsten der gemeinschaftlichen Abkömmlinge. Die statutarische Erbportion des überlebenden Ehegatten kann durch letztwillige Verfügung nicht beeinträchtigt werden.

Nach dem Rechte der Altstadt Celle ist bei unbeerbter Ehe der überlebende Ehegatte Alleinerbe. Neben eigenen Kindern oder Stiefkindern erhält die Wittwe nach Vorwegnahme der Frauengerade, wenn vier oder weniger Kinder vorhanden sind, ein Fünftel, wenn mehr Kinder vorhanden sind, einen Kindestheil vom Nachlasse. Mit eigenen Kindern kann die Wittwe bis zur Wiederverheirathung in ungetheilten Gütern sitzen bleiben. Heirathet der überlebende Ehegatte wieder, so behält er den Nießbrauch an den Erb- und liegenden Gütern des verstorbenen Ehegatten. Diese Vorschriften gelten nur in Ermangelung abweichender letztwilliger Bestimmungen.

Nach dem Schaumburgischen Rechte endlich erhält bei unbeerbter Ehe, falls sie noch nicht Jahr und Tag gedauert hat, der Wittwer gewisse bewegliche Sachen und die Hälfte der Dos, die Wittwe eine entsprechende Geldsumme. Hat die Ehe Jahr und Tag bestanden, so erbt der überlebende Ehegatte den gesammten Nachlaß mit der Verpflichtung, gewisse Mobilien den Eltern, Geschwistern oder Geschwisterkindern des Verstorbenen herauszugeben; hinterläßt der Verstorbene jedoch Kinder aus einer früheren Ehe, uneheliche oder Adoptivkinder, so ist das Erbrecht des Ehegatten ausgeschlossen; auch kann jeder Ehegatte über den dritten Theil des gesammten beiderseitigen Vermögens letztwillig verfügen, und der überlebende Ehegatte braucht nur die über sein Vermögen getroffenen Verfügungen nicht anzuerkennen, wenn er die Erbschaft ausschlägt. Bei beerbter Ehe erhält der überlebende Ehegatte den Nießbrauch an dem Nachlasse, soweit er den gemeinschaftlichen Abkömmlingen zufällt; der Wittwer behält den Nießbrauch auch im Falle der Wiederverheirathung, während die Wittwe in diesem Falle mit den Kindern schichten muß; sie erhält neben einem Kinde die Hälfte, neben mehreren Kindern ein Drittel des gesammten beiderseitigen Vermögens.

Wie die vorstehende Uebersicht zeigt, ist das bisherige Recht im Vergleiche mit dem neuen Rechte dem überlebenden Ehegatten theils unbedingt günstiger, theils unbedingt ungünstiger, theils trifft je nach den Umständen das Eine oder das Andere zu. Eine kasuistische Regelung kann allen diesen Verschiedenheiten nicht gerecht werden. Soll eine Beeinträchtigung der gegenwärtigen Rechtsstellung des überlebenden Ehegatten vermieden werden, so bleibt nur übrig, in Betreff der erbrechtlichen Wirkungen des Güterstandes die bisherigen Gesetze aufrecht zu erhalten und dem überlebenden Ehegatten daneben bei der gesetzlichen Erbfolge die Wahl der Erbfolge nach neuem Rechte zu lassen (Art. 49 §. 2 Satz 1). Diese Gestaltung ist auch für die Fälle unbedenklich, in denen das bisherige Recht den Ehegatten schlechthin günstiger oder schlechthin ungünstiger stellt; im ersteren Falle ist das Wahlrecht entbehrlich aber unschädlich, im zweiten ausreichend. Soweit dem überlebenden Ehegatten nach Schauenburg-Holsteinischem Rechte ein Wahlrecht zusteht, empfiehlt es sich zugleich, die für das ähnliche Wahlrecht des Märkischen Ehegatten getroffenen Vorschriften hier zur entsprechenden Anwendung gelangen zu lassen (Art. 49 §. 2 Satz 2).

Verwaltungsgemeinschaft nach Sächsischem Rechte bildet endlich noch den gesetzlichen Güterstand im Geltungsgebiete der Neumünsterschen Kirchspielgebräuche für Ehen, die noch nicht Jahr und Tag gedauert haben, während nach dem Ablaufe dieser Frist allgemeine Gütergemeinschaft eintritt. Für Ehen mit diesem Güterstande läßt der Entwurf, falls zur Zeit des Inkrafttretens des Bürgerlichen Gesetzbuchs die bezeichnete Frist noch nicht abgelaufen ist, der Vereinfachung wegen nicht sofort das gesetzliche Güterrecht, sondern erst mit dem Ablaufe der Frist die allgemeine Gütergemeinschaft des Bürgerlichen Gesetzbuchs eintreten, während es in der Zwischenzeit bei den bisherigen Rechten bewenden soll (Art. 51 §. 1 Abs. 2). Sofern jedoch eine solche Ehe vor dem Ablaufe der Frist durch den Tod eines der Ehegatten aufgelöst wird, ist es billig und folgerichtig, daß dem überlebenden Ehegatten das gleiche Wahlrecht gewährt wird, wie bei der Verwaltungsgemeinschaft des Sächsischen Rechtes (Art. 49 §. 3).

Artikel 50.

Im Artikel 50 sind die besonderen Güterrechte der Provinz Pommern zusammengefaßt, nämlich das Lübische Recht (§§. 1 bis 4, 7), die Güterrechte der Pommerschen Bauerordnungen vom 16. Mai 1616 und vom 30. Dezember 1764 sowie des Magdeburger oder Stettiner Rechtes (§§. 5 bis 7).

1. Das Lübische Recht, wie es, theilweise durch besondere Statutarrechte modifizirt, in den meisten Städten des landrechtlichen wie des gemeinrechtlichen Theiles von Pommern und den zugehörigen Kämmereidörfern gilt, hat hier nach der in der Praxis unbestritten herrschenden Auffassung eine wesentlich andere Gestaltung angenommen als z. B. in der Provinz Schleswig-Holstein. Danach entsteht in der Regel mit der Eheschließung eine durch die Geburt eines Kindes bedingte Gütergemeinschaft, welche durch die Geburt eines Kindes von Anfang an wirksam wird, beim Aussterben der Nach-

kommenschaft aber wieder für die Zukunft eine bedingte wird (Statutarrecht der Städte des Herzogthums Alt- Vor- und Hinterpommern 1836 §§. 49, 50; Statutarrecht der Städte des Herzogthums Neu-Vorpommern und des Fürstenthums Rügen, Provinzialrecht Th. 6, §. 173; Präjudiz des Obertribunals Nr. 611 vom 18. Februar 1839, Just.-Min.-Bl. 1839 S. 108; Entsch. d. Ob.Trib. Bd. 48 S. 188 f.; von Wilmowski, Lübisches Recht in Pommern §§. 41, 43). Das Rechtsverhältniß, wie es in der Praxis aufgefaßt wird, läßt sich mit anderen Worten dahin kennzeichnen, daß regelmäßig bei unbeerbter Ehe Verwaltungsgemeinschaft, bei beerbter Ehe allgemeine Gütergemeinschaft besteht. Abweichend von dieser Regel gilt auch bei beerbter Ehe Verwaltungsgemeinschaft nach dem Rechte der Städte Anklam, Treptow an der Tollense, Wolgast, Garz und Bergen auf Rügen, dagegen auch bei unbeerbter Ehe Gütergemeinschaft nach den Statuten der Stadt Stolp. Der Entwurf trägt diesen Verschiedenheiten zunächst dadurch Rechnung, daß er, je nachdem für eine Ehe zur Zeit des Inkrafttretens des Bürgerlichen Gesetzbuchs nach bisherigem Rechte Gütergemeinschaft besteht oder nicht, den Güterstand der Ehe in die allgemeine Gütergemeinschaft oder in die Verwaltungsgemeinschaft des Bürgerlichen Gesetzbuchs überleiten will (§. 1). Soweit ferner nach bisherigem Rechte für eine bei dem Inkrafttreten des Bürgerlichen Gesetzbuchs noch unbeerbte Ehe durch die nachträgliche Geburt eines Kindes Gütergemeinschaft eingetreten sein würde, findet auch diese Eigenthümlichkeit des jetzigen Rechtes die gebotene Berücksichtigung durch die Vorschrift, daß mit der Geburt des Kindes die vermöge der Ueberleitung eingetretene Verwaltungsgemeinschaft kraft Gesetzes in die allgemeine Gütergemeinschaft des Bürgerlichen Gesetzbuchs übergeht (§. 2. Abs. 1). Dagegen soll sowohl hier als auch für den Fall, daß die Gütergemeinschaft des Bürgerlichen Gesetzbuchs unmittelbar durch die Ueberleitung eingetreten ist, der wiederholte Wechsel des Güterstandes in Folge Aussterbens der Nachkommenschaft, soweit er nach dem jetzigen Rechte eingetreten sein würde, künftig wegfallen. Eine solche Aenderung des Güterstandes würde nicht nur nach den Vorschriften des Bürgerlichen Gesetzbuchs über die allgemeine Gütergemeinschaft eine Auseinandersetzung in Ansehung des Gesammtguts nothwendig machen; sondern sie ermangelt auch der inneren Berechtigung und ist entbehrlich, da die Frau, soweit sie an der Aufhebung der Gütergemeinschaft ein Interesse hat, durch die Vorschrift des §. 1468 des Bürgerlichen Gesetzbuchs genügend geschützt ist.

Bei der Verwaltungsgemeinschaft des Lübischen Rechtes kehren bezüglich des Rechtsverhältnisses bei bestehender Ehe im Wesentlichen dieselben Unterschiede vom gesetzlichen Güterrechte des Bürgerlichen Gesetzbuchs wieder, welche bei den sonstigen bisherigen Formen der Verwaltungsgemeinschaft schon hevorgehoben sind. Dies gilt namentlich in Betreff der Vorschriften der §§. 1366, 1367, 1375 ff., 1381, 1382, 1418 des Bürgerlichen Gesetzbuchs. Im Falle der Gefährdung ihres Eingebrachten kann die Frau schon jetzt die Rückgewähr zu eigener Nutzung verlangen. Soweit bisher mit der nachträglichen Geburt eines Kindes die Haftung des Frauenguts für Schulden des Mannes eintritt, muß die Frau allerdings ihr Vermögen sicherstellen (v. Wilmowski §§. 52, 57). Indessen genügt es, daß diese Verpflichtung gegenüber den Gläubigern bestehen bleibt, deren Schulden vor der Zeit der Ueberleitung entstanden sind (Art. 58 §. 3).

Besteht für eine Ehe, deren Güterstand bisher die Lübische Verwaltungsgemeinschaft war, noch bei der Auflösung durch den Tod eines der Ehegatten das gesetzliche Güterrecht des Bürgerlichen Gesetzbuchs fort, so sollen für die erbrechtlichen Wirkungen des Güterstandes die bisherigen Gesetze maßgebend bleiben, bei der gesetzlichen Erbfolge aber dem überlebenden Ehegatten die Wahl der Erbfolge nach neuem Rechte gestattet sein (Art. 50 §. 4 Abs. 1 Satz 1). Diese Vorschriften finden einerseits auf die Ehen, die bei dem Inkrafttreten des Bürgerlichen Gesetzbuchs unbeerbt waren und es bis zur Auflösung geblieben sind, andererseits auf alle Ehen Anwendung, für welche das Anklamer oder ein gleichstehendes Statutarrecht gilt. Bei unbeerbter Ehe nimmt nach bisherigem Rechte der überlebende Ehegatte das eigene Vermögen zurück und erhält neben Verwandten des Verstorbenen die Hälfte des nachgelassenen Vermögens, in Ermangelung von Verwanden ist er Alleinerbe; im ersteren Falle gebührt dem Ehegatten in einigen Städten ein Voraus. Daneben finden sich Besonderheiten für einzelne Städte (vergl. Statutarrecht für Alt-Vorpommern §§. 87 ff. S. 81 ff., Statutarrecht für Neu-Vorpommern §§. 195 ff.). Ein Vorzug des bisherigen Rechtes gegenüber dem neuen besteht namentlich darin, daß die Statutarportion des überlebenden Ehegatten die Eigenschaft eines unbedingt zu hinterlassenden Pflichttheils hat. Bei beerbter Ehe bleibt der überlebende Ehegatte auch nach dem Rechte der hier in Betracht kommenden fünf Städte in Besitz, Verwaltung und Abnutz des ganzen gemeinschaftlichen Vermögens, solange er nicht zur anderen Ehe schreitet oder sonst ein gesetzlicher Grund zur Theilung eintritt. In Anklam und Treptow an der Tollense hat der überlebende Ehegatte, in Anklam jedenfalls die Wittwe das Wahlrecht, den Nachlaß des Verstorbenen zu theilen oder in allen Gütern sitzen zu bleiben. In den genannten beiden Städten findet bei Wiederverheirathung nur eine Theilung des Nachlasses des verstorbenen Ehegatten statt, wobei der überlebende einen Kopftheil erhält; im Uebrigen wird das gemeinschaftliche Vermögen zwischen dem überlebenden Ehegatten und den Kindern nach Hälften getheilt. Alle diese Vorschriften bleiben mit der schon erwähnten Maßgabe in Kraft. Auf das Wahlrecht, welches dem überlebenden Ehegatten in Anklam und Treptow a. d. T. zusteht, können zweckmäßig die auf das Wahlrecht des Märkischen Ehegatten bezüglichen Vorschriften zur entsprechenden Anwendung gelangen (Art. 50 §. 4 Abs. 1 Satz 2).

Die im Entwurfe vorgesehene Umwandlung der Verwaltungsgemeinschaft in die allgemeine Gütergemeinschaft des Bürgerlichen Gesetzbuchs im Falle der Geburt eines Kindes macht eine besondere Bestimmung darüber erforderlich, inwieweit das während des Bestehens der Verwaltungsgemeinschaft erworbene Vorbehaltsgut der Frau auch nach der Umwandlung Vorbehaltsgut bleibt und inwieweit die während jener Zeit entstandenen Verbindlichkeiten der Frau Gesammtgutsverbindlichkeiten werden. Dem Gedanken des bisherigen Rechtes, demzufolge mit der Eheschließung eine durch die Geburt eines Kindes bedingte Gütergemeinschaft eintritt, entspricht es, wenn für die Zeit nach der Einführung des neuen Rechtes in den beiden bezeichneten Beziehungen das

Rechtsverhältniß so beurtheilt wird, wie wenn schon mit dem Inkrafttreten des Bürgerlichen Gesetzbuchs die Gütergemeinschaft des letzteren eingetreten wäre (Art. 50 §. 2 Abs. 2).

Die lübischrechtliche Gütergemeinschaft weist Besonderheiten, deren Aufrechterhaltung geboten erscheint, nur in geringer Zahl auf. Für das Verwaltungs- und Verfügungsrecht des Mannes in Ansehung des Gesammtguts sind im landrechtlichen Theile Pommerns nach feststehender Praxis die Vorschriften des subsidiär geltenden Allgemeinen Landrechts, insbesondere der §. 378 II. 1, maßgebend (Entsch. des Ob.Trib. Bd. 10 S. 61, Bd. 60 S. 145; Strieth. Arch. Bd. 68 S. 105; v. Wilmowski S. 140, 147); es ist daher die gleiche Behandlung wie bei der landrechtlichen Gütergemeinschaft angezeigt, namentlich auch in Betreff der Aufrechterhaltung des §. 379 II. 1 (Art. 50 §. 7). Für die gemeinrechtlichen Theile Pommerns besteht bezüglich des Verfügungsrechts des Mannes über Grundstücke Streit (Statutarrecht für Neu-Vorpommern §. 175; Zelter, die statutarischen Güter- und Erbrechte in Pommern S. 16, 17). Jedenfalls wird der Mann durch die Einführung des §. 1445 des Bürgerlichen Gesetzbuchs, insbesondere im Hinblick auf die Vorschrift des §. 1447, nicht übermäßig beschränkt. Bezüglich der Schuldenhaftung erscheint die Anwendung des neuen Rechtes auf künftig entstehende Verbindlichkeiten unbedenklich. Aufrechtzuerhalten sind hier nur für das landrechtliche Gebiet die Vorschrift des §. 386 II. 1 (v. Wilmowski S. 122), während die Vorschriften der §§. 392 ff. schon jetzt nicht gelten (Statutarrecht für Alt-Vorpommern §. 59), und ferner die Bestimmung des Statuts der Stadt Stolp, derzufolge die Frau, wenn das Vermögen beider Eheleute zur Bezahlung der Schulden nicht hinreicht, ohne Unterschied, ob die Ehe beerbt ist oder nicht, den dritten Theil ihres eingebrachten Vermögens zurückfordern kann (Art. 50 §. 3). Da die Frau im Konkurse des Mannes den Anspruch nur als Konkursforderung geltend machen kann (Zelter a. a. O. S. 22 f.), bringt die Beibehaltung der Vorschrift Schwierigkeiten nicht mit sich. Von der Einführung der §§. 1468 ff. des Bürgerlichen Gesetzbuchs gilt hier das oben Bemerkte. Soweit nach Lübischem Rechte der Frau die Befugniß zusteht, sich nach Beendigung der Gütergemeinschaft durch Verzicht auf ihren Antheil am Gesammtgute von der Haftung für die Schulden des Mannes zu befreien, wird diese Befugniß für künftige Schulden des Mannes durch den §. 1481 des Bürgerlichen Gesetzbuchs entbehrlich. Dagegen bedarf dieselbe eines Ersatzes bezüglich der vor der Ueberleitung entstandenen Schulden, weil das Bürgerliche Gesetzbuch die Ausschlagung des Antheils nicht kennt. Die nach bisherigem Rechte begründete Haftung der Frau kann mit der Aufhebung der Gemeinschaft für erloschen erklärt werden (Art. 58 §. 3 Abs. 2), da nach den künftig maßgebenden Vorschriften des Bürgerlichen Gesetzbuchs die Frau, um nicht nach §. 1480 haftbar zu werden, dafür sorgen muß, daß der Gläubiger bei der Auseinandersetzung mit dem Gesammtgute befriedigt wird.

Im Falle der Auflösung der Ehe durch den Tod eines der Ehegatten gestaltet sich, falls die Ehe unbeerbt ist, das Rechtsverhältniß nach dem Entwurf allerdings abweichend vom bisherigen Rechte, weil die Bestimmung des letzteren, daß mit dem Aussterben der Nachkommenschaft die Gütergemeinschaft wieder aufhört, bei der Ueberleitung beseitigt werden soll. Von diesem Standpunkt ist es nicht angängig, hier bezüglich der erbrechtlichen Wirkungen des Güterstandes grundsätzlich die bisherigen Gesetze aufrecht zu erhalten. Indessen bieten das Erbrecht und der Pflichttheilsanspruch, die das Bürgerliche Gesetzbuch dem überlebenden Ehegatten bei der allgemeinen Gütergemeinschaft im Falle der unbeerbten Ehe gewährt, hinlänglichen Ersatz für die Rechte, welche dem Ehegatten nach dem bisherigen Rechte zustehen würden. Ist die Ehe bei der Auflösung durch den Tod beerbt, so wird, wie nach dem jetzigen Rechte, so auch nach dem Bürgerlichen Gesetzbuche die Gütergemeinschaft zwischen dem überlebenden Ehegatten und den gemeinschaftlichen Abkömmlingen fortgesetzt. Die Unterschiede zwischen dem alten und dem neuen Rechte sind mit wenigen Ausnahmen nicht solche, daß sie der Einführung des neuen Rechts entgegenständen. Zur Veräußerung von Grundstücken, die zum Gesammtgute gehören, bedarf der überlebende Ehegatte, nach der Praxis auch der Wittwer, schon nach jetzigem Rechte der Genehmigung der Kinder. Der antheilsberechtigte Abkömmling kann über seinen Antheil nicht verfügen. Ebenso stimmt in Betreff der Behandlung des Antheils eines in der Gemeinschaft verstorbenen Abkömmlinges der §. 1490 des Bürgerlichen Gesetzbuchs im Ergebnisse mit der in der Praxis herrschenden Auffassung des jetzigen Rechtes überein (Zelter S. 31, 32). Schon jetzt kann der überlebende Ehegatte jederzeit zur Theilung schreiten und ist zu dieser verpflichtet, wenn er zur anderen Ehe schreitet oder sich der Verschwendung verdächtig macht; demgegenüber enthält der §. 1495 des Bürgerlichen Gesetzbuchs nur eine Fortentwickelung des geltenden Rechtes. Von letzterem abweichend giebt das Bürgerliche Gesetzbuch den antheilsberechtigten Abkömmlingen nicht einen Anspruch auf Abschichtung, wenn sie zu ihren mündigen Jahren gelangen, d. h. volljährig werden oder eine eigene Wirthschaft errichten oder sich verehelichen. Der Tochter bietet der §. 1620 des Bürgerlichen Gesetzbuchs, der kraft Reichsrechts auch für bestehende Ehen gilt (Einf.-Ges. Art. 203), einen gewissen Ersatz. Im Uebrigen kann der Abfindungsanspruch, der für einige Städte durch Observanz abgeschafft und dessen Inhalt nicht unzweifelhaft ist (Statutarrecht für Alt-Vorpommern S. 86, v. Wilmowski §. 84, Zelter S. 34), jedenfalls ohne Verletzung wohlerworbener Rechte beseitigt werden, da die Kinder, solange die Ehe noch besteht, kein Recht auf eine bestimmte Gestaltung des Rechtsverhältnisses nach der Auflösung der Ehe haben, und die Beseitigung des Anspruchs rechtfertigt sich durch die Rücksicht auf die Lage des überlebenden Ehegatten, um derentwillen im Wesentlichen auch bei der fortgesetzten Gütergemeinschaft des Bürgerlichen Gesetzbuchs ein Abschichtungsanspruch der Abkömmlinge nicht anerkannt ist (Protokolle der 2. Kommission Bd. 4 S. 332). Die Theilung des Gesammtguts erfolgt im Landrechtsgebiet, übereinstimmend mit dem Bürgerlichen Gesetzbuch, in der Weise, daß nach Abzug der Schulden der überlebende Ehegatte die eine, die antheilsberechtigten Abkömmlinge die andere Hälfte des gemeinschaftlichen Vermögens erhalten. Die örtlich sehr verschiedenen Observanzen bezüglich eines Voraus des überlebenden Ehegatten (Statutarrecht S. 86 ff.) können ohne Bedenken beseitigt werden. Daß die Auseinandersetzung mit den Kindern auch deren Abfindung von dem künftigen Nachlasse des überlebenden Ehegatten zur Folge hat, fällt hier nicht ins Gewicht, da diese Abweichung vom neuen Rechte weniger eine erbrechtliche Wirkung des bisherigen Güterstandes als die Gestaltung der Beerbung des längstlebenden Ehegatten betrifft. Dagegen ist in Neuvorpommern und Rügen nach dem Berichte des Oberlandesgerichts (vergl. das Statutarrecht für Neuvorpommern S. 151) die Totaltheilung des gütergemeinschaftlichen Vermögens gewohnheitsrechtlich ganz außer Gebrauch gekommen. Es wird unter diesem allerdings noch üblichen Ausdrucke lediglich die Partialtheilung des Nachlasses des verstorbenen Ehegatten verstanden und in der Praxis immer vorgenommen. Diese vom neuen Rechte ganz abweichenden Theilungsgrundsätze müssen für die Ehen, bei denen sie jetzt Anwendung finden würden, beibehalten werden, und zwar auch für die Auseinandersetzung nach dem Tode eines der Ehegatten bei unbeerbter Ehe (Art. 50 §. 4 Abs. 2). Eine weitere erhebliche Abweichung des bisherigen vom neuen Rechte liegt darin, daß nach ersterem, im Gegensatze zum §. 1509 des Bürgerlichen Gesetzbuchs, der Ehemann unbeschränkt befugt ist, durch einseitige letztwillige Verfügung die fortgesetzte Gütergemeinschaft auszuschließen (Mot. z. B.G.B. Bd. 4 S. 436; v. Wilmowski S. 284). Diese Befugniß muß unberührt bleiben (Art. 50 §. 4 Abs. 3; vergl. Art. 51 §. 3).

2. Nach der Pommerschen Bauerordnung vom 16. Mai 1616 Titel X, welche in Neuvorpommern und Rügen auf dem platten Lande sowie in den Städten Franzburg und Richtenberg gilt, besteht für die ihr unterworfenen Personen als gesetzlicher Güterstand, ohne Unterschied, ob die Ehe beerbt ist oder nicht, allgemeine Gütergemeinschaft (Ockel, die eheliche Gütergemeinschaft nach der Pommerschen B.O. in Neuvorpommern und Rügen; Provinzialrecht des Herzogthums Neuvorpommern Th. 1 Abth. 2 §§. 77 ff., 160 ff.; Gesetz vom 8. April 1857, Gesetz-Samml. S. 283). Die Bauerordnung selbst enthält nur wenige Vorschriften über die Schuldenhaftung und die Erbtheilung. In letzterer Hinsicht hat das Patent vom 12. November 1804 §§. 5, 6 im Anschluß an die provinzielle Entwickelung des Lübischen Rechtes die Aenderung eingeführt, daß der überlebende Ehegatte in allen Fällen sein Vermögen, soweit es nicht zur Bezahlung der Schulden angegriffen werden muß, vorwegnimmt und von dem Nachlasse des Verstorbenen neben weiteren Verwandten des letzteren als Kindern die Hälfte, neben Kindern Kindestheil erhält (Provinzialrecht §§. 160 bis 164). Auch im Uebrigen hat sich die Gütergemeinschaft der Bauerordnung von 1616 bei dem Mangel besonderer Vorschriften im Wesentlichen nach dem Vorbilde der Lübischen Gütergemeinschaft entwickelt; namentlich wird auch sie gewohnheitsrechtlich zwischen dem überlebenden Ehegatten und den Kindern aus der Ehe fortgesetzt. Es rechtfertigt sich daher die gleiche Behandlung wie bei der Gütergemeinschaft des in Neuvorpommern geltenden Lübischen Rechtes, auch in Betreff der Beibehaltung der bisherigen Theilungsgrundsätze (Art. 50 §. 5, §. 6 Abs. 1).

3. Die Pommersche Bauerordnung vom 30. Dezember 1764 (Nov. C. C. III S. 531), die in Altvor- und Hinterpommern auf dem platten Lande mit Ausnahme einzelner Orte und Bezirke sowie in den Städten

Jacobshagen und Zachan gilt, bestimmt für die ihr unterworfenen Personen als gesetzliches Güterrecht gleichfalls die allgemeine Gütergemeinschaft (Provinzialrecht Th. II §§. 5, 6, 8 bis 14; Statutarrecht §. 143; Heck, das eheliche Güterrecht und das Intestat-Erbfolgerecht nach dem in der Provinz Pommern geltenden Lübischen Rechte und der Pommerschen Bauerordnung S. 80 ff., 139 ff.). Die Bauerordnung regelt jedoch nur die Rechtsverhältnisse nach dem Tode eines der Ehegatten besonders; im Uebrigen kommen die subsidiär geltenden Vorschriften des Allgemeinen Landrechts zur Anwendung. Der fragliche Güterstand kann daher in gleicher Weise in die allgemeine Gütergemeinschaft des Bürgerlichen Gesetzbuchs übergeleitet werden wie die landrechtliche Gütergemeinschaft. Dem Artikel 46 §. 2 entsprechend sind demnach auch hier die Vorschriften des Allgemeinen Landrechts II. 1 §§. 379, 386 aufrecht zu erhalten, während die §§. 392 bis 395, 420 von der Anwendung ausgeschlossen sind (Provinzialrecht §. 6). Im Falle des Todes eines der Ehegatten tritt nach der Bauerordnung fortgesetzte Gütergemeinschaft ein, und zwar nicht nur, wie nach dem Bürgerliche Gesetzbuche, bei beerbter, sondern auch bei unbeerbter Ehe. Diese Besonderheit des bisherigen Rechtes ist für den überlebenden Ehegatten zu bedeutsam, als daß sie bei der Ueberleitung unberücksichtigt bleiben könnte. Nach den Vorschriften des Bürgerlichen Gesetzbuchs würde der Ueberlebende freilich statt der ihm bisher zufallenden Hälfte nicht selten das ganze gemeinschaftliche Vermögen, jedenfalls aber einen erheblich größeren Theil desselben erhalten. Indessen kann hierin ein voller Ersatz für die Stellung, die ihm das jetzige Recht gewährt, nicht gefunden werden. Die Fortsetzung der Gütergemeinschaft sichert dem Ueberlebenden die Fortdauer seiner bisherigen Lebenshaltung auf dem bäuerlichen Besitzthume, während die Nothwendigkeit sofortiger Theilung ihn der Gefahr aussetzt, das Besitzthum verlassen zu müssen. Der Entwurf bestimmt daher abweichend vom §. 1482 des Bürgerlichen Gesetzbuchs, daß, wenn bei dem Tode eines Ehegatten ein gemeinschaftlicher Abkömmling nicht vorhanden ist, die Gütergemeinschaft zwischen dem überlebenden Ehegatten und den anderen Erben des verstorbenen Ehegatten fortgesetzt wird. Auf das Rechtsverhältniß können die Vorschriften des Bürgerlichen Gesetzbuchs mit der Maßgabe entsprechende Anwendung finden, daß an die Stelle der antheilsberechtigten Abkömmlinge die anderen Erben des verstorbenen Ehegatten treten (Art. 50 §. 6 Abs. 2).

Im Uebrigen bestehen zwischen der fortgesetzten Gütergemeinschaft des bisherigen Rechtes und der des Bürgerlichen Gesetzbuchs keine Unterschiede, welche bei der Ueberleitung zu Vorbehalten nöthigen. Das neue Recht stellt zwar den überlebenden Ehegatten in Einzelheiten ungünstiger wie das bisherige, z. B. darin, daß das von ihm während der fortgesetzten Gemeinschaft erworbene Vermögen in weiterem Umfange Gesammtgut wird; es gewährt ihm aber auf der anderen Seite die Befugniß, die Fortsetzung der Gütergemeinschaft mit der Wirkung abzulehnen, daß sich die Beerbung des verstorbenen Ehegatten nach den dem Ueberlebenden günstigeren allgemeinen Vorschriften des Bürgerlichen Gesetzbuchs regelt. Wenn ferner nach jetzigem Rechte die Kinder durch die Auseinandersetzung hinsichtlich ihres väterlichen und mütterlichen Vermögens gänzlich abgefunden werden, so kann hier auf dasjenige verwiesen werden, was in Betreff der Gütergemeinschaft des Lübischen Rechtes im Landrechtsgebiet ausgeführt ist.

4. Allgemeine Gütergemeinschaft bildet endlich den gesetzlichen Güterstand nach den Statutarrechten der Städte Stettin, Pölitz, Pyritz, Alt-Damm und Garz an der Oder (Statutarrecht §§. 63 bis 86, 106 bis 137; Zelter, das Statutarrecht der Stadt Stettin). Das Rechtsverhältniß bei bestehender Ehe bestimmt sich im Wesentlichen nach den subsidiären Vorschriften des Allgemeinen Landrechts, so namentlich das Verwaltungsrecht des Mannes; auch die Vorschriften des Allgemeinen Landrechts II. 1 §§. 392ff. werden, wenigstens gegenüber dem Stettiner Rechte, für anwendbar gehalten (Statutarrecht S. 69; Zelter S. 12). Abgesehen von dem Rechtsverhältnisse nach Auflösung der Ehe durch den Tod gilt also für die Ueberleitung hier das Gleiche wie für die landrechtliche Gütergemeinschaft. Wenn nach dem Stettiner Rechte die sog. lebendige Gerade der Ehefrau von der Gemeinschaft ausgeschlossen ist, so genügt es, daß die bei der Ueberleitung vorhandenen Stücke Vorbehaltsgut werden; im Uebrigen besteht für die Beibehaltung der Vorschrift kein Bedürfniß. Im Falle des Todes eines der Ehegatten ist bei unbeerbter Ehe im Allgemeinen das neue Recht dem überlebenden Ehegatten günstiger, da er nach jetzigem Rechte regelmäßig die Hälfte des gemeinschaftlichen Vermögens den Verwandten des Verstorbenen herauszugeben hat. Eine Ausnahme macht nur das Stettiner Recht zu Gunsten des Wittwers dann, wenn die Frau vor der Eingehung der durch ihren Tod aufgelösten Ehe unverheirathet gewesen ist; in diesem Falle braucht der Wittwer den Verwandten der Frau nur die Hälfte des Brautschatzes und desjenigen, was er durch die Frau an erbschaftlichen Vortheilen erhalten hat, nach Abzug bestimmter Verwendungen binnen vier Wochen herauszugeben (Statutarrecht §§. 107, 108). Dieser Besonderheit wird der Entwurf durch die Vorschrift des Artikel 50 §. 6 Abs. 3 gerecht. Für den Fall der beerbten Ehe können dagegen die Vorschriften des Bürgerlichen Gesetzbuchs ohne Einschränkung Platz greifen. Nach den Statuten aller genannten Städte tritt fortgesetzte Gütergemeinschaft ein, die der überlebende Ehegatte aufzuheben jederzeit befugt und dann verpflichtet ist, wenn er sich der Verschwendung oder sonst einer schlechten Verwaltung verdächtig macht. Den Umfang des Gesammtguts bestimmt allerdings das Stettiner Recht insofern enger, als danach die dem überlebenden Ehegatten während der Gemeinschaft angefallenen Erbschaften nicht Gesammtgut werden. In dieser Hinsicht trifft jedoch das bezüglich der Bauerordnung von 1764 Bemerkte hier gleichfalls zu. Nach Stettiner Recht braucht ferner der überlebende Ehegatte im Falle der Wiederverheirathung bei der Auseinandersetzung mit minderjährigen Kindern, der sogenannten Ausmachung, den Kindern nicht die Hälfte des gemeinschaftlichen Vermögens, sondern nur den ihnen am letzteren gesetzlich zustehenden Pflichttheil zuzuweisen, welcher nur ein Drittel beträgt (Zelter a. a. O. S. 15), und Aehnliches bestimmt auch das Garzer Recht (Statutarrecht §§. 121, 134). Die Vorschriften beruhen auf dem Gedanken, daß der Ehegatte wegen der Aufwendungen für den Unterhalt der Kinder entschädigt werden muß. Indessen trägt auch das neue Recht

diesem Gedanken, wenn auch in anderer Form, namentlich durch die elterliche Nutznießung, genügend Rechnung.

5. Gegenüber den in Altvor- und Hinterpommern geltenden statutarischen Gütergemeinschaften kommen auch die Vorschriften des subsidiär geltenden Allgemeinen Landrechts über die Aussetzung der Gütergemeinschaft bei Ehen Minderjähriger (II. 18 §§. 782 ff.) zur Anwendung (vergl. Rabe Bd. 4 S. 327, Bd. 7 S. 46). Diese Vorschriften müssen daher hier in gleicher Weise wie bei der landrechtlichen Gütergemeinschaft Berücksichtigung finden (Art. 50 §. 7).

Artikel 51.

Was die gemeinrechtlichen Landestheile außer Neuvorpommern und Rügen anlangt, so gilt allgemeine Gütergemeinschaft als gesetzlicher Güterstand

I. in der Provinz Schleswig-Holstein:
   1. in dem im südwestlichen Holstein gelegenen Gebiete des Land- und Marschrechts nach Gewohnheitsrecht,
   2. im Gebiete des Eiderstedter Landrechts von 1591, d. i. der Landschaft Eiderstedt und den Städten Garding und Tönning,
   3. in den Schleswigschen Städten Husum, Friedrichstadt, Schleswig, Eckernförde und Flensburg nach besonderen Stadtrechten,
   4. im Gebiete des Dänischen Rechtes nach dem Gesetzbuche Christians V.,
   5. im Gebiete der Neumünsterschen Kirchspielgebräuche für Ehen, die Jahr und Tag gedauert haben, während bis dahin Verwaltungsgemeinschaft besteht,
   6. im Gebiete des Nordstrander Landrechts für beerbte Ehen, während bis zur Geburt eines Kindes Errungenschaftsgemeinschaft gilt;

II. in der Provinz Hannover:
   1. in der Niedergrafschaft Lingen nach dem Lingenschen Landrechte von 1639,
   2. in den Kreisen Emsbüren und Meppen und den sogenannten Münsterschen Abspliffen nach Gewohnheitsrecht auf der Grundlage der Münsterschen Polizeiordnung von 1592,
   3. in der Grafschaft Bentheim nach der Gerichts- und Landesordnung von 1690,
   4. in den Städten und Flecken des vormaligen Fürstenthums Osnabrück nach Gewohnheitsrecht,
   5. dem Berichte des Oberlandesgerichts Celle zufolge in den Landgemeinden des Amtes Diepholz,
   6. in den Städten Lüneburg und Uelzen nach Lüneburger Stadtrecht,
   7. in der Stadt Verden nach Verdener Stadtrecht,
   8. in der Stadt Hildesheim, mit Ausnahme der vormaligen Dom- und Stiftsfreiheit, nach Statutarrecht,
   9. im Alten Lande nach Gewohnheitsrecht,

10. im Lande Hadeln nach Hadelnschem Landrechte von 1583,
11. im Lande Wursten nach Gewohnheitsrecht auf der Grundlage des Wurster Landrechts von 1611 für beerbte Ehen;

III. in der Provinz Hessen-Nassau:
1. in den zum vormaligen Fürstbisthume Fulda gehörig gewesenen Gebietstheilen nach Fuldischem Rechte (Thomas, System aller fuldaer Privatrechte Theil II; Gößmann, Lehre von der allgemeinen ehelichen Gütergemeinschaft; Keller in den Kurhessischen Mittheilungen Bd. 3 S. 239 ff.),
2. im Gebiete des vormaligen Fürstbisthums Würzburg nach Würzburger Landrecht (der Fränkischen Landgerichtsordnung von 1618) für Ehen, in welchen ein gemeinschaftlicher Abkömmling vorhanden oder ein Einkindschafts- oder Kondonationsvertrag geschlossen ist, während mangels dieser Voraussetzungen Errungenschaftsgemeinschaft besteht und beim Wegfalle der Voraussetzungen wieder eintritt (Schelhaß, Darstellung des Würzburger Landrechts §§. 35 ff.);

IV. in den Hohenzollernschen Landen, in Sigmaringen ausschließlich nach Gewohnheitsrecht, in Hechingen auf Grund der Fürstlich Hohenzollernschen Landesordnung von 1698, die selbst auf dem Boden der Errungenschaftsgemeinschaft steht, durch das Gewohnheitsrecht aber wesentlich im Sinne einer, allerdings modifizirten, allgemeinen Gütergemeinschaft ausgebildet ist (Cramer, das hohenzollernsche Güterrecht §. 11 S. 79 ff.).

Der Entwurf will alle Ehen, für die zur Zeit des Inkrafttretens des Bürgerlichen Gesetzbuchs nach einem der vorbezeichneten Rechte der gesetzliche Güterstand der allgemeinen Gütergemeinschaft besteht, von der bezeichneten Zeit an den Vorschriften des Bürgerlichen Gesetzbuchs über die allgemeine Gütergemeinschaft unterwerfen (Art. 51 §. 1 Abs. 1). Für eine Ehe mit dem gesetzlichen Güterstande der Neumünsterschen Kirchspielgebräuche soll, wie schon früher bemerkt ist, wenn sie noch nicht Jahr und Tag bestanden hat, die Ueberleitung erst mit dem Ablaufe dieser Frist eintreten (§. 1 Abs. 2). Die dem Würzburgischen Rechte eigenthümliche gesetzliche Rückverwandlung der allgemeinen Gütergemeinschaft in die Errungenschaftsgemeinschaft in Folge Aussterbens oder Abschichtung aller Kinder soll, wie der ähnliche wiederholte Wechsel des Güterrechts nach dem in Pommern geltenden Lübischen Rechte wegfallen. Eine allgemeine Einschränkung erfährt die Einführung des neuen Rechtes bezüglich des Rechtsverhältnisses nach dem Tode eines der Ehegatten bei unbeerbter Ehe (§. 2). Im Uebrigen erscheinen nur bezüglich einzelner bisheriger Güterrechte Vorbehalte nothwendig (§§. 3 bis 5).

Die hier fraglichen Rechte stimmen sämmtlich mit dem Bürgerlichen Gesetzbuche darin überein, daß grundsätzlich Alles, was die Ehegatten bei dem Beginne der Gemeinschaft haben und nachher erwerben, ihr gemeinschaftliches Vermögen wird. Die bezüglich der juristischen Konstruktion des Gemeinschaftsverhältnisses zum Theil vorhandenen Verschiedenheiten fallen nicht ins Gewicht und stehen nicht im Wege, das vorhandene gemeinschaftliche Vermögen künftig als Gesammtgut im Sinne des Reichsrechts zu behandeln. Auch die Unterscheidung der von der Gemeinschaft ausgeschlossenen Gegenstände in solche, welche der Nutzung nach zum gemeinschaftlichen Vermögen gehören, und solche, von denen der betreffende Ehegatte auch die Nutzungen allein bezieht, ist den bisherigen Rechten bekannt. Nicht minder besteht in Betreff der Abgrenzung des von der Gemeinschaft ausgeschlossenen Gutes im Wesentlichen Uebereinstimmung. Wenn nach dem Rechte des Alten Landes das Leibeszeug, d. h. die zum gewöhnlichen Gebrauche des einen Ehegatten bestimmten Sachen, diesem vorbehalten sind, so kann diese Besonderheit für die Zukunft ohne Nachtheil wegfallen. Soweit nach Fuldischem Rechte die Nutzungen des Sonderguts mangels abweichender Vereinbarung in die Gemeinschaft fallen (Gößmann S. 90, Keller S. 252), genügt für das vorhandene Sondergut zur angemessenen Regelung des Rechtsverhältnisses die allgemeine Bestimmung, daß auf Gegenstände, die nur der Nutzung nach zum gemeinschaftlichen Vermögen gehören, die Vorschrift des §. 1439 Satz 2 des Bürgerlichen Gesetzbuchs Anwendung findet (Art. 58 §. 1 Abs. 2).

Bezüglich der Grenzen des dem Manne zustehenden Verwaltungsrechts stimmen einige Rechte mit dem Bürgerlichen Gesetzbuch überein oder gehen in der Beschränkung des Mannes über letzteres noch hinaus, so das Nordstrander Landrecht, das Bentheimsche, das Lingensche und das Fuldische Recht. Das Würzburgische Recht dehnt das Verfügungsrecht des Mannes zwar aus, giebt aber der Frau unter gewissen Voraussetzungen die Befugniß, binnen einer bestimmten Frist auf die Aufhebung des einseitig vom Manne vorgenommenen Geschäfts zu klagen (reclamatio uxoria). Nach vielen der bisherigen Rechte kann der Mann über das ganze Vermögen durch lästige Verträge frei verfügen, so nach fast allen Schleswig-Holsteinschen und den meisten Hannoverschen Rechten sowie dem Hohenzollernschen Rechte nach Hechinger und ähnlich nach dem Diepholzer Rechte jedoch mit Ausnahme der von der Frau zugebrachten Grundstücke. Die Befugniß, durch Schenkung über Gesammtgut zu verfügen, ist dem Manne, abgesehen von Anstandsgeschenken, nur im Verdener Rechte bis zum Betrage seines statutarischen Antheils am Gesammtgute gewährt; für die Schleswig-Holsteinschen Rechte ist sie zweifelhaft. Gegenüber dieser Mannigfaltigkeit der bisherigen Rechte liegt die Einführung des einheitlichen neuen Rechtes im dringenden Interesse der Verkehrssicherheit. Auch soweit die rechtliche Stellung des Mannes jetzt eine freiere ist, wird er durch die in den §§. 1444 bis 1446 des Bürgerlichen Gesetzbuchs vorgesehenen Beschränkungen nicht unbillig beschwert. Denn sie erstrecken sich nur theils auf solche Rechtsgeschäfte, welche, wie die auf das Gesammtgut als Ganzes oder auf Grundstücke bezüglichen, die Lebensinteressen der ehelichen Gemeinschaft berühren und normaler Weise thatsächlich nicht ohne Zustimmung der Frau vorgenommen werden, theils auf solche, welche, wie Schenkungen (außer Anstandsgeschenken) nicht innerhalb des Rahmens einer ordnungsmäßigen Vermögensverwaltung liegen. Bei den erstgedachten Geschäften ist der Mann überdies im Falle unbegründeter Verweigerung der Zustimmung der Frau durch die Vorschrift des §. 1447 gesichert. Der Frau andererseits bieten die neuen Vorschriften einen werthvollen Schutz.

Bezüglich der Stellung der Frau nimmt nur das Münstersche Recht insofern einen vom Bürgerlichen Gesetzbuch erheblich abweichenden Standpunkt ein, als danach der Frau in gleichem Umfange wie dem Manne das Recht einseitiger Verfügung über das Gesammtgut zusteht. Indessen behält die Frau für die Fälle, in denen wirklich ein Bedürfniß vorhanden ist, auch nach dem neuen Rechte die Befugniß, selbständig oder doch nach Ersetzung der ehemännlichen Zustimmung durch das Vormundschaftsgericht mit Wirkung für das Gesammtgut Rechtsgeschäfte vorzunehmen und Rechtsstreitigkeiten zu führen (B.G.B. §§. 1357, 1449 bis 1454).

In der Regelung der Schuldenhaftung stimmt das bürgerliche Gesetzbuch mit der Mehrzahl der geltenden Rechte überein. Im Einzelnen bestehen Verschiedenheiten. Das Gesammtgut haftet für voreheliche Schulden der Ehegatten nach Münsterschem Rechte gar nicht, nach Würzburgischem nur subsidiär nach dem Sondergut; es haftet nach Osnabrücker und Münsterschem Rechte nicht für die vom Manne einseitig eingegangenen Bürgschaftsschulden, nach Fuldischem und Würzburgischem Rechte nur subsidiär für Deliktschulden beider Ehegatten. Eine persönliche Haftung des Mannes für solche Verbindlichkeiten der Frau, für welche das Gesammtgut haftet, wird nur nach einzelnen Rechten angenommen, so für das Hildesheimer und das Fuldische Recht und bezüglich der vorehelichen Schulden der Frau für das Dänische Recht. Andererseits haftet die Frau für Eheschulden des Mannes theils unbedingt (Osnabrück, Verden, Fulda), theils mit der Rechtswohlthat der Entschlagung (Lüneburg, Hildesheim). Nach Würzburgischem Rechte endlich haftet jeder Ehegatte für die durch das gemeinschaftliche Vermögen nicht gedeckten Schulden zur Hälfte persönlich. Bezüglich der vor der Ueberleitung entstandenen Schulden kann und muß es bei den bisherigen Grundsätzen sein Bewenden behalten. Eine Abschwächung der Haftung würde in die wohlerworbenen Rechte der Gläubiger eingreifen, eine Erweiterung derselben den einen oder den anderen Ehegatten unter Umständen erheblich beeinträchtigen. Nur insoweit erscheint eine Aenderung des bisherigen Rechtes geboten, als nach letzterem die Frau sich von der persönlichen Haftung für Schulden des Mannes nach Beendigung der Gemeinschaft durch Ausschlagung ihres Antheils befreien kann. Die Sachlage ist die gleiche wie in Betreff der Lübischen Gütergemeinschaft in Pommern; auch hier schafft die Vorschrift des Artikel 58 §. 3 Abs. 2 angemessene Abhülfe. Für künftige Schulden der Ehegatten unterliegt die Anwendung der Vorschriften des Bürgerlichen Gesetzbuchs keinem Bedenken. Dies gilt auch von den Vorschriften des §. 1459 Abs. 2 über die persönliche Haftung des Mannes für Verbindlichkeiten der Frau, die Gesammtgutsverbindlichkeiten sind. Da diese Haftung bei Gesammtgutsverbindlichkeiten, die im Verhältnisse der Ehegatten zu einander nicht dem Gesammtgute zur Last fallen, mit der Beendigung der Gütergemeinschaft erlischt, so hat die persönliche Haftung des Mannes im Wesentlichen nur für das Vorbehaltsgut des Mannes Bedeutung; solches kommt aber äußerst selten vor. Künftige rechtsgeschäftliche Schulden der Frau werden ferner nur dann Gesammtgutsverbindlichkeiten, es entsteht mithin eine persönliche Haftung des Mannes für solche Schulden nur, wenn das Rechtsgeschäft mit Zustimmung des Mannes vorgenommen oder nach den §§. 1450 bis 1453 ohne seine Zustimmung für das Gesammtgut wirksam ist (§. 1460 Abs. 1). Verbindlichkeiten der Frau aus unerlaubten Handlungen sind zwar Gesammtgutsverbindlichkeiten; der Mann kann aber seine persönliche Haftung für die Zukunft zum Erlöschen bringen, indem er nach §. 1469 auf Aufhebung der Gütergemeinschaft klagt.

Anlangend die Gründe der Beendigung der Gütergemeinschaft, so ist die in den §§. 1468, 1469 des Bürgerlichen Gesetzbuchs geregelte Klage auf Aufhebung der Gütergemeinschaft zwar den bisherigen Rechten nicht bekannt, kann aber aus den gleichen Gründen und in demselben Sinne unbedenklich eingeführt werden wie gegenüber den übrigen Gütergemeinschaften des bestehenden Rechtes. Eine Ausnahme erscheint nur bezüglich derjenigen Ehen mit der Gütergemeinschaft des Fuldischen und Würzburgischen Rechtes nothwendig, in welchen vereinkindschaftete Kinder aus einer früheren Ehe vorhanden sind. Für solche Kinder sind mit der Wiederverheirathung ihres Elterntheils unentziehbare Ansprüche auf die demnächstige Grundtheilung entstanden, welche unter Einbeziehung des Eingebrachten ihres Stiefelterntheils und des ganzen Erwerbes der ferneren Ehe zu erfolgen hat. In diese Rechte der Vorkinder würde durch die Zulassung einer Klage auf Aufhebung der Gütergemeinschaft nach Maßgabe der §§. 1468 bis 1471 des Bürgerlichen Gesetzbuchs in unstatthafter Weise eingegriffen werden. Der Entwurf schließt daher für die gedachten Ehen diese Vorschriften und aus gleichem Grunde auch die Bestimmungen über die Auseinandersetzung nach der Beendigung der Gütergemeinschaft von der Anwendung aus und erhält insoweit die bisherigen Gesetze aufrecht (Art. 51 §. 4). Die Abschichtung der Vorkinder nach dem Tode ihres leiblichen Elterntheils hat also nach den bisherigen Vorschriften zu erfolgen. Wenn hier die Aufrechterhaltung der Rechte der vereinkindschafteten Vorkinder der Deutlichkeit wegen besonders hervorgehoben wird, so versteht es sich im Uebrigen von selbst, daß die Wirkungen eines vor dem Inkrafttreten des Bürgerlichen Gesetzbuchs geschlossenen Einkindschaftsvertrags von der landesgesetzlichen Ueberleitung der Güterstände nicht berührt werden (vergl. über die Einwirkung des Reichsrechts die Mot. z. Einf.=Ges. z. B.G.B. S. 288). Da der Einkindschaftsvertrag überall mindestens die Wirkung eines Erbvertrags hat, so werden die den vereinkindschafteten Kindern zugesicherten vermögensrechtlichen Vortheile, der sog. Voraus, von der Ueberleitung nicht beeinflußt. Wenn ferner die Einkindschaft nach dem bisherigen Rechte den vereinkindschafteten Kindern wenigstens in vermögensrechtlicher Beziehung die Stellung rechter, d. h. ehelicher, Kinder der einkindschaftenden Eltern gewährt, so sind sie künftig im Sinne des Bürgerlichen Gesetzbuchs und der im Entwurfe vorgesehenen Ueberleitungsvorschriften als gemeinschaftliche Abkömmlinge anzusehen.

Die Vorschriften des Bürgerlichen Gesetzbuchs über die Auseinandersetzung nach der Beendigung der Gütergemeinschaft stimmen theils mit dem geltenden Rechte überein, theils bieten sie diesem gegenüber nur eine genauere Regelung des Rechtsverhältnisses. Aber auch wo sie Neuerungen schaffen, wie der §. 1477 Abs. 1, der §. 1478, der §. 1481, unterliegt ihre Anwendung auf die bestehenden Ehen, mit der schon erwähnten Einschränkung für die

Ehen mit Fuldischer oder Würzburgischer Gütergemeinschaft, keinem Bedenken. Ein Vorbehalt ist hier nur gegenüber der Vorschrift des §. 1476 Abs. 1 des Bürgerlichen Gesetzbuchs mit Rücksicht auf das Hechinger Recht erforderlich. Nach letzterem wird von dem reinen, durch Abzug der darauf haftenden Schulden zu ermittelnden Gesammtgute zunächst, und zwar nach dem Werthe (der Taxe) zur Zeit des Einbringens, das von jedem Ehegatten bei oder nach Eingehung der Ehe zugebrachte Vermögen unter Berücksichtigung der darauf ruhenden Sonderschulden ausgeschieden und erst der verbleibende Aktiv- oder Passivüberschuß nach Hälften getheilt. Der Werth des Zugebrachten, vermehrt durch die Hälfte des Ueberschusses (Errungenschaft) oder vermindert um die Hälfte der Einbuße (Verrungenschaft), bildet den „gütergemeinschaftlichen Antheil" eines Ehegatten. Die Ausscheidung des Zugebrachten ist nur eine rechnungsmäßige; dem Ehegatten wird aber das Recht zuerkannt, sein zugebrachtes Gut zu dem Werthe (der Taxe), welchen es zur Zeit der Abtheilung hat, in Natur zurückzunehmen. Diese besondere Art der Abtheilung, in welcher das errungenschaftliche Element der Bestimmungen der Hechinger Landesordnung hervortritt, führt bei Ungleichheit des Einbringens zu einem wesentlich anderen Ergebniß als die Vorschrift des §. 1476 Abs. 1 des Bürgerlichen Gesetzbuchs, nach welcher der nach der Berichtigung der Gesammtgutsverbindlichkeiten verbleibende Ueberschuß den Ehegatten zu gleichen Theilen gebührt. Der Anspruch auf Rückempfang des Werthes des zugebrachten Vermögens stellt sich als ein gewissermaßen schon durch die Einbringung erworbenes Recht dar und muß daher für das vor der Einführung des neuen Rechtes zugebrachte Vermögen nach Maßgabe der bisherigen Gesetze bestehen bleiben (Art. 51 §. 5 Abs. 1). Zur Ausdehnung des Vorbehalts auf das später erworbene Vermögen der Ehegatten besteht kein genügender Grund. Von dem Vorbehalte sind ferner die Fälle der Ehescheidung wegen alleinigen Verschuldens eines der Ehegatten oder wegen Geisteskrankheit auszunehmen, denn hier wird die Vorschrift des Hechinger Rechtes durch den §. 1478 des Bürgerlichen Gesetzbuchs ersetzt, nach welchem der unschuldige oder geisteskranke Ehegatte verlangen kann, daß jedem der Ehegatten der Werth des von ihm in die Gütergemeinschaft Eingebrachten zurückerstattet wird.

Bezüglich des Rechtsverhältnisses nach Auflösung der Ehe durch den Tod eines Ehegatten unterscheiden die bisherigen Rechte ebenso wie das Bürgerliche Gesetzbuch zwischen unbeerbter und beerbter Ehe. Für den Fall der unbeerbten Ehe lassen einige Rechte Konsolidation des gemeinschaftlichen Vermögens in der Person des überlebenden Ehegatten oder Alleinerbrecht des letzteren eintreten, so die Rechte von Bentheim, Lüneburg, Verden, Hildesheim, Fulda, Sigmaringen sowie das Hechinger Recht für Ehen mit bloßem Heirathsgute, d. h. solche, in denen beiderseits nur eine nicht zum erbrechtlichen, vor oder während der Ehe angefallenen Erwerbe gehörige Ausstattung eingebracht ist, während bei Ehen mit Erbgut der Ueberlebende nur die Hälfte des zugebrachten Gutes des Verstorbenen erhält. Nach Osnabrücker Recht wird gleichfalls der Ueberlebende Alleineigenthümer des Gesammtguts, hat aber den nächsten Verwandten des Verstorbenen die sogenannte Rekadenz, d. h. ein Drittel des gesammten, von dem Verstorbenen bei Eingehung der Ehe besessenen und in die Ehe gebrachten Vermögens, herauszugeben, sofern nicht der Erblasser das Rekadenzrecht seiner Verwandten rechtsgültig ausgeschlossen hat. Nach anderen Rechten theilt der überlebende Ehegatte das Gesammtgut zur Hälfte mit den Erben des Verstorbenen, so nach sämmtlichen Schleswig-Holsteinschen und einigen Hannoverschen Rechten (Alte Land, Hadeln). Nach Lingenschem Rechte erhält der Ehegatte den lebenslänglichen Nießbrauch an der den Erben des Verstorbenen zufallenden Hälfte des Gesammtvermögens. Nach dem Rechte des Landes Wursten erhält der Wittwer die Hälfte des Eingebrachten der Frau und das übrige gemeinschaftliche Vermögen, die Wittwe ihr Eingebrachtes und die Hälfte des übrigen Vermögens. Nach Münsterschem Rechte endlich behält der Ueberlebende sein Eingebrachtes und die Hälfte der Errungenschaft und hat den lebenslänglichen Nießbrauch an dem Eingebrachten des Verstorbenen und der anderen Hälfte der Errungenschaft. Der Entwurf erhält aus den oben zu Artikel 49 §. 2 dargelegten Gründen alle diese erbrechtlichen Wirkungen der bestehenden Güterstände aufrecht, giebt dabei aber dem überlebenden Ehegatten mit Rücksicht auf die ihm schlechthin oder unter gewissen Umständen ungünstigeren Rechte die Befugniß, bei der gesetzlichen Erbfolge die Erbfolge nach dem Bürgerlichen Gesetzbuche zu wählen (Art. 51 §. 2). Daß auch der Eintritt der Konsolidation als eine erbrechtliche Wirkung des Güterstandes anzusehen ist, kann diesen Vorschriften gegenüber ebensowenig zweifelhaft sein wie gegenüber der reichsgesetzlichen Vorschrift des Artikel 200 Abs. 1 Satz 2 des Bürgerlichen Gesetzbuchs. Nicht minder versteht es sich im Hinblick auf die vom Bürgerlichen Gesetzbuch angenommene rechtliche Gestaltung des gütergemeinschaftlichen Verhältnisses von selbst, daß an die Stelle der Konsolidation künftig das Alleinerbrecht des überlebenden Ehegatten tritt. Uebrigens überwiegt schon den geltenden Rechten gegenüber in der Wissenschaft die Auffassung, daß der Erwerb des Alleineigenthums durch den überlebenden Ehegatten nicht auf Konsolidation, sondern auf der Vererbung des Antheils des verstorbenen Ehegatten beruht (v. Roth, System des deutschen Privatrechts Bd. 2 §. 112 S. 114).

Für den Fall der beerbten Ehe folgt eine Anzahl der hier fraglichen Rechte dem Systeme der Konsolidation oder des Alleinerbrechts des überlebenden Ehegatten. Dieser wird danach Alleineigenthümer des Gesammtguts oder Alleinerbe des verstorbenen Ehegatten; den gemeinschaftlichen Abkömmlingen steht ihm gegenüber nur ein unentziehbares Erbrecht und unter gewissen Voraussetzungen, insbesondere im Falle der Wiederverheirathung des Ehegatten, ein Anspruch auf sofortige Abfindung wegen des ihnen sonst erst auf Grund ihres Erbrechts zufallenden Vermögensantheils zu. Nach einem zweiten Systeme, dem der fortgesetzten Gütergemeinschaft, treten die gemeinschaftlichen Abkömmlinge sofort statt des verstorbenen Ehegatten neben dem überlebenden als Theilhaber in die Gemeinschaft ein; bei der Abtheilung wird der Vermögensstand zur Zeit der Abtheilung zu Grunde gelegt. Zu der ersten Gruppe gehören die Rechte von Osnabrück, Hildesheim, Fulda und Würzburg und nach der in der Praxis herrschenden Auffassung auch die Rechte von Münster und Bentheim, während es für das Lingener Recht zweifelhaft ist, ob es dem Systeme der Konsolidation oder dem der fortgesetzten Gütergemeinschaft folgt.

Nach dem Verdener Rechte wird der überlebende Mann Alleineigenthümer des Gesammtguts; beim Ueberleben der Frau tritt dagegen fortgesetzte Gütergemeinschaft ein (Mot. z. B.G.B. Bd. 4 S. 425). Letztere gilt ferner allgemein nach den Schleswig-Holsteinschen Rechten und den Rechten von Alte Land, Hadeln, Wursten und Hohenzollern. Der Unterschied der beiden bezeichneten Systeme betrifft mehr die juristische Konstruktion als die wirthschaftlichen Ergebnisse. Sieht man auf letztere, so stellen sich die Verschiedenheiten, welche bezüglich der Regelung des Rechtsverhältnisses bei beerbter Ehe zwischen allen hier fraglichen Rechten und dem Bürgerlichen Gesetzbuche bestehen, im Allgemeinen nicht als so eingreifende dar, daß Bedenken obwalten, für die zur Zeit des Inkrafttretens des Bürgerlichen Gesetzbuchs noch bestehenden Ehen bei dem Tode eines der Ehegatten statt der bisherigen erbrechtlichen Wirkungen die fortgesetzte Gütergemeinschaft des Bürgerlichen Gesetzbuchs eintreten zu lassen. Dies gilt insbesondere auch für die Ehen mit Fuldischem oder Würzburgischem Rechte, bei denen vereinkindschaftete Vorkinder vorhanden sind, soweit es sich um das Rechtsverhältniß zwischen dem überlebenden Ehegatten und seinen eigenen Kindern nach Abschichtung der Vorkinder handelt (Art. 51 §. 4 Abs. 1). Nur einzelne Abweichungen der bisherigen Rechte nöthigen zu Vorbehalten.

Ein Recht des überlebenden Ehegatten, die Fortsetzung der Gütergemeinschaft mit einer dem §. 1484 des Bürgerlichen Gesetzbuchs entsprechenden Wirkung abzulehnen, ist den Statuten mit fortgesetzter Gütergemeinschaft unbekannt, während es vom Standpunkte der Konsolidation (oder des Alleinerbrechts) nicht in Betracht kommt; seine Einführung rechtfertigt sich aber auch für die bestehenden Ehen durch die Erwägung, daß die besondere Nachwirkung der ehelichen Gütergemeinschaft nur im Interesse des Ehegatten anerkannt ist. Der Umfang des Gesammtguts der fortgesetzten Gütergemeinschaft ist im §. 1485 des Bürgerlichen Gesetzbuchs übereinstimmend mit fast allen bisherigen Rechten bestimmt. Nur wenige Rechte lassen auch den Erwerb der Kinder in engerem oder weiterem Umfang in das Gesammtgut fallen (Lüneburg, Würzburg). Das Verwaltungs- und Verfügungsrecht des überlebenden Ehegatten ist nach allen bisherigen Rechten, die dem Systeme der Konsolidation folgen, und auch nach vielen der Rechte mit fortgesetzter Gütergemeinschaft nicht den im §. 1487 des Bürgerlichen Gesetzbuchs vorgesehenen Beschränkungen unterworfen. Jedoch ist der Ueberlebende auch nach den erstgenannten Rechten nur ausnahmsweise (Verden) zu Schenkungen in Höhe eines Kopftheils befugt und bei der fortgesetzten Gütergemeinschaft ist die Befugniß des Ueberlebenden, ohne Einwilligung der Kinder über Grundstücke zu verfügen, nur nach einigen Statuten außer Zweifel, nach anderen streitig (Alte Land, Hadeln); in Ermangelung besonderer Bestimmungen der Statutarrechte ist sie nach der Auffassung von Roth's (§. 111 Note 48 S. 105) zu verneinen. Jedenfalls gilt für die reichsrechtlichen Beschränkungen des überlebenden Ehegatten das Gleiche wie für die des Ehemanns bei der ehelichen Gütergemeinschaft. Die Vorschriften der §§. 1488, 1489 des Bürgerlichen Gesetzbuchs über die Schuldenhaftung weichen im Ergebnisse von den geltenden Rechten nicht wesentlich ab. Soweit den letzteren eine persönliche Haftung des überlebenden

Ehegatten für die nicht in seiner Person entstandenen Verbindlichkeiten (§. 1489 Abs. 1) fremd ist, fällt die Neuerung im Hinblick auf das Inventarrecht des überlebenden Ehegatten (§. 1489 Abs. 2) und das seltene Vorkommen von Vorbehaltsgut nicht ins Gewicht. Die Regelung des Falles, daß ein antheilsberechtigter Abkömmling während der fortgesetzten Gütergemeinschaft stirbt (§. 1490), stimmt mit den auf dem Boden der Konsolidation oder des Alleinerbrechts des überlebenden Ehegatten stehenden Rechten überein, von den Rechten mit fortgesetzter Gütergemeinschaft weicht sie dagegen mehr oder weniger ab (Mot. z. B.G.B. Bd. 4 S. 457). Indessen erscheint ihre Ausdehnung auf die bestehenden Ehen nicht bedenklich.

Was die Beendigung der fortgesetzten Gütergemeinschaft betrifft, so ist die Befugniß des überlebenden Ehegatten, die fortgesetzte Gütergemeinschaft jederzeit aufzuheben, nur in wenigen der hier fraglichen Rechte nicht anerkannt (Osnabrück, Fulda). Zur Aufrechterhaltung dieser Besonderheit besteht kein Anlaß, da auch hier die Erwägung durchgreift, daß die besondere Nachwirkung der Gütergemeinschaft zu Gunsten des überlebenden Ehegatten eingeführt ist. Wie nach §. 1493 des Bürgerlichen Gesetzbuchs, ist nach fast allen bisherigen Rechten im Falle der Wiederverheirathung der überlebende Ehegatte zur Abschichtung der gemeinschaftlichen Abkömmlinge verpflichtet; nur nach Fuldischem Rechte tritt kraft Gesetzes Einkindschaftung der Abkömmlinge in die neue Ehe ein, und nach Verdener Recht bildet die Wiederverheirathung für den überlebenden Vater keinen Schichtungsgrund. Soweit nach den bisherigen Rechten die Abschichtung durch Abschluß eines Einkindschaftsvertrages abgewendet werden kann, würde diese Möglichkeit künftig schon kraft Reichsrechts fortfallen, da letzteres den Abschluß eines Einkindschaftsvertrags nicht mehr zuläßt; im Falle der Wiederverheirathung ergäbe sich also ohne Weiteres die Nothwendigkeit der Abschichtung der Vorkinder. Dagegen würde die gesetzliche Einkindschaft des Fuldischen Rechtes mangels landesgesetzlichen Eingreifens auch eintreten, wenn die Wiederverheirathung des überlebenden Ehegatten nach dem Inkrafttreten des Bürgerlichen Gesetzbuchs erfolgt, weil die Einkindschaft hier einen Bestandtheil des in Kraft bleibenden Güterrechts bildet (Mot. z. Entw. d. Einf.-Ges. S. 287). Indessen sprechen ganz unabhängig von einer Ueberleitung des Fuldischen Güterrechts erhebliche Gründe dafür, den Eintritt der gesetzlichen Einkindschaft nach dem Inkrafttreten des Bürgerlichen Gesetzbuchs landesrechtlich auszuschließen; in dieser Hinsicht darf auf die Bemerkungen zu Artikel 66 des Entwurfes verwiesen werden. Nach alledem unterliegt die Einführung des §. 1493 des Bürgerlichen Gesetzbuchs überall keinem Bedenken. Außer dem Falle der Wiederverheirathung kennen manche der jetzigen Rechte keinen Zwang zur Abschichtung, so die Rechte von Wursten, Verden (beim Ueberleben des Wittwers), Fulda, Hohenzollern; andere lassen einen solchen Zwang zu bei Gefährdung der Rechte der Kinder durch Verschwendung oder schlechte Wirthschaft des überlebenden Ehegatten, so die Schleswig-Holsteinschen Rechte, wenigstens für den Fall, daß die Mutter der überlebende Theil ist, ferner die Rechte von Osnabrück, Lüneburg, Alte Land, Verden (beim Ueberleben der Mutter) und Würzburg. Während den letzteren Rechten gegenüber die Vorschrift des §. 1495 des Bürgerlichen Gesetzbuchs sich nur als Fortbildung des bestehenden Rechtes darstellt, erscheint ihre Einführung auch im Uebrigen durch das Bedürfniß nach wirksamem Schutze der Abkömmlinge gerechtfertigt. Daß in Folge der Anwendung des neuen Rechtes der Abschichtungsanspruch der Abkömmlinge bei Volljährigkeit, Verehelichung oder Errichtung einer selbständigen Wirthschaft, wie er in den Schleswig-Holsteinschen Rechten anerkannt wird, in Wegfall kommt, ist aus denselben Gründen nicht zu beanstanden wie die gleiche Aenderung des Lübischen Rechtes.

Der Theilung wird außer nach Münsterschem Rechte und Nordstrander Landrecht der reine Vermögensbestand zur Zeit der Theilung zu Grunde gelegt. Auch darin stimmen die meisten Rechte mit dem Bürgerlichen Gesetzbuche (§. 1498 verb. mit §. 1476) überein, daß die Theilung zwischen dem überlebenden Ehegatten und den Abkömmlingen nach Hälften erfolgt, so fast alle Schleswig-Holsteinschen Rechte und die Rechte von Osnabrück, Lingen, Bentheim, Lüneburg, Alte Land, Sigmaringen. Nach einigen Rechten findet Theilung nach Köpfen statt (Wursten, Verden), nach Würzburgischem Rechte erhalten der überlebende Ehegatte ein Drittel, die Kinder zwei Drittel. Bisweilen ist das Theilungsverhältniß, je nachdem der Vater oder die Mutter der überlebende Theil ist, oder je nach der Anzahl der Kinder verschieden bestimmt (Flensburg, Nordstrand, Münster, Hadeln, Hildesheim). Nach dem Hechinger Rechte fällt dem überlebenden Ehegatten oder seinen Erben außer seinem Zubringen und der Hälfte der Errungenschaft noch als einseitig nicht entziehbare statutarische Portion ein Kindestheil von dem Zubringen des vorverstorbenen Ehegatten zu, es sei denn, daß der Ueberlebende wenig oder garnichts in die Ehe gebracht hat. Auch nach einigen anderen Rechten erhält der überlebende Ehegatte neben dem ihm zufallenden Antheile vom Gesammtgute noch einen Bruchtheil des den Kindern zufallenden Antheils, so nach Dänischem Rechte Kindestheil mit Beschränkung auf ein Viertel, nach Nordstrander Recht der Mann ein Schwestertheil. Die Halbtheilung ohne Berücksichtigung des gesetzlichen Erbrechts, welches dem überlebenden Ehegatten nach allgemeinen Vorschriften in Ansehung des zum Nachlasse des verstorbenen gehörenden Gesammtgutsantheils zustehen würde, enthält eine billige Ausgleichung dafür, daß die gemeinschaftlichen Abkömmlinge ihren Erbtheil nicht sofort, sondern erst nach Auflösung der fortgesetzten Gütergemeinschaft erhalten; der überlebende Ehegatte wird durch die Ausgleichung nicht beschwert, weil es ihm freisteht, die Fortsetzung der Gütergemeinschaft nach §. 1484 des Bürgerlichen Gesetzbuchs mit der Wirkung abzulehnen, daß die Erbfolge nach den allgemeinen Vorschriften eintritt (Mot. z. B.G.B. Bd. 4 S. 478). Diese Erwägungen rechtfertigen auch die Durchführung der neuen Theilungsgrundsätze gegenüber den abweichenden bisherigen Rechten. Wenn die Schichtung endlich nach vielen geltenden Statuten die Bedeutung der Todtheilung, d. h. der Abfindung der Kinder von dem Vermögen des überlebenden Ehegatten, hat, so kann in dieser Hinsicht auf das oben Bemerkte verwiesen werden.

Von den sonstigen Bestimmungen des Bürgerlichen Gesetzbuchs macht nur die des §. 1509 einen Vorbehalt zu Gunsten der Schleswig-Holsteinschen Rechte nothwendig, nach welchen jeder Ehegatte befugt ist, durch einseitige letztwillige Verfügung die sofortige Schichtung bei seinem Tode anzuordnen. Diese Befugniß muß aufrecht gehalten werden (Art. 51 §. 3). Daß die Ausübung derselben die gleiche Wirkung hat, wie die Ausschließung der Fortsetzung der Gütergemeinschaft auf Grund des §. 1509 des Bürgerlichen Gesetzbuchs, ergiebt sich aus §. 1510. Soweit die Fortsetzung der Gütergemeinschaft bisher ein unentziehbares Recht des überlebenden Ehegatten ist, unterliegt demnach die Einführung der Vorschrift des §. 1509 keinem Bedenken, weil diese stets ein Verschulden des überlebenden Ehegatten zur Voraussetzung hat.

Artikel 52.

Die Errungenschaftsgemeinschaft bildet das gesetzliche Güterrecht außer nach einigen älteren Westfälischen Statutarrechten, die der Entwurf von der Ueberleitung ausschließt,

I. in einigen Bezirken des gemeinrechtlichen Theiles der Rheinprovinz nämlich:
   1. in der früheren Grafschaft Wied nach der durch Gewohnheit eingeführten und abgeänderten Nassau-Katzenelnbogenschen Landesordnung von 1616,
   2. in den vier Hachenburgischen Kirchspielen des Kreises Altenkirchen nach dem Hachenburger Statut aus unbekannter Zeit und nach Gewohnheitsrecht,
   3. im Stadtbezirke Bendorf nach Bendorfer Stadtrecht (Gewohnheitsrecht),
   4. in der Stadt Wetzlar nach dem Mainzer Landrechte von 1755 und der Verordnung vom 6. August 1799,
   5. im übrigen Kreise Wetzlar nach dem Solmser Landrechte von 1571;

II. in folgenden Bezirken der Provinz Schleswig-Holstein:
   1. in den Kreisen Norder- und Süderdithmarschen nach dem Dithmarschen Landrechte, landesherrlich publizirt 1567,
   2. auf der Insel Fehmarn mit Ausnahme der Stadt Burg nach dem Fehmarnschen Landrechte von 1563,
   3. im Gebiete des Nordstrander Landrechts (Statut von 1572) für unbeerbte Ehen, d. h. solche, in denen nicht ein Kind geboren ist und bis zur Taufe gelebt hat;

III. in den vormals Kurhessischen Bezirken der Provinz Hannover, nämlich den Aemtern Uchte und Freudenberg, der Voigtei Auburg und den sog. Hessischen Enklaven, d. h. einzelnen im Landgerichtsbezirke Göttingen gelegenen Ortschaften, nach Althessischem Rechte;

IV. in folgenden Theilen der Provinz Hessen-Nassau:
   1. im Gebiete des vormaligen Herzogthums Nassau auf Grund des durch das Amtsorganisationsedikt vom 4. Juni 1816 und die Verordnung vom 5. Juni 1816 allgemein eingeführten Titels 28 der Solmser Landesordnung in Verbindung mit abändernden und ergänzenden Verordnungen und Gesetzen sowie Gewohnheitsrecht und Praxis,

2. im Gebiete der vormaligen freien Stadt Frankfurt nach der Reformation von 1578 und 1611 sowie späteren Verordnungen und Gesetzen,
3. in den vormals Großherzoglich Hessischen Gemeinden Rödelheim und Niederursel (Hessischer Antheil) sowie dem Landgräflich Hessischen Amte Homburg v. d. H. nach dem Solmser Landrechte von 1571,
4. im vormaligen Kurfürstenthum Hessen und zwar:
   in Althessen (s. oben) nach der Prozeßordnung von 1745 für Ehen der Amtssässigen, ferner in der vormaligen Provinz Hanau, von welcher ein kleiner Bezirk, der des Amtes Bornheimerberg (früherer Amtsgerichtsbezirk Bockenheim), zum Oberlandesgerichtsbezirke Frankfurt, die übrigen Theile zum Oberlandesgerichtsbezirke Cassel gehören, nach Solmser Landrecht von 1571, welches für das Gebiet des früheren Fürstenthums Isenburg-Birstein bezüglich des Erbrechts durch die Isenburgische Verordnung vom 18. November 1769 modifizirt ist, endlich in den früher Kurmainzischen Ortschaften nach dem Mainzer Landrechte von 1755,
5. in dem früher Großherzoglich Hessischen Hinterlandkreise nach dem Landrechte der oberen Grafschaft Katzenelnbogen und der Darmstädtischen Verordnung vom 2. März 1795,
6. in den früher Bayerischen Gebietstheilen des Kreises Gersfeld nach Würzburgischem Rechte (Fränkischer Landgerichtsordnung von 1618) für unbeerbte Ehen.

Der Entwurf will alle diese Güterrechte mit gewissen Einschränkungen durch die Errungenschaftsgemeinschaft des Bürgerlichen Gesetzbuchs ersetzen (Art. 52), ausgenommen nur die Errungenschaftsgemeinschaft nach Althessischem oder dem im Oberlandesgerichtsbezirke Cassel geltenden Solmser oder Mainzer Rechte, welche im Artikel 53 aus den später darzulegenden Gründen eine abweichende Behandlung erfährt. Für die Ehen mit Errungenschaftsgemeinschaft nach Würzburgischem Rechte oder nach Nordstrander Landrechte knüpft der Entwurf, entsprechend dem in ähnlichen Fällen beobachteten Verfahren (Art. 48 §. 3, Art. 50 §. 2), an die spätere Geburt eines Kindes den Eintritt der allgemeinen Gütergemeinschaft des Bürgerlichen Gesetzbuchs (Art. 52 §. 3).

Nach den meisten der im Artikel 52 behandelten Güterrechte scheidet sich das Vermögen der Ehegatten begrifflich ebenso wie nach dem Bürgerlichen Gesetzbuch (§§. 1519, 1525, 1526) in die Errungenschaft, welche gemeinschaftliches Vermögen der Ehegatten bildet, die dem eingebrachten Gute im Sinne des Bürgerlichen Gesetzbuchs entsprechenden Sondergüter der einzelnen Ehegatten und das Vorbehaltsgut des einzelnen Ehegatten. Die Zutheilung des zur Zeit der Ueberleitung vorhandenen Vermögens zu den im neuen Rechte unterschiedenen Gütermassen bietet daher keine Schwierigkeiten (Art. 58 §. 1). Sondergut des Mannes, von welchem diesem auch die Nutzungen vorbehalten sind, kann zwar nicht Vorbehaltsgut des Mannes werden, da das Bürgerliche Gesetzbuch solches nicht zuläßt (§. 1526 Abs. 2); die Rechte des Mannes bleiben aber nach Maßgabe des Artikel 58 §. 5 unberührt. Einige der hier fraglichen Statuten weichen jedoch bezüglich der Errungenschaft vom Bürgerlichen Gesetzbuch ab. Nach dem Frankfurter Rechte (Rathsverordnung vom 24. Juni 1734) und dem Solmser Rechte in der Entwickelung, die es durch die Rechtsprechung in den vormals Kurhessischen Gebietstheilen, vielleicht auch durch Gewohnheitsrecht in Homburg genommen hat (§. 2 des Erlasses vom 18. Juli 1851), bildet die Errungenschaft nicht schon während der Ehe einen besonderen Vermögensinbegriff. Das Rechtsverhältniß an den einzelnen errungenschaftlichen Vermögensstücken wird durch die Erwerbshandlung bestimmt; je nachdem ein Gegenstand gemeinschaftlich oder von einem Ehegatten erworben ist, wird er gemeinschaftlich oder Sondergut des Ehegatten. Die Errungenschaftsgemeinschaft begründet nur eine gegenseitige Verpflichtung der Ehegatten dahin, den Werth der Aquästobjekte während der Gemeinschaft zu Bestreitung der ehelichen Lasten, nach Auflösung derselben zur Theilung des Gewinnes zu konferiren (Roth und v. Meibom, Kurhess. Privatrecht §. 170 Not. 25). Für das Hauptanwendungsgebiet dieser Form der Errungenschaftsgemeinschaft (Gemeinschaft des Zugewinnstes) sieht der Entwurf im Artikel 53 die modifizirte Ueberleitung in das gesetzliche Güterrecht des Bürgerlichen Gesetzbuchs vor. Dagegen erscheint für die hier in Frage kommenden kleineren Bezirke aus besonderen Gründen die Einführung der Errungenschaftsgemeinschaft des Bürgerlichen Gesetzbuchs angezeigt. Die praktische Bedeutung des hervorgehobenen Unterschieds vermindert sich dadurch erheblich, daß der gemeinschaftliche Erwerb in den Ehen die Regel bildet. Für Frankfurt kommt hinzu, daß nach dortigem Rechte (Reform. III 6 §. 2) die Währschaft über Liegenschaften, die in währender Ehe erkauft sind, regelmäßig auf beide Ehegatten erfolgen muß. Hier erscheint es daher unbedenklich, die Ueberleitung in der Weise durchzuführen, daß das vorhandene errungenschaftliche Vermögen der Ehegatten, auch soweit es nach den bisherigen Gesetzen nicht gemeinschaftliches Vermögen der Ehegatten ist, in Gesammtgut umgewandelt wird (Art. 52 §. 2). Soweit in Folge dessen eine Berichtigung des Grundbuchs nothwendig wird, sieht der Entwurf zeitweilige Kostenfreiheit vor (Art. 58 §. 2). Die gleiche Behandlung rechtfertigt sich für Homburg schon mit Rücksicht auf die Unsicherheit des dortigen Rechtszustandes. Sie empfiehlt sich endlich auch für den kleinen, zum Oberlandesgerichtsbezirke Frankfurt gehörenden vormals Kurhessischen Bezirk, weil dessen Haupttheil, die frühere Stadt Bockenheim, durch das Gesetz vom 31. März 1895 mit der Stadt Frankfurt vereinigt ist, die Einführung verschiedener Güterrechte daher mißlich und bei der Uebereinstimmung der bisherigen Rechte bedenklich wäre.

In der Abgrenzung der Errungenschaft gegenüber den Sondergütern stimmt das Bürgerliche Gesetzbuch mit den bisherigen Rechten bis auf Einzelheiten überein. Zum Theil beseitigt es nur Zweifel, so bezüglich der Behandlung der Lebensversicherungsgelder (vergl. §. 1522); dies gilt auch von der bestrittenen Frage, ob nach Nordstrander Landrechte die während der Ehe ererbten Güter in die Errungenschaft fallen. Weiter als in den meisten geltenden Rechten ist im §. 1524 des Bürgerlichen Gesetzbuchs bezüglich des eingebrachten Gutes der Ehegatten der Grundsatz der Surrogation durchgeführt (Mot. Bd. 4 S. 498 ff.). Indessen berührt auch diese Verschiedenheit nicht das Wesen des Güterstandes, sodaß die Anwendung des neuen Rechtes für die Zukunft nicht bedenklich, sondern wegen seiner Bestimmtheit und Klarheit nur wohlthätig erscheint. Nach einigen der geltenden Rechte (Dithmarschen, Kurhessen, Nassau, Würzburg, Mainz) kann ein Theil des Vermögens der Frau als Dos bestellt und dafür aus dem Vermögen des Mannes eine Widerlage gewährt werden. An dem als Dos gegebenen Vermögen soll dem Manne jedoch kein größeres Recht eingeräumt werden, als an dem übrigen Sondergute der Frau. Die Zwecke der Dosbestellung, namentlich die Sicherung der Dotalprivilegien und die Erlangung eines Maßstabs für die Scheidungsstrafen und die Ausstattungsansprüche, sind zum Theil schon jetzt ohne Bedeutung, theils werden sie durch das Reichsrecht gegenstandslos. Auf eine etwaige Dosbestellung braucht deshalb keine Rücksicht genommen zu werden. In Bezug auf die der Wittwe zugesicherte Widerlage hat ein etwaiger Dotalvertrag die Bedeutung eines Erbvertrags und bleibt als solcher unberührt.

Auch in Betreff der Stellung der Ehegatten gegenüber den verschiedenen Vermögensmassen bestehen keine grundsätzlichen Abweichungen. Im Einzelnen ist die Verfügungsbefugniß des Mannes vielfach freier. Anlangend das Gesammtgut, so kann der Mann auch Schenkungen vornehmen und nach einigen Rechten (dem Dithmarschen, Fehmarnschen, Solmser Rechte in den früher Großherzoglich und Landgräflich Hessischen Gebietstheilen) über Grundstücke frei verfügen (vergl. B.G.B. §. 1519 Abs. 2 verb. mit §§. 1444 bis 1446). In Ansehung des Sonderguts der Frau hat der Mann nach den meisten Rechten freies Verfügungsrecht über die beweglichen Sachen; jedoch ist der Satz für manche Gebiete, insbesondere die der Nassau-Katzenelnbogener Landesordnung, des Mainzer Landrechts, des Sayn-Hachenburger Rechtes und des Bendorfer Stadtrechts, zweifelhaft. Zur Verfügung über Grundstücke bedarf der Mann überall der Zustimmung oder der Mitwirkung der Frau. Nach Würzburgischem Rechte kann die Frau jede ihr nachtheilige einseitige Verfügung über ihr Sondergut anfechten. Zum Theil ist der Mann andererseits auch bei Verfügungen über Grundstücke, die zu seinem eigenen Sondergute gehören, an die Zustimmung der Frau gebunden, so nach Nassauer, Frankfurter und Sayn-Hachenburger Recht. Anlangend die rechtliche Stellung der Frau, so ist ihre Befugniß zur Vertretung des Mannes bei Abwesenheit oder Krankheit theils unsicher, theils nicht anerkannt (Nassau). Eine gerichtliche Ersetzung der Zustimmung des Mannes ist den bisherigen Rechten mit wenigen Ausnahmen (Frankfurt) unbekannt. Die größere Selbständigkeit und der bessere Schutz, welche das neue Recht der Frau gewähren, sind Fortschritte, die auch den bestehenden Ehen zu Gute kommen müssen.

Bezüglich der Schuldenhaftung weisen die geltenden Rechte die größte Mannigfaltigkeit und in sich zahlreiche Lücken und Zweifel auf. Regelmäßig wird nicht nur im Verhältnisse der Ehegatten zu einander, sondern auch im Verhältnisse zu den Gläubigern zwischen Eheschulden und Sonderschulden unterschieden. Wegen der Eheschulden kann sich der Gläubiger außer an den Ehegatten, der ihm persönlich haftet, immer an das Gesammtgut halten. Eine persönliche Haftung des andern Ehegatten mit seinem Sondergut ist in einigen Rechten verneint (so im Dithmarschen Recht, in der Hessen-Darmstädtischen Verordnung von 1795, der Nassau-Katzenelnbogenschen Landesordnung und dem Frankfurter Rechte). Nach anderen Rechten haften beide Ehegatten nach Verhältniß ihres Antheils am Gesammtgute für die Eheschulden persönlich (Würzburger, Mainzer, Nassauisches, Sayn-Hachenburger, Bendorfer, Nordstrander, Solmser Recht im Kreise Wetzlar sowie in den früher Großherzoglich Hessischen Gebietstheilen); nach Nassauischem Rechte haftet der Mann subsidiär für das Ganze. Nach dem Solmser Rechte in Kurhessen haftet der Mann in erster Linie allein persönlich, die Frau nur subsidiär zur Hälfte für die mit ihrer Einwilligung eingegangenen Schulden. Im Falle des Betriebs eines Gewerbes, an welchem die Frau sich öffentlich betheiligt, haften die Ehegatten für die Gewerbsschulden nach Frankfurter, Würzburger und Mainzer Rechte solidarisch, nach Wetzlarer Recht jedoch nur subsidiär.

Für die Sonderschulden eines Ehegatten haftet zum Theil nur sein Sondergut. Bisweilen haftet dagegen für die Sonderschulden des Mannes auch das Gesammtgut, und zwar bald für die vorehelichen und die ehelichen ganz (Schleswig-Holsteinsche Rechte, Nassau-Katzenelnbogensche L. O., Solmser Recht in den Großherzoglich Hessischen Gebietstheilen) oder nur subsidiär in Höhe des Antheils des Mannes (Bendorfer Stadtrecht), bald nur für die ehelichen Schulden, unter Ausschluß der Delikts- und Spielschulden (Mainzer Landrecht) oder doch der ersteren (Sayn-Hachenburger Recht); nach dem Solmser Rechte im Kreise Wetzlar haftet für die ehelichen Sonderschulden des Mannes nur dessen Antheil an der Errungenschaft, während bezüglich der vorehelichen Schulden die Haftung streitig ist. Für die vorehelichen Sonderschulden der Frau haftet das Gesammtgut nach dem Solmser Rechte im Kreise Wetzlar und in den Großherzoglich Hessischen Gebietstheilen in gleicher Weise wie für die Sonderschulden des Mannes; nach anderen Rechten haftet für solche Schulden der Frau theils das ganze Gesammtgut (Nassau-Katzenelnbogensche L. O.), theils subsidiär der Antheil der Frau (Bendorfer Stadtrecht). Nach Nassauischem Rechte (Exekutionsordnung vom 16. Juli 1851 §§. 24 bis 26; Bertram, Nassauisches Familienrecht §. 192) können die Gläubiger des Mannes oder der Frau in Folge der ausschließlichen Befugniß des Mannes zur Vertretung des Ehevermögens auch wegen der Sonderschulden, mit Ausnahme der während der Ehe von der Frau ohne Zustimmung des Mannes eingegangenen Schulden, Befriedigung aus dem gesammten Ehevermögen, außer den zum Sondergute des anderen Ehegatten gehörenden Immobilien, verlangen. Zu verwandten Ergebnissen ist die Rechtsprechung für das Frankfurter, das Solmser Recht in den vormals Kurhessischen Gebietstheilen und in Homburg sowie für das Gebiet der Hessen-Darmstädtischen Verordnung von 1795 gelangt.

Dieser Vielgestaltigkeit des jetzigen Rechtszustandes stellt das Bürgerliche Gesetzbuch eine klare und einfache Regelung gegenüber, welche den Unterschied der Eheschulden und der Sonderschulden für die Verbindlichkeiten des

Mannes nur im Verhältnisse der Ehegatten zu einander berücksichtigt, die Haftung des Gesammtguts für Verbindlichkeiten der Frau scharf begrenzt und jede persönlich Haftung der Frau für Verbindlichkeiten des Mannes beseitigt. Die Anwendung des neuen Rechtes auf künftig entstehende Schulden erscheint hier ganz besonders erwünscht. Soweit die im §. 1530 Abs. 2 des Bürgerlichen Gesetzbuchs bestimmte persönliche Haftung des Mannes für Verbindlichkeiten der Frau, die Gesammtgutsverbindlichkeiten sind, den bisherigen Rechten fremd ist, gereicht ihre Einführung für die Zukunft im Hinblick auf die Art der in Betracht kommenden Verbindlichkeiten dem Manne noch weniger zur Beschwerniß wie bei der allgemeinen Gütergemeinschaft.

Anlangend die Gründe der Beendigung der Gemeinschaft, so gilt für die allen bisherigen Rechten fremde Aufhebung auf Klage der Frau oder des Mannes hier das Gleiche wie gegenüber den bisherigen Rechten mit Verwaltungsgemeinschaft oder allgemeiner Gütergemeinschaft. Die Eröffnung des Konkurses über das Vermögen des Mannes ist schon jetzt nach einigen Rechten von Einfluß auf die Rechte des Mannes oder auf die Errungenschaftsgemeinschaft, so insbesondere nach Frankfurter Rechte; kraft Gesetz endigt aber die Gemeinschaft durch sie bisher nicht. Dennoch unterliegt die Einführung dieser Neuerung grundsätzlich keinem Bedenken, da der Mann sich über die schärfere Wirkung der Konkurseröffnung nicht beklagen kann, das Interesse der Frau aber durch die ihr gewährte Klage auf Wiederherstellung der Gemeinschaft (B.G.B. §. 1547 Abs. 2) genügend gewahrt ist.

Bezüglich des Rechtsverhältnisses nach der Beendigung der Gemeinschaft und bezüglich der Auseinandersetzung gelten nach § 1546 des Bürgerlichen Gesetzbuchs dieselben Vorschriften wie bei der allgemeinen Gütergemeinschaft. Das bezüglich der letzteren oben Bemerkte trifft auch hier zu. Die Halbtheilung des nach Berichtigung der Gesammtgutsverbindlichkeiten verbleibenden Ueberschusses des Gesammtguts (§. 1546 Abs. 2, §. 1476) stimmt mit den meisten geltenden Rechten überein. Ein Vorbehalt ist hier nur zunächst für das Mainzer Landrecht erforderlich, nach welchem die Errungenschaft so getheilt wird, daß der Mann zwei Drittel, die Frau ein Drittel erhält. Dieses Theilungsverhältniß muß für die bestehenden Ehen beibehalten werden, und zwar ohne Unterschied, ob die Errungenschaft aus der Zeit vor oder nach der Ueberleitung herrührt, und für alle Fälle der Beendigung der Gemeinschaft. Das gleiche Theilungsverhältniß gilt gewohnheitsrechtlich auch in Theilen des Gebietes der Nassau-Katzenelnbogenschen Landesordnung, nämlich der früheren Wied-Runkelschen Herrschaft Dierdorf, wenn auch anscheinend nur bei der Beendigung der Gemeinschaft durch den Tod eines Ehegatten (Das eheliche Güterrecht im Bezirke des Justizsenats zu Ehrenbreitstein, Abdruck der 1863 im Auftrage des Justizsenats ausgearbeiteten Denkschrift VII 2 S. 29, Motive zu §§. 48 bis 50 des Ehrenbreitsteiner Entwurfes) und muß auch hier in Kraft bleiben (Art. 52 §. 4). Neu ist gegenüber den meisten bisherigen Rechten die Bestimmung, daß der Mann die Einbuße allein zu tragen hat (§. 1546 Abs. 2 verb. mit §. 1481 Satz 1). Indessen hängt dieser Satz mit der Regelung der rechtlichen Stellung der Ehegatten in Ansehung des Gesammtguts so eng zusammen, daß er für die nach der Ueberleitung entstehenden Gesammtgutsverbindlichkeiten jedenfalls gelten muß, und da die Stellung der Frau bezüglich der Verwaltung des Gesammtguts bisher vielfach noch abhängiger ist als nach dem Bürgerlichen Gesetzbuche, so rechtfertigt es sich, den mit der fraglichen Bestimmung bezweckten Schutz auch auf die früher entstandenen Schulden auszudehnen.

Durch die Einführung §. 1480 des Bürgerlichen Gesetzbuchs wird für die Ehen mit dem Güterstande des Dithmarschen und des Fehmarnschen Rechtes die besondere Vorschrift der Verordnung vom 28. Februar 1651 beseitigt, derzufolge die Wittwe für die Schulden des Mannes persönlich verbindlich wird, falls sie nicht binnen Sächsischer Frist (sechs Wochen) ein Gläubigerproklam erwirkt.

Im Falle der Auflösung der Ehe durch den Tod eines der Ehegatten treten nach dem Bürgerlichen Gesetzbuche nicht besondere Nachwirkungen der Errungenschaftsgemeinschaft ein, sondern der verstorbene Ehegatte wird nach den allgemeinen Vorschriften beerbt. Nur wenige der hier in Betracht kommenden Rechte stehen theilweise auf demselben Standpunkte, so für unbeerbte Ehen das Hachenburger, das Mainzer und das Nordstrander Recht. Dagegen fallen im Uebrigen nach allen Statuten dem überlebenden Ehegatten mehr oder weniger ausgedehnte Rechte am Nachlasse des verstorbenen zu. Nach Dithmarschem und Fehmarnschem Landrecht erhält die Frau bei unbeerbter Ehe, außer in Süderdithmarschen, die Hälfte des Bauguts, d. h. der beweglichen Sachen des Mannes, nach ersterem Rechte ferner die sogen. Widerlage; bei beerbter Ehe erhält der Mann die ganze Errungenschaft, die Frau nur die Hälfte; beide können aber die Gemeinschaft bis zur Wiederverheirathung fortsetzen. Fortsetzung der Gütergemeinschaft tritt bei beerbter Ehe auch nach Hachenburger Recht ein; mit der Wiederverheirathung geht sie in eine zeitlich begrenzte Leibzucht über. Die Leibzucht am Nachlasse des verstorbenen Ehegatten ohne ein Eigenthumserbrecht (statutarische Portion) gewähren dem überlebenden Ehegatten bei unbeerbter und bei beerbter Ehe das Nassauische Recht, das Solmser Recht im Kreise Wetzlar, in Homburg und in den Großherzoglich Hessischen Gebietstheilen sowie das Bendorfer Stadtrecht, nur bei beerbten Ehen das Mainzer Landrecht. Neben der Leibzucht gewähren dem Ueberlebenden ein Eigenthumserbrecht in Bezug auf die Mobilien die Nassau-Katzenelnbogensche Landesordnung bei unbeerbter Ehe auf die ganze, bei beerbter Ehe auf die halbe Fahrniß des Verstorbenen, das Solmser Recht in den vormals Kurhessischen Gebietstheilen in beiden Fällen auf die halbe Fahrniß, das Ober-Katzenelnbogener Landrecht bei unbeerbter Ehe auf die sämmtlichen, bei beerbter Ehe auf die errungenen Mobilien. Nach dem Frankfurter Rechte erstreckt sich die dem Ueberlebenden neben der Leibzucht gebührende statutarische Portion bei unbeerbter Ehe auf das ganze Vermögen des Verstorbenen mit Ausnahme der von diesem eingebrachten Immobilien, bei beerbter Ehe auf die Hälfte der eingebrachten Mobilien. Die drei letztgenannten Rechte verbinden mit dem Mobiliarerbrecht eine erweiterte Schuldenhaftung, der sich der Ueberlebende jedoch durch rechtzeitigen Verzicht auf die statutarische Portion entziehen kann. Nach Würzburgischem Rechte endlich erhält der Ueberlebende bei unbeerbter Ehe einen Voraus in Mobilien und ein Viertel des Vermögens des Verstorbenen ohne Beisitz am übrigen Vermögen. Die rechtliche Stellung des Leibzüchters und die Gründe der Beendigung der Leibzucht sind sehr verschieden bestimmt. Leibzucht und statutarisches Erbrecht sind regelmäßig durch einseitige Verfügung nicht entziehbar; doch ist letzteres für einige Rechte nicht unbestritten, so für das Solmser Landrecht außer in Nassau und Kurhessen, und für die Nassau-Katzenelnbogensche Landesordnung.

Ueberall kommt den erbrechtlichen Nutzungsrechten größere Bedeutung zu als dem Eigenthumserbrechte. Sie gewähren in den ländlichen, meist kleinbäuerlichen Verhältnissen das einzige durchgreifende Mittel, um das vorzeitige und deshalb schädliche Auseinanderfallen des Grundbesitzes zu verhüten. Der Eintritt dieser Nachwirkungen der Gemeinschaft nach bisherigem Rechte ist in den bestehenden Ehen schon in den Kreis der wirthschaftlichen Berechnungen gezogen. Der Entwurf erhält deshalb auch hier allgemein für die erbrechtlichen Wirkungen des Güterstandes die bisherigen Gesetze in Kraft, gestattet aber daneben, wie sonst, dem überlebenden Ehegatten bei der gesetzlichen Erbfolge die Wahl der Erbfolge nach Reichsrecht (Art. 52 §. 5 Satz 1). Sofern nicht in Folge der Ausübung der letzteren Befugniß das neue Recht ganz zur Anwendung kommt, sollen die Vorschriften des alten Rechtes über die erbrechtliche Wirkung des Güterstandes im vollen Umfang und unverändert maßgebend bleiben, namentlich für die Bestimmung des Gegenstandes und des Inhalts der statutarischen Rechte sowie für die erbrechtlichen Pflichten, für die Hinausschiebung der realen Auseinandersetzung in Folge des Eintritts der Leibzucht oder der fortgesetzten Gütergemeinschaft und die damit verbundene Verpflichtung zur Inventarisation, Sicherheitsleistung u. s. w.

Daß die dem überlebenden Ehegatten gebührenden erbrechtlichen Vortheile Wirkungen des Güterstandes sind, kann mit den Gutachten der Oberlandesgerichte im Allgemeinen als unzweifelhaft angesehen werden und wird durch die Ausführungen der Motive zum Entwurf eines Bürgerlichen Gesetzbuchs Band 4 S. 539 ff. nicht widerlegt. Dagegen hat für das Frankfurter Recht die neuere Praxis angenommen, daß das Nutzungs- und Verwaltungsrecht sowie das Eigenthumserbrecht des überlebenden Ehegatten rein erbrechtlicher Natur seien (Rundschau, Sammlung von Entscheidungen 2c., herausgegeben von der Juristischen Gesellschaft in Frankfurt a/M. 1887 S. 118 ff., 136 ff.). Diese — übrigens lebhaft angefochtene — Auffassung führt insofern zu einem innerlich ungerechtfertigten Ergebnisse, als der Beisetz (Nießbrauch) des Ueberlebenden nach dem Frankfurter Rechte wirthschaftlich fast ganz mit der Leibzucht des Solmser Landrechts übereinstimmt, die unbestritten Wirkung des Güterstandes ist, und als die Rechte des überlebenden am Nachlasse des verstorbenen Ehegatten nach dem Frankfurter Rechte ebenso unentziehbar sind wie nach den meisten anderen Statuten. Der Entwurf legt daher jenen Rechten ausdrücklich die Bedeutung erbrechtlicher Wirkungen des Güterstandes bei (Art. 52 §. 5 Satz 2).

Artikel 53.

Wie schon oben erwähnt wurde, sieht der Entwurf für diejenigen Formen der Errungenschaftsgemeinschaft, welche in dem vormaligen Kurfürstenthum

Hessen, mit Ausschluß des zum Oberlandesgerichte Frankfurt gehörigen Bezirkes, sowie in den ehemals Kurhessischen Gebietstheilen der Provinz Hannover gelten, eine abweichende Behandlung vor. In Betracht kommen die Errungenschaftsgemeinschaft des Althessischen Rechtes sowie die des im Oberlandesgerichtsbezirke Cassel geltenden Solmser und Mainzer Rechtes (Roth und v. Meibom, Kurhessisches Privatrecht §§. 107 bis 114; Herz, Mittheilungen aus der Rechtspflege im Gebiete des vormal. Kurfürstenthums Hessen Bd. 1 S. 86 ff.). In den zur Provinz Hannover gehörenden Bezirken ist zwar nach den Berichten der zuständigen Gerichte außer dem Bezirke des Amtsgerichts Göttingen die Althessische Errungenschaftsgemeinschaft thatsächlich kaum noch in Uebung, eine Erscheinung, die sich für die Aemter Uchte und Freudenberg daraus erklärt, daß dort für die besonders wichtigen meierrechtlichen Verhältnisse zufolge der Verordnung vom 15. Februar 1826 (Rudorff, das hannoversche Privatrecht S. 159) bis zum 1. Juli 1875 das Meierrecht der Grafschaft Hoya gegolten hat; indessen erscheint die Annahme gewohnheitsrechtlicher Abschaffung des Althessischen Rechtes nicht begründet. Das Recht der Althessischen Errungenschaftsgemeinschaft ist in hohem Maße dunkel und widerspruchsvoll, da es nicht auf sicheren gesetzlichen Bestimmungen, sondern in wesentlichen Punkten auf Gewohnheitsrecht und Gerichtsgebrauch beruht. Dazu kommt, daß die Althessische Errungenschaftsgemeinschaft das gesetzliche Güterrecht nicht für alle Ehen, sondern nur für die Ehen der Amtssässigen ist, während für die Ehen der Schriftsässigen das gesetzliche Güterrecht des Römischen Dotalrechts gilt. Nach dem früher Bemerkten erscheint es dringend erwünscht, die mit dieser Unterscheidung verknüpften Zweifel über das maßgebende Güterrecht, soweit thunlich, für die Zukunft dadurch abzuschneiden, daß für beide Arten von Ehen das gleiche Güterrecht eingeführt wird. Dieses Ziel ist erreichbar, weil nach der eigenthümlichen Entwickelung der Althessischen Errungenschaftsgemeinschaft auch für sie die Ueberleitung in das gesetzliche Güterrecht des Bürgerlichen Gesetzbuchs mit einer später zu erwähnenden Modifikation angemessen erscheint. Die gleiche Behandlung ist aber auch für die Errungenschaftsgemeinschaft des im Oberlandesgerichtsbezirke Cassel geltenden Solmser und Mainzer Rechtes, obwohl eine Verschiedenheit des Güterrechts nach Ständen hier nicht besteht, dadurch geboten, daß die Praxis auf sie dauernd die für die Althessische Errungenschaftsgemeinschaft geltenden Grundsätze angewendet hat.

Die Errungenschaftsgemeinschaft nach den genannten Rechten ist eine Gemeinschaft des Zugewinnstes. Die Gegenstände, die einer der Ehegatten oder beide während der Gemeinschaft auf eine die Errungenschaftseigenschaft begründende Art erwerben, bilden nicht eine von dem sonstigen Vermögen der Ehegatten rechtlich gesonderte, beiden gemeinschaftliche Vermögensmasse, sondern werden Eigenthum desjenigen Ehegatten, welcher nach den allgemeinen Grundsätzen das Eigenthum erwirbt, regelmäßig also desjenigen, welcher die Erwerbshandlung vornimmt; unter Umständen erwerben beide Ehegatten Miteigenthum. Die Errungenschaftseigenschaft ist während des Bestehens des Güterstandes nur für das Verfügungsrecht des Mannes und für die Schuldenhaftung von Bedeutung. Auch nach der Beendigung der Gemeinschaft werden die errungenschaftlichen Gegenstände nicht gemeinschaftlich; vielmehr wird lediglich durch Berechnung ermittelt, ob sich nach Ersatz des beiderseitigen Sonderguts und Berichtigung der der Gemeinschaft zur Last fallenden Schulden eine Errungenschaft ergiebt, und der Ehegatte, dem nach dem Werthe der ihm gehörigen errungenschaftlichen Gegenstände mehr als der ihm gebührende Antheil der Errungenschaft zugefallen ist, hat dem anderen Ehegatten Ausgleichung in Geld zu gewähren.

Nach dem bisherigen Rechte besteht somit das gesammte Vermögen der Ehegatten nur aus dem Vermögen des Mannes und dem Vermögen der Frau. In diesen Massen sind folgende rechtlich besonderen Bestandtheile zu unterscheiden:

I. die Errungenschaftsgegenstände, d. s. die Früchte des Vermögens der Ehegatten, die durch Bemühung eines oder beider Ehegatten während der Ehe errungenen Gegenstände und die gegen Entgelt von einem oder von beiden Ehegatten während der Ehe gemachten Erwerbungen;

II. das sonstige Vermögen, Sondergut (Propergut), der Ehegatten, und zwar:

1. Sondergut im engeren Sinne, nämlich
   a) die Illaten, d. h. das jedem der Ehegatten bei Eingehung der Ehe eigenthümlich zustehende Vermögen und mit gewissen Ausnahmen der spätere Erwerb auf Grund eines vor der Eingehung der Ehe entstandenen Titels; inwieweit dabei noch die Unterscheidung der Illaten mit Dotaleigenschaft praktisch von Bedeutung ist, erscheint zweifelhaft (Herz S. 91 f., v. Roth, System des deutschen Privatrechts Bd. 2 §. 116 III);
   b) die während der Ehe von einem oder von beiden Ehegatten gemachten lukrativen Erwerbungen;
   c) die Surrogate der Illaten und der lukrativen Erwerbungen;
2. Vorbehaltsgut (Rezeptiziengut), welches praktisch nur für die Frau in Betracht kommt, d. h. die den gesetzlichen Befugnissen des Mannes entzogenen Gegenstände des Frauenvermögens.

Der Mann hat die freie Verfügung über sein eigenes Sondergut und nach der in der Praxis herschenden Ansicht auch über die errungenschaftlichen Gegenstände ohne Rücksicht, ob sie nach der Erwerbshandlung Vermögen des Mannes oder der Frau sind, ausgenommen jedoch die unbeweglichen Errungenschaftsgegenstände der Frau (Herz S. 97 ff.). Außerdem hat der Mann am gesammten Vermögen der Frau, soweit es nicht Vorbehaltsgut ist, das Verwaltungs- und Nutzungsrecht. Die Frau ist durch letzteres in der Verfügung über ihr nicht vorbehaltenes Vermögen beschränkt. Sie kann unter denselben Voraussetzungen, unter welchen nach Dotalrecht die Dos zurückgefordert werden kann, also wenn der Mann in Konkurs geräth oder verarmt, Rückgabe ihrer Illaten und des diesen gleichstehenden Vermögens verlangen. Die Schulden der Ehegatten scheiden sich in Eheschulden, d. s. die von den Ehegatten gemeinsam oder von einem mit Zustimmung des anderen oder von einem zu gemeinsamen ehelichen Zwecken eingegangenen, und Sonderschulden, d. s. alle übrigen Schulden, insbesondere die vorehelichen. Für Eheschulden haftet persönlich nach Althessischem und Solmser Rechte in erster Linie nur der Mann; soweit sein Verfügungsrecht über die errungenschaftlichen Gegenstände der Frau reicht, können die Gläubiger auch aus diesen Befriedigung verlangen. Die Frau haftet nur für die mit ihrem Wissen und Willen eingegangenen Eheschulden subsidiär zur Hälfte; auch von dieser Haftung wird sie nach Althessischem Rechte frei, wenn sie, solange das Vermögen des Mannes noch zur Zahlung seiner Schulden hinreicht, in bestimmter Form auf ihren Antheil am ehelichen Erwerbe verzichtet. Nach Mainzer Rechte haftet für die Eheschulden jeder Ehegatte nach Verhältniß seines Antheils an der Errungenschaft persönlich. Für Sonderschulden haftet persönlich nur der Schuldner. Wegen Sonderschulden des Mannes können sich jedoch die Gläubiger in gleichem Umfange wie wegen der Eheschulden auch an die zum Vermögen der Frau gehörenden Errungenschaftsgegenstände halten. Wegen der Sonderschulden der Frau können die Gläubiger, soweit es sich um voreheliche oder während der Ehe nicht in Folge einer willkürlichen Verfügung entstandenen Schulden handelt, in Ermangelung genügenden Vorbehaltsguts der Frau von dem Manne Befriedigung aus dem in seiner Verwaltung befindlichen Sondergute der Frau verlangen; andere Sonderschulden der Frau sind während der Dauer des Güterstandes nicht gegen den Willen des Mannes in das seiner Verwaltung unterliegende Sondergut der Frau vollstreckbar. Im Verhältnisse der Ehegatten zu einander fallen die Sonderschulden jedes Ehegatten ihm, die Eheschulden der Errungenschaftsmasse zur Last. Zur Tragung eines Theiles der Einbuße ist die Frau nach Althessischem und Solmser Rechte dem Manne gegenüber nicht verpflichtet.

Die Errungenschaftsgemeinschaft endigt außer den Fällen der Auflösung der Ehe nur durch Ehevertrag. Wird der Mann unter Kuratel gestellt, so verliert er die Ausübung des ihm am Vermögen der Frau zustehenden Verfügungs- und Verwaltungsrechts; dieses Recht ruht ferner während des Konkursverfahrens über das Vermögen des Mannes. Mit der Beendigung des Güterstandes fallen die von jedem Gatten eingebrachten Gegenstände in das Rechtsverhältniß zurück, in welchem sie sich vor dem Beginne der Gemeinschaft befunden haben. Die Befugnisse des Mannes am Vermögen der Frau erlöschen, und das schon erwähnte Recht der Ehegatten oder ihrer Rechtsnachfolger auf Feststellung und Theilung des während der Ehe erzielten Gewinnes tritt in Wirksamkeit. Der Gewinn gebührt nach Althessischem und Solmser Rechte jedem Ehegatten zur Hälfte, nach Mainzer Rechte dem Manne zu zwei Dritteln, der Frau zu einem Drittel. Mangels gütlicher Auseinandersetzung kann der Ehegatte, der nach dem Werthe der ihm gehörigen Errungenschaftsgegenstände abzüglich der ihm obliegenden Eheschulden weniger als den ihm gebührenden Antheil am Gewinn erhalten hat, gegen den anderen Ehegatten auf Zahlung der zur Ausgleichung erforderlichen Geldsumme klagen. Für den Fall der Auflösung der Ehe durch Tod kennt das Althessische Recht keine besonderen Nachwirkungen des Güterstandes; sowohl der Nießbrauch des Vaters am mütterlichen Vermögen als auch die im Amte Bilstein und in der Stadt

Hersfeld bei unbeerbter Ehe geltenden statutarischen Erbrechte sind von dem Bestehen eines bestimmten Güterrechts während der Ehe unabhängig. Ebenso wenig wird der in den Aemtern Uchte und Freudenberg geltende Satz „Längst Leib, längst Gut" als erbrechtliche Wirkung des Güterstandes anzusehen sein. Dagegen gewährt das Solmser Recht dem überlebenden Ehegatten in allen Fällen als statutarische Portion die Hälfte der Fahrniß des verstorbenen und außerdem den lebenslänglichen Beisitz am übrigen Nachlasse, das Mainzer Recht bei beerbter Ehe den Beisitz am gesammten Nachlasse.

Wie diese Uebersicht zeigt, stehen die hier fraglichen Formen der Errungenschaftsgemeinschaft bezüglich des Rechtsverhältnisses während der Dauer des Güterstandes der Verwaltungsgemeinschaft des Bürgerlichen Gesetzbuchs näher als der Errungenschaftsgemeinschaft. Durch die Einführung der Verwaltungsgemeinschaft treten bezüglich des Vermögens des Mannes sowie bezüglich des Vorbehaltsguts der Frau und ihres Sonderguts im engeren Sinne keine irgendwie erheblichen Aenderungen ein. Dagegen würde die Ueberleitung in die Errungenschaftsgemeinschaft des neuen Rechtes, auch wenn man von einer Umwandlung der vorhandenen errungenschaftlichen Gegenstände im Gesammtgut absähe, die Folge haben, daß der Mann in der Verfügung über die von ihm künftig auf errungenschaftliche Art erworbenen Grundstücke beschränkt und daß die in gleicher Weise von der Frau erworbenen Grundstücke für die Schulden des Mannes haften würden. Nur für die Rechtsverhältnisse bezüglich der der Frau gehörigen errungenschaftlichen Gegenstände bringt die Einführung des gesetzlichen Güterrechts des Bürgerlichen Gesetzbuchs Aenderungen mit sich. Auch hier bleibt zwar, im Gegensatze zur reichsrechtlichen Errungenschaftsgemeinschaft, die Zugehörigkeit zum Vermögen der Frau unberührt. Das Verfügungsrecht des Mannes über die beweglichen Errungenschaftsgegenstände wird aber den Beschränkungen unterworfen, welche für das Verfügungsrecht des Mannes über das eingebrachte Gut der Frau bei dem gesetzlichen Güterrechte bestehen, und der künftige selbständige Arbeitserwerb der Frau wird Vorbehaltsgut (B.G.B. §. 1367); in Folge des Wegfalls des freien Verfügungsrechts des Mannes über die beweglichen Errungenschaftsgegenstände der Frau werden diese ferner künftig dem Zugriffe der Gläubiger des Mannes entzogen. Indessen unterliegt die letztere Aenderung in Bezug auf künftig entstehende Schulden des Mannes, auf die sie selbstverständlich zu beschränken ist (Art. 58 §. 3), keinem Bedenken. Hinsichtlich des Verfügungsrechts des Mannes aber führt die Ueberleitung keine weitergehende Beschränkung herbei wie bei den Verwaltungsgemeinschaften des bisherigen Rechtes; die Einschränkung erscheint hier in gleicher Weise zulässig und vom Standpunkt der heutigen Rechtsanschauungen gerechtfertigt. Der Entwurf spricht zur Vermeidung von Zweifeln besonders aus, daß das Vermögen, das die Ehefrau vor dem Inkrafttreten des Bürgerlichen Gesetzbuchs während der Ehe erworben hat, eingebrachtes Gut wird (Art. 53 §. 2). Daß die Illaten der Frau mangels eines wirksamen Vorbehalts eingebrachtes Gut werden und daß alles vorhandene Vermögen der Frau, in Ansehung dessen das Verwaltungs- und Nutzungsrecht des Mannes ausgeschlossen ist, Vorbehaltsgut wird, ergiebt sich daneben aus Artikel 58 §. 1.

Die wichtigste Abweichung der bisherigen Rechte von dem gesetzlichen Güterrechte des Bürgerlichen Gesetzbuchs besteht in dem Anspruche der Frau auf einen Theil des Ehegewinns. Die Frau erlangt zwar theils kraft Reichsgesetzes, theils in Folge der Ueberleitung in die Verwaltungsgemeinschaft schwerwiegende Vortheile gegenüber dem geltenden Rechte, insbesondere das gesetzliche Erbrecht, welches ihr wenigstens im Gebiete des Althessischen Rechtes ohne Weiteres zu Theil wird (Einf.=Ges. Art. 213), ferner im erweiterten Umfange die elterliche Nutznießung am Vermögen der minderjährigen Kinder, die freie Verfügung über ihren künftigen Arbeitserwerb u. s. w. Indessen erscheint es bedenklich, im Hinblick auf diese Vortheile der Frau den Anspruch auf einen Theil der Errungenschaft zu entziehen. Es geht auch ohne Eingriff in die rechtliche Stellung der Ehegatten nicht an, der Frau nur in Betreff desjenigen Ehegewinns, welcher sich nach dem Vermögensstande zur Zeit der Ueberleitung ergeben würde, ihr bisheriges Recht zu belassen. Vielmehr muß der Frau und ebenso dem Manne nach der Beendigung des Güterstandes der Anspruch auf Ausgleichung des Ehegewinns nach Maßgabe der bisherigen Gesetze vorbehalten bleiben (Art. 53 §. 3 Satz 1). Die Erreichung des bei der Ueberleitung des Althessischen Rechtes verfolgten besonderen Zieles wird hierdurch insofern nicht wesentlich beeinträchtigt, als die Verschiedenheit des Güterrechts nach Ständen trotz des Vorbehalts für die Dauer des Güterstandes ganz wegfällt. Der Entwurf schränkt den Vorbehalt außerdem thunlichst ein. Zunächst kann für den Fall der Aufhebung des Güterstandes durch Ehevertrag die Berücksichtigung des bisherigen Rechtes auf Theilung des Ehegewinns der Vereinbarung überlassen werden. Sodann empfiehlt es sich, den vorbehaltenen Ausgleichungsanspruch für nicht übertragbar zu erklären und dadurch der Pfändung zu entziehen (Art. 53 §. 3 Satz 2; C.P.O. §. 821). Endlich rechtfertigt sich die Bestimmung einer kurzen Verjährung, welche abweichend von der Vorschrift des §. 204 Satz 1 des Bürgerlichen Gesetzbuchs durch das Fortbestehen der Ehe nicht gehemmt werden soll (Art. 53 §. 3 Satz 3).

Bezüglich der erbrechtlichen Wirkungen des bisherigen Güterstandes nach Solmser und Mainzer Rechte ergiebt sich die Stellung des Entwurfes von seinem grundsätzlichen Standpunkt aus von selbst (Art. 53 §. 4).

Artikel 54.

Die Gemeinschaft des beweglichen Vermögens und der Errungenschaft findet sich als gesetzliches Güterrecht, abgesehen vom Geltungsbereiche des Rheinisch=Französischen Rechtes,

1. in einigen Bezirken des gemeinrechtlichen Theiles der Rheinprovinz nämlich:
   a) in der vormaligen Grafschaft Sayn=Altenkirchen nach dem im sogenannten Lamprechtschen Statute von 1743 aufgezeichneten Gewohnheitsrecht,
   b) im Geltungsgebiete der Kur=Cölnischen Rechtsordnung von 1663 (mit Erläuterungen von 1767),

c) im Geltungsgebiete des Kur-Trierschen Landrechts von 1668 und 1714 (1713),

2. im vormaligen Herzogthume Schleswig, mit Ausnahme der Bezirke mit besonderen Statutarrechten, sowie auf der Insel Helgoland nach dem Jütischen Low von 1240.

Der Entwurf will für die Ehen mit einem dieser Güterrechte unter gewissen Einschränkungen die Vorschriften des Bürgerlichen Gesetzbuchs über die Fahrnißgemeinschaft (§§. 1549 ff.) einführen (Art. 54 §. 1 Abs. 1). Für gewisse dem Jütischen Low eigenthümliche Fälle soll jedoch die Ueberleitung hinausgeschoben bleiben. Nach diesem Rechte ist, wenn ein Mann ohne eigenes Vermögen zu besitzen oder ein eigenes Geschäft zu betreiben, sich, während er im elterlichen Hause lebt, verheirathet, die Gütergemeinschaft so lange ausgeschlossen, als dieses Verhältniß fortdauert. Da es sich hier um seltene Fälle einer vorübergehenden Aussetzung der Gemeinschaft handelt, soll es bis zu dem Zeitpunkte, mit welchem nach jetzigem Rechte die Aussetzung endigt, bei den bisherigen Vorschriften bewenden (Art. 54 §. 1 Abs. 2).

Nach allen hier fraglichen Rechten besteht das Vermögen der Ehegatten begrifflich aus verschiedenen Massen, die dem Gesammtgute, dem eingebrachten Gute und dem Vorbehaltsgute des Bürgerlichen Gesetzbuchs entsprechen. Das Sayn-Altenkirchener Recht bestimmt auch den Umfang des Sonderguts im Wesentlichen übereinstimmend mit dem §. 1551 des Bürgerlichen Gesetzbuchs, sodaß dessen Einführung unbedenklich ist. Anders verhält es sich dagegen mit den übrigen Statuten. Im Kurcölnischen und Kurtrierschen Rechte ist der Umfang des unbeweglichen Vermögens erheblich weiter bemessen als im §. 1551 Abs. 2 des Bürgerlichen Gesetzbuchs. Das erstere Recht zählt dazu, außer Grundstücken und dinglichen Rechten an solchen, verbriefte verzinsliche Forderungen, ferner bei Handels- und Kaufleuten ausstehende Forderungen, die aus dem Handel herrühren, ebenso Waaren, die ein Kaufmann zum Verkaufe hat, bei Schiffsleuten und Fuhrleuten die zu ihrem Gewerbe dienenden Geräthschaften, endlich baares Geld, welches von verkauften Gütern oder von Forderungen, die zu den Immobilien zählen, herrührt, solange es noch unvermischt vorhanden ist (Kurcölnische Rechtsordnung Tit. 8 §§. 3, 5, 7, 8). Nach dem Kurtrierschen Rechte gehören zum unbeweglichen Vermögen, abgesehen von Grundstücken und Rechten an solchen, Gültverschreibungen, Handschriften, worin Unterpfände bestellt sind oder welche auf jährliche Renten und Zinsen lauten oder die Summe von wenigstens 100 fl. begreifen, Klagen und Forderungen, die aus Handel, Gewerbe, Kunst, Handwerk, Wirthschaft, Ackerbau und dergleichen herrühren, und ausstehende Immobiliarkaufgelder, ferner alle noch nicht fälligen Frucht- und Geldzinsen, sodann baares Geld, das von verkauften Gütern oder abgelegten Obligationen oder aus Krämerei und Wirthschaft oder aus Wechseln herrührt oder zur Anlage als Kapital oder zum Ankaufe von Grundstücken fest bestimmt ist, endlich bei Kaufleuten ihre Waaren, bei Handwerkern ihre Materialien, Geräthschaften und gefertigten Arbeiten u. s. w. (Kurtriersches Landrecht Tit. 7 §§. 2 ff.). Es liegt auf der Hand, daß der bisherige Güterstand in seinen Grundlagen verändert werden würde, wenn der künftige

Erwerb der Ehegatten nur in den viel engeren Grenzen, die das neue Recht bestimmt, als unbewegliches Vermögen gelten und deshalb von der Gemeinschaft ausgeschlossen sein sollte. Der Entwurf nimmt daher hier den §. 1551 Abs. 2 des Bürgerlichen Gesetzbuchs von der Einführung aus und erhält statt dessen bezüglich des Umfanges des eingebrachten Gutes die bisherigen Vorschriften aufrecht (Art. 54 §. 2).

Nach Jütischem Low erstreckt sich die Gemeinschaft auf alles bewegliche Vermögen, welches die Ehegatten bei Eingehung der Ehe besitzen, wobei auch Häuser zum beweglichen Vermögen gezählt werden, ferner auf das von beiden Ehegatten oder von einem während der Ehe in anderer Weise als durch Erbschaft (Erwerb von Todeswegen) erworbene Vermögen und bezüglich der beweglichen Güter selbst auf die durch Erbschaft angefallenen, wenn der andere Ehegatte auch etwas ererbt hat. Sondergut ist demnach das in die Ehe eingebrachte Land, das von einem der Gatten während der Ehe ererbte Land und das ererbte bewegliche Vermögen, wenn die vorerwähnte Voraussetzung nicht zutrifft. Das für Erbland eingetauschte oder für den Erlös aus verkauftem Erbland erworbene Land tritt an die Stelle des Erblandes, während das Kaufgeld, das nicht wieder zum Ankaufe von Land verwendet wird, in die Gemeinschaft fällt. Auch hier muß es bezüglich der Abgrenzung des Sonderguts vom Gesammtgute bei den bisherigen Vorschriften bleiben, und zwar sind zu diesem Zwecke die §§. 1551, 1554 des Bürgerlichen Gesetzbuchs von der Anwendung auf die bestehenden Ehen auszuschließen (Art. 54 §. 2).

Das Verwaltungsrecht des Mannes in Ansehung des Gesammtguts und des eingebrachten Gutes der Frau unterliegt nach dem Sayn-Altenkirchener und dem Kurcölnischen Rechte im Wesentlichen den gleichen Beschränkungen wie nach dem Bürgerlichen Gesetzbuche; nach dem letztgenannten Rechte kann der Mann auch die zu seinem eigenen Sondergute gehörigen Immobilien nicht ohne Einwilligung der Frau veräußern. Das Kurtriersche Recht gestattet dem Manne, auch die errungenschaftlichen liegenden Güter zu veräußern, jedoch nur aus Noth sowie Nutzens und Vortheils halber, nicht aber zu geflissentlicher Uebervortheilung der Frau; indessen verlangt die Praxis seit Einführung der Grundbuchordnung zur Veräußerung und Belastung von Grundstücken Mitwirkung beider Ehegatten. Nach Jütischem Low hat der Mann die Verwaltung des beiderseitigen Vermögens mit unbeschränkter Veräußerungsbefugniß auch bezüglich der zum Sondergute der Frau gehörenden Immobilien, ist jedoch in Ansehung des Sonderguts regelmäßig nach der Auflösung der Ehe ersatzpflichtig. Wenn also gegenüber diesem Rechte durch die Ueberleitung eine Beschränkung des Verfügungsrechts des Mannes herbeigeführt wird, so erscheint solche aus den früher angeführten Gründen unbedenklich.

Die Schuldenhaftung ist bisher sehr verschieden geregelt. Das Kurtriersche Landrecht läßt seinem Wortlaute nach für die vorehelichen Schulden nur das Illat des Schuldners haften; die Haftung des gemeinschaftlichen Vermögens ist streitig. Nach dem Sayn-Altenkirchener Rechte haftet das Gesammtgut für die vorehelichen Mobiliarschulden und wohl auch für die Zinsen und Lasten der eingebrachten Immobiliarschulden. Die Praxis des Kurcölnischen Rechtes nimmt Haftung des Gesammtguts für alle vorehelichen Schulden und auch für die ererbten, d. h. diejenigen Schulden an, welche auf einer während der Ehe anfallenden Erbschaft lasten; daneben haftet jeder Ehegatte für derartige Schulden des anderen Ehegatten persönlich, und zwar solidarisch. Für alle während der Ehe gemachten Schulden des Mannes, einschließlich der Deliktsschulden, und für die von der Frau innerhalb ihrer Schlüsselgewalt oder mit Zustimmung des Mannes eingegangenen Schulden haftet nach dem Sayn-Altenkirchener Rechte das Gesammtgut und der Schuldner persönlich. Nach Kurtrierschem Rechte haftet für die Eheschulden, d. h. die gemeinschaftlich oder zwar einseitig, aber „zum scheinbaren Nutzen und Behuf" beider Eheleute eingegangenen Schulden außer dem Gesammtgute jeder Ehegatte subsidiär zur Hälfte, der Mann überdies für die von ihm allein gemachten Schulden bei Insolvenz der Frau aufs Ganze; treiben die Ehegatten „gesammte Parthirung" d. h. offenen Kram, Handel oder Wirthschaft, so haftet subsidiär nach der Errungenschaft jeder Ehegatte für die von dem anderen allein kontrahirten Schulden zur Hälfte, der allein kontrahirende Ehegatte aber auf das Ganze mit seinem Illat. Bei sonstigen Schulden haftet nur der Kontrahent mit seinem Illat. Nach der Praxis des Kurcölnischen Rechtes sind für die Eheschulden, d. h. die gemeinschaftlichen Schulden sowie alle übrigen Schulden des Mannes und die von der Frau innerhalb ihres häuslichen Wirkungskreises oder im Auftrage des Mannes eingegangenen Schulden, neben dem Gesammtgute beide Ehegatten solidarisch persönlich verhaftet. Für das Jütische Low endlich kann als feststehend gelten, daß zu der persönlichen Haftung jedes Ehegatten für seine Verbindlichkeiten die Haftung des Gesammtguts hinzutritt, ohne Unterschied, ob die Schulden vor oder während der Ehe entstanden und ob sie durch Delikt oder andere Umstände begründet sind. Auch hier muß es für die vor der Ueberleitung entstandenen Schulden der Ehegatten bei den jetzigen Haftungsgrundsätzen verbleiben; dagen steht der Anwendung der neuen Vorschrift auf künftige Schulden der Ehegatten ein Bedenken ebensowenig entgegen wie bei der allgemeinen Gütergemeinschaft und der Errungenschaftsgemeinschaft, da die für diese Güterstände gegebenen Bestimmungen auch für die Fahrnißgemeinschaft gelten.

Nicht minder greifen bezüglich der bisher unbekannten Aufhebung der Gemeinschaft auf Klage der Frau oder des Mannes (§. 1549 verb. mit §§. 1468, 1469) sowie in Betreff der neuen Vorschriften über das Rechtsverhältniß nach der Beendigung und über die Auseinandersetzung hier die gleichen Erwägungen durch wie gegenüber den bisherigen Formen der allgemeinen Gütergemeinschaft.

Im Falle der Beendigung der Gemeinschaft durch den Tod eines der Ehegatten gewähren die drei Rheinischen Statuten dem überlebenden Ehegatten bei unbeerbter und beerbter Ehe die Leibzucht; jedoch tritt nach dem Sayn-Altenkirchener Rechte bei beerbter Ehe zunächst fortgesetzte Gütergemeinschaft und erst mit der Wiederverheirathung des Ueberlebenden eine beschränkte Leibzucht ein. Daneben erhält der Ueberlebende nach dem letztgenannten Statute bei unbeerbter Ehe, nach Kurcölnischem Rechte in allen

Fällen die ganze Fahrniß des Verstorbenen, nach Kurtrierschem Rechte bei unbeerbter Ehe je nach der Verwandtschaftsnähe der Erben drei Viertel der Fahrhabe oder diese ganz, bei beerbter Ehe Kindestheil; nach dem Kurcölnischen Rechte fällt dagegen bei beerbter Ehe auch die dem Ueberlebenden gehörige Hälfte der Immobiliarerrungenschaft den Kindern eigenthümlich zu. Nach Jütischem Low nimmt der Ueberlebende außer seinem Alleingute bei unbeerbter Ehe die Hälfte des Gemeinguts, bei beerbter Ehe der Wittwer das Kaufland sowie besten Kindestheil von dem Gesammtgut und dem Alleingut der Frau, die Wittwe besten Kindestheil vom Gesammtgut. Außerdem kann im letzteren Falle der Ueberlebende die Gütergemeinschaft fortsetzen.

Alle diese erbrechtlichen Wirkungen der bisherigen Güterstände läßt der Entwurf wiederum mit der Maßgabe unberührt, daß bei der gesetzlichen Erbfolge der überlebende Ehegatte statt der ihm bisher gebührenden Vortheile das Erbrecht nach dem Bürgerlichen Gesetzbuche wählen kann (Art. 54 §. 3).

Artikel 55.

Der Artikel umfaßt die besonderen Ueberleitungsvorschriften für die Güterstände des Rheinischen Bürgerlichen Gesetzbuchs. Im Anschluß an die gesetzliche Gütergemeinschaft (§§. 2, 5, 6) werden hier zugleich die gesetzlich geordneten vertragsmäßigen Güterstände (§§. 3 bis 9) behandelt.

1. Die gesetzliche Gütergemeinschaft des Rheinischen Rechtes hat den Vorschriften des Bürgerlichen Gesetzbuchs über den vertragsmäßigen Güterstand der Fahrnißgemeinschaft im Wesentlichen zum Vorbilde gedient, da die letztere hauptsächlich dazu bestimmt ist, die Mobiliargemeinschaft des Französischen Rechtes zu ersetzen (Motive Bd. 4 S. 541 f; Denkschrift zum Entw. e. B.G.B., Drucks. des Reichstags 1895/97 Nr. 87 S. 202). Die wichtigeren Unterschiede zwischen beiden Rechten beruhen einerseits darauf, daß eine Beschränkung der Ehefrau in der Geschäftsfähigkeit, wie sie gegenwärtig unabhängig von dem in der Ehe geltenden Güterrecht eintritt, dem Bürgerlichen Gesetzbuche fremd ist; andererseits darauf, daß das Bürgerliche Gesetzbuch die Fahrnißgemeinschaft als eine durch das Vorhandensein von eingebrachtem Gute der Ehegatten modifizirte allgemeine Gütergemeinschaft behandelt und demgemäß die für die letztere und die für das eingebrachte Gut bei der Errungenschaftsgemeinschaft geltenden Vorschriften anwendet (§. 1549, §. 1550 Abs. 2). Auch hier zielen somit die Abweichungen des neuen Rechtes wesentlich darauf ab, die Stellung der Frau freier und gesicherter zu gestalten. Sie stehen einer Ueberleitung des bisherigen Güterstandes in die Fahrnißgemeinschaft des Bürgerlichen Gesetzbuchs nicht entgegen (Art. 55 §. 1).

Die Bestandtheile des eingebrachten Gutes bestimmt das Bürgerliche Gesetzbuch nahezu vollständig im Einklange mit dem bisherigen Rechte. Daß alles unbewegliche Vermögen, welches ein Ehegatte während der Gemeinschaft mit Rücksicht auf ein künftiges Erbrecht erwirbt, eingebrachtes Gut wird, enthält nur eine Erweiterung der Vorschrift des Artikel 1406 des Rheinischen Gesetzbuchs. Strenger als das jetzige Recht (Art. 1407, 1408, 1433 bis 1435; Entsch. des Reichsgerichts Bd. 10 S. 79) führt das Bürgerliche Gesetzbuch den Grundsatz der Surrogation in Betreff des eingebrachten

Gutes durch (§. 1554, §. 1550 Abs. 2 verb. mit §. 1525 Abs. 2, §§. 1381, 1382); insbesondere fällt der Erlös verkaufter Liegenschaften nicht, wie bisher, vorbehaltlich des Ersatzanspruchs bei der Auseinandersetzung, in die Gemeinschaft, sondern wird eingebrachtes Gut, ohne daß es hierzu einer an bestimmte Erklärungen der Ehegatten gebundenen Wiederanlegung bedarf. Zum Theil werden durch die reichsrechtlichen Vorschriften nur Streitfragen des jetzigen Rechtes entschieden, so in Betreff der Behandlung eines in einer Sondergutsliegenschaft gefundenen Schatzes, eines Gewinnes, der auf ein zum Sondergute gehörendes Loos fällt, sowie bezüglich der Streitfrage, ob bei dem Vorhandensein mehrerer Erben der Bestand der ungetheilten Erbschaft oder das Ergebniß der Theilung dafür maßgebend ist, was als Mobilien in die Gemeinschaft und was als Sondergut an den einzelnen Ehegatten fällt (Motive Bd. 4 S. 599). Wenn nach dem neuen Rechte die Umwandlung des vorhandenen Sonderguts in bloße Ersatzansprüche mehr als bisher vermieden wird, so ist dies nur zu begrüßen.

Der Begriff des Vorbehaltsguts, wie das Bürgerliche Gesetzbuch solches auf Seiten der Frau zuläßt (§. 1555) ist dem bisherigen Rechte nicht bekannt. Zwar können schon jetzt durch Ehevertrag oder Bestimmung des Zuwendenden einzelne Gegenstände des Mobiliarvermögens von der Gemeinschaft ausgeschlossen und, ebenso wie einzelne Bestandtheile des Sonderguts, der Verwaltung des Mannes entzogen werden; jedoch bleibt der Unterschied bestehen, daß die Frau zur Veräußerung von Immobilien und zur Uebernahme von Verbindlichkeiten der eheherrlichen oder der gerichtlichen Ermächtigung bedarf (Art. 1449, 1538).

In Betreff der Verwaltung des Gesammtguts schränkt das Bürgerliche Gesetzbuch das Verfügungsrecht des Mannes ein und erweitert die Befugnisse der Frau. Während der Mann jetzt nur in Bezug auf unentgeltliche Verfügungen beschränkt und die Frau nur bei Abwesenheit oder sonstiger Verhinderung des Mannes mit gerichtlicher Ermächtigung an dessen Stelle zur Verwaltung befugt ist (Rhein. B.G.B. Art. 1422, 1427, vergl. aber auch Art. 124), kommen nach dem Bürgerlichen Gesetzbuche die für die allgemeine Gütergemeinschaft gegebenen Vorschriften zur Anwendung (§§. 1549, 1444 bis 1456). Bezüglich der Beschränkungen des Mannes gilt hier das Gleiche wie gegenüber den bisherigen Formen der allgemeinen Gütergemeinschaft; insbesondere verdient der vorbeugende Schutz der Frau durch das Erforderniß ihrer Zustimmung zu gewissen Verfügungen den Vorzug vor dem ihr bisher allein gewährten Mittel der Gütertrennungsklage. Die Befugniß der Frau aber zur Vornahme wirksamer Verwaltungshandlungen ist theils auf den Fall beschränkt, daß Gefahr im Verzuge besteht, theils an eine vormundschaftsgerichtliche Entscheidung gebunden (§§. 1450, 1451). Wenn der Frau ferner, abweichend vom jetzigen Rechte (Art. 217, 218, 776, 934), die selbständige Befugniß zur Annahme oder Ausschlagung einer ihr angefallenen Erbschaft oder eines ihr angefallenen Vermächtnisses sowie zum Verzicht auf den Pflichttheil und zur Ablehnung eines Vertragsantrags oder einer Schenkung beigelegt ist (§. 1453), so wird für den Fall der Annahme einer Erbschaft der Mann durch die Bestimmungen über die Inventarfrist

(§. 2008) vor Nachtheilen gesichert, während in den übrigen Fällen eine beachtliche Gefährdung des Mannes nicht in Frage kommt. Für den Fall jedoch, daß vor dem Inkrafttreten des Bürgerlichen Gesetzbuchs der Frau eine Erbschaft oder ein Vermächtniß angefallen ist, erhält der Entwurf, um gegenüber dem Grundsatze des Artikel 213 des Einführungsgesetzes jede Beeinträchtigung des Mannes auszuschließen, bezüglich der Befugniß der Frau zur Annahme und Ausschlagung die bisherigen Vorschriften aufrecht (Art. 55 §. 7). Die Bestimmung des §. 1452 des Bürgerlichen Gesetzbuchs dehnt lediglich die Vorschriften, die für den selbständigen Betrieb eines Handels- oder sonstigen Gewerbes durch die Frau schon jetzt gelten (Rhein. B.G.B. Art. 220, 1426; Einf.-Ges. z. H.G.B. Art. 39; Gewerbeordnung §. 11), auf andere Erwerbsgeschäfte aus.

Ueber das Sondergut des Mannes hat dieser nach dem alten wie nach dem neuen Rechte freie Verfügung. Ebenso steht ihm nach beiden Rechten die Verwaltung des Sonderguts der Frau für Rechnung des Gesammtguts zu (Rhein. B.G.B. Art. 1428, B.G.B. §. 1550 Abs. 2 verb. mit §. 1525 Abs. 2, §§. 1373 ff.). Seine Befugnisse werden hier durch das Bürgerliche Gesetzbuch theilweise erweitert. Er erlangt nach Maßgabe der §§. 1376 bis 1379 ein Verfügungsrecht über das eingebrachte Gut sowie die unbeschränkte Befugniß zur gerichtlichen Geltendmachung der zum eingebrachten Gute gehörenden Rechte (§. 1380) und kann Mieth- und Pachtverträge über Sondergutsliegenschaften ohne die bisherige zeitliche Beschränkung abschließen (vergl. Rhein. B.G.B. Art. 1429, 1430). Auf der anderen Seite erhält die Frau gegenüber der Verwaltung des Mannes dadurch erhöhten Schutz, daß der Mann das nicht zur Bestreitung von Ausgaben bereit zu haltende Geld wie Mündelgeld anlegen muß, daß ferner die Frau ein Sondergutsrecht, über das der Mann ohne die erforderliche Zustimmung der Frau verfügt hat, selbständig gerichtlich geltend machen, sowie bei Gefährdung ihrer Rechte durch den Mann Sicherheitsleistung und unter Umständen schon vor der Beendigung der Gemeinschaft Ersatz verlangen kann (§. 1377 Abs. 2, 3, §§. 1391 bis 1394, §. 1407 Nr. 3). Die Befugnisse der Frau bezüglich ihres Sonderguts werden theils eingeschränkt, insofern sie nur in geringerem Umfange die richterliche Ersetzung der vom Manne verweigerten Zustimmung zu einer Verfügung nachsuchen kann (§. 1451 vergl. mit Art. 219 Rhein. B.G.B.), theils ausgedehnt, indem in den Fällen der Krankheit oder der Abwesenheit des Mannes das Erforderniß gerichtlicher Ermächtigung fortfällt (§. 1401). Für den selbständigen Betrieb eines Erwerbsgeschäfts und für die Annahme der Ausschlagung von Erbschaften u. s. w. gelten in Ansehung des eingebrachten Gutes der Frau die gleichen Vorschriften wie in Betreff des Gesammtguts (§§. 1405, 1406). Soweit hiernach in Folge der Ueberleitung eine Verschiebung der Befugnisse der Ehegatten eintritt, kann aus ihr ein Bedenken nicht entnommen werden. Die Schutzmittel, die das Reichsrecht der Frau gewährt, machen auch die Aufrechterhaltung der bisherigen gesetzlichen Hypothek oder des im Gebiete des Grundbuchrechts an die Stelle getretenen gesetzlichen Anspruchs auf Bewilligung einer Hypothek entbehrlich. Die Rechtslage ist hier die gleiche wie bei dem Hypothekentitel der Frau nach dem Allgemeinen Landrechte. Die gesetzliche Hypothek soll demnach, wenn sie vor der Ueberleitung durch Einschreibung in das Register des Hypothekenbewahrers oder durch Eintragung in das Grundbuch wirksam geworden ist, nur für die vor dem Inkrafttreten des Bürgerlichen Gesetzbuchs entstandenen Forderungen der Frau bestehen bleiben, anderenfalls ganz erlöschen (Art. 55 §. 9).

Bezüglich der Haftung des Gesammtguts den Gläubigern gegenüber besteht im Ergebnisse darin Uebereinstimmung, daß sich die Haftung auf alle Verbindlichkeiten des Mannes erstreckt, wenn auch nach dem bisherigen Rechte die Immobiliarschulden des Mannes nicht Gemeinschaftsschulden im eigentlichen Sinne sind (Rhein. B.G.B. Art. 1419), sondern nur, solange die Gemeinschaft besteht, aus dem Gemeingute beigetrieben werden können. Das Gesammtgut haftet ferner nach beiden Rechten den Gläubigern gegenüber für die vorehelichen Schulden der Frau mit Ausnahme der Immobiliarschulden sowie für die mit Zustimmung des Mannes eingegangenen Verbindlichkeiten der Frau; für die Gemeinschaftsschulden der Frau haftet der Mann auch persönlich (Rhein. B.G.B. Art 1419, 1426). Verschiedenheiten bestehen namentlich insoweit, als für die Verbindlichkeiten der Frau aus unerlaubten Handlungen sowie für die von ihr gegen den Willen des Mannes mit gerichtlicher Ermächtigung eingegangenen Verbindlichkeiten nicht das Gemeingut, sondern nur das nackte Eigenthum des Sonderguts der Frau, also das letztere nur unbeschadet der der Gemeinschaft gebührenden Nutzungen, haftet (Art. 1413, 1424, 1426). Bezüglich der Haftung der Ehegatten für die Gesammtgutsverbindlichkeiten im Verhältnisse zu einander ergeben sich gleichfalls nur geringfügige Abweichungen (Mot. Bd. 4 S. 546 ff.). Auch die besonderen Vorschriften des §. 1465 Abs. 2 und des §. 1556 des Bürgerlichen Gesetzbuchs entsprechen im Wesentlichen dem Rheinischen Rechte (Art. 1414, 1438, 1469). Die Haftung des Sonderguts der Frau ist im Allgemeinen nach gleichen Grundsätzen geordnet; die schon erwähnte Beschränkung der Haftung auf das nackte Eigenthum des Sonderguts ist jedoch dem neuen Rechte fremd. Daß mangels der erforderlichen Einwilligung des Mannes die Frau bisher auch nicht persönlich verpflichtet wird, ist eine Folge der an die Ehe geknüpften Beschränkung der Geschäftsfähigkeit. Der Entwurf beläßt es wiederum für die vor der Ueberleitung eingegangenen Verbindlichkeiten der Ehegatten ganz bei den bisherigen Grundsätzen (Art. 58 §. 3), erachtet dagegen bezüglich der künftigen Schulden die vorbehaltlose Einführung des neuen Rechtes für unbedenklich.

Anlangend die Beendigung der Gütergemeinschaft, so wird abweichend vom geltenden Rechte die Aufhebung durch Vertrag schon nach Artikel 200 Abs. 2 des Einführungsgesetzes zum Bürgerlichen Gesetzbuche für die bestehenden Ehen zulässig. Eine Klage auf Aufhebung der Gemeinschaft steht der Frau auch nach dem bisherigen Rechte zu. Jedoch sind die Voraussetzungen der Gütertrennungsklage im Artikel 1443 des Rheinischen Bürgerlichen Gesetzbuchs theilweise weiter bestimmt als die der Aufhebungsklage nach §. 1468 des Bürgerlichen Gesetzbuchs; insbesondere ist jene Klage auch im Falle der Eröffnung des Konkurses über das Vermögen des Mannes gegeben (vergl. auch Entsch. des Reichsgerichts Bd. 12 S. 318). Um hier eine Beeinträchtigung des nach dem bisherigen Rechte bereits begründeten Klagerechts der Frau zu vermeiden, gestattet ihr der Entwurf, noch innerhalb eines Jahres nach dem Inkrafttreten des Bürgerlichen Gesetzbuchs auf Grund vorher eingetretener Thatsachen, welche nach dem bisherigen Rechte die Gütertrennungsklage rechtfertigen, auf Aufhebung der Gütergemeinschaft zu klagen. Der Vorbehalt erweitert lediglich die Voraussetzungen der Aufhebungsklage. Im Uebrigen gelten für diese ausschließlich die Vorschriften des neuen Rechtes; insbesondere bestimmt sich das Verfahren nicht nach den für Gütertrennungsklagen jetzt maßgebenden besonderen Bestimmungen (§. 11 des Ausf.-Ges. z. C.P.O.), sondern nach den allgemeinen Vorschriften der Civilproceßordnung. Daß eine zur Zeit des Inkrafttretens des Bürgerlichen Gesetzbuchs anhängige Gütertrennungsklage nach den bisherigen Vorschriften zu erledigen ist und daß nach letzteren sich auch die Wirkung des Urtheils bestimmt, ergiebt sich aus Artikel 58 §. 6 Abs. 1 des Entwurfes. Soweit die Aufhebungsklage nach dem Bürgerlichen Gesetzbuche dem geltenden Rechte gegenüber neu ist, erscheint ihre Zulassung hier nicht minder gerechtfertigt wie gegenüber anderen bisherigen Formen der Gütergemeinschaft.

Nach der Beendigung der Gütergemeinschaft besteht dem geltenden Rechte zufolge bis zur Theilung in Ansehung des Gemeinguts unter den Ehegatten eine Gemeinschaft nach Bruchtheilen. Jeder Ehegatte haftet für die Gemeinschaftsschulden grundsätzlich zur Hälfte. Die Frau aber hat das Recht, der Gemeinschaft mit der Wirkung zu entsagen, daß sie einerseits die Ansprüche, die ihr als Miteigenthümerin des Gemeinguts zustehen, abgesehen von der Rücknahme der zu ihrem Gebrauche bestimmten Leinwand und Kleidung verliert, andererseits aber auch von der Haftung für die Gemeinschaftsschulden dem Manne gegenüber unbedingt, den Gläubigern gegenüber insoweit befreit wird, als sie dafür nicht aus einem besonderen Grunde persönlich haftet; sie kann ferner, wenn sie die Gemeinschaft annimmt, durch Aufnahme eines Inventars ihre Haftung dem Manne wie den Gläubigern gegenüber auf den Betrag des ihr aus der Gemeinschaft zufallenden Vortheils beschränken (Rhein. B.G.B. Art. 1453, 1482ff., 1492ff.). Nach dem Bürgerlichen Gesetzbuche dauert dagegen das Gemeinschaftsverhältniß zur gesammten Hand mit den in den §§. 1472, 1473 bestimmten Maßgaben bis zur Auseinandersetzung fort. Die Frau kann nicht auf die Gemeinschaft verzichten. Sie kann aber bei der Auseinandersetzung verlangen, daß die Gesammtgutsverbindlichkeiten, welche im Verhältnisse der Ehegatten zu einander nicht ihr zur Last fallen, vor der Theilung des Gesammtguts aus diesem berichtigt werden, und haftet nach der Theilung für die Gesammtgutsverbindlichkeiten des Mannes nur mit den ihr zugetheilten Gegenständen; auch hat, soweit die Gesammtgutsverbindlichkeiten nicht ihr zur Last fallen, der Mann dafür einzustehen, daß sie von den Gläubigern nicht in Anspruch genommen wird (§§. 1475, 1480, 1481). Das Bürgerliche Gesetzbuch bietet also der Frau vollen Ersatz für das beseitigte Verzichts- und Inventarrecht. Auch im Uebrigen weichen die Vorschriften des neuen Rechtes von dem bisher geltenden im Ergebnisse nicht derart ab, daß gegen ihre Einführung Bedenken beständen. Dies gilt insbesondere von den dem jetzigen Rechte fremden Bestimmungen des §. 1477 Abs. 2 und des §. 1478, von welchen die letztere übrigens keine Anwendung finden soll, wenn die Scheidungsklage schon vor dem Inkrafttreten des Bürgerlichen Gesetzbuchs erhoben war (Art. 58 §. 6 Abs. 2). Nicht minder können nach Beendigung der Gemeinschaft auf das eingebrachte Gut der Frau die Vorschriften der §§. 1421 bis 1424 zur Anwendung kommen (§. 1550, Abs. 2, §. 1546 Abs. 3). Dabei versteht es sich von selbst, daß die Einführung des §. 1423 der Frau nicht das Recht giebt, einen Mieth- oder Pachtvertrag, den der Mann über ein Grundstück der Frau unter der Herrschaft des jetzigen Rechtes wirksam abgeschlossen hat, nach Maßgabe des §. 1056 des Bürgerlichen Gesetzbuchs vorzeitig zu kündigen.

Im Falle der Auflösung der Gemeinschaft durch den Tod eines Ehegatten kennt weder das Rheinische noch das neue Recht erbrechtliche Nachwirkungen des Güterstandes. An die Stelle des jetzigen sehr beschränkten Erbrechts des überlebenden Ehegatten (Rhein. B.G.B. Art. 767) tritt daher ohne Weiteres das gesetzliche Erbrecht nach dem Bürgerlichen Gesetzbuch (Art. 213 des Einf.-Ges.). Daneben aber für den Fall der beerbten Ehe die vertragsmäßige Einführung der fortgesetzten Gütergemeinschaft zuzulassen (B.G.B. §. 1557), unterliegt keinem Bedenken.

Die Vorschriften über die gesetzliche Gütergemeinschaft des Rheinischen Rechtes gelten, wie in Ermangelung eines Vertrags, auch dann, wenn die Ehegatten lediglich vereinbaren, sich nach dem Rechte der Gütergemeinschaft zu heirathen (Art. 1393, 1400). Dementsprechend ist der letztere Fall auch in Betreff der Ueberleitung dem ersteren gleich zu behandeln (Entw. Art. 57 Abs. 1). Das bisherige Recht gestattet andererseits den Ehegatten, die gesetzliche Gütergemeinschaft durch jede nicht allgemeinen Grundsätzen zuwiderlaufende Vereinbarung zu modifiziren, und ordnet die wichtigsten derartigen Modifikationen durch dispositive Bestimmungen (Art. 1497 ff., 1527 ff.). Soweit in den bestehenden Ehen vor dem Inkrafttreten des Bürgerlichen Gesetzbuchs solche besonderen, das gesetzliche Güterrecht abändernden Vereinbarungen getroffen worden sind, sollen sie von der Ueberleitung nicht berührt werden (Entw. Art. 58 §. 5 Abs. 1). Dabei ergiebt sich von selbst, daß, wenn bezüglich gewisser Gegenstände des Mobiliarvermögens der Ausschluß von der Gemeinschaft (clause de réalisation) oder in Betreff gewisser Immobilien die sogenannte Klausel der Mobilisirung vereinbart ist (Rhein. B.G.B. Art. 1500 ff., 1505 ff.), die immobilisirten Gegenstände künftig als eingebrachtes Gut, die mobilisirten Liegenschaften als Gesammtgut zu behandeln sind. Auch die übrigen besonders geregelten Klauseln, wie die der Schuldenabsonderung (Art. 1510 ff.), der vertragsmäßigen Vorwegnahme (Art. 1515 ff.), der ungleichen Theilung (Art. 1530 ff.), machen Ueberleitungsvorschriften nicht nothwendig. Eine Ausnahme bildet nur die Klausel der schuldenfreien Rücknahme des Einbringens der Frau (Art. 1514). Diese Vereinbarung ändert für die Dauer des Bestehens der Gemeinschaft Nichts an den Grundsätzen des gesetzlichen Güterrechts; sie giebt aber nach der Beendigung der Gemeinschaft der Frau (oder deren Erben) im Falle des Verzichts auf die Gemeinschaft das Recht, abweichend von der gesetzlichen Regel

(Art. 1492) auch ihr Einbringen oder dessen Werth, abzüglich dessen, was aus der Gemeinschaft zur Bezahlung der eingebrachten Schulden verwendet worden ist, zurückzufordern (vergl. Entsch. des Reichsgerichts Bd. 31 S. 255). Es besteht somit zwar kein Grund, die Ehen, für welche diese Klausel vereinbart ist, von der Anwendung des neuen Rechtes auszuschließen. Nach der Beendigung der Gemeinschaft muß aber die vereinbarte Klausel ihre Wirksamkeit behalten. Da letztere von dem Verzicht auf die Gemeinschaft abhängt, muß der Frau die Möglichkeit bleiben, diese Bedingung für die Geltendmachung ihres Rechtes zu erfüllen. Der Fortbestand des Verzichtsrechts ergiebt sich schon daraus, daß dasselbe in den fraglichen Fällen als ein Bestandtheil der besonderen Vereinbarung anzusehen ist (Art. 58 §. 6 Abs. 1). Dagegen erscheint es erforderlich, bezüglich der Ausübung des Verzichts, der dabei zu beobachtenden Formen und Fristen, die bisherigen Gesetze ausdrücklich aufrecht zu erhalten (Art. 55 §. 5; vergl. insbes. §. 69 Abs. 2 des Ausf.-Ges. z. G.V.G. in der Fassung des Gesetzes vom 16. Mai 1887, Gesetz-Samml. S. 135, Art. I).

2. Das Rheinische Bürgerliche Gesetzbuch ordnet, ähnlich wie das Bürgerliche Gesetzbuch, neben dem gesetzlichen Güterstande die übrigen güterrechtlichen Hauptformen als vertragsmäßige Güterstände, und zwar theils als Modifikationen der gesetzlichen Gütergemeinschaft, so die Errungenschaftsgemeinschaft (Art. 1498, 1499) und die allgemeine Gütergemeinschaft (Art. 1526), theils als Formen der Ausschließung der Gemeinschaft, nämlich die Verwaltungsgemeinschaft (Art. 1530 bis 1535) und die Gütertrennung (Art. 1536 bis 1539), endlich als besonderen Güterstand das Dotalrecht (Art. 1540 bis 1581). Wenn der Entwurf, abgesehen von dem letztgenannten Güterrecht, auch diese vertragsmäßigen Güterstände in die entsprechenden Güterstände des Bürgerlichen Gesetzbuchs überleiten will, so rechtfertigt sich dies, vorbehaltlich der Berücksichtigung beachtlicher Verschiedenheiten, grundsätzlich dadurch, daß auch hier die Einzelheiten der rechtlichen Gestaltung des Güterstandes nicht auf Vertrag, sondern auf Gesetz beruhen. Die von dem letzteren abweichenden besonderen Vereinbarungen bleiben wiederum unberührt.

3. In Betreff der Errungenschaftsgemeinschaft stimmt das Rheinische Recht (Art. 1498) mit dem Bürgerlichen Gesetzbuch in der Abgrenzung des Sonderguts gegenüber dem Gemeingut im Wesentlichen überein. Bezüglich der weiteren Durchführung des Grundsatzes der Surrogation gilt hier das oben Bemerkte. Ueberhaupt treten, da die Rheinische Errungenschaftsgemeinschaft mit wenigen Abweichungen den Grundsätzen der gesetzlichen Gütergemeinschaft folgt und für die Errungenschaftsgemeinschaft des Bürgerlichen Gesetzbuchs in weitem Umfange die gleichen Vorschriften wie für die Fahrnißgemeinschaft gelten, auch hier die bei der gesetzlichen Gütergemeinschaft dargelegten Verschiedenheiten hervor, so in Betreff des Fehlens eines Vorbehaltsguts im Sinne des neuen Rechtes, hinsichtlich der Verwaltungs- und Verfügungsrechte des Mannes und der Frau, zum Theil in Betreff der Schuldenhaftung, ferner bezüglich der Klage auf Aufhebung der Gemeinschaft und des Rechtsverhältnisses nach der Beendigung. Hinzu kommen einige weitere Unterschiede. Nach dem §. 1527 des Bürgerlichen

Gesetzbuchs gilt allgemein die Vermuthung, daß das vorhandene Vermögen Gesammtgut sei; der Gegenbeweis ist aber unbeschränkt zulässig. Auf dem gleichen Standpunkte steht das geltende Recht in Bezug auf die Immobilien (Art. 1402). Dagegen gilt das Mobiliarvermögen Dritten gegenüber als Errungenschaft, wenn nicht die Sondergutseigenschaft durch ein Inventar oder durch ein Verzeichniß in gehöriger Form dargethan wird (Art. 1499; Zachariä-Crome, Handbuch Bd. 3 §. 492 Anm. 7). Indessen wird durch die Einführung der Vermuthung des §. 1527 das Interesse Dritter auch in Ansehung des zur Zeit der Ueberleitung vorhandenen Mobiliarvermögens ausreichend gewahrt. Dem geltenden Rechte fremd ist ferner die Bestimmung, daß im Falle der Eröffnung des Konkurses über das Vermögen des Mannes die Errungenschaftsgemeinschaft kraft Gesetzes endigt, sowie die in diesen und anderen Fällen der Beendigung gewährte Klage auf Wiederherstellung der Gemeinschaft. Bezüglich der ersteren Bestimmung trifft das oben Gesagte auch hier zu. Ein Bedenken gegen die Ueberleitung ist aus allen diesen Abweichungen nicht zu entnehmen (Art. 55 §§. 2, 4, 5).

4. Für die allgemeine Gütergemeinschaft gelten nach jetzigem Rechte die Vorschriften über die gesetzliche Gütergemeinschaft mit den Abweichungen, die aus der Ausdehnung der Gemeinschaft auf das gesammte Vermögen der Ehegatten (Art. 1526) und aus der damit verbundenen Erweiterung des Kreises der Gemeinschaftsschulden folgen. Das Bürgerliche Gesetzbuch behandelt umgekehrt die Fahrnißgemeinschaft als eine modifizirte allgemeine Gütergemeinschaft. Nach beiden Rechten stimmt hiernach die Regelung der allgemeinen Gütergemeinschaft mit der der Fahrnißgemeinschaft in solchem Maße überein, daß sich im Verhältnisse zwischen dem alten und dem neuen Rechte wiederum die schon bei der gesetzlichen Gütergemeinschaft des Rheinischen Rechtes erwähnten Unterschiede geltend machen, die der Ueberleitung nicht entgegenstehen (Art. 55 §. 3 Abs. 1, §§. 4, 5). Als eine fernere Abweichung tritt hinzu, daß die Fortsetzung der Gütergemeinschaft im Falle der beerbten Ehe dem geltenden Rechte fremd ist. Die gesetzliche Einführung dieser Einrichtung kann hier, wo es sich um einen vertragsmäßigen Güterstand handelt, noch weniger in Frage kommen als gegenüber der gesetzlichen Gütergemeinschaft des Allgemeinen Landrechts. Der Entwurf gestattet daher nur die vertragsmäßige Einführung (Art. 55 §. 3 Abs. 2).

5. Der vertragsmäßige Güterstand der Ausschließung der Gemeinschaft nach Maßgabe der Artikel 1530 bis 1535 des Rheinischen Bürgerlichen Gesetzbuchs stimmt dem Wesen nach mit dem gesetzlichen Güterrechte des Bürgerlichen Gesetzbuchs überein. Die Unterschiede beschränken sich auf Einzelheiten in der Ausgestaltung und sind nicht so erheblich, daß die Ueberleitung bedenklich oder nur unter Vorbehalt angängig erschiene (Art. 55 §. 6). Dem jetzigen Rechte ist der Begriff des Vorbehaltsguts fremd; namentlich aber nimmt es nicht die ausschließlich zum persönlichen Gebrauche der Frau bestimmten Sachen, sowie den selbständigen Arbeitserwerb von der Verwaltung und Nutznießung des Mannes aus, vielmehr wird der letztere Erwerb nach einer Ansicht sogar Eigenthum des Mannes (vergl. aber Zachariä-Crome Bd. 3 §. 501 Anm. 9). Der Mann wird jedoch durch den

Ausschluß der zum persönlichen Gebrauche der Frau bestimmten Sachen nicht nennenswerth beeinträchtigt. Bezüglich des künftigen Arbeitserwerbes der Frau aber erscheint die Anwendung des neuen Rechtes auch hier aus den oben dargelegten Gründen gerechtfertigt. Ohne Belang ist, daß nach dem geltenden Rechte die verbrauchbaren Sachen der Frau, vorbehaltlich der Ersatzpflicht, Eigenthum des Mannes werden (Art. 1532 des Rhein. B.G.B.), während er über künftig erworbene Sachen dieser Art nur nach Maßgabe der §§. 1376, 1377 des Bürgerlichen Gesetzbuchs verfügen kann. Das Verwaltungsrecht des Mannes wird in Bezug auf die Einziehung von Kapitalien beschränkt, nach anderer Richtung (B.G.B. §. 1376 Nr. 2, 3, §§. 1379, 1380) erweitert. Neu sind die Surrogationsgrundsätze der §§. 1381, 1382 sowie die Bestimmungen über den Anspruch der Frau auf Sicherstellung (§§. 1391 bis 1393). Bezüglich der vom Manne zu tragenden Lasten besteht im Wesentlichen Uebereinstimmung (vergl. Rhein. B.G.B. Art. 1530, 1533), abgesehen von der im §. 1388 des Bürgerlichen Gesetzbuchs anerkannten persönlichen Haftung des Mannes. Inwieweit die rechtliche Stellung der Frau in Betreff ihres eingebrachten Gutes freier wird, ist schon mit Beziehung auf das den gleichen Vorschriften unterliegende eingebrachte Gut der Frau bei der Fahrnißgemeinschaft erwähnt worden. Ebenso wiederholt sich hier die Verschiedenheit zwischen dem geltenden und dem neuen Rechte in Betreff der Haftung des eingebrachten Gutes für die Deliktsschulden und die gegen den Willen des Mannes mit gerichtlicher Ermächtigung eingegangenen Schulden.

Der Frau steht jetzt unter den Voraussetzungen des Artikel 1443 des Rheinischen Bürgerlichen Gesetzbuchs die Klage auf Gütertrennung zu (Art. 1531). Es erscheint nicht bedenklich, statt dessen, vorbehaltlich der Wahrung eines schon nach bisherigem Rechte begründeten Klagerechts, die Aufhebungsklage nach §. 1418 des Bürgerlichen Gesetzbuchs zuzulassen, da für die Fälle, in denen die Aufhebung der Verwaltung und Nutznießung für den Mann eine Härte enthalten könnte, ihm im §. 1425 die Klage auf Wiederherstellung gewährt ist. Nicht minder wird durch die dem geltenden Rechte unbekannte Beendigung der Verwaltung und Nutznießung durch den Konkurs über das Vermögen des Mannes diesem nicht zu nahe getreten, der Schutz der Frau aber verstärkt. Bezüglich der vom Manne vor der Ueberleitung wirksam geschlossenen Mieth- und Pachtverträge über Grundstücke der Frau ist auf das oben Bemerkte zu verweisen.

6. Der Güterstand der Gütertrennung tritt nach jetzigem Rechte entweder auf Grund gerichtlichen Urtheils auf Klage der Frau oder auf Grund Ehevertrags ein (Rhein. B.G.B. Art. 1443 ff., 1536 bis 1539). Er stimmt mit dem gleichnamigen Güterstande nach den §§. 1427 bis 1430 des Bürgerlichen Gesetzbuchs in dem Grundgedanken überein, daß die Frau die Verwaltung und Nutzung ihres Vermögens behält, aus dessen Einkünften aber dem Manne einen Beitrag zur Bestreitung des ehelichen Aufwandes zu leisten hat. Der wichtigste Unterschied besteht darin, daß das Rheinische Recht die freie Verfügungsbefugniß der Frau auf die Fahrniß beschränkt (Art. 1449), zur Veräußerung oder Verpfändung des unbeweglichen Vermögens aber die eheherrliche oder gerichtliche Ermächtigung erfordert (Art. 1449, 1538). Ob

die Frau Verbindlichkeiten, die nicht ihre Liegenschaften zum Gegenstande haben, ohne Ermächtigung eingehen kann, ist streitig; die in der Praxis herrschende Ansicht verneint die Frage (Rhein. Archiv 1884 I S. 28; vergl. Zachariä-Crome §. 486 Nr. 5). Die Frau kann ferner Schenkungen nur mit Ermächtigung des Mannes vornehmen (Art. 902). Wenn dagegen nach dem Bürgerlichen Gesetzbuche die in Gütertrennung lebende Frau in Bezug auf die Geschäftsfähigkeit und das Verfügungsrecht ganz einer unverheiratheten Frau gleichsteht, so unterliegt die Anwendung dieses Grundsatzes auf die bestehenden Ehen selbst in den Fällen der vertragsmäßigen Gütertrennung keinem Bedenken, da eine Beeinträchtigung eines Verwaltungs- und Nutznießungsrechts des Mannes hier nicht in Betracht kommt.

Der der Frau obliegende Beitrag zur Bestreitung der ehelichen Lasten bestimmt sich bisher im Falle gerichtlicher Gütertrennung nach dem Verhältnisse der beiderseitigen Vermögen und beträgt im Falle vertragsmäßiger Gütertrennung mangels abweichender Vereinbarung ein Drittel der Einkünfte der Frau (Art. 1448, 1537); das Bürgerliche Gesetzbuch verpflichtet die Frau zu einem „angemessenen" Beitrage (§. 1427 Abs. 2). Die letztere Vorschrift eignet sich ersichtlich auch für die Ehen mit vertragsmäßiger Gütertrennung, unbeschadet besonderer Abreden über die Höhe des Beitrags, zur Einführung. Das Gleiche gilt von der dem jetzigen Rechte fremden Befugniß der Frau, nach Maßgabe des §. 1428 des Bürgerlichen Gesetzbuchs den Beitrag zu eigener Verwendung zurückzubehalten. Die Vorschriften der §§. 1429, 1430 des Bürgerlichen Gesetzbuchs stimmen mit dem bisherigen Rechte im Wesentlichen überein (vergl. Rhein. B.G.B. Art. 1539).

Eine vertragliche Aenderung des Güterstandes ist künftig schon kraft Reichsrechts nicht nur, wie bisher bei richterlicher, sondern auch bei vertragsmäßiger Gütertrennung zulässig (Rhein. B.G.B. Art. 1451; Einf.G. z. B.G.B. Art. 200 Abs. 2).

7. Der Güterstand des Dotalrechts kommt im Gebiete des Rheinischen Rechts außerordentlich selten vor. Nach dem Ergebnisse einer amtlichen Umfrage ist er in den letzten fünf Jahren nur an einem Orte (St. Johann) in acht Fällen, überdies vorwiegend bei Ehen von Ausländern, vereinbart worden. Unter diesen Umständen besteht im Allgemeinen kein Bedürfniß für eine Ueberleitung des Güterstandes in das neue Recht. Der Entwurf erhält deshalb hier grundsätzlich die bisherigen Gesetze aufrecht (Art. 55 §. 10 Abs. 2). In Folge dessen behält die Frau insbesondere auch die gesetzliche Hypothek oder den gesetzlichen Anspruch auf Bestellung einer Hypothek wegen des Heirathsguts (vergl. zu Art. 33 §. 4). Weiter würde an sich für die dotalrechtlichen Ehen auch die Beschränkung der Frau in der Geschäftsfähigkeit unverändert fortdauern. In Ansehung des Heirathsguts muß es hierbei bewenden, weil jene Beschränkung insoweit nicht ohne einen die Rechte des Mannes schützenden Ersatz beseitigt, ein solcher aber ohne Ueberleitung nicht geschaffen werden kann. Dagegen erscheint es billig, im Interesse des Verkehrs zweckmäßig und mit Rücksicht darauf, daß das Paraphernalvermögen der Frau dem Verwaltungsrechte des Mannes nicht unterliegt, grundsätzlich unbedenklich, die Beschränkung der Geschäftsfähigkeit der Frau im Uebrigen in Wegfall zu bringen (§. 10 Abs. 1).

8. Die im Rheinischen Bürgerlichen Gesetzbuche geordneten Gütersysteme können durch Ehevertrag zu einem gemischten Systeme verbunden werden (Rhein. B.G.B. Art. 1581; Zachariä-Crome §. 474 bei Anm. 20, Entsch. des Reichsgerichts Bd. 29 S. 311). Wie in solchen Fällen jetzt jedes der verschiedenen Systeme für den von ihm beherrschten Vermögenskomplex maßgebend ist (Zachariä §. 492 Anm. 1), so werden in Folge der Ueberleitung künftig in gleicher Weise die Vorschriften neben einander anzuwenden sein, die für die entsprechenden Güterstände des neuen Rechtes gelten.

Artikel 56.

Einige der in den Artikeln 44 bis 55 behandelten Güterrechte kommen auch in anderen Bundesstaaten vor. Namentlich gilt

1. die Verwaltungsgemeinschaft des Preußischen Allgemeinen Landrechts:
   in einigen Bayerischen Gebietstheilen als prinzipales oder subsidiäres gesetzliches Güterrecht (Neubauer S. 89, 90) sowie in den vormals Erfurtischen Gebietstheilen von Sachsen-Weimar (ebenda S. 231);
2. das gemeine Dotalrecht:
   im rechtsrheinischem Bayern, mit Ausnahme des unter subsidiärer Herrschaft des Preußischen Landrechts stehenden Gebiets, bald für alle, bald für gewisse Bevölkerungsklassen, als prinzipales oder subsidiäres Güterrecht, unmittelbar auf Grund des gemeinen Rechtes oder auf Grund von Statutarrechten (Neubauer S. 71 ff.), ferner in kleinen Bezirken des Großherzogthums Hessen (v. Roth, System des deutschen Privatrechts, Th. II §. 95 unter III), in Mecklenburg-Schwerin und Mecklenburg-Strelitz mit Ausnahme mehrerer Städte (v. Roth §. 95 Nr. IV), in Braunschweig allgemein, in Schaumburg-Lippe und Lippe für den Adel, in Waldeck allgemein (Neubauer S. 239, 261, 58);
3. die Verwaltungsgemeinschaft des Lübischen Rechtes:
   insbesondere in einigen Städten von Mecklenburg-Schwerin (Neubauer S. 228; v. Roth §. 135 unter IIIa);
4. die Verwaltungsgemeinschaft des Sächsischen Rechtes (gemeinen Sachsenrechts):
   im größten Theile von Sachsen-Weimar, in Theilen von Sachsen-Meiningen, in Sachsen-Altenburg, im Herzogthume Sachsen-Gotha, in Anhalt, in Schwarzburg-Rudolstadt, in Schwarzburg-Sondershausen, in Reuß älterer und Reuß jüngerer Linie (Neubauer S. 230, 243, 246, 248, 249, 251 ff., 255 bis 257);
5. die Verwaltungsgemeinschaft nach der Schaumburgischen Polizeiordnung von 1615:
   in Schaumburg-Lippe außer für den Adel (Neubauer S. 258);
6. die allgemeine Gütergemeinschaft nach Fuldischem Rechte:
   in den vormals bischöflich Fuldischen Gebietstheilen von Bayern, Hessen und Sachsen-Weimar, in letzteren für ältere Ehen (Neubauer S. 145, 226, 231);

7. die Errungenschaftsgemeinschaft oder allgemeine Gütergemeinschaft des Würzburgischen Rechtes:
   in dem vormals bischöflich Würzburgischen Gebiete von Bayern (Neubauer S. 102, 149);
8. die Errungenschaftsgemeinschaft nach dem Mainzer Landrechte:
   in den vormals Kurmainzischen Gebietstheilen von Bayern und Hessen (Neubauer S. 99, 214, 225);
9. die Errungenschaftsgemeinschaft nach dem Solmser Landrechte:
   in Theilen von Bayern und Hessen (Neubauer S. 99, 213, 222);
10. die Errungenschaftsgemeinschaft nach dem Landrechte der oberen Grafschaft Katzenelnbogen und der Darmstädtischen Verordnung vom 2. März 1795:
   in den Althessischen Theilen der Großherzoglich Hessischen Provinz Starkenburg (Neubauer S. 211);
11. die Mobiliargemeinschaft des Rheinischen Rechtes:
   in der Bayerischen Pfalz, in Rheinhessen, im Oldenburgischen Fürstenthume Birkenfeld, in Elsaß-Lothringen und auf Grund des Badischen Landrechts in Baden (Neubauer S. 227, 234, 273, 207).

Schon früher ist darauf hingewiesen, daß es weder folgerichtig noch mit den Zwecken der Ueberleitung verträglich wäre, wenn Ehen mit einem zur Zeit des Inkrafttretens des Bürgerlichen Gesetzbuchs in Preußen begründeten Wohnsitze lediglich deshalb, weil der erste Ehewohnsitz der Ehegatten außerhalb Preußens begründet war, von der Ueberleitung ausgeschlossen würden, während der für sie bestehende Güterstand bei den Ehen mit einem in Preußen begründeten ersten ehelichen Wohnsitze der Ueberleitung unterzogen wird. Die Gleichheit des bisherigen Güterrechts gestattet nicht nur, sondern verlangt übereinstimmende Behandlung in Ansehung der Unterwerfung unter das neue Recht.

Was die einzelnen oben genannten Güterrechte betrifft, so regelt sich die landrechtliche Verwaltungsgemeinschaft auch in ihrem außerpreußischen Geltungsgebiet in der Hauptsache nach den gleichen Vorschriften wie in Preußen, sodaß die Gleichstellung der Ehen, für die der genannte Güterstand auf Grund eines außerpreußischen ersten Ehewohnsitzes gilt, mit den sonstigen diesem Güterrecht unterworfenen Ehen keiner weiteren Rechtfertigung bedarf.

Wo der Güterstand des gemeinen Dotalrechts in Folge eines außerpreußischen ersten ehelichen Wohnsitzes eingetreten ist, gelten für die Ehen bisher zwar zum Theil besondere partikularrechtliche Vorschriften. Indessen be treffen diese nur unwesentliche Einzelheiten, während sie die Grundlagen des gemeinen Dotalrechts überall unberührt lassen. Soweit die jetzt maßgebenden Bestimmungen sich auf die Stellung des überlebenden Ehegatten beziehen, handelt es sich bei ihnen nicht um erbrechtliche Wirkungen des Güterstandes; sie werden daher ohne Weiteres nach Artikel 213 des Einführungsgesetzes zum Bürgerlichen Gesetzbuche durch die entsprechenden reichsrechtlichen Vorschriften ersetzt. Es erscheint somit unbedenklich, auch für die hier in Rede stehenden Ehen mit dem gesetzlichen Güterstande des gemeinen Dotalrechts diesen nach Maßgabe des Artikel 48 in die Verwaltungsgemeinschaft des Bürgerlichen Gesetzbuchs überzuleiten.

Die güterrechtlichen Vorschriften des Lübischen Rechtes haben, wie schon die beiden Preußischen Geltungsgebiete dieses Rechtes, die Provinzen Schleswig-Holstein und Pommern, zeigen, in den verschiedenen Landestheilen eine durchaus ungleichartige Ausgestaltung durch die Praxis erfahren. Nur auf Grund einer besonderen Prüfung der Rechtsentwicklung in den einzelnen Landestheilen kann hier die angemessene Art der Ueberleitung gefunden werden. Diese Prüfung vermag für die einem anderen Bundesstaat angehörenden Theile des Lübischen Rechtsgebiets nur die Gesetzgebung des betreffenden Bundesstaats vorzunehmen. Der Entwurf sieht deshalb davon ab, die auf Grund eines außerpreußischen ersten Ehewohnsitzes dem Lübischen Rechte unterworfenen Ehen auf die eine oder andere Art in das Reichsrecht überzuführen.

Bei der Verwaltungsgemeinschaft des Sächsischen Rechtes (gemeinen Sachsenrechts) ist die Sachlage, abgesehen von dem Rechtsverhältniß im Falle der Auflösung der Ehe durch den Tod eines der Ehegatten, im Wesentlichen die gleiche wie bei dem gemeinen Dotalrechte. Das genannte Güterrecht hat sich in seinem gesammten Anwendungsgebiete troß mancher partikularrechtlichen Besonderheiten im Ganzen übereinstimmend entwickelt. Was aber die rechtliche Stellung des überlebenden Ehegatten betrifft, so ist jedes Interesse des letzteren an dem Fortbestande der bisherigen Vorschriften durch die auf die Sächsische Verwaltungsgemeinschaft bezüglichen Bestimmungen des Artikel 49 des Entwurfes gewahrt, welche dem überlebenden Ehegatten die Wahl lassen zwischen den erbrechtlichen Wirkungen des bisherigen Rechtes und der Erbfolge nach dem Bürgerlichen Gesetzbuche. Die Uebertragung der Vorschriften des Entwurfes auf die Ehen mit einem außerpreußischen ersten Ehewohnsitze unterliegt hiernach keinem Bedenken. Sie erscheint in besonderem Grade durch das praktische Bedürfniß geboten, weil die Sächsische Verwaltungsgemeinschaft im größten Theile der Thüringischen Staaten als gesetzliches Güterrecht gilt, und es deshalb mit Rücksicht auf das räumliche Ineinandergreifen von Preußischen Gebietstheilen und Theilen jener Staaten, auf die zwischen den letzteren und Preußen bestehenden Gerichtsgemeinschaften und auf die Häufigkeit der Fälle einer Wohnsitzverlegung aus dem einen in das andere Rechtsgebiet dringend erwünscht ist, daß das hauptsächliche Güterrecht der Thüringischen Staaten wesentlich übereinstimmend mit dem gesetzlichen Güterrechte der angrenzenden Preußischen Gebietstheile, der landrechtlichen Verwaltungsgemeinschaft, behandelt wird.

Das gesetzliche Güterrecht der Schaumburgischen Polizeiordnung von 1615, das des Fuldischen und das des Würzburgischen Rechtes beruhten in ihrem ganzen Geltungsgebiet auf einheitlichen Grundlagen. Die Ehen, für die eines dieser Güterrechte vermöge eines außerpreußischen ehelichen Wohnsitzes besteht, können daher unbedenklich ebenso behandelt werden wie die demselben Güterrecht unterworfenen Ehen, deren erster Ehewohnsitz in den Preußischen Theilen des Geltungsgebiets jener Rechte begründet gewesen ist.

Die Errungenschaftsgemeinschaft des Mainzer und die des Solmser Rechtes haben sich, wie in der Begründung der Artikel 48, 49 des Entwurfes dargelegt ist, in den Preußischen Theilen ihres Geltungsgebiets verschieden entwickelt, nämlich theils zu einer Gemeinschaft des Zugewinnstes, theils zu einer schon vor der Aufhebung des Güterstandes bestehenden materiellen Gemeinschaft des errungenschaftlichen Vermögens. Der Entwurf hat daher für die genannten Güterrechte je nach dem Bezirk, in welchem die Ehegatten den ersten Ehewohnsitz genommen haben, die Ueberleitung theils in die Errungenschaftsgemeinschaft, theils in die Verwaltungsgemeinschaft des Bürgerlichen Gesetzbuchs vorgesehen. Demgegenüber erscheint es nicht angängig, für Ehen, für die das Mainzer oder das Solmser Recht auf Grund eines außerpreußischen ersten Ehewohnsitzes gilt, die Frage selbständig zu entscheiden, welche Art der Ueberleitung der Ausgestaltung jener Güterrechte durch die Praxis in den Bayerischen und Hessischen Theilen ihres Geltungsgebiets entspricht. Es muß zunächst abgewartet werden, welche Stellung die Gesetzgebung der anderen betheiligten Bundesstaaten zu dieser Frage nehmen wird. Das praktische Bedürfniß für eine unmittelbare gesetzliche Ueberleitung der hier in Rede stehenden Ehen ist auch bei dem verhältnißmäßig kleinen Umfange der Mainzischen und Solmsischen Gebietstheile von Bayern und Hessen weniger dringend.

Unbedenklich erscheint dagegen die Ausdehnung der Ueberleitungsvorschriften, die der Artikel 52 des Entwurfes für die Errungenschaftsgemeinschaft nach dem Landrechte der oberen Grafschaft Katzenelnbogen trifft, auf die Ehegatten, die ihren ersten ehelichen Wohnsitz in dem zum Großherzogthume Hessen gehörenden Theile des Geltungsgebietes des genannten Güterrechts gehabt haben.

Anlangend endlich die Ehen, für welche die gesetzliche Gütergemeinschaft des Rheinisch-Französischen Rechtes auf Grund eines außerpreußischen ersten Ehewohnsitzes besteht, so ist die wesentliche Grundlage dieses Güterrechts in der Bayerischen Pfalz, in Rheinhessen, Birkenfeld und Elsaß-Lothringen auch formell die gleiche wie im Preußischen Geltungsgebiete des Rheinischen Rechtes, nämlich das Französische Civilgesetzbuch. Wenn daher die Ehegatten ihren ersten ehelichen Wohnsitz in einem der genannten außerpreußischen Landestheile gehabt haben, so wäre es offenbar ungerechtfertigt, sie nicht den Ehegatten gleichzustellen, deren erster Ehewohnsitz im Preußischen Rheinlande begründet war. Aber auch das Badische Landrecht ist im Wesentlichen eine Uebersetzung des code civil mit Zusätzen. Von den letzteren kommen hier namentlich diejenigen in Betracht, welche sich auf die erbrechtliche Stellung des überlebenden Ehegatten beziehen. Während der code civil dem überlebenden Ehegatten ein gesetzliches Erbrecht nur dann gewährt, wenn der Verstorbene weder Verwandte bis zum zwölften Grade noch anerkannte natürliche Kinder hinterläßt (Art. 767, 755, 757), sind diese Vorschriften im Badischen Landrechte durch mehrere Zusatzartikel durchbrochen, die unter der Voraussetzung eines bestimmten güterrechtlichen Verhältnisses dem überlebenden Ehegatten erweiterte erbrechtliche Ansprüche verleihen; so gewähren ihm namentlich die Landrechtssätze 738a und 745a, falls zwischen den Ehegatten eine Ehegemeinschaft bestanden hat, in Ermangelung von Kindern des verstorbenen die lebenslängliche Nutznießung an der ganzen Verlassenschaft, sofern nicht durch Ehevertrag darauf verzichtet ist, bei dem Vorhandensein von Kindern des verstorbenen die Nutznießung an einem Viertel der Hinterlassenschaft. Indessen wird der Zweck dieser Zusatzvorschriften, welche die Härten des Französischen Rechts beseitigen sollten, auch durch die Bestimmungen des Bürgerlichen Gesetzbuchs über das gesetzliche Erbrecht und das Pflichttheilsrecht des überlebenden Ehegatten zur Genüge erreicht. In dem Entwurfe des Badischen Ausführungsgesetzes zum Bürgerlichen Gesetzbuche (Drucks. 59, Beilage zum Protokoll der 70. öffentl. Sitzung der zweiten Kammer vom 18. April 1898, Art. XVIII) ist daher die Aufhebung der Landrechtssätze 738a, 745a sowie der auf gewisse vertragsmäßige Güterrechte bezüglichen Landrechtssätze 1535a, 1539a, 1570a und b in Aussicht genommen. Auch aus den angeführten Sondervorschriften des Badischen Rechtes kann hiernach ein Bedenken gegen die Gleichstellung der Badischen mit den Rheinpreußischen Ehen nicht hergeleitet werden.

Artikel 57.

Die Gründe, aus denen der Entwurf den Ehen mit einem der Ueberleitung unterzogenen gesetzlichen Güterstande diejenigen Ehen, für welche ein solcher Güterstand kraft Ehevertrags gilt, ohne Rücksicht auf den ersten ehelichen Wohnsitz der Ehegatten, gleich behandelt, sind schon oben entwickelt. Auch hier wird nur die (durch Ehevertrag eingeführte) bisherige gesetzliche Regelung durch die Regelung des entsprechenden Güterstandes im neuen Rechte ersetzt. Dagegen bleiben abändernde und ergänzende besondere Vereinbarungen der Ehegatten unberührt (Art. 58 §. 5).

Von der Regel, daß es für die Art der Ueberleitung keinen Unterschied macht, ob der Güterstand unmittelbar kraft Gesetzes oder kraft Ehevertrags gilt, erscheint jedoch in Betreff des Güterstandes des gemeinen Dotalrechts eine Ausnahme geboten. Wo dieser Güterstand durch vertragliche Ausschließung des prinzipalen gesetzlichen Güterrechts oder durch selbständigen Vertrag eingeführt ist, muß angenommen werden, daß dem Willen der Ehegatten und der bisherigen Gestaltung der güterrechtlichen Verhältnisse nicht die Ueberleitung in die Verwaltungsgemeinschaft, sondern die Einführung der Gütertrennung nach dem Bürgerlichen Gesetzbuch entspricht (Art. 57 Abs. 2).

Artikel 58.

Auf die an dieser Stelle zusammengefaßten allgemeinen Vorschriften über die nähere Durchführung der Ueberleitung ist bereits theils in den einleitenden Ausführungen zu den Artikeln 43 bis 66, theils bei den einzelnen Güterständen eingegangen. Zur Ergänzung bleibt hier noch Folgendes zu bemerken:

1. In Ansehung der vor dem Inkrafttreten des Bürgerlichen Gesetzbuchs entstandenen Verbindlichkeiten der Ehegatten sollen für die Haftung der bei den einzelnen Güterständen in Betracht kommenden Vermögensmassen und für die persönliche Haftung der Ehegatten die bisherigen Gesetze maßgebend

bleiben (Art. 58. §. 3 Abs. 1 Satz 1). Dies soll auch für das Verhältniß der Ehegatten zu einander gelten (§. 3. Abs. 1 Satz 2), und zwar sowohl für die Frage, welcher Vermögensmasse oder welchem der Ehegatten in deren Verhältnisse zu einander die Verbindlichkeiten gegen Dritte zur Last fallen, als auch für die Verbindlichkeiten der Ehegatten gegen einander. Insbesondere bleiben demnach auch die Ersatzansprüche, die den Ehegatten gegen einander oder gegen das Gesammtgut oder diesem gegen einen der Ehegatten zustehen, unberührt.

In Betreff der Geltendmachung solcher Ersatzansprüche weicht jedoch das Bürgerliche Gesetzbuch von den geltenden Rechten mehrfach insofern ab, als nach ihm die Befriedigung der Ansprüche in weiterem Umfange schon vor der Beendigung des Güterstandes verlangt werden kann (zu vergl. §. 1377 Abs. 3 Satz 2, §. 1394, §. 1411 Abs. 2, §. 1467, §. 1525 Abs. 2, §§. 1541, 1549, §. 1550 Abs. 2). Die Vorschriften des neuen Rechtes tragen den Interessen einer ordnungsmäßigen Verwaltung und des Schutzes der Frau sowie ihrer Gläubiger besser Rechnung als die abweichenden Bestimmungen des bisherigen Rechtes. Ihre Anwendung auf die bei der Ueberleitung bestehenden Ersatzansprüche erscheint hiernach angemessen, da Rechte der Ehegatten durch sie nicht beeinträchtigt werden. Auf diesen Erwägungen beruht die Vorschrift des Artikel 58 §. 4.

2. Die erbrechtlichen Wirkungen des bisherigen Güterstandes, welche der Entwurf aufrecht erhält, können theils durch einseitige letztwillige Verfügung des anderen Ehegatten entzogen werden, theils sind sie nicht oder nur beschränkt in solcher Weise entziehbar. Im ersteren Falle entspricht die bisherige erbrechtliche Wirkung des Güterstandes dem gesetzlichen Erbrecht, im zweiten dem Pflichttheile des überlebenden Ehegatten nach dem Bürgerlichen Gesetzbuche. Das Erbrecht des Ehegatten ist nach §. 1933 ausgeschlossen, wenn der Erblasser zur Zeit seines Todes auf Scheidung wegen Verschuldens des Ehegatten zu klagen berechtigt war und die Klage auf Scheidung oder auf Aufhebung der ehelichen Gemeinschaft erhoben hatte; der Pflichttheil kann dem Ehegatten nach Maßgabe der §§. 2335 bis 2337 entzogen werden, wenn sich der Ehegatte einer Verfehlung schuldig gemacht hat, auf Grund deren der Erblasser nach den §§. 1565 bis 1568 auf Scheidung zu klagen berechtigt ist. Die Gründe, auf denen diese Vorschriften beruhen, rechtfertigen es, wenn der Entwurf auf die bisherigen erbrechtlichen Wirkungen des Güterstandes, je nachdem sie dem Erbrecht oder dem Pflichttheile nach neuem Rechte entsprechen, die Vorschrift des §. 1933 oder die Vorschriften der §§. 2335 bis 2337 des Bürgerlichen Gesetzbuchs zur Anwendung bringt (Art. 58 §. 7). Die Anwendung der letzteren Vorschriften stimmt übrigens auch sowohl mit dem Allgemeinen Landrechte Theil II Titel 1 §. 499 als auch mit dem §. 1509 des Bürgerlichen Gesetzbuchs überein. Wegen der Anwendung des §. 1933 ist auf das oben Bemerkte hinzuweisen.

3. Soweit für den Güterstand der bestehenden Ehen die bisherigen Gesetze durch die Vorschriften des Bürgerlichen Gesetzbuchs ersetzt werden, müssen auch die zur Ergänzung der letzteren dienenden Bestimmungen der Civilprozeßordnung und der Konkursordnung in der Fassung der Bekannt-

machung vom 20. Mai 1898 (Reichs-Gesetzbl. S. 410, 612) für anwendbar erklärt werden (Art. 58 §. 8). Die Zulässigkeit einer dahingehenden landesgesetzlichen Vorschrift ist bezüglich der konkursrechtlichen Bestimmungen im Artikel VI des Einführungsgesetzes zu dem Gesetze, betreffend Aenderungen der Konkursordnung, vom 17. Mai 1898 (Reichs-Gesetzbl. S. 248) ausdrücklich anerkannt, unterliegt aber auch in Betreff der Vorschriften der Civilprozeßordnung keinem Zweifel.

Artikel 59.

Der Entwurf räumt aus den früher dargelegten Gründen dem einzelnen Ehegatten nicht die Befugniß ein, die Ueberleitung durch seinen einseitigen Widerspruch zu verhindern. Indessen ist anzuerkennen, daß die Ehegatten unter Umständen ein berechtigtes Interesse haben können, einzelne mit der Ueberleitung verbundene Aenderungen auszuschließen, möglicherweise auch den Güterstand, welcher nach dem Entwurfe kraft Gesetzes eintritt, durch einen anderen der im Bürgerlichen Gesetzbuche geordneten Güterstände oder durch eine selbständige, reichsrechtlich zulässige Regelung der güterrechtlichen Verhältnisse zu ersetzen. Nicht minder verdienen die Fälle Berücksichtigung, in denen die Ehegatten eine bei der Ueberleitung aufrechterhaltene Besonderheit des bisherigen Rechtes beseitigen oder sich den von der gesetzlichen Einführung ausgeschlossenen Vorschriften des neuen Rechtes freiwillig unterwerfen wollen. Auch in derartigen Fällen kann zwar nur dem vereinigten Willen der Ehegatten das Recht zu einer Abänderung der gesetzlichen Regel zugestanden werden; dies gilt vom Standpunkte der Auffassung, daß die Ehegatten kein erworbenes Recht auf den Fortbestand der bisherigen Regelung des Güterrechts in ihren Einzelheiten haben, selbst dann, wenn es sich um die Aufrechterhaltung einzelner Bestimmungen des alten Rechtes handelt. Da jedoch das Bedürfniß zu solchen Vereinbarungen der Ehegatten durch das im öffentlichen Interesse erfolgende gesetzliche Eingreifen geschaffen wird, so entspricht es der Billigkeit, daß für eine angemessene Uebergangszeit der Abschluß der durch dieses Eingreifen veranlaßten Eheverträge erleichtert wird. Der Entwurf sieht deshalb im Artikel 59 Abs. 1 für die dort bezeichneten Eheverträge sowie für deren Eintragung in das Güterrechtsregister und für den Antrag auf die Eintragung Befreiuung von Gerichtsgebühren und Stempeln vor, falls der Vertrag vor dem Ablaufe eines Jahres nach der Aenderung des Güterstandes geschlossen wird. Die gleiche Befreiung läßt er ferner der Aufnahme von Vermögensverzeichnissen und Auseinandersetzungsurkunden zu Theil werden, falls sie wegen der Aenderung des bisherigen Güterstandes von den Ehegatten vor demselben Zeitpunkte beantragt wird (Art. 59 Abs. 2). Es empfiehlt sich, derartige Feststellungen zu begünstigen, da sie geeignet sind, etwaigen Schwierigkeiten, die sich aus dem Wechsel des Güterrechts für die schließliche Auseinandersetzung ergeben könnten, vorzubeugen.

Artikel 60.

Wenn nach den Grundsätzen des internationalen Privatrechts das am Orte des ersten ehelichen Wohnsitzes geltende Recht auch im Falle der Verlegung des Wohnsitzes in ein anderes Rechtsgebiet für das eheliche Güterrecht maßgebend bleibt, so folgt hieraus doch nicht, daß ein dieses Recht abänderndes Gesetz seine Wirksamkeit auch auf die Ehen erstreckt, die in Folge der Verlegung des Wohnsitzes dem Machtbereiche des Gesetzes nicht mehr angehören. So wenig die im Entwurfe vorgesehenen Ueberleitungsvorschriften die Ehen mit einem der Ueberleitung unterworfenen Güterstande dann ergreifen, wenn die Ehegatten zur Zeit des Inkrafttretens des Bürgerlichen Gesetzbuchs nicht in Preußen ihren Wohnsitz haben, ebensowenig finden die Ueberleitungsvorschriften anderer Bundesstaaten auf Ehen mit einem zu der bezeichneten Zeit in Preußen begründeten Wohnsitze von selbst Anwendung. Für die letzteren Ehen jedoch allgemein die bisherigen Gesetze fortbestehen zu lassen, erscheint vom Standpunkte der Interessen des inländischen Verkehrs und der inländischen Rechtsanwendung mißlich. Wo nach dem Umfange des Geltungsgebiets eines außerpreußischen Güterrechts anzunehmen ist, daß diesem Güterrecht unterworfene Ehen auch in Preußen häufiger vorkommen, oder wo diese Annahme bezüglich eines bestimmten Güterrechts sonst begründet erscheint oder in Folge des Bestehens von Gerichtsgemeinschaften ein besonderes Interesse an gleichartiger Behandlung der älteren Ehen vorliegt, verlangt das praktische Bedürfniß, daß die Ueberleitung, soweit thunlich, auch auf die Ehen mit einem in einem anderen Bundesstaate geltenden Güterrecht ausgedehnt wird. Ein Eingreifen der diesseitigen Gesetzgebung ist jedoch nur möglich, wenn die Gesetzgebung des zunächst betheiligten Bundesstaats das betreffende Güterrecht in grundsätzlicher Uebereinstimmung mit dem Entwurf einer Ueberleitung unterzieht, mithin erst dann, wenn die Ausführungsgesetze der anderen Bundesstaaten feststehen.

Von den für die vorliegende Frage in Betracht kommenden Ausführungsgesetzen liegt gegenwärtig nur das des Königreichs Sachsen vor. Das Königlich Sächsische Gesetz vom 18. Juni 1898 (Gesetz- und Verordnungsblatt 1898 S. 191) bestimmt im §. 34:

> Leben zur Zeit des Inkrafttretens dieses Gesetzes Ehegatten nach gesetzlichem Güterrecht, so treten von dieser Zeit an die Vorschriften des Bürgerlichen Gesetzbuchs über den Güterstand der Verwaltung und Nutznießung an die Stelle der bisherigen Vorschriften. Das Gleiche gilt von den Vorschriften des Bürgerlichen Gesetzbuchs über Gütertrennung, wenn der Frau die freie Verfügung über ihr Vermögen durch Ehevertrag vorbehalten worden ist, sowie von den Vorschriften des Bürgerlichen Gesetzbuchs über allgemeine Gütergemeinschaft, wenn zwischen den Ehegatten allgemeine Gütergemeinschaft besteht; fortgesetzte Gütergemeinschaft tritt jedoch nur ein, wenn sie durch Ehevertrag vereinbart wird.
>
> Die Vorschriften des §. 1435 des Bürgerlichen Gesetzbuchs finden entsprechende Anwendung, soweit Rechtsgeschäfte nach Ablauf eines Jahres seit dem Inkrafttreten dieses Gesetzes vorgenommen werden oder Urtheile in Streitsachen ergehen, die nach dieser Zeit anhängig geworden sind.

Die Vorschriften des §. 34 Abs. 1 stehen grundsätzlich auf dem gleichen Standpunkte wie der vorliegende Entwurf. Auf ihre Begründung, wie sie in der Nummer 24 der Dekrete an die Stände vom Jahre 1897 zu dem mit dem Gesetze wörtlich übereinstimmenden §. 33 der Regierungsvorlage enthalten ist, braucht hier nicht eingegangen zu werden; denn es kann sich für die diesseitige Gesetzgebung nicht um eine sachliche Nachprüfung der in Rede stehenden Vorschriften, sondern nur um die Entscheidung handeln, ob diese Vorschriften auch für die ihrem Bereich angehörenden Ehen zur Geltung zu bringen sind. Aus den oben dargelegten allgemeinen Gründen ist die Frage zu bejahen. Der Entwurf hat sich daher im Artikel 60 §. 1 die Vorschriften des §. 34 Abs. 1 des Sächsischen Ausführungsgesetzes sachlich angeeignet. Anders verhält es sich mit der Bestimmung des §. 34 Abs. 2. Die Frage, inwieweit die bestehenden Ehen in unmittelbarem Zusammenhange mit der Ueberleitung zur Eintragung ihres Güterstandes in das Güterrechtsregister gezwungen werden sollen, kann für alle dem Preußischen Staatsgebiet angehörenden Ehen nur einheitlich geregelt werden. Der Entwurf nimmt in dieser Hinsicht einen milderen Standpunkt ein als das Sächsische Gesetz. Die Vorschriften des Artikel 58 §. 9 müssen daher auch auf die hier fraglichen Ehen Anwendung finden. Das Gleiche gilt ferner auch von den sonstigen Bestimmungen des Artikel 58 und von den Vorschriften des Artikel 59 über die Durchführung der Ueberleitung. Die Vorschriften des Artikel 58, 59 sind deshalb im Artikel 60 §. 3 für entsprechend anwendbar erklärt.

Anlangend die in den übrigen Bundesstaaten geltenden Güterrechte, so kann die Entscheidung darüber, inwieweit die für sie gegebenen Ueberleitungsvorschriften auch innerhalb Preußens zur Geltung gelangen sollen, zur Zeit noch nicht getroffen werden. Da es jedoch dringend erwünscht erscheint, daß die erforderlichen Bestimmungen thunlichst bald nach dem Abschlusse der Ausführungsgesetze der anderen Bundesstaaten und soweit möglich noch vor dem Inkrafttreten des Bürgerlichen Gesetzbuchs erlassen werden, empfiehlt es sich, die Entscheidung einer Königlichen Verordnung vorzubehalten. Durch diese soll lediglich für Ehen, für die kraft Gesetzes oder Ehevertrags ein in einem anderen Bundesstaate geltendes Güterrecht besteht, falls an dessen Stelle nach den Gesetzen des anderen Bundesstaats ein im Bürgerlichen Gesetzbuche geregelter Güterstand tritt, dieser Güterstand in der durch das Gesetz des anderen Bundesstaats vorgesehenen Gestaltung eingeführt werden können, und zwar entweder von dem Inkrafttreten des Bürgerlichen Gesetzbuchs oder von einem späteren Zeitpunkt an (Art. 60 §. 2). Auf die durch Königliche Verordnung bestimmte Aenderung des Güterstandes sollen im Uebrigen die allgemeinen Vorschriften der Artikel 58, 59 ohne Weiteres entsprechende Anwendung finden (Art. 60 §. 3). Soweit also die Ueberleitungsvorschriften eines anderen Bundesstaats mit diesen Vorschriften nicht vereinbar sind, werden sie durch Königliche Verordnung nicht für Preußen eingeführt werden können.

Artikel 61.

Für Ehen, deren Güterstand einer gesetzlichen Ueberleitung nicht unterworfen wird, ergiebt sich, falls nach den bisherigen Gesetzen eine vertragsmäßige Aenderung des Güterstandes ausgeschlossen ist, schon aus Artikel 200 Abs. 2 des Einführungsgesetzes zum Bürgerlichen Gesetzbuche, daß das Verbot der vertraglichen Aenderung zwar wegfällt, jedoch nur eine nach den Vorschriften des Bürgerlichen Gesetzbuchs zulässige Regelung des Güterstandes durch Ehevertrag getroffen werden kann. Unstatthaft ist danach insbesondere die Bestimmung des Güterstandes durch Verweisung auf ein nicht mehr geltendes Recht (B.G.B. §. 1433). Der Entwurf bringt den der reichsrechtlichen Vorschrift zu Grunde liegenden Gedanken allgemein zur Geltung, indem er bestimmt, daß der Güterstand der von der Ueberleitung ausgeschlossenen Ehen nur nach Maßgabe der Vorschriften des Bürgerlichen Gesetzbuchs aufgehoben oder geändert werden kann (Art. 61 Abs. 1). Um für diese Ehen die vertragsmäßige Einführung des neuen Rechtes zu fördern, ist daneben für Eheverträge durch die ein nicht übergeleiteter Güterstand durch eine dem Bürgerlichen Gesetzbuch entsprechende Regelung des Güterrechts ersetzt wird, im gleichen Umfange wie für Eheverträge, welche die Ueberleitung abändern, Befreiung von Gerichtsgebühren und Stempeln vorgesehen (Art. 61 Abs. 2).

Artikel 62.

Die Vorschrift bezieht sich auf alle zur Zeit des Inkrafttretens des Bürgerlichen Gesetzbuchs bestehenden Ehen mit einem zu dieser Zeit in Preußen begründeten Wohnsitz, ohne Unterschied, ob sie der gesetzlichen Ueberleitung unterworfen sind oder nicht. Wegen der Begründung wird auf das oben Bemerkte verwiesen.

Artikel 63.

Soweit der Entwurf für den Güterstand der bestehenden Ehen einen mittelbaren Zwang zur Eintragung in das Güterrechtsregister einführt (Art. 58 §. 9, Art. 61, 62), müssen für die hierdurch gebotenen Eintragungen die Vorschriften des Bürgerlichen Gesetzbuchs über das Güterrechtsregister (§§. 1558 bis 1563) gelten.

Artikel 64.

Die Ueberleitungsvorschriften der Artikel 44 bis 59 finden, wie schon oben bemerkt wurde, auf Ehen mit einem in Preußen geltenden Güterrechte dann keine Anwendung, wenn die Ehegatten zur Zeit des Inkrafttretens des Bürgerlichen Gesetzbuchs ihren Wohnsitz nicht in Preußen haben. Wird jedoch der Wohnsitz der Ehegatten später nach Preußen verlegt, so ergiebt sich von dieser Zeit an für die Preußische Gesetzgebung nicht nur die Möglichkeit, sondern auch das Bedürfniß, ihre Ueberleitungsvorschriften den bisher ihrem Machtbereich entzogenen Ehen gegenüber zur Geltung zu bringen. Denn es müßte zur Rechtsverwirrung führen, wenn Ehen mit einem in Preußen begründeten Wohnsitz, für die vor dem Inkrafttreten des Bürgerlichen Gesetzbuchs das gleiche Güterrecht bestanden hat, künftig verschieden behandelt würden, je nachdem die Ehegatten ihren Wohnsitz schon zur Zeit des Inkrafttretens des Bürgerlichen Gesetzbuches in Preußen gehabt oder erst später dorthin verlegt haben. Der Entwurf unterwirft daher die Ehen mit einem in Preußen geltenden Güterrechte, falls die Ehegatten erst nach dem Inkrafttreten des Bürgerlichen Gesetzbuchs einen Wohnsitz in Preußen begründen, von der Zeit der Begründung des Wohnsitzes an den Vorschriften der Artikel 44 bis 59. Eine Ausnahme erscheint nur für den Fall geboten, daß der Güterstand der Ehe vor der Verlegung des Wohnsitzes nach Preußen schon durch die Gesetzgebung eines anderen Bundesstaats eine Aenderung erfahren hat. Die Rücksicht auf die Stetigkeit der güterrechtlichen Verhältnisse verbietet in solchem Falle ein nochmaliges Eingreifen der Preußischen Gesetzgebung (Art. 64 Abs. 2).

Besteht für Ehegatten, die nach dem Inkrafttreten des Bürgerlichen Gesetzbuchs ihren Wohnsitz nach Preußen verlegen, ein gesetzlicher oder vertragsmäßiger Güterstand, welcher nach dem Entwurf einer gesetzlichen Ueberleitung nicht unterliegt, so sollen für die Ehe von der Begründung des Preußischen Wohnsitzes an die Vorschriften des Artikel 61 gelten.

Der im Artikel 62 vorgesehene mittelbare Zwang zur Eintragung des Güterstandes in das Güterrechtsregister muß endlich, wie im Falle künftiger Verlegung des Wohnsitzes innerhalb Preußens, auch in den hier fraglichen Fällen der Verlegung des Wohnsitzes nach Preußen allgemein Platz greifen.

Artikel 65.

Für eine fortgesetzte Gütergemeinschaft bleiben nach dem Entwurf in allen Fällen, in denen sie zur Zeit des Inkrafttretens des Bürgerlichen Gesetzbuchs schon besteht, zum Theil aber auch, wenn sie erst später eintritt (vergl. Art. 47 §. 1, Art. 49 §. 2, Art. 54 §. 3), die bisherigen Gesetze maßgebend. Es empfiehlt sich jedoch, eine dem neuen Rechte eigenthümliche Einrichtung auf die unter dem alten Rechte verbleibenden Gemeinschaftsverhältnisse auszudehnen. Nach §. 1507 des Bürgerlichen Gesetzbuchs hat das Nachlaßgericht dem überlebenden Ehegatten auf Antrag ein Zeugniß über die Fortsetzung der Gütergemeinschaft zu ertheilen, auf welches die Vorschriften über den Erbschein entsprechende Anwendung finden. Nach §. 36 Abs. 2 der Reichs-Grundbuchordnung kann das Bestehen der fortgesetzten Gütergemeinschaft dem Grundbuchamte gegenüber nur durch ein solches Zeugniß nachgewiesen werden. Die letztere Vorschrift findet zwar auf fortgesetzte Gütergemeinschaften, für die das bisherige Recht maßgebend bleibt, kraft Reichsgesetzes keine Anwendung (a. a. O. §. 83). Gerade mit Rücksicht auf den Grundbuchverkehr erscheint es jedoch rathsam, die neuen Vorschriften über das Zeugniß des Nachlaßgerichts auf die bezeichneten Gemeinschaften auszudehnen und dadurch auch für die letzteren ohne Weiteres das gedachte Zeugniß zum ausschließlichen Beweismittel gegenüber dem Grundbuchamte zu machen.

Artikel 66.

Wie oben dargelegt ist, würde, wenn ein vor dem Inkrafttreten des Bürgerlichen Gesetzbuchs verwittweter Ehegatte, der in Fuldischer Gütergemeinschaft gelebt hat, eine neue Ehe eingeht, bei dem Vorhandensein von Kindern aus der früheren Ehe gesetzliche Einkindschaft nach Fuldischem Rechte eintreten. Im Gegensatze zum Standpunkte des Bürgerlichen Gesetzbuchs, welches die vertragsmäßige Begründung einer Einkindschaft wesentlich wegen der damit verbundenen Gefährdung der Vorkinder für die Zukunft ausschließt (Mot. zum B.G.B. Bd. 4 S. 486 ff.), würden somit hier noch vereinzelte Fälle einer Einkindschaft möglich bleiben und diese würden durch die Einwirkung des Reichsrechts auf den Inhalt der Einkindschaft und durch das für die neue Ehe maßgebende veränderte Güterrecht mannigfache Zweifel und Schwierigkeiten mit sich bringen. Empfiehlt sich hiernach die Beseitigung der gesetzlichen Einkindschaft, so muß zugleich der wiederheirathende Ehegatte zur Abfindung seiner Vorkinder verpflichtet werden. Die Erfüllung dieser Pflicht wird für den Fall, daß eines der Vorkinder minderjährig oder bevormundet ist, zweckmäßig durch die entsprechende Anwendung der Vorschriften des §. 1314 Abs. 2 und des §. 1493 Abs. 2 des Bürgerlichen Gesetzbuchs sichergestellt.

Ganz ähnlich wie nach Fuldischem Rechte die Stellung des überlebenden Ehegatten, ist nach Verdener Recht die Stellung des überlebenden Wittwers gestaltet. Der Wittwer ist gleichfalls Alleineigenthümer des gemeinschaftlichen Vermögens und im Falle der Wiederverheirathung nicht zur Abschichtung der Vorkinder verpflichtet. Die Aehnlichkeit der Verhältnisse rechtfertigt es daher, wenn der Entwurf auch für den überlebenden Ehemann einer Ehe, für welche allgemeine Gütergemeinschaft nach Verdener Recht bestanden hat, die Abschichtungspflicht einführt.

Artikel 67.

Nach §. 1577 Abs. 2, 3 des Bürgerlichen Gesetzbuchs kann eine geschiedene Frau durch eine Erklärung, die der zuständigen Behörde gegenüber in öffentlich beglaubigter Form abzugeben ist, ihren eigenen Familiennamen oder, wenn sie schon einmal verheirathet gewesen und nicht im Scheidungsurtheil allein für schuldig erklärt ist, den Familiennamen ihres früheren Mannes wieder annehmen; ist die Frau allein für schuldig erklärt, so kann der Mann durch eine in gleicher Weise abzugebende Erklärung ihr die Führung seines Namens untersagen. In derselben Form kann nach §. 1706 Satz 2 des Bürgerlichen Gesetzbuchs der Ehemann der Mutter eines unehelichen Kindes diesem mit Einwilligung des Kindes und der Mutter seinen Namen ertheilen; die Einwilligungserklärungen sind hier gleichfalls in öffentlich beglaubigter Form abzugeben. Zur Ausführung dieser Vorschriften muß zunächst die Behörde bezeichnet werden, die für die Entgegennahme der erwähnten Erklärungen zuständig ist. Nach dem Zwecke der Vorschriften wird es darauf ankommen, daß Jeder, der ermitteln will, ob eine Erklärung der fraglichen Art abgegeben worden ist, die zuständige Stelle thunlichst leicht auffinden kann. Auch empfiehlt es sich, dafür Sorge zu tragen, daß die Aenderung des Familiennamens der geschiedenen Frau oder des unehelichen Kindes in dem Standesregister, aus welchem sich der bisherige Familienname ergiebt, entsprechend den Bestimmungen der §§. 26, 55 des Personenstandesgesetzes vom 6. Februar 1875 alsbald durch einen Vermerk ersichtlich gemacht wird. Nach dem Entwurfe soll deshalb bezüglich der Erklärungen über den Familiennamen der geschiedenen Frau der Standesbeamte, vor welchem die geschiedene Ehe geschlossen ist, in Betreff der Erklärung über den Familiennamen eines unehelichen Kindes der Standesbeamte, in dessen Geburtsregister die Geburt des Kindes eingetragen ist, für die Entgegennahme zuständig sein. Mit Rücksicht darauf, daß die letzterwähnte Erklärung nicht selten bei der Eheschließung der unehelichen

Mutter erfolgen wird, erscheint es außerdem geboten, für diesen Fall auch den Standesbeamten, vor dem die Eheschließung stattfindet, als zuständig anzuerkennen. Indessen kann landesgesetzlich nur für Preußische Standesbeamte die fragliche Zuständigkeit begründet werden. Soweit die letztere hiernach einer anderen Behörde beigelegt werden muß, bietet sich das Amtsgericht, in dessen Bezirk der Erklärende seinen Wohnsitz oder seinen gewöhnlichen Aufenthalt hat, als die geeignete Stelle dar. Um für die Fälle, in denen die Erklärung nicht gegenüber dem das Heiraths- oder Geburtsregister führenden Standesbeamten erfolgt, die Berichtigung des Registers sicherzustellen, verpflichtet der Entwurf die zuständige Behörde zur Mittheilung der Erklärung an den betreffenden Standesbeamten.

Nach den oben angeführten Vorschriften des Bürgerlichen Gesetzbuchs sind die erforderlichen Erklärungen in öffentlich beglaubigter Form abzugeben. Diesem Erforderniß ist genügt, wenn die Erklärung schriftlich abgefaßt und die Unterschrift des Erklärenden von einer zuständigen Behörde oder einem zuständigen Beamten oder Notar beglaubigt ist; wird die Erklärung von dem Aussteller mittelst Handzeichens unterzeichnet, so ist gerichtliche oder notarielle Beglaubigung des Handzeichens erforderlich (B.G.B. §. 129). Abgesehen von dem letzteren Falle kann nach §. 191 Abs. 1 des Reichsgesetzes über die Angelegenheiten der freiwilligen Gerichtsbarkeit die Befugniß zur Beglaubigung der Unterschrift neben den reichsgesetzlich zuständigen Amtsgerichten und Notaren landesgesetzlich auch anderen Behörden und Beamten ertheilt werden. Auf Grund dieser Ermächtigung ist im Entwurfe für die Fälle, in denen ein Standesbeamter zur Entgegennahme der hier fraglichen Erklärungen zuständig ist, ihm ausdrücklich auch die Befugniß zu ihrer Beglaubigung beigelegt.

Artikel 68.

Das Bürgerliche Gesetzbuch setzt an die Stelle der väterlichen Gewalt die elterliche Gewalt (§. 1626). Letztere umfaßt die Sorge für die Person und das Vermögen des Kindes, mit Einschluß der gesetzlichen Vertretung, sowie die Nutznießung an dem Vermögen des Kindes (§§. 1627, 1630, 1649). Sie steht grundsätzlich den Eltern gemeinsam zu, wird aber, solange der Vater lebt, der Regel nach von ihm allein ausgeübt. Der Mutter steht die elterliche Gewalt zu, wenn der Vater gestorben oder für todt erklärt ist oder wenn er die elterliche Gewalt verwirkt hat und die Ehe aufgelöst ist, sowie bei einer nichtigen Ehe, wenn die Nichtigkeit nur dem Vater bekannt war (§§. 1684, 1701). Die Mutter übt weiter während der Dauer der Ehe die elterliche Gewalt mit Ausnahme der Nutznießung aus, wenn der Vater an der Ausübung thatsächlich verhindert ist oder seine elterliche Gewalt ruht; besteht im letzteren Falle keine Aussicht, daß der Grund des Ruhens wegfallen werde, so wird nach der Auflösung der Ehe die Ausübung der elterlichen Gewalt auf Antrag der Mutter dieser von dem Vormundschaftsgerichte mit der Wirkung übertragen, daß ihr auch die Nutznießung an dem Vermögen des Kindes zusteht (§. 1685).

Die veränderte Rechtsstellung, welche der Mutter durch das Bürgerliche Gesetzbuch eingeräumt wird, muß sich auch auf den der Landesgesetzgebung vorbehaltenen Gebieten bethätigen. Dementsprechend sind im Einführungsgesetze zum Bürgerlichen Gesetzbuch alle bisherigen reichsgesetzlichen Vorschriften, welche an die väterliche Gewalt anknüpfen, im Einzelnen geändert worden. Der gleiche Weg ist gegenüber den erheblich zahlreicheren einschlägigen Vorschriften der Landesgesetze, die neben dem bürgerlichen Gesetzbuch in Kraft bleiben, nicht gangbar. Zum Mindesten erscheint es zweckmäßiger und sicherer, die nothwendige Anpassung dieser Vorschriften an das neue Recht mittelst allgemeiner Bestimmungen, wie sie der vorliegende Artikel enthält, durchzuführen. Letzterer beschränkt sich auf die in Kraft bleibenden privatrechtlichen Vorschriften. Soweit in den bisherigen Gesetzen an die väterliche Gewalt öffentlichrechtliche Wirkungen, insbesondere die Befugniß zur Vertretung des Kindes bei der Ausübung öffentlicher Rechte, geknüpft wird, sollen die erforderlichen Aenderungen durch ein besonderes Gesetz vorgenommen werden.

Artikel 69.

Die Vorschriften des §. 1718 und des §. 1720 Abs. 2 des Bürgerlichen Gesetzbuchs setzen voraus, daß nach der Geburt eines unehelichen Kindes die Vaterschaft in einer öffentlichen Urkunde anerkannt wird. Für die Aufnahme einer solchen Urkunde ist nach §. 167 Abs. 2 des Reichsgesetzes über die Angelegenheiten der freiwilligen Gerichtsbarkeit außer den Amtsgerichten und Notaren auch der Standesbeamte, welcher die Geburt des Kindes oder die Eheschließung seiner Eltern beurkundet, zuständig, wenn die Anerkennung der Vaterschaft bei der Anzeige der Geburt oder bei der Eheschließung der Eltern erfolgt. Der §. 167 Abs. 2 ergänzt den §. 25 des Personenstandsgesetzes, demzufolge nur der das Geburtsregister führende Standesbeamte die Anerkennung beurkunden kann, und zwar nur durch Eintragung im Register; der §. 167 Abs. 2 giebt dem bezeichneten Standesbeamten auch die Befugniß zur Aufnahme einer besonderen Anerkennungsurkunde und legt ferner die Befugniß zur Beurkundung der Anerkennung in dem Register oder einer besonderen Urkunde auch dem die Eheschließung der Eltern beurkundenden Standesbeamten bei. Während aber nach feststehender Praxis (vergl. Entsch. des Reichsgerichts in Strafsachen Bd. 20 S. 15) der §. 25 des Personenstandsgesetzes die Beurkundung im Register auch im Falle nachträglicher Anerkennung der Vaterschaft gestattet, beschränkt sich, wie erwähnt, die im §. 167 Abs. 2 des Reichsgesetzes über die freiwillige Gerichtsbarkeit gewährte Beurkundungsbefugniß auf die Fälle, in denen die Anerkennung bei der Anzeige der Geburt oder bei der Eheschließung der Eltern erfolgt. Es erscheint zweckmäßig, in der vom Reichsgesetz eingeschlagenen Richtung noch einen Schritt weiter zu gehen und auf Grund des §. 200 des Reichsgesetzes die gleiche Beurkundungsbefugniß den Standesbeamten auch dann zu gewähren, wenn die Anerkennung nicht bei der Anzeige der Geburt des Kindes oder bei der Eheschließung seiner Eltern erfolgt.

Artikel 70.

Nach §. 1784 des Bürgerlichen Gesetzbuchs soll ein Beamter oder ein Religionsdiener, der nach den Landesgesetzen einer besonderen Erlaubniß zur Uebernahme einer Vormundschaft bedarf, nicht ohne die vorgeschriebene Erlaubniß zum Vormunde bestellt werden. Nach §. 1888 hat das Vormundschaftsgericht einen zum Vormunde bestellten Beamten oder Religionsdiener zu entlassen, wenn die Erlaubniß, die nach den Landesgesetzen zur Uebernahme der Vormundschaft oder zur Fortführung der vor dem Eintritt in das Amts- oder Dienstverhältniß übernommenen Vormundschaft erforderlich ist, versagt oder zurückgenommen wird. Diese Vorschriften gelten auch für die Bestellung zum Gegenvormunde, Pfleger oder Beistand und für die Entlassung aus einem dieser Aemter (§. 1792 Abs. 4, §§. 1595, 1915, 1694). Auf Grund der in den §§. 1784, 1888 gemachten Vorbehalte würde an sich die jetzt maßgebende Vorschrift des §. 22 der Vormundschaftsordnung vom 5. Juli 1875 ohne Weiteres unverändert bestehen bleiben. Da die Vormundschaftsordnung jedoch im Ganzen aufgehoben werden soll (Art. 87 Nr. 20), so müssen die Bestimmungen des §. 22 formell erneuert werden. Eine sachliche Aenderung erscheint nicht veranlaßt. Die Abweichungen, welche der Artikel 70 gegenüber der bisherigen Fassung aufweist, bezwecken lediglich, den Sinn der bestehenden Vorschrift zu verdeutlichen.

Artikel 71.

Das Bürgerliche Gesetzbuch ordnet in den §§. 1806 bis 1811 die Anlegung von Mündelgeld. Insbesondere bestimmt der §. 1807 die regelmäßigen Arten der Anlegung, der §. 1808 die Anlegung in dem Falle, daß nach den Umständen keine dieser Arten anwendbar ist; der §. 1811 ermächtigt das Vormundschaftsgericht, aus besonderen Gründen dem Vormund eine andere Anlegung als die in den §§. 1807, 1808 vorgeschriebene zu gestatten. Neben diesen reichsgesetzlichen Vorschriften bleibt in wichtigen Fragen der Landesgesetzgebung Raum für ergänzende Bestimmungen. Diese trifft der Entwurf in den Artikeln 71 bis 74. Ihre Bedeutung reicht, ebenso wie die der reichsgesetzlichen Vorschriften, über die Anlegung von Mündelgeld erheblich hinaus; denn die für letztere geltenden Vorschriften sind sowohl nach dem Bürgerlichen Gesetzbuche selbst (vergl. namentlich die §§. 234, 1079, 1377, 2119) als auch nach zahlreichen anderen reichs- und landesgesetzlichen oder statutarischen Bestimmungen in weitestem Umfange für die Anlegung sonstiger Gelder maßgebend.

Der §. 1807 des Bürgerlichen Gesetzbuchs nennt in Abs. 1 an erster Stelle die Anlegung in Forderungen, für die eine sichere Hypothek an einem inländischen Grundstücke besteht, oder in sicheren Grundschulden oder Rentenschulden an inländischen Grundstücken. Nach §. 1807 Abs. 2 können die Landesgesetze für die innerhalb ihres Geltungsbereichs belegenen Grundstücke die Grundsätze bestimmen, nach denen die Sicherheit einer Hypothek, einer Grundschuld oder einer Rentenschuld festzustellen ist. Auf Grund dieses Vorbehalts (vergl. Art. 3 des Einf.-Ges. zum B.G.B.) würden für Preußen die Vorschriften des §. 39 Abs. 3 der Vormundschaftsordnung vom 5. Juli 1875 in Kraft bleiben; wenn aber die Vormundschaftsordnung im Ganzen aufgehoben wird, so bedürfen sie anderweitigen Ersatzes. Die hierzu erforderlichen Vorschriften enthält der Artikel 71. Ueber die Regelung der Mündelsicherheit von Hypotheken, Grundschulden oder Rentenschulden sind die Oberlandesgerichtspräsidenten, die Landwirthschaftskammern, die Landschaften und einige landwirthschaftliche Vereine gutachtlich gehört worden. Der Entwurf hält an den Grundlagen des bisherigen Rechtes fest, sucht jedoch den inzwischen hervorgetretenen Mängeln desselben thunlichst abzuhelfen.

Im Anschluß an die Vormundschaftsordnung bestimmt der Entwurf die Werthgrenze für die mündelsichere Beleihung einerseits nach einem Vielfachen des Grundsteuerreinertrags, andererseits nach Bruchtheilen des durch eine Taxe ermittelten Werthes.

1. Die Bemessung der Beleihungsgrenze nach einem Vielfachen des Grundsteuerreinertrags macht eine Taxe entbehrlich und bietet daher den Vorzug der Einfachheit. Indessen leidet die bisherige Vorschrift, die allgemein das Fünfzehnfache als Werthgrenze bestimmt, an einer erheblichen Unvollkommenheit. Sie wird den Verschiedenheiten nicht gerecht, die sich bezüglich des Verhältnisses des Grundsteuerreinertrags zum Werthe der Grundstücke zwischen den einzelnen Landestheilen herausgebildet haben. Für den weitaus größten Theil der Monarchie bleibt der fünfzehnfache Betrag des Grundsteuerreinertrags hinter den ersten zwei Dritteln des durch Taxe ermittelten Werthes mehr oder weniger beträchtlich zurück. Dementsprechend behandeln die öffentlichen Sparkassen der Regel nach eine Hypothek für die Anlegung von Sparkassengeldern als sicher, wenn sie innerhalb des zwanzig- bis fünfundzwanzigfachen Grundsteuerreinertrags zu stehen kommt. In ähnlicher Höhe, zum Theil noch weitergehend sind die Beleihungsgrenzen von Landschaften und anderen Kreditanstalten gezogen. Für eine Neuregelung der Frage, welches Vielfache des Grundsteuerreinertrags für die Anlegung von Mündelgeld als sicher anzusehen ist, kommt es darauf an, das beleihbare Vielfache in einer die örtlichen Verschiedenheiten berücksichtigenden Weise zu bestimmen. Der Entwurf stellt zu diesem Behuf eine gesetzliche Regel auf, läßt aber zugleich in gewissen Grenzen Abweichungen zu. Bei der Bestimmung des allgemein beleihungsfähigen Vielfachen darf nicht unbeachtet bleiben, daß für einzelne Bezirke, insbesondere der Provinzen Ostpreußen und Schleswig-Holstein, das Fünfzehnfache des Grundsteuerreinertrags noch gegenwärtig die Grenze für eine ohne Weiteres als sicher anzuerkennende Beleihung zutreffend bezeichnet und daß auch die landschaftlichen Kreditanstalten zum Theil nur bis zu dem Fünfzehnfachen ohne besondere Werthermittelung beleihen. Nach dem Entwurfe soll deshalb nur dieses Vielfache allgemein und ohne weitere Voraussetzung für beleihungsfähig erachtet werden. Ueber diese Grenze kann jedoch selbst bei Grundstücken mit einem verhältnißmäßig hohen Grundsteuerertrage dann hinausgegangen werden, wenn die Beleihung zur ersten Stelle erfolgt. Bei einer solchen ist, wie nach dem Gesetze vom 13. Juli 1883, so auch nach den künftig maßgebenden reichsgesetzlichen Vorschriften über die Zwangsvollstreckung in das unbewegliche Vermögen ein Verlust des Gläubigers am Kapital ausgeschlossen. Hypotheken, Grundschulden oder Rentenschulden, denen kein anderes Recht im Range vorgeht oder gleichsteht, können daher unbedenklich allgemein als sicher anerkannt werden, wenn sie innerhalb des Zwanzigfachen des Grundsteuerreinertrags zu stehen kommen (§. 1 Abs. 1). Dabei können die der Eintragung nicht bedürfenden Rechte außer Betracht

bleiben. Im Uebrigen aber macht es der Regel nach keinen Unterschied, von welcher Art und Bedeutung das vorgehende oder gleichstehende Recht ist. Wird durch das Recht im einzelnen Falle die Sicherheit der Anlegung offenbar nicht gefährdet, so ist das Vormundschaftsgericht nach §. 1811 des Bürgerlichen Gesetzbuchs in der Lage, dem Vormunde die Anlegung zu gestatten.

Für nicht wenige Landestheile, in denen entweder die Grundsteuerveranlagung niedrig ausgefallen ist oder seit der Veranlagung die Grundstückswerthe erheblich gestiegen sind, wird bei der Beschränkung auf Beleihungen zur ersten Stelle ohne Gefährdung der Sicherheit ein noch höheres Vielfaches als Grenze angenommen werden können. Diese Verschiedenheiten lassen sich jedoch nicht unmittelbar im Gesetze berücksichtigen. Der Entwurf (Art. 71 §. 2) knüpft daher einerseits an die Beleihungsgrundsätze bestimmter öffentlicher Kreditanstalten in der Weise an, daß für Grundstücke, die von einer solchen Anstalt satzungsgemäß ohne besondere Ermittelungen bis zu einem größeren Vielfachen des Grundsteuerreinertrags als dem Zwanzigfachen beliehen werden können, statt des Zwanzigfachen das größere Vielfache maßgebend sein soll, und behält andererseits Königlicher Verordnung vor, für einzelne Bezirke statt des Zwanzigfachen ein größeres Vielfaches zu bestimmen; jedoch soll auf dem einen wie auf dem anderen Wege das Dreißigfache des Grundsteuerreinertrags nicht überschritten werden. Die Kreditanstalten, deren Beleihungsgrundsätzen hier Bedeutung für die Anlegung von Mündelgeld beigelegt wird, sind dieselben, deren Taxen auch als Werthmesser für die Mündelsicherheit anerkannt werden, nämlich die Preußischen öffentlichen Kreditanstalten, die durch Vereinigung von Grundbesitzern gebildet sind und durch staatliche Verleihung Rechtsfähigkeit erlangt haben, und die Preußischen provinzial-(kommunal-)ständischen öffentlichen Grundkreditanstalten. Die Beleihungsgrundsätze dieser Anstalten bedürfen der Königlichen Genehmigung; hierin liegt die Gewähr, daß bei ihrer Festsetzung auch der erweiterten Bedeutung, die ihnen nach der im Entwurfe vorgesehenen Bestimmung zukommt, Rechnung getragen wird.

Bezüglich der Fassung ist zu erwähnen, daß der Artikel 71 §. 1 von dem „staatlich ermittelten Grundsteuerreinertrag" spricht, um jeden Zweifel darüber abzuschneiden, daß ein für die Zwecke einer besonderen Gemeindesteuer nach §. 25 Abs. 2 des Kommunalabgabengesetzes vom 14. Juli 1893 (Gesetz-Samml. S. 152) festgestellter Reinertrag hier nicht in Betracht kommt.

Es liegt nahe, neben dem Grundsteuerreinertrag auch den Gebäudesteuernutzungswerth zur Bestimmung der Werthgrenze für mündelsichere Beleihungen heranzuziehen. Für den städtischen Grundbesitz würde hierdurch ein ähnlich einfacher Werthmesser gegeben sein wie im Grundsteuerreinertrage für den ländlichen Besitz; für den letzteren würden ferner durch die Mitberücksichtigung des Gebäudesteuernutzungswerths der Umfang und die Beschaffenheit des Gebäudeinventars bei der Feststellung des Beleihungswerths zur Geltung gelangen. Der Entwurf sieht jedoch, in Uebereinstimmung mit §. 39 Abs. 3 der Vormundschaftsordnung und mit der weit überwiegenden Mehrzahl der eingeholten Gutachten, von der Anerkennung des Gebäudesteuernutzungswerths als Maßstab für die Werthermittelung ab. Bei ländlichen Grundstücken kommen, abgesehen von unbewohnten, zum Betriebe der Landwirthschaft dienenden Gebäuden, die nach §. 3 Ziff. 7 des Gebäudesteuergesetzes vom 21. Mai 1861 (Gesetz-Samml. S. 317) zur Gebäudesteuer nicht veranlagt werden, nur Wohngebäude und zum Betriebe landwirthschaftlicher Nebengewerbe dienende Gebäude in Betracht. Erstere besitzen keinen oder nur einen sehr geringen selbständigen Nutzungswerth; bei den letzteren aber spricht gegen die Berücksichtigung des Nutzungswerths das Bedenken, daß dieser in besonderem Maße von der wirthschaftlichen Konjunktur abhängt. Aus dem gleichen Grunde müßten ferner unter den städtischen Gebäuden die ausschließlich oder vorzugsweise zum Gewerbebetriebe dienenden von der Beleihung mit Mündelgeld nach einem Vielfachen des Gebäudesteuernutzungswerths ganz ausgeschlossen werden. Indessen würde man bei dieser Ausnahme, die sich überdies kaum in einer praktisch brauchbaren Weise begrenzen ließe, nicht stehen bleiben können. Denn auch bei anderen Gebäuden, den im §. 5 Nr. 1 des Gesetzes vom 21. Mai 1861 erwähnten Schauspiel-, Ball-, Bade- und Gesellschaftshäusern, bei großstädtischen Miethshäusern u. s. w., unterliegen die Erträgnisse oft starken und raschen Schwankungen, sodaß die Einschätzung zur Gebäudesteuer, die nur in Zwischenräumen von je 15 Jahren erneuert wird, keinen dauernd und allgemein verläßlichen Maßstab für die Werthfeststellung bildet.

2. Anlangend die Bestimmung der Beleihungsgrenze nach Theilen des durch eine Taxe ermittelten Werthes, so hält der Entwurf an der bisherigen Unterscheidung zwischen ländlichen und städtischen Grundstücken und der Beleihbarkeit der ersten zwei Drittel bei ersteren, der ersten Hälfte bei letzteren im Allgemeinen fest. Die Verschiedenheit des beleihbaren Werththeils ist in Preußen althergebracht (vergl. A.L.R. I. 14 §. 188) und rechtfertigt sich durch die geringen Schwankungen des Werthes ländlicher Grundstücke. Zu einer Herabsetzung der Beleihungsgrenze für ländliche Grundstücke, die für den ländlichen Kredit von den schwerwiegendsten Folgen sein würde, besteht kein Grund, denn einer sorgfältig und vorsichtig aufgenommenen Taxe gegenüber hat die Beleihung bis zur Zweidrittelgrenze nicht zu Verlusten geführt. Die Bezeichnung der beiden Gattungen von Grundstücken als „städtische“ und „ländliche“ ist gleichfalls in dem durch lange Uebung festgestellten Sinne beibehalten.

Unter den für die Werthermittelung maßgebenden Taxen erwähnt der §. 39 Abs. 3 der Vormundschaftsordnung für ländliche Grundstücke zuerst die ritterschaftlichen oder landschaftlichen Taxen. Der Entwurf spricht statt dessen, in Anlehnung an §. 39 Abs. 4 der Vormundschaftsordnung, allgemeiner von der Taxe einer Preußischen öffentlichen Kreditanstalt, welche durch Vereinigung von Grundbesitzern gebildet ist und durch staatliche Verleihung Rechtsfähigkeit erlangt hat (Art. 71 §. 1 Abs. 2). Diese Kennzeichnung der in Betracht kommenden Taxen schließt einerseits die Taxen nicht öffentlicher Kreditanstalten der angegebenen Art, z. B. einer nicht öffentlichen Landschaft, aus, umfaßt aber andererseits auch die Taxen öffentlicher Kreditanstalten der bezeichneten Art, die nicht zu den landschaftlichen oder ritterschaftlichen gehören, z. B. das Berliner Pfandbriefinstitut. Mit dieser Erweiterung des Begriffs hängt die Berücksichtigung der hier fraglichen Taxen auch für die Ermittelung des Werthes städtischer Grundstücke zusammen. Den genannten Kreditanstalten sind nach dem Vorgange des §. 1 Abs. 2 des Gesetzes, betreffend die Zwangsvollstreckung aus Forderungen landschaftlicher (ritterschaftlicher) Kreditanstalten, vom 3. August 1897 (Gesetz-Samml. S. 388) die Preußischen provinzial-(kommunal-)ständischen öffentlichen Grundkreditanstalten an die Seite gestellt.

Bei städtischen und ländlichen Grundstücken läßt der Entwurf weiter, dem bisherigen Rechte entsprechend, gerichtliche Taxen zu. Für diese muß es zunächst bei den bevorstehenden Vorschriften bewenden. Die nothwendige einheitliche Neuregelung des gerichtlichen und namentlich des ländlichen Taxwesens, für welche die Vorbereitungen schon seit längerer Zeit im Gange sind, wird eine Aufgabe der künftigen Gesetzgebung bilden.

Wenn die Vormundschaftsordnung bei ländlichen Grundstücken auch noch die „Steuertaxe" erwähnt, so war hierbei an eine Schleswig-Holsteinische Einrichtung gedacht (vergl. die Verordnung vom 15. Dezember 1802, Chronolog. Samml. S. 142 ff.), welche inzwischen, wenn nicht früher, jedenfalls durch die Preußische Steuergesetzgebung beseitigt worden ist.

Bei städtischen Grundstücken berücksichtigt das bisherige Recht endlich die Taxen einer öffentlichen Feuerversicherungs-Gesellschaft. Auch hierin folgt ihm der Entwurf; er spricht jedoch von öffentlichen Feuerversicherungsanstalten, um auch kommunale Anstalten, wie die Nassauische Brandversicherungsanstalt und die Hessische Brandversicherungsanstalt in Cassel (Gesetz vom 21. Dezember 1871, Gesetz-Samml. S. 610; Gesetz vom 18. März 1879, Gesetz-Samml. S. 136), zu treffen. Die Taxen von privaten Feuerversicherungsgesellschaften denen der öffentlichen Feuerversicherungsanstalten hier gleichzustellen, erscheint nicht angängig.

Nach den für die Aufnahme der einzelnen Arten von Taxen maßgebenden Grundsätzen ist die Frage zu entscheiden, welcher Werth durch die Taxe zu ermitteln und mithin für die Feststellung der Beleihungsgrenze maßgebend ist.

3. Eine wichtige Ergänzung der Vorschriften über die maßgebenden Taxen sieht der Entwurf endlich insofern vor, als er neben den Taxen die zum Zwecke der Veranlagung der Ergänzungssteuer vorgenommenen Schätzungen des gemeinen Werthes der Grundstücke für die Feststellung der Beleihungsgrenze nutzbar machen will (Art. 71 §. 3). Es bedarf keiner Ausführung, in wie hohem Maße durch die Verwendung dieser Schätzungen die Prüfung der Mündelsicherheit und die Aufnahme hypothekarischer Darlehen erleichtert werden würden. Indessen darf für die Entscheidung, inwieweit die Steuerschätzungen hier berücksichtigt werden können, lediglich die Erwägung den Ausschlag geben, ob die Schätzungen den Werth der Grundstücke so zuverlässig feststellen, daß sie als Unterlagen für die Beurtheilung der Mündelsicherheit dienen können. Ueber diese Frage sind die Regierungen und die Vorsitzenden der Einkommensteuer-Berufungskommissionen gutachtlich gehört worden. Eine Anzahl von Berichten glaubt die Frage für die betreffenden Bezirke schon jetzt zum Theil unbedingt, zum Theil mit Einschränkungen bejahen zu können, während nach anderen Aeußerungen die Schätzungen zur Zeit noch nicht den

hier erforderlichen Grad von Genauigkeit erreicht haben. Es erscheint danach nicht zweifelhaft, daß es für nicht wenige Landestheile künftig zulässig sein wird, die Steuerschätzungen für die Feststellung der Beleihungsgrenze zu verwerthen. Dagegen wäre es bedenklich, den Schätzungen schon jetzt gesetzlich allgemein die Bedeutung eines Werthmessers für die Mündelsicherheit beizulegen. Für eine endgültige Entscheidung scheint auch deshalb die Zeit jetzt noch nicht gekommen, weil nach §. 37 des Ergänzungssteuergesetzes vom 14. Juli 1893 (Gesetz-Samml. S. 134) während des laufenden Etatsjahres eine neue Veranlagung der Ergänzungssteuer für die mit dem 1. April 1899 beginnende dreijährige Periode vorzunehmen ist, wobei sich Gelegenheit bieten wird, die bisherigen Schätzungen zu verbessern und zu vervollständigen. Ueberdies handelt es sich bei der Prüfung, ob die Steuerschätzungen für einen Bezirk den hier zu stellenden Anforderungen genügen, um eine Frage, die sich zur Entscheidung im Wege der Gesetzgebung nicht eignet. Aus diesen Gründen behält der Entwurf einer Königlichen Verordnung vor, die Steuerschätzungen allgemein oder für bestimmte Bezirke zur Feststellung des Werthes der Grundstücke für geeignet zu erklären. In Bezug auf ländliche Grundstücke fügt er jedoch eine Beschränkung hinzu. Hinsichtlich dieser kommt in Betracht, daß nach §. 11 des Ergänzungssteuergesetzes bei der Ermittelung des Werthes von Grundstücken, die dem Betriebe der Land- oder Forstwirthschaft, der Viehzucht, dem Wein-, Obst- oder Gartenbau dienen, außer dem Werthe der Liegenschaften und Gebäude auch der Werth des lebenden und todten Wirthschaftsinventars sowie die sonst zum Anlage- oder Betriebskapital gehörenden Werthe, einschließlich der den gewerblichen Nebenbetrieben dienenden Gegenstände, mit zu berücksichtigen sind. Da dieses sogenannte bewegliche Inventar bei verpachteten Grundstücken ganz oder theilweise dem Pächter zu gehören pflegt, allgemein auch der darauf fallende Theil des Gesammtwerths Schwankungen und Veränderungen unterworfen ist, so muß er für die Beurtheilung der Sicherheit der hypothekarischen Beleihung außer Betracht bleiben. Dementsprechend schränkt der Entwurf den zu Gunsten einer Königlichen Verordnung gemachten Vorbehalt dahin ein, daß auch bei ländlichen Grundstücken die Hälfte des durch die Steuerschätzung ermittelten Werthes als Sicherheitsgrenze gelten soll.

Werden durch die Königliche Verordnung die Steuerschätzungen der Benutzung als Beleihungsmaßstab zugänglich gemacht, so wird selbstverständlich das Verfahren bei der Mittheilung der Schätzungsergebnisse so zu regeln sein, daß ein Verstoß gegen die Geheimhaltung der Unterlagen für die Veranlagung der Einkommen- und Ergänzungssteuer ausgeschlossen ist.

Da die Vorschriften des Artikel 71 lediglich auf eine zweckmäßige Fortbildung der Bestimmungen des §. 39 Abs. 3 der Vormundschaftsordnung abzielen, so erscheint es angemessen, sie unabhängig von dem Geltungsbeginne des Bürgerlichen Gesetzbuchs alsbald in Kraft zu setzen (Art. 88 Abs. 2).

Artikel 72.

Nach §. 1807 Abs. 1 Nr. 4 des Bürgerlichen Gesetzbuchs gehören zu den regelmäßigen Arten der Anlegung von Mündelgeld Werthpapiere, insbesondere Pfandbriefe, sowie verbriefte Forderungen jeder Art gegen eine inländische kommunale Körperschaft oder die Kreditanstalt einer solchen Körperschaft, sofern die Werthpapiere oder die Forderungen von dem Bundesrathe zur Anlegung von Mündelgeld für geeignet erklärt sind. Unter den Werthpapieren, die im §. 39 der Vormundschaftsordnung als mündelsicher anerkannt sind, verbleibt nur den Schuldverschreibungen, die von dem Deutschen Reiche oder einem Deutschen Bundesstaat ausgestellt oder in Bezug auf die Verzinsung gewährleistet sind, unmittelbar kraft Reichsgesetzes nach §. 1807 Abs. 1 Nr. 2, 3 des Bürgerlichen Gesetzbuchs die Mündelsicherheit. Den übrigen in Preußen bisher anerkannten Werthpapieren kann sie für das ganze Reichsgebiet nur durch Beschluß des Bundesraths beigelegt werden. Jedoch bleiben die Vorschriften der Vormundschaftsordnung für deren bisheriges Geltungsgebiet auf Grund des Artikel 212 des Einführungsgesetzes zum Bürgerlichen Gesetzbuche bestehen. Die Aufrechterhaltung dieser landesgesetzlichen Bestimmungen ist auch insoweit und so lange unentbehrlich, als die Mündelsicherheit der betreffenden Werthpapiere nicht durch den vorbehaltenen Bundesrathsbeschluß außer Frage gestellt ist. Bei Aufhebung der Vormundschaftsordnung müssen daher die einschlägigen Bestimmungen des §. 39 ersetzt werden. Zu diesem Zwecke giebt der vorliegende Artikel die bestehenden Vorschriften wieder, jedoch mit einigen Aenderungen.

1. Eine Ergänzung des bisherigen Rechtes liegt zunächst darin, daß im Artikel 72 Abs. 1 Nr. 2 auch Schuldverschreibungen, die mit Genehmigung der staatlichen Aufsichtsbehörde von einer Kirchengemeinde oder einem kirchlichen Verband ausgestellt und entweder von Seiten der Inhaber unkündbar sind oder einer regelmäßigen Tilgung unterliegen, als mündelsicher anerkannt werden. Daß bisher die Möglichkeit fehlt, derartige mit Mündelsicherheit ausgestattete Werthpapiere auszugeben, hat sich als ein Mangel erwiesen, weil dadurch alle Körperschaften, Stiftungen und Anstalten, welche für die Anlegung ihres Geldes an die für Mündelgeld maßgebenden Grundsätze gebunden sind, die Betheiligung an Anleihen von Kirchengemeinden und kirchlichen Verbänden verschlossen ist. Die Beschlüsse der kirchlichen Organe über Anleihen, bei denen die Ausgabe von Schuldverschreibungen in Frage kommt, bedürfen der Genehmigung der staatlichen Aufsichtsbehörde (Gesetz vom 20. Juni 1875, Gesetz-Samml. S. 241, §. 50 Nr. 3; vom 3. Juni 1876, Gesetz-Samml. S. 125, Art. 24 Nr. 3; vom 6. April 1878, Gesetz-Samml. S. 145, Art. 32 Nr. 3; vom 6. August 1883, Gesetz-Samml. S. 295, Art. 21 Nr. 3; vom 6. Mai 1885, Gesetz-Samml. S. 135, §. 3 Nr. 3; vom 19. März 1886, Gesetz-Samml. S. 79, Art. 18 Nr. 3; vom 2. Juni 1890, Gesetz-Samml. S. 183, Art. 5 Nr. 3; vom 31. März 1892, Gesetz-Samml. S. 73; vom 18. Mai 1895, Gesetz-Samml. S. 175, §. 5 Abs. 3; vom 25. Juni 1898, Gesetz-Samml. S. 133, §. 5 Abs. 3). Durch das Erforderniß der Genehmigung ist für die Sicherheit der Schuldverschreibungen eine ausreichende Gewähr geboten.

2. Eine fernere Abweichung enthält der Artikel 72 Abs. 1 Nr. 3 gegenüber dem §. 39 Abs. 4 der Vormundschaftsordnung. Die letztere Vorschrift macht die Mündelsicherheit der mit staatlicher Genehmigung ausgegebenen

Pfandbriefe und gleichartigen Schuldverschreibungen solcher Kreditinstitute, welche durch Vereinigung von Grundbesitzern gebildet und mit Korporationsrechten versehen sind, von der weiteren Voraussetzung abhängig, daß die Kreditinstitute nach ihren Statuten die Beleihung von Grundstücken auf die im §. 39 Abs. 3 angegebenen Theile des Werthes zu beschränken haben. Diese Voraussetzung ist im Entwurfe weggelassen. Sie erscheint entbehrlich, weil durch die staatliche Genehmigung der Satzungen und insbesondere der Beleihungsgrundsätze der landschaftlichen und ähnlichen Kreditanstalten, durch die Staatsaufsicht über die Verwaltung sowie durch das eigene Interesse der Betheiligten an der Vermeidung zweifelhafter Beleihungen die Sicherheit der von der Kreditanstalt ausgegebenen Papiere genügend gewährleistet wird. Daß auch hier die Preußischen provinzial-(kommunal-)ständischen öffentlichen Grundkreditanstalten gleich behandelt werden, bedarf keiner Rechtfertigung.

Die Frage, ob und unter welchen Bedingungen auch den Hypothekenpfandbriefen der Hypotheken-Aktienbanken die Mündelsicherheit zuzugestehen ist, bleibt besonderer Erledigung vorbehalten.

Die Vorschriften des Artikel 72 sollen wie die des Artikel 71 schon vor dem Bürgerlichen Gesetzbuch in Kraft treten (Art. 88 Abs. 2). Auf diese Weise wird hier zugleich der Zweifel vermieden, ob die Bestimmungen des vorliegenden Artikels, sofern sie erst gleichzeitig mit dem Bürgerlichen Gesetzbuch in Kraft treten sollten, durch den Artikel 212 des Einführungsgesetzes gedeckt sein würden.

Artikel 73.

1. Nach §. 1807 Abs. 1 Nr. 5 des Bürgerlichen Gesetzbuchs kann Mündelgeld bei einer inländischen öffentlichen Sparkasse nur dann angelegt werden, wenn diese von der zuständigen Behörde des Bundesstaats, in welchem sie ihren Sitz hat, zur Anlegung von Mündelgeld für geeignet erklärt ist. Die Zuständigkeit für diese Erklärung ist neu zu regeln, da das bisherige Recht die Tauglichkeit öffentlicher Sparkassen zur Annahme von Mündelgeld nicht von einer Erklärung der zuständigen Behörde, sondern von der obrigkeitlichen Bestätigung der Sparkasse abhängig macht (Vormundschaftsordnung §. 39 Abs. 2). Der Entwurf bestimmt in Berücksichtigung der verschiedenen Interessen, die bei der Auswahl der geeigneten Sparkassen in Betracht kommen, daß die erforderliche Erklärung von dem Regierungspräsidenten im Einvernehmen mit dem Oberlandesgerichtspräsidenten abzugeben ist (Art. 73 §. 1). Die weitere Vorschrift, daß die Erklärung der Tauglichkeit jederzeit zurückgenommen werden kann, wird durch das Bürgerliche Gesetzbuch nicht ausgeschlossen und ist erforderlich, weil die Verhältnisse, welche für die Zulassung maßgebend waren, sich ändern können. Wenn der Entwurf für die Erklärung und die Rücknahme die Bekanntmachung durch das Amtsblatt vorschreibt, so entspricht dies der Bedeutung und Tragweite dieser Anordnungen.

Der §. 1809 des Bürgerlichen Gesetzbuchs verpflichtet den Vormund, Mündelgeld bei Sparkassen nur mit der Bestimmung anzulegen, daß zur Erhebung des Geldes die Genehmigung des Gegenvormundes oder des Vormundschaftsgerichts erforderlich ist. Es erscheint zweifelhaft, inwieweit die bestehenden öffentlichen Sparkassen nach den für sie maßgebenden statutarischen Bestimmungen (vergl. Nr. 14 des Reglements, die Einrichtung des Sparkassenwesens betreffend, vom 12. Dezember 1838, Gesetz-Samml. 1839 S. 5) berechtigt sein würden, Mündelgeld anzunehmen, welches mit der im §. 1809 vorgeschriebenen Bestimmung angelegt werden soll. Ohne diese Berechtigung der Sparkassen würde aber die Vorschrift des §. 1807 Abs. 3 Nr. 5 des Bürgerlichen Gesetzbuchs, wonach die Anlegung bei einer dazu für geeignet erklärten öffentlichen Sparkasse künftig zu den regelmäßigen Arten der Anlegung von Mündelgeld gehören soll, theilweise wirkungslos bleiben. Die zu diesem Zwecke erforderlichen Statutenänderungen werden im Wege der Verwaltung herbeigeführt werden können.

2. Nach §. 60 der Vormundschaftsordnung vom 5. Juli 1875 kann das Vormundschaftsgericht anordnen, daß Werthpapiere des Mündels, welche auf den Inhaber lauten oder an den Inhaber gezahlt werden können, außer Kurs gesetzt werden. Auf Grund dieser Vorschrift läßt die Praxis auch bei Sparkassenbüchern eine Außerkurssetzung zu (Jahrb. f. Entsch. d. Kammergerichts Bd. 3 S. 31; gegen diese Praxis Eccius, Preuß. Privatrecht Bd. 4 §. 233 Anm. 15, 7. Aufl. S. 221; Dernburg-Schultzenstein, Vormundschaftsrecht §. 85 S. 351). Dem Zwecke, welcher durch die Außerkurssetzung erreicht werden soll, dient im Bürgerlichen Gesetzbuche die soeben erwähnte Vorschrift des §. 1809. Nach Artikel 210 des Einführungsgesetzes zum Bürgerlichen Gesetzbuche finden auf eine zur Zeit des Inkrafttretens des Bürgerlichen Gesetzbuchs bestehende Vormundschaft oder Pflegschaft von dieser Zeit an die Vorschriften des Bürgerlichen Gesetzbuchs Anwendung. Diese allgemeine Bestimmung erscheint jedoch zur Entscheidung der Frage nicht ausreichend, welche Wirkung der vor dem Inkrafttreten des Bürgerlichen Gesetzbuchs erfolgten Außerkurssetzung eines Sparkassenbuchs nach dieser Zeit zukommt. Es empfiehlt sich daher, die Bedeutung der Außerkurssetzung landesgesetzlich dahin klarzustellen, daß durch sie die Erhebung des Geldes von der Genehmigung des Gegenvormundes oder des Vormundschaftsgerichts abhängig gemacht wird (Art. 73 §. 3). Die Zulässigkeit einer solchen Vorschrift unterliegt jedenfalls schon im Hinblick auf den Artikel 99 des Einführungsgesetzes keinem Bedenken.

Sind auf Grund des §. 60 der Vormundschaftsordnung Inhaberpapiere des Mündels außer Kurs gesetzt, so genügen die reichsgesetzlichen Vorschriften. Die Außerkurssetzung verliert ihre Wirkung (Einf.-Ges. z. B.G.B. Art. 176 Satz 2; Einf.-Ges. zum H.G.B. Art. 26) und der Vormund ist nach Maßgabe der §§. 1814, 1815, 1817 des Bürgerlichen Gesetzbuchs zur anderweitigen Sicherstellung des Mündels verpflichtet.

Artikel 74.

Für den Fall, daß die Anlegung von Mündelgeld den Umständen nach nicht in der im §. 1807 des Bürgerlichen Gesetzbuchs bezeichneten Weise erfolgen kann, gestattet der §. 1808 die Anlegung, außer bei der Reichsbank, auch bei einer Staatsbank oder einer durch Landesgesetz dazu für geeignet erklärten inländischen Bank oder bei einer Hinterlegungsstelle. Für Preußen kommt als Staatsbank die Seehandlung in Betracht, da diese eine Behörde ist, die auch die Verrichtungen einer Staatsbank wahrnimmt.

Der Entwurf bezeichnet im Artikel 74 Abs. 1 die sonstigen Preußischen Banken, bei denen die Anlegung von Mündelgeld zulässig sein soll. Er zählt hierzu die Preußische Central-Genossenschafts-Kasse. Die Annahme von Spareinlagen liegt innerhalb des Geschäftskreises dieser Anstalt (§. 2 Abs. 1 Nr. 3 des Gesetzes vom 31. Juli 1895, Gesetz-Samml. S. 310); die Kasse ist auch nach der Art der von ihr betriebenen Geschäfte als eine Bank im Sinne der reichsgesetzlichen Vorschrift anzusehen. Das Letztere gilt nicht minder von den landschaftlichen oder ritterschaftlichen Darlehnskassen und den von Provinzen oder Landeskommunalverbänden errichteten gleichartigen Instituten. Bei ihnen handelt es sich ihrer Verfassung nach um öffentliche Anstalten, die ohne Bedenken als zur Anlegung von Mündelgeld geeignet anerkannt werden können. Dagegen erscheint es im Allgemeinen weder durch das Bedürfniß geboten noch angängig, einzelnen Privatbanken gesetzlich die Tauglichkeit zur Annahme von Mündelgeld zuzusprechen. Soweit jedoch die Werthpapiere von Privatbanken zur Anlegung von Mündelgeld durch den im §. 1807 Abs. 1 Nr. 4 des Bürgerlichen Gesetzbuchs vorbehaltenen Beschluß des Bundesraths für geeignet erklärt werden, würde kein ausreichender Grund bestehen, in den Fällen des §. 1808 des Bürgerlichen Gesetzbuchs nicht auch die unmittelbare Anlegung von Mündelgeld bei einer solchen Bank zuzulassen. In den bezeichneten Grenzen berücksichtigt der Entwurf deshalb auch Privatbanken.

Was die Anlegung von Mündelgeld bei den Hinterlegungsstellen betrifft, so kann sie nach Artikel 144 Satz 2 des Einführungsgesetzes zum Bürgerlichen Gesetzbuche landesgesetzlich ausgeschlossen werden. Von dieser Befugniß ist im Artikel 74 Abs. 2 Gebrauch gemacht. Das geltende Recht kennt die gedachte Art der Anlegung nicht (Vormundschaftsordnung §. 39 Abs. 2). Da das neue Reichsrecht die bisherigen Anlegungsarten beibehält und die Anlegung bei Sparkassen sogar in erweitertem Umfange zuläßt, so wird für die Anlegung bei den Hinterlegungsstellen auch künftig kein Bedürfniß bestehen.

Artikel 75.

Im Einklange mit dem in Preußen geltenden Rechte behält das Bürgerliche Gesetzbuch die Obervormundschaft dem Staate vor, weist jedoch einem Gemeindeorgane, dem Gemeindewaisenrath, eine unterstützende Thätigkeit zu. Die Aufgaben des Gemeindewaisenraths als Hülfsorgan der Obervormundschaft sind reichsgesetzlich wesentlich übereinstimmend mit dem Preußischen Rechte geregelt (vergl. B.G.B. §. 1675, §. 1779 Abs. 1, §. 1792 Abs. 4, §§. 1849 bis 1851, §. 1862 Abs. 1, §. 1915; Reichsgesetz über die Angelegenheiten der freiwilligen Gerichtsbarkeit §. 49). Die Einrichtung der Gemeindewaisenräthe ist dagegen der Landesgesetzgebung überlassen. Zu einer sachlichen Aenderung der jetzt maßgebenden Vorschriften des §. 52 der Vormundschaftsordnung bietet die reichsgesetzliche Regelung des Vormundschaftsrechts im Allgemeinen keinen Anlaß. Der Artikel 75 giebt daher zunächst im §. 1 Abs. 1 bis 4 die Bestimmungen des §. 52 inhaltlich unverändert wieder. In der Fassung ist unterschieden zwischen dem Gemeindewaisenrath als der reichsgesetzlich vorausgesetzten Gemeindebehörde und dem einzelnen Mitgliede dieser Behörde, das wie bisher als Waisenrath bezeichnet wird. Bezüglich der bis zum Inkrafttreten des Bürgerlichen Gesetzbuchs im Amte befindlichen Waisenräthe ist durch eine Uebergangsvorschrift klargestellt, daß sie im Amte bleiben (§. 1 Abs. 5). Dies entspricht dem Artikel 210 Abs. 2 Satz 1 des Einführungsgesetzes zum Bürgerlichen Gesetzbuche.

Nur nach einer Richtung gestaltet der Entwurf die Einrichtung des Gemeindewaisenraths weiter aus. In Betreff der Betheiligung der Frauen an der vormundschaftlichen Fürsorge nimmt das Bürgerliche Gesetzbuch insofern einen vom bestehenden Rechte wesentlich abweichenden Standpunkt ein, als es die Frauen grundsätzlich als zum Vormunde geeignet anerkennt (§§. 1781, 1783, §. 1786 Abs. 1 Nr. 1). Das neue Reichsrecht hat sich hiermit die Auffassung angeeignet, daß für die Fälle, in denen der Schwerpunkt der Vormundschaft in der Sorge für die Person des Mündels liegt, unter den Frauen besonders geeignete Kräfte zur Wahrnehmung der Pflichten des Vormundes zu finden seien. Von dem gleichen Gedanken ausgehend, will der Entwurf die Heranziehung von Frauen zur Unterstützung des Gemeindewaisenraths ermöglichen. Er gestattet daher, daß durch die für die Bestellung des Gemeindewaisenraths zuständigen Behörden Frauen, die dazu bereit sind, als Waisenpflegerinnen widerruflich bestellt werden, und weist diesen die Aufgabe zu, unter der Leitung des Gemeindewaisenraths bei der Beaufsichtigung der im Kindesalter stehenden Mündel und bei der Ueberwachung weiblicher Mündel mitzuwirken (§. 2).

Artikel 76.

Das Bürgerliche Gesetzbuch kennt keine gesetzliche Vormundschaft; die Vormundschaft wird in allen Fällen von dem Vormundschaftsgericht angeordnet, der Vormund von diesem bestellt (§§. 1774, 1789). Nach Artikel 136 des Einführungsgesetzes zum Bürgerlichen Gesetzbuche bleiben jedoch die Bestimmungen der Preußischen Vormundschaftsordnung über die gesetzliche Vormundschaft des Vorstandes gewisser Verpflegungsanstalten in Betreff der in die Anstalt aufgenommenen Minderjährigen in Kraft. Die bestehenden Vorschriften sind in dem vorliegenden Artikel lediglich dem Reichsrecht angepaßt.

Nach §. 13 der Vormundschaftsordnung gebühren die Rechte und Pflichten eines gesetzlichen Vormundes nur dem Vorstand einer unter der Verwaltung des Staates oder einer Gemeindebehörde stehenden Verpflegungsanstalt. Der Artikel 136 des Einführungsgesetzes spricht von dem Vorstand einer unter staatlicher Verwaltung oder Aufsicht stehenden Erziehungs- oder Verpflegungsanstalt. Da jedoch die unter der Verwaltung einer Gemeindebehörde stehenden Anstalten ohne Weiteres auch der staatlichen Aufsicht unterliegen, so kann die bisherige Bezeichnung der in Betracht kommenden Anstalten beibehalten werden. Schon die jetzt geltende Vorschrift bezieht sich auch auf Anstalten, welche die geistige Pflege bezwecken. Es bedeutet daher keine oder doch keine erhebliche Aenderung, wenn der Entwurf neben den Verpflegungsanstalten die Erziehungsanstalten besonders erwähnt. Auch im Uebrigen weicht der §. 1 des Artikel 76 von dem §. 13 der Vormundschaftsordnung nur in der Fassung ab. In Uebereinstimmung mit diesem bestimmt der Abs. 2, daß die vormundschaftlichen Rechte und Pflichten des Anstaltsvorstandes mit dem Zeitpunkte erlöschen, in welchem das Vormundschaftsgericht gemäß der ihm reichsgesetzlich (Art. 136 Nr. 1 des Einf.-Ges.) zustehenden Befugniß statt des Vorstandes einen anderen Vormund bestellt. Daß eine Bestellung des gesetzlichen Vormundes nicht stattfindet (vergl. Vormundschaftsordnung §. 24 Abs. 3), bedarf besonderen Ausspruchs nicht.

In Ergänzung des §. 1851 des Bürgerlichen Gesetzbuchs schreibt der Entwurf, entsprechend dem §. 54 Abs. 1 der Vormundschaftsordnung, vor, daß das Vormundschaftsgericht dem Gemeindewaisenrathe des Bezirkes, in dem die Anstalt liegt, die Aufnahme des Minderjährigen in die Anstalt mitzutheilen hat, und verpflichtet, um das Gericht zu dieser Mittheilung in den Stand zu setzen, den Anstaltsvorstand zur Anzeige von der Aufnahme an das Gericht. Daß mit der Aufnahme des Mündels in die Anstalt das Amt des bisherigen Vormundes endigt, ist im Anschluß an den §. 62 Abs. 2 der Vormundschaftsordnung der Deutlichkeit wegen ausgesprochen.

Bezüglich der Stellung des Anstaltsvorstandes als gesetzlichen Vormundes gilt gegenwärtig die Besonderheit, daß neben ihm ein Gegenvormund nur zu bestellen ist, wenn dessen Anhörung nach §. 55 Abs. 2 der Vormundschaftsordnung zur Prüfung einer der Genehmigung des Vormundschaftsgerichts bedürftigen Handlung erforderlich wird, und zwar erfolgt die Bestellung nur zum Zwecke dieser Prüfung (§. 26 Abs. 4 daselbst). Das Bürgerliche Gesetzbuch erfordert in dem §. 1826, welcher dem angeführten §. 55 Abs. 2 entspricht, die Anhörung des Gegenvormundes nur, wenn ein solcher vorhanden ist. Dementsprechend bestimmt der Entwurf schlechthin, daß ein Gegenvormund neben dem Anstaltsvorstande nicht zu bestellen ist. Die Zulässigkeit dieser Vorschrift ergiebt sich aus Artikel 136 Nr. 4 des Einführungsgesetzes. Der letztere Vorbehalt gestattet auch, dem Anstaltsvorstande die im §. 1852 Abs. 2 des Bürgerlichen Gesetzbuchs bestimmten Befreiungen zu gewähren. Von dieser Befugniß macht der Entwurf gleichfalls Gebrauch. Soweit der Anstaltsvorstand hierdurch von dem Erfordernisse der Genehmigung des Gegenvormundes zur Anlegung von Mündelgeld und zu den im §. 1812 des Bürgerlichen Gesetzbuchs bezeichneten Rechtsgeschäften befreit wird, entspricht dies dem bestehenden Rechte (Vormundschaftsordnung §§. 39, 41 verb. mit §. 26 Abs. 4).

Der Artikel 136 Nr. 2, 3 des Einführungsgesetzes ermächtigt ferner die Landesgesetzgebung, für Minderjährige, die unter der Aufsicht eines Beamten in einer von ihm ausgewählten Familie oder Anstalt oder, sofern es sich um uneheliche Kinder handelt, in der mütterlichen Familie erzogen oder verpflegt werden, dem Beamten die Rechte und Pflichten eines Vormundes zu übertragen. Indessen ist hierbei eine öffentlichrechtliche Einrichtung vorausgesetzt, welche in Preußen nicht besteht, für deren Einführung auch ein Bedürfniß nicht hervorgetreten ist. Der Vorbehalt kommt deshalb für den Entwurf nicht in Betracht.

Artikel 77.

Nach §. 1960 Abs. 1 des Bürgerlichen Gesetzbuchs hat das Nachlaßgericht, soweit ein Bedürfniß besteht, für die Sicherung des Nachlasses zu sorgen, wenn der Erbe die Erbschaft noch nicht angenommen hat oder wenn die Annahme ungewiß oder der Erbe unbekannt ist; es kann insbesondere die Anlegung von Siegeln und die Aufnahme eines Nachlaßverzeichnisses anordnen. Daneben erhält jedoch der Artikel 140 des Einführungsgesetzes die landesgesetzlichen Vorschriften aufrecht, nach welchen das Nachlaßgericht auch unter anderen Voraussetzungen die Anfertigung eines Nachlaßverzeichnisses sowie bis zu dessen Vollendung die erforderlichen Sicherungsmaßregeln, insbesondere die Anlegung von Siegeln, von Amtswegen anordnen kann oder soll. Da als Nachlaßgericht nicht nur die Amtsgerichte, welche nach §. 72 des Reichsgesetzes über die Angelegenheiten der freiwilligen Gerichtsbarkeit für die Verrichtungen des Nachlaßgerichts zuständig sind, sondern nach Artikel 147 des Einführungsgesetzes zum Bürgerlichen Gesetzbuche kraft Landesgesetzes auch andere als gerichtliche Behörden in Betracht kommen können, so deckt der Vorbehalt des Artikel 140 alle bestehenden Vorschriften, welche den Gerichten oder anderen Behörden, namentlich Ortsbehörden, eine über das Reichsrecht hinausgehende amtliche Fürsorge für die Sicherung des Nachlasses auferlegen. Derartige Vorschriften finden sich auch in dem in Preußen geltenden Rechte, und zwar, abgesehen von den §§. 461, 462 des Allgemeinen Landrechts Theil I Titel 9 und dem §. 4 Nr. 1 der Allgemeinen Gerichtsordnung Theil II Titel 5 sowie dem Artikel 819 Abs. 2 des code civil und dem Artikel 911 des code de procédure civile, welche durch Artikel 87 Nr. 1, 2 des vorliegenden Entwurfes und durch Artikel 141 Nr. 1, 2 des Entwurfes eines Preußischen Gesetzes über die freiwillige Gerichtsbarkeit aufgehoben werden sollen, namentlich für das vormalige Herzogthum Nassau (Amtsverwaltungsordnung vom 5. Juni 1816 §. 7) und für das Gebiet der vormals freien Stadt Frankfurt (Gesetz über das Fiskatat vom 3. Dezember 1861, Gesetz- und Statuten-Samml. S. 79, §. 12). Nach diesen Vorschriften erstreckt sich die Fürsorgepflicht der Nachlaßbehörde insbesondere auf den Fall, daß ein bestimmter Erbe minderjährig oder aus einem anderen Grunde nicht voll geschäftsfähig oder abwesend ist. Für diese Fälle reichen jedoch die Vorschriften des Vormundschaftsrechts aus (vergl. insbesondere B.G.B. §§. 1846, 1911). Da somit für die Aufrechterhaltung der vorerwähnten Vorschriften, die an sich durch den Artikel 140 des Einführungsgesetzes gedeckt werden würden, kein Bedürfniß besteht, hebt der Artikel 77 sie allgemein auf.

Artikel 78.

Nach §. 2249 des Bürgerlichen Gesetzbuchs kann, wenn zu besorgen ist, daß der Erblasser früher sterben werde, als die Errichtung eines Testaments vor einem Richter oder einem Notar möglich ist, das Testament vor dem Vorsteher der Gemeinde, in welcher er sich aufhält, oder, falls er sich im Bereich eines durch Landesgesetz einer Gemeinde gleichgestellten Verbandes oder Gutsbezirkes aufhält, vor dem Vorsteher dieses Verbandes oder Bezirkes errichtet werden. Dieselbe Testamentsform gestattet der §. 2250 demjenigen, welcher sich an einem Orte aufhält, der in Folge des Ausbruchs einer Krankheit oder in Folge sonstiger außerordentlicher Umstände dergestalt abgesperrt ist, daß die Errichtung eines Testaments vor einem Richter oder vor einem Notar nicht möglich oder erheblich erschwert ist. Landesgesetzlich den Gemeinden gleichgestellte Verbände im Sinne des §. 2249 giebt es in Preußen nicht; namentlich stellen die Rheinischen Landbürgermeistereien und die Westfälischen Aemter solche Verbände nicht dar (Gemeindeordnung für die Rheinprovinz vom 23. Juli 1845, Gesetz-Samml. S. 523, §. 8; Landgemeindeordnung für die Provinz Westfalen vom 19. März 1856, Gesetz-Samml. S. 265, §. 5).

Was sodann die selbständigen Gutsbezirke anlangt, so unterliegt es sachlich keinem Zweifel, daß die im Bereich eines solchen Gutsbezirkes sich aufhaltenden Personen in der Lage sein müssen, ein Nothtestament vor dem Gutsvorsteher zu errichten. Sonst würde ihnen im Falle dringender Lebensgefahr eine außerordentliche Testamentsform ganz versagt sein und nur die privatschriftliche Errichtung nach §. 2231 Nr. 2 des Bürgerlichen Gesetzbuchs übrig bleiben, sofern nicht auch diese Form durch Minderjährigkeit oder die Unfähigkeit des Erblassers, zu schreiben oder Geschriebenes zu lesen, ausgeschlossen wäre; im Falle des §. 2250 des Bürgerlichen Gesetzbuchs stände den gedachten Personen von den reichsgesetzlich zugelassenen beiden außerordentlichen Testamentsformen nur die der mündlichen Erklärung vor drei Zeugen zu Gebote. Im Gebiete des Allgemeinen Landrechts würde hierdurch für die gutseingesessene Bevölkerung eine Verschlechterung des bisherigen Rechtszustandes herbeigeführt werden, da jetzt die Errichtung eines Nothtestaments vor dem Dorfgericht einer benachbarten Gemeinde als zulässig gilt (Entsch. des Reichsgerichts vom 13. Februar 1896, Just.-Min.-Bl. 1896 S. 226), während künftig dem Vorsteher einer benachbarten Gemeinde die entsprechende Zuständigkeit fehlen würde. Fraglich kann dagegen erscheinen, ob die Preußischen Gutsbezirke im Sinne des §. 2249 Abs. 1 des Bürgerlichen Gesetzbuchs nicht ohne Weiteres „durch Landesgesetz einer Gemeinde gleichgestellt“ sind. Für die Bejahung der Frage spricht, daß für den Bereich eines selbstständigen Gutsbezirkes der Besitzer des Gutes im Allgemeinen zu den Pflichten und Leistungen verbunden ist, welche den Gemeinden für den Bereich des Gemeindebezirkes im öffentlichen Interesse gesetzlich obliegen, und daß er mit den obrigkeitlichen Befugnissen und Pflichten eines Gemeindevorstehers ausgestattet ist (vergl. Landgemeindeordnung für die östlichen Provinzen vom 3. Juli 1891, Gesetz-Samml. S. 233, §§. 122, 123; Landgemeindeordnung für Schleswig-Holstein vom 4. Juli 1892, Gesetz-Samml. S. 191, §§. 122, 123; Kreisordnung für Hannover vom 6. Mai 1884, Gesetz-Samml. S. 181, §. 36; Landgemeindeordnung für Hessen-Nassau vom 4. August 1897, Gesetz-Samml. S. 301, §. 94; Landgemeindeordnung für Westfalen vom 19. März 1866 §. 3). Indessen hat die Reichsgesetzgebung es vielfach für nothwendig gehalten, gewisse für Gemeinden gegebene Bestimmungen ausdrücklich auf die Gutsbezirke auszudehnen (§. 8 des Gesetzes vom 13. Juni 1873, Reichs-Gesetzbl. S. 129; Personenstandsgesetz §. 10; Krankenversicherungsgesetz vom 15. Juni 1883, Reichs-Gesetzbl. S. 73, §. 83 u. s. w.). Es erscheint deshalb gegenüber dem §. 2249 des Bürgerlichen Gesetzbuchs, der die Gleichstellung der Gutsbezirke der Landesgesetzgebung vorbehält, jedenfalls vorsichtiger, durch eine ausdrückliche Vorschrift Zweifel über die Gleichstellung auszuschließen (Art. 78 Abs. 1).

Für den Fall des §. 2249 des Bürgerlichen Gesetzbuchs gestattet der Artikel 150 des Einführungsgesetzes zum Bürgerlichen Gesetzbuche der Landesgesetzgebung ferner, zu bestimmen, daß an Stelle des Vorstehers oder neben dem Vorsteher eine andere amtlich bestellte Person zuständig ist. Der Vorbehalt ist für Preußen namentlich mit Rücksicht auf die Nordseeinseln von Bedeutung. Für die Insel Helgoland wird zwar die reichsgesetzlich begründete Zuständigkeit des Gemeindevorstehers hinreichen, da die dortigen Gemeindeverhältnisse Gewähr dafür bieten, daß das Amt des Gemeindevorstehers sich stets in geschäftskundigen Händen befindet. Dagegen läßt sich das Gleiche nicht durchweg für die Ostfriesischen und die Nordfriesischen Inseln sagen. Auf den ersteren ist durch das Ausschreiben vom 24. November 1817 (Hagemann, Sammlung der Hannoverschen Landesverordnungen 1817 II S. 521) den Predigern die Befugniß ertheilt worden, unter Hinzuziehung des Vogtes und eines Zeugen oder zweier Zeugen letztwillige Verfügungen aufzunehmen; diese Testamentsform kommt häufig zur Anwendung, und es läßt sich nicht verkennen, daß die Prediger zu einer sachgemäßen Beurkundung des letzten Willens im Allgemeinen besser befähigt sind als manche Gemeindevorsteher auf den kleineren Inseln. Das Gleiche trifft für einzelne Nordfriesische Inseln zu, wo im Gebiete des Nordstrander Landrechts die Errichtung vor dem Prediger ebenfalls eine ordentliche Testamentsform bildet (Esmarch, Handbuch des Erbrechts im Herzogthum Schleswig §§. 42, 44). Es kommt hinzu, daß mehrere der kleinen Halligen nicht selbständige Gemeinden sind, sondern zu anderen Gemeinden gehören, nämlich Nordstrandischmoor zur Nordstrand, Habel und Apelland zu Gröde, Süderoog und Südfall zu Pellworm, Norderoog zu Hooge. Wenngleich für diese Inseln auch die Prediger in den Hauptgemeinden wohnen, so wird sie doch in den hier fraglichen Nothfällen nicht selten schon ihr Beruf zu den ihres Beistandes bedürfenden Gemeindegliedern führen. Um die Berücksichtigung dieser besonderen örtlichen Verhältnisse zu ermöglichen, macht der Entwurf von dem Vorbehalte des Artikel 150 dergestalt Gebrauch, daß der Justizminister befugt sein soll, an Stelle des Vorstehers oder neben dem Vorsteher einer Gemeinde eine andere Person zu bestellen, vor welcher die Errichtung eines Nothtestaments zu erfolgen hat (Art. 78 Abs. 2). Dem Justizminister ist in diesem Falle zweckmäßig auch die Festsetzung der Gebühren zu überlassen.

Artikel 79.

Im Falle der Errichtung eines Testaments vor einem Richter oder einem Notar soll nach §. 2246 Abs. 1 des Bürgerlichen Gesetzbuchs das über die Errichtung aufgenommene Protokoll nebst Anlagen von dem Richter oder dem Notar verschlossen, mit einer Aufschrift versehen und sodann in besondere amtliche Verwahrung gebracht werden. In gleicher Weise ist bei der Errichtung eines Nothtestaments vor dem Vorsteher einer Gemeinde und, sofern die Parteien nicht das Gegentheil verlangen, bei der Errichtung eines Erbvertrags zu verfahren (§. 2249 Abs. 1, §. 2277 Abs. 1). Auch ein nach §. 2231 Nr. 2 in privatschriftlicher Form errichtetes Testament ist auf Verlangen des Erblassers in amtliche Verwahrung zu nehmen (§. 2248). Die hier vorgeschriebene amtliche Verwahrung der Testamente und Erbverträge muß mangels reichsgesetzlicher Bestimmungen landesgesetzlich näher geregelt werden (Mot. z. Entw. 1. Lesung Bd. 5 S. 296; Protokolle 2. Lesung S. 7209, 7210; Reichsgesetz über die Angelegenheiten der freiwilligen Gerichtsbarkeit §. 200).

Wird ein Testament vor einem Richter, d. h. nach §. 167 des Reichsgesetzes über die Angelegenheiten der freiwilligen Gerichtsbarkeit vor einem Amtsgericht, errichtet, so entspricht es dem bestehenden Rechte (A. L. R. I. 12 §. 112; A.G.O. II. 4 §. 8; Hinterlegungsordnung vom 14. März 1879 §. 89; Gesetz vom 28. Juni 1886, Gesetz-Samml. S. 175, §. 11) und dem regelmäßigen Willen des Erblassers, daß auch die Verwahrung des Testaments bei demselben Amtsgericht erfolgt (Art. 79 §. 1, §. 2 Nr. 1). Diese Bestimmung der örtlichen Zuständigkeit macht eine Versendung des Testaments entbehrlich. Freilich kann, wenn der Erblasser außerhalb des Bezirkes des betreffenden Amtsgerichts stirbt, der Fall eintreten, daß letzteres von dem Tode keine Kenntniß erhält und daher die Eröffnung des Testaments unterbleibt. Indessen läßt sich diese Möglichkeit durch die Regelung der Zuständigkeit überhaupt nicht beseitigen; vielmehr ist es Sache des Erblassers und der sonstigen Betheiligten, sie ihrerseits auszuschließen. Der Entwurf giebt dem Erblasser zu diesem Zwecke die Befugniß, jederzeit zu verlangen, daß die Verwahrung bei einem anderen Amtsgericht erfolgt (§. 2 Abs. 2).

Soweit das bisherige Recht die Errichtung eines Testaments vor einem Notar kennt, ist die Verwahrung verschieden geordnet. Im Gebiete des Rheinischen Rechtes bleibt das notarielle Testament in der Verwahrung des Notars (Rhein. Notariatsordnung vom 25. April 1822 Art. 37). Dagegen verpflichtet der §. 44 der Hannoverschen Notariatsordnung vom 18. September 1853 den Notar, das von ihm auf- oder angenommene Testament im Original innerhalb acht Tagen dem Gerichte seines Wohnorts persönlich zur Deposition zu überreichen. Der Entwurf schließt sich im Wesentlichen der letzteren Vorschrift an (§. 1, §. 2 Nr. 2). Wenn es sich darum handelt, die Verwahrung der Testamente einheitlich zu regeln, so spricht schon die Rücksicht auf den im weitaus größten Theile der Monarchie bestehenden Rechtszustand und die dort herrschenden Gewohnheiten dafür, auch die Verwahrung der notariellen Testamente den Gerichten zuzuweisen. Nur sie sind überall mit den zur sicheren Aufbewahrung nothwendigen Einrichtungen versehen. Die ausschließliche Zuständigkeit der Amtsgerichte erleichtert auch in erwünschter Weise die Feststellung, ob ein Testament vorhanden ist, und sichert, soweit thunlich, die rechtzeitige Eröffnung der Testamente. Wird dem Amtsgericht, in dessen Bezirke der Notar seinen Wohnsitz hat, die Zuständigkeit für die Verwahrung beigelegt, so ergiebt sich die Verpflichtung des Notars zur alsbaldigen Ablieferung des vor ihm errichteten Testaments aus den reichsgesetzlichen Vorschriften und der Amtsstellung des Notars von selbst. Dem Notar eine Frist zu setzen und ihn zur persönlichen Ablieferung zu verpflichten, erscheint daneben nicht erforderlich. Auch hier soll übrigens für eine abweichende Bestimmung des Erblassers Raum bleiben. Wenn der Entwurf weiter für das vor dem Gemeindevorsteher errichtete Testament entsprechende

Vorschriften trifft (§. 1, §. 2 Abs. 1 Nr. 3, Abs. 2), so bedarf dies ebensowenig besonderer Begründung wie die Ausdehnung der für Testamente gegebenen Vorschriften auf Erbverträge (§. 1, §. 2 Abs. 3).

Bei privatschriftlichen Testamenten endlich erklärt der Entwurf jedes Amtsgericht zur Verwahrung für zuständig (§. 1, §. 2 Abs. 1 Nr. 4). Angesichts der Gefahren, die mit dieser Testamentsform verbunden sind, muß die Ablieferung solcher Testamente zur amtlichen Verwahrung möglichst begünstigt und erleichtert werden; auch empfiehlt es sich, die Nothwendigkeit einer Versendung von Testamenten möglichst zu vermeiden. An der ausschließlichen sachlichen Zuständigkeit der Gerichte ist jedoch aus den früher angeführten Gründen festzuhalten.

Die Vorschriften des Artikel 79 §. 3 über die Ausführung der Verwahrung geben sachlich den §. 89 Abs. 2 der Hinterlegungsordnung wieder. Bezüglich des Hinterlegungsscheins, der nach §. 2246 Abs. 2 (§. 2248 Satz 2, §. 2249 Abs. 1 Satz 3) und §. 2277 Abs. 2 des Bürgerlichen Gesetzbuchs zu ertheilen ist, enthält der §. 3 Abs. 3 Satz 2 eine dem §. 78 Abs. 2 der Hinterlegungsordnung entsprechende Bestimmung.

Artikel 80.

Nach den §§. 2260, 2261 des Bürgerlichen Gesetzbuchs hat das Nachlaßgericht oder das sonstige Gericht, in dessen Verwahrung sich ein Testament befindet, zur Eröffnung des Testaments zu schreiten, sobald es von dem Tode des Erblassers Kenntniß erlangt. Dagegen sind über die Eröffnung solcher Testamente, die sich seit langer Zeit in amtlicher Verwahrung befinden, ohne daß der Tod des Erblassers bekannt geworden ist, reichsgesetzliche Vorschriften nicht getroffen, weil man annahm, daß es sich dabei nicht um eine privatrechtliche Frage handele (Mot. Bd. 5 S. 307). Ob diese Ansicht zutrifft, mag dahingestellt bleiben. Jedenfalls unterliegt die Zulässigkeit einer landesgesetzlichen Ergänzung nach der angedeuteten Richtung schon im Hinblick auf §. 200 des Reichsgesetzes über die Angelegenheiten der freiwilligen Gerichtsbarkeit keinem Bedenken. Das Bedürfniß für eine solche Ergänzung ergiebt sich aus dem geltenden Rechte ohne Weiteres. Schon das Allgemeine Landrecht hat über die Eröffnung von Testamenten, seit deren Niederlegung 56 Jahre verflossen sind, Bestimmungen getroffen, die durch die Kabinetsorder vom 22. Mai 1842 (Gesetz-Samml. S. 201) ergänzt sind. Der Eröffnung soll danach eine öffentliche Aufforderung der Interessenten zur Nachsuchung der Publikation vorausgehen; erst nach dem Ablaufe von sechs Monaten soll der Richter das Testament für sich eröffnen, um nachzusehen, ob Vermächtnisse zu milden Stiftungen darin enthalten sind, bejahendenfalls die Vorsteher der Stiftung benachrichtigen, auf ihren Antrag das Testament zum Zwecke der Ertheilung einer Abschrift publiziren und es sodann wieder versiegelt in seinem Archiv aufbewahren. Einfacher ist der Gegenstand in der Kurhessischen Verordnung vom 14. März 1815 (Samml. von Gesetzen 2c. für die Kurhess. Staaten Bd. 1 S. 105) geregelt, derzufolge 56 Jahre nach der Hinterlegung eines Testaments die Publikation von Amtswegen verfügt werden soll, falls dem Gerichte weder von dem Leben noch von dem Tode des Erblassers eine

Kunde zukommt. Dieser Bestimmung hat sich das Gesetz, betreffend die Errichtung letztwilliger Verfügungen in dem Bezirke des Oberlandesgerichts zu Frankfurt a. M., vom 28. Juni 1886 (Gesetz-Samml. S. 175) im §. 17 Abs. 2 angeschlossen. Für Hannover, in dessen landrechtlichen Theilen die Kabinetsorder vom 22. Mai 1842 auf Grund des Gesetzes vom 1. März 1869 (Gesetz-Samml. S. 377) eingeführt ist, ist das Verfahren zur Publikation alter Testamente im Uebrigen durch das Generalreskript des Hannoverschen Justizministeriums vom 20. Juli 1861 (Rudorff, das Hannoversche Privatrecht S. 511) geordnet worden.

Der Entwurf folgt dem Gesetze vom 28. Juni 1886. Wie jedoch die bisher vorgeschriebene Frist darauf beruht, daß die Testirfähigkeit mit dem vollendeten 14. Lebensjahre beginnt, mithin nach dem Ablaufe von 56 Jahren seit der Errichtung eines Testaments der Erblasser mindestens das 70. Lebensjahr zurückgelegt haben muß, so setzt der Entwurf in Folge der Hinausschiebung der Testirfähigkeit bis zum vollendeten 16. Lebensjahre (B.G.B. §. 2229 Abs. 2) die hier maßgebende Frist auf 54 Jahre herab. Auf die Zuständigkeit für die Eröffnung des Testaments und das dabei zu beobachtende Verfahren können im Uebrigen die Vorschriften der §§. 2260 bis 2262 des Bürgerlichen Gesetzbuchs entsprechende Anwendung finden. Die besonderen Bestimmungen des §. 2273 über die Eröffnung eines gemeinschaftlichen Testaments kommen hier nicht in Betracht, da sie voraussetzen, daß einer der Ehegatten noch lebt. Dagegen muß für Erbverträge, die sich seit längerer Zeit in besonderer amtlicher Verwahrung befinden, das Gleiche gelten wie für Testamente (vergl. B.G.B. §. 2300).

Artikel 81.

Gehört zu dem Gesammtgut einer fortgesetzten Gütergemeinschaft oder zu einem Nachlaß ein Landgut und ist durch letztwillige Verfügung des erstverstorbenen Ehegatten oder des Erblassers einem der an der fortgesetzten Gütergemeinschaft Betheiligten oder einem Miterben das Recht eingeräumt, das Landgut zu übernehmen, so ist nach §. 1515 Abs. 2, 3 und §. 2049 Abs. 1 des Bürgerlichen Gesetzbuchs das Landgut im Zweifel zum Ertragswerth anzusetzen. Ebenso ist letzterer bezüglich eines zu einem Nachlasse gehörenden Landguts bei der Berechnung des Pflichttheils maßgebend, wenn bei dem Vorhandensein nur eines Erben dies von dem Erblasser angeordnet ist oder bei dem Vorhandensein mehrerer Erben ein Miterbe auf Grund letztwilliger Anordnung des Erblassers das Landgut übernimmt und der Alleinerbe oder der Miterbe selbst pflichttheilsberechtigt ist (§. 2312). Ueber die Feststellung des Ertragswerths enthält das Bürgerliche Gesetzbuch nur die Vorschrift, daß er sich nach dem Reinertrage bestimmt, den das Landgut nach seiner bisherigen wirthschaftlichen Bestimmung bei ordnungsmäßiger Bewirthschaftung nachhaltig gewähren kann (§. 2049 Abs. 2). Weitere Vorschriften wurden nicht für unbedingt nothwendig gehalten, weil man annahm, daß sich an der Hand jener Bestimmung mit Hülfe von Sachverständigen im einzelnen Falle der Ertragswerth immer ermitteln lassen werde (Protokolle der 2. Kommission S. 8716ff.). Der Artikel 137 des Einführungsgesetzes ermächtigt aber die Landesgesetzgebung zur Aufstellung von Grundsätzen, nach denen in den angeführten Fällen der Ertragswerth zu bestimmen ist. Um Streitigkeiten zu verhüten und eine dem Zwecke der reichsgesetzlichen Vorschriften entsprechende Berechnung des Ertragswerthes sicher zu stellen, macht der Entwurf von dem Vorbehalte des Artikel 137 Gebrauch.

Für die Grundlage der Berechnung, die Ermittelung des Reinertrags, lassen sich freilich einheitliche gesetzliche Regeln nicht geben, wie schon aus der Verschiedenheit der Vorschriften erhellt, die in den Höfegesetzen und den Landgüterordnungen für die einzelnen Landestheile bezüglich der Feststellung des Uebernahmewerthes getroffen sind. Hier beschränkt sich der Entwurf darauf, die zuständigen Minister zum Erlaß allgemeiner Anordnungen über die zu beobachtenden Grundsätze zu ermächtigen. Dagegen muß der Zinsfuß für die Kapitalisirung des Reinertrags ein einheitlicher sein. Der Entwurf schließt sich den neuesten Gesetzen an, die sich mit der Ermittelung des Ertragswerths befassen, nämlich dem §. 17 des Gesetzes, betreffend das Anerbenrecht bei Renten- und Ansiedelungsgütern, vom 8. Juni 1896 (Gesetz-Samml. S. 124) sowie dem §. 25 des Gesetzes, betreffend das Anerbenrecht bei Landgütern in der Provinz Westfalen 2c., vom 2. Juli 1898 (Gesetz-Samml. S. 139), und legt demgemäß den Zinsfuß von vier vom Hundert zu Grunde. Dies entspricht auch der Höhe der gesetzlichen Zinsen nach §. 246 des Bürgerlichen Gesetzbuchs. Da es jedoch nothwendig erscheint, daß der hier festgesetzte Zinsfuß veränderten wirthschaftlichen Verhältnissen alsbald angepaßt werden kann, so behält der Entwurf die Bestimmung einer anderen Verhältnißzahl Königlicher Verordnung vor.

Besonderer Erwähnung bedarf das Gesetz, betreffend die Abschätzung von Landgütern zum Behufe der Pflichttheilsberechnung in der Provinz Westfalen, vom 4. Juni 1856 (Gesetz-Samml. S. 550). Dasselbe regelt in den §§. 1 bis 7 die Abschätzung von Landgütern behufs Ermittelung des Pflichttheils in dem Falle, daß ein solches durch Verfügung unter Lebenden oder von Todeswegen einem der Deszendenten oder dem Ehegatten des Besitzers eigenthümlich zugewendet worden ist. Die Voraussetzung dieser Vorschriften deckt sich theilweise mit den im §. 2312 des Bürgerlichen Gesetzbuchs behandelten Fällen und, soweit dies zutrifft, könnte die Frage aufgeworfen werden, ob die gedachten Vorschriften auf Grund des Artikel 137 des Einführungsgesetzes in Kraft bleiben. Indessen wird nicht verkannt werden, daß durch die in Artikel 81 des Entwurfes vorgesehene Neuregelung die älteren Vorschriften ihre Geltung verlieren. Die formelle Aufhebung des Gesetzes vom 4. Juni 1856 erscheint hiernach nicht erforderlich. Sie ist vermieden worden, weil das Gesetz nach dem Artikel 47 dieses Entwurfes und dem Gesetze vom 16. April 1860 (§. 7 Abs. 5, §. 10 Abs. 4, §. 17 Abs. 4) für die bestehenden Ehen mit Westfälischer Gütergemeinschaft auch künftig noch von Bedeutung ist. Im Uebrigen ergiebt sich die Aufhebung des §. 5 Nr. 3 und des §. 6 sowie der §§. 8, 9 des Gesetzes von selbst.

Artikel 82.

Das Bürgerliche Gesetzbuch und seine Nebengesetze greifen in das Hinterlegungswesen dadurch ein, daß sie für zahlreiche Fälle der Hinterlegung an die Stelle der jetzt maßgebenden landesrechtlichen Bestimmungen reichsgesetzliche Vorschriften setzen. Dagegen ist die Regelung der sachlichen und örtlichen Zuständigkeit der Hinterlegungsstellen der Landesgesetzgebung vorbehalten und ebenso ist dieser mit gewissen Einschränkungen der Erlaß näherer Bestimmungen über die Hinterlegung gestattet (Einf.-Ges. Art. 144, 145). Die Hinterlegungsordnung vom 14. März 1879 (Gesetz-Samml. S. 249) bleibt hiernach von der neuen Reichsgesetzgebung in ihren Grundlagen wesentlich unberührt. Nur eine Aenderung von allgemeinerer Bedeutung wird nothwendig. Das Bürgerliche Gesetzbuch kennt als Gegenstände der Hinterlegung Geld, Werthpapiere und sonstige Urkunden sowie Kostbarkeiten (vergl. §§. 232, 372, 383, 489, 660, 1077, 1082, 1171, 1392, 1667, 1716, 1814, 1818, 1960, 2114, 2116); dies sind die zur Hinterlegung geeigneten Sachen im Sinne der §§. 432, 1217, 1281, 2039. Es müssen daher landesgesetzlich Hinterlegungsstellen bestimmt werden, bei denen Sachen der bezeichneten Art in den reichsgesetzlich vorgesehenen Fällen hinterlegt werden können, und zwar darf die Hinterlegung nicht von einer gerichtlichen Anordnung abhängig gemacht werden (Einf.-Ges. Art. 145 Abs. 2). Die Preußische Hinterlegungsordnung kennt dagegen nur Hinterlegungsstellen für Geld, Werthpapiere auf Inhaber, Werthpapiere auf Namen, auf welche die Zahlung dem Inhaber geleistet werden kann, und Kostbarkeiten (§. 1), während die sonstigen Urkunden zu den „zur Annahme bei den Hinterlegungsstellen nicht geeigneten Gegenständen" gehören, die der dritte Abschnitt (§§. 87 bis 89) behandelt. Der Entwurf giebt statt dessen dem dritten Abschnitte die Ueberschrift: „Hinterlegung anderer als der im ersten Abschnitte bezeichneten Sachen" und bestimmt im §. 87 für andere als die im §. 1 bezeichneten Werthpapiere sowie sonstige Urkunden die Amtsgerichte als Hinterlegungsstellen.

Abgesehen hiervon bedarf eine Reihe einzelner Bestimmungen der Hinterlegungsordnung der Anpassung an das neue Reichsrecht. Die zu diesem Zwecke erforderlichen Aenderungen bilden den hauptsächlichen Inhalt des vorliegenden Artikels. Soweit sich Aenderungen des geltenden Gesetzes daraus ohne Weiteres ergeben, daß gewisse in ihm in Bezug genommene oder vorausgesetzte Vorschriften des bisherigen Rechtes durch die Reichsgesetzgebung beseitigt werden, wie dies bei §. 27 Abs. 2 zutrifft, ist eine redaktionelle Klarstellung nicht für nothwendig erachtet. Mit dem vorbezeichneten Hauptzwecke verbindet der Entwurf einige wünschenswerthe Erleichterungen des Geschäftsbetriebes der Hinterlegungsstellen. Im Einzelnen ist Folgendes zu bemerken:

1. Die Vorschrift des bisherigen §. 4, daß die Hinterlegungsstellen dem Finanzminister untergeordnet sind, ist mit Rücksicht auf die oben erwähnte Aenderung des §. 87 auf die in den §§. 1, 2 bestimmten Hinterlegungsstellen zu beschränken.

2. Die §§. 18, 19 behandeln die Hinterlegung von Geld zum Zwecke der Befreiung von einer Verbindlichkeit. Dieser Fall der Hinterlegung ist für das Verhältniß zwischen dem Schuldner und dem Gläubiger in den §§. 372 ff. des Bürgerlichen Gesetzbuchs einheitlich neu geregelt. Aus den letzteren Vor-

schriften ergeben sich ohne Weiteres auch die sachlichen Voraussetzungen, unter welchen die Hinterlegungsstelle zur Annahme des Geldes sowie zur Auszahlung an den Schuldner oder den Gläubiger verpflichtet ist. Der bisherige §. 18 erledigt sich hierdurch seinem ganzen Inhalte nach. Anlangend den §. 19, so versteht sich die im Abs. 2 enthaltene Bestimmung, daß es für die Annahme des Geldes keiner vorgängigen richterlichen Entscheidung oder Anordnung bedarf, künftig von selbst (vergl. Einf.-Ges. Art. 145 Abs. 2). Die Vorschriften der Absätze 4 bis 6 werden durch §. 375, §. 374 Abs. 2 und §. 376 des Bürgerlichen Gesetzbuchs ersetzt. Uebrig bleibt die Bestimmung des dritten Absatzes, daß in der nach §. 14 erforderlichen Erklärung der Gläubiger, für welchen die Hinterlegung erfolgt, bezeichnet werden muß. Diese Bestimmung ist in dem neuen §. 18 beibehalten, aber ergänzt. Die Hinterlegung ist nach §. 372 des Bürgerlichen Gesetzbuchs zulässig, wenn der Gläubiger im Verzuge der Annahme ist oder wenn der Schuldner aus einem anderen in der Person des Gläubigers liegenden Grunde oder in Folge einer nicht auf Fahrlässigkeit beruhenden Ungewißheit über die Person des Gläubigers seine Verbindlichkeit nicht oder nicht mit Sicherheit erfüllen kann. Für die Fälle, in denen der Schuldner nicht in der Lage ist, den Gläubiger zu bezeichnen, schreibt der Entwurf vor, daß in der nach §. 14 erforderlichen Erklärung die Umstände anzugeben sind, auf welche sich die Zulässigkeit der Hinterlegung gründet. Weiter erfordert er für den Fall, daß der Schuldner gemäß §. 373 des Bürgerlichen Gesetzbuchs das Recht des Gläubigers zum Empfange der hinterlegten Sache von der Bewirkung einer Gegenleistung abhängig macht, eine bezügliche Angabe in der Hinterlegungserklärung (§. 18 Abs. 2). Wegen des neuen §. 18 Abs. 3 ist auf die Begründung des neuen §. 58a zu verweisen.

Der Hinterlegung zwecks Schuldbefreiung stehen die Fälle nahe, in denen der Eigenthümer eines Grundstücks oder eines in das Schiffsregister eingetragenen Schiffes behufs der Ausschließung eines unbekannten Hypotheken- oder Pfandgläubigers nach den §§. 1171, 1269 des Bürgerlichen Gesetzbuchs den Betrag der Forderung hinterlegt. Der Eigenthümer muß sich hier vor der Einleitung des Verfahrens zur Hinterlegung erbieten und das Ausschlußurtheil darf erst nach erfolgter Hinterlegung erlassen werden (C.P.O. §. 987 Abs. 1, 4, §. 988 Abs. 1). Dementsprechend verlangt der neue §. 19, daß der Hinterlegungserklärung der Nachweis der Einleitung des Aufgebotsverfahrens beigefügt wird.

3. Nach §. 30 Nr. 1, 2 der Hinterlegungsordnung darf das Gesuch um Auszahlung, unbeschadet der Vorschrift des §. 24, nicht zurückgewiesen werden, wenn die Auszahlung von der zuständigen Behörde angeordnet ist oder der Antrag auf eine von der zuständigen Behörde auf die Hinterlegungsstelle ausgestellte Anweisung sich gründet; nach §. 31 Abs. 1 darf ein Ersuchen der für die Rechtsangelegenheit zuständigen Behörde um Auszahlung an sie selbst oder an eine in dem Ersuchen bezeichnete Person nicht abgelehnt werden. Beide Vorschriften setzen voraus, daß die Behörde für die Anordnung der Anweisung oder das Ersuchen zuständig ist; ob diese Voraussetzung zutrifft, hat die Hinterlegungsstelle zu prüfen (§. 5). Hieraus können für die Auszahlung Weiterungen und Hindernisse entstehen, wenn die Hinterlegungsstelle

und die anordnende, anweisende oder ersuchende Behörde über die Zuständigkeit verschiedener Ansicht sind. In den praktisch besonders wichtigen Fällen, in denen diese Behörde ein Gericht ist, fehlt es an einer gemeinschaftlichen oberen Instanz, welche über eine solche Meinungsverschiedenheit entscheiden könnte. Andererseits unterliegt es keinem Bedenken, den Gerichten die Prüfung ihrer Zuständigkeit derart ausschließlich vorzubehalten, daß der Hinterlegungsstelle die Nachprüfung abgenommen wird. In der gleichen Lage wie die Gerichte befinden sich die Auseinandersetzungsbehörden. Auf diesen Erwägungen beruhen die Zusätze zu §. 30 und §. 31 Abs. 1, die der Artikel 82 unter Nr. III und IV vorsieht.

4. Im §. 33 bedarf die Vorschrift des Abs. 2 Nr. 2 einer Ergänzung. Während nach Abs. 1 die Auszahlung hinterlegter Gelder an einen Vormund (Pfleger) von der Beibringung einer Bescheinigung des Vormundschaftsgerichts über die Legitimation des Vormundes zur Empfangnahme abhängig gemacht werden kann, ist nach Abs. 2 Nr. 2a die Beibringung der Bescheinigung nicht zu verlangen, wenn der Gegenvormund die Empfangnahme genehmigt. Dies entspricht dem §. 41 Abs. 1 Nr. 2 der Vormundschaftsordnung, derzufolge der Vormund der Regel nach nur mit Genehmigung des Gegenvormundes Kapitalien einziehen kann. Die gleiche Regel ergiebt sich zwar auch aus §. 1812 des Bürgerlichen Gesetzbuchs, insofern der Vormund über die Forderung nur mit Genehmigung des Gegenvormundes verfügen kann. Dieser Grundsatz wird jedoch durch den §. 1813 eingeschränkt. Von den dort gemachten Ausnahmen kommt hier nur die in Betracht, daß der Vormund zur Annahme einer geschuldeten Leistung der Genehmigung des Gegenvormundes nicht bedarf, wenn der Anspruch nicht mehr als dreihundert Mark beträgt. Dementsprechend erstreckt der Entwurf die hier fragliche Vorschrift auf den Fall, daß die hinterlegte Masse den bezeichneten Betrag nicht übersteigt. Im Uebrigen steht der §. 33 Abs. 2 Nr. 2 mit dem Reichsrecht in Einklang. Die Voraussetzung der Nr. 2b, daß sich die Befreiung des Vormundes von dem Erfordernisse der Genehmigung des Gegenvormundes aus der Bestallung ergiebt, trifft nach Maßgabe der §§. 1903, 1904 des Bürgerlichen Gesetzbuchs bei dem Vater oder der ehelichen Mutter als Vormund eines Volljährigen ohne Weiteres zu; für die übrigen Fälle der Befreiung (§§. 1852, 1855) wird dafür Sorge zu tragen sein, daß die Befreiung in der Bestallung besonders vermerkt wird. Die im §. 33 Abs. 2 Nr. 2c gemachte Ausnahme rechtfertigt sich künftig durch §. 1872 des Bürgerlichen Gesetzbuchs.

5. Der bisherige §. 37, der die Außerkurssetzung und Wiederinkurssetzung hinterlegter Inhaberpapiere behandelt, erledigt sich dadurch, daß die Außerkurssetzung künftig unzulässig ist und eine vor dem Inkrafttreten des Bürgerlichen Gesetzbuchs erfolgte Außerkurssetzung unwirksam wird. Der Entwurf trägt dieser Sachlage durch die Streichung des §. 37 Rechnung.

6. In der neuen Fassung des §. 39 sind die Citate des bisherigen Abs. 1 dem Inhalte der neuen §§. 18, 19 angepaßt; der Abs. 2 ist weggelassen worden, weil er durch die Aufhebung der darin aufrechterhaltenen Vorschrift des Rheinischen Bürgerlichen Gesetzbuchs gegenstandslos wird.

7. Nach §. 46 finden auf die Herausgabe von Werthpapieren und Kostbarkeiten an einen Vormund (Pfleger) die Vorschriften des §. 33 Abs. 1, 2 keine Anwendung; die Genehmigung des Vormundschaftsgerichts oder des Gegenvormundes ist nicht erforderlich. Der §. 46 bezieht sich auf alle Fälle, in denen Werthpapiere oder Kostbarkeiten für einen Mündel hinterlegt sind, ausgenommen den Fall, daß der Vormund selbst nach §. 60 Abs. 1 der Vormundschaftsordnung nach Anordnung des Vormundschaftsgerichts hinterlegt hat. Nach dem Bürgerlichen Gesetzbuche bedarf jedoch der Vormund, wenn man von den Fällen der §§. 1814, 1818, die dem §. 60 Abs. 1 der Vormundschaftsordnung entsprechen, auch hier zunächst absieht, nur zur Empfangnahme hinterlegter Kostbarkeiten der Genehmigung nicht, während diese zur Empfangnahme von Werthpapieren erforderlich ist, es sei denn, daß die hinterlegte Masse nicht mehr als dreihundert Mark beträgt, (§. 1813 Abs. 1 Nr. 1, 2). In Bezug auf Werthpapiere müssen daher künftig die nach dem Entwurf ergänzten Vorschriften des §. 33 Abs. 1, 2 gemäß §. 39 entsprechende Anwendung finden; der §. 46 ist folglich auf Kostbarkeiten zu beschränken (Art. 82 Nr. VIII).

8. Anlangend die Hinterlegung von Werthpapieren und Kostbarkeiten durch den Vormund selbst, so ist letzterer künftig nach §. 1814 des Bürgerlichen Gesetzbuchs in Bezug auf Inhaberpapiere, mit Ausnahme von solchen, welche nach §. 92 zu den verbrauchbaren Sachen gehören, sowie von Zins-, Renten- und Gewinnantheilscheinen und, gleichfalls mit der ersterwähnten Ausnahme, in Bezug auf Orderpapiere, die mit Blankoindossament versehen sind, nicht nur wie bisher auf Anordnung des Vormundschaftsgerichts, sondern kraft Gesetzes zur Hinterlegung verpflichtet. Hinsichtlich der Werthpapiere, auf die sich die gesetzliche Verpflichtung nicht erstreckt, und der Kostbarkeiten des Mündels kann nach §. 1818 das Vormundschaftsgericht aus besonderen Gründen die Hinterlegung anordnen, für Zins-, Renten- und Gewinnantheilscheine auf Antrag des Vormundes auch ohne besonderen Grund. Die Hinterlegung ist in allen Fällen mit der Bestimmung zu bewirken, daß die Herausgabe nur mit Genehmigung des Vormundschaftsgerichts erfolgen kann. Die gesetzliche Verpflichtung zur Hinterlegung kann von dem Vater oder der ehelichen Mutter eines Minderjährigen dem von ihnen benannten Vormund erlassen werden und ist für den Vater oder die eheliche Mutter als Vormund eines Volljährigen gesetzlich ausgeschlossen (§§. 1852, 1855, 1903, 1904). Diesen Vorschriften sind die §§. 47 bis 52 der Hinterlegungsordnung anzupassen. Dabei ist, abweichend von der bisherigen Anordnung, der Fall der Hinterlegung auf Grund gesetzlicher Verpflichtung als Regelfall an die Spitze zu stellen.

Da auch der Vormund grundsätzlich nur hinterlegen darf, wenn für ihn ein gesetzlicher Grund vorliegt, so würden an sich alle Werthpapiere, auf die sich die gesetzliche Hinterlegungspflicht nicht erstreckt, nur auf Grund einer Anordnung des Vormundschaftsgerichts zur Hinterlegung anzunehmen sein. Dieser Grundsatz erscheint jedoch in Bezug auf die Papiere, die nach §. 92 des Bürgerlichen Gesetzbuchs zu den verbrauchbaren Sachen gehören, praktisch undurchführbar. Es ist hierbei an solche Papiere gedacht, welche nach ihrer konkreten Bestimmung nicht zur Hinterlegung, sondern zur Veräußerung zu verwenden sind, wie Banknoten, zum Umsatze bestimmte, mit Blankogiro versehene Wechsel oder solche Inhaberpapiere, die Bestandtheile des Betriebsfonds eines zum Mündelvermögen gehörenden Erwerbsgeschäfts bilden (Protokolle der 2. Kommission S. 6400). Die fragliche Ausnahme von der gesetzlichen Hinterlegungspflicht ist also im Wesentlichen an Voraussetzungen geknüpft, welche die Hinterlegungsstelle zu prüfen außer Stande ist, und muß daher bei der Bestimmung der Papiere, die der Vormund ohne Mitwirkung des Vormundschaftsgerichts hinterlegen kann, unberücksichtigt bleiben. Auf die Papiere der letzteren Art bezieht sich der neue §. 47a, der sich, soweit thunlich, dem bisherigen §. 52 anschließt. Für die Hinterlegung von Werthpapieren, die nicht nach §. 47a hinterlegt werden können, und von Kostbarkeiten bedürfen die §§. 48 bis 51 keiner sachlichen Aenderung. Der §. 52 ist, wie erwähnt, seinem jetzigen Inhalte nach durch §. 47a ersetzt. Der Entwurf (Art. 82 Nr. X) stellt jedoch als §. 52 eine neue Vorschrift ein. Nach §. 1667 Abs. 2 Satz 4 kann das Vormundschaftsgericht dem Vater die Verpflichtung auferlegen, die zum Vermögen seines Kindes gehörenden Werthpapiere oder Kostbarkeiten zu hinterlegen; das Gleiche gilt gegenüber der Mutter als Inhaberin der elterlichen Gewalt (§. 1686). Auf eine solche Hinterlegung erklärt der Entwurf die §§. 48 bis 51 für entsprechend anwendbar.

9. Die Vorschriften der §§. 58 ff. über die Ausschließung der Betheiligten im Wege des Aufgebotsverfahrens bleiben im Allgemeinen unberührt, da nach Artikel 145 Abs. 1 Satz 1 des Einführungsgesetzes zum Bürgerlichen Gesetzbuche die Landesgesetze auch bestimmen können, daß der Anspruch auf Rückerstattung mit dem Ablauf einer bestimmten Zeit oder unter sonstigen Voraussetzungen erlischt. Für gewisse Fälle ist dieser Vorbehalt jedoch reichsgesetzlich eingeschränkt.

a) Nach Artikel 145 Abs. 1 Satz 2 des Einführungsgesetzes muß in den Fällen des §. 382, des §. 1171 Abs. 3 und des §. 1269 Satz 3 des Bürgerlichen Gesetzbuchs dem Hinterleger die Rücknahme des hinterlegten Betrags mindestens während eines Jahres von dem Zeitpunkt an gestattet werden, mit welchem das Recht des Gläubigers auf den hinterlegten Betrag erlischt. Unter dem letzteren Zeitpunkt ist derjenige zu verstehen, welchen das Bürgerliche Gesetzbuch selbst an den angeführten Stellen bestimmt (Protokolle der 2. Kommission S. 8948 f.).

Nach §. 382 erlischt bei der Hinterlegung zwecks Befreiung von einer Schuld das Recht des Gläubigers auf den hinterlegten Betrag mit dem Ablaufe von dreißig Jahren nach dem Zeitpunkt, in welchem der Gläubiger die im §. 374 Abs. 2 vorgeschriebene Anzeige von der Hinterlegung empfangen hat, wenn nicht der Gläubiger sich vorher bei der Hinterlegungsstelle meldet. Von dem Ablaufe der dreißig Jahre ab muß daher dem Schuldner mindestens noch ein Jahr zur Rücknahme frei gelassen werden, bevor der Erlaß des Aufgebots beantragt werden darf. Da für den Beginn der Fristen der Empfang der Anzeige von der Hinterlegung maßgebend ist, liegt es im Interesse sowohl des Schuldners wie des Fiskus, daß der Schuldner die Anzeige, nöthigenfalls im Wege der öffentlichen Zustellung (B.G.B. §. 132), erstattet und der Hinterlegungsstelle einen Nachweis hierüber führt. Der Entwurf legt deshalb in dem neuen §. 18 Abs. 3 Satz 1 der Hinterlegungsstelle zunächst die Pflicht auf, den Schuldner unter Bezugnahme auf die Vorschrift des §. 382 des Bürgerlichen Gesetzbuchs zu dem vorbezeichneten Nachweis aufzufordern. Für den Fall, daß der Nachweis erbracht wird, läßt der Entwurf die einunddreißigjährige Frist, vor deren Ablaufe das Aufgebot unzulässig ist, mit dem Ende des Monats beginnen, in welchem der Gläubiger die Anzeige empfangen hat. Falls jedoch der Schuldner den Nachweis nicht binnen angemessener Frist führt, muß die Hinterlegungsstelle selbständig in der Lage sein, die Voraussetzung für den Beginn der Ausschlußfrist zu erfüllen. Zu diesem Zwecke ermächtigt der Entwurf in dem neuen §. 18 Abs. 3 Satz 2 die Hinterlegungsstelle, dem Gläubiger die Hinterlegung im Namen des Schuldners anzuzeigen. Vermöge dieser gesetzlichen Ermächtigung steht die von der Hinterlegungsstelle gemachte Anzeige einer vom Schuldner selbst bewirkten gleich; die vorbezeichnete Bestimmung des Beginns der einunddreißigjährigen Frist genügt daher auch für den Fall, daß die Anzeige im Namen des Schuldners durch die Hinterlegungsstelle gemacht wird. Die Anzeige hat auch in diesem Falle, wie wenn der Schuldner sie selbst bewirkt, auf dessen Kosten zu erfolgen. Hat sich der Gläubiger vor dem Ablaufe der im §. 382 des Bürgerlichen Gesetzbuchs bestimmten dreißigjährigen Frist bei der Hinterlegungsstelle gemeldet, so erlischt sein Recht auf den hinterlegten Betrag nach §. 382 nicht. Auf diesen Fall kann somit die Vorschrift des Artikel 145 Abs. 1 Satz 2 des Einführungsgesetzes keine Anwendung finden, da sie ein Erlöschen des Rechtes des Gläubigers voraussetzt. Die Landesgesetzgebung hat daher hier bezüglich der Regelung des Erlöschens des Anspruchs auf Rückerstattung freie Hand. Indessen darf der Gläubiger, wenn er sich gemeldet hat, nicht ungünstiger gestellt werden, als wenn er sich ganz unthätig verhalten hat. Der Entwurf knüpft deshalb die Zulässigkeit des Aufgebots für beide Fälle an die gleichen Voraussetzungen (§. 58a Abs. 2 Nr. 1).

In den Fällen des §. 1171 Abs. 3 und des §. 1269 Satz 3 des Bürgerlichen Gesetzbuchs erlischt das Recht des unbekannten Hypotheken- oder Schiffspfandgläubigers auf den hinterlegten Betrag mit dem Ablaufe von dreißig Jahren nach der Erlassung des Ausschlußurtheils, durch welches der Gläubiger mit seinem Rechte an dem Grundstück oder dem Schiffe ausgeschlossen worden ist. Der Antrag auf das Aufgebot der hinterlegten Masse darf somit nicht vor dem Ablaufe von einunddreißig Jahren nach der Erlassung des bezeichneten Ausschlußurtheils zugelassen werden. Damit die Hinterlegungsstelle von letzterem Kenntniß erlangt, verpflichtet der Entwurf das Aufgebotsgericht, ihr das Urtheil mitzutheilen (§. 58a Abs. 2 Nr. 2).

b) Nach §. 142 des Gesetzes über die Zwangsversteigerung und die Zwangsverwaltung vom 24. März 1897 (Reichs-Gesetzbl. S. 97) erlöschen in den Fällen des §. 117 Abs. 2 und der §§. 120, 121, 124, 126 dieses Gesetzes die Rechte der Betheiligten auf den für sie hinterlegten Betrag mit dem Ablaufe von dreißig Jahren, wenn nicht der Empfangsberechtigte sich vorher bei der Hinterlegungsstelle meldet; derjenige, welcher zur Zeit des Zuschlags Eigenthümer des Grundstücks war, ist zur Erhebung berechtigt. Die dreißigjährige Frist beginnt mit der Hinterlegung, in den Fällen der §§. 120, 121 mit dem Eintritte der Bedingung, unter welcher die Hinterlegung erfolgt ist. Auch für diese Hinterlegungsfälle unterliegt die Landesgesetzgebung nach §. 2 Abs. 1 Satz 1 des Einführungsgesetzes zu dem genannten Reichsgesetze (Reichs-Gesetzbl. S. 135) der im Artikel 145 Abs. 1 Satz 2 des Einführungsgesetzes zum Bürgerlichen Gesetzbuche bestimmten Beschränkung; dem früheren Eigenthümer des Grundstücks muß also nach dem Ablaufe der dreißig Jahre ein Jahr zur Erhebung der Masse frei gelassen werden, bevor das Aufgebot der Masse beantragt werden kann. Als frühester zulässiger Anfangspunkt der Gesammtfrist ergiebt sich aus dem Reichsgesetze für die Fälle des §. 117 Abs. 2 und der §§. 124, 126 der Zeitpunkt der Hinterlegung. Der Entwurf setzt an die Stelle, entsprechend dem §. 10 Abs. 2 und dem §. 64 der Hinterlegungsordnung, das Ende des Monats, in welchem die Hinterlegung erfolgt ist (§. 58b Abs. 2 Nr. 2).

In den Fällen der §§. 120, 121 ist für den Beginn der Frist nach dem Reichsgesetz in erster Linie der Eintritt der Bedingung, unter welcher die Hinterlegung erfolgt ist, maßgebend. Da hier vorausgesetzt wird, daß die Betheiligten den Eintritt der Bedingung nicht selbst der Hinterlegungsstelle nachweisen, so muß dieser die Verpflichtung auferlegt werden, den Eintritt der Bedingung soweit thunlich zu ermitteln. Die amtlichen Nachforschungen werden namentlich in den Fällen des §. 121, in denen die Bedingung der Regel nach mit dem Tode des Berechtigten eintritt, nicht selten zum Ziele führen. Indessen wird sich auch häufig der Eintritt der Bedingung nicht feststellen lassen. Für diese Fälle bedarf es einer anderweitigen Bestimmung des Fristbeginns. Da in den Fällen der §§. 120, 121, solange die Bedingung schwebt, regelmäßig der eine oder der andere von den beiden Berechtigten, die ein Interesse an der Fortsetzung der Verzinsung haben, für die Fortsetzung Sorge tragen wird, so rechtfertigt sich die Annahme, daß zur Zeit der Einstellung oder der letzten Einstellung der Verzinsung die Bedingung jedenfalls bereits eingetreten ist. Aus diesem Grunde nimmt der Entwurf im Falle der Ergebnißlosigkeit der Ermittelungen über den Eintritt der Bedingung die Einstellung oder die letzte Einstellung der Verzinsung als Anfangspunkt der Frist an (§. 58b Abs. 2 Nr. 1).

Mit Rücksicht auf die Vorschriften der neuen §§. 58a, 58b bedarf der §. 61 eines Zusatzes bezüglich der Nachweise, die in den dort behandelten Fällen zur Begründung des Aufgebotsantrags beizubringen sind (Art. 82 Nr. XII).

Die in den §§. 58a, 58b bestimmten Fristen müssen auch bei dem Aufgebote von Geldbeträgen unter dreißig Mark sowie von Werthpapieren und Kostbarkeiten beobachtet werden. Dies bringt die neue Fassung des §. 64 durch die Worte „unbeschadet der Vorschriften der §§. 58a, 58b" zum Ausdrucke (Nr. XIII).

10. Im §. 67 Abs. 1 Nr. 1 sind statt des §. 60 Abs. 1, 3 der Vormundschaftsordnung die entsprechenden Vorschriften des Bürgerlichen Gesetzbuchs angeführt und im Anschluß hieran ist im Abs. 2 auch der Fall der Hinterlegung durch den Inhaber der elterlichen Gewalt berücksichtigt (Nr. XIV).

11. Die Vorschriften des zweiten Abschnitts über die vorläufige Verwahrung bei den Amtsgerichten bedürfen im Allgemeinen mit Rücksicht auf das Reichsrecht nur geringer Aenderungen. Die Landesgesetzgebung genügt an sich den reichsrechtlichen Anforderungen schon dadurch, daß sie Stellen schafft, bei denen die reichsgesetzlich vorgesehenen Hinterlegungen ohne vorgängige gerichtliche Anordnung erfolgen können. Es steht ihr jedoch daneben frei, noch andere Behörden zu bezeichnen, die nur unter bestimmten, von der Behörde zu prüfenden thatsächlichen Voraussetzungen im Verhältnisse zwischen den Betheiligten als Hinterlegungsstellen dienen. Von diesem Standpunkte betrachtet liegen die Vorschriften des zweiten Abschnitts innerhalb der Grenzen, die der Landesgesetzgebung durch die Artikel 144, 145 des Einführungsgesetzes gezogen sind. Um jedoch zum deutlicheren Ausdrucke zu bringen, daß für das Verhältniß der Betheiligten unter einander die vorläufige Verwahrung eine Hinterlegung ist, die Amtsgerichte also Hinterlegungsstellen im Sinne der Reichsgesetze sind, empfiehlt sich eine Aenderung der Fassung des §. 72 dahin, daß die vorläufige Verwahrung bei den Amtsgerichten im Verhältnisse zwischen den Betheiligten als Hinterlegung gilt (Nr. XV).

Im Uebrigen war der §. 74 in Nr. 2 ebenso zu ändern wie der §. 67 Abs. 1 Nr. 1 (Nr. XVI). Auch im §. 77 Satz 3 muß die Verweisung auf den bisherigen §. 19 durch die Bezugnahme auf die entsprechenden Vorschriften des neuen §. 18 Abs. 1, 2 ersetzt werden (Nr. XVII). Daß die Bestimmungen des §. 374 Abs. 2 und des §. 376 des Bürgerlichen Gesetzbuchs, die an die Stelle des bisherigen §. 19 Abs. 5, 6 treten, auch für die vorläufige Verwahrung gelten, ergiebt sich aus der neuen Fassung des §. 72 von selbst.

Die Vorschrift des §. 82 Abs. 2, derzufolge das Amtsgericht die Hinterlegung der in vorläufige Verwahrung gebrachten Gegenstände bei der Hinterlegungsstelle schon dann zu bewirken hat, wenn nach seinem Ermessen anzunehmen ist, daß die Herausgabe nicht binnen sechs Wochen erfolgen werde, zieht nach den gemachten Erfahrungen der zulässigen Dauer der vorläufigen Verwahrung zu enge Grenzen. Zur Vermeidung der Weiterungen, die für die Betheiligten mit der Abführung der Gegenstände an die Hinterlegungsstelle nothwendig verbunden sind, empfiehlt sich eine Verlängerung der Frist von sechs Wochen auf drei Monate; sie erscheint unbedenklich, weil die im §. 82 Abs. 1 anerkannte Befugniß des Amtsgerichts, die Hinterlegung jederzeit zu bewirken, unberührt bleibt (Nr. XVII).

Der §. 86, der gegen ablehnende Beschlüsse des Amtsgerichts die Beschwerde nach den Vorschriften der Civilprozeßordnung gewährt, wird entbehrlich, weil die Anfechtung von gerichtlichen Verfügungen in den durch Landesgesetz den Gerichten übertragenen Angelegenheiten der freiwilligen Gerichtsbarkeit durch die Artikel 3 ff. des Entwurfes eines Preußischen Gesetzes über die freiwillige Gerichtsbarkeit allgemein geordnet werden soll (Nr. XIX).

12. Die Gründe für die Aenderung der Ueberschrift des dritten Abschnitts sowie des §. 87 sind zum Theil schon oben erörtert. Wenn das Reichsrecht die Landesgesetzgebung dazu nöthigt, auch für andere als die im §. 1 bezeichneten Werthpapiere und für sonstige Urkunden Hinterlegungs-

stellen zu bestimmen, bei denen die Hinterlegung ohne vorgängige Anordnung erfolgen kann, so erscheint es zweckmäßig, diese Zuständigkeit den Amtsgerichten zuzuweisen, da bei ihnen die zur Verwahrung von Urkunden erforderlichen Einrichtungen bereits bestehen. Die Voraussetzungen der Annahme und der Herausgabe sowie das dabei zu beobachtende Verfahren regelt der Entwurf durch die entsprechende Anwendung der Vorschriften, welche für die im §. 1 bezeichneten Werthpapiere gelten. Soweit sich diese Vorschriften auf Hinterlegungsfälle beziehen, die für die hier fraglichen Urkunden nicht in Betracht kommen, versteht sich ihre Unanwendbarkeit von selbst. Nur bezüglich der Form des Gesuchs um Annahme oder Herausgabe bestimmt der Entwurf gegenüber den §§. 15, 22 eine Abweichung, die sich dem §. 71 des Ausführungsgesetzes zum Gerichtsverfassungsgesetz anschließt.

In Betreff der Ausschließung der Betheiligten mit ihren Rechten müssen auch für die bei den Amtsgerichten hinterlegten Werthpapiere die Bestimmungen der §§. 63 bis 69 gelten. Dagegen erscheint in den seltenen Fällen, in denen andere Urkunden den Gegenstand der Hinterlegung bilden (vergl. insbesondere B.G.B. §. 372), ein Aufgebotsverfahren zum Schutze der Betheiligten nicht erforderlich. Vielmehr kann an den Ablauf der Fristen, die bei Werthpapieren für die Zulässigkeit des Aufgebotsantrags maßgebend sind, hier unbedenklich ohne Weiteres das Erlöschen des Rechtes auf Rückgabe der Urkunde geknüpft werden. Auch ist es weder nothwendig noch angemessen, nach dem Erlöschen des Rechtes der Betheiligten dem Fiskus das freie Verfügungsrecht über derartige Urkunden beizulegen; nur ihre Vernichtung entspricht der Sachlage.

Der neue §. 88 stimmt mit dem bisherigen sachlich überein. Der jetzige §. 89 erledigt sich durch die Aufnahme seines Inhalts in den Artikel 79 §. 3 des Entwurfes.

Der dritte Abschnitt der Hinterlegungsordnung befaßt sich bisher auch mit der Hinterlegung sonstiger beweglicher Sachen, und zwar bestimmt der §. 87 die Zuständigkeit der Amtsgerichte für die Anordnung einer solchen Hinterlegung in den Fällen, in denen das geltende Recht die Bestimmung über den Ort und die Art der Aufbewahrung dem Richter zuweist. Die Vorschrift dient theilweise zur Ausführung von landesgesetzlichen Bestimmungen, die in Folge des neuen Reichsrechts außer Kraft treten, wie z. B. der Vorschriften des Allgemeinen Landrechts I. 11 §. 99, I, 14 §§. 98 ff. und des Rheinischen Bürgerlichen Gesetzbuchs Artikel 1264, 1961 ff. (vergl. Motive zum Entwurfe der Hinterlegungsordnung, Drucks. des Hauses der Abgeordn. 1878/79 Nr. 8 S. 29 Anm. 39). Soweit bei dem §. 87 ferner an Bestimmungen des geltenden Handelsgesetzbuchs gedacht ist (s. die Motive a. a. O.), sind diese in das Handelsgesetzbuch vom 10. Mai 1897 nicht übernommen. Für die Fälle endlich, in denen das Bürgerliche Gesetzbuch selbst die Ablieferung beweglicher Sachen an einen gerichtlich bestellten Verwahrer vorsieht, ist die Zuständigkeit für die Bestellung im §. 165 des Reichsgesetzes über die Angelegenheiten der freiwilligen Gerichtsbarkeit geregelt. Der bisherige §. 87 ist daher auch für die Hinterlegung sonstiger beweglicher Sachen nicht aufrecht zu erhalten.

Die Landesgesetzgebung wäre nach Artikel 144, 146 des Einführungsgesetzes zwar in der Lage, noch andere Sachen als Geld, Werthpapiere, sonstige Urkunden und Kostbarkeiten zur Annahme bei den Hinterlegungsstellen für geeignet zu erklären. Indessen besteht hierfür kein Bedürfniß. Zur Verhütung jedes Zweifels spricht der Entwurf die Beschränkung der Hinterlegung auf die reichsgesetzlich zugelassenen Sachen in dem neuen §. 89 besonders aus.

13. Der bisherige §. 90 erübrigt sich dadurch, daß der §. 20 des Ausführungsgesetzes zum Gerichtsverfassungsgesetze nach Artikel 128 Nr. III des Entwurfes eines Preußischen Gesetzes über die freiwillige Gerichtsbarkeit auf alle durch Landesgesetz den ordentlichen Gerichten übertragenen Angelegenheiten ausgedehnt werden soll. Ebenso wird der jetzige §. 91 durch die Artikel 6, 7 desselben Entwurfs ersetzt (Art. 82 Nr. XX).

Artikel 83.

Während für die Hinterlegung von Geld und Kostbarkeiten die Zuständigkeit der in der Hinterlegungsordnung bestimmten Hinterlegungsstellen eine ausschließliche sein soll, läßt der Artikel 83 auf Grund des Artikel 144 Satz 1 des Einführungsgesetzes zum Bürgerlichen Gesetzbuche für die Hinterlegung von Werthpapieren in gewissen Fällen noch andere Hinterlegungsstellen zu. In den hier berücksichtigten Fällen der §§. 1082, 1392, 1667, 1814, 1818, 2116 des Bürgerlichen Gesetzbuchs erfolgt die Hinterlegung zur Sicherung des gegenwärtigen oder künftigen Eigenthümers der Werthpapiere mit der Bestimmung, daß die Herausgabe an die Zustimmung des Eigenthümers oder an die Genehmigung des Vormundschaftsgerichts gebunden ist. Es empfiehlt sich im Interesse der Betheiligten, ihnen für diese Fälle, in denen das Bürgerliche Gesetzbuch selbst auch die Hinterlegung bei der Reichsbank zuläßt, noch andere geeignete Anstalten zur Verfügung zu stellen. Als für den Zweck geeignet sind nach ihrer Verfassung und der Sicherheit, die sie bieten, unbedenklich anzuerkennen die Seehandlung, die Preußische Central-Genossenschafts-Kasse und die landschaftlichen oder ritterschaftlichen Darlehnskassen (vergl. Entw. Art. 74). Da jedoch im Einzelnen näher geprüft werden muß, inwieweit die Verwendung der genannten Anstalten als Hinterlegungsstellen eine Ergänzung der für ihre Geschäftsführung maßgebenden Vorschriften nothwendig macht, behält der Entwurf die Bestimmung der Anstalten zu Hinterlegungsstellen einer Anordnung der zuständigen Minister vor.

Artikel 84.

In Folge der mannigfachen Aenderungen, welche das bürgerliche Recht und das Verfahren der freiwilligen Gerichtsbarkeit durch das Bürgerliche Gesetzbuch und die mit ihm im Zusammenhange stehende Gesetzgebung erfahren, bedarf auch das Preußische Gerichtskostengesetz einer Anpassung an die neue Rechtslage. Die Vorschriften über die Gebühren in Grundbuchsachen sollen im Ausführungsgesetze zur Grundbuchordnung, diejenigen über die Gebühren für Zwangsversteigerungen u. s. w. im Ausführungsgesetze zum Gesetze über die Zwangsversteigerung und die Zwangsverwaltung gegeben werden. Die sonst noch nothwendigen Vorschriften sind in dieses Gesetz aufgenommen. Die in Folge des Bürgerlichen Gesetzbuchs und der Abänderung der Civilprozeßordnung vorgenommene Revision des Deutschen Gerichtskostengesetzes beschränkt sich unter Ausschluß weiterer Aenderungen auf die durch die neue Gesetzgebung gebotenen Abänderungen des Gesetzestextes (vergl. Einführungsgesetz zu dem Gesetze, betreffend Aenderungen der Civilprozeßordnung, vom 17. Mai 1898, Reichs-Gesetzbl. S. 322, Art. IV). Diesem Vorgange folgt der vorliegende Entwurf hinsichtlich des Preußischen Gerichtskostengesetzes. Bei den vorgeschlagenen Abänderungen handelt es sich durchweg nur um eine Anpassung der Fassung des Gesetzes an die neuen Vorschriften, das Ausscheiden von Bestimmungen, die ihre Bedeutung verlieren, und die Einfügung einzelner den Gerichten neu übertragener Geschäfte in das System des Gesetzes.

Der §. 1 giebt die Vorschriften zur Abänderung des Preußischen Gerichtskostengesetzes im Allgemeinen nach der Reihenfolge der von den Aenderungen betroffenen Paragraphen dieses Gesetzes. Vorausgeschickt sind unter I. eine Aufzählung gegenstandslos werdender Vorschriften und unter II. einige Fassungsänderungen von allgemeinerer Bedeutung. Die unter II. gegebenen Bestimmungen bezwecken lediglich eine Anpassung an den Sprachgebrauch der neuen Gesetze, insbesondere des Gesetzes über die Angelegenheiten der freiwilligen Gerichtsbarkeit, welches die gesammte nicht streitige Rechtspflege als freiwillige Gerichtsbarkeit bezeichnet und nicht von der „Aufnahme eines Rechtsgeschäfts", sondern von der „Beurkundung eines Rechtsgeschäfts" spricht (vergl. z. B. §§. 167, 168). Wegen des Ausdrucks „zweiseitiger Vertrag" vergl. die Begründung zu §. 34. Zu den Vorschriften unter I. ist Folgendes zu bemerken.

Wegen der Streichung der §§. 9 Abs. 1 Satz 2, 31 Abs. 2, 126, welche mit dem Inkrafttreten des Grundbuchrechts gegenstandslos werden, wird auf die Begründung zu §. 132 Bezug genommen, wegen der Streichung des §. 40 auf die Begründung zu §. 96. Der bisherige §. 28 wird durch die neue Fassung des §. 20 des Ausführungsgesetzes (s. Preuß. Gesetz über die freiwillige Gerichtsbarkeit Art. 128 unter III) entbehrlich. Die Vorschriften der §§. 46 Abs. 8 und 87 verlieren mit der Aufhebung des Gesetzes vom 22. Mai 1887 (Preuß. Gesetz über die freiwillige Gerichtsbarkeit Art. 141 Nr. 19) ihre Bedeutung. Die Streichungen im §. 74 ergeben sich daraus, daß die in Ziffer 3 Abs. 2 vorgesehene Eintragung einer Abschrift des Gesellschaftsvertrags u. s. w. und die in Ziffer 5 vorgesehene Eintragung einer Handlungsvollmacht nach den Vorschriften des neuen Handelsgesetzbuchs (vergl. §§. 198, 277, 320 Abs. 3 des Handelsgesetzbuchs, §§. 10, 54 der neuen Fassung des Gesetzes, betreffend die Gesellschaften mit beschränkter Haftung, Art. 15 bis 21 des Einführungsgesetzes zum Handelsgesetzbuch in Verbindung mit der Denkschrift S. 303) nicht mehr vorkommen und daß die in Ziffer 5 erwähnten Eintragungen durch die Eintragungen in das Güterrechtsregister (§. 77b) ersetzt sind. Das besondere Verfahren der rechtlichen Aussage in Schleswig-Holstein (§. 86) ist in der neuen Gesetzgebung nicht aufrechterhalten. Der §. 131 Abs. 2 ist durch das Stempelsteuergesetz vom 31. Juli 1895 beseitigt. Die Erwähnung der Vereidigung von Sachverständigen im §. 7 wird gegenstandslos, weil die in Frage kommende Vereidigung im Artikel 128 Nr. X des Preußischen Gesetzes über die freiwillige Gerichtsbarkeit für ein Geschäft der Justizverwaltung erklärt wird, somit von den Vorschriften des Preußischen Gerichtskostengesetzes nach §. 134 nicht betroffen wird. Die Streichung der Worte „insbesondere einem überlebenden Ehegatten" im §. 84 Abs. 2 hat den Zweck, einem Mißverständnisse vorzubeugen, weil der überlebende Ehegatte als Beispiel eines bei einer Erbtheilung nicht betheiligten Dritten besonders hervorgehoben wird, diese Hervorhebung aber mit den Vorschriften des Bürgerlichen Gesetzbuchs, nach denen der überlebende Ehegatte in der Regel Miterbe ist, nicht in Einklang steht.

§. 1. Der Zusatz zu §. 1 empfiehlt sich mit Rücksicht auf die Bestimmung im Artikel 9 des Entwurfes eines Preußischen Gesetzes über die freiwillige Gerichtsbarkeit, nach welcher auch in Angelegenheiten der freiwilligen Gerichtsbarkeit eine Verurtheilung in die Kosten stattfinden kann.

§. 3. Nach der bisherigen Fassung des §. 3 sollen die Kosten der Sicherstellung, Feststellung oder Vertheilung von Vermögensmassen, der Ermittelung von Erben und der Ertheilung von Erbbescheinigungen als Masseschulden behandelt werden. Es hat dies die Bedeutung, daß die Betheiligten nicht persönlich, sondern nur nach den Vorschriften, welche für die Entrichtung der die Masse treffenden Schulden gelten, also insbesondere die Erben nur wie für Nachlaßverbindlichkeiten haften. Dieser Verzicht auf die persönliche Haftung läßt sich nur rechtfertigen, soweit die Zahlung der Kosten aus der Masse gesichert ist, d. h. soweit sie im Konkurse die Eigenschaft einer Masseschuld haben. Nach §. 224 Nr. 4 der Konkursordnung ist dies der Fall hinsichtlich der Kosten der Eröffnung einer Verfügung des Erblassers von Todeswegen, der gerichtlichen Sicherung des Nachlasses, einer Nachlaßpflegschaft, des Aufgebots der Nachlaßgläubiger und der Inventarerrichtung. Dieser Vorschrift schließt sich Abs. 1 des neu vorgeschlagenen §. 3 an; das Aufgebot der Nachlaßgläubiger ist nicht erwähnt, weil für die Kosten dieses Aufgebots das Deutsche Gerichtskostengesetz maßgebend ist. Die bisher im §. 3 erwähnten Kosten der Theilung sind in der Konkursordnung als unmittelbare Masseschulden nicht anerkannt, dagegen kann der Erbe, welcher sie bezahlt hat, nach §. 224 Nr. 1 der Konkursordnung für seine Aufwendungen Ersatz aus dem Nachlasse mit dem Vorrechte der Masseschuld fordern. Dieser Rechtslage entsprechend bestimmt der Abs. 2, daß der Erbe für die Kosten der Theilung persönlich haftet, indem ihm überlassen bleibt, seinerseits Ersatz aus dem Nachlasse zu suchen. Daß für die Kosten einer Theilung mehrere Erben als Gesammtschuldner haften sollen, steht im Einklange mit der Vorschrift des §. 2058 des Bürgerlichen Gesetzbuchs und wird durch die Erwägung gerechtfertigt, daß bei ordnungsmäßiger Auseinandersetzung dafür Sorge zu tragen ist, daß die Mittel zur Bezahlung der Theilungskosten aus dem Nachlasse zurückbehalten werden. Soweit nach den Vorschriften der §§. 1, 2 andere Personen als die Antheilsberechtigten, insbesondere Nießbraucher oder Pfandgläubiger für die Kosten der Theilung haften, wird deren Zahlungspflicht durch die Bestimmung im §. 3 Abs. 2 nicht berührt. Was den Erbschein anlangt, so sind auch dessen Kosten in der Konkursordnung nicht als Masseschulden anerkannt; sie sollen demgemäß aus der Vorschrift im Abs. 1 des §. 3 ausgeschieden werden, was zur Folge hat, daß der Erbe als Antragsteller persönlich für die Kosten der Ertheilung des Erbscheins haftet. Wird auf Antrag eines Miterben ein gemeinschaftlicher Erbschein ertheilt, so kommt dieser allen Miterben zu Gute. Es könnte daher in Frage kommen, ob in diesem Falle nicht alle Erben für haftbar zu erklären seien; es kann indessen hiervon abgesehen werden, weil nach §. 15 die Aushändigung des Erbscheins von der vorherigen Zahlung der Kosten abhängig gemacht werden kann.

Von den Vorschriften, die für Erben gelten, erscheinen nur diejenigen über die Kosten der Theilung auf andere Gemeinschaften anwendbar. Auch hier ist es angemessen, die Entrichtung der Theilungskosten aus der Masse durch die Gesammthaft der Antheilsberechtigten zu sichern (vergl. B.G.B. §§. 733, 755, 1475, 1480).

Die Vorschrift im Abs. 3 wegen Nichtberücksichtigung einer persönlichen Gebührenfreiheit ist aus dem bisherigen §. 3 übernommen; sie beruht auf der Erwägung, daß die hier in Frage stehenden Kosten auf der betreffenden Masse als solcher haften, sodaß die persönliche Stellung des Betheiligten zurücktritt.

§. 7. Der §. 4e des Stempelsteuergesetzes vom 31. Juli 1895 enthält eine allgemeine Vorschrift über die Stempelfreiheit der Urkunden wegen Enteignungen. Soweit die Enteignung nach Maßgabe des Gesetzes vom 11. Juni 1874 stattfindet, giebt §. 43 dieses Gesetzes die erforderlichen Vorschriften wegen der Gebührenfreiheit. Da es aber auch Enteignungen giebt, für welche das Gesetz vom 11. Juni 1874 nicht maßgebend ist, und die zur Ergänzung des §. 43 dieses Gesetzes dienende Allerhöchste Kabinetsorder vom 4. Mai 1833 (Gesetz-Samml. S. 49) nicht im ganzen Umfange der Monarchie Geltung hat, erscheint es behufs Herbeiführung einer Uebereinstimmung mit dem nach dem Gerichtskostengesetz erlassenen Stempelsteuergesetze geboten, für diese Fälle die Gebührenfreiheit allgemein dahin zu regeln, daß die Vorschriften des §. 43 entsprechende Anwendung finden.

§. 8. Auch die im §. 8 neu einzustellenden Vorschriften schließen sich an das Stempelsteuergesetz (§. 5g und Abs. 2 und 3) an. Gemeinnützige Baugesellschaften genießen schon jetzt nach Maßgabe des Gesetzes vom 2. März 1867 (Gesetz-Samml. S. 385) Gebührenfreiheit; die Voraussetzungen für die Befreiung sind indessen anders geregelt, als dies im §. 5g. des Stempelsteuergesetzes geschehen ist, insbesondere erstreckt sich die Gebührenfreiheit nur auf Aktiengesellschaften, nicht auch auf Genossenschaften und Gesellschaften mit beschränkter Haftung. Es erscheint angezeigt, Gleichmäßigkeit in Ansehung beider Befreiungen herzustellen.

§. 10. Die Vorschriften des §. 10 gewähren den unter Vormundschaft stehenden minderjährigen, tauben, stummen, blinden oder geisteskranken Personen Begünstigungen, welche im Wesentlichen darin bestehen, daß die nach Einleitung der Vormundschaft entstehenden Gebühren, soweit sie nicht aus den Einkünften bestritten werden können, bis zur Beendigung der Vormundschaft gestundet und alsdann erlassen werden, wenn der Mündel nicht außer dem

Bettzeug, Kleidungsstücken und Geräthschaften ein reines Vermögen von 500 Mark hat. Da nach den Vorschriften des Bürgerlichen Gesetzbuchs Gebrechliche unter Pflegschaft stehen und die bisher unter Vormundschaft stehenden Minderjährigen, deren eheliche Mutter den Vater überlebt, in Zukunft unter der elterlichen Gewalt der Mutter stehen werden, sollen die Vorschriften des §. 10 auch in den Fällen Anwendung finden, in denen keine Vormundschaft, sondern eine Pflegschaft oder Beistandschaft, die sich nicht bloß auf eine einzelne Angelegenheit beschränkt, eingeleitet wird. Die bisher in Ziffer 4 getroffene Vorschrift wird in Ansehung der Mündel entbehrlich, weil eine Befreiung des Vormundes von der Einreichung einer Vermögensübersicht oder das Verbot der Offenlegung derselben nicht zulässig ist (B.G.B. §. 1854), sie hat indessen auf die unter elterlicher Gewalt stehenden Kinder entsprechende Anwendung zu finden, wie dies im Abs. 2 bestimmt wird.

§. 13. Die neue Fassung des §. 13 entspricht den Bestimmungen im Artikel 8 §. 2 dieses Ausführungsgesetzes.

§. 26. Der im §. 26 in Bezug genommene §. 531 der Civilprozeßordnung hat in der neuen Fassung des §. 568 einen Zusatz dahin erhalten, daß Beschwerdeentscheidungen der Landgerichte in Betreff der Prozeßkosten einer weiteren Beschwerde nur unterliegen, wenn die Beschwerdesumme 50 Mark übersteigt. Diese Einschränkung der weiteren Beschwerde erscheint zur Uebertragung auf Kosten der freiwilligen Gerichtsbarkeit für den Fall nicht geeignet, daß die Beschwerde auf die Verletzung eines Gesetzes gestützt wird, weil sonst der Zweck der Sicherung einer gleichmäßigen Anwendung der Kostenvorschriften nicht erreicht werden würde.

§. 31. Die vorgeschlagenen Aenderungen beziehen sich nur auf die Fassung, welche mit Rücksicht auf die Vorschriften des Bürgerlichen Gesetzbuchs und den Ersatz der Einregistrirung durch die Sicherstellung der Zeit der Ausstellung (s. zu §. 52) einer Abänderung zu unterziehen war. Die an die Stelle der Einreichung einer letztwilligen Verfügung zur gerichtlichen Annahme tretende Errichtung der Verfügung durch Uebergabe einer Schrift (B.G.B. §. 2238) bedürfte an sich einer besonderen Erwähnung nicht, weil eine in dieser Weise errichtete Verfügung von Todeswegen nur eine Unterart des gerichtlichen Testaments oder Erbvertrags bildet und daher die Vorschriften des §. 30 unmittelbar Anwendung finden; sie ist gleichwohl mit aufgenommen worden, um klar zu stellen, daß die Vorschriften über die Einziehung des Stempels zu den Gerichtskosten nur auf den Stempel für Verfügungen von Todeswegen Anwendung finden, daß dagegen etwa in der übergebenen Schrift enthaltene stempelpflichtige Erklärungen anderer Art, z. B. Schuldverschreibungen, den allgemeinen Vorschriften des Stempelsteuergesetzes unterworfen bleiben. Der Begriff der Punktation ist dem Bürgerlichen Gesetzbuche fremd; da auch schon jetzt alle zur gerichtlichen Vollziehung eingereichten Urkunden gleichmäßig behandelt wurden, konnte die besondere Erwähnung der Punktationen einfach weggelassen werden.

§. 34. Der im §. 34 gebrauchte Ausdruck „einseitiges Rechtsgeschäft" soll außer einseitigen Erklärungen auch solche Verträge umfassen, welche nur die Leistung oder Verpflichtung des einen Theils zum Gegenstande haben. Da nach dem Sprachgebrauche des Bürgerlichen Gesetzbuchs (vergl. z. B. §§. 108, 111) unter dem Ausdruck „einseitiges Rechtsgeschäft" nur einseitige Erklärungen im Gegensatze zu den Verträgen verstanden werden, ist zur Sicherung der Anwendung des §. 34 in dem bisherigen Sinne die vorgeschlagene Fassungsänderung erforderlich.

Verträge, in denen Leistungen oder Verpflichtungen beider Theile beurkundet werden, sind im §. 35 als „gegenseitige Verträge" bezeichnet. Dieser Begriff ist weiter als der Begriff der gegenseitigen Verträge im Sinne des Bürgerlichen Gesetzbuchs (§§. 320 ff.), der sich auf die sogenannten synallagmatischen Verträge beschränkt. Mit Rücksicht hierauf soll nach der Bestimmung unter II im §. 35 sowie in den §§. 39, 42 statt „gegenseitig" „zweiseitig" gesetzt werden.

§. 41. Die im §. 41 behandelte Anerkennung des Inhalts einer schriftlich abgefaßten Erklärung entspricht der im §. 176 Abs. 2 des Gesetzes über die Angelegenheiten der freiwilligen Gerichtsbarkeit vorgesehenen Form der Beurkundung (Bezugnahme auf eine dem Protokoll als Theil desselben beizufügende Schrift). Durch Hinweis auf diese Vorschrift soll klargestellt werden, daß diese Form der Beurkundung als Anerkennung des Inhalts im Sinne des Kostengesetzes anzusehen ist.

§. 43. Die Vorschriften des §. 43 über die ermäßigten Gebühren für Anträge und Bewilligungen, welche zur Herbeiführung von Eintragungen oder Löschungen im Grundbuch bestimmt sind, sind auf Anträge und Bewilligungen in Schiffspfandsachen, für welche nach Abschnitt 6 des Gesetzes über die Angelegenheiten der freiwilligen Gerichtsbarkeit die gleichen Vorschriften gelten, auszudehnen. Da zweifelhaft sein könnte, ob die in den §. 27 der Grundbuchordnung und §. 105 des bezeichneten Gesetzes erwähnten „Zustimmungen" zur Löschung eines Pfandrechts, einer Hypothek oder Grundschuld als Löschungsbewilligungen anzusehen wären, empfiehlt es sich, diese Zustimmungen besonders zu erwähnen.

Im §. 6 der Gebührenordnung für Notare ist bestimmt, daß der Notar für die Beurkundung einer Auflassung die im §. 43 bestimmte Gebühr erhält. Eine entsprechende Bestimmung war bisher im Preußischen Gerichtskostengesetze nicht getroffen, weil die Beurkundung der Auflassung vor dem Grundbuchamte nach §. 57 Ziffer 1, die bezüglich Rheinischer Grundstücke zulässige Beurkundung vor einem andern Gerichte nach §. 57 Ziffer 5 gebührenfrei ist. Da indessen in Zukunft Preußische Gerichte in die Lage kommen können, Auflassungen hinsichtlich außerpreußischer Grundstücke zu beurkunden, empfiehlt es sich, die Auflassungen in §. 43 aufzunehmen. An der nach §. 57 bestehenden Gebührenfreiheit soll hierdurch Nichts geändert werden.

Die Vorschrift in Ziffer 4, betreffend die Beglaubigung von Vollmachten zur Eigenthumsübertragung im Gebiete des Rheinischen Rechtes, verliert mit dem Inkrafttreten des Grundbuchrechts ihre Bedeutung und ist daher, vorbehaltlich ihrer ferneren Anwendung für die Uebergangszeit, nach §. 132 zu streichen.

§. 44. Im Abs. 3 ist die besondere Vorschrift für die eigenhändigen und mystischen Testamente des Rheinischen Rechtes zu streichen und an Stelle der „Ausfertigung“ mit Rücksicht auf §. 2264 des Bürgerlichen Gesetzbuchs der Ertheilung beglaubigter Abschriften zu gedenken. Für diese Abschriften sollen keine Gebühren, sondern nur Schreibgebühren und der tarifmäßige Stempel (§. 55 Abs. 2, §. 109 Abs. 3) erhoben werden. Auf den Widerruf eines Testaments und die Aufhebung eines Erbvertrags (B.G.B. §§. 2254, 2257, 2290 bis 2299) können die für die Zurücknahme eines Testaments, die nach §. 2256 als Widerruf gilt, erlassenen Vorschriften für entsprechend anwendbar erklärt werden. Für einen Erbvertrag zwischen Ehegatten oder zwischen Verlobten, der mit einem Ehevertrag in derselben Urkunde verbunden wird, genügt nach §. 2276 Abs. 2 des Bürgerlichen Gesetzbuchs die für den Ehevertrag vorgeschriebene Form. Diese Formerleichterung ist nach der Denkschrift S. 299 vorgesehen, weil beide Verträge in der Regel ein untrennbares Ganze bilden. Diesem Gesichtspunkte hat das Kostengesetz dadurch Rechnung zu tragen, daß die Vorschriften des §. 39 wegen einheitlicher Gebührenberechnung für anwendbar erklärt werden, wodurch zugleich den Klagen darüber abgeholfen wird, daß nach den jetzigen Vorschriften im Falle der Verbindung eines Ehe- und Erbvertrags die zweifache Gebühr doppelt zu erheben war.

§. 46. Da das Bürgerliche Gesetzbuch einen allgemeinen Begriff des unbeweglichen Vermögens nicht kennt, empfiehlt es sich, den Kreis der unter §. 46 fallenden Gegenstände durch Verweisung auf die Vorschriften über die Zwangsvollstreckung zu bestimmen. Für die im Abs. 2 bezeichneten Gebietstheile werden in Zukunft besondere Vorschriften über das Verfahren bei Versteigerungen nur noch insofern bestehen, als nach Artikel 112 des Preußischen Gesetzes über die freiwillige Gerichtsbarkeit die Ausführuug der Versteigerung einer Ortsbehörde übertragen werden kann; aus dem bisherigen Abs. 2 war daher nur die in Ziffer 1 hierfür gegebene Vorschrift aufrecht zu erhalten. Diese Vorschrift wird für alle Landestheile Anwendung zu finden haben, in welchen nach Artikel 111, 121, 122 die Vorschrift des Artikel 112 Geltung erlangt. Im Zusammenhange mit der Abänderung des Abs. 2 steht die abgeänderte Fassung des Abs. 4 Satz 2.

§. 49. Die zu Ziffer 2 und 4 vorgeschlagenen Aenderungen betreffen nur die Fassung; in Ziffer 4 empfiehlt es sich, allgemein von Protesturkunden, nicht nur von Protesturkunden des Handelsgesetzbuchs zu reden, um auch die in anderen Gesetzen, insbesondere dem Binnenschiffahrtsgesetze, vorgesehenen Protesturkunden zu treffen. Zu den in Ziffer 4 erwähnten ähnlichen Urkunden gehören auch die Zustellungen, für welche die Notare nach Artikel 31 Abs. 2 des Preußischen Gesetzes über die freiwillige Gerichtsbarkeit zuständig sind. An die Stelle der Grenzfeststellungen tritt die Mitwirkung bei Abmarkungen (Art. 31 Abs. 1 a. a. O.), während die sonst noch in Ziffer 3 erwähnten Geschäfte in Wegfall kommen (vergl. Art. 141 Nr. 1 a. a. O. nebst Begründung).

§. 51. Nach §. 182 Abs. 2 des Gesetzes über die Angelegenheiten der freiwilligen Gerichtsbarkeit können gerichtliche Protokolle auf Antrag auch auszugsweise ausgefertigt werden. In diesem Falle ist nach Artikel 49 des Entwurfes eines Preußischen Gesetzes über die freiwillige Gerichtsbarkeit eine

Bescheinigung beizufügen, daß weitere Bestimmungen, welche auf die Angelegenheit, zu deren Nachweis die Ausfertigung dienen soll, Bezug haben, in der Urkunde nicht enthalten sind. In gleicher Weise ist nach Artikel 58 Abs. 3 desselben Entwurfes bei Ertheilung einer beglaubigten auszugsweisen Abschrift zu verfahren. Für einen ähnlichen Fall, der bisher im §. 39 der Grundbuchordnung vom 5. Mai 1872 geregelt war, ist im §. 81 Abs. 4 bestimmt, daß eine Gebühr nicht zu erheben ist, wenn die Urkunde vom Gerichte selbst aufgenommen ist. Demgemäß sollen nach §. 51 für auszugsweise Ausfertigungen und Auszüge der gerichtlichen Protokolle ebenfalls nur Schreibgebühren erhoben werden.

Während bisher die Beglaubigung einer Abschrift dem Richter oblag, sind in Zukunft hierfür die Gerichtsschreiber zuständig (Art. 35 a. a. O.). Mit Rücksicht hierauf soll ebenso wie in dem analogen Falle des §. 81 Abs. 4 die Gebühr auf einen Höchstbetrag von 10 Mark beschränkt werden, um zu verhüten, daß die Gebühr für die mechanische Arbeit der Beglaubigung einer Abschrift eine unverhältnißmäßige Höhe erreicht.

Im Satz 1 ist die Erneuerung von Urkunden nicht mehr zu erwähnen, weil die Vorschriften über die Erneuerung von Urkunden mit dem Inkrafttreten des Bürgerlichen Gesetzbuchs in Wegfall kommen.

§. 52. Eine Wiederinkurssetzung von Werthpapieren findet nach dem Inkrafttreten des Bürgerlichen Gesetzbuchs nicht mehr statt, da dem Bürgerlichen Gesetzbuche das Institut der Außerkurssetzung von Inhaberpapieren nicht bekannt ist (B.G.B. §§. 793 bis 808, 935 Abs. 2) und die früher erfolgten Außerkurssetzungen von Schuldverschreibungen auf den Inhaber oder von Aktien auf den Inhaber mit dem Inkrafttreten des Bürgerlichen Gesetzbuchs ohne Weiteres ihre Wirkung verlieren (Einführungsgesetze zum B.G.B. Art. 176, zum Handelsgesetzbuch Art. 26). Die Einregistrirung nach Maßgabe des Gesetzes vom 23. April 1824 behufs Herstellung eines sicheren Datums wird durch die Sicherstellung der Zeit der Ausstellung einer Privaturkunde (Art. 59 des Entwurfes eines Preuß. Gesetzes über die freiwillige Gerichtsbarkeit) ersetzt. Demgemäß ist §. 52, wie vorgeschlagen, zu ändern.

§. 54a. Bisher bestand in Ansehung der Gebühren der Gerichte und Notare, für welche sonst nach §. 5 Abs. 1 der Gebührenordnung für Notare die gleichen Vorschriften maßgebend sind, insofern ein Unterschied, als bei den Notaren die Aufnahme einer Urkunde in mehreren Sprachen eine Erhöhung der Beurkundungsgebühr um $1/4$ zur Folge hatte (§. 5 Abs. 2 der Gebührenordnung), während bei den Gerichten eine gleiche Erhöhung der Gebühren nicht vorgesehen war. Dieser Unterschied beruhte darauf, daß das Verfahren der Gerichte und Notare ein verschiedenes war, indem die Gerichte bei der Verhandlung mit Personen, die der deutschen Sprache nicht mächtig sind, nur ein Protokoll aufzunehmen hatten (§§. 4, 7 des Gesetzes vom 28. August 1876, betreffend die Geschäftssprache 2c., Gesetz-Samml. S. 389), während die Notare nach den §§. 24, 25, 32 des Gesetzes vom 11. Juli 1845 (Gesetz-Samml. S. 487) und Artikel 34, 35 der Verordnung und Taxordnung für die Notarien in den Rheinprovinzen vom 25. April 1822 (Gesetz-Samml. S. 109) ein doppeltes Protokoll aufzunehmen hatten (vergl.

Begr. zu §. 5 der Gebührenordnung für Notare, Drucks. des Hauses der Abgeordneten, 18. Legislaturperiode, II. Session 1895 Nr. 8). Diese Verschiedenheit des Verfahrens der Gerichte und Notare wird durch das Bürgerliche Gesetzbuch und das Gesetz über die Angelegenheiten der freiwilligen Gerichtsbarkeit beseitigt. Demgemäß muß auch die Frage der Gebührenerhöhung einheitlich für Gerichte und Notare geregelt werden. Da die Verhandlung mit Personen, die der deutschen Sprache nicht mächtig sind, eine sehr erhebliche Vermehrung der Arbeit mit sich bringt, kann als eine für Gerichte und Notare gemeinsam anwendbare Vorschrift nur in Uebereinstimmung mit §. 5 Abs. 2 der Gebührenordnung für Notare die Erhöhung der Gebühren um $1/4$ in Frage kommen, zumal nach §. 2244 des Bürgerlichen Gesetzbuchs und §. 179 des Gesetzes über die Angelegenheiten der freiwilligen Gerichtsbarkeit die bloße Erklärung eines Betheiligten, daß er der deutschen Sprache nicht mächtig sei, genügt, um eine Verhandlung in der fremden Sprache erforderlich zu machen. Daß der Betheiligte, welcher durch seine Erklärung die Entstehung von Mehrkosten veranlaßt, nach Abs. 2 des §. 54 diese Mehrkosten zu tragen hat, wird keiner besondere Begründung bedürfen (vergl. §. 2 Abs. 3). Uebrigens entstehen durch die Zuziehung eines Dolmetschers Auslagen nur dann, wenn für die betreffende Sprache ein Dolmetscher bei dem Gerichte nicht angestellt ist (Gebührenordnung für Zeugen und Sachverständige §. 13 Abs. 2).

Nach §. 178 des Gesetzes über die Angelegenheiten der freiwilligen Gerichtsbarkeit ist bei Personen, die am Sprechen verhindert sind und sich nicht schriftlich verständigen können, die Zuziehung eines Dolmetschers erforderlich. Der §. 54a findet auch auf diesen Fall Anwendung.

§. 55. Ueber das Verhältniß der Vorschrift des §. 55 Satz 2 zu den Vorschriften im §. 109 Abs. 3 über die Versteuerung von Ausfertigungen und Abschriften sind Zweifel entstanden. Nach der einen Ansicht ist für die Geschäfte des zweiten Abschnitts, also für die hier behandelten Beurkundungen, insbesondere die Beurkundung von Rechtsgeschäften, ausschließlich die Vorschrift des §. 55, wonach die Beträge der nach den Stempelgesetzen zu entrichtenden Stempelabgaben zu erheben sind, maßgebend, sodaß sich die Stempelpflicht der Ausfertigungen und Abschriften lediglich nach den Vorschriften des Stempelsteuergesetzes richten würde; nach der anderen Ansicht erleidet die Vorschrift im §. 55 durch die des §. 109 Abs. 3 eine Einschränkung und haben die im §. 109 für die Versteuerung von Ausfertigungen und Abschriften gegebenen Vorschriften allgemeine Geltung. Zur Behebung dieser Zweifel soll der zu §. 55 vorgeschlagene Zusatz dienen. Soweit es sich um die Aufnahme einer Urkunde über ein Rechtsgeschäft handelt, das nach den Vorschriften des Stempelsteuergesetzes stempelpflichtig ist, soll das Gleiche gelten, was im §. 9 Abs. 1, 2 des Stempelsteuergesetzes für Notariatsurkunden bestimmt ist; hierdurch wird eine wünschenswerthe Gleichförmigkeit in Ansehung der Verstempelung gerichtlicher und notarieller Urkunden herbeigeführt. Im Uebrigen können die Vorschriften des §. 109 Abs. 3 auch bei den Geschäften des zweiten Abschnitts zur Anwendung kommen. Ausfertigungen nicht stempelpflichtiger Urkunden sind hiernach stempelfrei. Für beglaubigte Abschriften ergiebt sich aus der

Anwendung des §. 109 Abs. 3 die Folgerung, daß ein Stempel nicht erhoben wird, wenn sie von Amtswegen ertheilt werden oder wenn es sich um eine nicht stempelpflichtige Urkunde handelt. Ist für die Ertheilung der beglaubigten Abschrift einer stempelpflichtigen Urkunde nach §. 51 eine Gebühr zu erheben, so ist daneben nicht noch ein Stempel in Ansatz zu bringen, da nach §. 109 Abs. 3 alle beglaubigten Abschriften, für deren Ertheilung eine Gebühr zu erheben ist, stempelfrei sind; wird dagegen auf Antrag eine beglaubigte Abschrift ertheilt, für welche nach §. 51 nur Schreibgebühren anzusetzen sind, so ist neben diesen gemäß §. 109 Abs. 3 noch der tarifmäßige Stempel zu erheben.

§. 76. Für die im §. 9 Abs. 3 des Handelsgesetzbuches vom 10. Mai 1897 vorgesehene Bescheinigung, daß bezüglich des Gegenstandes einer Eintragung weitere Eintragungen nicht vorhanden sind, erscheint eine Gebühr von 1 Mark als angemessen. Um auch die Fälle zu berücksichtigen, in welchen den Betheiligten der Besitz mehrerer Exemplare desselben Zeugnisses erwünscht ist, soll weiter vorgeschrieben werden, daß für die wiederholte Ertheilung eines bereits einmal ertheilten Zeugnisses nur eine Gebühr von 1 Mark zu erheben ist. Durch diese Vorschriften wird zugleich den Beschwerden über die Höhe der Gebühren für Auszüge aus dem Handelsregister abgeholfen.

Der §. 9 Abs. 3 des Handelsgesetzbuchs erwähnt neben der Bescheinigung, daß bezüglich des Gegenstandes einer Eintragung weitere Eintragungen nicht vorhanden sind, eine Bescheinigung, daß eine bestimmte Eintragung nicht erfolgt ist. Es empfiehlt sich schon deshalb, beide Bescheinigungen in Ansehung der Gebühren gleich zu behandeln und auch für die zweite stets die feste Gebühr von 1 Mark zu erfordern, weil es in vielen Fällen nicht ausführbar ist, für dieses Negativattest eine Gewerbesteuerklasse zu ermitteln, nach der die Gebühr gemäß Abs. 2 abgestuft werden könnte.

Nach §. 9 Abs. 2 des Handelsgesetzbuchs kann auch von den zum Handelsregister eingereichten Schriftstücken eine beglaubigte Abschrift gefordert werden. Auf diese Abschrift findet die Vorschrift des §. 51 Satz 1 Anwendung. Zur Vermeidung möglicher Zweifel soll dies ausdrücklich ausgesprochen werden.

§. 77. Die Vorschriften des §. 77 über die gebührenfreie Thätigkeit des Registergerichts bedürfen in mehrfacher Hinsicht einer Ergänzung. Wie die Konkurseröffnung, ist nach §. 32 des Handelsgesetzbuches vom 10. Mai 1897 auch die Aufhebung des Eröffnungsbeschlusses sowie die Einstellung und Aufhebung des Konkurses von Amtswegen in das Handelsregister einzutragen; die Gebührenfreiheit auch dieser Eintragungen ist um so mehr anzuerkennen, als nach §. 115 der Konkursordnung in Verbindung mit den §§. 113, 114, 116, 163, 190, 198, 205, auch die entsprechenden Eintragungen im Grundbuche gebührenfrei sind. Nach den §§. 141 bis 144 des Gesetzes über die Angelegenheiten der freiwilligen Gerichtsbarkeit hat das Registergericht in verschiedenen Fällen von Amtswegen eine Löschung vorzunehmen. Soweit die Löschung nach §. 141 von Amtswegen nur deshalb erfolgt, weil der zur Anmeldung Verpflichtete dieser Verpflichtung nicht genügt, liegt kein Grund vor, die Löschung gebührenfrei vorzunehmen; hier war nur die Gebührenfreiheit des Löschungsverfahrens für den Fall vorzusehen, daß Widerspruch erhoben wird und, weil dieser sich als begründet ergiebt, die Löschung unterbleibt. Dagegen ist in den übrigen Fällen für die im öffentlichen Interesse erfolgende Löschung eine Gebühr nicht zu erheben, es sei denn, daß seitens eines Betheiligten ein unbegründeter Widerspruch erhoben wird. Soweit nach Ziffer 5 und 6 keine Gebühren zu erheben sind, sind auch keine Auslagen zu erheben, weil die Gebührenfreiheit auf der Anerkennung beruht, daß die von Amtswegen eintretende Thätigkeit des Gerichts im öffentlichen Interesse erfolgt, somit nach §. 1 ein Zahlungspflichtiger nicht vorhanden ist.

§. 77a. Die Thätigkeit des Gerichts bei Führung des durch das Bürgerliche Gesetzbuch geschaffenen Vereinsregisters ist der bei Führung des Handelsregisters entsprechend (vergl. §. 159 des Gesetzes über die Angelegenheiten der freiwilligen Gerichtsbarkeit, wonach eine Reihe der für das Handelsregister gegebenen Vorschriften entsprechend anzuwenden sind). Mit Rücksicht hierauf erscheint es angezeigt, die Gebühren thunlichst im Anschluß an die Vorschriften der §§. 74 bis 77 für das Handelsregister zu regeln. Eine Abstufung der Gebühren nach Gewerbesteuerklassen ist indessen hier nicht ausführbar. Es wird daher vorgeschlagen, die Gebühr nach dem im §. 56 unter B bestimmten Satze zu bemessen und diese Gebühr in der Regel einfach, jedoch für die erste Eintragung doppelt und für Eintragungen, betreffend Mitglieder des Vorstandes oder Liquidatoren, sowie für Löschungen nur zur Hälfte zum Ansatz zu bringen. Die volle Gebühr beträgt nach den §§. 22, 56 in der Regel 4,60 Mark, kann aber bis 1 Mark ermäßigt und bis 45 Mark erhöht werden, während die entsprechende Gebühr für Eintragungen in das Handelsregister 2 bis 100 Mark beträgt. Die Eintragung von Zweigniederlassungen ist bei Vereinen nicht vorgesehen, sodaß die Vorschriften des §. 75 Abs. 1, betreffend die Eintragungen in das Register einer Zweigniederlassung, hier nicht in Betracht kommen, dagegen erscheinen die Vorschriften der §§. 75 Abs. 2, 76, 77 zur Uebertragung auf das Vereinsregister geeignet.

Die Anordnungen wegen Berufung einer Mitgliederversammlung nach §. 37 des Bürgerlichen Gesetzbuchs und §. 160 des Gesetzes über die Angelegenheiten der freiwilligen Gerichtsbarkeit gehören nicht zu den Geschäften der Registerführung; die Gebühr für diese Anordnungen bestimmt sich nach §. 100. Das Gleiche gilt von der Bestellung von Vorstandsmitgliedern oder Liquidatoren nach den §§. 29, 48 des Bürgerlichen Gesetzbuchs.

§. 77b. Auch beim Güterrechtsregister greift, ebenso wie beim Vereinsregister, die Analogie des Handelsregisters Platz. Die Gebühren für seine Führung werden daher in Uebereinstimmung mit den Vorschriften im §. 77a geregelt. Ein Anlaß zur Erhöhung oder Ermäßigung des einfachen Gebührensatzes für gewisse Fälle der Eintragung ist hier nicht gegeben; in Folge dessen ist hier für die Anwendung des §. 75 Abs. 2 kein Raum.

§. 78. Die Aenderungen des §. 78 haben nur redaktionelle Bedeutung.

§. 81. Wenn, wie dies unten zu §. 132 in Aussicht genommen wird, bezüglich der vor dem Inkrafttreten des Bürgerlichen Gesetzbuchs erfolgten Erbfälle auf die bisherigen Vorschriften verwiesen wird, kann die Fassung des §. 81 Abs. 1 dahin vereinfacht werden, daß nur von Ertheilung eines Erbscheins gesprochen wird. Einer Ergänzung bedürfen die bisherigen Vorschriften insofern, als auch die Einziehung oder Kraftloserklärung eines Erbscheins (B.G.B. §. 2361) und die Ertheilung von Zeugnissen über die Fortsetzung einer Gütergemeinschaft (B.G.B. §. 1507) oder die Ernennung eines Testamentsvollstreckers (B.G.B. §. 2368) zu regeln waren.

Im Abs. 4 des §. 81 sind an Stelle der im §. 40 der Preußischen Grundbuchordnung erwähnten Bescheinigungen die entsprechenden Zeugnisse des Nachlaßgerichts nach den §§. 37, 38 der Reichs-Grundbuchordnung zu setzen; zugleich ist zur Vermeidung von Zweifeln klar zu stellen, daß wie bisher eine besondere Gebühr nur dann außer Ansatz bleiben soll, wenn die Theilungsurkunde von dem Nachlaßgerichte aufgenommen ist; wird von diesem Gericht nur eine Eintragungsbewilligung beurkundet, so ist die im §. 81 Abs. 4 bestimmte Gebühr zu erheben. Einer besonderen Erwähnung der im §. 39 der Preußischen Grundbuchordnung erwähnten Bescheinigungen zu Auszügen aus Erbverträgen, letztwilligen Verfügungen und Erbtheilungsurkunden bedarf es nicht mehr, da die Gebühren für auszugsweise Ausfertigungen allgemein im §. 51 geregelt sind. Die gegenstandslos werdende Vorschrift des Abs. 3 Satz 3 soll durch eine Vorschrift über die Werthberechnung im Falle der Ertheilung eines Erbscheins über den Antheil eines Miterben (B.G.B. §. 2353) ersetzt werden.

§. 82. Die bisher im §. 82 Abs. 1 Satz 2 getroffene Bestimmung wegen der Nachlaßpflegschaft soll in einen besonderen Paragraphen aufgenommen werden, weil die Nachlaßpflegschaft zum Zwecke der Befriedigung der Nachlaßgläubiger (Nachlaßverwaltung) nicht als eine unter §. 82 fallende Maßnahme erscheint und weil auch eine Vorschrift über die nach §. 88 des Gesetzes über die Angelegenheiten der freiwilligen Gerichtsbarkeit vom Nachlaßgericht einzuleitende Abwesenheitspflegschaft zu treffen ist. Bei der Anwendung der für das Vormundschaftsgericht geltenden Vorschriften soll es verbleiben; bei Nachlaßpflegschaften, insbesondere bei Nachlaßverwaltungen, ist es indessen nicht angezeigt, die Schulden vom Nachlasse abzuziehen, vielmehr empfiehlt es sich, es in dieser Hinsicht bei der Vorschrift des §. 89 zu belassen. Da die Nachlaßverwaltung den Zweck hat, die Masse zu versilbern und zu vertheilen, kann nicht ihr Bestand am Ende der Verwaltung, sondern nur der bei dem Beginne der Nachlaßpflegschaft zu Grunde gelegt werden.

§. 83. Nach den §§. 1964, 1965 des Bürgerlichen Gesetzbuchs hat eine gerichtliche Feststellung des Erbrechts des Fiskus oder der nach Artikel 138 des Einführungsgesetzes an seine Stelle tretenden Körperschaft, Stiftung oder Anstalt des öffentlichen Rechtes stattzufinden. Dies Verfahren in den Fällen gebührenfrei zu lassen, in denen nicht der Fiskus Erbe ist, liegt kein Anlaß vor. Aber auch in den Fällen, in denen es sich um Feststellung des Erbrechts des Fiskus handelt, war eine Gebühr zu bestimmen; dieselbe fällt zwar weg, wenn der Fiskus als Erbe ermittelt wird (§. 8 Ziffer 1), sie ist aber anzusetzen, wenn in Folge der Aufforderung nach §. 1965 des Bürgerlichen Gesetzbuchs Erbrechte angemeldet werden und in Folge dessen die Erbschaft dem Fiskus nicht anfällt.

Die Feststellung des Erbrechts begründet, ebenso wie ein Erbschein, die Vermuthung, daß das Erbrecht bestehe (B.G.B. §§. 1964 Abs. 2, 2365). Es rechtfertigt sich daher der Ansatz derselben Gebühr mit der Maßgabe, daß ein etwa noch besonders ertheilter Erbschein durch die Gebühr mitgedeckt ist.

Der bisherige §. 83 wird, unbeschadet seiner Anwendung auf frühere Erbfälle nach §. 132 Abs. 2, entbehrlich.

§. 84. Die Vorschriften des §. 84 können auch auf das in den §§. 86 ff. des Gesetzes über die Angelegenheiten der freiwilligen Gerichtsbarkeit geregelte Verfahren zur Vermittelung der Auseinandersetzung über den Nachlaß für anwendbar erklärt werden. Es bedarf nur einer näheren Bestimmung darüber, was als Abschluß des Verfahrens „durch Rezeß" anzusehen ist. Da die Thätigkeit des Gerichts im Wesentlichen die gleiche ist, wenn das Verfahren seinen Abschluß durch eine nach §. 93 bestätigte Auseinandersetzung findet oder unter Abstandnahme von dem Vermittelungsverfahren eine vertragsmäßige Auseinandersetzung durch das Gericht beurkundet wird, sollen beide Fälle in Ansehung der Gebührenberechnung gleich behandelt werden. Beschränkt sich die Thätigkeit des Gerichts auf die bloße Beurkundung einer vertragsmäßigen Auseinandersetzung, ohne daß seine Vermittelungsthätigkeit angerufen wird, so findet nach Abs. 4 die Gebühr des §. 35 Anwendung.

Die Vorschriften des §. 54a haben auch in den Fällen des §. 84 Anwendung zu finden.

§. 84a. Die Thätigkeit des Gerichts ist eine wesentlich eingeschränktere, wenn die Vermittelung einer Auseinandersetzung nach Artikel 21 des Preußischen Gesetzes über die freiwillige Gerichtsbarkeit dem Notar übertragen wird. Demgemäß sollen in diesem Falle nur die hier bestimmten Gebühren erhoben werden.

In derselben Weise, wie dies im §. 84a vorgeschlagen wird, waren bisher die Gebühren des Rheinischen gerichtlichen Theilungsverfahrens in dem durch §. 87 des Preußischen Gerichtskostengesetzes aufrechterhaltenen §. 59 des Gesetzes vom 22. Mai 1887 geregelt. Die in den §§. 63 bis 66 des Gesetzes vom 22. Mai 1887 enthaltenen Vorschriften über die Gebühren im Falle der Zurücknahme oder Beschwerde, über die Stempelfreiheit des gerichtlichen Verfahrens und über die Vorschußpflicht des Antragstellers sind entbehrlich, weil die allgemeinen Vorschriften des Preußischen Gerichtskostengesetzes (§§. 1, 3, 29, 106) ausreichen.

§. 88. Der Kreis der unter §. 88 fallenden Geschäfte des Nachlaßgerichts war im Anschluß an die Vorschriften des Bürgerlichen Gesetzbuchs anderweit zu bestimmen. Für den Fall des §. 2061 des Bürgerlichen Gesetzbuchs soll zur Vermeidung von Zweifeln durch eine ausdrückliche Vorschrift klar gestellt werden, daß die Gebühr für die Anmeldung von Nachlaßforderungen auf Aufforderung eines Miterben nur einmal zu erheben ist und daß nicht die Gläubiger, sondern den Miterben die Zahlungspflicht trifft.

In einigen der unter §. 88 gehörenden Fällen, insbesondere der Anfechtung der Ehe oder der Ehelichkeit (B.G.B. §§. 1342, 1597, 1599), ferner bei den Entscheidungen, welche die Bestellung eines Testamentsvollstreckers oder die Annahme des Amtes desselben betreffen, handelt es sich nicht um eine vermögensrechtliche Angelegenheit; durch den Zusatz zu Abs. 2 soll darauf hingewiesen werden, daß es für diese Fälle bei der Vorschrift des §. 22 wegen der Werthberechnung verbleibt.

Sechster Abschnitt. Durch das Bürgerliche Gesetzbuch ist dem Vormundschaftsgericht ein erweiterter Wirkungskreis zugewiesen worden, sodaß es nicht mehr angängig erscheint, die Vorschriften für die Thätigkeit des Vormundschaftsgerichts unter der Ueberschrift „Vormundschaften" zusammenzufassen, vielmehr eine umfassendere Ueberschrift zu wählen ist.

§. 90. Der §. 90 enthält die Gebührenvorschriften für die zur Wahrnehmung einzelner Geschäfte eingeleiteten Pflegschaften und für den Fall der Bestellung eines Gegenvormundes neben dem gesetzlichen Vormunde. Abgesehen von dem Falle der Vormundschaft eines Anstaltsvorstandes (Art. 76 dieses Gesetzes) ist die gesetzliche Vormundschaft dem Rechte des Bürgerlichen Gesetzbuchs fremd. Dagegen kennt dasselbe die Bestellung eines Beistandes der Mutter für einzelne Angelegenheiten sowie in weitem Umfange eine Fürsorge des Vormundschaftsgerichts für unter elterlicher Gewalt stehende Kinder, welche ohne Bestellung eines Pflegers oder Beistandes ausgeübt wird. Alle diese Geschäfte haben mit der Bestellung eines Pflegers für eine einzelne Angelegenheit das Gemeinsame, daß es sich nicht um eine fortlaufende Thätigkeit des Vormundschaftsgerichts, sondern um eine Fürsorge desselben im einzelnen Falle handelt. Sie waren daher sämmtlich der gleichen Gebührenvorschrift zu unterstellen. Durch die Vorschrift im Abs. 3 wird dafür gesorgt, daß die Einzelgebühren nicht höher werden, als wenn eine Vormundschaft eingeleitet wäre, während Abs. 2, dessen Fassung der neuen Rechtslage anzupassen ist, die Erhebung der Einzelgebühren ausschließt, wenn eine unter §. 91 fallende dauernde Fürsorge stattfindet. Daß auch in Fällen, in welchen eine Vormundschaft durch den Eintritt der elterlichen Gewalt beendigt wird, namentlich in den Fällen der Umwandlung der Vormundschaft der Mutter in die elterliche Gewalt der Mutter, neben der Gebühr für die Vormundschaft nach §. 91 für eine weitere Thätigkeit des Vormundschaftsgerichts Gebühren nicht zu erheben sind, wird einer Hervorhebung im Gesetze nicht bedürfen.

§. 91. Während die für gesetzliche Vormundschaften bestehende Ausnahmevorschrift zu streichen ist (vergl. Begr. zu §. 90) ist als eine neue Art dauernder Fürsorgethätigkeit der Fall der Bestellung eines Beistandes der Mutter zu erwähnen, da das Vormundschaftsgericht nach den §§. 1694, 1837 des Bürgerlichen Gesetzbuchs über die gesammte Thätigkeit des Beistandes die Aufsicht zu führen hat. Die Vorschrift der Ziffer 3 (Eintritt der gesetzlichen Vormundschaft nach Feststellung des Grundes) wird gegenstandslos, dagegen empfiehlt es sich zur Vermeidung von Zweifeln für den Fall der vorläufigen Vormundschaft (B.G.B. §. 1906 ff.) eine ausdrückliche Vorschrift zu treffen, welche klarstellt, daß die Gebühr der Ziffer 1 bei Ersetzung der vorläufigen Vormundschaft durch eine endgültige nur einmal erhoben wird und daß im Sinne der Ziffer 2 beide Vormundschaften zusammen eine fortlaufende Verwaltung bilden.

§. 91a. Der in Folge der Erweiterung der Aufgaben des Vormundschaftsgerichts neu vorgeschlagene §. 91a behandelt diejenige Thätigkeit des Vormundschaftsgerichts, welche sich nicht auf Mündel, Pflegebefohlene oder unter elterlicher Gewalt stehende Kinder bezieht, insbesondere die Entscheidungen über Rechtsverhältnisse der Ehegatten (vergl. namentlich B.G.B. §§. 1357, 1358, 1379, 1402, 1447, 1451), ferner solche Verrichtungen, welche nur bei volljährigen oder volljährig werdenden Kindern oder in gleicher Weise bei volljährigen wie minderjährigen Kindern vorkommen (namentlich B.G.B. §§. 1308, 1612, 1714, 1727), endlich solche die Rechtsbeziehungen zwischen Eltern und Kindern betreffende Geschäfte, in denen die Eltern als zahlungspflichtig zu erachten sind (B.G.B. §§. 1314, 1493, 1669, 1740, 1761; 1447, 1487; 1685 Abs. 2; 1639 Abs. 1; 1640 Abs. 2; 1653; 1666, 1667, 1668, 1670, 1760 Abs. 2). Soweit diese Geschäfte schon bisher den Gerichten zustanden, fielen sie unter §. 95; es wird daher im §. 91a die im §. 95 bestimmte Gebühr beibehalten. Nach §. 1667 kann das Vormundschaftsgericht im Falle der Pflichtverletzung des Inhabers der elterlichen Gewalt anordnen, daß er dem Gerichte Rechnung zu legen hat; in Fällen dieser Art hat das Gericht dieselbe Thätigkeit auszuüben, wie bei rechnungspflichtigen Vormundschaften; es ist daher dieselbe Gebühr wie nach §. 91 Ziffer 2 neben der Gebühr des Abs. 1 anzusetzen.

§. 92. Die Vorschriften des §. 92 bedürfen außer der Erwähnung der Beistandschaften nur insofern einer Abänderung, als hervorzuheben ist, daß die im §. 91a bestimmten Gebühren durch die in den §§. 90, 91 bestimmten Gebühren nicht mitgedeckt werden. Wie die Aufzählung der unter §. 91a fallenden Geschäfte in der Begründung zu §. 91a ergiebt, handelt es sich durchweg um Geschäfte, welche nicht in den Rahmen der Fürsorgethätigkeit des Vormundschaftsgerichts für Mündel, Pflegebefohlene oder unter elterlicher Gewalt stehende Kinder fallen, sei es, weil es sich überhaupt nicht um solche Personen handelt, sei es, weil die Zahlungspflicht andere Personen trifft, sei es, weil die gleiche Thätigkeit auch bei volljährigen, nicht unter Vormundschaft oder Pflegschaft stehenden Personen vorkommt. In allen diesen Fällen liegt kein Anlaß vor, Gebührenfreiheit zu gewähren; die Erhebung der Gebühr muß aber besonders hervorgehoben werden, weil die Geschäfte als Thätigkeit des Vormundschaftsgerichts bezeichnet sind, somit nach dem Wortlaut des §. 92 unter dessen Vorschrift fallen würden.

An Stelle des mit dem Wegfalle der Außerkurssetzung gegenstandslos werdenden Abs. 3 ist die Vorschrift des §. 95 Abs. 2, betreffend die Zwangserziehungen, hierher zu übernehmen.

§. 95. Die wichtigsten der bisher im §. 95 erwähnten richterlichen Geschäfte werden als Thätigkeit des Vormundschaftsrichters im §. 90 (Entscheidungen betreffend die Erziehung der Kinder oder das Vermögen von Hauskindern) oder im §. 91a behandelt; zum Theil kommen die Geschäfte des §. 95 in Zukunft in Wegfall, wie die Rückkehr- und Besserungsbefehle (vergl. B.G.B. §. 1567). Der §. 95 kann daher auf die gerichtliche Ertheilung von Befreiungen und die Entgegennahme von Erklärungen über die Familiennamen (Art. 67 dieses Gesetzes) beschränkt werden.

§. 96. Eine gerichtliche Bestätigung ist dem Bürgerlichen Gesetzbuche nur insofern bekannt, als der Vertrag über Annahme an Kindesstatt oder über Aufhebung des durch Annahme an Kindesstatt begründeten Rechtsverhältnisses der Bestätigung bedarf (B.G.B. §§. 1741, 1770). Die Vorschrift des §. 40, deren Bedeutung schon jetzt hauptsächlich in der Regelung der Gebühren für die Bestätigung der Annahme an Kindesstatt bestand, wird daher auf diese Fälle beschränkt und demgemäß unter Beseitigung des bisherigen §. 40 an dieser Stelle gegeben. Solange das Grundbuch in den vormals Großherzoglich und Landgräflich Hessischen Landestheilen der Provinz Hessen-Nassau noch nicht angelegt ist, kommen dort noch Bestätigungen (Konfirmationen) dringlicher Rechtsgeschäfte vor; hierfür bedarf es aber keiner besonderen Vorschrift im §. 40, weil die bisher im Abs. 2 des §. 40 ausgesprochene Gebührenfreiheit sich schon aus den Bestimmungen unter F 1 und 2 der Anlage A zu §. 71 ergiebt. Die Bestätigung der Adoption fiel bisher unter §. 40 oder §. 95, je nachdem der Richter nur das Vorhandensein der gesetzlichen Voraussetzungen festzustellen oder auch zu prüfen hatte, ob die Adoption aus dem Gesichtspunkte der Zweckmäßigkeit zu genehmigen sei. Da nach dem Bürgerlichen Gesetzbuche dem Richter nur die erstere Aufgabe obliegt (B.G.B. §. 1754 Abs. 2), war die Bestätigung des Annahmevertrags sowie des Aufhebungsvertrags allgemein den Vorschriften des §. 40 zu unterstellen.

Die bisher im §. 96 behandelten Geschäfte des Rheinischen Rechtes (Ehescheidung auf Grund gegenseitiger Einwilligung und Adoption) kommen in Wegfall.

§. 97. Auch die bisherigen Vorschriften des §. 97 werden entbehrlich. Die Bestimmungen des §. 97 über Aufgebotsverfahren, für welche die Vorschriften der Civilprozeßordnung nicht maßgebend sind, hatten bisher praktische Bedeutung für das Aufgebot nach §. 106 der Grundbuchordnung; dieses Aufgebot wird aber durch das nach den Vorschriften der Civilprozeßordnung vorzunehmende Aufgebot nach §. 1171 des Bürgerlichen Gesetzbuchs ersetzt. Ebenso finden Todeserklärungen ohne Aufgebot in Zukunft nicht mehr statt. Abwesenheitserklärungen und Einweisungen in den Besitz des Vermögens eines Abwesenden kommen nach Artikel 161 des Einführungsgesetzes zum Bürgerlichen Gesetzbuche noch für eine Uebergangszeit in Frage; insoweit wird die Fortgeltung der bisherigen Vorschriften durch §. 132 Abs. 2 gesichert. An die Stelle der in Wegfall kommenden Vorschrift des §. 97 war eine neue Vorschrift für die Genehmigung einer Familienstiftung (Art. 1 dieses Gesetzes) aufzunehmen. Sofern das Stiftungsgeschäft vor Gericht beurkundet wird, bedarf es keiner besonderen Gebühr für die Genehmigung, vielmehr wird diese durch die im §. 45 bestimmte Gebühr für die Errichtung einer Familienstiftung mitgedeckt. Die Genehmigung setzt indessen eine vorgängige Beurkundung oder Verlautbarung nicht voraus, sondern kann auch auf Grund einer Privaturkunde oder notariellen Urkunde nachgesucht werden. Für diesen Fall war eine Gebührenvorschrift zu treffen.

§. 98. Die Ergänzungen des §. 98 sind mit Rücksicht auf die Vorschriften in den §§. 164, 165 des Gesetzes über die Angelegenheiten der freiwilligen Gerichtsbarkeit (§. 729 des Handelsgesetzbuchs und §. 87 des Binnenschiffahrtsgesetzes) erforderlich.

§. 98a. Für das Verfahren der Bestätigung der Dispache (Gesetz über die Angelegenheiten der freiwilligen Gerichtsbarkeit §§. 153 ff.) erscheint eine einmalige Gebühr von $^4/_{10}$ der Sätze des §. 8 des Deutschen Gerichtskostengesetzes als angemessen; das Vertheilungsverfahren, für welches nach §. 42 des Deutschen Gerichtskostengesetzes $^5/_{10}$ des Satzes des §. 8 zu erheben sind, erfordert eine umfangreichere Thätigkeit des Gerichts, weil hier das Gericht den Theilungsplan selbst anzufertigen hat, während im Falle der Dispache der vom Dispacheur aufgestellte Plan die Grundlage des Verfahrens bildet. Die Vorschrift des Abs. 1 Satz 2 wegen der Bestimmung des Werthes stimmt mit der Allg. Verfügung des Justizministers vom 26. September 1864 (Just.-Min.-Bl. S. 270) überein. Nach dem bisher maßgebenden Artikel 57 des Einführungsgesetzes zum Handelsgesetzbuche fand die Bestätigung der Dispache von Amtswegen statt, woraus sich nach §§. 1, 2 des Preußischen Gerichtskostengesetzes die Folge ergab, daß die am Verfahren Betheiligten, in deren Interesse das Gericht von Amtswegen thätig wurde, für die Kosten als Gesammtschuldner hafteten. Die gleiche Regelung der Haftpflicht empfiehlt sich auch jetzt, obwohl das Verfahren nur auf Antrag eintritt, weil aus der bestätigten Dispache zu Gunsten aller Betheiligten die Zwangsvollstreckung stattfindet (§. 158 des Gesetzes über die Angelegenheiten der freiwilligen Gerichtsbarkeit); kommt es nicht zur Bestätigung, so verbleibt es bei der Haftung des Antragstellers nach §. 1 des Preußischen Gerichtskostengesetzes.

§. 99. Die Abänderungen der Fassung des §. 99 sind durch die Neuregelung des Verfahrens zur Verhängung von Ordnungsstrafen im Gesetze über die Angelegenheiten der freiwilligen Gerichtsbarkeit bedingt. An die Stelle der Vorschrift im Abs. 4 Satz 2 tritt der §. 138 dieses Gesetzes. Die Gebührenvorschrift des §. 99 findet in allen Fällen Anwendung, in denen das Verfahren nach den §§. 132 bis 139 des Gesetzes über die Angelegenheiten der freiwilligen Gerichtsbarkeit für anwendbar erklärt ist, also auch in den Fällen der §§. 140, 159 dieses Gesetzes, des §. 127 des Binnenschifffahrtsgesetzes, des §. 160 des Genossenschaftsgesetzes und des §. 79 des Gesetzes, betreffend die Gesellschaften mit beschränkter Haftung. Die Vorschriften des §. 99 sind aber überhaupt zu entsprechender Anwendung für alle Fälle geeignet, in denen eine Verhängung von Ordnungsstrafen vorgesehen ist, da in allen Fällen nach §. 33 des Gesetzes über die Angelegenheiten der freiwilligen Gerichtsbarkeit der Festsetzung einer Ordnungsstrafe eine Androhung vorherzugehen hat. Nach Artikel 15 des Preußischen Gesetzes über die freiwillige Gerichtsbarkeit steht dem Gericht allgemein die Befugniß zu, die Befolgung seiner Anordnungen durch Ordnungsstrafen zu erzwingen. In allen diesen Fällen sowie in den reichsgesetzlich geordneten Fällen (außer den im Text erwähnten §. 151 z. B. B.G.B. §. 78) sollen die Vorschriften des §. 99 zur Anwendung kommen.

§. 100. Die Fassung des §. 100 bedarf einer Abänderung, weil die Einführungsgesetze zum Handelsgesetzbuch aufgehoben werden. Die Ausdehnung des §. 100 auf ähnliche Angelegenheiten wird vorgesehen, um einige beim Vereinsregister vorkommende Geschäfte (vergl. Begründung zu §. 77a) zu treffen; zugleich wird hierdurch eine Ergänzung des Gesetzes entbehrlich, falls dem Gerichte künftig ähnliche Geschäfte, wie sie im Handelsgesetzbuche vorgesehen sind, übertragen werden.

§. 101. Für die Zeugnisse über die Rechtskraft einer Verfügung (§. 31 des Gesetzes über die Angelegenheiten der freiwilligen Gerichtsbarkeit), für die nach Artikel 10ff. des Preußischen Gesetzes über die freiwillige Gerichtsbarkeit stattfindende Kostenfestsetzung und die in Artikel 18 dieses Gesetzes vorgesehenen Vollstreckungsmaßregeln des Gerichts, insbesondere Abnahme des Offenbarungseides, kann ebenso wie hinsichtlich der Ertheilung vollstreckbarer Ausfertigungen die Anwendung der Vorschriften des Deutschen Gerichtskostengesetzes (siehe namentlich §§. 27 Ziffer 2, 35 Ziffer 2, 38 Ziffer 1, 39, 43, 47 Ziffer 16 und Abs. 3) vorgeschrieben werden. Da die in dieser Weise erweiterten Vorschriften des §. 101 eine allgemeine Bedeutung für alle Angelegenheiten der freiwilligen Gerichtsbarkeit haben, empfiehlt es sich, sie in den neunten Abschnitt unter Abänderung seiner Ueberschrift einzustellen.

§. 103. Nach §. 2 des Gesetzes über die Angelegenheiten der freiwilligen Gerichtsbarkeit haben sich die Gerichte in diesen Angelegenheiten Rechtshülfe nach denselben Grundsätzen wie in der streitigen Rechtspflege zu leisten. Für letztere ergiebt sich aus den Grundsätzen des Deutschen Gerichtskostengesetzes, daß für die gerichtliche Thätigkeit aus Anlaß eines Ersuchens um Rechtshülfe besondere Gebühren nicht zu erheben sind. Eine ähnliche Bestimmung ist für die freiwillige Gerichtsbarkeit reichsgesetzlich nicht getroffen. Die nach §. 2 a. a. O. anzuwendende Vorschrift des §. 165 G.V.G. beseitigt nur die Erstattung von Rechtshülfekosten seitens des ansuchenden Staates, schließt aber die Erhebung von Gebühren von den Parteien nicht aus. Der zu §. 103 vorgeschlagene Zusatz soll die Herbeiführung einer Verständigung unter den Bundesstaaten über die Behandlung der Kosten der Ersuchen um Rechtshülfe erleichtern.

§. 106. Die Ausdehnung der Ziffer 1 auf die Schiffspfandsachen ist eine Konsequenz der im §. 43 getroffenen Bestimmungen. Die bisher im §. 71 des Ausführungsgesetzes zum Gerichtsverfassungsgesetz enthaltenen Vorschriften über die Aufnahme von Erklärungen durch einen Gerichtsschreiber werden hinsichtlich der durch Reichsgesetz den Gerichten übertragenen Angelegenheiten durch die reichsgesetzliche Vorschrift im §. 11 des Gesetzes über die Angelegenheiten der freiwilligen Gerichtsbarkeit ersetzt. Reichsgesetzlich ist die Gebührenfreiheit solcher Erklärungen nicht bestimmt; es empfiehlt sich aber, sie unter der Voraussetzung der Gegenseitigkeit auch in den Angelegenheiten zu gewähren, welche in anderen Bundesstaaten anhängig sind.

Die Ausdehnung der Vorschriften über Beschwerden auf die den Karakter einer Beschwerde tragende Anrufung der Entscheidung des Amtsgerichts in Bezug auf Verfügungen des Notars im Theilungsverfahren (Art. 23 Abs. 3 des Preußischen Gesetzes über die freiwillige Gerichtsbarkeit) oder des Landgerichts im Falle der Weigerung des Notars, Ausfertigungen oder Abschriften zu ertheilen oder die Einsicht zu gestatten (Art. 52 Abs. 2), wird keinem Bedenken begegnen. Da die in diesen Fällen anwendbaren §§. 45, 46 des Deutschen Gerichtskostengesetzes einen Höchstbetrag der Gebühr nicht kennen, während nach Ziffer 3 Satz 1 und Ziffer 2 ein Höchstbetrag von 20 Mark und 6 Mark vorgesehen ist, empfiehlt es sich auch für die

Fälle der Anwendung der §§. 45, 46 des Deutschen Gerichtskostengesetzes diese Höchstbeträge vorzuschreiben.

§. 106a. Nach § 34 des Gesetzes über die Angelegenheiten der freiwilligen Gerichtsbarkeit ist in weitem Umfange die Ertheilung beglaubigter Abschriften aus den Gerichtsakten zulässig. Da Zweifel möglich sind, ob die Vorschriften des §. 51 auch in denjenigen Angelegenheiten Geltung haben, welche in anderen Abschnitten geregelt sind, wird die Anwendbarkeit ausdrücklich ausgesprochen. Daß bei dieser Anwendung gerichtliche Verfügungen den „Urkunden, welche das Gericht selbst aufgenommen hat", gleich stehen, wird keiner Hervorhebung im Gesetze bedürfen. Die Vorschrift im Abs. 2 soll eine durch das Börsengesetz entstandene Lücke des Kostengesetzes ausfüllen und überhaupt eine allgemeine Regel zur Ergänzung der besonderen Vorschriften über Abschriften und Bescheinigungen aus gerichtlichen Registern (§§. 76, 77a, 77b, 78 Abs. 3, 80) geben.

§. 111. Die Abänderungen des §. 111 haben nur redaktionelle Bedeutung.

§. 122a. Nach Artikel 53, 54, 67 und 109 des Einführungsgesetzes zum Bürgerlichen Gesetzbuche findet im Falle der Enteignung oder eines Bergbauschadens ein Vertheilungsverfahren statt. Da auf dieses Verfahren die Vorschriften über die Vertheilung des Erlöses einer Zwangsversteigerung Anwendung finden, waren auch die für dieses Verfahren geltenden Gebührenvorschriften für anwendbar zu erklären. Zur Ergänzung dieser Vorschriften war noch eine Bestimmung für den Fall der Zurückweisung oder Zurücknahme des Eröffnungsantrags zu treffen, weil das Vertheilungsverfahren im Fall der Zwangsversteigerung von Amtswegen, das hier in Frage stehende Verfahren nur auf Antrag eingeleitet wird. Die vorgeschlagene Bestimmung entspricht dem §. 31 des Gesetzes vom 18. April 1887 über das Verfahren bei Vertheilung von Immobiliarpreisen im Geltungsbereich des Rheinischen Rechtes (Gesetz-Samml. S. 117).

§. 124. Bei dem Erlasse des Preußischen Gerichtskostengesetzes war eine Aufführung der wichtigsten durch Abs. 1. des §. 124 aufgehobenen Gesetze zur Beseitigung von Zweifeln zweckmäßig. Einer Wiederholung dieses umfangreichen Verzeichnisses in der Neufassung des Gesetzes bedarf es nicht. Dagegen waren die in der Zwischenzeit zwischen dem Erlasse des Preußischen Gerichtskostengesetzes und dem Zeitpunkte des Inkrafttretens seiner neuen Fassung (§. 132) erlassenen Vorschriften über Gerichtskosten mit Rücksicht auf die derogatorische Klausel des Abs. 1 als fortgeltend zu bezeichnen.

§. 132. Das Preußische Gerichtskostengesetz mußte mit Rücksicht auf den zur Zeit seines Erlasses bestehenden Rechtszustand eine große Zahl von Vorschriften aufnehmen, welche nur eine partikuläre Bedeutung haben. Die durch das Bürgerliche Gesetzbuch geschaffene Rechtseinheit gestattet die Beseitigung dieser Vorschriften und damit eine wesentliche Vereinfachung des Gesetzes. Eine Reihe in Wegfall kommender Bestimmungen sind oben unter I aufgeführt. Weitere Vorschriften werden in den Ausführungsgesetzen zur Grundbuchordnung und zum Gesetze über die Zwangsversteigerung und die Zwangsverwaltung aufgehoben. Allerdings können auch nach dem Inkrafttreten des Bürgerlichen Gesetzbuchs noch einzelne Geschäfte vorkommen, für welche in der neuen Fassung des Gesetzes Bestimmungen nicht enthalten sind, weil die Vorschriften des Grundbuchrechts die Anlegung des Grundbuchs voraussetzen und während einer Uebergangszeit, namentlich bei Erbfällen aus der Zeit vor dem Inkrafttreten des Bürgerlichen Gesetzbuchs für gewisse Geschäfte die bisherigen Vorschriften maßgebend bleiben. Es genügt indessen, wenn, wie dies im Abs. 2 vorgeschlagen wird, für die in Frage kommenden Geschäfte die bisherigen Vorschriften aufrechterhalten werden; einer Aufnahme derselben in den nach §. 2 neu bekannt zu machenden Gesetzestext bedarf es nicht.

Abs. 1 entspricht dem bisherigen §. 132 unter Ersetzung des 1. Oktober 1895 durch den Zeitpunkt des Inkrafttretens des Bürgerlichen Gesetzbuchs. Nach der bisherigen Fassung war die Anwendung des früheren Rechtes auf früher fällig gewordene Gebühren ohne Einschränkung vorgeschrieben, was zur Folge hatte, daß auch die Vorschriften über Erhebung und Verjährung der Kosten, über Erinnerungen und Beschwerden sich nach dem alten Rechte richteten. Da insoweit ein Anlaß zur Aufrechterhaltung der früheren Bestimmungen nicht gegeben ist, wird in dem neu vorgeschlagenen Abs. 3 die allgemeine Anwendung dieser Vorschriften vorgeschrieben. Als Uebergangsbestimmung für die Verjährungsvorschriften im §. 13 war Artikel 169 des Einführungsgesetzes zum Bürgerlichen Gesetzbuch für entsprechend anwendbar zu erklären.

Zu §. 2 des Artikels 84 ist Folgendes zu bemerken:

Bei der großen Zahl der Aenderungen, welche das Preußische Gerichtskostengesetz erfährt, ist eine neue Bekanntmachung des in Zukunft geltenden Textes unumgänglich. Die Umstellung der Vorschrift des §. 17 Abs. 4 empfiehlt sich, weil die Bestimmung wegen Rückerstattung der Gebühren für die Beurkundung langfristiger Pachtverträge im Zusammenhange mit den Vorschriften des §. 21 Ziffer 5 über die Werthberechnung steht und sich daher besser an diese als an die Vorschriften über Niederschlagung der Kosten wegen Armuth anschließt. Da in den §. 81 zwei neue Absätze aufgenommen werden, erscheint es zweckmäßig, zur Kürzung dieses Paragraphen die nur in losem Zusammenhange stehende Vorschrift des letzten Absatzes von ihm abzutrennen. Die neu redigirten Bestimmungen schließen sich der Schreibweise des Bürgerlichen Gesetzbuchs an, während die bestehen bleibenden Vorschriften nicht durchweg hiermit übereinstimmen. Zur Beseitigung von Ungleichmäßigkeiten in einem Gesetze (z. B. hinsichtlich der Form der Zitirung von Paragraphen im §. 4 oder in §. 4) soll der Justizminister zur Herstellung einer einheitlichen Schreibweise ermächtigt werden.

Artikel 85.

Die Bestimmung schließt sich dem Vorgange des Artikel 4 des Einführungsgesetzes zum Bürgerlichen Gesetzbuch an (vergl. Einf.-Ges. z. Gesetz über die Zwangsversteigerung und die Zwangsverwaltung §. 1 Abs. 2; Grundbuchordnung §. 82 Abs. 2; Einf.-Ges. z. H.G.B. Art. 3; Gesetz über die Angelegenheiten der freiwilligen Gerichtsbarkeit

§. 185 Abs. 2). Zu den durch dieses Gesetz außer Kraft gesetzten Vorschriften gehören selbstverständlich nicht diejenigen Bestimmungen der im Artikel 87 aufgehobenen Gesetze, welche schon in Folge Reichsgesetzes außer Kraft treten; diese Bestimmungen finden ihren Ersatz nach Maßgabe der vorstehend angeführten Vorschriften in dem neuen Reichsrechte.

Artikel 86.

Die Reichsgesetzgebung läßt in Ansehung der Landesherren, der Mitglieder der landesherrlichen Familien und der Fürstlichen Familie Hohenzollern sowie der Mitglieder des vormaligen Hannoverschen Königshauses, des vormaligen Kurhessischen und des vormaligen Herzoglich Nassauischen Fürstenhauses abweichenden Bestimmungen der Hausverfassungen oder der Landesgesetze unbeschränkt Raum und erhält für die Familien des mittelbaren hohen Adels und die in dieser Hinsicht gleichstehenden adeligen Familien in Ansehung der Familienverhältnisse und der Güter die Vorschriften der Landesgesetze und nach Maßgabe der Landesgesetze die Vorschriften der Hausverfassungen aufrecht (Einf.-Ges. zum B.G.B. Art. 57, 58). Diese Vorbehalte erstreckt der Artikel 86 aus den Gründen, die für den Standpunkt der Reichsgesetzgebung bestimmend waren, auf die Vorschriften des vorliegenden Entwurfes. Es erscheint dies namentlich gegenüber den Bestimmungen über Familienstiftungen (Art. 1, 2) und über die elterliche Gewalt (Art. 68) geboten.

Artikel 87.

Das Verhältniß des Bürgerlichen Gesetzbuchs zu den Landesgesetzen ist im dritten Abschnitte des Einführungsgesetzes an sich erschöpfend dahin geordnet, daß die privatrechtlichen Vorschriften der Landesgesetze außer Kraft treten, soweit nicht in dem Bürgerlichen Gesetzbuch oder im Einführungsgesetz ein Anderes bestimmt ist (Art. 55). Indessen stellt dieser Grundsatz der Praxis in der Ermittelung, welche Vorschriften des bisherigen Landesrechts aufgehoben und welche in Geltung geblieben sind, eine außerordentlich umfangreiche und zum Theil schwierige Aufgabe. Die Entscheidung wird nicht selten zweifelhaft sein, da sie davon abhängt, ob eine Vorschrift privatrechtlicher Natur und bejahendenfalls ob sie durch einen der zu Gunsten der Landesgesetze gemachten Vorbehalte gedeckt ist. Im Interesse der Erleichterung wie der Sicherheit der Rechtsanwendung erscheint es daher angezeigt, daß die Landesgesetzgebung ihrerseits soweit thunlich zur Klärung des künftigen Rechtszustandes beiträgt. Ein Eingreifen der Landesgesetzgebung kann jedoch nur gegenüber solchen Gesetzen in Frage kommen, die nicht schon durch Reichsgesetz ihrem ganzen Inhalte nach aufgehoben werden; die bloße Klarstellung der reichsgesetzlichen Aufhebung ist nicht Sache der Landesgesetzgebung. Der Entwurf geht davon aus, daß es namentlich gegenüber den bestehenden Kodifikationen, welche von dem neuen Reichsrechte theilweise berührt werden, darauf ankommt, der Praxis ihre Aufgabe zu erleichtern. Dies kann in der Weise geschehen, daß die betreffenden Gesetze insoweit, als sie nicht schon in Folge Reichsgesetzes außer Kraft treten, ganz oder abschnittweise aufgehoben und nur, soweit erforderlich, bestimmte Vorschriften von der Aufhebung ausgenommen werden. Die Frage, ob die letzteren Vorschriften durch einen Vorbehalt gedeckt sind, wird hierdurch selbstverständlich der richterlichen Nachprüfung nicht entzogen; indessen thut dies dem praktischen Nutzen des angedeuteten Verfahrens nur geringen Eintrag. Der Entwurf wendet dasselbe insbesondere auf das Allgemeine Landrecht und das Rheinische Bürgerliche Gesetzbuch an. Die Aufhebung erfolgt, wie im Eingange des Artikel 87 besonders hervorgehoben wird, nur mit der Einschränkung, die sich auch gegenüber der Aufhebungsklausel des Artikel 55 des Einführungsgesetzes aus dessen viertem Abschnitt ergiebt, nämlich „unbeschadet der Uebergangsvorschriften". Als solche kommen außer den reichsgesetzlichen Vorschriften der Artikel 153 ff. des Einführungsgesetzes die in dem Entwurfe selbst enthaltenen Uebergangsbestimmungen in Betracht (vergl. z. B. Art. 44 §. 2, Art. 46 §. 2 u. s. w.).

In Bezug auf die einzelnen im Artikel 87 ganz oder theilweise aufgehobenen Gesetze ist Folgendes zu bemerken:

1. Das Allgemeine Landrecht wird bei der ihm eigenthümlichen Vereinigung von Privatrecht und öffentlichem Rechte, soweit es sich auf das öffentliche Recht bezieht, von der reichsgesetzlichen Kodifikation des Privatrechts nicht berührt. Die letztere bietet auch keinen Anlaß, öffentlichrechtliche Vorschriften des Landrechts landesgesetzlich zu beseitigen. Die Aufhebung landrechtlicher Vorschriften soll daher allgemein nur insoweit erfolgen, als sich die Vorschriften nicht auf das öffentliche Recht beziehen. Diese Einschränkung beeinträchtigt den Werth der Aufhebung für die gerichtliche Praxis nur in geringem Maße. Sie ermöglicht andererseits, aus den vorwiegend privatrechtlichen Abschnitten des Landrechts, also dem ersten Theile und den ersten fünf Titeln des zweiten Theiles, im Uebrigen nur die Vorschriften von der Aufhebung auszuschließen, die durch Vorbehalte des Einführungsgesetzes zum Bürgerlichen Gesetzbuche gedeckt sind und auch nicht landesgesetzlich als entbehrlich beseitigt werden können.

Anlangend die Einleitung zum Allgemeinen Landrechte, so können die Vorschriften der §§. 1 bis 73 über die Gesetze im Allgemeinen, soweit sie nicht schon ihre Geltung verloren haben (§§. 7 bis 11, 13, 18, 20, 47, 48, 50, 52), mit der vorbezeichneten allgemeinen Einschränkung sämmtlich aufgehoben werden. Der §. 1, welcher die Bedeutung des Landrechts als Kodifikation des geltenden Rechtes feststellt, entspricht schon dem bisherigen Rechtszustande nicht mehr und wird durch das neue Reichsrecht vollends unhaltbar. Ersteres gilt auch von der Bestimmung des §. 2 über die Gesetzeskraft von Provinzialverordnungen und Statuten. Soweit die Vorschriften der §§. 3, 4 über die verbindende Kraft des Gewohnheitsrechts und der Observanzen für die dem Landesrechte vorbehaltenen Rechtsgebiete an sich in Kraft bleiben, würde ihre formelle Aufrechterhaltung doch dem Standpunkte der Reichsgesetzgebung widersprechen, die sich dafür entschieden hat, von einer gesetzlichen Regelung des Verhältnisses zwischen dem Gewohnheitsrecht und dem Gesetzesrecht abzusehen und die Bestimmung jenes Verhältnisses der Wissenschaft und Praxis zu überlassen (vergl. insbesondere die Protokolle der 2. Kommission S. 8770 ff.).

Der §. 5 kann als selbstverständlich wegfallen (Koch, Kommentar Anm. 9 zu §. 5). Bezüglich des §. 6 greifen ähnliche Erwägungen Platz wie gegenüber den §§. 3, 4. Eine Bestimmung über die Unentschuldbarkeit des Rechtsirrthums, wie sie der §. 12 enthält, ist, soweit richtig, selbstverständlich und deshalb auch in das Bürgerliche Gesetzbuch nicht aufgenommen (Mot. z. B.G.B. Bd. 1 S. 281). Ebenso sind die allgemeinen Grundsätze der §§. 14 bis 17, 19 über die zeitliche Herrschaft der Gesetze, soweit sie noch in Geltung bleiben würden, entbehrlich (vergl. die Motive a. a. O. S. 19 ff.) und das Gleiche gilt vom §. 21.

Die Vorschriften der §§. 22 bis 45 über die Kollision der privatrechtlichen Gesetze werden für die nicht dem Landesrechte vorbehaltenen Gebiete unzweifelhaft durch die Artikel 7 bis 31 des Einführungsgesetzes zum Bürgerlichen Gesetzbuch ersetzt. Auf Grund der Vorbehalte zu Gunsten der Landesgesetzgebung bleiben zwar etwaige besondere Bestimmungen über die örtlichen Grenzen des Geltungsgebiets der landesgesetzlichen Vorschriften bestehen und für die Zukunft zulässig (vergl. Protokolle der 2. Kommission S. 8170 f.). Indessen folgt hieraus nicht, daß allgemeine Vorschriften wie die des Landrechts für die vorbehaltenen Gebiete in Kraft bleiben, vielmehr treten an deren Stelle ohne Weiteres auch für die vorbehaltenen Gebiete die reichsrechtlichen Bestimmungen. Wie die letzteren der Wissenschaft und Praxis ein weites Feld lassen, kann diesen auch die Lösung der Zweifel vorbehalten bleiben, die sich etwa bei der Anwendung der reichsgesetzlichen Vorschriften auf das Verhältniß der vorbehaltenen Landesgesetze untereinander und zu den Gesetzen ausländischer Staaten ergeben. Die weiteren Bestimmungen über die Auslegung und die Aufhebung der Gesetze (§§. 46 bis 72) verlieren ihre bisherige allgemeine Bedeutung und können für ihr noch übrig bleibendes Anwendungsgebiet, soweit sie sich nicht auf das öffentliche Recht beziehen, aus den gleichen Gründen entbehrt werden, aus denen entsprechende Vorschriften in das Bürgerliche Gesetzbuch nicht aufgenommen worden sind (Mot. Bd. 1 S. 14 ff., 19).

Von dem zweiten Unterabschnitte der Einleitung, betreffend „Allgemeine Grundsätze des Rechts", ist der an der Spitze stehende Satz des §. 73 entbehrlich. Die §§. 74, 75, welche grundlegende Bestimmungen über die Zwangsenteignung enthalten, sind durch Artikel 109 des Einführungsgesetzes gedeckt und müssen aufrecht erhalten werden. Die §§. 76 bis 78 werden, soweit sie sich nicht auf das öffentliche Recht beziehen, durch die reichsgesetzlichen Vorschriften über Selbstvertheidigung und Selbsthülfe (B.G.B. §§. 226 ff.) ersetzt. Der §. 79 ist bezüglich der Unzulässigkeit von Ausnahmegerichten und der Statthaftigkeit eines schiedsrichterlichen Verfahrens durch die spätere Gesetzgebung ersetzt und berichtigt (Verfassungsurkunde Art. 7; Gerichtsverfassungsgesetz §. 16; C.P.O., §§. 1025 ff., bisher §§. 851 ff.). Auch der §. 80 bedarf nicht der Aufrechterhaltung (vergl. §. 5 des Einf.-Ges. zur C.P.O.). In Betreff der Entbehrlichkeit der §§. 82 bis 108 kann auf die Ausführungen verwiesen werden, mit welchen in den Motiven zum Bürgerlichen Gesetzbuche (Bd. 1 S. 271 bis 277) die Ablehnung derartiger allgemeiner Vorschriften begründet ist. Indessen erfolgt auch die Aufhebung dieser Vorschriften nur mit der mehr erwähnten allgemeinen Einschränkung.

Im ersten Titel des ersten Theiles sind die einleitenden Begriffsbestimmungen (§§. 1 bis 4, 6 bis 13), soweit sie etwa für das öffentliche Recht Geltung behalten würden, entbehrlich. Die Aufrechterhaltung der §§. 17, 18 wäre mit dem Standpunkte des Bürgerlichen Gesetzbuchs unvereinbar (Mot. Bd. 1 S. 28). Der §. 24 ist im Entwurfe von der Aufhebung ausdrücklich ausgenommen, um klarzustellen, daß der in ihm ausgesprochene wichtige Grundsatz der Gleichberechtigung beider Geschlechter nur theilweise durch das Reichsrecht ersetzt wird. Im Uebrigen tritt der erste Titel in Folge Reichsgesetzes außer Kraft. Das Gleiche gilt fast durchgängig von den folgenden Titeln bis zum siebenten einschließlich. Nur einzelne Bestimmungen sind hier zu erwähnen. Der §. 29 des dritten Titels kann, auch soweit er öffentliches Recht enthält, unbedenklich gestrichen werden. Im fünften Titel ist der §. 29, demzufolge öffentliche Kassen nur unter Genehmigung des vorgesetzten Departements durch Verträge verpflichtet werden, zwar vom Reichsrechte nicht berührt, aber entbehrlich, da die Vertretung der verschiedenen öffentlichen Kassen durch besondere Bestimmungen geregelt ist. Der §. 30 enthält eine privatrechtliche Vorschrift, die reichsgesetzlich aufgehoben wird. Bezüglich der §§. 111 bis 115, die sich mit der Bestimmung der für die Form der Verträge maßgebenden Gesetze befassen, gilt das zu den §§. 22 bis 45 der Einleitung Bemerkte. Die Vorschrift des §. 137 über die Form des Gesindemiethvertrags ist neben §. 22 der Gesindeordnung vom 8. November 1810 überflüssig. Die §§. 175 bis 178 und der §. 5 des Anhanges werden, wenn anders sie auf Grund des Artikel 151 des Einführungsgesetzes zum Bürgerlichen Gesetzbuch und auf Grund des §. 200 des Gesetzes über die Angelegenheiten der freiwilligen Gerichtsbarkeit als ergänzende Vorschriften über die Beurkundung von Verträgen Schreibensunkundiger in Kraft bleiben würden, durch §. 169 und §. 177 Abs. 2 des letztgenannten Reichsgesetzes und Artikel 41 des Entwurfes des Preußischen Gesetzes über die freiwillige Gerichtsbarkeit ersetzt. Die Vorschriften der §§. 201, 202, 204 über die gerichtliche Bestätigung der Verträge sind als öffentlichrechtliche nicht wohl anzusehen; jedenfalls ist kein Grund zu ihrer Aufrechterhaltung vorhanden. Bezüglich der Aufhebung der §§. 61 bis 63, 67, 68 des sechsten Titels, welche nach Artikel 95 des Einführungsgesetzes an sich in Kraft bleiben würden, ist schon in der Begründung zu Artikel 14 des Entwurfes das Erforderliche bemerkt.

Die Vorschriften des achten und des neunten Titels sind in erheblichem Umfange durch Vorbehalte des Einführungsgesetzes gedeckt und, soweit dies zutrifft, unentbehrlich. Im achten Titel bilden die §§. 29 bis 31 eine für die Rechtsprechung wichtige Ergänzung der allgemeinen Enteignungsgrundsätze der Einleitung §§. 74, 75 (vergl. die Anmerkungen in Kochs Kommentar zu den §§. 29, 31). Die §§. 32 bis 69, 71 bis 82 enthalten zumeist Vorschriften, die im öffentlichen Interesse das Eigenthum in Ansehung thatsächlicher Verfügungen beschränken und durch Artikel 111 des Einführungsgesetzes gedeckt sind. Wenn der Entwurf auch die gegen den Verfall ländlicher Grundstücke gerichteten §§. 60 bis 64 von der Aufhebung ausnimmt, so stimmt dies mit dem Verhalten überein, welches das Gesetz über die Zwangsvollstreckung in das unbewegliche Vermögen vom 13. Juli 1883 in §. 180 Abs. 2 Nr. 4, §. 187 beobachtet hat. Die Streitfrage über den Fortbestand jener Vorschriften gesetzlich zu entscheiden, liegt um so weniger Anlaß vor, als das Reichsgericht in neuerer Zeit zu ihr Stellung genommen und sich für den Fortbestand ausgesprochen hat (Gruchot, Beiträge Bd. 34 S. 880). Bezüglich der §§. 76, 77 kommt der Vorbehalt des Artikel 119 Nr. 3 des Einführungsgesetzes, betreffend die Beschränkung der Vereinigung von Grundstücken, in Betracht. Die Vorschrift des §. 81 über das Recht der Hauseigenthümer zur Nutzung des Bürgersteigs bleibt ihres öffentlichrechtlichen Inhalts wegen in Kraft. Auf die schon aufgehobenen §§. 83 bis 95 folgen wasserrechtliche Vorschriften (§§. 96 bis 117), die durch Artikel 65 des Einführungsgesetzes, soweit sie noch gelten, aufrecht erhalten werden. Auch der §. 101, welcher die Unterhaltungspflicht der Nachbarn in Bezug auf Scheidegräben regelt, wird durch die §§. 921, 922 des Bürgerlichen Gesetzbuchs nur theilweise ersetzt. Die sonstigen Vorschriften dieses Titels bleiben in Kraft, soweit sie das Eigenthum an Grundstücken zu Gunsten der Nachbarn noch anderen als den im Bürgerlichen Gesetzbuche bestimmten Beschränkungen unterwerfen, insbesondere für Anlagen, Bäume und Sträucher einen bestimmten Abstand von der Grenze erfordern (Einf.-Ges. Art. 124). Hierher gehören die §§. 125 bis 128, 131, 133, 138 bis 140, 142 bis 144, 148, 152, 153, 155, 156, 158, 162 bis 167, 169 bis 174, 185, 186. Als eine Vorschrift über den Inhalt einer Grunddienstbarkeit (Einf.-Ges. Art. 115) bleibt der §. 146 in Kraft. Die übrigen Bestimmungen enthalten theils Folgerungen aus dem Inhalte des Eigenthums, für die künftig das Bürgerliche Gesetzbuch maßgebend ist (vergl. §§. 130, 132, 137, 141, 145, 147, 149 bis 151, 175, 176, 189), theils nachbarrechtliche Vorschriften, an deren Stelle gleichfalls Reichsrecht tritt; so werden die §§. 118 bis 124, 134 bis 136, 157, 159 bis 161, 168, 178 bis 184 durch die §§. 921, 922, der §. 129 durch den §. 907, der §. 177 durch den §. 910, der §. 187 durch den §. 909 ersetzt. Der Entwurf schließt jedoch auch die §§. 129, 130 von der Aufhebung aus, um nicht der Entscheidung vorzugreifen, inwieweit diese Vorschriften noch neben dem Bürgerlichen Gesetzbuche Bedeutung behalten. Die Eigenthumsvermuthungen der §§. 154, 188 treten kraft Reichsgesetzes außer Geltung, ebenso die Vorschrift des §. 191, während der §. 190 als selbstverständlich wegfallen kann.

Im neunten Titel kann der §. 15, der das Recht, unbewegliche verlassene Sachen in Besitz zu nehmen, für einen Vorbehalt des Staates erklärt, ebenso wegfallen wie die einschlägigen Vorschriften des sechzehnten Titels des zweiten Theiles (§§. 12 ff.). Die §§. 94 bis 96 bleiben für den Schatzerwerb auf Lehen- oder Fideikommißgütern nach Artikel 59 des Einführungsgesetzes maßgebend. Der §. 111 ist, ebenso wie der ihn ergänzende §. 40 der Feldpolizeiordnung vom 1. November 1847 (Gesetz-Samml. S. 376), zwar durch den Vorbehalt des Artikel 130 des Einführungsgesetzes, betreffend das Recht zur Aneignung der einem Andern gehörenden, im Freien betroffenen Tauben, gedeckt; nicht minder würden die polizeilichen Bestimmungen der §§. 112, 113 über das Recht, Tauben zu halten, bestehen bleiben. Indessen empfiehlt sich aus den zu Artikel 27 dargelegten Gründen die landesgesetzliche Aufhebung der §§. 111 bis 113. Der §. 116, der die Wegnahme eines dem freien Thierfang unterliegenden, mittelst der von einem Anderen auf seinem Grund und Boden gemachten Anstalten eingefangenen Thieres bei Strafe des Diebstahls verbietet, wird, soweit er noch in Kraft ist, durch keinen Vorbehalt, insbesondere nicht durch den Artikel 69 des Einführungsgesetzes, gedeckt. Dagegen fällt der §. 117 unter den letzteren Vorbehalt, indem er Vogeleier und junge Vögel, soweit die Polizeigesetze nicht ein Anderes bestimmen, als Gegenstand des freien Thierfanges anerkennt und dadurch vom Jagdrecht ausschließt. Die Bestimmungen der §§. 118 bis 120 über das Recht, Bienen zu halten, bleiben theils ihrer polizeilichen Natur wegen (vergl. die Mot. z. B.G.B. Bd. 3 S. 373), theils auf Grund des Artikel 115 des Einführungsgesetzes unberührt. Wegen seines öffentlichrechtlichen Inhalts bleibt der §. 126 bestehen. Die Vorschriften des „von der Jagd" handelnden Unterabschnitts, soweit sie nicht schon durch die spätere Gesetzgebung aufgehoben sind (§§. 127, 130 bis 138, 141 bis 148, 154, 158 bis 169), werden durch den Artikel 69 des Einführungsgesetzes aufrechterhalten (§§. 128, 129, 139, 140, 152, 153, 155 bis 157). Anlangend die §§. 149 bis 151, so hat schon das vormalige Obertribunal wiederholt angenommen, daß für die Befugniß des Grundbesitzers zum Fangen und Tödten von Wild, welches „sich in Gärten, Höfe oder andere an die Wohngebäude anstoßende geschlossene Plätze eingedrungen hat", nicht mehr diese Vorschriften, sondern die §§. 1, 3, 4 des Gesetzes, betreffend die Aufhebung des Jagdrechts auf fremdem Grund und Boden und die Ausübung der Jagd, vom 31. Oktober 1848 und der §. 2b des Jagdpolizeigesetzes vom 7. März 1850 maßgebend sind (Goltdammer Archiv Bd 4 S. 266, 20 S. 128). Auch das Reichsgericht ist, wenngleich davon ausgehend, daß der §. 149 als völlig aufgehoben nicht gelten könne, zu der Ansicht gelangt, daß die im §. 149 bezeichneten Befugnisse durch das Gesetz vom 31. Oktober 1848 eine andere rechtliche Grundlage erhalten haben, nämlich das dem Grundbesitzer als solchem übertragene Jagdrecht, dessen Ausübung den Bestimmungen des Jagdpolizeigesetzes unterworfen sei (Entsch. in Strafsachen Bd. 22 S. 115). Durch die Aufhebung der §§. 149 bis 151 wird hiernach nicht eine Lücke entstehen, sondern eine Unklarheit des bestehenden Rechtszustandes beseitigt werden.

Die auf die Fischerei bezüglichen §§. 170 bis 192 sind gleichfalls durch den Vorbehalt des Artikel 69 des Einführungsgesetzes gedeckt. Das Beuterecht, welches im fünften Abschnitte des neunten Titels (§§. 193 bis 219) geregelt ist, gehört dem öffentlichen Rechte an. Der Entwurf schließt deshalb den ganzen Abschnitt von der Aufhebung aus, ohne der Entscheidung vorzugreifen, ob etwa einzelne Vorschriften, wie die der §§. 199 bis 202, als rein privatrechtliche anzusehen und deshalb als reichsgesetzlich aufgehoben zu erachten sind. Eine Ausnahme ist nur bezüglich des §. 209 geboten. Auf ihn bezog sich der Artikel 756 Abs. 3 des jetzt geltenden Handelsgesetzbuchs, demzufolge die Bestimmungen der Landesgesetze über die Wiedernehmung eines von dem Feinde genommenen Schiffes durch die Vorschriften des Handelsgesetzbuchs über die Bergung und Hülfsleistung in Seenoth nicht berührt werden. Dieser Vorbehalt ist in das neue Handelsgesetzbuch nicht übernommen (vergl. §§. 740 bis 753). Zur Begründung bemerkt die Denkschrift zum Entwurf (Drucks. des Reichstags 1895/97 zu Nr. 632 S. 285): Die hauptsächlich auf die Wiedernehmung durch Kaperschiffe bezüglichen Vorschriften des Preußischen Landrechts entsprächen nicht mehr den jetzigen Verhältnissen und eine Verweisung auf sie erscheine daher nicht angezeigt; die Nürnberger Kommission sei davon ausgegangen, daß in Ermangelung besonderer gesetzlicher Bestimmungen die Vorschriften des Handelsgesetzbuchs über die Bergung und Hülfsleistung auch im Falle der Wiedernehmung eines vom Feinde genommenen Schiffes entsprechende Anwendung zu finden haben, und das Ergebniß, zu dem diese Auffassung führe, könne nicht als unbefriedigend betrachtet werden. Mit Rücksicht auf den hier dargelegten Standpunkt der Reichsgesetzgebung empfiehlt es sich, den §. 209 von der Aufhebung nicht auszunehmen. Die §§. 223 bis 274 bleiben, soweit sie nicht schon beseitigt sind (§§. 259, 260), als wasserrechtliche Vorschriften nach Artikel 65 des Einführungsgesetzes in Geltung. Die Bestimmung des §. 348, wonach Niemand ohne Genehmigung der Polizeiobrigkeit wegen sonst zu besorgender Unordnungen öffentlich Gelder auswerfen oder Sachen preisgeben darf, wird als eine öffentlichrechtliche Vorschrift vom Reichsrecht nicht berührt. Dagegen tritt der §. 349, der die privatrechtliche Folge des Verstoßes gegen §. 348 bestimmt, kraft Reichsrechts außer Geltung.

Aus dem achten Abschnitte „von Erwerbung der Erbschaften" fallen der §. 354 und die §§. 355 bis 359, soweit sie sich auf Lehne und Familienfideikommisse beziehen, an sich unter den Vorbehalt des Artikel 59 des Einführungsgesetzes. Da sie sich jedoch als selbstverständliche Folgerungen aus dem Satze darstellen, daß die Rechte des Erblassers nur soweit zur Erbschaft gehören, als sie nicht durch seinen Tod erlöschen, können jene Vorschriften unbedenklich wegfallen. Letzteres gilt nicht minder von der Bestimmung des §. 404, daß, wer einer Erbschaft entsagt, sich nicht der durch den Erblasser auf ihn verfällten Lehne und Fideikommisse begiebt. Die Vorschriften des neunten Abschnitts über die Verjährung treten, mit Ausnahme der auf die Verjährung öffentlichrechtlicher Ansprüche bezüglichen §§. 655 bis 659, in Folge Reichsgesetzes im Allgemeinen außer Kraft. Soweit sie jedoch etwa für die der Landesgesetzgebung vorbehaltenen Gebiete maßgebend bleiben, müssen sie auch hier von der Aufhebung ausgeschlossen werden.

Der ganze zehnte Titel wird reichsgesetzlich aufgehoben. Aus dem elften Titel sind nur wenige Vorschriften durch Vorbehalte gedeckt. Die Vorschriften über den nothwendigen Kauf (§§. 3 bis 11) fallen unter den Artikel 109 des Einführungsgesetzes, der einleitende §. 3 jedoch nur, soweit er den gesetzlichen Zwang zum Verkaufe betrifft; da er als selbstverständlich gelten kann, ist er nicht von der Aufhebung ausgenommen worden. Anlangend die Bestimmungen der §§. 385 bis 387 und der §§. 16, 17 des Anhanges, welche richterlichen Personen den Erwerb streitiger Rechte verbieten, deren Erörterungen vor dasjenige Gericht gehören würde, bei welchem der Beamte angestellt ist, so verlieren diese Vorschriften in Folge Reichsgesetzes ihre bisherige Bedeutung als privatrechtlich wirksame Verbote; sie als Vorschriften der Dienstpragmatik beizubehalten, besteht kein Bedürfniß (vergl. Mot. z. Entw. des Einf.-Ges. S. 183). Die bezüglich der Versicherungsverträge in §. 546 enthaltene Verweisung ist entbehrlich. Der §. 547, demzufolge öffentliche Lotterien, Glücksbuden und andere dergleichen Glücksspiele nur mit ausdrücklicher Genehmigung des Staates unternommen werden können, ist im Hinblick auf §. 386 des Strafgesetzbuchs (vergl. auch §. 763 des B.G.B.) entbehrlich, ebenso die Begriffsbestimmung des Auszugs oder Altentheils und die Verweisung auf die Provinzialgesetze in den §§. 602, 605 (vergl. Einf.-Ges. Art. 96 und den Art. 15 dieses Entwurfes). Als dem Versicherungsrecht angehörend (Einf.-Ges. Art. 75) bleiben die Bestimmungen der §§. 651, 652 über Wittwen-, Heiraths- und Sterbekassen auf Grund des Artikel 57 des Einführungsgesetzes die §§. 676, 677, betreffend Darlehen an Prinzen und Prinzessinnen des Königlichen Hauses, bestehen, während die Beschränkungen für Darlehen an Militärpersonen und Mitglieder der Königlichen Schauspiele (§§. 678 bis 706) wegfallen (Mot. z. B.G.B. Bd. 2 S. 311). Der §. 777, der nach Artikel 92 des Einführungsgesetzes theilweise aufrecht erhalten bleiben würde, ist durch Artikel 11 dieses Entwurfes ersetzt. Die Vorschriften über Verlagsverträge endlich sind, soweit sie noch gelten (§§. 996 bis 1019, 1021 bis 1023), durch den Artikel 76 des Einführungsgesetzes gedeckt. Die Bestimmungen über die Form des Verlagsvertrags (§§. 998, 999) finden nach Artikel 317 des geltenden Handelsgesetzbuchs auf Verlagsverträge, welche Handelsgeschäfte sind, keine Anwendung. Da die Vorschrift des Artikel 317 in das neue Handelsgesetzbuch nicht übernommen ist, würde hierin eine Aenderung eintreten. Indessen wird im Ausführungsgesetze zum Handelsgesetzbuche für die Aufrechterhaltung des jetzigen Rechtszustandes Vorsorge getroffen werden.

Aus dem zwölften Titel bleibt der §. 176 auf Grund des Artikel 57 des Einführungsgesetzes zum Bürgerlichen Gesetzbuche bestehen. Die Vorschriften der §§. 203, 204 über die Verpflichtung des Gerichts zur Auf- oder Annahme des Testaments einer von einer ansteckenden Krankheit befallenen Person werden ihres dienstrechtlichen Inhalts wegen an sich vom Reichsrechte nicht berührt; jedoch besteht für die Aufrechterhaltung kein Bedürfniß. Die §§. 475, 476 sind durch Artikel 59 des Einführungsgesetzes gedeckt. Das Gleiche trifft an sich bezüglich der §§. 532, 533 zu; indessen ist sowohl die Auslegungsregel des §. 532 als auch die lediglich verweisende Vorschrift des §. 533 entbehrlich. Bloße Bezugnahmen enthalten auch die §§. 632, 633. Der §. 655 spricht nur eine Einschränkung des §. 650 aus, welcher außer Kraft tritt, und kann daher gleichfalls wegfallen.

Aus dem dreizehnten Titel ist die Bestimmung des §. 31, daß Rechte, die einem gewissen Stande oder Gewerbe eigen sind, Anderen nicht aufgetragen noch von denselben übernommen werden können, öffentlichrechtlicher Natur und daher unberührt; sie erscheint jedoch entbehrlich. Dagegen sind die öffentlichrechtlichen Vorschriften der §§. 41 bis 45 über die Unzulässigkeit eigenmächtiger Substitution bei Geschäften eines öffentlichen Amtes beizubehalten. Bezüglich der Haftung des Beamten für den Stellvertreter (§. 42) kommt der Vorbehalt des Artikel 78 des Einführungsgesetzes in Betracht. Der Satz des §. 195, daß Aufträge, welche Jemandem von Amtswegen ertheilt werden, auch nach dem Tode des Machtgebers ihre Kraft behalten, kann als selbstverständlich mit aufgehoben werden.

Der vierzehnte Titel tritt fast vollständig schon in Folge Reichsgesetzes außer Kraft. Dies gilt insbesondere von den Vorschriften über gerichtliche Verwahrung und Sequestrationen (§§. 92 ff., 103 ff.). Die §§. 273 bis 276, welche von Amtskautionen durch Stellung eines Bürgen handeln und durch Artikel 90 des Einführungsgesetzes zum Bürgerlichen Gesetzbuche gedeckt sein würden, haben bereits durch das Gesetz, betreffend die Kautionen der Staatsbeamten, vom 25. März 1873 (Gesetz-Samml. S. 125) ihre Bedeutung verloren, demzufolge die Bestellung einer Amtskaution durch Bürgschaft nicht mehr stattfindet (§. 5). Der vierte Abschnitt „von Pfändungen" (§§. 413 ff.) regelt die Pfändung als allgemeines Mittel, sich den Ersatz eines zugefügten Schadens zu versichern oder künftige Schadenszufügungen und Beeinträchtigungen seines Rechtes abzuwenden (§. 413). Der Artikel 89 des Einführungsgesetzes erhält aber nur die landesgesetzlichen Vorschriften über die zum Schutze der Grundstücke und der Erzeugnisse von Grundstücken gestattete Pfändung von Sachen, mit Einschluß der Vorschriften über die Entrichtung von Pfandgeld oder Ersatzgeld, aufrecht. Dieser Vorbehalt deckt ohne Zweifel die Vorschriften der §§. 69 bis 88 des Feld- und Forstpolizeigesetzes vom 1. April 1880 (Gesetz-Samml. S. 230) und des §. 33 der Feldpolizei-Ordnung vom 1. November 1847 (Gesetz-Samml. S. 376), soweit letzterer nach §. 96 Abs. 4 des erstgenannten Gesetzes noch in Kraft ist. Dagegen erscheint es zum mindesten zweifelhaft, ob die allgemeinen Vorschriften des Landrechts, wie sie nach §. 96 Abs. 3. Nr. 2 des Feld- nnd Forstpolizeigesetzes noch in Geltung sind, durch den Artikel 89 aufrecht erhalten werden. Ein Bedürfniß für die Beibehaltung ist neben den Bestimmungen des Bürgerlichen Gesetzbuchs über die Selbsthülfe (§§. 229 ff.) nicht vorhanden. Der Entwurf schließt sie deshalb von der Aufhebung nicht aus. Der fünfzehnte und der sechzehnte Titel werden reichsgesetzlich aufgehoben. Soweit der §. 53 des letzteren Titels für Zahlungen aus öffentlichen Kassen in Kraft bleiben würde, ist er durch den Artikel 11 dieses Entwurfes ersetzt. Anlangend die Bestimmungen über die Deposition, so ist schon oben bemerkt, daß eine landesgesetzliche Erweiterung des Kreises der zur Hinterlegung geeigneten Sachen nicht angezeigt erscheint. Wenn daher der §. 213 bei beweglichen Sachen jeder Art die Deposition zuläßt, so ist diese Bestimmung nicht beizubehalten. Unbewegliche Sachen sind nach §. 234 nicht Gegenstand der Deposition, sondern der Uebergabe zur gerichtlichen Aufsicht und Verwahrung. Dies entspricht dem Standpunkte des Bürgerlichen Gesetzbuchs, das insbesondere im Falle des Verzugs des Gläubigers bei Grundstücken statt der Hinterlegung die Aufgabe des Besitzes zuläßt (§. 303). Aus dem siebzehnten Titel bleiben nach §. 919 Abs. 2 des Bürgerlichen Gesetzbuchs die Vorschriften über die Art der Abmarkung (Grenzerneuerung) und das Verfahren unberührt. Der Entwurf erhält die instruktionellen Bestimmungen der §§. 362 bis 371 über die Art der Grenzbezeichnung aufrecht. Dagegen erscheinen die Vorschriften der §§. 385, 386 über die Zuziehung aller betheiligten Nachbarn, wenn anders sie unter den Vorbehalt fallen, selbstverständlich und der §. 388, welcher die Zuziehung einer Gerichtsperson und die Aufbewahrung eines Protokolls vorschreibt, gleichfalls überflüssig, da die Gültigkeit der Abmarkung nicht von der Zuziehung einer Gerichtsperson abhängt (Präjudiz des Obertribunals 1033, Präjudizien-Samml. S. 100). Den Betheiligten kann überlassen bleiben, erforderlichenfalls für die öffentliche Beurkundung der Abmarkung zu sorgen. Die Zuständigkeit für die Beurkundung wird im Artikel 31 des Entwurfes eines Preußischen Gesetzes über die freiwillige Gerichtsbarkeit den Amtsgerichten und den Notaren beigelegt.

Aus dem achtzehnten Titel werden die Vorschriften des ersten Abschnitts „vom Lehn" (§§. 13 bis 679) in ihrem gegenwärtigen Bestande durch Artikel 59 des Einführungsgesetzes aufrecht erhalten; wegen des Zusammenhanges mit ihnen schließt der Entwurf auch die allgemeinen Grundsätze vom getheilten Eigenthume (§§. 1 bis 13) von der Aufhebung aus. Die Bestimmungen des zweiten Abschnitts „von Erbzinsgütern" gelten in Folge des Ablösungsgesetzes vom 2. März 1850 nur noch für die Berechtigungen des früheren Erbzinsherrn auf Abgaben und Leistungen; für diese bleiben sie nach Artikel 184 des Einführungsgesetzes ohne Weiteres maßgebend. Der neunzehnte Titel wird durchweg reichsgesetzlich aufgehoben. Aus dem zwanzigsten Titel sind die §§. 263 bis 270, welche vom Pfandgewerbe handeln und denen gegenüber daher der Vorbehalt des Artikel 94 des Einführungsgesetzes in Betracht kommen würde, als durch die spätere Gesetzgebung beseitigt anzusehen (vergl. insbesondere den §. 23 des Gesetzes, betreffend das Pfandleihgewerbe, vom 17. März 1881, Gesetz-Samml. S. 265). In Kraft bleiben für Gemeinheitstheilungen nach Artikel 113 des Einführungsgesetzes die §§. 458 bis 465. Bezüglich der §§. 485 bis 487 gilt das Gleiche wie in Betreff der §§. 273 bis 276 des vierzehnten Titels.

Aus dem einundzwanzigsten Titel hat der §. 37, demzufolge bei solchen unterirdischen Erzeugnissen, welche zu den Regalien gerechnet werden, dem Nießbraucher nur die Nutzung der auf den Eigenthumsantheil fallenden Ausbeute gebührt, nur noch geringe praktische Bedeutung, da das dem Grundeigenthümer in Form der Erbkuxe oder der Tradde früher zustehende Recht auf einen Theil der Ausbeute außer bei alten Bergwerken beseitigt ist. Die Vorschrift kann, unbeschadet ihrer weiteren Geltung für einen vor dem Inkrafttreten des Bürgerlichen Gesetzbuchs begründeten Nießbrauch, unbedenklich aufgehoben werden; die Beibehaltung für künftig begründete Nießbrauchsrechte würde der Auffassung des Bürgerlichen Gesetzbuchs widersprechen (vergl. Mot. Bd. 3 S. 503, 504). Praktisch erheblich wichtiger ist der von der Rechtsprechung aus dem §. 37 hergeleitete Satz, daß dem Nießbraucher eines Bergwerkseigenthums nur der Zinsgenuß der verwertheten Ausbeute, nicht die Ausbeute selbst gebührt (Koch, Anm. 27 zu §. 31 I, 21). Indessen ist die Richtigkeit dieses Satzes nicht unbestritten (vergl. Eccius, 7. Aufl. Bd. 3 §. 186 Anm. 19) und die gegentheilige Auffassung, wonach dem Nießbraucher die Ausbeute selbst gebührt, entspricht sowohl der herrschenden Lehre des gemeinen und des französischen Rechtes (Klostermann, Kommentar zum Allgemeinen Berggesetz, 5. Aufl. S. 121 Anm. 3b zu §. 50) als dem Fruchtbegriffe des Bürgerlichen Gesetzbuchs (Mot. Bd. 3 S. 543). Es liegt daher kein Grund vor, durch eine bergrechtliche Sondervorschrift den von der landrechtlichen Praxis entwickelten Satz festzuhalten. Die Bestimmungen der §§. 45, 46 über die Ausübung der Ehrenrechte, die auf einem mit einem Nießbrauche belasteten Gute haften, sind ihres öffentlichrechtlichen Inhalts wegen beizubehalten. Bezüglich des von der Erbpacht handelnden zweiten Abschnitts (§§. 187 bis 226) gilt das Gleiche wie für die Vorschriften des achtzehnten Titels über Erbzinsgüter. Ebenso kommt der vierte Abschnitt „von den zur Kultur ausgesetzten Gütern und Grundstücken", soweit er überhaupt noch Bedeutung hat, nur für Rechtsverhältnisse in Betracht, die aus der Zeit vor dem Ablösungsgesetze vom 2. März 1850 stammen; für diese genügt jedoch die Uebergangsvorschrift des Artikel 184 des Einführungsgesetzes zum Bürgerlichen Gesetzbuch. Im zweiundzwanzigsten Titel enthalten die §§. 56 bis 242 überwiegend Vorschriften, die den Inhalt und das Maß von Grunddienstbarkeiten näher bestimmen und deshalb nach Artikel 115 des Einführungsgesetzes in Kraft bleiben. Zum Theil (§§. 141 bis 144, 158 bis 160) betreffen sie auch die Ablösung von Grunddienstbarkeiten (vergl. Einf.-Ges. Art. 113) oder bleiben deshalb unberührt, weil sie öffentliches Recht enthalten (§§. 63, 64, Anhang §. 61 zu §. 197). Der Entwurf führt der Kürze wegen die §§. 56 bis 242, mit Einschluß der zugehörigen Anhangsparagraphen, sämmtlich unter den Bestimmungen auf, die nicht durch ihn aufgehoben werden sollen, ohne zu verkennen, daß einzelne dieser Vorschriften, insbesondere die §§. 138 bis 140, 145, 183, 186, 222, wohl auch die §§. 180 bis 182, 184, 185, bereits ihre Geltung verloren haben, während bei anderen Bestimmungen (§§. 197 bis 199) zweifelhaft erscheint, ob sie nicht in Folge Reichsgesetzes außer Kraft treten.

Die Vorschriften des dreiundzwanzigsten Titels über Zwangs- und Banngerechtigkeiten haben durch die neuere Gewerbegesetzgebung, die in der Gewerbeordnung vom 21. Juni 1869 (Bundes-Gesetzbl. S. 245) ihren Abschluß gefunden hat, in der Hauptsache ihre praktische Bedeutung verloren. Die Zwangs- und Banngerechtigkeiten sind zum größten Theile entweder aufgehoben oder für ablösbar erklärt und eine Neubegründung der aufgehobenen oder für ablösbar erklärten Zwangs- und Bannrechte ist ausgeschlossen (Gewerbeordnung §§. 7, 8, 10). Insbesondere können neue Zwangs- und Bannrechte, für die der dreiundzwanzigste Titel gelten würde, in Bezug auf den Abdeckereibetrieb nicht mehr entstehen (vergl. außer der Gewerbeordnung das Gesetz vom 17. Dezember 1872, Gesetz-Samml. S. 717, §§. 1, 2). Das Verbot der Neubegründung von Zwangs- und Bannrechten ist zwar kein ganz allgemeines. Namentlich ist die Neubegründung solcher im Zusammenhange mit dem Betrieb öffentlicher Fähren (Gewerbeordnung §. 6) nicht ausgeschlossen. Da es sich hier aber jedenfalls nur um seltene Fälle handeln wird und für diese der Inhalt der §§. 3 bis 22 des dreiundzwanzigsten Titels soweit erforderlich in anderer Weise würde verbindlich gemacht werden können, bedarf es für die gedachten Fälle der Aufrechterhaltung des bezeichneten Titels nicht. Es erscheint hiernach unbedenklich, den letzteren, unbeschadet der fortdauernden Geltung für die vor dem Inkrafttreten des Bürgerlichen Gesetzbuchs begründeten Zwangs- und Bannrechte, aufzuheben

Die Vorschriften über das Krugverlagsrecht (§. 53 I. 23) sind ohnehin durch den auf die Zwangs- und Bannrechte bezüglichen Vorbehalt des Artikel 74 des Einführungsgesetzes zum Bürgerlichen Gesetzbuche nicht gedeckt (Mot. z. Einf.-Ges. S. 165).

Anlangend den zweiten Theil des Landrechts, so bleiben aus dem ersten Titel die Vorschriften über die Ehen der Militärpersonen (§§. 34, 35 und Anhang §. 65) nach §. 1315 Abs. 1 des Bürgerlichen Gesetzbuchs, wie bisher auf Grund des §. 38 des Personenstandsgesetzes, neben §. 40 des Reichs-Militärgesetzes vom 2. Mai 1874 (Reichs-Gesetzbl. S. 45) bestehen (vergl. Daude, die bürgerlichen Rechtsverhältnisse der Militärpersonen, 2. Aufl. S. 331). Bezüglich des §. 70 des Anhanges zu §. 146 ist auf die Begründung des Artikel 41 dieses Entwurfes zu verweisen. Eine Vorschrift über die Absonderung der in dem Nachlaß eines Ehegatten befindlichen Lehen und Fideikommisse, wie sie der §. 501 enthält, erscheint entbehrlich. Die Bestimmungen der §§. 193, 738 bis 740 über den Stand und den Rang der Ehefrau und der geschiedenen Ehefrau bleiben vom Reichsrecht unberührt, da dieses wohl den Einfluß der Ehe und der Scheidung auf den Familiennamen der Frau bestimmt (B.G.B. §§. 1355, 1577), dagegen den Erwerb und Verlust des Standes im publizistischen Sinne, insbesondere des Adelsstandes, als eine Frage des öffentlichen Rechtes grundsätzlich der landesgesetzlichen Regelung vorbehalten hat (Mot. Bd. 4 S. 106 f., 621 f., Protokolle der 2. Kommission Bd. 4 S. 97 f.). Der neunte Abschnitt „von der Ehe zur linken Hand" ist zwar nach der herrschenden Ansicht nicht durch das Personenstandsgesetz als aufgehoben anzusehen (vergl. Eccius, 7. Aufl. Bd. 4 §. 216 Anm. 4), enthält jedoch allgemeine nicht durch einen Vorbehalt gedeckte privatrechtliche Vorschriften und tritt deshalb in Folge Reichsgesetzes außer Kraft. Soweit dagegen die landesrechtlichen Vorschriften für Familien des hohen Adels oder des diesem im Artikel 58 des Einführungsgesetzes gleichgestellten Adels kraft der Hausverfassung maßgebend sind, müssen sie als Theil des aufrechterhaltenen Sonderrechts ihre Geltung behalten.

Im zweiten Titel werden die Bestimmungen der §§. 17, 18 über das selbständige Recht der Lehns- und Fideikommißanwärter zur Anfechtung der Ehelichkeit eines Kindes durch den Artikel 59 des Einführungsgesetzes gedeckt. Da das Landrecht bezüglich der Anfechtung der Ehelichkeit im Allgemeinen wesentlich auf dem gleichen Standpunkte steht wie das Bürgerliche Gesetzbuch (§§. 1593, 1594, 1598), so liegt in der Einführung des neuen Reichsrechts kein Grund zur Beseitigung der hier fraglichen Sondervorschriften. Die letzteren rechtfertigen sich wie bisher durch die Rücksicht auf die besondere rechtliche Stellung der Lehns- und Fideikommißanwärter, die durch die stillschweigende oder ausdrückliche Anerkennung der Ehelichkeit seitens des Vaters nicht beeinträchtigt werden darf (vergl. gegenüber den Mot. z. B.G.B. Bd. 4 S. 660 die Protokolle der 2. Kommission S. 8979 ff.). Der Entwurf behält die Vorschriften daher bei. Auf Grund des Artikel 134 des Einführungsgesetzes bleiben die Bestimmungen der §§. 77, 78, 81 bis 84, 642 über die religiöse Erziehung ehelicher und unehelicher Kinder in Kraft. Der §. 76 ist durch die gleichfalls aufrecht erhaltene Deklaration vom 21. November 1803 ersetzt, der §. 80 durch sie beseitigt; der §. 79 fällt nicht unter den Vorbehalt des Artikel 134. Der §. 273 entspricht dem §. 501 des ersten Titels und kann aus demselben Grunde wie dieser wegfallen. Die Bestimmungen der §§. 59, 603, 641, 683 bis 685 über den Stand der ehelichen, der durch obrigkeitliche Deklaration legitimirten und der unehelichen Kinder sowie der an Kindesstatt Angenommenen bleiben nach dem, was zu den §§. 193, 738 ff. des ersten Titels bemerkt ist, unberührt und sind aufrechtzuerhalten. Wenn der §. 100 des Anhanges zu §. 667 für den Fall, daß mit der Adoption die Annahme eines adeligen Namens und Wappens verbunden sein soll, eine Berichterstattung an das Lehnsdepartement (oder nach dem Allerhöchsten Erlasse vom 16. August 1854, Gesetz-Samml. S. 516, an das Ministerium des Königlichen Hauses bezw. das Heroldsamt) vorschreibt, so wird diese Bestimmung nöthigenfalls durch eine Dienstanweisung über die künftige Behandlung derartiger Fälle einer Annahme an Kindesstatt zu ersetzen sein.

Der dritte Titel wird reichsgesetzlich ganz aufgehoben. Im vierten Titel enthalten die §§. 1 bis 20 über „gemeinschaftliche Familienrechte" allgemeine Bestimmungen, die als solche bei ihrem unzweifelhaft privatrechtlichen Karakter zufolge Reichsrechts außer Kraft treten. Das Gleiche gilt von den Bestimmungen über Familienstiftungen (§§. 21, 22, 27 bis 46) und von den Vorschriften über das Näherrecht auf Familiengüter (§§. 227 bis 250). Die ersteren Bestimmungen werden jedoch durch die Artikel 1 und 2 des Entwurfs theilweise ersetzt. Aufrechterhalten bleiben nach Artikel 59 des Einführungsgesetzes zum Bürgerlichen Gesetzbuche die Vorschriften über Familienfideikommisse (§§. 23 bis 26, 48 bis 226). Soweit ferner die sonstigen Bestimmungen dieses Titels durch den Artikel 59 gedeckt sind, müssen sie gleichfalls von der Aufhebung ausgeschlossen werden.

Im fünften Titel sind die §§. 1 bis 176 durch die Gesindeordnung vom 8. November 1810 (Gesetz-Samml. S. 101) ersetzt, die zwar im Eingang als neue Redaktion der §§. 1 bis 176 bezeichnet ist, jedoch von der im Entwurf ausgesprochenen Aufhebung des fünften Titels nicht berührt wird. Ob die Vorschriften der §§. 177 bis 186 über die Hausoffizianten im Sinne des Artikel 95 des Einführungsgesetzes dem Gesinderecht angehören und daher durch diesen Vorbehalt gedeckt werden, erscheint zweifelhaft. Durch den Vorbehalt ist die Landesgesetzgebung zwar ermächtigt, den Begriff des Gesindes festzustellen und darüber zu befinden, welche Vorschriften für das Gesinde überhaupt oder für einzelne Kategorien desselben gelten sollen (Mot. z. Entw. 1. Lesung S. 167). Bei der Berathung des Bürgerlichen Gesetzbuchs in der Reichtagskommission wurde jedoch von Seiten der Vertreter der verbündeten Regierungen die Erklärung abgegeben: „Der Vorbehalt des Artikel 95 des Einführungsgesetzes beziehe sich nur auf das Gesinde; Dienstverträge solcher Personen, welche nicht zum Gesinde gehören, unterlägen, vorbehaltlich der neben dem Bürgerlichen Gesetzbuche bestehenden besonderen reichsgesetzlichen Vorschriften, den Vorschriften des Bürgerlichen Gesetzbuchs in allen Beziehungen auch insoweit, als das Landesrecht gewisse Vorschriften des Gesinderechts auf nicht zum Gesinde gehörende Personen anwende. Demgemäß komme auch für die Hausoffizianten des Preußischen Landrechts Theil II Titel 5 §§. 577 ff. in Zukunft das Reichsrecht in allen Beziehungen zur Anwendung, soweit nach Preußischem Rechte jene Personen nicht als eigentliches Gesinde aufzufassen seien" (Bericht der Kommission, Drucks. 1895/97 Nr. 440 S. 90, 91). Es erscheint nicht angängig, die Lösung der hier angedeuteten Zweifel der Rechtsprechung zu überlassen. Mögen auch manche Gründe dafür sprechen, daß die Hausoffizianten als Gesinde im Sinne des reichsgesetzlichen Vorbehalts anzusehen sein würden, so kann doch die Landesgesetzgebung nicht anders volle Klarheit über die künftige Stellung der Hausoffizianten schaffen, als indem sie die auf die letzteren bezüglichen Sondervorschriften beseitigt. Dieses Vorgehen ist auch deshalb unbedenklich und rathsam, weil nur dem Landrechte der besondere Begriff der Hausoffizianten bekannt ist, mit dessen Wegfall also eine Verschiedenheit des bisherigen Rechtes ausgeglichen wird. Der Entwurf hebt demgemäß die §§. 177 bis 186 auf. Die §§. 187 bis 195 werden unzweifelhaft schon durch das Reichsrecht außer Kraft gesetzt; ebenso die auf die Sklaverei bezüglichen §§. 196, 197 (vergl. Mot. z. B.G.B. Bd. 1 S. 25).

Der sechste Titel des zweiten Theiles steht an der Grenze der überwiegend privatrechtlichen Abschnitte des Landrechts. Daß die Vorschriften über die erlaubten Privatgesellschaften (§§. 2, 11 bis 15, 21) und über die privilegirten Gesellschaften (§§. 22 bis 24) reichsgesetzlich aufgehoben werden und daß an die Stelle des §. 25 die Vorschrift des §. 22 des Bürgerlichen Gesetzbuchs über die staatliche Verleihung der Rechtsfähigkeit an Vereine tritt, ergiebt sich ohne Weiteres und bedarf keiner landesgesetzlichen Klarstellung. Dagegen bedarf die Frage der Klarstellung, inwieweit die folgenden Bestimmungen über die Verfassung der Korporationen (§§. 26 ff.) auf Grund des Artikel 82 des Einführungsgesetzes zum Bürgerlichen Gesetzbuche bestehen bleiben. Der Vorbehalt des Artikel 82 zu Gunsten der landesgesetzlichen Vorschriften über die Verfassung solcher Vereine, deren Rechtsfähigkeit auf staatlicher Verleihung beruht, kommt einerseits für die vor dem Inkrafttreten des Bürgerlichen Gesetzbuchs entstandenen Vereine, denen Korporationsrechte verliehen sind, andererseits für diejenigen Vereine in Betracht, welche künftig auf Grund des §. 22 des Bürgerlichen Gesetzbuchs durch Verleihung Rechtsfähigkeit erlangen. Für die ersteren Vereine erhält der Artikel 82 gegenüber dem Artikel 163, demzufolge für sie die §§. 25 bis 53 des Bürgerlichen Gesetzbuchs gelten würden, die für die Verfassung bisher maßgebenden Vorschriften aufrecht. Hierbei muß es auch bewenden, da die Satzungen der bestehenden Vereine den landrechtlichen Vorschriften angepaßt sind und ihre Verwaltung nach diesen Vorschriften geführt wird. Dagegen kann und muß für Vereine, denen künftig Rechtsfähigkeit verliehen wird, ein Zurückgreifen auf die landrechtlichen Vorschriften ausgeschlossen werden. Das Bürgerliche Gesetzbuch läßt in seinen Vorschriften über die Verfassung der Vereine (§§. 25 ff.) der Satzung so weiten Spielraum, daß durch den Einfluß der für die Verleihung zuständigen Behörden auf den Inhalt der Satzung eine angemessene Gestaltung der Verfassung genügend gesichert wird. Der Entwurf setzt daher den sechsten Titel, soweit er sich auf die Verfassung rechtsfähiger Vereine bezieht, für Vereine, die nach dem Inkrafttreten des Bürgerlichen Gesetzbuchs Rechtsfähigkeit erlangen, außer Kraft.

Anlangend die im Wesentlichen öffentliches Recht enthaltenden Titel des zweiten Theiles, so kann bei ihnen nur die Aufhebung einzelner Vorschriften in Frage kommen. Der Entwurf beseitigt zunächst die Vorschriften der §§. 80 bis 85 des siebenten Titels über die Thätigkeit der Dorfgerichte in Angelegenheiten der freiwilligen Gerichtsbarkeit, weil in dem Entwurf eines Preußischen Gesetzes über die freiwillige Gerichtsbarkeit (Art. 104 bis 109, 118) die Zuständigkeit der Dorfgerichte neu geregelt wird; nur bezüglich der Aufnahme von Taxen beläßt es jener Entwurf bei den bestehenden Vorschriften und es muß daher auch der §. 86 des siebenten Titels beibehalten werden.

Im achten Titel werden die §§. 444 bis 455 durch die Vorschriften des Bürgerlichen Gesetzbuchs über die Einbringung von Sachen bei Gastwirthen (§§. 701 bis 704) ersetzt. Der dreizehnte Abschnitt dieses Titels „Von Versicherungen" ist, soweit er noch gilt, durch den Artikel 75 des Einführungsgesetzes zum Bürgerlichen Gesetzbuche gedeckt. Die jetzt bestehende Formfreiheit für Versicherungsverträge, die Handelsgeschäfte sind, soll im Ausführungsgesetze zum Handelsgesetzbuch aufrecht erhalten werden.

Im zehnten Titel werden die durch die Verordnung vom 23. September 1867 (Gesetz-Samml. S. 1619) §. 1 Abs. 2 Nr. 1 auch in den neuen Provinzen eingeführten Bestimmungen über die Haftung der Beamten für Versehen (§§. 88 bis 91, 127 bis 144) insoweit, als sie sich auf das Verhältniß zwischen dem Beamten und dem beschädigten Dritten beziehen, durch die §§. 839 bis 841 des Bürgerlichen Gesetzbuchs ersetzt; sie behalten aber Bedeutung für das Verhältniß zwischen dem Beamten und dem Staate.

Aus dem elften Titel treten die §§. 1199 bis 1209 kraft Reichsgesetzes außer Geltung (vergl. die Mot. z. Entw. des Einf.-Ges. S. 168 ff.). Das Gleiche gilt von den §§. 1 bis 29 des sechzehnten Titels, soweit sie nicht schon aufgehoben sind (§§. 5, 6, 19) oder, wie die §§. 20, 22, durch Vorbehalte (Einf.-Ges. Art. 138, 139) gedeckt sind. Das Aneignungsrecht des Fiskus in Bezug auf herrenlose Grundstücke bestimmt sich von der Zeit an, zu welcher das Grundbuch für das betreffende Grundstück als angelegt anzusehen ist, nach Reichsrecht (B.G.B. §. 928 Abs. 2; Einf.-Ges. Art. 190), während bis zu der bezeichneten Zeit nach Artikel 189 des Einführungsgesetzes die bisherigen Vorschriften maßgebend bleiben. Das gesetzliche Erbrecht des Fiskus regelt sich, wenn der Erbfall vor dem Inkrafttreten des Bürgerlichen Gesetzbuchs eingetreten ist, nach dem bisherigen, anderenfalls nach dem neuen Rechte (Einf.-Ges. Art. 213). Im siebzehnten Titel werden die von der Gerichtsbarkeit in nicht streitigen Sachen handelnden §§. 48 bis 60, von denen der §. 53 schon beseitigt ist, durch die neuen reichs- und landesgesetzlichen Vorschriften über die freiwillige Gerichtsbarkeit ersetzt. Nur der §. 55 behält noch für einzelne Angelegenheiten, insbesondere die Aufnahme von Taxen, Bedeutung und muß daher von der Aufhebung ausgeschlossen bleiben.

Soweit der achtzehnte Titel „von Vormundschaften und Kuratelen" nicht schon durch die bisherige Gesetzgebung, insbesondere durch §. 102 der Vormundschaftsordnung vom 5. Juli 1875, außer Kraft gesetzt ist, verlieren seine Vorschriften fast durchgängig in Folge des neuen Reichsrechts ihre Geltung. Unberührt bleiben nur die §§. 344, 810, welche öffentliches Recht enthalten, und die von Lehnskuratoren handelnden §§. 996 bis 1002 zufolge des Artikel 59 des Einführungsgesetzes. Mit Ausschluß dieser Vorschriften kann daher der ganze Titel beseitigt werden. Im neunzehnten Titel treten die §§. 45 bis 48 in Folge Reichsgesetzes außer Kraft, und das Gleiche gilt endlich von den einzigen noch nicht aufgehobenen Bestimmungen des zwanzigsten Titels, den im Artikel XI des Gesetzes über die Einführung des Strafgesetzbuchs für die Preußischen Staaten vom 14. April 1851 (Gesetz-Samml. S. 93) ausdrücklich aufrecht erhaltenen §§. 1271, 1272.

2. Die Nr. 2 des Artikel 87 betrifft die Aufhebung des Rheinischen Bürgerlichen Gesetzbuchs. Da der code civil öffentliches Recht nur in geringem Umfange enthält, tritt er zum weitaus größten Theile schon nach Artikel 55 des Einführungsgesetzes zum Bürgerlichen Gesetzbuch außer Kraft. Im Einzelnen ist Folgendes hervorzuheben:

Die Vorschriften des einleitenden Titels (Von der Verkündung, den Wirkungen und der Anwendung der Gesetze im Allgemeinen; Art. 1 bis 6) sind, soweit sie nicht privatrechtlichen Inhalts sind, schon gegenwärtig ohne Bedeutung (vergl. zu Art. 1, Reichsverfassung Art. 2 und Gesetz vom 16. Februar 1874, Gesetz-Samml. S. 23; zu Art. 3, 4 Str.G.B. §. 3 und Einf.-Ges. z. Str.G.B. Art. 2).

Was sodann das erste Buch betrifft, welches die Ueberschrift trägt „Von den Personen", so findet sich im ersten Titel (Von dem Verluste und dem Genusse der bürgerlichen Rechte) keine Vorschrift, die aufrecht zu erhalten wäre (vergl. insbesondere zu Artikel 9, 10, 12, 17 bis 21 das Gesetz, betreffend die Erwerbung und den Verlust der Bundes- und Staatsangehörigkeit, vom 1. Juni 1870, Bundes-Gesetzbl. S. 355, ferner zu Artikel 14 bis 16 die C.P.O. §§. 23, 110 ff.). Die Vorschriften, welche die Artikel 11 und 13 über die bürgerlichen Rechte der Fremden enthalten, haben, weil ihre Anwendung mit den staatsrechtlichen Grundsätzen der Monarchie nicht vereinbar ist, schon mit der Beseitigung der Fremdherrschaft ihre Geltung verloren (vergl. jetzt Einf.-Ges. z. B.G.B. Art. 7 ff., 31).

Aus dem zweiten Titel, der die Beurkundung des Personenstandes zum Gegenstande hat (Art. 34 bis 101), könnte nur die Beibehaltung der Vorschriften über die Beaufsichtigung der Standesbeamten in Frage kommen (Art. 50, 53); bezüglich der Gründe, aus denen es sich empfiehlt, auch die Artikel 50 und 53 zu streichen und die Aufsicht über die Rheinischen Standesbeamten von der Staatsanwaltschaft auf die Verwaltungsbehörden übergehen zu lassen, ist auf die Bemerkungen zu Artikel 130 des Entwurfes eines Preußischen Gesetzes über die freiwillige Gerichtsbarkeit zu verweisen. In der Litteratur wird die Ansicht vertreten, daß der Artikel 56 des code civil auf Grund des Vorbehalts im §. 74 des Personenstandsgesetzes noch insoweit gelte, als er bei einer Geburt, die außerhalb des Wohnsitzes der Mutter erfolgt, demjenigen, in dessen Hause das Kind geboren wird, eine Pflicht zur Anzeige an den Standesbeamten auferlegt. Ob dieser Ansicht beizupflichten oder ob die Vorschrift des §. 74 nur auf Anzeigen an andere Behörden oder Beamte als die Standesbeamten, insbesondere auf Anzeigen an das Vormundschaftsgericht, zu beziehen ist, kann dahingestellt bleiben; denn die Bestimmung des Artikel 56 ist gegenüber den Vorschriften der §§. 18, 20 des Personenstandsgesetzes jedenfalls entbehrlich. Aehnlich verhält es sich mit dem Artikel 83 des code civil (s. Personenstandsgesetz §. 20, §. 58 Abs. 1). Auch der Artikel 77, der sich auf die Beerdigungserlaubniß bezieht, kann, selbst wenn er gegenwärtig noch für fortbestehend zu erachten wäre, für die Zukunft aufgehoben werden (Personenstandsgesetz §. 60) und das Gleiche gilt von dem Artikel 80 Abs. 2, der die Hospitäler verpflichtet, eigene Sterberegister zu führen. Das Verfahren zur Berichtigung der Standesregister (Art. 99 bis 101) ist reichsgesetzlich geregelt und kann nach §. 186 des Gesetzes über die Angelegenheiten der freiwilligen Gerichtsbarkeit vom 17. Mai 1898 von der Landesgesetzgebung nicht mehr abweichend geordnet werden (vergl. Personenstandsgesetz §§. 65, 66; Reichsgesetz über die Angelegenheiten der freiwilligen Gerichtsbarkeit §§. 69 bis 71).

Für die Vorschriften des dritten und vierten Titels über den Wohnsitz und die Abwesenheit (Art. 102 bis 143) ist neben den reichsgesetzlichen Bestimmungen kein Raum mehr. Eine Uebergangsbestimmung in Bezug auf den erwählten Wohnsitz (Art. 111) enthält der Artikel 157 des Einführungsgesetzes zum Bürgerlichen Gesetzbuche.

Ob aus den Titeln über die Ehe (Art. 144 bis 311) der Artikel 171 an sich noch aufrecht erhalten werden könnte, bedarf keiner Entscheidung. Der Artikel schreibt vor, daß nach der Rückkehr eines Inländers, der im Auslande geheirathet hat, innerhalb dreier Monate die Urkunde über die Eingehung der Ehe in das inländische Standesregister eingetragen werden soll. An die Verletzung dieser Verpflichtung sind aber keine Folgen geknüpft (vergl. auch Einf.-Ges. z. B.G.B. Art. 11 Abs. 1) und die Bestimmung ist daher ohne erhebliche Bedeutung.

Zu der Aufhebung der Titel 7 bis 11, die sich auf die Vaterschaft und die väterliche Gewalt, die Adoption, die Minderjährigkeit und Volljährigkeit sowie auf die Vormundschaft und Beistandschaft beziehen (Art. 312 bis 515), ist Nichts zu bemerken.

Das zweite Buch des code civil (Von den Gütern und den verschiedenen Modifikationen des Eigenthums) handelt im ersten Titel (Art. 516 bis 543) zunächst von der Eintheilung der Güter. Hier muß der Artikel 538, weil er theils das Wasserrecht betrifft (Einf.-Ges. z. B.G.B. Art. 65), theils dem öffentlichen Rechte angehört, aufrecht erhalten bleiben. Ob auch die Bestimmungen der Artikel 540, 541 über das Eigenthum an den Festungswerken einen öffentlichrechtlichen Inhalt haben oder ob sie unter den Artikel 55 des Einführungsgesetzes zum Bürgerlichen Gesetzbuche fallen, mag dahingestellt bleiben; die fraglichen Bestimmungen sind jedenfalls entbehrlich (vergl. das Gesetz vom 25. Mai 1873 über die Rechtsverhältnisse der zum dienstlichen Gebrauch einer Reichsverwaltung bestimmten Gegenstände, Reichs-Gesetzbl. S. 113). Was die Bestimmung des Artikel 530 des code civil betrifft, wonach jede bei der Veräußerung eines Grundstücks vorbehaltene Rente spätestens in dreißig Jahren ablösbar ist, so wird sie, soweit sie eine dauernde dingliche Belastung der Grundstücke verhindert, durch den Artikel 32 des vorliegenden Entwurfes ersetzt (vergl. Einf.-Ges. z. B.G.B. Art. 117), soweit sie sich dagegen auf Forderungen bezieht, die nicht dinglich sichergestellt sind, tritt sie nach Artikel 55 des Einführungsgesetzes außer Kraft.

Aus dem zweiten Titel (Von dem Eigenthum; Art. 544 bis 577) müssen die auf das Wasserrecht bezüglichen Artikel 556 bis 563 bestehen bleiben. Der Artikel 545, wonach ein Zwang zur Abtretung des Eigenthums nur im öffentlichen Interesse und gegen vorgängige Entschädigung ausgeübt werden darf, ist durch den Artikel 9 der Verfassungsurkunde ersetzt.

Von den Vorschriften des dritten Titels über den Nießbrauch, das Gebrauchsrecht und das Wohnungsrecht (Art. 578 bis 636) bedürfen nur die Artikel 627 und 635 einer besonderen Erwähnung. Der Artikel 627 bestimmt, daß derjenige, welchem ein Gebrauchsrecht oder ein Wohnungsrecht zusteht, die Sache wie ein guter Hausvater benutzen muß. Es könnte in Frage kommen, ob nicht diese Bestimmung unter den Artikel 115 des Einführungsgesetzes zum Bürgerlichen Gesetzbuche fällt. Indessen wird der Artikel 627 kaum zu denjenigen Vorschriften gerechnet werden können, welche „den Inhalt und das Maß" einer Dienstbarkeit „näher bestimmen", da er nur einen ganz allgemeinen Grundsatz über die wirthschaftliche Benutzung der Sache enthält, einen Grundsatz, der sich in ähnlicher Weise in den §§. 1036, 1041, 1093 des Bürgerlichen Gesetzbuchs ausgesprochen findet. Jedenfalls aber ist der Artikel 627 neben den angeführten reichsrechtlichen Bestimmungen entbehrlich. Der Artikel 635 könnte auf Grund des Artikel 115 des Einführungsgesetzes insoweit bestehen bleiben, als er im Gegensatze zu §. 1093 des Bürgerlichen Gesetzbuchs den Gebrauchs- oder Wohnungsberechtigten unter Umständen gleich einem Nießbraucher (vergl. B.G.B. §. 1047) zur Tragung der Steuern verpflichtet; es liegt jedoch keine Veranlassung vor, in dieser Beziehung von dem Reichsrecht abzuweichen.

Aus dem vierten Titel (Von den Servituten oder Grunddienstbarkeiten; Art. 637 bis 710) hält der Entwurf zunächst die das Wasserrecht betreffenden Artikel 640 bis 643 und 645 aufrecht; der Artikel 644, der sich gleichfalls auf das Wasserrecht bezieht, ist durch das Gesetz über die Benutzung der Privatflüsse vom 28. Februar 1843 (Gesetz-Samml. S. 41) ersetzt. Die Artikel 646 und 647, nach denen jeder Grundstückseigenthümer seinen Nachbar zur Abmarkung nöthigen kann und jeder Eigenthümer sein Grundstück, vorbehaltlich des den Nachbarn zu gewährenden Nothwegs, einfriedigen darf, treten außer Kraft (vergl. B.G.B. §§. 903, 917 bis 919).

Der Artikel 648 muß dagegen zum Theil aufrechterhalten werden. Er bestimmt, daß der Eigenthümer, der seine Grundstücke befriedigen will, das Weiderecht (das droit au parcours und das droit de vaine pâture) verliert. Soweit sich dieser Artikel auf das droit au parcours, d. h. das mehreren Gemeinden wechselseitig auf ihren Gebieten zustehende Weiderecht, bezieht, ist er schon jetzt gegenstandslos, weil der §. 5 Abs. 2 der Gemeinheitstheilungsordnung vom 19. Mai 1851 (Gesetz-Samml. S. 371) diese Art der Weideberechtigung aufgehoben hat. Soweit es sich dagegen um das droit de vaine pâture, d. h. das Recht des öden Weidganges innerhalb derselben

Gemeinde, handelt, ist die Bestimmung des Artikel 648 auch in Zukunft noch von Bedeutung (vergl. Einf.=Ges. zum B.G.B. Art. 124; siehe auch Gemeinheitstheilungsordnung §. 5 Abs. 1, Feld= und Forstpolizeigesetz vom 1. April 1880 §. 94, Einf.=Ges. zum B.G.B. Art. 113).

Die Artikel 649 bis 652 sind nur theoretischen Inhalts und können deshalb auch insoweit, als sie sich auf die dem öffentlichen Interesse dienenden Eigenthumsbeschränkungen, insbesondere auf den Leinpfad und die Anlage von Straßen beziehen, aufgehoben werden.

Ein eigenartiges Rechtsverhältniß bildet im französischen Rechte die mitoyenneté (Art. 653 bis 663, 665 bis 670), d. i. das Recht der Scheidemauern und anderer Grenzanlagen (Hecken, Gräben u. s. w.), die sich zum Theil auf dem Grundstücke des einen, zum Theil auf dem Grundstücke des anderen Nachbars befinden. Das französische Recht handelt von den Scheidemauern in dem Abschnitte von den gesetzlichen Servituten, bezeichnet jedoch andererseits die Nachbarn, deren Grundstücke durch die Mauern getrennt werden, als Miteigenthümer. Ungeachtet dieser Ausdrucksweise bilden die Scheidemauern kein selbständiges Grundstück, das zwischen den Grundstücken der Angrenzer läge und katastermäßig und grundbuchrechtlich als besondere Parzelle behandelt würde. Vielmehr ist das Verhältniß so aufzufassen, daß sich das Recht jedes Nachbars über die Grenze seines eigenen Grundstücks hinaus auf die Scheidemauer erstreckt und die Mauer insofern eine gemeinschaftliche ist. Das Bürgerliche Gesetzbuch bezeichnet diese Gemeinschaftlichkeit nicht als Miteigenthum, sondern als eine gemeinschaftliche Berechtigung zur Benutzung der Grenzanlage (§§. 921, 922); das Eigenthum an der Mauer steht bis zur geometrischen Grenze jedem Nachbar als Sondereigenthum zu (s. Mot. Bd. 3 S. 276). Der bisher mit dem Ausdrucke mitoyenneté verbundene Rechtsbegriff läßt sich künftig nicht aufrechterhalten, vielmehr verwandelt sich zufolge des Artikel 181 Abs. 1 des Einführungsgesetzes mit dem Inkrafttreten des Bürgerlichen Gesetzbuchs, da die Voraussetzungen des Artikel 181 Abs. 2 nicht vorliegen, auch bei den bestehenden Grenzanlagen die mitoyenneté von selbst in ein Recht zur gemeinschaftlichen Benutzung im Sinne der §§. 921, 922 des Bürgerlichen Gesetzbuchs. Es bleibt indessen zu prüfen, ob nicht einzelne der auf die gemeinschaftlichen Grenzanlagen bezüglichen Vorschriften des bisherigen Rechtes gemäß Artikel 124 des Einführungsgesetzes aufrecht zu erhalten sind. Der Artikel 124 besagt, daß die landesgesetzlichen Vorschriften unberührt bleiben, welche das Eigenthum an Grundstücken zu Gunsten der Nachbarn noch anderen als den im Bürgerlichen Gesetzbuche bestimmten Beschränkungen unterwerfen. Auf Grund dieses Vorbehalts könnte die Aufrechterhaltung der Artikel 657 bis 663 in Frage kommen. Der Entwurf hebt von den angeführten Artikeln die Artikel 657, 661 bis 663 auf, dagegen will er die in den Artikeln 658 bis 660 über die Erhöhung der Scheidemauern getroffenen Bestimmungen in veränderter Form beibehalten (Art. 22).

Nach Artikel 657 des code civil kann jeder Miteigenthümer an die Scheidemauer anbauen und durch die ganze Dicke der Mauer bis auf 54 Millimeter Balken legen lassen, vorbehaltlich des Rechtes des anderen Nachbarn, die Balken bis zur Mitte der Mauer verkürzen zu lassen, wenn er selbst an derselben Stelle Balken legen oder einen Schornstein bauen will; andererseits verbietet der Artikel 662 dem Nachbar, in die Scheidemauer Vertiefungen zu machen oder irgend ein Werk daran anzulehnen oder darauf zu stützen, wenn er nicht die Einwilligung des anderen Nachbars erlangt oder im Falle der Verweigerung durch Sachverständige die Mittel hat bestimmen lassen, die nothwendig sind, um eine Schädigung der Rechte des Nachbars zu verhindern. Demgegenüber enthält das Bürgerliche Gesetzbuch (§. 922) keine besondere Vorschrift über Anbauten an die Scheidemauer und über das Einlassen von Balken, sondern stellt nur den allgemeinen Grundsatz auf, daß die Grenzanlage zu dem Zwecke, der sich aus ihrer Beschaffenheit ergiebt, von jedem Nachbar insoweit benutzt werden kann, als nicht die Mitbenutzung des anderen beeinträchtigt wird, und daß sie, solange einer der Nachbarn an dem Fortbestande der Einrichtung ein Interesse hat, nicht beseitigt oder geändert werden darf. Eine landesgesetzliche Ergänzung dieser Vorschriften im Sinne des Artikel 657 wird nicht für zulässig erachtet werden können, da der Vorbehalt des Artikel 124 hier nicht zutrifft. Denn das Recht, an die Mauer anzubauen und Balken in die Mauer zu legen, ist lediglich ein Ausfluß des Nutzungsrechts, der Artikel 657 gehört daher nicht zu den Vorschriften, welche das Eigenthum anderen als den im Bürgerlichen Gesetzbuche bestimmten Beschränkungen unterwerfen, vielmehr enthält er nur eine nähere Regelung einer schon im Bürgerlichen Gesetzbuche vorgesehenen Beschränkung (vergl. zur Auslegung des Art. 124 die Protokolle 2. Les. S. 3611 bis 3614).

Die Artikel 661 und 663 des code civil geben dem Grundeigenthümer das Recht, seinen Nachbar zur Errichtung einer der gemeinschaftlichen Benutzung dienenden Scheidemauer zu zwingen oder, falls der Nachbar auf seinem Grundstücke schon eine Mauer errichtet hat, diese Mauer durch Ersatz der Hälfte des Werthes der Mauer und des Grund und Bodens, auf dem sie steht, zu einer gemeinschaftlichen zu machen. Diese Grundsätze würden an sich vielleicht nach Artikel 124 des Einführungsgesetzes beibehalten werden können, der Entwurf hat sich indessen in Uebereinstimmung mit einem Gutachten des Oberlandesgerichts in Cöln für die Aufhebung dieser Vorschriften entschieden. Was die Artikel 661 und 663 bestimmen, kann der Uebereinkunft der Betheiligten überlassen bleiben. Wie die Erfahrungen in denjenigen Rechtsgebieten zeigen, in welchen es keine derartigen gesetzlichen Bestimmungen giebt, besteht ein wirthschaftliches Bedürfniß zu so weitgehenden Eingriffen in die Freiheit des Eigenthümers nicht; dagegen geben die in Frage stehenden Vorschriften zu zahlreichen Prozessen Anlaß und stören häufig in empfindlicher Weise den nachbarlichen Frieden. Eine Uebergangsbestimmung ist im Artikel 23 des Entwurfs getroffen.

Nach den Artikeln 658 bis 660 des code civil ist bei Scheidemauern jeder Nachbar befugt, die Mauer ohne Zustimmung des anderen auf seine Kosten zu erhöhen. An dem neuen Theile der Mauer hat der andere Nachbar zunächst kein Recht, doch kann er die Gemeinschaft dadurch erwerben, daß er die Hälfte der Erhöhungskosten und, wenn die Mauer bei der Erhöhung hat verstärkt werden müssen, die Hälfte des Grund und Bodens bezahlt, den der bauende Nachbar dazu hat hergeben müssen. Die Vorschriften des Bürgerlichen Gesetzbuchs führen in dieser Beziehung zu einem anderen Ergebnisse. Da die Scheidemauer nach dem Bürgerlichen Gesetzbuch als durch die Grenzlinie getrennt im Sondereigenthume der Nachbarn stehend zu denken ist und die Erhöhung der Mauer über den Begriff der Benutzung hinausgeht, so würde in Ermangelung landesgesetzlicher Vorschriften ohne Zustimmung des Nachbarn die Erhöhung nur bis zur Hälfte der Dicke zulässig sein, andererseits aber der Nachbar, wenn er die Zustimmung zur Erhöhung der ganzen Mauer ertheilt hat, auf Grund seines Eigenthumsrechts die Befugniß haben, den auf seinem Grundstücke stehenden Theil der erhöhten Mauer ohne Entschädigung des Bauenden auch seinerseits in Benutzung zu nehmen. Demgegenüber wird jedenfalls für die bei dem Inkrafttreten des Bürgerlichen Gesetzbuchs schon bestehenden gemeinschaftlichen Mauern das jetzt geltende Recht aufrecht erhalten werden müssen, aber auch für die Zukunft wird es sich nicht empfehlen, von dem bisherigen Rheinischen Rechte abzuweichen. Auf den Weg der Vereinbarung kann derjenige, welcher die Mauer erhöhen und sich zugleich eine angemessene Entschädigung für den Fall sichern will, daß der Nachbar den neuen Mauertheil später mitbenutzt, nicht wohl verwiesen werden. Denn er wird regelmäßig, wenn er seinen Nachbar um die Erlaubniß angeht, die Mauer in ihrer ganzen Dicke erhöhen zu dürfen, nicht in der Lage sein, sich für die spätere Mitbenutzung der Mauer den Ersatz eines Theiles der Baukosten auszubedingen, da er ohne Benutzung des dem Nachbar gehörenden Theiles der Mauer meist die Mauer auf seinem Grundstücke würde verstärken und daher noch höhere Aufwendungen würde machen müssen. Das bisherige Recht über die Erhöhung der gemeinschaftlichen Mauer kann indessen nicht in der Weise aufrecht erhalten werden, daß die Artikel 658 bis 660 von der Aufhebung ausgenommen werden. Denn die bezeichneten Artikel enthalten keine ausdrückliche Vorschrift, die dem Nachbar die Benutzung des Aufbaues verbietet, bis er den ihn treffenden Kostenbetrag ersetzt hat. Eine solche Vorschrift ist aber gegenüber dem Bürgerlichen Gesetzbuche, nach welchem der Aufbau von vornherein, getrennt durch die Grenze, im Sondereigenthum der Nachbarn steht, nicht zu entbehren. Im Artikel 22 des Entwurfes sind deshalb an Stelle der Artikel 658 bis 660 neue Vorschriften getroffen.

Daß das Recht, die Mauer zu erhöhen, nicht der Verjährung unterliegt (Art. 22 §. 1 Abs. 2), entspricht dem geltenden Rechte (vergl. auch B.G.B. §. 924). Ein Verzicht auf nachbarrechtliche Befugnisse kann nach den Vorschriften des Bürgerlichen Gesetzbuchs mit Wirkung gegen jeden späteren Eigenthümer des Grundstücks, zu dessen Gunsten die Befugniß besteht, nur im Wege der Bestellung einer entsprechenden Grunddienstbarkeit erfolgen. Hiervon nimmt der Entwurf das im Artikel 22 §. 2 bezeichnete Verbietungsrecht aus. Da dieses Recht im Wesentlichen nur den Zweck hat, den Ersatz von Baukosten herbeizuführen, mithin nicht sowohl dem Schutze des jeweiligen Eigenthümers als dem Schutze desjenigen dient, welcher die Kosten aufgewendet hat, so erscheint es angemessen, daß zum Erlöschen des Rechtes eine formlose Einigung genügt. Ein einseitiger Verzicht ist nicht zulässig, weil von dem Erlöschen des Verbietungsrechts an der Nachbar auch den Mehraufwand mitzutragen hat, den die Unterhaltung der Mauer in Folge der Erhöhung verursacht.

Die Vorschriften des Artikel 664 über das Stockwerkseigenthum treten nach Artikel 55 des Einführungsgesetzes zum Bürgerlichen Gesetzbuche, vorbehaltlich der Uebergangsbestimmung im Artikel 182, außer Kraft.

Dagegen sind auf Grund des mehrgenannten Artikel 124 des Einführungsgesetzes aufrecht zu erhalten die Vorschriften des Artikel 671 und des Artikel 672 Abs. 1, die sich auf die Abstände der an der Grenze befindlichen Bäume und Hecken beziehen, ferner die Bestimmungen der Artikel 674 bis 681 über Anlagen an der Grenze, über das Fensterrecht und die Dachtraufe. An die Stelle der Vorschriften des Artikel 672 Abs. 2, 3 über herüberragende Zweige und eindringende Wurzeln tritt der §. 910 des Bürgerlichen Gesetzbuchs; ebenso werden die Bestimmungen des Artikel 673 über gemeinschaftliche Bäume durch den §. 923 und die Bestimmungen der Artikel 682 bis 685 über den Nothweg durch die §§. 917, 918, 924 des Bürgerlichen Gesetzbuchs ersetzt.

Die Aufhebung der Artikel 686 bis 710, die sich auf die durch Privatwillkür begründeten Servituten beziehen, bedarf keiner besonderen Rechtfertigung.

Das dritte Buch des code civil (Von den verschiedenen Erwerbsarten des Eigenthums) enthält zunächst in den Artikeln 711 bis 717 einige einleitende allgemeine Bestimmungen. Von diesen Artikeln muß der Artikel 714, nach welchem es Sachen giebt, die Niemandem zugehören und deren Gebrauch nach Maßgabe der Polizeigesetze für alle gemeinsam ist, aufrecht erhalten werden. Es gehören hierhin auch die nicht schiffbaren und die nicht flößbaren Flüsse; da die Rechtsverhältnisse der letzteren vom Bürgerlichen Gesetzbuche nicht geordnet sind, so muß es für sie bei dem Artikel 714 bewenden, aus dem insbesondere folgt, daß das Eigenthum oder ein sonstiges Recht an ihnen durch Ersitzung nicht erworben werden kann (vergl. Entsch. des Reichsgerichts Bd. 12 S. 340, Bd. 30 S. 307; Einf.-Ges. zum B.G.B. Art. 65). Auf Grund des Artikel 65 des Einführungsgesetzes würde auch der Artikel 712 des code civil, soweit er sich auf einen Zuwachs durch Anlandungen bezieht, in Geltung bleiben können; indessen ist der Artikel 712, weil die Artikel 556 ff. des code civil in der fraglichen Hinsicht ausführlichere Bestimmungen treffen, entbehrlich. Ebenso verhält es sich mit dem Artikel 715, der sich zwar auch auf einen der Landesgesetzgebung vorbehaltenen Gegenstand, nämlich das Jagd- und Fischereirecht, bezieht (Einf.-Ges. Art. 69), jedoch lediglich auf andere Gesetze verweist.

Im dritten Buche des code civil regelt der erste Titel die Erbfolge (Art. 718 bis 892); hier ist bezüglich des Artikel 819 auf die Bemerkungen zu Artikel 77 des Entwurfes zu verweisen. Der zweite Titel (Von Schenkungen unter Lebenden und von Testamenten; Art. 893 bis 1100) giebt zu Bemerkungen keinen Anlaß. Dasselbe gilt in Bezug auf die Titel 3 bis 5, 7 bis 14, 16 und 17, die von den Verträgen im Allgemeinen, von den Verbindlichkeiten, die ohne Vertrag entstehen, vom Ehevertrage, von der Miethe und sonstigen Verträgen sowie von der Schuldhaft handeln (Art. 1101 bis 1581, 1702 bis

2043, 2059 bis 2091). Zu dem sechsten Titel, der den Kaufvertrag regelt (Art. 1582 bis 1701), ist hervorzuheben, daß die Artikel 1596, 1597 auch insoweit, als sie Verkäufe und Cessionen an öffentliche Beamte u. s. w. für nichtig erklären, unter den Artikel 55 des Einführungsgesetzes fallen; denn die betreffenden Bestimmungen sind, wenngleich sie die Wahrung öffentlicher Interessen bezwecken, dennoch ihrem Inhalte nach als privatrechtliche Bestimmungen anzusehen (vergl. Mot. z. Einf.-Ges. z. B.G.B. S. 183). Im fünfzehnten Titel (Von dem Vergleiche; Art. 2044 bis 2058) schreibt der Artikel 2045 Abs. 3 vor, daß Gemeinden und öffentliche Anstalten nur mit ausdrücklicher Genehmigung des Landesherrn Vergleiche eingehen können. Diese Bestimmung ist zwar öffentlichrechtlichen Inhalts, sie hat aber durch die neuere Gesetzgebung ihre Bedeutung verloren[1]).

Die Vorschriften des achtzehnten und des neunzehnten Titels (Von den Privilegien und Hypotheken, von dem Zwangsverkaufe und der Rangordnung der Gläubiger; Art. 2092 bis 2218) werden ersetzt oder sind schon ersetzt worden durch die Vorschriften des Grundbuchrechts, durch die reichsgesetzlichen Bestimmungen über das Pfand- und das Zurückbehaltungsrecht, durch die neueren Gesetze über die Zwangsvollstreckung in das unbewegliche Vermögen sowie durch Vorschriften der Civilprozeßordnung, der Konkursordnung, des Preußischen Ausführungsgesetzes zur Konkursordnung vom 6. März 1879 und des Einführungsgesetzes zu dem Gesetze, betreffend Aenderungen der Konkursordnung, vom 17. Mai 1898 (vergl. insbesondere zu code civil Art. 2098, 2101 bis 2105 K.O. §§. 49, 61 — früher §§. 41, 54 — Ausf.-Ges. zur K.O. §§. 6 bis 8, Einf.-Ges. zu dem Gesetze, betr. Aenderungen der Konkursordnung, Art. III, Reichsgesetz über die Zwangsversteigerung u. s. w. vom 24. März 1897 §. 10 Nr. 2, B.G.B. §§. 559ff., 585, 704). Das Hypothekenreinigungsverfahren (Art. 2181 bis 2195) ist dem Bürgerlichen Gesetzbuche fremd und kann auch landesgesetzlich nicht aufrechterhalten werden.

Zu dem letzten Titel (Von der Verjährung; Art. 2219 bis 2281) ist Nichts zu bemerken.

3. In Betreff des gemeinen Rechtes kann weder die Aufhebung im Ganzen noch die Außerkraftsetzung bestimmter Theile der bisherigen Rechts-

---

[1]) Vergl. die Kabinetsorder vom 17. Februar 1820 (Lottner, Sammlung der für die Rheinprovinz seit dem Jahre 1813 ergangenen Gesetze u. s. w. Bd. 2 S. 55ff.), nach welcher die von den Ministerien des Innern und der geistlichen Angelegenheiten ressortirenden Gemeinden, Kirchen und Wohlthätigkeitsanstalten bei Vergleichen über streitig gewordene Rechte der Allerhöchsten Genehmigung nicht mehr bedürfen; s. ferner Gemeindeordnung für die Rheinprovinz vom 23. Juli 1845 (Gesetz-Samml. S. 523) §. 97, Gesetz über die Rechtsverhältnisse der Juden vom 23. Juli 1847 (Gesetz-Samml. S. 263) §. 47 Nr. 3, Städteordnung für die Rheinprovinz vom 15. Mai 1856 (Gesetz-Samml. S. 406) §. 46 Nr. 5, Gesetz über die Vermögensverwaltung in den katholischen Kirchengemeinden vom 20. Juni 1875 (Gesetz-Samml. S. 241) §. 21 Nr. 5, Gesetz, betreffend die evangelische Kirchenverfassung in den acht älteren Provinzen der Monarchie vom 3. Juni 1876 (Gesetz-Samml. S. 125) Art. 24, Gesetz über die Aufsichtsrechte des Staates bei der Vermögensverwaltung in den katholischen Diözesen vom 7. Juni 1876 (Gesetz-Samml. S. 149) §. 2.

quellen in Frage kommen. Vielmehr muß die Beseitigung der durch Vorbehalte des Einführungsgesetzes gedeckten Bestimmungen des gemeinen Rechtes einer künftigen Neuregelung der betreffenden Rechtsgebiete überlassen werden. Die allgemeinen Grundsätze des gemeinen Rechtes werden ohne Weiteres nach Maßgabe des Artikel 4 des Einführungsgesetzes zum Bürgerlichen Gesetzbuche durch die entsprechenden allgemeinen Vorschriften des Bürgerlichen Gesetzbuchs ersetzt. Wo letzteres eine Einrichtung des bisherigen Rechtes, wie die Wiedereinsetzung in den vorigen Stand und die unvordenkliche Verjährung, nicht übernommen hat, schließt dies an sich nicht aus, daß die bezüglichen Vorschriften des geltenden Rechtes für ein der Landesgesetzgebung vorbehaltenes Gebiet ihre Kraft behalten (Mot. z. Einf.-Ges. S. 149). Hinsichtlich der unvordenklichen Verjährung muß es hierbei auch verbleiben, da sie für einige Sonderrechtsgebiete, namentlich das Wasserrecht und das Fischereirecht, noch von erheblicher praktischer Bedeutung ist. Dagegen erscheint es nicht erforderlich und nicht angemessen, die Wiedereinsetzung in den vorigen Stand auf dem sehr beschränkten Anwendungsgebiete, das ihr nach dem Inkrafttreten des neuen Reichsrechts verbleiben würde, fortbestehen zu lassen. Nachdem die Wiedereinsetzung Minderjähriger und gleichgestellter Personen gegen Rechtsgeschäfte auch für das Gebiet des gemeinen Rechtes schon durch §. 9 des Gesetzes, betreffend die Geschäftsfähigkeit Minderjähriger u. s. w., vom 12. Juli 1875 (Gesetz-Samml. S. 518) aufgehoben worden ist, beseitigt das Bürgerliche Gesetzbuch weiter die Wiedereinsetzung gegen Rechtsgeschäfte wegen Irrthums, Drohung oder Betrugs sowie gegen die Verjährung, die Ersitzung und den Ablauf von Ausschlußfristen (vergl. Mot. z. B.G.B. Bd. 1 S. 392 ff.). Der Entwurf folgt somit dem Gange der Rechtsentwickelung, wenn er die gemeinrechtlichen Vorschriften über die Wiedereinsetzung ganz aufhebt.

Wenn der Entwurf weiter auch die Bestimmungen des gemeinen Rechtes über die Privatpfändung beseitigt, so sind dafür dieselben Gründe maßgebend wie für die Aufhebung der entsprechenden Vorschriften des Allgemeinen Landrechts.

4. Nach der Vorschrift des revidirten Statuts der Stadt Lübeck Buch 2 Titel 2 Artikel 10 finden auf die Auseinandersetzung zwischen einem überlebenden Ehegatten, der seinen Wohnsitz in das Geltungsgebiet des Lübischen Rechtes verlegt hat, und den aus der Ehe entsprossenen Kindern die Vorschriften des Lübischen Rechtes unter Umständen auch dann Anwendung, wenn für die Ehe nach dem ersten ehelichen Wohnsitz ein anderes Güterrecht maßgebend ist (vergl. Zelter, das Lübische Recht S. 63; Neu-Vorpommersches Statutarrecht §. 327). Diese Bestimmung ist unhaltbar, wenn für die lübischrechtlichen Ehen selbst das bisherige Recht außer Kraft gesetzt wird. Da sie jedoch an sich nach Artikel 200 des Einführungsgesetzes zum Bürgerlichen Gesetzbuch als aufrecht erhalten angesehen werden könnte, so empfiehlt sich die ausdrückliche Aufhebung.

5. Bezüglich der im Artikel 87 unter 5 aufgeführten Verordnung vom 17. Mai 1799 kann auf die Begründung des Artikel 7, durch den sie ersetzt wird, verwiesen werden. Dort ist auch schon bemerkt, daß die sonstigen

partikularrechtlichen Vorschriften von gleichem Inhalte wie die bezeichnete Verordnung ebenfalls durch den Artikel 7 ersetzt und daher aufgehoben werden.

6. Des unter Nr. 6 bezeichneten Ausschreibens vom 24. November 1817 ist bereits in der Begründung zu Artikel 78 gedacht. Da angenommen werden könnte, daß die durch dasselbe anerkannte Zuständigkeit der Prediger zur Aufnahme von Testamenten auf Grund des Artikel 150 des Einführungsgesetzes bestehen bleibe, so erscheint die Aufhebung jenes Ausschreibens zweckmäßig.

7. Die unter Nr. 7, 9, 12 bis 15 genannten Gesetze über die abgekürzte Verjährung finden, soweit sie nicht in Folge Reichsgesetzes außer Kraft treten, ihren Ersatz im Artikel 8 des Entwurfes.

8. Der §. 20 des Gesetzes über Familienschlüsse ꝛc. vom 15. Februar 1840 (Nr. 8) wird durch den Artikel 2 des Entwurfes, das Gesetz vom 4. Mai 1846 (Nr. 10) durch den Artikel 7 §§. 2, 3 ersetzt; das letztere gilt zum Theil auch von dem §. 3 des Frankfurter Gesetzes vom 29. September 1863 (Nr. 16), dessen Aufhebung auch im Uebrigen schon im Anschluß an Artikel 7 begründet ist.

9. Bezüglich der Gründe für die Aufhebung des §. 40 der Feldpolizeiordnung vom 1. November 1847 (Nr. 11) ist auf die Bemerkungen zu Artikel 27 des Entwurfes zu verweisen.

10. Die Aufhebung des Gesetzes vom 2. März 1867 (Nr. 17) ist eine Folge der neuen Regelung der Gebührenfreiheit der gemeinnützigen Baugesellschaften im §. 8 des Preußischen Gerichtskostengesetzes (Artikel 84 §. 1 VI). In Ansehung der Stempelfreiheit ist das Gesetz bereits durch §. 35 Abs. 2 des Stempelsteuergesetzes vom 31. Juli 1895 aufgehoben.

11. An die Stelle des Gesetzes vom 23. Februar 1870 (Nr. 18) tritt der Artikel 6 dieses Entwurfes.

12. Das Gesetz über den Eigenthumserwerb und die dingliche Belastung der Grundstücke, Bergwerke und selbständigen Gerechtigkeiten vom 5. Mai 1872 (Nr. 19) wird bis auf wenige Bestimmungen reichsgesetzlich aufgehoben. Die in Kraft bleibenden Vorschriften des §. 12 Abs. 2, 3 und der §§. 68, 69 werden durch die Artikel 21, 37 (Nr. I, III, XII), 38 (§. 5) und 39 des Entwurfes ersetzt. Soweit der §. 68 Nr. 1 des Gesetzes das Verfahren zum Zwecke der Eintragung der bergrechtlichen Erwerbungen in das Grundbuch betrifft, wird er im Ausführungsgesetze zur Grundbuchordnung seinen Ersatz zu finden haben. Ebendort sollen auch die Gesetze, durch welche das Gesetz vom 5. Mai 1872 und die Preußische Grundbuchordnung nachträglich in die von dem ursprünglichen Geltungsbereich ausgeschlossenen Landestheile eingeführt worden sind, aufgehoben werden.

13. Anlangend die Vormundschaftsordnung vom 5. Juli 1875 (Nr. 20), so treten sowohl die auf das materielle Vormundschaftsrecht als auch die auf die Zuständigkeit und das Verfahren bezüglichen Bestimmungen mit wenigen Ausnahmen in Folge Reichsgesetzes außer Kraft. Die durch Vorbehalte gedeckten Vorschriften der §§. 13, 22, des §. 26 Abs. 4, des §. 39 Abs. 1, 3, 4,

des §. 52, des §. 54 Abs. 1 und des §. 62 Abs. 2 sind durch die Artikel 70 bis 72, 75, 76 des Entwurfes ersetzt.

Artikel 88.

Der Artikel 33 §. 2 Abs. 2 und der Artikel 34 sowie der Artikel 84 §. 2 des Entwurfes müssen ihrem Zwecke nach sofort in Wirksamkeit treten. Die Gründe, aus denen auch die Artikel 71, 72 nicht erst gleichzeitig mit dem Bürgerlichen Gesetzbuch in Kraft gesetzt werden sollen, sind bereits in den Bemerkungen zu diesen Artikeln dargelegt.

Druck der Norddeutschen Buchdruckerei, Berlin SW., Wilhelmstr. 32.

Kolibri 360 GmbH
Ferdinand-Jühlke-Straße 7
99095 Erfurt, Deutschland
produktsicherheit@kolibri360.de